Studien zum Wirtschaftsstrafrecht

herausgegeben von
Klaus Tiedemann / Bernd Schünemann

Band 17

Theodoros Papakiriakou

Das Europäische Unternehmensstrafrecht in Kartellsachen

Beitrag zur materiellrechtlichen Ausgestaltung
eines rechtsstaatlichen und effektiven Verwaltungs-
bzw. Unternehmensstrafrechts
am Beispiel ausgewählter Grundprobleme
des europäischen Kartellbußgeldrechts

Centaurus Verlag & Media UG 2002

Der Autor, Dr. Theodoros Papakiriakou, geb. 1970 in Serres/Griechenland, absolvierte ein juristisches Studium an der Aristoteles-Universität von Thessaloniki und wurde anschließend nach zweijähriger praktischer Ausbildung als Rechtsanwalt in Thessaloniki zugelassen. Im Jahr 1999 promovierte er mit einem DAAD-Stipendium an der Universität Bayreuth. Zur Zeit arbeitet er in Griechenland als Rechtsanwalt im Fachgebiet des Wirtschaftsstrafrechts.

Die Deutsche Bibliothek – CIP-Einheitsaufnahme

Papakiriakou, Theodoros:
Das Europäische Unternehmensstrafrecht in Kartellsachen :
Beitrag zur materiellrechtlichen Ausgestaltung eines rechtsstaatlichen
und effektiven Verwaltungs- bzw. Unternehmensstrafrechts am Beispiel
ausgewählter Grundprobleme des europäischen Kartellbußgeldrechts /
Theodoros Papakiriakou. - Herbolzheim : Centaurus-Verl., 2002
(Studien zum Wirtschaftsstrafrecht ; Bd. 17)
Zugl.: Teildr. von Bayreuth, Univ., Diss, 1999 u.d.T.: Papakiriakou, Theodoros:
Zur materiellrechtlichen Ausgestaltung eines effektiven und rechtsstaatlichen
Verwaltungs- und Unternehmensstrafrechts – dargestellt am Beispiel des
griechischen und europäischen Bußgeldrechts in Kartellsachen

ISBN 978-3-8255-0359-8 ISBN 978-3-86226-319-6 (eBook)
DOI 10.1007/978-3-86226-319-6

ISSN 0938-9512

Satz: Vorlage des Autors
Umschlaggestaltung: DTP-Studio, Antje Walter, Lenzkirch

MEINEN ELTERN

VORWORT

Das vorliegende Werk stellt den *zweiten Teil* meiner im Sommersemester 1999 von der rechts– und wirtschaftswissenschaftlichen Fakultät der Universität Bayreuth angenommenen Dissertation dar. Das Hauptziel besteht in der materiellrechtlichen *Ausgestaltung* eines verwaltungs– bzw. unternehmensstrafrechtlichen Modells, das dem Prinzip der verwaltungsrechtlichen Effektivität und dem modernen rechtsstaatlich-liberalen Strafrechtsverständnis gleichermaßen verpflichtet ist. Zur Gewährleistung der praxisrelevanten Physiognomie des Modells erfolgte die Wahl der zu besprechenden Einzelaspekte auf der Basis von konkreten, die unternehmensstrafrechtliche Gemeinschaftspraxis in Kartellsachen beschäftigenden Grundfragen. Das Werk läßt sich insoweit inhaltlich auch als eine zweckorientierte Darstellung und kritische Analyse von ausgewählten Grundlagenproblemen des europäischen Bußgeldrechts in Kartellsachen und der diesbezüglich von den Gemeinschaftsorganen entwickelten Rechtsprechung und Verwaltungspraxis verstehen.

In systematischer und wissenschaftlicher Hinsicht baut das vorliegende Werk auf der elementaren verwaltungs- bzw. unternehmensstrafrechtlichen Konzeption auf, die im Rahmen des ebenfalls als selbständiges Werk in derselben Schriftenreihe (Band Nr. 15: "Das Griechische Verwaltungsstrafrecht in Kartellsachen - Zugleich ein Beitrag zur Lehre vom Verwaltungs- und Unternehmensstrafrecht") erscheinenden ersten Teils meiner Dissertation entwickelt wurde. Zahlreiche wechselseitige Hinweise machen die systematische Zusammengehörigkeit beider Werke sichtbar und wirken der Gefahr unnötiger Wiederholungen entgegen.

Dem Werk liegt der Stand von Gesetzgebung, Rechtsprechung und Literatur am 01.08.1999 zugrunde. Im Hinblick darauf, daß das bis zum diesem Zeitpunkt zugängliche rechtstatsächliche Material im Rahmen der Arbeit durchgehend nur als Beispiel für die Veranschaulichung der dogmatischen Probleme und für die Schwerpunktsetzung der Argumentation innerhalb der einzelnen Kapitel herangezogen wird, konnte auf eine Aktualisierung verzichtet werden. Eine zusammenfassende Darstellung der neueren Entwicklungen im EG-Kartellrecht findet sich in dem als Band Nr. 15 in dieser Schriftenreihe erscheinenden Werk.

Die Entstehung des Werkes wäre ohne die wissenschaftlich hochkompetente Betreuung und die in menschlicher Hinsicht über jede Erwartung hinausgehende Unterstützung meines hochverehrten Doktorvaters, Herrn Prof. Dr. *Gerhard Dannecker*, nicht möglich gewesen. Ihm gebührt aus diesem Grund mein aufrichtiger Dank. Herzlich gedankt sei auch Herr Prof. Dr. Dr. h.c. *Harro Otto*, der mit wertvollen Hinweisen zur Verbesserung der Arbeit beitrug.

Der *DAAD* hat meinen Deutschlandaufenthalt durch ein Promotionsstipendium finanziert, wofür ich mich bedanke. Mein besonderer Dank gilt schließlich Herrn Prof. Dr. *Bernd Schünemann* und Herrn Prof. Dr. Dres. h.c. mult. *Klaus Tiedemann* für die freundliche Aufnahme in die Schriftenreihe "Studien zum Wirtschaftsstrafrecht".

Thessaloniki, Juni 2001 *Der Verfasser*

GLIEDERUNG

Erster Teil	**Einleitung**
I.	Zum Gegenstand der Untersuchung
II.	Zur Rechtsnatur und zu den denkbaren Vorbildfunktionen des europäischen Kartellbußgeldrechts
Zweiter Teil	**Normauslegung im Spannungsfeld zwischen Verwaltungseffizienz und strafrechtsspezifischen Auslegungsschranken**
I.	Die Normambivalenz - Problemstellung
II.	Die Normambivalenz - Theoretische Lösungsansätze
III.	Standpunkt der Gemeinschaftsorgane
IV.	Kritische Zusammenfassung der europäischen Praxis und die daraus für das griechische Recht zu ziehenden Lehren
Dritter Teil	**Rechtfertigungsgründe im Spannungsfeld zwischen Verwaltungs- und Strafrechtsdogmatik**
I.	Problemeingrenzung und methodologische Vorklärung
II.	Klassische strafrechtliche Rechtfertigungsgründe
III.	Außerstrafrechtliche Rechtfertigungsgründe (Höhere Gewalt)
IV.	Materielle Rechtmäßigkeit und Behördenpublizität
V.	Kritische Zusammenfassung der europäischen Praxis und die daraus für das griechische Recht zu ziehenden Lehren
Vierter Teil	**Normadressat und Handlungssubjekt im Spannungsfeld zwischen rechtlicher Formbindung und sozialer Realität**
I.	Problemstellung und terminologische Vorklärung
II.	Das Konzept der wirtschaftlichen Einheit - Grundlegendes zur Methode der Gemeinschaftsorgane
III.	Das Konzept der wirtschaftlichen Einheit - Einzelne Anwendungsgebiete
IV.	Kritische Zusammenfassung der europäischen Praxis und die daraus für das griechische Recht zu ziehenden Lehren
Fünfter Teil	**Unternehmensschuld im Spannungsfeld zwischen individuellen Fehlleistungen und kollektiven Organisationsmängeln**
I.	Problemstellung und terminologische Vorklärung
II.	Die Schuldformen
III.	Quellen zur Gewinnung des Inhalts der unternehmerischen Schuldformen
IV.	Kritische Zusammenfassung der europäischen Praxis und die daraus für das griechische Recht zu ziehenden Lehren
Sechster Teil	**Zusammenfassung**

Inhaltsverzeichnis

Vorwort ... VII
Gliederung ... XI
Abkürzungsverzeichnis ... XVII

Erster Teil: Einleitung

I. Zum Gegenstand der Untersuchung ... 1
A. *Anlaß der Untersuchung* ... *1*
B. *Ziel und Methode der Untersuchung* ... *6*
C. *Gang der Untersuchung* ... *10*
II. Zur Rechtsnatur und zu den denkbaren Vorbildfunktionen des europäischen Kartellbußgeldrechts ... 11
A. *Zur strafrechtlichen Rechtsnatur der europäischen Unternehmensgeldbußen* ... *11*
B. *Zu den möglichen Vorbildfunktionen des europäischen Kartellbußgeldrechts* ... *18*

Zweiter Teil: Normauslegung im Spannungsfeld zwischen Verwaltungseffizienz und strafrechtsspezifischen Auslegungsschranken

I. Die Normambivalenz - Problemstellung ... 21
A. *Terminologische Vorklärung* ... *21*
B. *Normambivalenz, strafrechtsspezifische Auslegungsregeln und Blankettechnik* ... *22*
(1) Strafrechtsspezifische Auslegungsregeln und ihre Bedeutung für die Inhaltsbestimmung ambivalenter Normen ... 22
(a) Analogieverbot ... 22
(b) Gebot der engen Auslegung von Generalklauseln ... 23
(2) Blankettechnik und ihre Bedeutung für die Inhaltsbestimmung ambivalenter Normen ... 28
(3) Zusammenfassung ... 31
II. Die Normambivalenz - Theoretische Lösungsansätze ... 32
A. *Lösungsansätze im Schrifttum* ... *32*
(1) Normspaltung ... 32
(2) Alternativen zur Normspaltung ... 33
(a) Einheitlich-restriktive Auslegung ... 33
(b) Einheitlich-extensive Auslegung ... 34
(c) Einheitlich-extensive Auslegung i.V.m. kompensatorischen normexternen Mechanismen zur Wiedereinschränkung der Bußgeldverantwortung ... 35
B. *Stellungnahme* ... *36*
(1) Ablehnung der einheitlich-extensiven Auslegung ... 36
(2) Ablehnung der einheitlich-restriktiven Auslegung ... 37
(a) Einheitlich-restriktive Auslegung und Effizienz der Verwaltungstätigkeit ... 37
(b) Einheitlich-restriktive Auslegung in normtheoretischer Hinsicht ... 37
(c) Gefährdung der Rechtseinheit und der Rechtssicherheit durch die Normspaltung? ... 38

(3) Normspaltung oder einheitlich-extensive Auslegung i.V.m. kompensatorischen Mechanismen? ... 41
(a) Die dogmatische Überlegenheit der Lösung der Normspaltung ... 41
(b) Die Praktikabilität der Lösung der einheitlich-extensiven Auslegung i.V.m. kompensatorischen Mechanismen ... 43
(4) Ergebnis ... 46

III. STANDPUNKT DER GEMEINSCHAFTSORGANE ... 46
A. Einheitlich-extensive Auslegung ... 46
(1) Extensive Auslegung von Tatbestandsmerkmalen ... 47
(a) Extensive Auslegung der Merkmale "Unternehmen" und "Unternehmensvereinigung" ... 47
(b) Extensive Auslegung der Merkmale "Vereinbarung", "abgestimmte Verhaltensweise"und "Beschluß" ... 47
(c) Extensive Auslegung der Merkmale "Wettbewerbsbeschränkung" und "Mißbrauch" ... 53
(2) Aufhebung der Grenzen der Tatbestandsmerkmale zueinander ... 54
(a) Die Merkmale "Verhinderung", "Einschränkung" und "Verfälschung" des Wettbewerbs ... 54
(b) Die Merkmale "Vereinbarung" und "Verhaltensabstimmung" ... 55
(3) Einzelfallbezogene Bestimmung der Tatbestandsrelevanz bestimmter Kategorien von Sachverhalten ... 56
(a) Wirtschaftliches Handeln im Zusammenhang mit gewerblichen Schutzrechten ... 56
(b) Informationsaustauschsysteme ... 57
(c) Vertikale Vertriebssysteme ... 57
(4) Sonstige Fälle eines formal-extensiven Vorgehens bei der Normauslegung ... 58
(a) Tatbestandliche Erfassung aller Teilnahmehandlungen ... 58
(b) Tatbestandliche Erfassung des Opferverhaltens ... 60
(c) Tatbestandliche Erfassung von rein abstrakten Gefährdungshandlungen ... 61
B. Kompensatorische Mechanismen ... 64
(1) Schuld und Einschränkung der Bußgeldverantwortung ... 64
(2) Opportunitätsprinzip und Einschränkung der Bußgeldverantwortung ... 67
(a) Erkenntnisse aus der bisherigen Praxis der Gemeinschaftsorgane ... 67
(b) Die Leitlinien für das Verfahren zur Festsetzung von Geldbußen ... 70
(3) In dubio pro reo und Einschränkung der Bußgeldverantwortung? ... 73

IV. KRITISCHE ZUSAMMENFASSUNG DER EUROPÄISCHEN PRAXIS UND DIE DARAUS FÜR DAS GRIECHISCHE RECHT ZU ZIEHENDEN LEHREN ... 76
A. Kritische Zusammenfassung der europäischen Praxis ... 76
B. Vorbildfunktion der europäischen Praxis für das griechische Verwaltungsstrafrecht (in Kartellsachen)? ... 80

DRITTER TEIL: RECHTFERTIGUNGSGRÜNDE IM SPANNUNGSFELD ZWISCHEN VERWALTUNGS- UND STRAFRECHTSDOGMATIK

I. PROBLEMEINGRENZUNG UND METHODOLOGISCHE VORKLÄRUNG ... 85
A. Negative Abgrenzung des Untersuchungsgegenstandes ... 85
B. Konkretisierung der Problemaspekte ... 91

II. KLASSISCHE STRAFRECHTLICHE RECHTFERTIGUNGSGRÜNDE ... 93
A. Notwehr ... 93
(1) Darstellung der Gemeinschaftspraxis ... 93
(2) Würdigung ... 98
(a) Kritik im Schrifttum ... 98
(b) Stellungnahme ... 99
(i) Notwehr gegen Wettbewerbsbeschränkungen ... 100
(ii) Notwehr durch Wettbewerbsbeschränkungen ... 102

(c) Zusammenfassung ... 105
B. Notstand ... 105
(1) Darstellung der Gemeinschaftspraxis ... 105
(2) Würdigung ... 112
(a) Kritik im Schrifttum ... 112
(b) Stellungnahme ... 115
(c) Zusammenfassung ... 119
III. Außerstrafrechtliche Rechtfertigungsgründe (Höhere Gewalt) ... 119
A. Problemstellung ... 119
B. Darstellung der Gemeinschaftspraxis ... 119
C. Würdigung ... 123
IV. Materielle Rechtmäßigkeit und Behördenpublizität ... 130
A. Materielle Freistellungsfähigkeit ... 130
(1) Problemstellung ... 130
(2) Darstellung der Gemeinschaftspraxis ... 133
(3) Würdigung ... 138
B. Qualitative Rule of Reason (Erforderlichkeitsregel) ... 140
(1) Problemstellung ... 140
(2) Darstellung der Gemeinschaftspraxis ... 140
(a) Grundzüge der Erforderlichkeitsregel ... 140
(b) Entstehungsgründe und heutige Funktion der Erforderlichkeitsregel ... 142
(3) Erforderlichkeitsregel als funktioneller Ersatz für die materielle Freistellbarkeit? ... 144
V. Kritische Zusammenfassung der europäischen Praxis und die daraus für das griechische Recht zu ziehenden Lehren ... 146
A. Kritische Zusammenfassung der europäischen Praxis ... 146
B. Vorbildfunktion der europäischen Praxis für das griechische Verwaltungsstrafrecht (in Kartellsachen)? ... 148

VIERTER TEIL: NORMADRESSAT UND HANDLUNGSSUBJEKT IM SPANNUNGSFELD ZWISCHEN RECHTLICHER FORMBINDUNG UND SOZIALER REALITÄT

I. Problemstellung und terminologische Vorklärung ... 153
A. Tatbestandsfunktionen des Unternehmensbegriffs ... 153
B. Unternehmensbegriff und Tätigkeitsbereich ... 156
C. Unternehmensbegriff und Handlungssubjekt ... 159
II. Das Konzept der wirtschaftlichen Einheit - Grundlegendes zur Methode der Gemeinschaftsorgane ... 162
A. Zu den methodischen Divergenzen beim Einsatz des Konzepts durch die Gemeinschaftsorgane ... 162
(1) Kommission ... 163
(2) Gerichtshof und Generalanwälte ... 165
(3) Gericht erster Instanz ... 166
B. Zu den praxisrelevanten Auswirkungen der methodischen Divergenzen ... 167
III. Das Konzept der wirtschaftlichen Einheit - Einzelne Anwendungsgebiete ... 174
A. Konzernfälle ... 174
(1) Konzept der wirtschaftlichen Einheit und Außenverhältnis im Konzern ... 174
(a) Materiellrechtliche Grundzüge ... 175
(i) Kapitalmäßige Verflechtung ... 175
(ii) Funktionelle Verflechtung und einheitliche Leitung ... 177
(iii) "Beteiligung" am Wettbewerbsverstoß ... 181

(b) Beweisrechtliche Grundzüge 189
(c) Maßgebliche Aspekte für die Auswahl der zu sanktionierenden juristischen Person 197
(2) Konzept der wirtschaftlichen Einheit und Innenverhältnis im Konzern 200
(3) Vergleich des Inhalts des Konzepts im Innen- und im Außenverhältnis 204
(4) Praxisrelevante Funktionen des Konzepts 207
(a) Extraterritoriale Anwendung 207
(b) Extraterritoriale Durchsetzung 210
(c) Realitätsnahe Gestaltung der unternehmensstrafrechtlichen Zurechungslehre 211
B. Handelsvertreterverhältnisse und ähnliche Fälle 214
C. Rechtsnachfolgefälle 216
(1) Grundzüge 216
(2) Fallgruppen 221
(a) Fortbestehung der juristischen Person 221
(b) Untergang der juristischen Person 224
(c) Nachträgliche juristische Verselbständigung einer wirtschaftlichen Einheit 227
(3) Praxisrelevante Funktionen des Konzepts 227
IV. Kritische Zusammenfassung der europäischen Praxis und die daraus für das griechische Recht zu ziehenden Lehren 229
A. Kritische Zusammenfassung der europäischen Praxis 229
B. Vorbildfunktion der europäischen Praxis für das griechisce Verwaltungsstrafrecht (in Kartellsachen)? 232

FÜNFTER TEIL: UNTERNEHMENSSCHULD IM SPANNUNGSFELD ZWISCHEN INDIVIDUELLEN FEHLLEISTUNGEN UND KOLLEKTIVEN ORGANISATIONSMÄNGELN

I. Problemstellung und terminologische Vorklärung 239
II. Die Schuldformen 244
A. Die Schuld wegen eines Vorsatzdelikts 244
(1) Der Vorsatz 244
(a) Tatsachenkenntnis 244
(b) Bedeutungskenntnis 247
(i) Inhalt 247
(ii) Abgrenzung zur Verbotskenntnis 250
(c) Zusammenfassung 255
(2) Die Verantwortlichkeit 255
(a) Kenntnis oder Erkennbarkeit des Rechtsverstoßes und Wertungsebene der Verantwortlichkeit 255
(i) Erkennbarkeit des Rechtsverstoßes als Schuldelement 255
(ii) Ist die Erkennbarkeit des Rechtsverstoßes immer relevant für die Schuldfrage? 258
(iii) Materiellrechtliche Maßstäbe zur Feststellung der Erkennbarkeit des Rechtsverstoßes 263
(iv) Fehlende positive Kenntnis des Rechtsverstoßes als bußgeldmildernder Faktor 264
(b) Vorwerfbare Tatmotivation und Wertungsebene der Verantwortlichkeit 265
(i) Handeln unter dem psychologischem Zwang von Dritten 266
(ii) Handeln zur Wahrung legitimer Geschäftsinteressen 270
(c) Zusammenfassung 276
B. Die Schuld wegen eines Fahrlässigkeitsdelikts 277
(1) Die [Tat-]Fahrlässigkeit 277
(2) Die Verantwortlichkeit 278
C. Die subjektive Vermeidbarkeit des Verstoßes als Schwelle der Ahndbarkeit 282
(1) Die Methode zur Gewinnung des Begriffs der subjektiven Vermeidbarkeit 282
(2) Die subjektiven Unvermeidbarkeitskriterien 287
(a) Komplexe Marktstrukturen 288

(b) Irreführendes Verhalten der Gemeinschaftsorgane 289
(i) Irreführende Informationen 289
(ii) Langjährige Duldung 291
(c) Irreführende Beratung 294
(d) Unklare Rechtslage 296
(e) Zusammenfassung 300
(3) Konsequenzen für die Irrtumslehre 301
III. QUELLEN ZUR GEWINNUNG DES INHALTS DER UNTERNEHMERISCHEN SCHULDFORMEN 302
A. Zurechnung der subjektiven Momente der in den Verstoß verwickelten Mitarbeiter ... 302
B. Der Einfluß der Unternehmenseigenschaften auf die Zurechnung 309
C. Wissen von Unternehmensmitarbeitern, Organisationsstrukturen und Unternehmensschuld 312
IV. KRITISCHE ZUSAMMENFASSUNG DER EUROPÄISCHEN PRAXIS UND DIE DARAUS FÜR DAS GRIECHISCHE RECHT ZU ZIEHENDEN LEHREN 316
A. Kritische Zusammenfassung der europäischen Praxis 316
B. Vorbildfunktion der europäischen Praxis für das griechische Verwaltungsstrafrecht (in Kartellsachen)? 318

SECHSTER TEIL: ZUSAMMENFASSUNG

LITERATURVERZEICHNIS 340
VERZEICHNIS DER ZITIERTEN URTEILE UND ENTSCHEIDUNGEN 351

Abkürzungsverzeichnis

a.A.	anderer Ansicht
a.a.O.	am angegebenen Ort
a.F.	alte Fassung
ABl.	Amtsblatt der Europäischen Gemeinschaften
Abs.	Absatz
AG	Aktiengesellschaft
AIDP	Association Internationale de Droit Pénal
AktG	Aktiengesetz
Art.	Artikel
AT	Allgemeiner Teil
Aufl.	Auflage
BB	Betriebsberater
Bd.	Band
BGH	Bundesgerichtshof
BGHSt	Entscheidungen des Bundesgerichtshofes in Strafsachen
BullEG	Bulletin der Europäischen Gemeinschaften
BullEU	Bulletin der Europäischen Union
BVerfG	Bundesverfassugsgericht
BVerfGE	Entscheidungen des Bundesverfassungsgerichts
bzw.	beziehungsweise
C.M.L.Rev.	Common Market Law Review
d.	des, der
d.h.	das heißt
DB	Der Betrieb (Zeitschrift)
ders.	derselbe
Diss.	Dissertation
DM	Deutsche Mark
DRM	Drachme (griechische Nationalwährung)
E.L.Rev.	European Law Review
EAG	Europäische Atomgemeinschaft
EAGV	Vertrag zur Gründung der Europäischen Atomgemeinschaft
ECU	European Currency Unity
ed.	editor
EFTA	European Free Trade Association
EG	Europäische Gemeinschaften Europäische Gemeinschaft (nach dem EGV)
EGKS	Europäische Gemeinschaft für Kohle und Stahl
EGKSV	Vertrag zur Gründung der Europäischen Gemeinschaft für Kohle und Stahl
EGMR	Europäischer Gerichtshof für Menschenrechte
EGV	Vertrag zur Gründung der Europäischen Gemeinschaft
EJCCLCJ	European Journal of Crime, Criminal Law and Criminal Justice

EKMR .... Europäische Kommission für Menschenrechte
EMRK .... Europäische Menschenrechtskonvention
endg. .... endgültig
EU .... Europäische Union
EuG .... Europäisches Gericht erster Instanz
EuGH .... Gerichtshof der Europäischen Gemeinschaften
EuGRZ .... Europäische Grundrechte-Zeitschrift
Euratom .... Europäische Atomgemeinschaft
EUV .... Vertrag über die Europäische Union
EuZW .... Europäische Zeitschrift für Wirtschaftsrecht
EWG .... Europäische Wirtschaftsgemeinschaft
EWGV .... Vertrag zur Gründung der Europäischen Wirtschaftsgemeinschaft
EWR .... Europäischer Wirtschaftsraum
EWS .... Europäisches Wirtschafts- und Steuerrecht
f. .... folgende
FEK .... Φύλλο της εφημερίδας της κυβέρνησης (griechisches Regierungsblatt, Nr. / Teil / Datum)
ff. .... fortfolgende
FIW .... Forschungsinstitut der Wirtschaft
FS .... Festschrift
FusKontrVO .... Fusionskontrollverordnung
G. .... Νόμος (Gesetz)
G/T/E .... v. der Groeben / Thiesing / Ehlermann, Kommentar zum EWG-Vertrag (siehe Literaturverzeichnis)
GA .... Generalanwalt (beim EuGH)
GA .... Goltdammer's Archiv für Strafrecht
GG .... Grundgesetz
GK .... Müller-Henneberg / Schwartz, Gemeinschaftskommentar (siehe Literaturverzeichnis)
gr. .... griechisch
GRUR .... Gewerblicher Rechtsschutz und Urheberrecht (Zeitschrift)
GVO .... Gruppenfreistellungsverordnung
GWB .... Gesetz gegen Wettbewerbsbeschränkungen
h.M. .... herrschende Meinung
HdWiStR .... Krekeler / Tiedemann / Ulsenheimer / Weinmann (Hrsg.), Handwörterbuch des Wirtschafts- und Steuerstrafrechts (siehe Literaturverzeichnis)
Hrsg. .... Herausgeber
hrsg. .... herausgegeben
i.d.(n.)F. .... in der (neuen) Fassung
i.d.R. .... in der Regel
i.S. .... im Sinne
i.S.d. .... im Sinne des
i.V.m. .... in Verbindung mit
I/M EG-WbR .... Immenga / Mestmäcker (Hrsg.), EG-Wettbewerbsrecht (siehe Literaturverzeichnis)

I/M GWB .... Immenga / Mestmäcker (Hrsg.), Gesetz gegen Wettbewerbsbeschränkungen (siehe Literaturverzeichnis)
insbes. .... insbesondere
Jura .... Juristische Ausbildung (Zeitschrift)
JuS .... Juristische Schulung
JZ .... Juristenzeitung
KartellG .... G. 703/77 "über die Kontrolle von Monopolen und Oligopolen und über den Schutz des freien Wettbewerbs"
KOME .... Entscheidung der Kommission der Europäischen Gemeinschaften
lit. .... litera
LK .... Leipziger Kommentar (siehe Literaturverzeichnis)
LS .... Leitsatz / Leitsätze
m.Nachw. .... mit Nachweisen
m.w.Nachw. .... mit weiteren Nachweisen
minist. Entsch. .... Υπουργική Απόφαση (ministerielle Entscheidung)
MschrKrim .... Monatsschrift für Kriminologie und Strafrechtsreform
n.F. .... neue Fassung
NJW .... Neue Juristische Wochenschrift
Nr. .... Nummer
OWiG .... Gesetz über Ordnungswidrigkeiten
PoinChr .... Ποινικά Χρονικά (Zeitschrift für Strafrecht)
Rdn. .... Randnummer
Rs. .... Rechtssache
RTD com. .... Revue trimestrielle de droit commercial et de droit économique
S. .... Seite
Schwerpunkte (mit Jahreszahl) .... Schwerpunkte des Kartellrechts, seit 1975 regelmäßig erscheinende Sammelbände in der FIW-Reihe, enthaltend die Referate auf den jährlichen FIW-Seminaren
Slg. .... *Sammlung der* Rechtsprechung des EuGH (Teil I) und des EuG (Teil II)
sog. .... sogenannte(n/r/s)
Staatsrat .... Συμβούλιο της Επικρατείας (das oberste griechische Verwaltungsgericht)
StGB .... Strafgesetzbuch
u.ä. .... und ähnliche
u.a. .... unter anderem; und andere
u.s.w. .... und so weiter
unveröff. .... unveröffentlicht
Urt. .... Urteil
v. .... vom, von
verb. Rs. .... verbundene Rechtssachen
Verf. .... Verfassung
vgl. .... vergleiche
VO .... Verordnung

Wb(S)K-E bzw. Wb(S)K-S .... Entscheidung bzw. Stellungnahme der WbSK / WbK (bis zum 31.5.1995 veröffentlicht in der Entscheidungssammlung von KOUTSOUKIS / TZOUGANATOS; siehe Literaturverzeichnis)
WbK .... Ελληνική Επιτροπή Ανταγωνισμού (griechische Wettbewerbskommission)
WbSK .... Ελληνική Επιτροπή Προστασίας του Ανταγωνισμού (griechische Wettbewerbsschutzkommission)
wistra .... Zeitschrift für Wirtschaft, Steuer und Strafrecht
WuW .... Wirtschaft und Wettbewerb
WWU .... Wirtschafts- und Währungsunion
z.B. .... zum Beispiel
ZGR .... Zeitschrift für Unternehmens- und Gesellschaftsrecht
ZHR .... Zeitschrift für das gesamte Handelsrecht und Wirtschaftsrecht
ZLR .... Zeitschrift für das gesamte Lebensmittelrecht
ZStW .... Zeitschrift für die gesamte Strafrechtswissenschaft
zusammenf. .... zusammenfassend

Erster Teil: Einleitung

I. Zum Gegenstand der Untersuchung

A. Anlaß der Untersuchung

Griechenland hat bereits seit 1977 ein den europäischen Wettbewerbsregeln nachgebildetes Kartellrecht, das im Gesetz Nr. 703[1] (im folgenden *G. 703/77* oder *KartellG*) kodifiziert ist. Wie das europäische Vorbild verfügt auch das griechische Kartellrecht über ein einschneidendes Sanktionsinstrumentarium gegen Kartellrechtsverstöße, in dessen Mittelpunkt millionenschwere Geldbußen stehen, die von den griechischen Kartellbehörden gegen zuwiderhandelnde Unternehmen verhängt werden können[2].

Anders als das europäische Vorbild, das die Geldbußen gegen Unternehmen als strafrechtliche Sanktionen i.w.S. versteht, betrachtet man in Griechenland die gegen Unternehmen angedrohten und verhängten Geldbußen nicht als quasi-strafrechtliche, sondern als rein verwaltungsrechtliche Sanktionen. Die Anwendung der Bußgeldvorschriften des KartellG orientiert sich dementsprechend an verwaltungsrechtlichen Grundsätzen. Dogmatische Kategorien und Prinzipien des Strafrechts als solche bleiben dagegen unberücksichtigt. Feststellungen zur subjektiven Einstellung des Sanktionssubjekts finden so beispielsweise nur im Falle einer diesbezüglichen ausdrücklichen gesetzlichen Anordnung statt[3], die jeweils angewendeten Zurechnungsmaßstäbe entbehren oft der rechtsstaatlich gebotenen Klarheit, ein Rückgriff auf anerkannte Rechtfertigungsgründe des Strafrechts wird nicht in Erwägung gezogen und strafrechtsspezifische Auslegungsprinzipien als solche werden nicht praktiziert[4].

---

1 G. 703/77 "über die Kontrolle von Monopolen und Oligopolen und über den Schutz des freien Wettbewerbs" (FEK 278/A/26.9.77).

2 Es sei allerdings darauf hingewiesen, daß das griechische Kartellrecht - anders als sein europäisches Vorbild - nicht nur diese (nach der sogleich zu schildernden vorherrschenden griechischen Systematik dem Verwaltungsrecht angehörenden) Unternehmensgeldbußen, sondern auch kriminalstrafrechtliche Vorschriften kennt. Letztere richten sich allerdings nicht an die an Wettbewerbsbeschränkungen beteiligten Unternehmen, sondern ausschließlich an die für die Unternehmen in der Eigenschaft des Inhabers (Einzelunternehmen) oder des Unternehmensorgans handelnden natürlichen Personen. Näher dazu PAPAKIRIAKOU, Das griechische Verwaltungsstrafrecht, § 2 III C.

3 Es geht hierbei um die die Anzeige- und Anmeldevorschriften der Fusionskontrolle betreffenden Fälle, in denen die Berücksichtigung subjektiver Elemente ausdrücklich im Gesetzestext vorgeschrieben wird; siehe dazu PAPAKIRIAKOU, Das griechische Verwaltungsstrafrecht, § 2 III A 1 (c).

4 Zu den in den letzteren Jahren und insbesondere im Zusammenhang mit den schuldabhängigen Verwaltungsdelikten der Fusionskontrolle erkennbaren Tendenzen einer gezielten Steigerung der auf belastende Verwaltungsakte zugeschnittenen allgemeinen verwaltungsrechtli-

Die soeben kurz geschilderte dogmatische Einstufung und Handhabung der griechischen kartellrechtlichen Geldbußen ist keine Besonderheit des Kartellrechts. Sie fügt sich vielmehr in die in Griechenland (vor allem in der Rechtsprechung) herrschende Systematik ein, die kein selbständiges Rechtsgebiet zwischen Verwaltungs(sanktions)recht und Strafrecht anerkennt, sondern pauschal davon ausgeht, daß jede nicht strafrechtliche Sanktion verwaltungsrechtlicher Natur sei[5]. Was nicht strafrechtlich ist, wird dabei in der Rechtsanwendungspraxis unter Heranziehung formaler Kriterien entschieden, unter denen die gesetzlich festgelegte Zuständigkeitsregelung und die formelle Bezeichnung der Sanktion hervorragen[6]. Da der Gesetzgeber die kartellrechtlichen Geldbußen den Kartellbehörden anvertraut und im Anschluß daran auf prozessualer Ebene rein verwaltungsrechtlich geregelt hat, erscheint danach die Entziehung dieser Geldbußen vom Wirkungsfeld der strafrechtlichen Dogmatik lediglich als Bestätigung der allgemeinen Regel.

Vor dem Hintergrund der oben skizzierten Rechtslage nimmt nicht nur das griechische Bußgeldrecht in Kartellsachen, sondern das ganze griechische verwaltungsstrafrechtliche Gebiet im Rahmen der Europäischen Union eine Ausnahmeposition ein[7]. In fast allen Mitgliedstaaten machen sich nämlich Tendenzen breit, die der streng formalistischen Sichtweise (vor allem) der griechischen Rechtsprechung entgegenstehen. Diese Tendenzen lassen sich dahingehend zusammenfassen, daß die Frage nach dem Geltungsanspruch der Strafgarantien und der darauf aufbauenden Strafrechtsdogmatik im modernen Rechtsstaat auf der Grundlage von materiellen, auf die Natur der jeweiligen Sanktion abstellenden Kriterien zu entscheiden ist. Die Rechtsprechung des EGMR[8], die Judikatur des EuGH[9], die höchstrichterli-

chen Grundsätze - die allerdings nicht als bewußte Hinwendung zur strafrechtlichen Dogmatik aufgefaßt werden kann - siehe später im Text, sowie PAPAKIRIAKOU, Das griechische Verwaltungsstrafrecht, *Einleitung* I und § 4 V C 2.

5 PAPAKIRIAKOU, Das griechische Verwaltungsstrafrecht, §§ 5 und 6.

6 PAPAKIRIAKOU, Das griechische Verwaltungsstrafrecht, § 5 II A.

7 Vgl. den Generalbericht von TIEDEMANN, in: Commission of the EC (ed.), Étude sur les systèmes de sanctions administratives et pénales, Bd. 2 (Rapports de synthèse), S. 14 f., 21, 27, 31 und 33.

8 Siehe *EGMR* Urt. v. 8.6.1976, *Engel u.a.*, EuGRZ 1976, 221 [S. 231 ff., Ziff. 80 ff.]; *EGMR* Urt. v. 21.2.84, *Öztürk*, EuGRZ 1985, 62 [S. 66 ff., Ziff. 47 ff.]; *EGMR* Urt. v. 25.8.87, *Lutz*, EuGRZ 1987, 399 [S. 401 f., Ziff. 51 ff.]; *EGMR* Urt. v. 24.09.97, *Garyfallou AEBE*, Reports of Judgements and Decisions 1997-V, 1821 [S. 1830 f., Ziff. 32 ff.]; siehe dazu FROWEIN / PEUKERT, EMRK-Kommentar [1996], Art. 6 Rdn. 25 ff.; zum *Öztürk*-Fall eingehend und zustimmend SCHROTH, EuGRZ 1985, 557 ff.; HILDEBRANDT, S. 28 ff.; zurückhaltend GÖHLER, NStZ 1985, 62 ff. (insbes. 64).

9 TIEDEMANN, NJW 1993, 27 ff. - Anders als der EGMR neigt der EuGH allerdings stärker der überkommenen Auffassung zu, außerhalb der als "Geldbußen" bezeichneten gemeinschaftsrechtlichen Sanktionen sonstige Maßnahmen als rein verwaltungsrechtliche Instrumente zu qualifizieren; siehe dazu TIEDEMANN, a.a.O., 28 sowie die kritische Anmerkung DERS., NJW

chen Urteile[10] und die Gesetzgebungspraxis[11] vieler Mitgliedstaaten[12] sowie u.a.[13] die Entschließungen des XIV. Internationalen Strafrechtskongresses der AIDP in

1993, 49 (Punkt 3) in bezug auf das *EuGH*-Urt. v. 27.10.92 in der Rs. C-240/90 (*Bundesrepublik Deutschland / Kommission*), NJW 1993, 47 ff.

10 Zur Judikatur des *französischen* Conseil constitutionnel (CC) siehe DELMAS-MARTY / TEITGEN-KOLLY in: Commission of the EC (ed.), Étude sur les systèmes de sanctions administratives et pénales, Bd. 1 (Rapports nationaux), S. 186 ff. (wo u.a. das Urteil des CC Nr. 89/260 DC v. 28.7.89 analysiert wird, in dem das CC die Weichen für die Entwicklung eines "droit général de la répression" stellt, welches - nach den eigenen Ausführungen des französischen Verfassungsgerichts - "ne concerne pas seulement les peines prononcées par les juridictions répressives, mais s'étende à toute sanction ayant le caractère d'une punition, même si le législateur a laissé le soin de la prononcer á une autorité de nature non juridictionnelle"); zur Judikatur des *spanischen* Verfassungsgerichts eingehend BACIGALUPO, in: Commission of the EC (ed.), Étude sur les systèmes de sanctions administratives et pénales, Bd. 1 (Rapports nationaux), S. 145 ff.; zur Rechtsprechung des *deutschen* BVerfG siehe TIEDEMANN, Verfassungsrecht und Strafrecht, S. 15 ff.; DERS., in: KREUZER / SCHEUING / SIEBER, Die Europäisierung der mitgliedstaatlichen Rechtsordnungen, S. 141; APPEL, S. 92 f., 237 und 238 f.

11 Einen rechtsvergleichenden Überblick über die in selbständigen Gesetzen kodifizierten, weitestgehend an strafrechtlichen Grundsätzen orientierten Kern- und Rahmenvorschriften des Verwaltungsstrafrechts von *Deutschland* ("Gesetz über Ordnungswidrigkeiten" v. 24.5.68 in der Fassung der Bekanntmachung v. 19.2.87), *Italien* (Gesetz Nr. 689 v. 24.11.81, "Modifiche als Sistema Penale"), *Portugal* (Gesetzesdekret Nr. 433 v. 27.10.82, "Istitui o ilícito de mera ordenaçaõ social e o respectivo processo"), *Österreich* ("Verwaltungsstrafgesetz" v. 1.4.83) und *Spanien* (Gesetz Nr. 30 v. 26.11.92, "Ley de Regímen Jurídico de las Administraciones Públicas y del Procedimento Administrativo Común") liefert HEITZER, S. 13 ff. m.w.Hinw.; zur deutschen, italienischen und portugiesischen Rechtslage siehe ferner die entsprechenden Landesberichte von WEIGEND (Deutschland), GRASSO (Italien) und ANTUNES (Portugal), in: Commission of the EC (ed.), Étude sur les systèmes de sanctions administratives et pénales, Bd. 1 (Rapports nationaux), S. 91 ff., 261 ff. und 321 ff.; zusammenf. zu den Prinzipien des Verwaltungssanktionsrechts in Spanien (*nach* dem Gesetz Nr. 30 v. 26.11.92) ZAPATERO, ZStW 110 (1998), 457 ff.

12 Einen Überblick über die Rechtslage in den EU-Mitgliedstaaten (außer Österreich, Schweden und Finnland) liefern die einzelnen Landesberichte sowie die Generalberichte von TIEDEMANN, BACIGALUPO und GRASSO in den beiden (bereits oben wiederholt zitierten) von der Europäischen Kommission herausgegebenen Bänden mit dem Titel: "Étude sur les systèmes de sanctions administratives et pénales dans les Etats Membres des Communautés européennes" (Bd. 1: Rapports nationaux; Bd. 2: Rapports de synthèse). - Es sei darauf hingewiesen, daß einige Mitgliedstaaten (wie beispielsweise Dänemark, Irland und das Vereinigte Königreich) außerhalb des dem Justizprinzip unterworfenen (Kriminal-)Strafrechts grundsätzlich kein (dem Kompetenzbereich von Verwaltungsbehörden zugeordnetes) anderes Strafrecht (i.w.S.) kennen, vgl. zusammenf. TIEDEMANN, in: Commission of the EC (ed.), Étude sur les systèmes de sanctions administratives et pénales, Bd. 2 (Rapports de synthèse), S. 13; siehe auch HEITZER, S. 13.

13 Siehe auch die Diskussion und den Resolutionsentwurf des AIDP-Kolloquiums "Begriff und Grundsätze des Wirtschaftsstrafrechts" (1982 in Freiburg i. Br.) zur Vorbereitung des Themas II des XIII. Internationales Strafrechtskongresses in Kairo im Tagungsbericht von SIEBER, ZStW 96 (1984), 258 ff. (274 f.); vgl. auch den Generalbericht von TIEDEMANN in

Wien (1989)[14] bringen insoweit heute fast einhellig das Postulat zum Ausdruck, daß die klassischen strafrechtlichen Garantien auf *alle* repressiv-ahndend wirkenden und somit strafähnlichen Sanktionen anzuwenden sind und zwar - nach der Spruchpraxis der Straßburger-Organe im Rahmen der Anwendung der EMRK - unabhängig vom Schweregrad der Sanktion[15] sowie von der Frage, ob das Sanktionssubjekt eine natürliche oder eine juristische Person ist[16].

Nicht zu übersehen ist jedenfalls, daß das soeben formulierte Postulat - mag seine rechtsstaatliche Gebotenheit im Ansatz unbestritten sein - maßgebliche Zentralfragen unbeantwortet läßt. Konstruktiv läßt sich dies am Beispiel des griechischen *Bußgeldrechts in Kartellsachen* veranschaulichen, das sich - im Anschluß an sein europäisches Vorbild - grundsätzlich[17] an "Unternehmen" richtet und der Verantwortung der griechischen Wettbewerbskommission anvertraut worden ist. Betrachtet man nämlich dieses Rechtsgebiet im Lichte der klassischen griechischen

---

der Tagung für Rechtsvergleichung (vom 24. bis 27. September 1997 in Graz) der Fachgruppe für Strafrechtsvergleichung, ZStW 110 (1998), 499 f. und 513 f.

14 Empfehlungen des XIV. Internationalen Strafrechtskongresses der AIDP in Wien, Thema I: Die juristischen und praktischen Probleme der Unterscheidung von Strafrecht und Verwaltungsstrafrecht, abgedruckt in ZStW 102 (1990), 683 ff.); vgl. dazu auch TIEDEMANN, NJW 1990, 2229 f. sowie den Tagungsbericht von WEIGEND, ZStW 102 (1990), 665 ff.; siehe auch den Resolutionsentwurf, der auf dem Stockholmer Vorkolloquium zu diesem Thema im Juni 1987 erarbeitet wurde, in ZStW 101 (1989), 252 ff. (253 ff.) und dazu den Tagungsbericht von JESCHECK, ZStW 101 (1989), 237 ff. (239).

15 Bei Disziplinarmaßnahmen ist es allerdings erst die Schwere der Sanktion, die die Aktivierung der Konventionsgarantien auslösen kann; näher zum - in der Literatur oft nicht richtig dargestellten - Verhältnis der vom EGMR verwendeten Abgrenzungsmaßstäbe zueinander, PAPAKIRIAKOU, Das griechische Verwaltungsstrafrecht, § 6 III D.

16 Siehe vor allem *EKMR* Bericht v. 30.5.91 (Beschwerde Nr. 11598/85, *Société Stenuit / Frankreich*, EuGRZ 1991, 506 f.), in dem die Anwendbarkeit des Art. 6 EMRK auf das - alte - französische Kartellbußgeldverfahren, das zur Verhängung von Geldbußen bis zu 5% des Jahresumsatzes des betroffenen Unternehmens durch den Wirtschafts- und Finanzminister führen konnte, festgestellt wird. Die Kommission wurde in ihrer Entscheidung unter anderem von der potentiellen Höhe und damit von der Abschreckungswirkung der betreffenden Sanktion beeinflußt (a.a.O., Rdn. 64 f.) und hat ausdrücklich hervorgehoben, daß die Natur der Norm- und Sanktionsadressaten (juristische Personen) an der strafähnlichen Natur der Geldbußen und an der Anwendbarkeit der Garantien des Art. 6 EMRK auf das Bußgeldverfahren nichts ändern könne (a.a.O., Rdn. 66 f.). - Zur Anwendbarkeit der EMRK-Garantien für das Verfahren vor der Kommission im europäischen Bußgeldrecht siehe WEIß, Die Verteidigungsrechte, S. 297 ff., 387 f., 428 f.

17 Es sei allerdings auch auf Art. 66 EGKSV und Art. 14 europäische FusKontrVO sowie Art. 4 ff. KartellG hingewiesen, nach denen Geldbußen auch gegen (natürliche) Personen verhängt werden können, die - ohne Unternehmen zu sein - die Kontrolle über ein Unternehmen innehaben und in dieser Eigenschaft bei der Vornahme eines Zusammenschlusses gegen die Fusionskontrollvorschriften verstoßen. Das griechische Recht kennt darüber hinaus formelle Verwaltungsdelikte mit offenem Täterkreis; näher dazu PAPAKIRIAKOU, Das griechische Verwaltungsstrafrecht, § 2 III A 1 (c).

und deutschen (individual-)strafrechtlichen Dogmatik, so drängen sich gleich zahlreiche Fragen auf: Wie ist beispielsweise mit dem strafrechtlichen Grundsatz des Analogieverbots und der engen Auslegung von Generalklauseln und unbestimmten Rechtsbegriffen in diesem Rechtsgebiet umzugehen, das "zukunftsoffen" abgefaßt und damit auf Rechtsfortbildung angelegt ist?[18] Wie ist mit klassischen Rechtfertigungsgründen in diesem Rechtsgebiet umzugehen, das von einer Aufsichtsbehörde "verwaltet" wird und zugleich eigene materielle Institute zur Regelung von Krisen- und Notsituationen kennt? Wie ist mit dem Prinzip des streng persönlichen Charakters der strafrechtlichen Verantwortung, mit den Schuldanforderungen und mit den Irrtümern in diesem Rechtsgebiet umzugehen, in dem vor allem juristische Personen tätig sind, welche einerseits ihre rechtliche Identität leicht verändern können und andererseits keine ontologische Fähigkeit zur Entwicklung von eigenen subjektiven Vorstellungen und Motiven besitzen? Läßt sich das Fundament der modernen strafrechtlichen Dogmatik, nämlich das Schuldprinzip, auf dieses Rechtsgebiet überhaupt übertragen?

Es wird damit deutlich, daß es nicht ausreicht, das in Griechenland vorherrschende Verständnis der kartellrechtlichen Unternehmensgeldbußen einfach als offensichtlich verfehlt zu bezeichnen, und anschließend die Forderung aufzustellen, daß strafrechtliche Garantien und dogmatische Grundsätze auf das Verwaltungsstrafrecht in Kartellsachen zu übertragen sind. Die soeben angerissenen Problemkreise dürften nämlich einen ausreichenden Beweis dafür darstellen, daß eine stringente, einseitig am kriminalstrafrechtlichen Verständnis orientierte Übertragung von Strafprinzipien auf das Kartellbußgeldrecht kaum möglich ist. Sie hätte höchstwahrscheinlich nur die Folge, daß die Wirksamkeit der wirtschaftslenkenden Tätigkeit der Kartellbehörden lahmlegt wird. Dies kann aber mit Sicherheit nicht der Sinn der angestrebten rechtsstaatlichen Ausgestaltung des griechischen Verwaltungsstrafrechts (in Kartellsachen) sein.

Erkennbar wird damit das Bedürfnis nach "*Kompromißlösungen*", d.h. nach Konzepten, die die Gebote der (verwaltungsrechtlichen) Effektivität und der (nach strafrechtlichen Maßstäben erforderlichen) Rechtsstaatlichkeit (der Ahndungspraxis) *gleichermaßen* beachten. Die Pflicht zur Entwicklung dieser Konzepte bzw. zur Formulierungen dieser "Kompromißlösungen" trägt freilich derjenige, der unter Berufung auf die Prinzipien des Rechtsstaates eine Umgestaltung der geltenden

---

18 Diese - für das Verwaltungsstrafrecht typische - "Zukunftsoffenheit" liegt u.a. daran, daß im *Mittelpunkt* des Verwaltungsstrafrechts oft (überindividuelle, wirtschaftliche) Rechtsgüter stehen, deren Stellenwert innerhalb einer Rechtsordnung von den jeweils verfolgten (wirtschafts-)politischen Zielen eng abhängt und deren genaue Inhalt bzw. die Methoden für die Erfassung ihrer Verletzungen bereits auf wissenschaftstheoretischer Ebene äußerst umstritten sind. Dies läßt sich vorbildlich am Beispiel der Entstehungs- bzw. Entwicklungsgeschichte des griechischen Kartellrechts, des Streits über das vom KartellG geschützte Rechtsgut und der bisherigen kartellrechtlichen Anwendungspraxis nachvollziehen; vgl. dazu PAPAKIRIAKOU, Das griechische Verwaltungsstrafrecht, §§ 1 und 3 II.

Rechtslage fordert. Der muß als Erster den Weg zeigen, um die mit der Unterwerfung des repressiven Instrumentariums der Kartellbehörden unter die strafrechtlichen Prinzipien zusammenhängenden Schwierigkeiten zu überwinden. - Die Erfüllung dieser Pflicht bildet das zentrale Anliegen der vorliegenden Arbeit.

B. Ziel und Methode der Untersuchung

Die vorliegende Untersuchung geht von der These aus, daß die kartellrechtlichen Unternehmensgeldbußen in Griechenland als Sanktionen des Strafrechts i.w.S. eingestuft und dogmatisch behandelt werden müssen. Diese These - und die ihr zugrundeliegende Annahme, daß eine funktionale Verschmelzung des unternehmensstrafrechtlichen mit dem klassischen individualstrafrechtlichen Systemdenken möglich und sinnvoll ist - wurden bereits an anderer Stelle ausführlich begründet und sei insoweit wegen der Einzelheiten darauf hingewiesen[19].

Hingewiesen sei auch auf das an derselben Stelle entwickelte Grundverständnis bezüglich der dogmatischen Erfassung des (griechischen) Verwaltungsstrafrechts und seines Verhältnisses zum Kriminalstrafrecht. Nach dieser, auch der vorliegenden Untersuchung zugrundeliegenden Konzeption, ist das Verwaltungsstrafrecht als System ethisch neutraler, stark an sozialen und normativen Ordnungsgesichtspunkten orientierter - und deswegen von jedem sozialethisch stigmatisierenden Charakter befreiter - normstabilisierender Repression aufzufassen und dementsprechend zwar weiterhin der Verantwortung von (unabhängigen) Verwaltungsbehörden zu überlassen, jedoch anders als bisher als Strafrecht i.w.S. zu verstehen und an Strafgarantien (Rückwirkungsverbot, Milderungsgebot, Gebot der gesetzlichen Bestimmtheit der Sanktionsnormen, Analogieverbot, Gebot der engen Auslegung von Generalklauseln, Schuldprinzip, ne bis in idem-Grundsatz u.ä.) sowie dadurch geprägte strafrechtliche dogmatische Kategorien (Rechtfertigungsgründe, Entschuldigungsgründe, Berücksichtigung der Tatsachen- und Rechtsirrtümer u.ä.) sachgemäß zu binden. Ferner ist eine fruchtbare Abstimmung der kriminalpolitischen Aufgaben des Verwaltungsstrafrechts mit denen des Kriminalstrafrechts anzustreben, wobei vor allem eine Konzeption als vorzugswürdig erscheint, die das Kriminalstrafrecht auf die überkommene Rolle der Bekämpfung der (schwereren) Kriminalität von natürlichen Personen durch ethisch-stigmatisierende Strafen beschränkt, während sie das Verwaltungsstrafrecht mit Aufgaben betraut, die das klassische Kriminalstrafrecht aus verschiedenen verfassungsrechtlichen oder kriminalpolitischen Gründen nicht (mehr) angemessen bewältigen kann. - Zu diesen Aufgaben gehört zunächst die Ahndung ordnungsrelevanter Zuwiderhandlungen natürlicher Personen. Das Verwaltungsstrafrecht kann damit zur Entlastung der Strafgerichte von der Aburteilung massenhaft begangener Verstöße und zur Verschonung des ordnungswidrig handelnden Täters vom schweren kriminalstrafrechtlichen Vorwurf beitragen. Zu den vom Verwaltungsstrafrecht zu übernehmenden Aufgaben ist aber auch die Bekämpfung der Kriminalität von Kollektivpersonen zu rechnen. Angesichts der gegen die Einführung einer echten kriminalstrafrechtlichen Verantwortung von Kollektivpersonen bestehenden schwerwiegenden Bedenken (verfassungsrechtliche Unzulässigkeit der Erhebung eines kollektiven kriminalstrafrechtlich geprägten Vorwurfs; Gefahr der Destabilisierung des auf ontologischen Annahmen aufbauenden kriminalstrafrechtlichen Dogmas und damit verbundene Gefahr des Verlustes an kriminalpolitischer Klarheit und rechts-

---

19 PAPAKIRIAKOU, Das griechische Verwaltungsstrafrecht, §§ 5 ff.

staatlich-liberaler Prägung) bietet das Verwaltungsstrafrecht eine höchst effektive alternative Lösung an, um organisatorische, durch kollektives Zusammenwirken bedingte vorwerfbare Fehlentwicklungen sichtbar zu machen. Den unterschiedlichen kriminalpolitischen Aufgabenbereichen des Verwaltungsstrafrechts entsprechend ist eine Trennung zwischen einem prozessual vereinfachten (bagatellhaften) Verwaltungsstrafrecht für Individuen ("*Ordnungswidrigkeitenrecht*") und einem Strafrecht für (wirtschaftlich tätige) Kollektive ("*Unternehmensstrafrecht*") innerhalb der verwaltungsstrafrechtlichen Dogmatik zu vollziehen.

Im Rahmen der vorliegenden Arbeit geht es darum, *konkrete* Lösungen herauszuarbeiten, die die angestrebte, an strafrechtsdogmatischen Grundsätzen orientierte (Um-)Strukturierung des griechischen Verwaltungs- bzw. Unternehmensstrafrechts (in Kartellsachen) unter Berücksichtigung der oben hervorgehobenen Besonderheiten der Materie voranbringen können. Dadurch soll nicht nur die in Griechenland bislang - trotz der zahlreichen europarechtlichen Anstöße - stark vernachlässigte diesbezügliche Diskussion, sondern auch der in Deutschland intensiv geführte Meinungsstreit über die materiellrechtliche Ausgestaltung eines modernen Unternehmensstrafrechts gefördert werden.

Im Rahmen der soeben geschilderten Zielsetzung sollen die eingangs aufgeworfenen Fragen zunächst theoretisch aufbereitet und dann unter starker Berücksichtigung der von der Kommission und den europäischen Gerichten bei der Anwendung des europäischen Kartellbußgeldrechts praktizierten Konzepte beantwortet werden[20]. Der rechtsvergleichende Rückgriff auf das Gemeinschaftsrecht erklärt sich vor allem dadurch, daß es den europäischen Organen bislang gelungen ist, durch eine ausgewogene Kombination von *strafrechtlichen* Prinzipien und originellen *praktikablen* Konzepten ein modernes verwaltungs- bzw. unternehmensstrafrechtliches Modell zu entwickeln[21], das auch im deutschen Schrifttum oft als Vorbild für die Formulierung von Reformvorschlägen hinsichtlich des deutschen Unternehmensstrafrechts herangezogen wird[22]. Das im Rahmen einer langjährigen Praxis herausbildete europäische Modell[23], dessen Grundzüge im Laufe der 90er Jahre

---

20 Um das Verständnis dieser Konzepte zu erleichtern, werden zahlreiche Beispiele und Zitate aus der umfangreichen Spruchpraxis der Gemeinschaftsorgane herangezogen. Die *Hervorhebungen* und sonstigen in *eckige Klammern* gesetzten Bemerkungen innerhalb dieser Zitate stammen vom *Verfasser*.

21 Vgl. TIEDEMANN, in: KREUZER / SCHEUING / SIEBER, Die Europäisierung der mitgliedstaatlichen Rechtsordnungen, S. 141 ff.; DERS., NJW 1993, 30; DERS., in: FS für Stree und Wessels, S. 532 f.; DANNECKER, in: Madrid-Symposium für Tiedemann, S. 346.

22 Vgl. u.a. MÜLLER-GUGENBERGER, in: DERS., Wirtschaftsstrafrecht [1992], § 19 Rdn. 52 f.; TIEDEMANN, in: I/M GWB [1992], Vor § 38 Rdn. 9; OTTO, Die Strafbarkeit von Unternehmen, S. 26 ff.; RANSIEK, Unternehmensstrafrecht, S. 326 ff.; SCHROTH, Unternehmen als Normadressaten, S. 134 ff.; MÜLLER, S. 50, 60 und 71; VOGEL, JZ 1995, 341; BANGARD, wistra 1997, 170 f.

23 Siehe dazu die grundlegende Untersuchung von DANNECKER / FISCHER-FRITSCH, Das EG-Kartellrecht in der Bußgeldpraxis, 1989.

noch mehr an Schärfe gewonnen haben, kann daher bei der Beantwortung der oben gestellten Fragen bzw. bei der Suche nach den oben angedeuteten "Kompromißlösungen" wichtige Hilfe leisten. Große Bedeutung kommt hierbei außerdem der Tatsache zu, daß es zwischen dem griechischen und dem europäischen materiellen Kartellrecht sowohl auf rechtstheoretischer als auch auf rechtstatsächlicher Ebene enge funktionale Verknüpfungen gibt[24], die die Transformation der Lösungen der Gemeinschaftsorgane in die griechische Kartell(bußgeld)praxis wesentlich begünstigen.

Aus Gründen einer übersichtlicheren Darstellung der Probleme konzentrieren sich die Ausführungen grundsätzlich auf die *Art. 81* und *82 EGV n.F.* (= Art. 85 und 86 EGV a.F.)[25] und die Bußgeldvorschriften der sog. *KartellVO* (VO 17/62)[26]. Entscheidungen und Urteile der Gemeinschaftsorgane, die entweder aufgrund der Bußgeldvorschriften der die Anwendung der Art. 81 und 82 EGV n.F. auf spezielle gemeinschaftsrechtliche Bereiche (*Verkehr, Agrarbereich*) konkretisierenden Verordnungen oder aufgrund der materiellen Wettbewerbsregeln und der entsprechenden Bußgeldvorschriften des EGKS-Vertrages (*Art. 65 und 66*) ergangen sind, werden aber berücksichtigt. Dies gilt auch für Entscheidungen und Urteile, die die Bußgeldvorschriften des EGKS-Vertrags bezüglich der Befugnisse der Kommission zur Regelung von Krisensituationen im Stahl- und Kohlsektor zum Gegenstand haben[27]. Trotz ihres außerkartellrechtlichen Bezuges sind auch letztere Judikate von Interesse, weil sie sich auf Unternehmenssanktionen beziehen und damit das europäische Modell mitbestimmen. Außer Betracht bleibt nur die europäische Fusionskontrolle, deren bislang nur selten angewandten Bußgeldvorschriften mit Blick auf die zu besprechenden Problemkreise ohnehin nur von begrenzter Bedeutung sind[28].

Um den Umfang der Arbeit in Grenzen zu halten, wird des weiteren auf eine eingehende Darstellung und Auseinandersetzung mit den *(Straf-)Rechtsordnungen der Mitgliedstaaten* verzichtet[29]. Angesichts der bestehenden zahlreichen rechtsvergleichenden Untersuchungen, die die für die Zwecke der vorliegenden Arbeit erforderlichen Bezüge des europäischen Modells zu strafrechtlichen Instituten und dogmatischen Konzeptionen

---

24 Näher dazu PAPAKIRIAKOU, Das griechische Verwaltungsstrafrecht, § 3 I.

25 Nach der am 1. Mai 1999 in Kraft getretenen neuen Fassung des EG-Vertrages (mit den Änderungen durch den Vertrag von Amsterdam vom 2.10.1997) sind Art. 85 und 86 in Art. 81 und 82 umnumeriert worden. Inhaltliche Änderungen haben sich nicht ergeben.

26 VO Nr. 17 des Rates v. 6.2.62, ABl. Nr. C 13/204.

27 Einen Überblick über die kartellrechtlichen sowie die auf Verstöße gegen (Krisen-)Maßnahmen der Kommission im EGKS-Bereich bezogenen Bußgeldvorschriften des primären und sekundären Gemeinschaftsrechts liefern TSOLKA, S. 39 ff.; BÖSE, S. 137 ff.; DANNECKER, Strafrecht der EG, S. 83 f., 123 f. und 128; siehe auch TIEDEMANN, in: FS für Jescheck, S. 1413 f.

28 Die Bußgeldvorschriften der europäischen FusKontrVO sind zum ersten Mal im Jahr 1998 im Samsung / AST-Verfahren zur Anwendung gekommen, in dem eine Geldbuße in Höhe von (nur) 33.000 ECU verhängt wurde, siehe dazu *KOME* v. 11.2.98, *Samsung / AST*, Competion Policy Newsletter 1998, Number 2, S. 71 f.

29 Einen rechtsvergleichenden Überblick über die materiellrechtlichen dogmatischen Grundlagen der mitgliedstaatlichen Strafrechtsordnungen gibt TIEDEMANN, in: FS für Lenckner, S. 415 ff.; DERS., ZStW 110 (1998), 497 ff.; zur Bedeutung, zu den Methoden und zu den Zielen der Strafrechtsvergleichung siehe JUNG, JuS 1998, 1 ff.

der Mitgliedstaaten herstellen und die grundsätzliche Vereinbarkeit des europäischen Verwaltungs- und Unternehmensstrafrechts mit den fundamentalen, den Mitgliedstaaten gemeinsamen strafrechtlichen Prinzipien belegen[30], kann ein solcher Verzicht ohne besondere Probleme vorgenommen werden. Der Schwerpunkt der vorliegenden Arbeit liegt außerdem nicht darin, Lücken des ungeschriebenen Allgemeinen Teils des europäischen Verwaltungs- und Unternehmensstrafrechts im Wege einer kritisch-wertenden Rechtsvergleichung zu schließen[31]. Im Vordergrund des Forschungsinteresses steht vielmehr eine systematische Bestandsaufnahme der Praxis der Gemeinschaftsorgane zu ausgewählten Grundlagenproblemen, mit denen auch das griechische Kartellverwaltungsstrafrecht konfrontiert wird.

Ebenfalls aus Gründen einer sinnvollen Begrenzung des Umfangs der Arbeit, wird schließlich die Untersuchung nicht auf sämtliche mit dem Unternehmensstrafrecht zusammenhängenden materiellrechtlichen Fragen erstreckt, sondern auf *ausgewählte Grundlagenprobleme* beschränkt (Anwendung von strafrechtsspezifischen Auslegungsmaßstäben, Strukturierung von Rechtfertigungsgründen, Bestimmung der Normadressaten und Handlungssubjekte des Kartellbußgeldrechts und Schuldfeststellung). Alle diese Fragenkomplexe sind zwar (auch) für den dogmatischen Aufbau des Unternehmensstrafrechts, wie dieses oben definiert wurde, von grundlegender Bedeutung. Unter systematischen Aspekten ist allerdings zugleich hervorzuheben, daß lediglich die Fragenkreise des Normadressaten und der Schuld streng auf das Unternehmensstrafrecht bezogen sind. Die beiden anderen Fragenkreise (Anwendung von strafrechtsspezifischen Auslegungsmaßstäben und Strukturierung von Rechtfertigungsgründen) sind dagegen für das ganze verwaltungsstrafrechtliche Gebiet, also *auch* für das Ordnungswidrigkeitenrecht, wie dieses ebenfalls oben inhaltlich bestimmt wurde, von unmittelbarer Relevanz. Sie betreffen nämlich dogmatische Probleme, die nicht mit dem besonderen Wesen des Sanktionssubjekts (Unternehmen, Kollektivpersonen), sondern mit der besonderen Natur der zwischen Verwaltungsrecht und Kriminalstrafrecht angesiedelten verwaltungsstrafrechtlichen Normen zusammenhängen.

Das europäische Modell wird insoweit dahingehend überprüft, ob es in seiner heutigen Gestalt Lösungen bereithält, die bei der notwendigen Weiterentwicklung des griechischen Verwaltungs- bzw. Unternehmensstrafrechts (in Kartellsachen) eine Vorbildfunktion übernehmen können. Als vorbildliche Lösungen sind in diesem Zusammenhang solche zu verstehen, die die mit dem Verwaltungs- und Unternehmensstrafrecht (in Kartellsachen) verbundenen, oben angerissenen theoretischen und praktischen Probleme in einer effizienten, dogmatisch-konsistenten und mit dem modernen liberalen Strafrechtsverständnis verträglichen Weise in den Griff bekommen können. Nicht unerhebliche Bedeutung für die Bestimmung dieses libe-

30 Vgl. TSOLKA, S. 71 ff. (Gesetzlichkeitsprinzip), 124 ff. (Straftatlehre), 188 ff., 194 ff., 203 ff. (Rechtfertigungsgründe), 213 ff. (Schuldprinzip), 253 ff. (Irrtumslehre), 269 ff. (Täterschafts- und Teilnahmelehre); HAMANN, S. 123 ff. (Täterschafts- und Teilnahmelehre, Lehre der Unterlassungsdelikte, Lehre der Strafbarkeit juristischer Personen); WAGEMANN, S. 145 ff. (Rechtfertigungs- und Entschuldigungsgründe); HILDEBRANDT, S. 91 ff. (Irrtumslehre); zusammenf. BÖSE, S. 149 ff.

31 Siehe dazu bereits TIEDEMANN, in: FS für Jescheck, S. 1411 f., der allerdings nunmehr von einem vom EuGH entwickelten "nahezu kompletten Allgemeinen Teil" spricht, vgl. DERS., in: FS für Lenckner, S. 413.

ralen Strafrechtsverständnisses wird dabei der deutschen Strafrechtslehre beigemessen. Dies erklärt sich nicht nur aus dem (oben erwähnten) Ziel, die Ergebnisse der Arbeit auch für die laufende unternehmensstrafrechtliche Reformdiskussion in Deutschland fruchtbar zu machen, sondern auch aus der engen "Verwandtschaft" des deutschen mit dem griechischen Strafrechtsdenken[32]. Die Auseinandersetzung - die neben den allgemeinen Parametern der gestellten Fragen auch die spezifischen Merkmale der europäischen supranationalen Rechtsordnung berücksichtigt, um sinnvolle Differenzierungen zu ermöglichen – soll letztlich die Bausteine konkretisieren, die für den Aufbau eines modernen, logisch-konsistenten und rechtsstaatlich geprägten, aber zugleich auch effizienten Verwaltungs- und Unternehmensstrafrechts geeignet sind.

C. *Gang der Untersuchung*

In einem sogleich anschließenden Abschnitt wird die Rechtsnatur der europäischen Unternehmensgeldbußen und die möglichen Vorbildfunktionen der auf sie bezogenen, von den Gemeinschaftsorganen entwickelten Dogmatik behandelt. Damit soll der Nachweis für die oben betonte strafrechtliche Zugehörigkeit des europäischen Kartellbußgeldrechts geführt und Möglichkeiten für eine - über das griechische und das deutsche Recht hinausgehende - Ausnutzung der Ergebnisse der Arbeit aufgezeigt werden.

Sodann - und in Anlehnung an die Reihenfolge der eingangs formulierten Fragestellungen - wird im *zweiten Teil* der Arbeit die Frage aufgeworfen, ob strafrechtsspezifische Auslegungsregeln (Analogieverbot, enge Auslegung von Generalklauseln und unbestimmten Begriffen) im Verwaltungsstrafrecht zur Geltung kommen können. Angesichts der Verflechtung von verwaltungs*sanktions*rechtlichen und verwaltungs*straf*rechtlichen Vorschriften im Kartellrecht steht dieser Fragenkreis im engen funktionalen Zusammenhang mit dem Problem der *Normambivalenz* und wird deswegen auch unter diesem Stichwort behandelt. Ausgangspunkt ist hierbei die für das griechische und das europäische Kartellrecht gleichermaßen geltende Erkenntnis, daß (mittels der Blankettechnik) an dieselben (in Tatbeständen typisierten) Verletzungen von Kartellnormen sowohl rein verwaltungsrechtliche Maßnahmen und Sanktionen (Verbotsverfügungen, Zwangsgelder) als auch strafähnliche Sanktionen (Geldbußen) anknüpfen. Insoweit stellt sich die Frage, ob auf die gleichlautenden Tatbestände der verwaltungsrechtlichen und der strafähnlichen Sanktionsgesetze einheitliche Auslegungsregeln zur Anwendung kommen müssen, oder ob vielmehr eine an der unterschiedlichen Natur der vorgesehenen Sanktionen ausgerichtete Differenzierung der (Stringenz der) Auslegungsmaßstäbe vorzuneh-

---

32 Zum historischen Hintergrund dieser "Verwandtschaft" siehe MANGAKIS, in: MEZGER / SCHÖNKE / JESCHECK, Das ausländische Strafrecht der Gegenwart, S. 261 f.; PHILIPPIDES, ZStW 70 (1958), 53 ff.

men und damit ein Auseinanderfallen der Auslegungsergebnisse (Normspaltung) je nach Sanktionsgebiet zu fordern ist.

Anschließend wird im *dritten Teil* der Arbeit auf die Frage nach dem Zusammenspiel von verwaltungsrechtlichem und strafrechtlichem Systemdenken bei der Anwendung der kartellrechtlichen Bußgeldvorschriften eingegangen, wobei exemplarisch neben dem Problem der Anerkennung von klassischen strafrechtlichen *Rechtfertigungsgründen* (Notwehr, Notstand) im Verwaltungsstrafrecht in Kartellsachen auch die Möglichkeiten der Aufnahme typischer verwaltungssanktionsrechtlicher "Rechtfertigungsgründe" (höhere Gewalt) in das bußgeldrechtliche System sowie der - im Verwaltungsstrafrecht oft auftretende - Konflikt zwischen materieller Rechtmäßigkeit und Verletzung der Behördenpublizität behandelt werden.

Sodann wird im *vierten Teil* der Arbeit der Frage nach den Adressaten und *Handlungssubjekten* der kartellrechtlichen Bußgeldnormen nachgegangen. Diese Frage ist insoweit von Interesse, als in diesem Rahmen die - für das Unternehmensstrafrecht sehr bedeutsamen - dogmatischen Konzepte der Kommission und der europäischen Gerichte für die Erfassung der arbeitsteiligen Tätigkeit von Konzernen und für die Zurechnung der Verantwortung im Falle der Rechtsnachfolge behandelt werden.

Schließlich wird im *fünften Teil* der Arbeit untersucht, wie die in den Bußgeldvorschriften der europäischen KartellVO vorgesehenen *Schuldmerkmale* ("Vorsatz" und "Fahrlässigkeit") zu verstehen sind und welche Aspekte der inneren Einstellung des Täters bei der Begründung der Ahndbarkeit insgesamt berücksichtigt werden müssen. In diesem Zusammenhang wird auch die Frage gestellt, wie die subjektive Einstellung von Unternehmen / juristischen Personen zu ermitteln ist und welchen Inhalt der gegen sie gerichtete Vorsatz- oder Fahrlässigkeitsvorwurf hat.

Eine ausführliche *Zusammenfassung* soll schließlich die Hauptergebnisse der Arbeit in einen systematisch-funktionalen Zusammenhang stellen und den gezielten Zugriff auf einzelne Abschnitte der Arbeit erleichtern.

II. Zur Rechtsnatur und zu den denkbaren Vorbildfunktionen des europäischen Kartellbußgeldrechts

A. Zur strafrechtlichen Rechtsnatur der europäischen Unternehmensgeldbußen

Zum Beweis der strafähnlichen Rechtsnatur der europäischen Geldbußen bedarf es keiner langen Ausführungen. Dafür liegen bereits eindeutige Aussagen der Gemeinschaftsorgane vor, die die repressiv-ahndende (vergeltende), die generalpräventiv-abschreckende sowie die spezialpräventive Funktion der Geldbußen des europäischen Wettbewerbsrechts hervorheben[33].

EuG Urt. v. 7.7.94, Rs. T-43/92, *Dunlop*[34]: "Die Klägerin beruft sich auf das Fehlen von Präzedenzfällen, in denen die Kommission das Verhalten von Unternehmen, das dem ihren vergleichbar sei, beanstandet hätte. Wenn es auch keine *Strafe* ohne Verschulden geben kann..., so können zu *ahndende* Verstöße gegen die Wettbewerbsregeln nach der Rechtsprechung des Gerichtshofes ... und des Gerichts ... doch vorsätzlich oder fahrlässig begangen werden; es genügt, daß der Zuwiderhandelnde wissen mußte, daß sein Verhalten zu einer Wettbewerbsbeschränkung führen würde."

EuG Urt. v. 10.3.92, Rs. T-12/89, *Solvay*[35]: "Das Gericht stellt fest, daß die Befugnis der Kommission, Geldbußen gegen Unternehmen zu verhängen, die vorsätzlich oder fahrlässig gegen Artikel 85 Absatz 1 EWG-Vertrag [= Art. 81 Abs. 1 EGV n.F.] verstoßen, nach der Rechtsprechung des Gerichtshofes zu den Befugnissen gehört, die der Kommission eingeräumt worden sind, um sie in die Lage zu versetzen, die ihr durch das Gemeinschaftsrecht übertragene Überwachungsaufgabe zu erfüllen. Diese Aufgabe umfaßt nach Ansicht des Gerichtshofes zwar die Pflicht, *einzelne Zuwiderhandlungen* zu ermitteln und *zu ahnden*; sie enthält aber auch den Auftrag, eine allgemeine Politik mit dem Ziel zu verfolgen, die im Vertrag niedergelegten Grundsätze auf das Wettbewerbsrecht anzuwenden und das *Verhalten der Unternehmen* in diesem Sinne *zu lenken*. Daher hat die Kommission bei der für die Festsetzung der Geldbuße erforderlichen Beurteilung der Schwere einer Zuwiderhandlung nicht nur die besonderen Umstände des Einzelfalls, sondern auch den Kontext der Zuwiderhandlung zu berücksichtigen und sicherzustellen, daß ihr Vorgehen vor allem in bezug auf solche Zuwiderhandlungen, die die Verwirklichung der Ziele der Gemeinschaft besonders beeinträchtigen, die *notwendige abschrekkende Wirkung* hat. Nach Ansicht des Gerichtshofes darf die Kommission auch dem

---

33 Neben den im Text folgenden Zitaten vgl. auch: zur vergeltenden und spezialpräventiven Funktion der Geldbuße *EuGH* Urt. v. 15.7.70, Rs. 41/69, *ACF Chemiefarma*, Slg. 1970, S. 661 [Rdn. 172/176]; *EuGH* Urt. v. 15.7.70, Rs. 44/69, *Buchler*, Slg. 1970, S. 733 [Rdn. 49]; zur präventiven (abschreckenden) Funktion der Buße *EuGH* Urt. v. 7.6.83, verb. Rs. 100-103/80, *Musique Diffusion Française ("Pioneer")*, Slg. 1983, S. 1825 [Rdn. 104 und 106]. Zu den mit der Geldbuße verfolgten Zwecken vgl. nunmehr zusammenf. auch *Kommission*, "Leitlinien für das Verfahren zur Festsetzung von Geldbußen, die gemäß Artikel 15 Absatz 2 der Verordnung Nr. 17 und gemäß Artikel 65 Absatz 5 EGKS-Vertrag festgesetzt werden", ABl. 1998 Nr. C 9/3: "[Teil 1 A] ... Es wird auch nötig sein, die tatsächliche wirtschaftliche Fähigkeit der Urheber der Verstöße, Wettbewerber und den Verbraucher wirtschaftlich in erheblichem Umfang zu schädigen, zu berücksichtigen und die Geldbuße auf einen Betrag festzusetzen, der eine *hinreichend abschreckende Wirkung* entfaltet... [Teil 1 B] ... Grundsätzlich soll der Aufschlag bei Verstößen von langer Dauer gegenüber der bisherigen Praxis spürbar erhöht werden, um die Wettbewerbsbeschränkungen, die sich auf die Verbraucher dauerhaft schädlich ausgewirkt haben, *wirksam zu ahnden*... [Teil 2] ... Erfordernis, die Geldbuße zu erhöhen, um den Betrag der aufgrund der Verstöße *unrechtmäßig erzielten Gewinne zu übertreffen*, sofern dieser Betrag objektiv ermittelt werden kann... [Teil 5 lit. b] Nach Durchführung der vorstehenden Berechnungen kann es je nach Fall angezeigt sein, im Hinblick auf die entsprechende Anpassung der vorgesehenen Geldbußen einige objektive Faktoren zu berücksichtigen, wie z.B. ... die von den Beteiligten an dem Verstoß eventuell *erzielten wirtschaftlichen oder finanziellen Vorteile.*"

34 Slg. 1994, II-441 [Rdn. 142].

35 Slg. 1992, II-907 [Rdn. 309].

Umstand Rechnung tragen, daß derartige Praktiken wegen des Gewinns, den eine Reihe der betroffenen Unternehmen daraus ziehen kann, immer noch verhältnismäßig häufig sind, obwohl ihre Rechtswidrigkeit von Beginn der gemeinschaftlichen Wettbewerbspolitik an festgestanden hat; *sie kann daher das Niveau der Geldbußen anheben, um deren abschreckende Wirkung zu verstärken.* Der Gerichtshof hat daraus abgeleitet, daß die Kommission dadurch, daß sie in der Vergangenheit für bestimmte Arten von Zuwiderhandlungen Geldbußen in einer bestimmten Höhe verhängt hat, nicht daran gehindert wird, dieses Niveau innerhalb der in der Verordnung Nr. 17 gezogenen Grenzen anzuheben, wenn dies erforderlich ist, um die Durchführung der gemeinschaftlichen Wettbewerbspolitik sicherzustellen."

EuGH Urt. v.15.7.70, Rs. 45/69, *Boehringer*[36]: "Die in Art. 15 VO 17 vorgesehenen Sanktionen sind keine Zwangsgelder. Ihr Zweck besteht ebensosehr darin, unerlaubte Handlungsweisen zu *ahnden*, wie darin, ihrer *Wiederholung vorzubeugen.*"

Die europäischen Geldbußen vereinigen also alle typischen Strafzwecke in sich[37] und lassen sich danach ohne Bedenken als *Strafen* einstufen, die allerdings wegen ihrer stärker präventiv orientierten Zielsetzung[38] und der Tatsache, daß sie - nach dem eindeutig zum Ausdruck gebrachten Willen des europäischen Gesetzgebers[39] - an der typischen Stigmatisierungsfunktion der Kriminalstrafen nicht teilhaben[40], systematisch nicht dem Kriminalstrafrecht, sondern dem Strafrecht i.w.S. unterfallen[41].

---

36 Slg. 1970, S. 769 [Rdn. 53].

37 Vgl. zur Diskussion über die möglichen Strafzwecke JESCHECK / WEIGEND, Lehrbuch [5. Aufl.], S. 66 ff.

38 Vgl. dazu DANNECKER (in: I/M EG-WbR [1997], VO 17 Art. 15, Rdn. 291), der in der weitgehenden Berücksichtigung der freiwilligen Abstellung des Wettbewerbsverstoßes und des kooperativen Verhaltens im Rahmen des Kartellverfahrens einen Beleg dafür sieht, daß die Kommission den präventiven Zielen den Vorrang gegenüber der Repression einräumt; vgl. auch DERS., a.a.O., VO 17 Vorb. Art. 15, Rdn. 22 f.; DERS., MschrKrim 74. Jahrgang (1991), 279 ff., insb. 281: "Die Androhung von Geldbußen wurde also mit der damit verbundenen Publizität teilweise als Druckmittel eingesetzt, um die Unternehmen zur Kooperation zu zwingen. Dieses Vorgehen wurde selbst bei schwerwiegenden und eindeutigen Wettbewerbsverstößen gewählt, wenn nur durch eine rasche Änderung des Wettbewerbsverhaltens die Verdrängung eines Konkurrenzunternehmens verhindert werden konnte. In solchen Fällen stellte die Kommission die soziale Kontrolle hinter der Aufgabe der Konfliktbereinigung und verzichtete im Interesse der Erhaltung des Konkurrenzunternehmens notfalls sogar auf eine förmliche Entscheidung und damit zwangsläufig auch auf Geldbußen."

39 Art. 15 Abs. 4 VO 17: "Die Entscheidungen auf Grund der Absätze (1) und (2) sind nicht strafrechtlicher Art."

40 Vgl. HARDING, 16 C.M.L.Rev. 1979, 595 ("The specific stigma associated with a criminal sanction under municipal law will not attach to the subject of this fine."); KOCH, in: GRABITZ / HILF [1. Grdlfg.], nach Art. 87, VO Nr. 17 Art. 15, Rdn. 5 ("Art. 15 Abs. 4 will klarstellen, daß die Geldbuße als Strafe weder entehrender noch stigmatisierender krimineller Natur ist."); TIEDEMANN, in: FS für Jescheck, S. 1415 ff. ("mit repressiver Zwecksetzung, aber ohne den sittlichen Tadel der Kriminalstrafe") mit weiteren rechtsvergleichenden Nachw., insb. in der Anm. 22.

41 DANNECKER, in: I/M EG-WbR [1997], VO 17 Art. 15, Rdn. 207.

Im Hinblick auf die soeben geschilderten Erkenntnisse sollte die Bedeutung der Einordnung der europäischen kartellrechtlichen Geldbußen in eine den Mitgliedstaaten bereits bekannte dogmatische Sanktionskategorie[42] in der modernen Diskussion nicht überschätzt werden[43]. Insbesondere der lange Zeit lebhaft geführte Streit, ob die fraglichen Geldbußen den verwaltungsrechtlichen "*sanctions administratives*" des französischen Rechts[44], den ordnungswidrigkeitenrechtlichen "*Geldbußen*" des deutschen Rechts[45], oder möglicherweise den kriminalstrafrechtlichen "*fines*" des englischen Rechts ähneln[46], dürfte angesichts der oben geschilderten internationalen Rechtsentwicklung bezüglich der Reichweite der Strafgarantien im öffentlich-rechtlichen Bereich als überholt betrachtet werden. Soweit sich nämlich im Anschluß an die Rechtsprechung des EGMR allmählich ein in internationalen Kongressen und mitgliedstaatlichen Reformbestrebungen immer öfter manifestierender europaweiter Konsens bildet, daß alle repressiv-ahndenden Sanktionen - unabhängig von ihrer formellen Bezeichnung - dem Wirkungskreis der klassischen strafrechtlichen Garantien zu unterwerfen sind[47], können die von den Gemeinschaftsorganen ausdrücklich als repressiv-ahndend wirkend anerkannten Geldbußen des Gemeinschaftsrechts *direkt* in den Genuß der klassischen Strafgarantien kommen. Um die dogmatische Zugehörigkeit der europäischen Geldbußen zum Strafrecht i.w.S. zu begründen und die Garantien des materiellen Strafrechts und des Strafverfahrensrechts in Geltung zu bringen[48], ist also die Identifizierung der europäischen Geldbußen mit einem der oben erwähnten mitgliedstaatlichen Sanktionsmodelle nicht mehr erforderlich.

Schlußanträge des GA *Vesterdorf* v. 10.7.91 im *Polypropylen*-Fall[49]: "Ich denke dabei an das klar zu erkennende Spannungsfeld ... zwischen dem formellen Rahmen der Rechtssachen, den ein Verwaltungsverfahren mit anschließender richterlicher Rechtmäßig-

---

42 Zusammenfassend zu dieser Diskussion DANNECKER, in: I/M EG-WbR [1997], VO 17 Art. 15, Rdn. 199 und 202 ff.; siehe auch WINKLER, Die Rechtsnatur der Geldbuße, S. 50 ff.; BÖSE, S. 139 ff.; WAGEMANN, S. 14 ff.; SCHROTH, Economic Offences, S. 144 ff.; SIOHL, S. 26 ff.; HILDEBRANDT, S. 11 ff.

43 So auch TIEDEMANN, in: FS für Jescheck, S. 1418.

44 Nachweise über diese vor allem durch das französischsprachige Schrifttum vertretene Ansicht bei WAGEMANN, S. 16 Anm. 52.

45 Nachweise über diese vorwiegend im deutschen Schrifttum vertretene Ansicht bei WAGEMANN, S. 18 f.

46 Vgl. den von SCHROTH (Economic Offences, S. 186 f.; DERS., wistra 1984, S. 165 Anm. 9) vertretenen kriminalstrafrechtlichen Ansatz, der eher unter dem Einfluß des englischen Rechts formuliert wird - vgl. dazu auch TIEDEMANN, ZStW 102 (1990), 101 f.; weitere Nachweise über die vereinzelt in der italienischen und niederländischen Literatur vertretene kriminalstrafrechtliche Einstufung der EG-Geldbußen finden sich bei WAGEMANN, S. 15.

47 Vgl. dazu die Nachweise oben im Text, I A.

48 Zu diesem, den Meinungsstreit prägenden Grundgedanken, siehe nur DANNECKER, in: I/M EG-WbR [1997], VO 17 Art. 15, Rdn. 200.

49 Verb. Rs. T-1/89 u.a., Slg. 1991, II-869 [S. 884 f.].

keitskontrolle bildet, einerseits und dem *Inhalt der Rechtssachen, die im großen und ganzen alle Merkmale einer Strafsache* aufweisen, andererseits. In verschiedenen Fällen lassen sich die *Ausführungen der Parteien allein mit Hilfe der strafrechtlichen und strafprozessualen Terminologie und Begriffswelt* verstehen... Da die Geldbußen, die nach Artikel 15 der Verordnung Nr. 17 gegen Unternehmen festgesetzt werden können, - trotz des Absatzes 4 dieses Artikels - in Wirklichkeit, was durch das Urteil des Gerichtshofes für Menschenrechte in der Öztürk-Rechtssache nach meiner Meinung bestätigt wird, *strafrechtlichen Charakter* haben, ist es von entscheidender Bedeutung, daß das Gericht dabei mitwirkt, einen Rechtszustand zu verwirklichen, gegen den sich keine aufgrund der Europäischen Menschenrechtskonvention berechtigte Kritik vorbringen läßt."

EuGH Urt. v. 8.7.99, Rs. C-199/92 P, *Hüls*[50]: "[Rdn. 149] In diesem Zusammenhang ist anzuerkennen, daß die Unschuldsvermutung, wie sie sich insbesondere aus Artikel 6 Absatz 2 der Europäischen Menschenrechtskonvention ergibt, zu den Grundrechten gehört, die nach ständiger Rechtsprechung des Gerichtshofes, die im übrigen durch die Präambel der Einheitlichen Europäischen Akte und durch Artikel F Absatz 2 des Vertrages über die Europäische Union erneut bekräftigt wurde, in der Gemeinschaftsrechtsordnung geschützt werden... [Rdn. 150] Ferner ist anzuerkennen, daß der *Grundsatz der Unschuldsvermutung* angesichts der *Art der fraglichen Zuwiderhandlungen* sowie der *Art und der Schwere der für sie verhängten Sanktionen* in Verfahren wegen der für die Unternehmen geltenden Wettbewerbsregeln anwendbar ist, die zur Verhängung von Geldbußen oder Zwangsgeldern führen können (dahin gehend u. a. die Urteile des Europäischen Gerichtshofes für Menschenrechte vom 21. Februar 1984 in der Rechtssache Öztürk, Serie A, Bd. 73, und vom 25. August 1987 in der Rechtssache Lutz, Serie A, Bd. 123-A)."[51]

Die bisherigen Versuche haben außerdem gezeigt, daß Parallelen zwischen den europäischen Geldbußen und den mitgliedstaatlichen in Frage kommenden rechtlichen Instituten nur beschränkt gezogen werden können, und daß auch diese Parallelen in einigen Fällen nur unnötige Mißverständnisse und Hindernisse für die dogmatische Weiterentwicklung des europäischen Bußgeldrechts bereiten können.

Geht man beispielsweise davon aus, das europäische Bußgeldrecht sei dem deutschen Ordnungswidrigkeitenrecht nachgebildet, so gerät man schnell in die Gefahr, die Zurechnungsprinzipien des deutschen OWiG auf das EG-Bußgeldrecht zu projizieren. So versucht z.B. BÖSE, der die ordnungswidrigkeitenrechtliche Auffassung vertritt[52], die europäische Bußgeldpraxis unter Zugrundelegung des deutschen Zurechnungsmusters zu erklären und führt dementsprechend aus[53]:

"Auch wenn die Kommission in den von ihr erlassenen Entscheidungen bei der Festlegung der Sorgfaltsanforderungen auf unternehmensbezogene Faktoren abstellt, bedeutet dies nicht, daß das Gemeinschaftsrecht eine eigene Handlungs- und Schuldfähigkeit juristischer Personen anerkennt... Die [in den Entscheidungen und den Urteilen der EG-Organe] ... enthaltenen Formulierungen, die auf ein Verschulden der juristischen

---

50 Slg. 1999, I-4287.

51 Vgl. auch *EuGH* Urt. v. 8.7.99, Rs. C-235/92 P, *Montecatini*, Slg. 1999, I-4539 [Rdn. 175 f.].

52 BÖSE, S. 148: "Die Geldbuße ist nach alledem als eine Verwaltungssanktion anzusehen, die der Geldbuße des Ordnungswidrigkeitenrechts in Deutschland, Italien und Portugal entspricht."

53 BÖSE, S. 184 f. und Anm. 7.

Personen selbst hinzuweisen scheinen, können damit erklärt werden, daß nicht das Verhalten einer bestimmten natürlichen Person zugerechnet werden soll, sondern daß zumindest einem leitenden Organ eine Aufsichtspflichtverletzung vorzuwerfen ist. So kann auch nach deutschem Recht bei Anwendung des § 30 OWiG offenbleiben, das Verhalten welcher konkreten natürlichen Person zugerechnet wird, wenn feststeht, daß ein Organ seine Aufsichtspflicht verletzt hat. Grundlage der bußgeldrechtlichen Verantwortlichkeit bleibt also das der juristischen Person zurechenbare, schuldhafte Verhalten natürlicher Personen. Allein der 'Zurechnungsendpunkt' für die Rechtsverletzung wird von der natürlichen auf die juristische Person verschoben."

Die Übertragung des deutschen Gedankengutes, das auf der Zurechnung der Straftat oder Ordnungswidrigkeit eines gesetzlichen Organs oder eines mit Handlungsvollmacht ausgestatteten leitenden Angestellten gegenüber dem Unternehmen beruht[54], auf das europäische Recht, das das Unternehmen als alleinigen Normadressaten und Sanktionssubjekt ohne Bezug auf einzelne Individuen betrachtet, ist aber irreführend[55]. Die Anerkennung der konzeptionellen Selbständigkeit des europäischen Bußgeldrechts, das im Gegensatz zum deutschen Modell[56] eine individualstrafrechtliche Einbindung bewußt vermeidet und zudem der Unternehmensverantwortung einen rechtsformübergreifenden Ansatz zugrunde legt[57], gewährt gerade die Chance, die Besonderheiten und die Ent-

---

54 Durch das 2. Gesetz zur Bekämpfung der Umweltkriminalität (UKG) wurde die in der deutschen Literatur oft kritisierte (vgl. TIEDEMANN, in: Verhandlungen des 49. DJT, Bd. I, Teil C, S. 57 f.; ACHENBACH, in: FS für Stree und Wessels, S. 560; MÜLLER, S. 66 ff. m.w.Nachw.; zur Diskussion vor der Verabschiedung des 2. UKG siehe ACHENBACH, JuS 1990, S. 606) Begrenzung des Anwendungsbereichs des § 30 OWiG auf gesetzliche Organe insoweit aufgehoben, als nunmehr auch die Straftaten oder Ordnungswidrigkeiten (sog. Anknüpfungstaten) von Generalbevollmächtigten oder von Prokuristen und Handlungsbevollmächtigten in leitender Stellung der juristischen Person (oder den dieser gleichgestellten Personenvereinigungen) zugerechnet werden können (§ 30 Abs. 1 Nr. 4); zum kompromißhaften Charakter der Reform siehe GÖHLER, OWiG [12. Aufl.], § 30 Rdn. 11 m.w.Nachw.

55 Zur fehlenden individualstrafrechtlichen Einbindung und demzufolge zur Fehlerhaftigkeit jedes Ansatzes individualstrafrechtlichen Deutung der EG-Unternehmensgeldbuße, vgl. SCHROTH, Unternehmen als Normadressaten, S. 135 f. und insbes. Fußn. 20: "Es widerspräche der direkten und rechtsformübergreifenden Anwendung der EG-Geldbuße, würde man bei Unternehmen in Verbandsform die deliktischen Organhandlungen nach deutschem Muster individualstrafrechtlich deuten. Für eine solche Organtäterschaft fehlt jede Grundlage, zumal es auf der Ebene des EG-Rechts anders als im deutschen Recht keine individuelle strafrechtliche Verantwortlichkeit der Unternehmensorgane gibt. Für diese Sicht spricht auch die Rolle, die den Unternehmen nach der ganzen Konzeption des EG-Rechts zugedacht ist." - Zur Konzeption der Unternehmensschuld im europäischen Bußgeldrecht siehe ausführlich unten im Text, *Fünfter Teil.*

56 Zur individualstrafrechtlichen Einbindung des deutschen Konzepts siehe zuletzt BUSCH, Unternehmen und Umweltstrafrecht, S. 444.

57 Vgl. dazu SCHROTH, Unternehmen als Normadressaten, S. 134: "Zum anderen sind sanktionsmäßige Abstufungen zwischen Individual- und Verbandsunternehmen anders als im deutschen Recht nicht ersichtlich. Für eine Differenzierung nach Rechtsformen der Unternehmen bleibt strafrechtlich kein Raum. Die Sanktion trifft Unternehmen jeglicher Rechtsform in gleicher Weise, sie ist je nach der Rechtsform des Unternehmens entweder Individualsanktion oder Verbandssanktion. Folglich ist im EG-Recht das Modell einer rechtsformübergreifenden Unternehmensgeldbuße ohne Abstufungen verwirklicht, anders als im OWiG."

wicklungsdynamik des europäischen Modells auszunutzen. Nicht zu überhören sind letztlich die gewichtigen Stimmen in der deutschen Literatur, die sich gerade für eine *Vorbildfunktion* des europäischen Unternehmensstrafrechts in Kartellsachen für das deutsche Recht einsetzen[58].

Es wäre somit theoretisch richtiger und praktisch zweckmäßiger von der ***eigenständigen, strafähnlichen*** Natur der europäischen Geldbußen auszugehen[59] und damit dem europäischen Recht den Weg für seine Entwicklung zu einem modernen Unternehmensstrafrecht offen zu lassen[60].

Ob damit zugleich zweckmäßig ist - wie OTTO vorschlägt -, das "Band zum Strafrecht i.w.S." zu lösen und die (europäische) Geldbuße als "wirtschaftsaufsichtsrechtliches Sanktionsinstrumentarium" zu verstehen[61], ist zu bezweifeln. Die Überbetonung des instrumentalen, verwaltungsrechtlichen Elements der Geldbuße birgt nämlich die Gefahr in sich, daß die mühsam hergestellte Verbindung mit den strafrechtlichen Garantien in der Anwendungspraxis wieder aufgelöst wird. Die Begründung einer "eigenständige[n] Unternehmensverantwortung ..., die an Strukturen der Haftung für fehlerhafte Organisation ... anknüpft"[62], ist - wie dies an anderer Stelle begründet[63] und auch im fünften Teil der vorliegenden Arbeit gezeigt wird - auch innerhalb des (Verwaltungs-)Strafrechts möglich.

---

58 Vgl. z.B. MÜLLER-GUGENBERGER, in: DERS., Wirtschaftsstrafrecht [1992], § 19 Rdn. 52 f.; TIEDEMANN, in: I/M GWB [1992], Vor § 38 Rdn. 9; OTTO, Die Strafbarkeit von Unternehmen, S. 27 ff.

59 Vgl. etwa OEHLER, Internationales Strafrecht, Rdn. 939 f. und 944 (der sich allerdings hinsichtlich der Frage der Anwendung von Strafgarantien übermäßig zurückhaltend zeigt); TSOLKA, S. 51 f.; HEITZER, S. 20 f.

60 Dies entspricht auch der bisherigen Entwicklung der Spruchpraxis der Gemeinschaftsorgane, die keine Präferenzen für ein bestimmtes mitgliedstaatliches unternehmensstrafrechtliches Konzept zeigen, sondern eine stark an den Zielen und den Strukturen der Gemeinschaft orientierte Auslegung und Fortbildung des europäischen Kartellbußgeldrechts praktizieren. Die kartellbußgeldrechtliche Praxis läßt sich insoweit als charakteristisches Beispiel für die Veranschaulichung des *methodischen* Stellenwertes heranziehen, den die mitgliedstaatlichen dogmatischen Konstruktionen innerhalb der europäischen Rechtsprechung für die Ermittlung von allgemeinen Rechtsgrundsätzen und damit für die Fortbildung des Gemeinschaftsrechts besitzen. Neuere Forschungen kommen diesbezüglich zu dem Ergebnis, daß die in den Rechtsordnungen der Mitgliedstaaten angebotenen Lösungen und Rechtssätze dem EuGH lediglich als Quelle der Inspiration bei der Suche nach gemeinschaftsrechtlichen Rechtsgrundsätzen dienten. Die Ermittlung allgemeiner Grundsätze erfolge also prinzipiell *nicht* im Wege einer wertenden Rechtsvergleichung. Vielmehr gehe der EuGH von einer teleologischen Auslegung des Gemeinschaftsrechts aus, bei der Ziel und Strukturen des Gemeinschaftsrechts die entscheidende Rolle spielen. Im Vordergrund stehe die gemeinschaftsautonome, d.h. von nationalen Rechtsordnungen unabhängige Entwicklung allgemeiner Rechtsgrundsätze; siehe dazu WEIß, Die Verteidigungsrechte im EG-Kartellrecht, S. 11 ff., insb. S. 75 ff. und zusammenf. S. 441, Thesen 2, 4 und 7; vgl. auch STREINZ, Europarecht (4. Aufl.), Rdn. 361.

61 OTTO, Die Strafbarkeit von Unternehmen, S. 25 und 28; vgl. auch DERS., Jura 1998, 417 f.

62 Siehe die Hinweise in der vorherigen Anmerkung.

63 PAPAKIRIAKOU, Das griechische Verwaltungsstrafrecht, §§ 7 ff.

B. Zu den möglichen Vorbildfunktionen des europäischen Kartellbußgeldrechts

Die modernen dogmatischen Strukturen des europäischen unternehmensstrafrechtlichen Modells, das - wie später ausführlich dargestellt wird - auf klassischen strafrechtlichen Grundsätzen (sinngemäß) aufbaut, ohne wesentliche Effektivitätsverluste hinnehmen zu müssen, lassen sich nicht nur für die oben hervorgehobene benötigte Umgestaltung der geltenden Rechtslage in Griechenland sowie für die laufende Reformdiskussion in Deutschland als denkbares Vorbild ansehen. Eine wegweisende Rolle könnte dem EG-Kartellbußgeldrecht auch im Hinblick auf das werdende Verwaltungsstrafrecht der Europäischen Gemeinschaften zuerkannt werden.

Das gemeinschaftliche Verwaltungsstrafrecht erhielt eine neue Dimension, nachdem der Rat im Dezember 1995 die VO über den Schutz der finanziellen Interessen der Europäischen Gemeinschaften[64] als allgemeinen rechtlichen Rahmen der Gemeinschaftssanktionen erließ[65] und dabei die Absicht bekundete, die im (beschränkten) Rahmen der gemeinsamen Agrarpolitik vorgesehenen verwaltungsrechtlichen Sanktionen der Gemeinschaft[66] auch in die anderen Politikbereiche einzuführen[67].

Das europäische Bußgeldrecht in Kartellsachen könnte nämlich unter vielen Aspekten hilfreiche Lösungen für die Überwindung der bei der Verhängung von Sanktionen in den anderen Sektoren der Gemeinschaftspolitik auftretenden dogma-

64 Verordnung (EG, Euratom) Nr. 2988/95 des Rates v. 18.12.95 "über den Schutz der finanziellen Interessen der Europäischen Gemeinschaften", ABl. 1995 Nr. L 312/1; vgl. dazu auch den von der Kommission am 7.6.94 vorgelegten "Vorschlag für eine Verordnung über den Schutz der finanziellen Interessen der Gemeinschaften", KOM (94) 214 endg., ABl. 1994 Nr. C 216/11, sowie den im Auftrag der Kommission von E. BACIGALUPO, G. GRASSO und K. TIEDEMANN ausgearbeiteten "Vorschlag einer EG-Verordnung über Grundsätze für die Anwendung gemeinschaftsrechtlicher Sanktionen" (abgedruckt in: SCHÜNEMANN / GONZÁLEZ (Hrsg.), Madrid-Symposium von Tiedemann, S. 465 ff.), der bei der endgültigen Fassung der VO nur begrenzt berücksichtigt wurde; zusammenf. zur Entstehungsgeschichte und zum Inhalt der VO mit Hinweisen auf die wichtigsten Mängel und Auslegungsschwieriegkeiten HEITZER, S. 121 ff.; DANNECKER, ZStW 108 (1996), 604 ff.; DERS., JZ 1996, 877 f. - Vgl. weiter VO (Euratom, EG) Nr. 2185/96 des Rates v. 11.11.96 "betreffend die Kontrollen und Überprüfungen vor Ort durch die Kommission zum Schutz der finanziellen Interessen der Europäischen Gemeinschaften vor Betrug und Unregelmäßigkeiten", ABl. 1996, Nr. L 292/2.

65 Einleitung, 4. Erwägungsgrund ("ein allen Bereichen der Gemeinschaftspolitik gemeinsamer rechtlicher Rahmen") und Art. 1 Abs. 1 VO Nr. 2988/95.

66 Eine systematische Darstellung der (punitiven) Verwaltungssanktionen der Gemeinschaft im Agrar- und Fischereisektor findet sich bei HEITZER, S. 27 f. und 47 ff.; vgl. auch BÖSE, S. 254 ff. (Agrarpolitik), 319 f. (Fischereipolitik), 320 ff. (Verkehrspolitik), 322 (gemeinsames Zollrecht), 323 ff. (Handelspolitik).

67 Vgl. insb. die Erwägungsgrunde Nr. 4 und 8 sowie Art. 1 Abs. 1 VO 2988/95. - Zu den verschiedenen Sanktionsarten im Gemeinschaftsrecht siehe Böse, S. 254 ff.

tischen Schwierigkeiten bereitstellen[68]. Es könnte insbesondere Instrumente anbieten, die u.a. die in Art. 7 vorgesehene Ahndbarkeit von juristischen Personen überzeugend erklären und strukturieren können[69].

In Betracht kommen unter anderem folgende Fragenkreise:

Rechtswidrigkeit - Die bisherige Verwaltungspraxis und Rechtsprechung zum Kartellrecht könnten zahlreiche Erkenntnisse bezüglich der Probleme liefern, die sich im Zusammenhang mit der Anerkennung von Notlagen und *Rechtfertigungsgründen* im Wirtschaftsstrafrecht stellen.

Schuld - In Art. 5 Abs. 1 der VO Nr. 2988/95 wird vorgesehen: "Unregelmäßigkeiten, die vorsätzlich begangen oder fahrlässig verursacht werden, können zu folgenden verwaltungsrechtlichen Sanktionen führen..." Dabei fragt sich, wie der "*Vorsatz*" und die "*Fahrlässigkeit*" zu verstehen sind, ob neben den diesen Begriffen zuzuordnenden subjektiven Momenten auch sonstige Aspekte der inneren Einstellung des Täters für die Begründung der Ahndbarkeit berücksichtigt werden müssen und wie eine *Irrtumslehre* auszusehen hat[70]. Darüber hinaus stellt sich die Frage, wie die subjektive Einstellung von *juristischen Personen* zu ermitteln ist und welchen Inhalt der gegen sie gerichtete Vorsatz- oder Fahrlässigkeitsvorwurf haben soll. Bei all diesen Fragestellungen könnte sich die langjährige Rechtsanwendungspraxis im Bereich des Kartellbußgeldrechts als sehr nützlich erweisen.

Verantwortung im Konzern - Nach Art. 7 Satz 2 VO Nr. 2988/95 können verwaltungsstrafrechtliche Maßnahmen oder Sanktionen der Gemeinschaft "auch gegenüber [natürlichen oder juristischen] Personen verhängt werden, die an der Begehung einer Unregelmäßigkeit mitgewirkt haben ... oder dafür zu sorgen haben, daß sie nicht begangen wird". Die dogmatischen Konzepte der Kommission und der europäischen Gerichte für die Erfassung der arbeitsteiligen Tätigkeit von Konzernen könnte bei der Verteilung der Verantwortung innerhalb von als *wirtschaftliche Einheit* tätig werdenden Unternehmensgruppen besonders hilfreich sein.

Die im folgenden am Beispiel des europäischen Bußgeldrechts in Kartellsachen darzustellenden Konzepte könnten daher (nach sachgemäßen Modifizierungen) sowohl für das gesamte griechische und deutsche Verwaltungs- bzw. Unterneh-

---

68 Die VO selbst erstreckt sich dagegen nicht auf die Geldbußen des Kartellrechts, denn sie betrifft nur Maßnahmen "zum Schutz der finanziellen Interessen der Gemeinschaften", vgl. Art. 1 Abs. 1 VO 2988/95.

69 Die VO selbst enthält weder besondere Zurechungsregeln für juristische Personen und andere Vereinigungen noch Regelungen zu Fragen des Irrtums und zu Not- und Konfliktlagen, vgl. dazu HEITZER, S. 128 und 130.

70 Vgl. DANNECKER, ZStW 108 (1996), 606 f., der mit Recht betont, daß sich bezüglich der (fehlenden) Irrtumsregelung "eine Orientierung an der Rechtsprechung des EuGH zum Irrtum im EG-Kartellordnungswidrigkeitenrecht angeboten" hätte, und zugleich feststellt, daß "[n]unmehr ... auf die allgemeinen Rechtsgrundsätze in den Rechtsordnungen der Mitgliedstaaten, die gemeinschaftsrechtliche Geltung haben, zurückgegriffen werden" müsse. Die vom EuGH im europäischen Bußgeldrecht rechtsfortbildend entwickelten Irrtumsregeln lassen sich allerdings gerade als Ausdruck dieser allgemeinen Rechtsgrundsätze auffassen und dürften insoweit auch für die von der VO erfaßten Materie eine wegweisende Rolle für sich in Anspruch nehmen.

mensstrafrecht als auch für die weiteren Bereiche der europäischen verwaltungsstrafrechtlichen Praxis von wesentlicher Bedeutung sein.

Im Hinblick darauf, daß die vorliegende Untersuchung eine Auseinandersetzung mit den Strafrechtsordnungen anderer (Mitglied-)Staaten nicht beabsichtigt[71], kann die Vorbildfunktion des europäischen Modells für das Unternehmensstrafrecht dieser Staaten hier nicht problematisiert werden. Indem sich allerdings im Rahmen der vorliegenden Arbeit stark darum bemüht wird, die darzustellenden Konzepte nicht nur an rechtsstaatlich geprägten dogmatischen Prämissen, sondern auch an Kriterien logischer Konsistenz zu messen, können die folgenden Ausführungen auch für andere Rechtsordnungen fruchtbar gemacht werden.

71 Siehe dazu oben im Text, I B.

Zweiter Teil: Normauslegung im Spannungsfeld zwischen Verwaltungseffizienz und strafrechtsspezifischen Auslegungsschranken

Der Terminus *rein verwaltungsrechtliche Sanktionen* wird im vorliegenden Teil in einem äußerst weiten Sinne benutzt. Er umfaßt nicht nur Zwangsgelder, sondern auch Verbotsentscheidungen, Bedingungen und Auflagen, Widerruf von Freistellungserklärungen, (zwangsgeldbedrohte) einstweilige Maßnahmen u.ä.. Dadurch soll erreicht werden, die *Verwaltungsstrafen* (Geldbußen) allen anderen *Mitteln der Eingriffsverwaltung* gegenüberstellen. Die Ausführungen im Text gewinnen dadurch Bedeutung auch für die Fälle, in denen es nicht um die Verhängung präventiver Verwaltungssanktionen (Zwangsgelder), sondern um das Ergreifen belastender Verwaltungsmaßnahmen (z.B. Besteuerungsmaßnahmen) - die eigentlich keine Sanktionen im normtheoretischen Sinne darstellen[1] - geht.

I. Die Normambivalenz - Problemstellung

A. *Terminologische Vorklärung*

Sowohl im europäischen als auch im griechischen Kartellrecht sind die an Unternehmen adressierten *Verhaltensnormen* nicht nur mit Geldbußen, sondern auch mit rein verwaltungsrechtlichen Sanktionen bewehrt[2]. Die kartellrechtlichen Verhaltensnormen wirken damit sowohl in das Bußgeld- als auch in das Verwaltungssanktionsrecht hinein (*ambivalente* Normen): Aus den (in objektiven Tatbeständen umschriebenen) Übertretungen der Verhaltensnormen und aus den entsprechenden (als Rechtsfolgen typisierten) angedrohten Geldbußen und Verwaltungssanktionen bilden sich jeweils verschiedene Rechtssätze, die im folgenden einerseits als *Bußgeldgesetze* und andererseits als *Verwaltungssanktionsgesetze* bezeichnet werden[3]. Es fragt sich nun, ob sich die Unterschiede zwischen diesen Sanktionsgesetzen nur auf die Rechtsfolgenseite beschränken oder ob sie sich auch auf die (äußerlich identisch gefaßte) objektive Tatbestandsseite erstrecken. Im ersteren Fall wäre von

---

1 Zum Sanktionsbegriff siehe PAPAKIRIAKOU, Das griechische Verwaltungsstrafrecht, § 5 *Einleitende Bemerkungen* sowie § 7 I m.w.Nachw.

2 Vgl. z.B. im *EG-Kartellrecht*: Art. 81 und 82 EGV n.F. i.V.m. Art. 15 Abs. 2 VO 17 (Geldbußen) einerseits und Art. 81 und 82 EGV n.F. i.V.m. Art. 3 VO 17 (Abstellungsverfügung), Art 8 VO 17 (Freistellung mit Bedingungen und Auflagen, Widerruf der Freistellungserklärung) und Art. 16 VO 17 (Zwangsgeld) andererseits; im *griechischen Kartellrecht*: Art. 1, 2 und 2a i.V.m. Art. 9 Abs. 1 lit. e KartellG (Geldbußen) einerseits und Art. 1, 2 und 2a i.V.m. Art. 9 Abs. 1 lit. b KartellG (Abstellungsverfügung), Art. 9 Abs. 1 lit. c / lit. d KartellG (Zwangsgeld), Art. 9 Abs. 4 KartellG (zwangsgeldbedrohte einstweilige Maßnahmen) und Art. 10 KartellG (Freistellung mit Bedingungen und Auflagen, Widerruf der Freistellungserklärung) andererseits.

3 Vgl. z.B. im *EG-Kartellrecht*: Art. 16 VO 17 (Verwaltungssanktionsgesetz) und Art. 15 VO 17 (Bußgeldgesetz); im *griechischen Kartellrecht*: Art. 9 Abs. 1 lit. c / lit. d KartellG (Verwaltungssanktionsgesetz) und Art. 9 Abs. 1 lit. e KartellG (Bußgeldgesetz).

einer Identität des Norminhalts in beiden Sanktionsgebieten, im letzteren Fall hingegen von einer Differenzierung des Norminhalts je nach Sanktionsgebiet, also von einer inhaltlichen Spaltung der ambivalenten Normen (*Normspaltung*) zu sprechen[4].

B. Normambivalenz, strafrechtsspezifische Auslegungsregeln und Blankettechnik

(1) Strafrechtsspezifische Auslegungsregeln und ihre Bedeutung für die Inhaltsbestimmung ambivalenter Normen

Die Frage nach einer Differenzierung des Norminhalts je nach Sanktionsgebiet stellt sich deswegen, weil die dem Rechtsanwender bei der Interpretation von Rechtsnormen zur Verfügung stehenden Möglichkeiten und Methoden[5] auf dem strafrechtlichen Gebiet besondere Einschränkungen erfahren. So gelten im Strafrecht als Ausprägungen des strafrechtlichen Gesetzlichkeitsprinzips[6] das Analogieverbot sowie das Gebot der engen Auslegung von (besonders) unbestimmten Rechtsbegriffen bzw. von Generalklauseln.

(a) Analogieverbot

Das Analogieverbot gehört zum festen Katalog der Besonderheiten strafrechtlicher Rechtsanwendung[7]. - Dies wird zwar in der Literatur mitunter mit dem Argument in Zweifel gezogen, daß die Rechtsfindung im allgemeinen auf Analogieschlüssen beruht, so daß ein Verbot der Analogie keinen Sinn mache[8]. Mit dieser - möglicher-

---

4 Vgl. zur Terminologie TIEDEMANN in: FS für Schaffstein, S. 197 (= Wirtschaftsstrafrecht, Bd. I, S. 188); HERSCHEL, NJW 1968, 534.

5 Hingewiesen sei insbesondere auf die Möglichkeiten und Methoden der (gesetzesimmanenten und gesetzesübersteigenden) richterlichen Rechtsfortbildung (siehe dazu LARENZ, Methodenlehre, S. 366 ff.), die der Sache nach ebenfalls eine (über den Wortlaut hinausgehende) Interpretation der Rechtsnormen darstellt, vgl. dazu OTTO, in :FS für Gitter, S. 717 f.

6 Zur Geltung dieses Prinzips im deutschen Recht siehe JESCHECK / WEIGEND, Lehrbuch [5. Aufl.], S. 126 ff.; zum griechischen Recht vgl. MANOLEDAKIS, Studien, S. 102 ff.; MANGAKIS, in: Systematische Auslegung des gr. StGB [1993], Art. 1 Rdn. 1 ff.; zum Gemeinschaftsrecht siehe DANNECKER, in: I/M EG-WbR [1997], VO 17 Vorb. Art. 15, Rdn. 27 ff.; BÖSE, S. 163 ff.

7 Vgl. JESCHECK / WEIGEND, Lehrbuch [5. Aufl.], S. 134 ff.; ESER, in: SCHÖNKE / SCHRÖDER [25. Aufl.], § 1 Rdn. 24 ff.; zur Geltung des Analogieverbots im griechischen Strafrecht als Ausprägung des verfassungsrechtlich verankerten (Art. 7 Abs. 1 gr. Verf.) Gesetzlichkeitsprinzips siehe MANOLEDAKIS, Strafrecht AT [4. Aufl.], Rdn. 38; MANGAKIS, in: Systematische Auslegung des gr. StGB [1993], Art. 1 Rdn. 54 m.w.Nachw.; zur Geltung des Analogieverbots in der Gestalt eines allgemeinen Rechtsgrundsatzes im Gemeinschaftsrecht siehe DANNECKER, in: I/M EG-WbR [1997], VO 17 Vorb. Art. 15, Rdn. 39; KOCH, in: GRABITZ / HILF [1. Grdlf.], nach Art. 87, VO 17 Art. 15, Rdn. 6; TSOLKA, S. 93 f.

8 Zur Diskussion siehe ESER, in: SCHÖNKE / SCHRÖDER [25. Aufl.], § 1 Rdn. 55 m.w.Nachw.; kritisch zu den von SAX (Das strafrechtliche Analogieverbot, eine methodologische Untersu-

weise aus der unglücklichen Bezeichnung "Analogie"verbot[9] veranlaßten - Argumentation wird aber der Sinn der fraglichen strafrechtsspezifischen Auslegungsregel verfehlt. Der Sinn des Analogieverbots ist danach nicht in einer Unterbindung der Analogie als eines gewöhnlichen Schlußverfahrens der juristischen Logik, sondern darin zu sehen, daß die *über den Wortlaut der konkreten Strafvorschrift hinausgreifende (systematische) Auslegung in malam partem* aus Rechtssicherheitsgründen und vor allem wegen der freiheitssichernden Funktion des Gesetzlichkeitsprinzips ausgeschlossen bleiben muß, auch wenn dies unter Umständen dazu führt, daß die das Gesetz durchziehenden - vom Wortlaut jedoch nicht gedeckten - Grundgedanken mißachtet werden[10], oder daß ähnlich gelagerte Sachverhalte ungleich behandelt werden[11].

(b) Gebot der engen Auslegung von Generalklauseln

Zum Katalog der strafrechtsspezifischen Auslegungsregeln gehört auch das Gebot der engen Auslegung von (besonders) unbestimmten Begriffen bzw. von Generalklauseln[12]. - Anders als das Analogieverbot wird zwar das genannte Gebot in

---

chung über die Grenzen der Auslegung im geltenden deutschen Strafrecht, 1953) und ARTHUR KAUFMANN (Analogie und "Natur der Sache". Zugleich ein Beitrag zur Lehre vom Typus, 1965) eingeleiteten Tendenzen einer Negierung des Analogieverbots wegen der vermeintlichen Unmöglichkeit einer Abgrenzung gegenüber der Gesetzesauslegung, MÖHRING, GRUR 1968, 542.

9 JESCHECK / WEIGEND, Lehrbuch [5. Aufl.], S. 135.

10 OTTO, in: FS für Gitter, S. 718.

11 Zum Aspekt der durch das strafrechtliche Analogieverbot bedingten Ungleichbehandlung siehe ESER, in: SCHÖNKE / SCHRÖDER [25. Aufl.], § 1 Rdn. 24, der unter Verweisung auf Art. 3 I GG hinzufügt, daß dieser Aspekt unter Umständen im Privatrecht zu einem Analogie*gebot* führe.

12 TIEDEMANN, in: FS für Schaffstein, S. 208; insbesondere zur gebotenen engen Auslegung der EG-Bußgeldnormen siehe KOCH, in: GRABITZ / HILF [1. Grdlf.], nach Art. 87, VO 17 Art. 15, Rdn. 6; TSOLKA, S. 104; TIEDEMANN, in: FS für Jescheck, S. 1424 f. ("Zwar ist in den Mitgliedstaaten durchaus umstritten, ob im Strafrecht allgemein ein Gebot enger Auslegung gilt. Jedoch kommt es auf diesen Streit hier bei dem Spezialproblem besonders unbestimmter Tatbestände nicht an"); zum griechischen Recht vgl. etwa ANDROULAKIS (PoinChr 1973, 516 f.), der die Verfassungsmäßigkeit von sehr unbestimmt formulierten Strafgesetzen nur dann annehmen will, wenn den unbestimmten Gesetzesbegriffen bei der Auslegung konkrete, den Umfang des Strafbaren begrenzende Schutzwerte zugrunde gelegt werden; siehe auch DAGTOGLOU, Allg. Verwaltungsrecht [3. Aufl.], Rdn. 290, der von der Notwendigkeit einer "engen Auslegung" von Verwaltungsstrafvorschriften sowie von Steuergesetzen spricht; vgl. ferner MANGAKIS, in: Systematische Auslegung des gr. StGB [1993], Art. 1 Rdn. 61, der von der Geltung des in dubio pro mittiore-Grundsatzes im Strafrecht ausgeht und damit den Inhalt des Gebots der engen Auslegung von Generalklauseln (siehe dazu sogleich im Text) bereits mit erfaßt. - Der Forderung einer engen Auslegung von Generalklauseln schloß sich für den Bereich des Wirtschaftsstrafrechts auch der XIII. AIDP-Kongress im Jahr 1984 unter Berufung auf die Postulate der Rechtsstaatlichkeit und der Rechtssicherheit an; siehe die Entschließungen des Kongresses, ZStW 97 (1985), 736 (Nr. 7): "Ge-

Lehrbüchern und Kommentaren selten ausdrücklich erwähnt. Aus Stellungnahmen im Schrifttum könnte sogar geschlossen werden, daß ein solches Gebot überhaupt nicht existiere[13] und daß im allgemeinen von der Zulässigkeit der extensiven Auslegung im Strafrecht auszugehen sei[14]. Zu beachten ist jedoch, daß sich die erwähnten Stellungnahmen auf den Normalfall, d.h. auf übliche normative bzw. wertausfüllungsbedürftige Tatbestandsmerkmale beziehen. In der Tat spricht nichts dagegen, solchen Merkmalen beim Bedarf und im Rahmen des möglichen Wortsinnes ein weites Verständnis zugrunde zu legen. Das hier in Frage stehende Gebot nimmt aber nicht auf derartige Merkmale Bezug. Es zielt vielmehr auf (besonders) unbestimmte Gesetzesbegriffe bzw. auf Generalklauseln ab[15], und erhebt nur diesbezüglich einen Geltungsanspruch. Insoweit kann aber die Existenz des fraglichen Gebots, dessen Kernaussage darin besteht, daß "Strafbarkeit nur angenommen werden kann, wenn über das Vorliegen der Strafbarkeitsvoraussetzungen vernünftigerweise nicht mehr gestritten werden kann, wenn also die *Tatbestandsmäßigkeit eindeutig* gegeben ist"[16], im Rahmen eines rechtsstaatlich-liberalen Strafrechtsverständnisses kaum bezweifelt werden[17]. Das fragliche Gebot stellt letztlich den notwendigen *Ausgleich für den Gebrauch von Generalklauseln im Strafrecht* dar. Im Hinblick

---

neralklauseln sind im Wirtschafts- und Unternehmensstrafrecht zu vermeiden. Wo es notwendig ist, Generalklauseln zu verwenden, sollten diese eng ausgelegt werden." Vgl. dazu OTTO, ZStW 97 [1985], 718; siehe auch SIEBER, ZStW 96 [1984], 270 f.

13 Vgl. ESER, in: SCHÖNKE / SCHRÖDER [25. Aufl.], § 1 Rdn. 52: "Will man dennoch zwischen einschränkender und ausdehnender Auslegung unterscheiden, dann kann man die ausdehnende Auslegung auf dem Gebiete des Strafrechts nicht ausschließen...; dies jedenfalls solange nicht, als dadurch nicht die Grenze des möglichen Wortsinnes überschritten wird." Ähnlich MANGAKIS, in: Systematische Auslegung des gr. StGB [1993], Art. 1 Rdn. 59 m.w.Nachw.

14 Vgl. JESCHECK / WEIGEND, die nicht nur feststellen, daß die "extensive Auslegung von Strafnormen heute in Deutschland überwiegend zugelassen" werde (Lehrbuch [5. Aufl.], S. 158), sondern auch darauf hinweisen, daß die "Zulässigkeit extensiver Auslegung auch im Ausland heute die überwiegende Lehre" darstelle (a.a.O., S. 158 Anm. 25 m. Nachw.).

15 Zur Definition der Termini "unbestimmte Gesetzesbegriffe" bzw. "Generalklauseln" mit Beispielen aus den Tatbeständen des GWB (Wettbewerb, Wettbewerbsbeschränkung, Marktbeherrschung, mißbräuchliche Ausnutzung einer marktbeherrschenden Stellung, unbillig behindern, ohne sachlich gerechtfertigten Grund benachteiligen u.s.w.) siehe GRABITZ, ZHR 149 (1985), 273 ff.

16 Vgl. TIEDEMANN, in: I/M GWB [1992], § 38 Rdn. 27; DERS., in: HdWiStR, Artikel "Auslegung", S. 3; DERS., in: FS für Schaffstein, S. 208.

17 JESCHECK / WEIGEND, die früher als Vertreter einer extensiven Auslegung zitiert wurden, führen beispielsweise an anderer Stelle (Lehrbuch [5. Aufl.], S. 130) aus: "Bei der Verwendung normativer Tatbestandsmerkmale ist der Gesetzgeber ... bis zur Einführung von unbestimmten Rechtsbegriffen gegangen... Bei diesen Grenzfällen des Gesetzesvorbehalts, in denen auf unscharfe, außerrechtliche Maßstäbe verwiesen wird, ist das Erfordernis der Bindung des Richters an das Gesetz allein dadurch zu wahren, daß der Wertung nur übereinstimmende Wertbegriffe der Allgemeinheit zugrunde gelegt werden dürfen." So auch ESER, in: SCHÖNKE / SCHRÖDER [25. Aufl.], § 1 Rdn. 22.

darauf, daß die Generalklauseln das gesetzestechnische Instrument mit dem höchsten Abstraktionsgrad sind, sollten sie vom Gesetzgeber in dem vom Bestimmtheitsgebot (Lex Certa) beherrschten Strafrecht nicht (oder nur zurückhaltend) benutzt werden. Beachtet der Gesetzgeber dieses rechtsstaatliche Postulat nicht, so muß der Rechtsanwender entweder einen Verstoß gegen das (verfassungsrangige) Bestimmtheitsgebot in Erwägung ziehen und das Strafgesetz möglicherweise für ungültig erklären oder im Wege einer *verfassungskonformen* Auslegung den hohen Abstraktionsgrad der strafrechtlichen Generalklauseln reduzieren bzw. diesen Grad den Anforderungen des Bestimmtheitsgebots anpassen[18]. Dies ist aber erst durch eine *restriktive* Auslegung erreichbar[19], so daß man berechtigterweise vom Gebot einer engen Auslegung der Generalklauseln im Strafrecht sprechen kann. - Das Gebot der engen Auslegung von Generalklauseln ist somit - ebenso wie das Analogieverbot - als strafrechtsspezifische Auslegungsregel anzuerkennen.

Zu unterscheiden ist übrigens das hier inhaltlich skizzierte Prinzip der engen Auslegung von Generalklauseln vom *Grundsatz in dubio pro mittiore*, der von der heute h.M. in Deutschland mit Recht abgelehnt wird, da "bei der Auslegung der Richter nicht an den nur für die Beweiswürdigung in Frage kommenden Grundsatz in dubio pro reo gebunden [ist]; er darf und muß vielmehr etwa auftauchende Zweifel, wenn es die Auslegungsregeln erfordern, auch in einem dem Angeklagten ungünstigen Sinne lösen"[20]. Das Gebot der engen Auslegung von Generalklauseln grenzt gerade den Bereich ab, innerhalb dessen Zweifel der Auslegung auch zu Lasten des Angeklagten gelöst werden dürfen.

Beide soeben geschilderten strafrechtsspezifischen Einschränkungen gelten im verwaltungsrechtlichen Bereich nicht[21]. Der allgemeine Gesetzesvorbehalt hindert hier

---

18 Allgemein zur verfassungskonformen Auslegung LARENZ, Methodenlehre [6. Aufl.], S. 399 ff.; in strafrechtlicher Hinsicht vgl. ESSER, in: SCHÖNKE / SCHRÖDER [25. Aufl.], § 1 Vorbem. Rdn. 30 ff.; insbesondere zur verfassungskonformen Auslegung von Gesetzen in Griechenland siehe DAGTOGLOU, Allg. Verwaltungsrecht [3. Aufl.], Rdn. 291 ff.

19 Vgl. den in der Anm. 12 geschilderten Ansatz von ANDROULAKIS, PoinChr 1973, 516 f.

20 ESER, in: SCHÖNKE / SCHRÖDER [25. Aufl.], § 1 Rdn. 53; vgl. auch JESCHECK / WEIGEND, Lehrbuch [5. Aufl.], S. 154. - Die Frage ist in Griechenland umstritten; vgl. zum Meinungsstreit MANGAKIS, in: Systematische Auslegung des gr. StGB [1993], Art. 1 Rdn. 61 f. m.w.Nachw.

21 Vgl. dazu TIEDEMANN (in: FS für Schaffstein, S. 196), der zutreffend hervorhebt, "daß außerstrafrechtlich weithin weder ein Bestimmtheitsgebot [im Sinne der inhaltlichen Bestimmtheit] herrscht - die Generalklausel ist vielmehr das ideale, da an die Fortentwicklung der tatsächlichen Verhältnisse anpassungsfähige Gesetzesinstrument insbesondere des Wirtschaftsrechts - noch ein Analogieverbot gilt - die Grenzziehung von Auslegung und Analogie wird insoweit überflüssig und in der außerstrafrechtlichen Rechtsfindung praktisch kaum beachtet". Vgl. auch OTTO (in: FS für Gitter, S. 716 ff.), der zwar zugesteht, daß die Forderung hinreichender Bestimmtheit sich inzwischen zumindest auf alle Eingriffsnormen erstreckt (S. 717), so daß das Bestimmtheitsgebot auch für das Zivilrecht und das öffentliche Recht eine - wenn auch "geringere" - Bedeutung als im Strafrecht hat (S. 716), für das Analogieverbot jedoch betont, daß es im außerstrafrechtlichen Bereich "überhaupt keine Bedeutung" hat (S. 716), weil der Kern des Analogieverbots, d.h. "[d]er Verzicht auf die [vom Gesetzwortlaut nicht gedeckte] weitere Entfaltung der Grundgedanken der gesetzlichen Regelung

nicht daran, die sich durch den allgemeinen Wortlaut von Generalklauseln eröffnenden Möglichkeiten bei der Auslegung auszuschöpfen. Ebenfalls ist die interpretatorische Schließung von (unbeabsichtigten) Gesetzeslücken prinzipiell zulässig, auch wenn sie sich zu Ungunsten des Betroffenen auswirkt[22].

Die Auslegung der generalklauselartigen Verhaltensnormen des Kartellrechts[23] im Verwaltungssanktionsbereich kann insoweit zu Ergebnissen führen, die inhaltlich weit über die Ergebnisse der Auslegung derselben Verhaltensnormen im Bußgeldbereich hinausgehen[24]. In Betracht kommt so vor allem eine *konzentrisch gestaltete Differenzierung des Inhalts der ambivalenten Kartellnormen*, wobei der durch extensive Auslegung oder Analogiebildung gewonnene Randbereich der Generalklau-

---

und ihrer Verwirklichung im konkreten Fall... außerhalb des Strafrechts keine Legitimation" finde (S. 718). - KREY (in: FS für Blau, S. 123 ff.) betrachtet zwar das Analogieverbot sowie das Verbot allzu unbestimmter Gesetze ("Bestimmtheitsgebot") als Prinzipien, die nicht nur im Strafrecht, sondern in gleichem Umfang auch für die öffentlichrechtlichen Eingriffsgesetze gelten. Das Anliegen von KREY, eingriffsbegründende Analogie auch im Verwaltungsrecht zu unterbinden (S. 149: "Sollen denn Grundrechtseingriffe wie Schußwaffengebrauch gegen Personen, zwangsweise Unterbringung in geschlossenen psychiatrischen Krankenhäusern, Untersuchungshaft, körperliche Eingriffe, Überwachung des Fernmeldeverkehrs u.ä. ohne Legitimation durch ein nach Wortlaut und Sinn einschlägiges Gesetzen erfolgen dürfen? Will man das wirklich?"), ist zwar zu begrüßen. Es entspricht jedoch dem derzeitigen Stand der Rechtsprechung und Theorie (zumindest im Hinblick auf weniger einschneidende Eingriffsmaßnahmen der Verwaltung) nicht, so daß die Problematik der Normspaltung dadurch nicht gelöst wird.

22 Vgl. die Nachweise bei SANDROCK (Die Einheit der Wirtschaftsordnung, S. 27 ff., zusammenf. S. 38 und 42), der insbesondere mit Blick auf das Steuerrecht feststellt (S. 38), daß "Finanzbehörden wie Finanzgerichte ... sich jahrzehntelang durch den Grundsatz der Besteuerung nicht daran gehindert gefühlt [haben], Steuertatbestände auch durch Analogie zu Lasten der Steuerpflichtigen zu vervollständigen".

23 Insbesondere im Hinblick auf Art. 86 EGV a.F. sprechen DANNECKER / FISCHER-FRITSCH (S. 19 f.) vom "Prototyp einer unbestimmten, generalklauselartig gefaßten Norm". Zu dem ebenfalls "generalklauselartigen" Charakter des Art. 86 EGV a.F. vgl. KOCH, in: GRABITZ / HILF [1. Grdlfg.], Art. 85 Rdn. 111 m.w.Nachw.; WAGEMANN, S. 43.

24 Vgl. TIEDEMANN, in: FS für Schaffstein, S. 198. - Da einerseits die Strenge bei der Handhabung der allgemeinen rechtlichen Auslegungsmethoden im Zusammenhang mit der jeweils vorgesehenen Rechtsfolge festgelegt wird und andererseits der Inhalt des an die jeweilige Rechtsfolge geknüpften Tatbestandes von der Strenge bei der Handhabung der allgemeinen rechtlichen Auslegungsmethoden abhängt, könnte man davon sprechen, daß die *Rechtsfolge* den *Inhalt des Tatbestandes* entscheidend mitprägt. Die Problematik der Normambivalenz könnte damit als ein Spezialfall der allgemeinen Problematik über das (gegenseitige) *Wertverhältnis zwischen Tatbestand und Rechtsfolge* verstanden werden; siehe dazu (mit Blick auf die Einflußnahme der Rechtsfolge auf den sozialethischen Wert der Tatbestandshandlung) TIEDEMANN, Wirtschaftsstrafrecht, Bd. 1, S. 128; DERS., in: FS für Jescheck, S. 1414 f.; vgl. auch HEITZER, Punitive Sanktionen, S. 36; APPEL, S. 229 f.

seln nur verwaltungsrechtliche, der Kernbereich der Generalklauseln dagegen auch bußgeldrechtliche Relevanz besitzen wird[25].

Eine Zuordnung zum Bereich des bußgeldrechtlich irrelevanten Verhaltens kommt zunächst für Sachverhalte in Betracht, die zwar wettbewerbspolitisch schädlich oder unerwünscht sind, jedoch vom Wortlaut der Bußgeldtatbestände nicht erfaßt werden; z.B. bewußtes Parallelverhalten in einem engen Oligopol[26]; unverbindliche wettbewerbsbeschränkende Empfehlungen, die keine Verhaltensabstimmung der Adressaten bewirken[27]; Beihilfe zum mißbräuchlichen Verhalten eines marktdominierenden Unternehmens durch Übermittlung von Informationen seitens eines nicht marktbeherrschenden Unternehmens[28]; Vorbereitungshandlungen zur Begehung eines Behinderungsmißbrauchs[29]. Würde man die Bußgeldtatbestände auf solche Sachverhalte anwenden, die vom Wortlaut nicht gedeckt sind, so gründete man die Ahndbarkeit auf Analogieschlüsse. Angesichts des *Verbots der strafbegründenden oder strafschärfenden Analogie* im Verwaltungsstrafrecht wäre eine solche analoge Ausdehnung der Bußgeldvorschriften zu mißbilligen. - Über die analoge Anwendung der Verwaltungstatbestände auf die fraglichen Verhaltensweisen (und gegen den Erlaß beispielsweise einer zwangsgeldbewehrten Verbotsentscheidung) ließe sich hingegen noch diskutieren.

Dem Bereich des verbotenen, jedoch bußgeldrechtlich irrelevanten Verhaltens könnte man auch solche Sachverhalte zuordnen, die in kartellrechtsdogmatischer Hinsicht widerstreitenden Bewertungen unterliegen und sich deswegen nur schwierig das Prädikat erhalten können, "eindeutig" unter den Wortlaut der kartellrechtlichen Generalklauseln zu fallen. Als Beispiele können in diesem Zusammenhang genannt werden: einzelne, in ihrer Wirkung wettbewerbstheoretisch umstrittene Klauseln von Vertriebssystemen; koordinierte mißbräuchliche Ausnutzung von Differenzen zwischen dem Recht der Mitgliedstaaten, um eine "legitime" Wettbewerbsbeschränkung herbeizuführen (quasi-Umgehungshandlungen); aggressive Politik eines marktbeherrschenden Unternehmens, die an der Grenze zwischen Leistungswettbewerb und Behinderungsmißbrauch steht; Preisanhebungen durch ein marktbeherrschendes Unternehmen, die sich aufgrund eines Vergleichs mit der Preisentwicklung auf ähnlichen, kompetitiv gestalteten Märkten

---

25 Vgl. etwa SANDROCK, Die Einheit der Wirtschaftsordnung, S. 42 f.

26 Gemeint wird hier die Unzulässigkeit der Erfassung eines solchen Verhaltens durch das Kartellverbot, denn in solchen Fällen fehlt es an einer "Abstimmung". Gegen die Anwendung des Mißbrauchsverbots ("kollektive marktbeherrschende Stellung") auf die fraglichen Fällen ist nichts einzuwenden.

27 Vgl. dazu KOCH, in: GRABITZ / HILF [1. Grdlf.], nach Art. 87, VO 17 Art. 15, Rdn. 49 f.

28 Im allgemeinen könnte in Erwägung gezogen werden, daß bis auf die (mit-)täterschaftliche Tatbestandsverwirklichung alle anderen Teilnahmehandlungen - solange es an Normen mangelt, die solche Handlungen ausdrücklich typisieren - als strafbegründende Analogie verstanden und vom Anwendungsbereich der Bußgeldvorschriften ausgenommen werden; vgl. dazu DANNECKER, in: I/M EG-WbR [1997], VO 17 Vorb. Art. 15, Rdn. 29, 40 und Art. 85 Rdn. 112; KOCH, in: GRABITZ / HILF [1. Grdlf.], nach Art. 87, VO 17 Art. 15, Rdn. 46 ff.

29 Im allgemeinen könnte in Erwägung gezogen werden, daß bis auf volltatbestandsmäßige Handlungen alle anderen vorgelagerten Handlungen - solange es an Normen mangelt, die sie ausdrücklich typisieren - als strafbegründende Analogie verstanden und vom Anwendungsbereich der Bußgeldvorschriften ausgenommen werden, vgl. dazu DANNECKER, in: I/M EG-WbR [1997], VO 17 Vorb. Art. 15, Rdn. 29 und 40; KOCH, in: GRABITZ / HILF [1. Grdlf.], nach Art. 87, VO 17 Art. 15, Rdn. 42 und 45.

nicht eindeutig als Preismißbrauch darstellen. Die Subsumtion der fraglichen Fälle unter die Verwaltungssanktionsgesetze sollte mit Blick auf die wirtschaftslenkenden Aufgaben der Kartellbehörden - wie in den analogieverdächtigen Fällen - nicht unterbunden werden: im Zweifel sollte man den Behörden insgesamt ein Eingriffsrecht gewähren und damit ihren wettbewerbspolitischen Gestaltungszielen zum Durchbruch verhelfen. Als Problem sollte aber die Subsumtion der fraglichen Fälle unter die Bußgeldtatbestände betrachtet werden: angesichts der mangelnden "Eindeutigkeit" und unter Zugrundelegung der oben erwähnten strafrechtsspezifischen Forderung einer *engen Auslegung von Generalklauseln* lassen sich die fraglichen Fälle nämlich kaum für den Anwendungsbereich der Bußgeldnormen qualifizieren.

(2) Blankettechnik und ihre Bedeutung für die Inhaltsbestimmung ambivalenter Normen

Die soeben angedeutete Möglichkeit eines abweichenden Auslegungsergebnisses je nach Sanktionsgebiet stößt allerdings im Bereich des europäischen und griechischen Kartellrechts auf Bedenken, die mit dem Gebrauch der Blankettechnik zur Herstellung der unrechtsvertypenden objektiven Tatbestandsseite der verschiedenen Sanktionsgesetze zusammenhängen. Der Einsatz der Blankettechnik und die dadurch bedingte äußere Identität der Gesetzesfassung läßt nämlich den Ansatz einer differenzierenden Bestimmung des Norminhalts als bedenklich erscheinen, und zwar im Rahmen sowohl einer objektiv-teleologischen als auch einer subjektiv-historischen Auslegung der Sanktionsgeseteze[30]: In *objektiver* Hinsicht könnte die äußerlich identische Gesetzesfassung mit Blick auf die *Postulate der Rechtsklarheit und der Rechtseinheit* als so wichtig eingestuft werden, daß man sie möglicherweise gerade als Gebot für eine identische Inhaltsbestimmung der Sanktionsgesetze interpretiert[31]. In *subjektiver* Hinsicht könnte die Verbindung der Sanktionsgesetze mit derselben Verhaltensnorm als Ausdruck des Willens des historischen Gesetzgebers gedeutet werden, durch Heranziehung von diversen Sanktionsmitteln ein *einheitliches wirtschaftspolitisches Anliegen* durchzusetzen, das durch eine divergierende Auslegung der ambivalenten Verhaltensnorm in den verschiedenen Rechtsgebieten in unzulässiger Weise gefährdet werden könnte[32]. Sowohl in objektiver als auch in subjektiver Hinsicht werden somit Gesichtspunkte deutlich, die für eine einheitliche Auslegung der Sanktionsgesetze sprechen, wobei sich dann freilich die Frage aufdrängt, ob die oben erwähnten strafrechtsspezifischen Auslegungsregeln verdrängt oder ausgedehnt werden, ob sich also die einheitliche Auslegung an verwaltungsrechtlichen oder an strafrechtlichen Maßstäben zu orientie-

---

30 Zu diesen Auslegungsmethoden siehe ESER, in: SCHÖNKE / SCHRÖDER [25. Aufl.], § 1 Rdn. 41 ff.; JESCHECK / WEIGEND, Lehrbuch [5. Aufl.], S. 156 f.; MANOLEDAKIS, Strafrecht AT [4. Aufl.], Rdn. 83 ff.

31 Zum Postulat der Einheit der Rechtsordnung und insb. der Wirtschaftsordnung vgl. SANDROCK, Die Einheit der Wirtschaftsordnung, S. 1 ff.

32 Vgl. etwa MÖHRING (GRUR 1968, 543), der unter Berufung auf den Willen des Gesetzgebers zur Verwirklichung eines einheitlichen wirtschaftspolitischen Anliegens eine einheitliche Auslegung der Verhaltensnorm in allen Rechtsgebieten befürwortet.

ren hat. - Unabhängig von der Beantwortung dieser Frage ist jedenfalls festzuhalten, daß die auf *Verweisungen* beruhende Gesetzestechnik der Blankettgesetze eine Schlüsselfigur (auch) im Zusammenhang mit dem Problem der Normspaltung bildet[33].

Die als systematische Kategorie innerhalb der *Blankettechnik i.w.S.* (Technik der sog. "offenen" Tatbestände) zu verstehende *Blankettechnik i.e.S.*[34] (*Definition*: Gesetztechnik, deren Eigenart darin besteht, daß der Gesetzgeber im Strafgesetz nur die Strafdrohung - Sanktionsnorm - formuliert und bezüglich der eigentlichen Verhaltensnorm auf andere, hiervon getrennten Vorschriften verweist - Ausfüllungsnorm), die zur Schaffung sowohl von *echten Blankettgesetzen* (*Definition*: die sich auf die Aufstellung der Strafdrohung beschränkende Stafvorschrift verweist bezüglich des Verbotsinhalts auf Gesetze, Verordnungen oder sogar Verwaltungsakte, die von einer *anderen* Stelle und zu einer anderen Zeit selbständig erlassen werden[35]) als auch von *unechten Blankettgesetzen* führen kann (*Definition*: die sich auf die Aufstellung der Strafdrohung beschränkende Strafvorschrift verweist bezüglich des Verbotsinhalts auf eine Norm, die von *derselben* legislati-

---

33 In dem Gebrauch der Blankettechnik erblickt auch OTTO den Kern des Problems der Normspaltung (in: FS für Gitter, S. 715). OTTO bringt allerdings das Problem der Normspaltung ausschließlich mit den sog. *unechten* Blankettstraftatbeständen in Verbindung. Dieser Beschränkung ist nicht zuzustimmen. Das Problem der Normspaltung stellt sich gleichermaßen auch mit Blick auf die sog. *echten* Blankettstraftatbestände - auch wenn letztere Tatbestände eher wegen ihrer staatsrechtlichen Komplikationen bekannt sind. Zur Terminologie und zum Kern der mit der Blankettechnik zusammenhängenden Probleme siehe die im Text folgenden Ausführungen.

34 Neben der *Blankettechnik i.e.S.* gibt es auch die *stillschweigend verweisende Akzessorietät*, wie sie insbesondere bei normativen Tatbestandsmerkmalen vorliegt. Man spricht deswegen in Deutschland im allgemeinen von *Blankettgesetzen i.w.S.*, und meint damit *alle "offenen" Straftatbestände*, welche die Handlung oder die Verbotsmaterie nur unvollständig beschreiben und daher ergänzungsbedürftig sind. Bei näherer Betrachtung sind jedoch inhaltliche und terminologische Differenzierungen erforderlich, welche die Abgrenzung zwischen echten und unechten Blankettstrafgesetzen, (rechts-)normativen Tatbestandsmerkmalen und sonstigen Verweisungen auf außerstrafrechtliche Normen ermöglichen; siehe dazu die präzise Darstellung bei DANNECKER, Das intertemporale Strafrecht, S. 463 ff.; vgl. auch TIEDEMANN, Tabestandsfunktionen S. 87 ff. (Abgrenzung zwischen "normativen Tatbestandsmerkmalen", "Blankettstrafgesetzen" und "Generalklauseln") sowie (zusammenfassend) DERS., in: HdWiStR, Artikel "Blankettstrafgesetz", S. 1. Einen Überblick über die - verwirrende - terminologische Diskussion (weiter und enger Blankettbegriff, Blankett im eigentlichen und im uneigentlichen Sinne) gibt auch DE WEERTH, Bilanzordnungswidrigkeiten, S. 106 ff. m.w.Nachw.; vgl. auch die (originelle) Begriffsbestimmung von SCHÜNEMANN, in: FS für Lackner, S. 370 ff. (S. 373): "Dementsprechend sollte man als Blankettstrafgesetze alle diejenigen Strafgesetze bezeichnen, die zur Beseitigung ihrer semantischen Unschärfe explizit oder implizit auf nicht vom entscheidenden Strafrichter aufgestellte generelle Sollenssätze verweisen - im Gegensatz zu den eine Ausfüllung durch den Richter voraussetzenden 'unbestimmten Strafgesetzen'."

35 Vgl. JESCHECK / WEIGEND, Lehrbuch [5. Aufl.], S. 111; TIEDEMANN, in: HdWiStR, Artikel "Blankettstrafgesetz", S. 1; DANNECKER, Das intertemporale Strafrecht, S. 463 f. je m.w.Nachw.

von Instanz in demselben oder einem anderen Gesetz erlassen wird[36]) läßt sich somit als Schlüsselfigur mit Blick auf folgende vier strafrechtliche Probleme betrachten[37].

1. Blankettbegriff und "gesetzliche" Bestimmtheit (staatsrechtliche und strafrechtsdogmatische Problematik, die nur die echten Blankettgesetze betrifft): Dem strafrechtlichen Bestimmtheitsgebot liegt zwar der materielle Gesetzesbegriff zugrunde[38], doch gilt als besondere Ausprägung des allgemeinen Gesetzesvorbehaltes im Strafrecht das Gebot, daß die Strafbarkeit aufgrund des *formellen* Gesetzes voraussehbar sein muß[39]. Verweist aber das vom Gesetzgeber verabschiedete Strafgesetz bezüglich des strafbaren Verhaltens teilweise oder vollständig auf die von anderen untergeordneten Instanzen erlassenen (sog. statische Außenverweisungen) oder zu erlassenden (sog. dynamische Außenverweisungen) Rechtsvorschriften, dann wird hierdurch die gesetzliche Voraussehbarkeit im vorerwähnten Sinne erheblich gefährdet[40]. Die Selbstentmachtung des *Gesetzgebers*, die mit der durch die Blankettechnik (insbes. durch die dynamischen Außenverweisungen) erfolgende Delegation von Gesetzgebungskompetenzen auf die *Verwaltung* verbunden ist, stellt wegen der verfassungsrechtlichen Bezüge das am meisten diskutierte Problem im Zusammenhang mit dem Blankettbegriff und die Grundlage für die Formulierung der oben aufgeführten Definition der (echten) Blankettstrafgesetze dar[41].

---

36 Vgl. DANNECKER, Das intertemporale Strafrecht, S. 464 m.w.Nachw.; OTTO, in: FS für Gitter, S. 715; TIEDEMANN, JuS 1989, S. 694: "Fälle der Bezugnahme auf Vorschriften desselben oder eines anderen Gesetzes sind also 'nach üblichem Verständnis' keine Blankettgesetze mehr."

37 Die Schilderung der Probleme erfolgt vor dem Hintergrund der deutschen und griechischen Strafrechtsdogmatik und im Hinblick auf das in Deutschland und Griechenland geltende verfassungsrechtliche Gebot der "gesetzlichen" Bestimmtheit von Strafnormen (siehe Art. 102 Abs. 2 und Art. 80 Abs. 1 GG; Art. 7 Abs. 1 und Art. 43 Abs. 2 und Abs. 4 gr. Verf.) sowie das in beiden Ländern herrschende dualistische Irrtumssystem (vorsatzausschließendes Tatbestandsirrtum / schuldausschließendes Verbotsirrtum; vgl. §§ 16-17 d. StGB und Art. 30-31 gr. StGB), dessen praktische Auswirkungen vor allem dann spürbar werden, wenn nur die vorsätzliche Begehung einer Zuwiderhandlung unter Strafandrohung steht. - Von praktischer Bedeutung für das europäische Kartellrecht ist insoweit lediglich das unter 4. geschilderte Problem der Normspaltung.

38 JESCHECK / WEIGEND, Lehrbuch [5. Aufl.], S. 115 f. und 133; ESER, in: SCHÖNKE / SCHRÖDER [25. Aufl.], § 1 Rdn. 8.

39 Vgl. JESCHECK / WEIGEND, Lehrbuch [5. Aufl.], S. 116 und BVerfGE 14, 174 [185]; 14, 254, [257].

40 Die *inhaltliche* Bestimmtheit des Strafgesetzes kann dagegen durch die Ermächtigung und die von der Verwaltung erlassenen detaillierten Rechtsvorschriften höher als die Bestimmtheit sein, die durch die vom Gesetzgeber selbst normierten Generalklauseln und normativen Merkmale gewährleistet wird; siehe in diesem Zusammenhang SIEBER, ZLR 1991, S. 65, der den Vorteil hoher Bestimmtheit der Blankettechnik hervorhebt und die dadurch bisweilen in der Praxis vorkommende Rechtsunsicherheit ausschließlich auf schlechte Gesetzgebung zurückführt.

41 Vgl. z.B. JESCHECK / WEIGEND, Lehrbuch [5. Aufl.], S. 111; zur Problematik mit weiteren Hinweisen TIEDEMANN, in: HdWiStR, Artikel "Blankettstrafgesetz", S. 2 ff.; insbes. zu den Verweisungen auf EG-Verordnungen siehe DANNECKER, Das intertemporale Strafrecht, S. 464 f. m.w.Nachw.; insbesondere zur Problematik der (nationalen) Blankettgesetze, die auf EG-Verordnungen verweisen siehe zuletzt zusammenf. DANNECKER, Jura 1998, 85 f.

2. *Blankettbegriff und Vorsatz-/ Irrtumslehre* (strafrechtsdogmatische Problematik, die grundsätzlich die echten Blankettgesetze betrifft): Da die Blankettstrafvorschriften nur die strafrechtliche Rechtsfolge enthalten und bezüglich der verbotenen Verhaltensweise auf sonstige Verhaltensvorschriften desselben oder eines anderes Rechtsaktes verweisen, läßt sich der Straftatbestand erst durch das "Zusammenlesen" der strafrechtlichen Rechtsfolge mit der in Bezug genommenen Verhaltensvorschrift bilden. Dieses "Zusammenlesen" ist allerdings - trotz des ersten Anscheins - kein rein mechanisch-technischer Vorgang. Es ist vielmehr ein wertendes Vorgehen: Zum einen deswegen, weil es bereits insoweit richterliche Auslegung erfordert, als die in Bezug genommenen Verhaltensnormen in die Umschreibung ihrer hypothetischen Verletzung umgebildet werden müssen. Zum anderen aber auch deswegen, weil dieser Vorgang den Gehalt des Tatbestandes erheblich verändern und gestalten kann, vor allem dann, wenn im Wege der Weiterverweisung und der Auflösung normativer Gesetzbegriffe - z.B. durch Verordnungstexte - der Straftatbestand für den zu entscheidenden Fall weiter konkretisiert wird und damit zunehmend deskriptiven Charakter annimmt[42]. - Im Hinblick nun darauf, daß Inhalt und Form des Tatbestandes im Rahmen der Behandlung von Vorsatz- und Irrtumsfragen eine zentrale Rolle spielen, wird ersichtlich, daß sich die Blankettechnik unmittelbar auf diese Fragen auswirkt[43].

3. *Blankettbegriff und Nachrangigkeit des Strafrechts gegenüber dem Verwaltungsrecht* (staatsrechtliche und strafrechtsdogmatische Problematik, die sowohl die echten als auch die unechten Blankettgesetze betrifft): Da die Blankettstrafgesetze oft auf Verwaltungsnormen verweisen, deren Anwendung wiederum über den Erlaß von Verwaltungsakten erfolgt, entsteht die Gefahr, daß die Festlegung des Umfangs und der Qualität des Rechtsgüterschutzes nicht mehr von den Organen der Strafrechtspflege, sondern von den die Verwaltungsnormen konkretisierenden Verwaltungsbehörden (und Verwaltungsgerichten) erfolgt. Dies ist insbesondere dann der Fall, wenn man davon ausgehen sollte, daß die Strafgerichte an die vorangegangenen, in Verwaltungsakten Niederschlag gefundenen Wertungen der Verwaltung (und der Verwaltungsgerichte) gebunden sind. Es geht also darum, die Grenzen der Akzessorietät des Strafrechts (bzw. der Strafgerichte) zum Verwaltungsrecht (bzw. zu den Wertungen der Verwaltungsbehörden und der Verwaltungsgerichte) zu ziehen[44].

4. *Blankettbegriff und Normspaltung* (strafrechtsdogmatische Problematik, die neben den unechten und echten Blankettgesetzen auch Fälle der Blankettgesetze i.w.S. - z.B. normative, auf zivil- oder verwaltungsrechtliche Institute verweisende Tatbestandsmerkmale - erfaßt[45]): Bezüglich dieser Problematik sei auf die vorangegangen und die folgenden Ausführungen hingewiesen.

(3) Zusammenfassung

Zusammenfassend ist somit festzustellen, daß die Problematik der Normambivalenz aus dem Spannungsverhältnis zwischen der Existenz von divergierenden

---

42 TIEDEMANN, Tatbestandsfunktionen, S. 91 ff. mit Beispielen.

43 Einen kritischen Überblick über die damit verbundenen Probleme in Deutschland verschafft TIEDEMANN, in: HdWiStR, Artikel "Irrtum über Rechtsfragen", S. 4 f.; vgl. auch JESCHECK / WEIGEND, Lehrbuch [5. Aufl.], S. 309.

44 Vgl. zur Problematik unter verfassungsrechtlichen Aspekten APPEL, S. 82.

45 Vgl. dazu SCHULZE-OSTERLOCH, in: KOHLMANN, Strafverfolgung und Strafverteidigung, S. 47 und 53.

Auslegungsregeln im Verwaltungsrecht und im Strafrecht und dem Einsatz der Blankettechnik (Verweisungstechnik) zur Herstellung der sanktionsrechtlichen Tatbestände entsteht. Gerade diesem Spannungsverhältnis ist deswegen im folgenden näher nachzugehen.

Dabei soll sich darum bemüht werden, einerseits theoretische Lösungsansätze zu entwerfen und andererseits den zum fraglichen Spannungsverhältnis von der europäischen Praxis eingenommenen Standpunkt zu ermitteln und zu beurteilen. Insoweit wird zunächst die Frage aufgeworfen, ob die kartellrechtlichen Verhaltensnormen bei ihrer (retrospektiven) Maßstabfunktion im Verwaltungssanktionsrecht und im Bußgeldrecht einheitlich ausgelegt oder "gespaltet", d.h. hinsichtlich ihrer begrifflichen Elemente je nach Sanktionsgebiet interpretatorisch selbständig behandelt werden sollen. Anschließend an diese theoretische Auseinandersetzung soll der Standpunkt der Praxis dargestellt und auf der Grundlage der bereits gewonnenen Erkenntnisse beurteilt werden.

II. Die Normambivalenz - Theoretische Lösungsansätze

A. Lösungsansätze im Schrifttum

(1) Normspaltung

Eine Möglichkeit zur Lösung des oben geschilderten, durch die Existenz divergierender Auslegungsregeln einerseits und den Einsatz der Blankettechnik andererseits bedingten Konflikts im Rahmen der Rechtsfindung läßt sich zunächst darin erblikken, daß man die ambivalenten Normen je nach Verfahrensart und Sanktionsgebiet inhaltlich spaltet, also den Konflikt im Sinne der Beachtung der divergierenden Auslegungsregeln löst. - In der Tat geht ein nicht unerheblicher Teil des Schrifttums von der Zulässigkeit, ja sogar von der Gebotenheit einer solchen interpretatorischen Vorgehensweise aus. Dabei wird zum einen hervorgehoben, daß die verfassungsrechtlich verankerten strafrechtsspezifischen Auslegungsregeln bei der Anwendung der Strafgesetze nicht außer Kraft gesetzt werden dürfen. Zum anderen wird aber auch nachdrücklich bemerkt, daß die Anwendung derselben Regeln außerhalb des Strafrechts keine Legitimation finde[46]. Zur Untermauerung dieser These wird u.a. auf normtheoretische Untersuchungen hingewiesen, die die Selbständigkeit der außerstrafrechtlichen Verhaltensnormen gegenüber den an diese knüpfenden Strafgesetzen betonen[47]. Man macht außerdem auf die Funktionsunter-

---

[46] OTTO, in: FS für Gitter, S. 718; SCHULZE-OSTERLOCH, in: KOHLMANN, Strafverfolgung und Strafverteidigung, S. 47.

[47] Vgl. die an die normtheoretischen Untersuchungen von Binding anknüpfenden Stellungnahmen von HERSCHEL, JuS 1965, S. 261 f.; DERS., NJW 68, 533 f.; TIEDEMANN, in: FS für Schaffstein, S. 198; vgl. auch RICHTER, Die Diskriminierung als Kartellordnungswidrigkeit, S. 16 ff., der zwischen Grundnorm (Pflichtnorm) und Sanktionsnorm unterscheidet und unter Berufung auf die Art der Tatbestandsbildung der Sanktionsnorm zu dem Schluß kommt, "daß es sich um selbständige Normen unterschiedlicher Rechtsgebiete handelt, bei denen lediglich der Umfang der Inkorporation von Teilen der einen in die andere zweifelhaft ist" (S. 18), so daß die "Reflektion des Inhalts der Sanktionsnorm auf die Grundnorm" verfehlt

schiede der verschiedenen Sanktions- und Verfahrensarten aufmerksam, die in den unterschiedlichen beweisrechtlichen Regeln der verschiedenen Sanktionsgebiete zum Ausdruck kommen[48]. Die Problematik der ambivalenten Normen wird insoweit eindeutig zugunsten der Normspaltung entschieden[49].

(2) Alternativen zur Normspaltung

Denkbar ist aber auch, die Problematik der ambivalenten Normen zugunsten einer einheitlichen Auslegung zu entscheiden. Dies liegt insbesondere dann nahe, wenn man davon ausgeht, daß das Prinzip der Rechtseinheit der Spaltung der einheitlichen Norm je nach Sanktionsgebiet entgegensteht und daß der Gesetzgeber den verwaltungssanktions- und bußgeldrechtlichen Normen bei der äußerlichen Zusammenfassung auch inhaltlich den gleichen Anwendungsbereich und Aussagegehalt geben wollte. – Verneint man eine Normspaltung, so kommen drei alternative Ansätze in Betracht.

(a) Einheitlich-restriktive Auslegung

Als erste Alternative zur Normspaltung läßt sich die Möglichkeit betrachten, bei der Anwendung der kartellrechtlichen Verhaltensnormen im Verwaltungssanktionsbereich dieselben restriktiven Auslegungsprinzipien für maßgebend zu erklären, die auch im Bußgeldbereich gelten. Die Einheit der Rechtsordnung wird also hier dadurch sichergestellt, daß die strafrechtsspezifischen Auslegungsregeln auf die außerstrafrechtlichen Anwendungsbereiche der ambivalenten Normen ausgedehnt werden.

So führt beispielsweise FISCHER aus[50]: "Die Bedeutung des strafrechtlichen Tatbestandes mit seinem Bestimmtheitsgebot und seinem Analogieverbot muß daher die gebotene Berücksichtigung finden und nötigt in dem weiten Anwendungsbereich der §§ 38 ff.

wäre. Die Grundnorm sei somit "nach ihrem Inhalt, nicht nach ihrer Bewehrung" auszulegen (S. 19 f.).

48 KLEIER, Freistellungen von den Empfehlungsverboten, S. 58; TIEDEMANN, in: I/M GWB [1992], vor § 38, Rdn. 27; vgl. auch STEINDORF, in: FS für Larenz, S. 242.

49 So ausdrücklich HERSCHEL, NJW 1968, 534; KLEIER, Freistellungen von den Empfehlungsverboten, 56 ff.; OTTO, in: FS für Gitter, S. 718 ("Die Normspaltung ambivalenter Normen ist die zwingende Konsequenz"); ULMER, WuW 1971, 884 f.; STEINDORF, in: FS für Larenz, S. 242 f.; SCHULZE-OSTERLOH, in: KOHLMANN, Strafverfolgung und Strafverteidigung, S. 52 f.; RICHTER, Die Diskriminierung als Kartellordnungswidrigkeit, S. 19 f.; STEPHAN, Die Anwendung des Zusammenschlußbegriffs auf Personalgesellschaften, S. 38 f.; FISCHÖTTER, in: GK [6 Lfg., 1982], Vorbem. Ordnungswidrigkeiten, Rdn. 8; offenbar so auch KOHLMANN, Steuerstrafrecht [7. Aufl.], Teil B, Rdn. 14 S. 18; REINHART, Die vorsätzliche Zuwiderhandlung gegen das Kartellverbot, S. 31 f.; KARTEE, WuW 1962, S. 250 f.; vgl. auch BGHSt 24, 54 (61 f.), der die Möglichkeit einer weiten (analogen) Anwendung außerhalb des Ordnungswidrigkeitenrechts ausdrücklich offenläßt.

50 ZGR 1978, S. 239.

GWB[51] - auch im Rahmen von Zivil- und Verwaltungsverfahren - zu einer mehr am Wortlaut haftenden Auslegung, damit es nicht zu Diskrepanzen zwischen zivilrechtlicher und strafrechtlicher Auslegung kommt." Und MÖHRING fügt hinzu[52]: "[B]ei der Anwendung der Normen des GWB, gleichgültig, ob es sich um die Überprüfung eines strafrechtlichen, verwaltungsrechtlichen oder zivilrechtlichen Tatbestandes handelt, [ist] die Rechtsanalogie unzulässig und [d]er Richter [darf] nur solche Tatbestandsmerkmale seiner Entscheidung zugrunde legen, die für ihn und für die Allgemeinheit eindeutig sind. Der Richter darf weder bei der Anwendung der Normen des Gesetzes aus teleologischen Zweckerwägungen heraus Analogieschlüsse ziehen noch bei der Ausdeutung des Gesetzestextes von nicht gefestigten Tatbestandsbegriffen ausgehen."

Für diese einheitliche bzw. einheitlich "enge" Rechtsanwendung plädiert vor allem die Praxis. Hierfür spricht nach ihrer Ansicht, daß der Bußgeldaspekt die Qualität der ambivalenten Norm und damit den Norminhalt auch dann mit präge, wenn ein Bußgeldverfahren nicht durchgeführt werde[53]. Im Mittelpunkt dieses Ansatzes stehen allerdings weniger normtheoretische Argumente als das Anliegen, durch inhaltliche Gleichstellung der Normen der Rechtsklarheit und damit der Rechtssicherheit zu dienen. Diesen Aspekten wird so große Bedeutung beigemessen, daß auch Autoren, die die norm- und rechtstheoretische Überlegenheit der Lösung der Normspaltung im Grunde bejahen, ihre Ausführungen mit dem Wunsch abschließen, daß die Normspaltung in der Rechtsanwendungspraxis nach Möglichkeit vermieden werde[54].

(b) Einheitlich-extensive Auslegung

Eine zweite Alternative zur Normspaltung läßt sich dadurch gewinnen, daß man die außerstrafrechtliche Norm in ihrem außerstrafrechtlichen Verständnis zum Bezugsobjekt der Strafrechtsnorm erhebt, daß man also eine einheitlich-extensive Auslegung zuläßt. Auch diese Alternative kann in gewissem Umfang die Argumente der Rechtssicherheit und der Rechtsklarheit für sich in Anspruch nehmen, denn auch sie gewährleistet die Einheit der Rechtsordnung. Die Vermeidung der Normspaltung wird allerdings hier einseitig auf Kosten der liberalen Strafgarantien erreicht. Dieser Lösungsansatz wird deswegen in seiner reinen Form nur von Autoren ver-

---

51 Siehe nunmehr § 81 GWB.

52 GRUR 1968, 544 f.

53 Vgl. etwa RAISCH, ZHR 128 (1966), 165: "Eine Norm mit mehrfachem Charakter muß mindestens die Normqualität aufweisen, die der Rechtsfolge entspricht, die den strengsten Erfordernissen unterworfen ist. Wegen Art. 103 Abs. 2 GG ist dies stets das Strafrecht." Siehe auch TIEDEMANN, in: I/M GWB, vor § 38, Rdn. 27.

54 DANNECKER, in: I/M EG-WbR [1997], VO 17 vor Art. 15, Rdn. 11; TIEDEMANN, in: I/M GWB, Vor § 38, Rdn. 27; PFEIFFER, Schwerpunkte des Kartellrechts 1978/79, S. 11 f.; K. SCHMIDT, Kartellverfahrensrecht, S. 126 ff.; SCHÜPPEN, Bilanzstrafrecht, S. 182 f.; vgl. auch MÖSCHEL, Recht der Wettbewerbsbeschränkungen, Rdn. 118; RITTNER, Wettbewerbs- und Kartellrecht [5. Aufl.], Rdn. 98; IMMENGA / MESTMÄCKER, in: I/M GWB [1992], Einleitung, Rdn. 24.

treten, die die Möglichkeit der Unterscheidung zwischen Analogie und Auslegung verneinen und damit die Existenz von strafrechtsspezifischen Auslegungsregeln bestreiten[55]. - Oft tritt aber der fragliche Ansatz im Schrifttum in einer gemäßigten (verdeckten) Form auf. So schlägt beispielsweise SANDROCK vor, das strafrechtliche Analogieverbot zwar auch auf den außerstrafrechtlichen Anwendungsbereich der ambivalenten Verhaltensnorm zu erstrecken, jedoch zugleich die (teleologische) Methode der sog. "tatsächlichen Betrachtungsweise" bzw. der "erweiternden Auslegung" der Strafgesetze *gezielt* einzusetzen[56], um (einheitliche) Auslegungsergebnisse sicherzustellen, die den Ansprüchen aller Rechtsgebiete gerecht würden. Daß es hier aber letztlich - trotz Anerkennung des Analogieverbots für alle Anwendungsbereiche der ambivalenten Norm und trotz der angeblichen "Bindung des Zivil- und Verwaltungsrechts an das Strafrecht"[57] - um eine einheitlich-extensive Auslegung geht, läßt sich nicht nur daran erkennen, daß das Gebot der engen Auslegung von Generalklauseln bereits in der theoretischen Begründung des Vorschlags völlig unberücksichtigt bleibt, sondern auch an den praktischen Konsequenzen des fraglichen Ansatzes, der u.a. für legitim hält, Verhaltensabstimmungen als "Verträge" i.S. des Kartellverbotes einzustufen[58].

(c) Einheitlich-extensive Auslegung i.V.m. kompensatorischen normexternen Mechanismen zur Wiedereinschränkung der Bußgeldverantwortung

Eine dritte Alternative zur Normspaltung läßt sich schließlich darin erblicken, daß die kartellrechtlichen Verhaltensnormen im Bußgeldbereich zwar genau so breit wie im Verwaltungs(sanktions)bereich interpretatorisch gefaßt werden, das dadurch entstehende ausgedehnte Strafbarkeitsfeld jedoch *mittelbar* durch Rückgriff auf das *in dubio pro reo-Prinzip*, auf die *Schuldvoraussetzungen im Bußgeldbereich* oder schließlich auf das *Opportunitätsprinzip* wieder sachgemäß eingeengt wird. Der Inhalt der kartellrechtlichen Verhaltensnormen bleibt auch im Rahmen dieser Alternative durch die Außerkraftsetzung der strafrechtsspezifischen Auslegungsregeln in beiden Sanktionsgebieten identisch und eine Normspaltung wird vermieden. Gleichwohl lassen sich durch die genannten materiell- und verfahrensrechtlichen Restriktionen praktisch ähnliche Ahndungsergebnisse wie bei einer restriktiven interpretatorischen Handhabung der Bußgeldtatbestände erreichen.

Die Einbeziehung des *in dubio pro reo-Satzes*[59] in eine Diskussion, die eigentlich die Normauslegung und nicht die Tatsachenfeststellung betrifft, mag zwar auf den ersten

---

55 RAISCH / MAASCH, in: FS für Benisch, 1989, S. 216 f.

56 SANDROCK, Die Einheit der Wirtschaftsordnung, S. 43 ff.; DERS., DB Heft 5 v. 9.2.73, 266.

57 SANDROCK, Die Einheit der Wirtschaftsordnung, S. 55.

58 SANDROCK, Die Einheit der Wirtschaftsordnung, S. 57 f.; DERS., DB Heft 5 v. 9.2.73, 266 f.

59 Siehe zum Inhalt dieses Grundsatzes ANDROULAKIS, Grundbegriffe des Strafprozesses, S. 184 ff.

Blick als abwegig erscheinen. Gleichwohl findet sich diese Verflechtung der Rechtsauslegung und der Tatsachenfeststellung mit Blick auf den in dubio pro reo-Satz in der Rechtsprechung des deutschen BGH[60] und tritt auch in der wirtschaftsstrafrechtlichen Literatur - ohne weitere Ausführungen - unter der Bezeichnung "quasi-rechtlicher in dubio pro reo" auf[61]. Auf die sachliche Rechtfertigung dieser Verflechtung wird später im Rahmen der eigenen Stellungnahme eingegangen. Hingewiesen sei allerdings darauf, daß das in dubio pro reo-Prinzip in diesem (von materiellrechtlichen Erwägungen) geprägten Sinne der Alternative der Normspaltung sehr nahe steht, denn es entfaltet seine Wirkungen bereits bei der Anwendung der Verhaltensnorm, ohne daß die materiellrechtliche Ebene der Schuld oder die verfahrensrechtliche Ebene des Opportunitätsprinzips erreicht worden sind.

Der Rückgriff auf *subjektive Elemente* zur Lösung des Problems der Normspaltung wird u.a. in der deutschen steuerstrafrechtichen Literatur befürwortet. Die herrschende Meinung geht dort von einer Übereinstimmung von materiellem Steuerrecht und Steuerstrafrecht aus und sucht bei komplizierten steuerrechtlichen Fragen einen Ausweg im subjektiven Bereich durch die Annahme eines strafausschließenden Irrtums[62].

Randbereiche der ambivalenten Norm können schließlich - zumindest im vom *Opportunitätsprinzip* beherrschten Verwaltungsstrafrecht - auch verfahrensmäßig bereinigt werden. Diese (pragmatische) Lösung wird vor allem - wie später noch zu zeigen ist - von den (griechischen und europäischen) Kartellbehörden bevorzugt.

B. Stellungnahme

(1) Ablehnung der einheitlich-extensiven Auslegung

Ausgangspunkt der Überlegung muß die Erkenntnis sein, daß die als Ausprägung des Gesetzlichkeitsprinzips zu verstehenden restriktiven Auslegungsregeln des Strafrechts keinen Sinn hätten, wenn es für den Rechtsanwender zulässig wäre, unter Berufung auf das Vorhandensein der Blankettechnik das außerstrafrechtliche extensive oder durch Analogieschlüsse geprägte Verständnis von Verhaltensnormen in das strafrechtliche Gebiet einzuschleusen. Die den strafrechtlichen strengen Auslegungsregeln widersprechende Interpretation der außerkartellrechtlichen Normen kann daher nicht in das Strafrecht übernommen werden - zumindest solange nicht, wie kompensatorische strafrechtliche Mechanismen zur Wiedereinengung der Strafverantwortung nicht aktiviert werden. Wegen der verfassungsrechtlichen Verankerung der strafrechtlichen restriktiven Auslegungsregeln kann weder das Argument der Einheit der Rechtsordnung noch der (unterstellte) Wille des Gesetzgebers zur Durchsetzung eines einheitlichen wirtschaftspolitischen Anliegens etwas an diesem Befund ändern. - Die oben erwähnte, zweite Alternative zur Normspal-

---

60 Vgl. BGHSt Urt. v. 8.12.81, Bd. 30, S. 285 ff. (288); zu entsprechenden Tendenzen in EU-Mitgliedstaaten vgl. TIEDEMANN, in: FS für Jescheck, S. 1426 f.

61 Vgl. GEILEN, in: Kölner Kommentar zum Aktiengesetz, Band 3, § 400 Rdn. 26 f. und § 399 Rdn. 51.

62 Vgl. SCHULZE-OSTERLOCH, in: KOHLMANN, Strafverfolgung und Strafverteidigung, S. 46 und 61.

tung (einheitliche extensive Auslegung) ist damit - auch in der von SANDROCK vertretenen gemäßigten Form[63] - abzulehnen.

(2) Ablehnung der einheitlich-restriktiven Auslegung

(a) Einheitlich-restriktive Auslegung und Effizienz der Verwaltungstätigkeit

Auf grundsätzliche Bedenken stößt aber auch die Alternative der einheitlich-restriktiven Auslegung. Dagegen spricht vor allem, daß es problematisch erscheint, dem Rechtsanwender von außerstrafrechtlichen Gebieten zu verbieten, die außerstrafrechtlichen Normen in vollem Umfang oder analog auszulegen, nur weil an diese Normen durch die Blankettechnik auch strafrechtliche Folgen geknüpft sind.

Insbesondere im Bereich der Verwaltungssanktionen würde dies die Erfüllung der sozialstaatlich motivierten gestaltenden und lenkenden Aufgaben der Verwaltung erheblich beeinträchtigen. Der Verwaltung würden Eingriffsmöglichkeiten gerade dort abgeschnitten, wo sie am meisten erforderlich sind, dort nämlich, wo neuere Entwicklungen aufgehalten werden sollen, die im Zeitpunkt der Verabschiedung des Gesetzes noch nicht völlig voraussehbar waren. Ein solches Ergebnis dürfte aber weder mit dem Willen des Gesetzgebers noch mit dem objektiven Gesetzeswillen zu vereinbaren sein[64].

(b) Einheitlich-restriktive Auslegung in normtheoretischer Hinsicht

In normtheoretischer Hinsicht ist außerdem von der Selbständigkeit der außerstrafrechtlichen Normen auszugehen[65]. Dies bedeutet, daß die in Bezug genommenen außerstrafrechtlichen Verhaltensnormen durch das Zusammenlesen *nicht* die Rechtsqualität einer Strafnorm erlangen. Nur soweit sie herangezogen werden, um die von der Strafnorm vorgesehene Verantwortung zu begründen, nehmen sie an der Rechtsnatur der verweisenden Strafnorm teil und müssen dann an den straf-

---

63 Dagegen auch STEINDORF, in: FS für Larenz, S. 221 und 241 ff.; SCHULZE-OSTERLOCH, in: KOHLMANN, Strafverfolgung und Strafverteidigung, S. 50 Anm. 26; TIEDEMANN, in: FS für Schaffstein, S. 198 Anm. 18.

64 Vgl. TIEDEMANN, in: FS für Schaffstein, S. 198.

65 Siehe dazu bereits BINDING, Handbuch, S. 162 f.: "Die Normen sind nie Teile der Strafgesetze und nie Sätze des Strafrechts ... weil Zweck und Inhalt der Normen wesentlich andere sind als die der Strafgesetze ... weil Norm und Strafgesetz verschiedenes persönliches, sachliches und zeitliches Geltungsgebiet besitzen können und vielfach besitzen." DERS., Normen und Strafgesetze, S. 157: "[D]a die Norm nicht einen Bestandteil des Strafgesetzes ausmacht selbst wenn sie hierdurch zum Rechtssatz erklärt worden ist, sondern neben ihm einen ganz selbständigen Rechtssatz bildet, so erhält sie nun ihre eigene Geschichte, ihre selbständige Aufhebungs- und Abänderungs-Gründe und teilt keineswegs notwendig das Schicksal der Strafgesetze." Zusammenf. zu diesem Aspekt der Normenlehre von Binding ARMIN KAUFMANN, Bindings Normentheorie, S. 9; vgl. auch TIEDEMANN, in: FS für Schaffstein, S. 198.

rechtlichen Auslegungsmaßstäben gemessen werden[66]. Werden sie hingegen von Sanktionsnormen anderer Sanktionsbereiche in Bezug genommen, sind sie dementsprechend *nur* an die Maßstäbe dieser Rechtsbereiche gebunden.

(c) Gefährdung der Rechtseinheit und der Rechtssicherheit durch die Normspaltung?

Den Befürwortern einer einheitlich-restriktiven Auslegung steht also grundsätzlich nur das Argument der Aufrechterhaltung der Rechtseinheit und Rechtssicherheit zur Seite.

Oft wird allerdings übersehen, daß es hierbei nur um ein allgemeines *Postulat* geht, das übrigens auch von seinen Vertretern keineswegs konsequent beachtet wird. Dies soll im folgenden am Beispiel der sog. Geltungs-, Vorrang- und Zurechungsregeln verdeutlicht werden.

Die (positive) Verhaltensnorm bzw. ihre in der objektiven Tatbestandsseite fixierte (negative) Umschreibung kann ihre Rolle als retrospektiver Verhaltensmaßstab[67] zur Begründung der verwaltungssanktionsrechtlichen und / oder der bußgeldrechtlichen Verantwortung nicht selbständig erfüllen. Die Norm*anwendung* hängt vielmehr mit der Anwendung sonstiger Regeln eng zusammen, die - stark vereinfacht - einerseits überwiegend das *Bezugsobjekt* der Norm (sog. *Zurechungsregeln*, die eine Antwort auf die Frage geben: *wer* hat *was* im Rahmen des anhand der Norm zu beurteilenden tatbestandsrelevanten Geschehens bewirkt bzw. *wem* können die tatbestandsrelevanten Umstände als eigene Taten zugerechnet werden)[68] und andererseits die *Geltung* der Norm (sog. *Geltungs- und Vorrangregeln*, die eine Antwort auf die Frage geben: *wo* und *wann* gilt die Verhaltensnorm und in welchem *Rang-*

---

66 DANNECKER, in: I/M EG-WbR [1997], VO 17 Vorb. Art. 15, Rdn. 10; DERS., Das intertemporale Strafrecht, S. 476 f. mit vielen Nachw. aus dem Schrifttum und der (deutschen) höchstrichterlichen Rechtsprechung.

67 Vgl. dazu HRUSCHKA, Rechtstheorie 22 (1991), 450 f.

68 Die Fragen, wer hat gehandelt, was er dabei gedacht hat und was er bewirkt hat, die mit Blick auf einen tatbestandsrelevanten Lebensvorgang gestellt werden, sind nicht rein beweisrechtliche Fragen. Es geht vielmehr um normativ geprägte Fragestellungen, die erst mit Hilfe von Zurechnungsregeln (normatives Kausalitätserfordernis, normative Gewichtung der tatsächlichen Beiträge unter Einschließung der Unterlassungen, normative Zurechnung von im Zeitpunkt des fraglichen Lebensvorgangs möglicherweise fehlenden subjektiven Elementen u.s.w.) beantwortet werden können, vgl. etwa den Begriff der Zurechungsregeln im Sinne von HRUSCHKA, Rechtstheorie 22 (1991), 451 ff.; siehe auch die Definition von BORK, ZGR 1994, 239: "Zurechnung ist also die Gesamtschau ('Addition') tatbestandsrelevanter Verhältnisse bei gleichzeitiger Zuordnung zu einem Rechtssubjekt. Insoweit ist sorgfältig zu unterscheiden zwischen der Norm, in bezug auf die etwas zugerechnet werden soll (*bezogene Norm*), und der Norm oder Rechtsregel, die die Zurechnung ermöglicht (*Zurechnungsnorm*)." - Zum Zurechnungsbegriff und zu einer repräsentativen Darstellung von wichtigen bislang entwickelten (rechtlichen) Zurechnungstheorien (LOENING, LARENZ, HARDWIG, HRUSCHKA, KELSEN) siehe KORIATH, Grundlagen strafrechtlicher Zurechnung, S. 101 ff.

verhältnis steht sie zu anderen gleichzeitig geltenden Normen der Rechtsordnung) festlegen.

Trotz der engen funktionalen Beziehung zwischen Verhaltens-, Zurechnungs-, Geltungs- und Vorrangregeln wird bei der Behandlung der Problematik der Normspaltung *nur* die Verhaltensnorm und deren Auslegung in den verschiedenen Sanktionsgebieten diskutiert. Gefragt wird so beispielsweise nur, ob im Hinblick auf die Verwendung desselben Begriffes in den verschiedenen Rechtsgebieten derselbe oder aber ein - je nach Rechtsgebiet und Verfahrensart - unterschiedlicher Begriffsinhalt gilt[69]. Die Geltungs-, Vorrang- und Zurechnungsregeln werden von der Auseinandersetzung ausgenommen.

Dies ließe sich dadurch erklären, daß der größte Teil dieser die Verhaltensnorm begleitenden Regeln in den verschiedenen Sanktionsgebieten bereits eigenständig fixiert ist. Jedes Sanktionsgebiet besitzt nämlich ein eigenes, auf seine *funktionalen* Bedürfnisse und Zielsetzungen zugeschnittenes dogmatisches Instrumentarium von festen Geltungs-, Zurechnungs- und Vorrangregeln, die in der Regel als *Allgemeiner Teil des jeweiligen Sanktionsgebiets* in Erscheinung treten und auf alle Verhaltensnormen dieses Gebiets Anwendung finden[70]. Da dieses (Zurechnungs-)Instrumentarium in der Regel das Produkt einer langjährigen dogmatischen Durchdringung des jeweiligen Sanktionsgebiets ist, erscheint es kaum vertretbar, die Vereinheitlichung der relevanten Regeln aller Sanktionsgebiete zu fordern, wenn auf der Basis der Blankettechnik ein und dieselbe Verhaltensnorm in einige oder alle Sanktionsgebiete Eingang findet. Die *Differenzierung der Zurechnungsdogmatik* sowie der Dogmatik der Geltungs- und Vorrangregeln mit Blick auf dieselbe Verhaltensnorm kommt daher als etwas *Selbstverständliches* vor. Daran dürfte es liegen, daß sich das Schrifttum mit diesem Problem nicht auseinandersetzt.

Auch der EuGH, der - wie später ausführlich darzustellen sein wird - im europäischen Wettbewerbsrecht keine Normspaltung praktiziert[71] und mit Blick auf die gemeinschaftlichen Richtliniennormen in allen Verfahren eine einheitlich und teleologisch an den Zielen und Zwecken der Richtlinie ausgerichte Auslegung fordert[72], zeigt sich bereit, eine "Spaltung" des zeitlichen Geltungsbereichs derselben Verhaltensnorm ohne Probleme zu

---

69 Vgl. SCHÜPPEN, Bilanzstrafrecht, S. 180: "Fraglich ist, ob das gleiche Tatbestandsmerkmal in verschiedenen Rechtsgebieten unterschiedlich auszulegen ist oder ob die strafrechtlichen Anforderungen zurückwirken und das außerstrafrechtliche Merkmal auch außerhalb des Strafrechts im Lichte des Art. 103 II GG auszulegen ist."

70 Zum (richtigen) Verständnis des Allgemeinen Teils des Strafrechts als Gruppe von Zurechnungs-, Geltungs- und Vorrangregeln, siehe TIEDEMANN, in: FS für Baumann, S. 11 und 17; DANNECKER, Das intertemporale Strafrecht, S. 275.

71 Ausführlich dazu unten im Text, III.

72 Vgl. dazu DE WEERTH, Die Bilanzordnungswidrigkeiten, S. 60 ff., der diese Rechtsprechung als unvereinbar mit dem strafrechtlichen Bestimmtheitsgebot hält und zugleich Tendenzen einer Änderung des Standpunktes des EuGH in der richtigen Richtung feststellt.

billigen - wie dies unter anderem an seinem Urteil v. 13.11.90 ("Fedesa")[73] ablesen läßt, in dem der Gerichtshof die Rückwirkung außerstrafrechtlicher Regelungen für ausnahmsweise zulässig hält, während er zugleich hervorhebt, daß dies nicht für die Sanktionen mit punitivem Wesenszug gelte[74].

Insgesamt läßt sich somit konstatieren, daß die Differenzierung der Zurechnungsdogmatik sowie der Dogmatik der Geltungs- und Vorrangregeln praktisch nicht in Frage gestellt wird. Hierzu werden - zu Recht - keine Alternativen vorgeschlagen.

Ist aber der Kern des Problems der Normspaltung in fester Verbindung mit den Postulaten der Rechtseinheit und der Rechtssicherheit zu sehen, so läßt sich kaum leugnen, daß *unterschiedliche Geltungsregeln* (z.B. zulässige Rückwirkung der Verhaltensnorm in einem Sanktionsgebiet bei Geltung des Rückwirkungsverbots in einem anderen Gebiet) oder *abweichende Zurechnungsregeln* (z.B. unterschiedliche Regeln zur Bestimmung des eingetretenen Schadens, zur Grundlegung der objektiven Erfolgszurechung - Kausalitätstheorien! - oder zur Gewichtung und Einstufung des Beitrags von Tatbeteiligten in den verschiedenen Sanktionsgebieten)[75] die *Rechtseinheit* ebenso stark wie eine von Sanktionsgebiet zu Sanktionsgebiet differierende Auslegung der sanktionsbewehrten Verhaltensnormen beeinträchtigen können.

Hält man sich insgesamt vor Augen, daß die durch die Blankettechnik in Bezug genommene Verhaltensnorm in den verschiedenen Sanktionsgebieten ohnehin nicht direkt angewendet wird, sondern sich zwischen Norm und Sachverhalt im jeweiligen Sanktionsgebiet das eigene, durch die Tätigkeit der Staatsorgane (Gesetzgebung, Verwaltungspraxis, Rechtsprechung) und die wissenschaftliche Forschung der jeweiligen Rechtsdisziplin herausgearbeitete sanktionsgebietsspezifische System von Zurechnungs-, Vorrang- und Geltungsregeln schiebt, ist festzustellen, daß - auch bei Vermeidung einer Normspaltung und *ohne* die durch die abweichenden subjektiven Ahndungsvoraussetzungen und die divergierenden beweisrechtlichen Regeln der verschiedenen Sanktionsgebiete bedingten Unterschiede in der prakti-

---

73 *EuGH* Urt. v. 13.11.90, Rs. 331/88, *Fedesa*, Slg. 1990, I-4023 [Rdn. 41 ff.]: "Es wird geltend gemacht, die streitige Richtlinie verstoße gegen das Rückwirkungsverbot, da sie am 7. März 1988 erlassen worden sei, jedoch bestimme, daß sie spätestens zum 1. Januar 1988 durchzuführen sei. In dieser Hinsicht ist zwischen zwei Aspekten zu unterscheiden, nämlich der Rückwirkung von Strafbestimmungen und der Rückwirkung außerhalb des strafrechtlichen Gebiets..."

74 Vgl. dazu nur TIEDEMANN (NJW 1993, 28), der zutreffend bemerkt, daß mit dieser Rechtsprechung zu einer "Spaltung" des zeitlichen Geltungsbereichs der äußerlich einheitlichen Rechtsnorm kommt.

75 Zum (überwiegend) unterschiedlichen Verständnis des Zivil- und des Strafrechts im Hinblick auf die Inhaltsbestimmung von grundlegenden (zurechnungsrelevanten) dogmatischen Kategorien und Begriffen (Kausalität, Schaden, Vorsatz, Fahrlässigkeit u.a.) vgl. die kurzen rechtsvergleichenden Ausführungen von VON BAR, Gemeineuropäisches Deliktsrecht, Bd. 1 [1996], § 6 Rdn. 624 ff. (insb. 624 und 628).

schen Rechtsanwendung zu berücksichtigen[76] - von der Einheit der Rechtsordnung im Ergebnis wenig bleibt.

Auch im Hinblick auf die erheblichen Einbußen bezüglich der Effizienz der Verwaltungstätigkeit ist daher die für eine einheitlich-restriktive Auslegung eintretende Ansicht abzulehnen.

(3) Normspaltung oder einheitlich-extensive Auslegung i.V.m. kompensatorischen Mechanismen?

(a) Die dogmatische Überlegenheit der Lösung der Normspaltung

Es wäre damit konsequent anzunehmen, daß die Verhaltensnorm insgesamt frei von jeder dogmatischen Beschränkung bleiben sollte, um sich an ihre jeweilige normative Umgebung anpassen zu können. Diese in normtheoretischer Hinsicht - wie bereits dargestellt - überzeugende Auffassung erscheint auch sinnvoll und zweckmäßig, denn jedes Sanktionsgebiet verfolgt im System der Rechtsordnung eigene Ziele[77] und sollte dementsprechend über die Möglichkeit verfügen, nicht nur die Zurechnungs- und Geltungsregeln, sondern auch die Funktion und Gewichtung der Tatbestandsmerkmale bei der Entscheidung eines konkreten Sachverhalts selbständig zu bestimmen. Nur die Lösung der Normspaltung kann außerdem gewährleisten, daß weder das Gebot verwaltungsrechtlicher Effektivität noch das Gebot der Bindung der Strafnormen an rechtsstaatliche Garantien verletzt wird.

Die Annahme einer Normspaltung bedeutet übrigens nicht, daß es zwangsläufig zur einer Auseinanderentwicklung der verschiedenen Sanktionsgebiete[78] durch vollständige Auflösung der zwischen ihnen bestehenden Bändern kommen muß. Die durch die differenzierende Bestimmung des Inhalts der ambivalenten Normen entstehenden Divergenzen lassen sich vielmehr im Rahmen eines richtigen Verständnisses der strafrechtsspezifischen Auslegungsregeln in Grenzen halten.

Zu denken ist insbesondere daran, daß das Analogieverbot und das Gebot der engen Auslegung von Generalklauseln zwar gleichermaßen Ausprägungen des strafrechtlichen Bestimmtheitsgebots darstellen, jedoch nicht notwendigerweise dieselbe Natur und Legitimationsbasis teilen. - Anders als das Analogieverbot findet nämlich das Gebot der engen Auslegung von Generalklauseln seine Berechtigung nicht im Fehlen einer gesetzlichen Regelung, sondern in der mangelnden objektiven Erkennbarkeit einer *bestehenden* gesetzlichen Regelung. Dies legt aber die Annahme nahe, daß gewisse, zunächst wegen geminderter Erkennbarkeit vom bußgeldrechtlichen Anwendungsbereich ausgeschlossene Sachverhalte mit fortschreitender Konketisierung des Inhalts der Generalklauseln von der außerstrafrechtli-

---

76 Vgl. dazu STEINDORFF, in: FS für Larenz, S. 242.

77 Näher dazu PAPAKIRIAKOU, Das griechische Verwaltungsstrafrecht, § 8 I C.

78 Vgl. dazu MÖSCHEL, Recht der Wettbewerbsbeschränkungen, Rdn. 118.

chen Anwendungspraxis strafrechtliche Relevanz gewinnen können[79]. Ist die objektive Erkennbarkeit nämlich eindeutig hergestellt worden, gibt es keine Gründe mehr, die Anwendung der Strafgesetze auf die Fälle früherer mangelnder Erkennbarkeit zu verweigern. Das Gebot der engen Auslegung von Generalklauseln kann insoweit im Hinblick auf ambivalente Normen als ein Gebot verstanden werden, das die Anwendung der Strafnorm auf Randbereiche von der vorangegangenen (außerstrafrechtlichen) Herstellung der objektiven Erkennbarkeit des Inhalts der jeweils maßgeblichen Generalklauseln abhängig macht. - Da die ratio des Analogieverbots demgegenüber in der fehlenden *gesetzlichen* Grundlage der Strafbarkeit liegt, bleibt die Anwendung der Strafgesetze auf durch Analogie erschlossene Fälle auch dann unzulässig, wenn die außerstrafrechtliche Praxis in der Vergangenheit wiederholt die fraglichen Fälle als normrelevant eingestuft hat. Das Analogieverbot ist somit als eine *absolute*, von der Entwicklung der außerstrafrechtlichen Auslegung unabhängige Einschränkung des Anwendungsbereichs des Strafgesetzes zu verstehen, während das Gebot der engen Auslegung von Generalklauseln als eine *zeitlich* begrenzte Einschränkung aufzufassen ist.

Im Anschluß an diese Differenzierung bezüglich der Qualität des Analogieverbots und des Gebots der engen Auslegung von Generalklauseln wären die früher erwähnten Beispiele (bloß) extensiver und analoger Anwendung der kartellrechtlichen Bußgeldtatbestände voneinander zu unterscheiden. Die Sachverhalte mangelnder Eindeutigkeit könnten nämlich mit fortschreitender Konkretisierung des Inhalts der Generalklauseln im Bereich des Verwaltungssanktionsrechts auch bußgeldrechtliche Relevanz gewinnen (z.B. wiederholte Mißbilligung eines Preisberechnungsschemas oder eines bestimmten Typus aggressiver Marktpolitik von marktbeherrschenden Unternehmen; wiederholte Mißbilligung einer konkreten Klausel in Vertriebssystemen). Angesichts des oft herrschenden wettbewerbstheoretischen Streits und des Mangels an allgemein anerkannten operationellen Instrumenten zur Feststellung solcher Sachverhalte kann es hier zwar eine im voraus existierende Sicherheit nicht geben. Eine Bußgeldverhängung bei der ersten Anwendung wäre deswegen unzulässig. Die Festlegung der Behörden auf einen

---

79 Vgl. dazu STEINDORFF, in: FS für Larenz, S. 241 ff.: "Mir scheint, daß sich die differenzierende Auslegung geradezu als der Weg anbietet, der die Bewältigung der Aufgaben ermöglicht. Auf der einen Seite würde es möglich sein, zivilrechtliche Folgen und Unterlassungsanordnungen der Behörden ... auf eine die Politik des Gesetzes dezidiert berücksichtigende Rechtsanwendung zu stützen, ohne mit Art. 103 Abs. 2 GG in Konflikt zu kommen. Auf der anderen Seite würde solche Rechtspraxis zu einer Präzisierung der Tatbestände führen, die zu einem späteren Zeitpunkt die Verhängung von Bußen ohne Verstoß gegen Art. 103 Abs. 2 GG ermöglicht." Siehe auch SCHULZE-OSTERLOH (in: KOHLMANN, Strafverfolgung und Strafverteidigung, S. 60 f.), der allerdings (mit Blick auf das Steuerstrafrecht) einem solchen außerstrafrechtlichen Konkretisierungsprozeß nur dann strafrechtliche Bedeutung beimessen will, wenn es um eine "ständige, gefestigte Rechtsprechung, die zu einer entsprechenden Rechtsüberzeugung geführt hat", geht. Nach seiner Meinung genügt dagegen nicht, wenn die Konkretisierung "auf einer ständigen Verwaltungsübung beruht, die durch Richtlinien und andere Verwaltungsvorschriften verfestigt ist". - Sowohl STEINDORFF als auch SCHULZE-OSTERLOCH unterscheiden jedenfalls nicht zwischen Analogieverbot und Gebot der engen Auslegung von Generalklauseln, so daß ihre Stellungnahmen von der im Text vertretenen Auffassung abweichen.

Maßstab würde aber diese Sicherheit herstellen und ließe zu, den ausgewählten Maßstab künftig auch Bußgeldentscheidungen zugrunde zu legen. Die vorangegangene behördliche Herstellung der allgemeinen objektiven Erkennbarkeit des Inhalts der Verhaltensnormen im Verwaltungssanktionsrecht würde also ermöglichen, Fälle mangelnder Erkennbarkeit in den Bußgeldbereich zu übernehmen. - Die Anwendung der Bußgeldtatbestände auf die durch Analogie erfaßten Fälle sollte jedoch stets als ausgeschlossen angesehen werden, auch wenn die Kartellbehörden in der Vergangenheit wiederholt die kartellrechtliche Relevanz dieser Fälle festgestellt haben.

Es stellt sich somit heraus, daß die Normspaltung *auch* als Chance gesehen werden kann, um das Bußgeldrecht neueren Entwicklungen anpassen zu können, ohne einen Konflikt mit dem strafrechtlichen Bestimmtheitsgebot heraufzubeschwören. Im Hinblick auf den par definitionem weit gefaßten Wortlaut von Generalklauseln und unbestimmten Gesetzesbegriffen ist außerdem deutlich, daß die außerstrafrechtliche Konkretisierungspraxis in der überwiegenden Mehrheit der Fälle als extensive Auslegung, und nicht als Verstoß gegen das Analogieverbot einzustufen sein wird.

(b) Die Praktikabilität der Lösung der einheitlich-extensiven Auslegung i.V.m. kompensatorischen Mechanismen

Die Annahme der Lösung der Normspaltung wäre ohne Vorbehalte allerdings nur im Verhältnis zwischen Sanktionsgebieten vertretbar, deren Verhaltensnormen von unterschiedlichen Organen oder (zumindest) in getrennten Verfahren angewendet werden. Erst dann ist eine wesentliche Differenzierung der Normauslegung auch in praktischer Hinsicht problemlos durchführbar. - Im Verhältnis des *Verwaltungsstrafrechts* zu dem *Verwaltungssanktionsrecht* und unter der Voraussetzung, daß für die Anwendung der materiellen Bestimmungen beider Sanktionsgebiete ein *einheitliches Verfahren* und *gemeinsame Organe* vorgesehen sind[80], gerät allerdings diese Lösung in Umsetzungsschwierigkeiten. Es ist nämlich für denselben Rechtsanwender in dem einheitlichen Verfahren unter praktischen Aspekten schwierig, eine ambivalente Auslegung der Verhaltensnorm vorzunehmen.

Da die einheitlich-restriktive Auslegung aus den bereits aufgeführten Gründen abzulehnen ist, bleibt nur die Lösung, eine extensive Normauslegung in den Vordergrund zu stellen - so daß die Effektivität der sozialstaatlich motivierten Betätigung der Verwaltung keinen Schaden nimmt - und rechtsstaatlich gebotene Einschränkungen der Bußgeldverantwortung im Bereich der *subjektiven Verantwortungsvoraussetzungen* oder im Bereich der Ausübung des *Bußgeldermessens* durchzusetzen.

Die Einheitlichkeit des Verfahrens erschwert auch die Entwicklung unterschiedlicher beweisrechtlicher Regeln und deren Einsatz als quasi-materiellrechtliche Entlastungsin-

---

80 Dies ist beispielsweise im europäischen und im griechischen Kartellrecht der Fall; zum europäischen Recht siehe BLANCO, EC Competition Procedure [1996], S. 222 ("The procedure for the imposition of fines for infridgments of Art. 85 and 86 of the EC Treaty [= Art. 81 und 82 EGV n.F.] ist the same as the substantive procedure in every respect"); zum griechischen Recht siehe PAPAKIRIAKOU, Das griechische Verwaltungsstrafrecht, § 2 III A 2.

strumente im Hinblick auf die Begründung der Bußgeldverantwortung, obwohl sich auch diese Lösung als besonders effektiv erweisen dürfte und deswegen ebenfalls als Alternative zur Normspaltung in Betracht kommt.

Hervorzuheben ist diesbezüglich, daß der *gezielte Einsatz von beweisrechtlichen Regeln zur Lösung des materiellrechtlichen Problems* (quasi-materiellrechtlicher in dubio pro reo) zwar keine dogmatisch saubere Lösung darstellt[81], jedoch auch nicht als rein pragmatisches Vorgehen einzustufen ist. Der Austausch von materiellrechtlichen durch beweisrechtliche Mittel erscheint nämlich - auch in dogmatischer Hinsicht - nicht mehr so überraschend, wenn man sich vergegenwärtigt, daß die Verhaltensnorm als retrospektiver Maßstab nur auf Sachverhalte angewendet werden kann, die mit Hilfe von Zurechnungs- und Beweisregeln zuerst *abgegrenzt* und *gedeutet* worden sind. Während die Zurechungsregeln allerdings in die Dogmatik des Allgemeinen Teils Eingang finden und dort als materiellrechtliche Instrumente gelten, werden die Beweisregeln ausschließlich dem Verfahrensrecht zugewiesen. Dies kann aber nichts daran ändern, daß in der Wirklichkeit der Rechtsanwendung Beweisregeln, Zurechungsregeln und Verhaltensnormen so eng miteinander verflochten werden, daß *Funktionsverlagerungen* zwischen ihnen möglich sind[82].

Wie sehr die Deutung eines Sachverhalts mit Hilfe von Beweisregeln die materiellrechtlichen Grenzen der Norm faktisch beeinflussen bzw. beschränken oder erweitern kann, läßt sich so an folgenden Beispielen veranschaulichen, in denen sowohl der Fall einer Erweiterung (Beispiele 1 und 2) als auch der Fall einer Beschränkung des faktischen Anwendungsbereichs der Norm (Beispiel 3) durch Beweisregeln problematisiert wird:

Beispiel 1: Man kann zwar materiellrechtlich die Ansicht vertreten, daß das Tatbestandsmerkmal der Verhaltensabstimmung sowohl eine Verständigung der betroffenen Unternehmen als auch ein dadurch beeinflußtes tatsächliches Marktverhalten voraussetzt. Erhebt man jedoch beweisrechtlich den Nachweis der Verständigung zum Eckstein der Beweisführung bezüglich der Verhaltensabstimmung, indem man die Vermutung aufstellt, daß jede Verständigung das künftige Marktverhalten der daran beteiligten Unternehmen *zwangsläufig* beeinflußt, dann gelangt man letztlich zu dem Ergebnis, daß die bloße Verständigung *faktisch* tatbestandsmäßig wird.

Beispiel 2: Man kann zwar ebenfalls materiellrechtlich die Ansicht vertreten, daß das Tatbestandsmerkmal der Vereinbarung eine Willens*übereinstimmung* der in Frage kommenden Unternehmen voraussetzt. Reduziert man aber beweisrechtlich die Frage des Vorliegens einer Übereinstimmung auf die Frage, ob das eine Unternehmen dem anderen rein objektiv Anlaß zu der Annahme gab, daß es den aufgestellten Forderungen und Vorschlägen zustimmt, dann kann man leicht zu dem Ergebnis kommen, daß auch

---

81 Vgl. TIEDEMANN (in: FS für Jescheck, S. 1427), der mit Recht darauf hinweist, daß die Bestimmung des Umfangs und des Inhalts eines Bußgeldtatbestandes keine Frage der Tatsachenfeststellung, sondern "primär und zunächst eine objektive Frage der Rechtsgeltung und Rechtsauslegung" darstelle.

82 Vgl. in diesem Zusammenhang die Ausführungen von VOLK (in: FS für Arthur Kaufmann, S. 617 f.), der auf die Kategorie der "Zuordnungsregeln" hinweist, die "theoretische Begriffe mit Beobachtungsbegriffen [verbinden]", und damit zutreffend auf einen Bereich aufmerksam macht, "in dem prozessuale und materiell-rechtliche Regelungsweisen austauschbar sind"; siehe auch KAIAFA, Äußere und innere Fahrlässigkeit, S. 294 ff., die am Beispiel der Inhaltsbestimmung und des Beweises der Fahrlässigkeit die enge Verflechtung von materiellem Strafrecht und prozessualem Beweisrecht demonstriert.

bei tatsächlich nicht erfolgter Willensübereinstimmung die Tatbestandsverwirklichung bejaht wird.

Beispiel 3: Man kann zwar davon ausgehen, daß auch der wettbewerbstheoretisch sehr umstrittene Preismißbrauch vom Tatbestand des Art. 82 EGV n.F. erfaßt wird. Verlangt man jedoch beweisrechtlich, daß zur Annahme eines Preismißbrauchs in einem konkreten Fall die Unverhältnismäßigkeit des vom marktbeherrschenden Unternehmen geforderten Preises über jeden *möglichen* Zweifel hinaus nachgewiesen worden ist, dann läßt sich der materiellrechtliche Anwendungsbereich des Preismißbrauchstatbestandes auf nur wenige Fälle auffallender Verbotswidrigkeit beschränken. Verwandte Beispiele lassen sich auch für den Fall der sog. Verkäufe unter Selbstkostenpreis oder für den Fall der Abgrenzung des relevanten Marktes bilden.

Insbesondere das letzte Beispiel zeigt, daß beweisrechtliche Grundsätze, in diesem Fall das in dubio pro reo-Prinzip, auch dafür eingesetzt werden können, um die materiellrechtlichen Grenzen der Verhaltensnorm enger zu ziehen.

Der vom deutschen BGH verfolgte Ansatz, die enge Auslegung von Generalklauseln durch Rückgriff auf das in dubio pro reo-Prinzip sicherzustellen, ist daher nicht als schlechthin pragmatische Lösung abzulehnen. Letztlich eröffnet dieser Ansatz die Möglichkeit, die *schwierige materiellrechtliche Abgrenzung zwischen dem Gebot enger Auslegung von Generalklauseln und dem - im Schrifttum mit Recht nicht anerkannten - Grundsatz in dubio mitius*[83] *zu umgehen*; und wohl an der Vermeidung solcher Schwierigkeiten dürfte es liegen, daß sich der deutsche BGH davor scheut, von einer engen Normauslegung zu sprechen und statt dessen das Problem auf den Bereich der Beweiswürdigung verlagern will.

Die Alternative der extensiven Auslegung i.V.m. normexternen Mechanismen zur Wiedereinschränkung der Bußgeldverantwortung trägt zwar eher pragmatische Grundzüge und verwischt nicht nur die klaren Linien zwischen den Stufen des Deliktsaufbausystems, sondern auch die Grenzen zwischen materiellem und prozessualem Recht. Sie erweist sich jedoch zugleich wegen ihres kompromißhaften Charakters als akzeptable Lösung für die erwähnte Fallkonstellation eines einheitlichen Verfahrens. Außerdem liefert die fragliche Lösung eine angemessene systematische Plattform, um die - oben festgestellten - unterschiedlichen materiellen Anforderungen des Analogieverbots und des Gebots der engen Auslegung von Generalklauseln in die Tat umsetzen zu können: Schuldkategorien und Bußgeldermessen sollen danach der Ahndung von durch Analogie erschlossenen Fällen immer entgegenstehen, während die durch extensive Auslegung gewonnenen Randbereiche der Generalklauseln mittels der entsprechenden subjektiven Kategorien und des Bußgeldermessens nur solange von einer Ahndung ausgenommen werden sollen, wie es an früheren klärenden verwaltungsrechtlichen Entscheidungen und Urteilen fehlt.

Um den Anforderungen der Rechtssicherheit und vor allem der Vorhersehbarkeit der Ahndung gerecht werden zu können, wäre allerdings dringend anzuraten, daß

[83] Wie bereits an früherer Stelle dargelegt, wird der Grundsatz in dubio mitius von der heute h.M. in Deutschland abgelehnt; siehe ESER, in: SCHÖNKE / SCHRÖDER [25. Aufl.], § 1 Rdn. 53; JESCHECK / WEIGEND, Lehrbuch [5. Aufl.], S. 154.

der "ausgleichende" Rückgriff auf die dieser Alternative zur Verfügung stehenden normexternen Mechanismen formalisiert wird. Solange für die Wiedereinschränkung der Verantwortung nicht (nur) der Weg einer zielgerichteten Ausgestaltung der Schuldkategorien, sondern (auch) der Weg des Opportunitätsprinzips ausgewählt wird, bietet sich die (*gesetzliche* oder *rechtsfortbildende*) Anerkennung von objektiven Ermessensregeln an, die nur mit Blick auf die Bußgeldverhängung gelten und das "*pflichtgemäße*" Ermessen der Behörden zugunsten der betroffenen Unternehmen einschränken würden. Dadurch könnte auch das Opportunitätsprinzip justiziabler werden und die durch die (mittelbare) Berücksichtigung der liberalen strafrechtlichen Garantien bedingten Unterschiede in der Begründung der bußgeldrechtlichen Verantwortung noch stärker zum Ausdruck gebracht werden.

(4) Ergebnis

Festzuhalten ist somit, daß zunächst die Lösung der Normambivalenz den Vorzug verdient. Nur wenn die Verhaltensnormen der verschiedenen Sanktionsgebiete in einem einheitlichen Verfahren von gemeinsamen Organen angewendet werden sollen, kommt auch die einheitlich extensive Auslegung i.V.m. kompensatorischen normexternen Mechanismen zur Wiedereinschränkung der Bußgeldverantwortung als akzeptable Lösung in Betracht. Im letzteren Fall wäre allerdings zu empfehlen, daß die normexternen Mechanismen durch die Rechtspraxis formalisiert und justiziabler gemacht werden.

III. Standpunkt der Gemeinschaftsorgane

A. Einheitlich-extensive Auslegung

Die Kommission und die europäischen Gerichte unterscheiden bei der Auslegung des objektiven Tatbestandes der Art. 81 und 82 EGV n.F. nicht zwischen bußgeldrelevanten und (bloß) verwaltungssanktionsrelevanten Sachverhalten[84]. Darüber hinaus gehen sie von der "vorbeugenden" Funktion der gemeinschaftsrechtlichen Wettbewerbsregeln aus[85] und neigen dementsprechend zu einer weiten Auslegung der Tatbestandsmerkmale der Art. 81 und 82 EGV n.F.. Es liegt deswegen zunächst die Annahme nahe, daß im europäischen Recht eine extensive, mitunter analogieverdächtige Auslegung der Tatbestandsmerkmale stattfindet[86], was im folgenden ausführlicher nachgewiesen wird.

---

84 Vgl. DANNECKER, in: I/M EG-WbR [1997], VO 17 Art. 15, Rdn. 47; TSOLKA, S. 106.

85 Vgl. XXIV. Bericht über die Wettbewerbspolitik 1994, S. 105 Rdn. 145.

86 Vgl. DANNECKER / FISCHER-FRITSCH, S. 12 ff., 290; TSOLKA, S. 105 f.; DANNECKER, in: I/M EG-WbR [1997], VO 17 Art. 15, Rdn. 47.

(1) Extensive Auslegung von Tatbestandsmerkmalen

(a) Extensive Auslegung der Merkmale "Unternehmen" und "Unternehmensvereinigung"

Die europäische Praxis legt den *Unternehmensbegriff* möglichst weit aus, und zwar sowohl mit Blick auf die darunter fallenden Tätigkeiten als auch bezüglich des Zurechnungssubjekts des wettbewerbswidrigen Ablaufs der Tätigkeiten[87].

Darüber hinaus erstreckt die europäische Praxis den Anwendungsbereich des Art. 81 Abs. 1 EGV n.F. auf Vereinbarungen zwischen Unternehmensvereinigungen[88] sowie auf Beschlüsse von Vereinigungen von Unternehmensvereinigungen, obwohl der Gesetzwortlaut nur "Vereinbarungen zwischen Unternehmen" und "Beschlüsse von Unternehmensvereinigungen" ausdrücklich erfaßt[89]. Durch diese über den Wortlaut hinausgehende, teleologische Auslegung werden also auch *Vereinbarungen* zwischen oder *Beschlüsse* von *Dachverbänden* bußgeldrelevant[90].

(b) Extensive Auslegung der Merkmale "Vereinbarung", "abgestimmte Verhaltensweise" und "Beschluß"

Mit Blick auf vertikale Vertriebssysteme werden die Voraussetzungen für die Annahme einer *Vereinbarung* äußerst weit festgelegt[91]. Auch *einseitig* vom Hersteller getroffene Maßnahmen können danach zur Verwirklichung des fraglichen Tatbestandsmerkmals führen, wenn diese Maßnahmen im Rahmen laufender Geschäftsbeziehungen vorgeschlagen und von den Vertragshändlern des Systems nicht ausdrücklich zurückgewiesen werden.

Im AEG-Fall[92] ging es beispielsweise um ein selektives Vertriebssystem, in dessen Rahmen AEG auch objektiv geeignete Händler willkürlich von der Belieferung mit seinen Produkten ausschloß. In Frage stand dabei die Tatbestandsmäßigkeit dieses Verhaltens als Vereinbarung. Der *EuGH* verwarf den Einwand, es handele sich bloß um ein einseitiges Verhalten des Unternehmens - das dann nicht unter Art. 85 Abs. 1 EWGV [= Art. 81 Abs. 1 EGV n.F.] fiele -, und entschied: "[Rdn. 38] Ein derartiges Verhalten stellt keine einseitige Handlung des Unternehmens dar... Es fügt sich vielmehr in die vertraglichen Beziehungen ein, die das Unternehmen mit seinen Wiederverkäufern unterhält. Denn im Fall der Aufnahme eines Händlers in die Vertriebsbindung gründet sich die Zulassung darauf, daß die Vertragsparteien die von AEG verfolgte Politik, nach der unter anderem Händler, die die Zulassungsvoraussetzungen erfüllen, aber nicht bereit sind, dieser Politik zuzustimmen, vom Händlernetz ausgeschlossen werden, aus-

---

87 Siehe dazu ausführlich unten im Text, *Vierter Teil.*

88 Vgl. *KOME* v. 30.11.94, 94/815/EG, *Zement,* ABl. 1994, Nr. L 343/1 [S. 97 ff., Rdn. 44].

89 Vgl. DANNECKER / FISCHER-FRITSCH, S. 14.

90 GLEISS / HIRSCH [4. Aufl.], Bd. 1, Rdn. 71 m.Nachw.

91 Vgl. dazu EMMERICH, in: I/M EG-WbR [1997], Art. 85 Abs. 1 A, Rdn. 86 ff.; DANNECKER / FISCHER-FRITSCH, S. 12 f.; DANNECKER, in: I/M EG-WbR [1997], VO 17 Art. 15, Rdn. 46.

92 *EuGH* Urt. v. 25.10.83, Rs. 107/82, *AEG,* Slg. 1983, S. 3151.

drücklich oder stillschweigend akzeptieren".[93] Im *Sandoz*-Fall[94] entschied außerdem der *EuGH*: "Sendet ein Lieferant seinen Abnehmern systematisch Rechnungen mit dem Vermerk 'Ausfuhr verboten' zu, so stellt dies nicht ein einseitiges Verhalten, sondern eine nach Art. 85 Abs. 1 [= Art. 81 Abs. 1 EGV n.F.] verbotene Vereinbarung dar, wenn es im Rahmen fortlaufender Geschäftsbeziehungen erfolgt, die einer im voraus getroffenen allgemeinen Vereinbarung unterliegen, wie sich auf der vor jeder Lieferung erteilten Einwilligung des Lieferanten in die Aufnahme von Geschäftsbeziehungen und der stillschweigenden Zustimmung der Abnehmer zum Geschäftsgebaren ... ergibt."

Art. 81 EGV n.F. wandelt sich dadurch im Ergebnis zum Instrument der Kontrolle des Marktverhaltens jedes relativ starken Unternehmens, das als Träger eines Vertriebsnetzes mit Freiheitsbeschränkungen, ungerechtfertigten Lieferverweigerungen und sonstigen willkürlichen Diskriminierungen agiert. Der Rückgriff auf Art. 82 EGV n.F., der oft wegen Fehlens (bzw. wegen der Schwierigkeiten des Nachweises) einer marktbeherrschenden Stellung nicht möglich ist, wird dadurch überflüssig[95]. Durch die Annahme einer "Vereinbarung" wird außerdem auch den am System teilnehmenden Vertriebshändlern die Botschaft geschickt, sich gegen die freiheitsbeschränkende Politik des Herstellers - möglicherweise durch eine Beschwerde bei den Kartellbehörden - zu wehren, weil sie sonst Gefahr laufen, als Mittäter zur Verantwortung gezogen zu werden.

Kennzeichnend für das Bestreben der *Kommission*, Art. 81 EGV n.F. auch als Instrument gegen einseitiges Verhalten einsetzen zu können, ist die Tatsache, daß die europäische Wettbewerbsbehörde auch dann zur Annahme einer Vereinbarung geneigt ist, wenn die Vertriebshändler zwar zwecks Fortsetzung der Geschäftsbeziehungen mit dem Hersteller dem Exportverbot äußerlich zustimmen, in der Wirklichkeit jedoch durch geheimlich praktizierte Maßnahmen alles versuchen, um das Exportverbot zu umgehen. So wird im *ADALAT*-Fall[96] eine exportverhinderte Vereinbarung zwischen den Tochtergesellschaften des Bayer-Konzerns und den französischen und spanischen Groß-

---

93 Vgl. dazu auch *EuGH* Urt. v. 17.9.85, verb. Rs. 25 und 26/84, *Ford*, Slg. 1985, S. 2736 [Rdn. 20 ff., insbes. Rdn. 21].

94 *EuGH* Urt. v. 11.1.90, Rs. C-277/87, *Sandoz*, Slg. 1990, I-45 [LS 1 - abgekürzte Veröffentlichung ohne Wiedergabe der Gründe].

95 Zur Gefahr der Verwischung der Grenzen zwischen Art. 81 und 82 EGV n.F. siehe EMMERICH, in: I/M EG-WbR [1997], Art. 85 Abs. 1 A, Rdn. 89.

96 *KOME* v. 10.1.96, 96/478/EG, *Bayer-ADALAT*, ABl. 1996 Nr. L 201/1 und dazu XXVI. Bericht über die Wettbewerbspolitik 1996, S. 131 f. Der Fall ist zur Zeit vor dem EuG anhängig. Mit einem Beschluß des Präsidenten des EuG (*EuG* Beschluß des Präsidenten, Rs. T-41/96 R, *Bayer-ADALAT*, Slg. 1996, II-381) wurde dem Antrag von Bayer nach Aussetzung des Vollzugs der Kommissionsentscheidung stattgegeben. Der Beschluß nimmt zwar zur Abgrenzungsfrage keine endgültige Stellung, bezeichnet aber das Vorbringen von Bayer, "wonach keine ein Ausfuhrverbot enthaltende Vereinbarung zwischen Bayer Spanien und Bayer Frankreich und ihren jeweiligen Großhändlern in diesen beiden Ländern vorgelegen hat" als nicht offensichtlich unbegründet, und behält sich vor, "die Prüfung der durch die Entscheidung aufgeworfenen äußerst schwierigen rechtlichen und tatsächlichen Fragen in bezug auf den Begriff 'Vereinbarung' im Sinne von Artikel 85 Absatz 1 ... in der Entscheidung zur Hauptsache vorzunehmen" (siehe Rdn. 52).

händlern angenommen, obwohl einerseits Bayer nachdrücklich darauf bestand, daß es um einseitig getroffene Maßnahmen im Rahmen der freien Gestaltung ihrer Geschäftspolitik ging[97], und obwohl andererseits feststand, daß die Großhändler gerade ein ausgefeiltes System (Aufteilung der für den Export bestimmten Mengen auf verschiedene Agenturen oder Übertragung von Bestellungen an andere, 'nichtkontrollierte' Großhändler) entwickelt hatten, um das Exportverbot und die darauf bezogenen Kontrollen des Herstellers umgehen zu können[98].

Entgegen dem Wortlaut des Art. 81 EGV n.F., der die Annahme nahelegt, daß neben der *Abstimmung* auch ein darauf beruhendes *Marktverhalten* zur Tatbestandsverwirklichung vorausgesetzt wird, betrachten außerdem die europäischen Organe bereits das Vorliegen (bzw. den Nachweis) einer *Abstimmung (Verständigung)* als ausreichende Bedingung, um einen Verstoß gegen das gemeinschaftsrechtliche Kartellverbot bejahen zu können[99].

In streng *dogmatischer* Hinsicht ist zwar dabei hervorzuheben, daß eine extensive Auslegung des Tatbestandsmerkmals der Verhaltensabstimmung im Sinne der Abkoppelung der Inhaltsbestimmung dieses Tatbestandsmerkmals vom Erfordernis eines über die Abstimmung (Verständigung) hinausgehenden Marktverhaltens nur von der Kommission befürwortet wird[100]. Die europäischen Gerichte nehmen dagegen den Standpunkt ein, daß neben der (vorangehenden) Abstimmung auch ein dadurch beeinflußtes Marktverhalten zur Verwirklichung des Verbotstatbestandes vorausgesetzt wird[101]. Indem jedoch die europäischen Gerichte im Anschluß an die vom GA *Vesterdorf* in seinen Schlußanträgen im Polypropylen-Verfahren vor dem EuG entwickelte Konzeption[102] davon aus-

---

97 Vgl. zum Standpunkt von Bayer, *EuG* Beschluß des Präsidenten, Rs. T-41/96 R, *Bayer-ADALAT*, Slg. 1996, II-381 [Rdn. 43 ff.].

98 Zusammenfassend *KOME* v. 10.1.96, a.a.O. [Rdn. 182].

99 Zustimm. KOCH, in GRABITZ / HILF [1. Grdlfg.], Art. 85 Rdn. 28; kritisch gegenüber dieser ausweitenden Auslegung TIEDEMANN, in: FS für Jescheck, S. 1428.

100 Dies kommt beispielsweise in den Ausführungen der Kommission im *Polypropylen*-Verfahren vor dem EuG eindeutig zum Ausdruck; vgl. *EuG* Urt. v. 24.10.91, Rs. T-1/89, *Rhone-Poulenc*, Slg. 1991, II-867: "[Rdn. 114] Der Streit drehe sich in Wirklichkeit um den Begriff 'Verhalten'. Die Kommission widerspricht der Ansicht der Klägerin, daß dieser Begriff in dem engen Sinne von 'Verhalten am Markt' zu verstehen sei. Der Begriff könne die *bloße Beteiligung an Kontakten* erfassen, sofern mit diesen eine Beschränkung der Selbständigkeit der Unternehmen bezweckt werde." So auch *EuG* Urt. v. 10.3.92, Rs. T-14/89, *Montedipe* , Slg. 1992, II-1155 [Rdn. 222].

101 *EuGH* Urt. v. 8.7.99, Rs. C-199/92 P, *Hüls*, Slg. 1999, I-4287: "[Rdn. 161] Demzufolge setzt zum einen der Begriff der abgestimmten Verhaltensweise, wie sich unmittelbar aus Artikel 81 Absatz 1 EG ergibt, über die *Abstimmung* zwischen den Unternehmen hinaus ein dieser entsprechendes *Marktverhalten* und einen *ursächlichen Zusammenhang* zwischen beiden voraus."

102 *GA Vesterdorf*, Schlußanträge v. 10.7.91, verb. Rs. T-1/89 u.a., *Polypropylen*, Slg. 1991, II-867 [S. 943]: "Es ist klar, daß es hinsichtlich der praktischen Konsequenzen normalerweise keine großen Unterschiede zwischen der Auffassung der Kommission und der hier vertretenen Auslegung des Begriffs der abgestimmten Verhaltensweise geben wird. Geht man davon aus, daß eine Abstimmung eine Art automatischer Wirkung hat und haben muß, wird im allgemeinen der Beweis der Abstimmung sowie der Tatsache genügen, daß anschließend am

gehen, daß die an einer Verständigung beteiligten Unternehmen bei der Festlegung ihrer künftigen Marktpolitik "*zwangsläufig*" auch die im Rahmen der Verständigung erhaltenen Informationen berücksichtigen - so das EuG[103] - oder von den an einer Verständigung beteiligten Unternehmen den (prinzipiell kaum zu führenden Gegen-) Beweis verlangen, daß die Verständigung sich "*in keiner Weise*" auf ihr Marktverhalten ausgewirkt

---

Markt mit dem Wissen gehandelt wurde, das auf die Abstimmung zurückzuführen ist. Die Kommission braucht also nicht konkret bestimmte, ursächlich bedingte Handlungen nachzuweisen. Für die Unternehmen ergibt sich als Konsequenz der von mir vertretenen Auffassung, daß ihnen in Wirklichkeit eine gewisse *Beweislast* oder zumindest eine sehr weitgehende Aufklärungspflicht auferlegt wird, wenn der Nachweis als erbracht gelten soll, daß das durch die Abstimmung erworbene Wissen bei der Festlegung der Unternehmenspolitik nicht genutzt worden ist. In diesem Zusammenhang ist denn auch festzuhalten, daß die Klägerinnen in der mündlichen Verhandlung eingeräumt haben, daß das bei den Treffen erworbene Wissen nützlich gewesen sei... *Dabei ist zu sagen, daß es nicht um eine erweiternde Auslegung der Bestimmung geht, was wegen ihres quasi-strafrechtlichen Charakters nur schwer mit den allgemein akzeptierten Rechtssicherheitsgarantien vereinbar wäre...* Schließlich ist festzuhalten, daß mit der hier vertretenen Auslegung auch sichergestellt ist, daß der *"effet utile" der Bestimmung* nicht außer Betracht bleibt, was eine Folge der Auslegung der Klägerinnen wäre, die das Gericht von dieser als der einzig richtigen zu überzeugen versuchen."

103 *EuG* Urt. v. 24.10.91, Rs. T-1/89, *Rhone-Poulenc*, Slg. 1991, II-867: "[Rdn. 122] Im vorliegenden Fall hat die Klägerin an Sitzungen teilgenommen, deren Zweck es war, Preis- und Verkaufsmengenziele festzulegen; in diesen Sitzungen tauschten die Wettbewerber Informationen über die Preise aus, die nach ihren Wünschen auf dem Markt praktiziert werden sollten, über die Preise, die sie zu praktizieren beabsichtigten, über ihre Rentabilitätsschwelle, über die von ihnen für notwendig gehaltenen Beschränkungen der Verkaufsmengen und über ihre Verkaufszahlen. Durch ihre Teilnahme an diesen Sitzungen hat sich die Klägerin mit ihren Wettbewerbern an einer Abstimmung beteiligt, deren Zweck es war, deren Marktverhalten zu beeinflussen und offenzulegen, welches Marktverhalten die einzelnen Hersteller selbst in Erwägung zogen. [Rdn. 123] Damit hat die Klägerin nicht nur das Ziel verfolgt, im voraus die Ungewißheit über das künftige Verhalten ihrer Wettbewerber zu beseitigen, sondern sie *mußte bei der Festlegung der Politik, die sie auf dem Markt verfolgen wollte, zwangsläufig auch unmittelbar oder mittelbar die in diesen Sitzungen erhaltenen Informationen berücksichtigen.* Auch ihre Wettbewerber mußten bei der Festlegung der Politik, die sie verfolgen wollten, zwangsläufig unmittelbar oder mittelbar die Informationen berücksichtigen, die ihnen die Klägerin über das Marktverhalten gegeben hatte, das sie selbst für sich beschlossen hatte oder in Erwägung zog. [Rdn. 124] *Folglich* hat die Kommission die EATP-Sitzung vom 22. November 1977, an der die Klägerin teilgenommen hat, und die *regelmäßigen Sitzungen der Polypropylenhersteller*, an denen die Klägerin zwischen Ende 1978 oder Anfang 1979 und Ende 1980 teilgenommen hat, wegen ihres Zwecks zu Recht hilfsweise als *abgestimmte Verhaltensweisen* im Sinne von Artikel 85 Absatz 1 EWG-Vertrag [= Art. 81 Abs. 1 EGV n.F.] angesehen." - So ebenfalls *EuG* Urt. v. 24.10.91, Rs. T-2/89, *Petrofina*, Slg. 1991, II-1087 [Rdn. 214-216]; *EuG* Urt. v. 10.3.92, Rs. T-14/89, *Montedipe*, Slg. 1992, II-1155 [Rdn. 232]; *EuG* Urt. v. 17.12.91, Rs. T-6/89, *Enichem Anic*, Slg. 1991, II-1623 [Rdn. 199]. - Vgl. auch *EuGH* Urt. v. 8.7.99, Rs. C-199/92 P, *Hüls*, Slg. 1999, I-4287: "[Rdn. 162] Jedoch gilt vorbehaltlich des den betroffenen Unternehmen obliegenden Gegenbeweises die *Vermutung, daß die an der Abstimmung beteiligten und weiterhin auf dem Markt tätigen Unternehmen die mit ihren Wettbewerbern ausgetauschten Informationen bei der Bestimmung ihres Marktverhaltens berücksichtigen.* Dies gilt um so mehr, wenn die Abstimmung während eines langen Zeitraums regelmäßig stattfindet, wie es nach den Feststellungen des Gerichts hier der Fall war."

hat - so der EuGH[104] , gelangen sie in *faktischer* Hinsicht zu Ergebnissen, die sich von den Ergebnissen des (materiellrechtlichen) Ansatzes der Kommission kaum unterscheiden. Es dürfte nämlich für die betroffenen Unternehmen keinen großen Unterschied machen, ob die Gemeinschaftsorgane die Voraussetzung eines (koordinierten) Marktverhaltens bereits materiellrechtlich für entbehrlich erklären oder doch beweisrechtlich (bei gegebener, nachgewiesener Verständigung der Unternehmen) durch eine (wegen der an ihre Widerlegung gestellten Anforderungen faktisch kaum widerlegbare) Vermutung stets als erfüllt ansehen[105].

Jeglicher mit Austausch von sensiblen, individualisierten Geschäftsinformationen verbundene Kontakt der Konkurrenten gerät dadurch - unabhängig vom Ausgang des Geschehens - in den inkriminierten Bereich des Kartellrechts. Damit wird aber im Ergebnis auch der *Versuch des Abschlusses einer Kartellabsprache* tatbestandsmäßig, ohne daß es einer besonderen Versuchsregelung bedürfte.

So führt das *EuG* im *Boël*-Fall aus[106]: "[Rdn. 51] Die Kommission hält es für unbestreitbar, daß nach der Sitzung vom 26. August 1982 *Versuche zur Schaffung eines Quotenkartells* unternommen worden seien, die allerdings *keinen Erfolg* gehabt hätten (Punkt 112 der Entscheidung). *Zumindest* stelle zwischen Wettbewerbern der Austausch von Informationen, die möglicherweise zur Schaffung eines solchen Kartells verwendet werden könnten, jedoch eine *abgestimmte Verhaltensweise* im Sinne des Artikels 85 EWG-Vertrag [= Art. 81 EGV n.F.] dar. [Rdn. 52] Das Gericht stellt fest, daß der Klägerin in der Entscheidung nicht vorgeworfen wird, sich an einem Quotenkartell beteiligt zu haben, sondern Informationen ausgetauscht zu haben, die zur Schaffung eines solchen Kartells verwendet werden konnten. [Rdn. 53] Da die Klägerin diesen Informationsaustausch nicht bestritten hat, der im übrigen aus dem in Punkt 85 der Entscheidung genannten Schriftstück hervorgeht, ist der Schluß zu ziehen, daß der Kommission der Beweis für das Vorliegen einer abgestimmten Verhaltensweise im Sinne des Artikels 85 EWG-Vertrag [= Art. 81 EGV n.F.] rechtlich gelungen ist."

Einen ähnlichen Standpunkt nimmt das *EuG* im *Tréfilunion*-Fall ein[107]: "[Rdn. 76] In der Entscheidung (Punkt 164) wird ausgeführt, daß in den Sitzungen von Breda und Bunnik zwar keine Quotenabsprachen getroffen worden seien (dahin gehende Vorschläge seien geprüft, aber offensichtlich nicht realisiert worden), immerhin seien aber zwecks Vorbereitung eines Quotenkartells Daten einzelner Unternehmen an Wettbewerber, insbesondere Ausfuhrzahlen von Tréfilunion an Boël / Trébos (Punkt 85 der Entscheidung), weitergegeben worden, was einen Verstoß gegen Artikel 85 EWG-Vertrag [= Art. 81

---

104 *EuGH* Urt. v. 8.7.99, Rs. C-199/92 P, *Hüls*, Slg. 1999, I-4287: "[Rdn. 167] Somit hat das Gericht entgegen dem Vorbringen der Rechtsmittelführerin nicht gegen die Grundsätze der Beweislastverteilung verstoßen, als es annahm, daß die Kommission die Teilnahme der Rechtsmittelführerin an einer auf die Einschränkung des Wettbewerbs gerichteten Abstimmung zwischen den Polypropylenherstellern bewiesen habe und daher keinen Beweis dafür zu erbringen gebraucht habe, daß diese Abstimmung sich im Marktverhalten niedergeschlagen ... habe. Vielmehr oblag der Rechtsmittelführerin der Nachweis dafür, daß die Abstimmung sich *in keiner Weise* auf ihr Marktverhalten ausgewirkt hat."

105 Zu den möglichen Funktionsverlagerungen zwischen Verhaltensnormen und Beweisregeln im Rahmen der Rechtsanwendung siehe bereits oben, II B 3 (b).

106 *EuG* Urt. v. 6.4.95, Rs. T-142/89, *Boël*, Slg. 1995, II-867.

107 *EuG* Urt. v. 6.4.95, Rs. T-148/89, *Tréfilunion*, Slg. 1995, II-1063.

EGV n.F.] darstelle. [Rdn. 82] Das Gericht stellt ferner fest, daß die Klägerin nicht bestreitet, ihren Wettbewerbern *zur Vorbereitung eines Quotenkartells Auskünfte erteilt* zu haben, so daß der Kommission der Beweis für das Vorliegen einer abgestimmten Verhaltensweise im Sinne des Artikels 85 EWG-Vertrag [= Art. 81 EGV n.F.] rechtlich gelungen ist."

Extensiv wird schließlich in der europäischen Praxis auch das Merkmal "*Beschluß*" interpretiert, und zwar in dem Sinne, daß auch *unverbindliche Tarifempfehlungen eines Verbandes* an seine Mitglieder in den Anwendungsbereich des Kartellverbots einbezogen werden. Diese Praxis stützt sich zwar auf die wohl begründete Befürchtung, daß durch die Verbreitung von Preisempfehlungen seitens der Berufsverbände die Unternehmen zu einer Anpassung ihrer Tarife unabhängig von ihren jeweiligen Gestehungskosten veranlaßt und damit auch Unternehmen mit niedrigen Gestehungskosten von Preissenkungen abgehalten werden könnten. Zu beachten ist aber hierbei, daß die europäische Praxis nicht an eine möglicherweise durch die Empfehlung *bewirkte* Verhaltensabstimmung der Verbandsmitglieder, sondern bereits an den - unterstellten - wettbewerbswidrigen *Zweck* solcher Empfehlungen anknüpft, was eine erhebliche Vorverlegung der Verbotsgrenze - im Sinne der Erfassung von *versuchten Anstiftungshandungen* - herbeiführt.

Grundlegend ist in diesem Zusammenhang die im Jahr 1996 ergangene Kommissionsentscheidung im *FENEX*-Fall, in dem es um die vom Verband niederländischer Speditionsfirmen FENEX geübte langjährige Praxis ging, Tarifempfehlungen für Speditionstätigkeiten in Seehäfen und an Binnengrenzen auszuarbeiten und an seine Mitglieder weiterzugeben[108]. Die *Kommission* sah in der Praxis von FENEX vor dem Hintergrund der oben im Text stehenden Überlegungen den wettbewerbsbeschränkenden Beschluß einer Unternehmensvereinigung im Sinne von Art. 85 Abs. 1 EGV a.F.[109], obwohl von den dreiundzwanzig von der Kommission befragten FENEX-Mitgliedern nur eines angegeben hatte, die von FENEX empfohlenen Tarife angewendet zu haben[110]. Die Kommission zog zwar hilfsweise auch das Argument heran, daß die seit mehr als 20 Jahren verteilten Tarifempfehlungen zumindest mittelbar wettbewerbsbeschränkende Wirkungen entfaltet haben dürften[111]. Letztlich stellte sie aber zur Begründung eines Verstoßes gegen Art. 85 Abs. 1 EGV a.F. lediglich auf das Tatbestandsmerkmal des wettbewerbsbeschränkenden Zweckes ab[112].

---

108 *KOME* v. 5.6.96, 96/438/EG, *FENEX*, ABl. 1996 Nr. L 181/28; siehe dazu XXVI. Bericht über die Wettbewerbspolitik 1996, S. 129 und BullEU 6-1996, Rdn. 1.3.53.

109 Vgl. *KOME* v. 5.6.96, a.a.O., Rdn. 32 ff., 45 ff.: "[Rdn. 61] Die Weitergabe empfohlener Tarife durch eine Branchenvereinigung ist geeignet, die betreffenden Unternehmen zu einer Ausrichtung ihrer Tarife ohne Berücksichtigung ihrer Selbstkosten zu veranlassen. Ein derartiges Vorgehen bringt die Unternehmen mit den geringsten Selbstkosten davon ab, ihre Preise zu senken, und verschafft dadurch denjenigen Unternehmen einen künstlichen komparativen Vorteil, die ihre Kosten am wenigsten unter Kontrolle haben."

110 *KOME* v. 5.6.96, a.a.O. [Rdn. 72].

111 *KOME* v. 5.6.96, a.a.O. [Rdn. 73].

112 *KOME* v. 5.6.96, a.a.O. [Rdn. 74].

(c) Extensive Auslegung der Merkmale "Wettbewerbsbeschränkung" und "Mißbrauch"

Wenn die Unternehmen in der Ausgestaltung ihrer Vertriebssysteme gewisse Unterschiede in den Rechtsvorschriften der Mitgliedstaaten ausnutzen, um den Vertragshändlern einen *faktischen* absoluten Gebietsschutz sicherzustellen, handeln sie an der Grenze der Legitimität: Die Aufteilung der Märkte ist nämlich dann in erster Linie auf die Gesetzgebung der Mitgliedstaaten und erst dann mittelbar auf das unternehmerische Handeln zurückzuführen. In einem weiteren Sinne könnte man hier von einer *Gesetzesumgehung* oder von einer *grauen Zone* sprechen. Die Kommission erhebt den Anspruch, auch gegen solche legitim scheinende Praktiken vorgehen zu dürfen, und erstreckt damit den Anwendungsbereich des Kartelltatbestandes auf seine äußersten Grenzen.

Ein typisches Beispiel für solche Fallkonstellationen bietet der im Jahr 1993 entschiedene *Zera / Montedison*-Fall[113]: Die *Kommission* untersagt in diesem Fall eine marktabschottende Vereinbarung, mit der das Unternehmen Zera / Montedison seinem deutschen Alleinvertriebshändler Stähler einen absoluten Gebietsschutz eingeräumt hatte. Dieser Schutz wurde durch den vertraglich festgelegten Antrag auf erneute Zulassung des Pflanzenschutzmittels Digermin in Deutschland ermöglicht, dessen Zusammensetzung in den einzelnen Mitgliedstaaten nur geringfügige Abweichungen aufwies. Die neue Zulassung und die minimale Produktdifferenzierung hatten zur Folge, daß die in den übrigen Mitgliedstaaten in erheblich günstigeren Preisen vertriebene Erzeugnisse nicht nach Deutschland eingeführt werden konnten.

Die Unternehmen machten der Kommission den Vorwurf, einen Sachverhalt, der offensichtlich die Art. 30 und 36 EWGV (a.F.; jetzt Art. 28 und 30 EGV) betreffe, unter Art. 85 EWGV (a.F.; jetzt Art. 81 EGV) behandeln zu wollen. Statt nach Artikel 30 das deutsche Pflanzenschutzmittelgesetz anzugreifen, das vor Importen von Mitteln, die nicht mit dem in Deutschland zugelassenen Mittel identisch seien, schütze, klage die Kommission das private Unternehmen an, das aus dieser Regelung Nutzen gezogen habe. Die Kommission wies jedoch diesen Einwand unter Hinweis darauf zurück, daß im fraglichen Fall nicht die gesetzliche Regelung und deren einseitige Ausnutzung in Frage stand, sondern die Schließung einer Vereinbarung zwischen Unternehmen über ein wettbewerbsbeschränkendes Verhalten[114] - ein Argument, das die oben angemeldeten Zweifel an der Tatbestandsmäßigkeit des beanstandeten Verhaltens nicht zerstreuen kann. In einer kurzen Mitteilung im EG-Bulletin weist die Kommission darauf hin, daß sie mit dieser Entscheidung die Möglichkeit ergreifen wolle, bestimmte Wirtschaftszweige daraufhin zu überwachen, "ob die Hersteller und ihre Vertragspartner nicht - oftmals nur winzige - Unterschiede in der Produktzusammensetzung ausnützen, um sich vor Einfuhren aus Mitgliedstaaten zu schützen, in denen das betreffende Erzeugnis zu günstigeren Preisen angeboten wird"[115].

Die europäischen Wettbewerbshüter scheuen sich aber auch nicht davor, den Anwendungsbereich der gemeinschaftlichen Bußgeldvorschriften auf Sachverhalte zu

---

113 *KOME* v. 22.6.93, 93/554/EWG, *Zera / Montedison und Hinkens / Stähler*, ABl. 1993 Nr. L 272/28.

114 Vgl. *KOME* v. 22.6.93, a.a.O. [Rdn. 126].

115 BullEG Nr. 6/1993, Rdn. 1.2.49.

erstrecken, die *in systematischer Hinsicht kaum innerhalb des durch Art. 81 und 82 EGV n.F. abgesteckten Raums* liegen dürften. So waren beispielsweise das Kartell- und das Mißbrauchsverbot grundsätzlich nicht darauf angelegt, den EG-Organen eine Fusionskontrolle zu ermöglichen[116]. Die Kommission und der EuGH haben trotzdem im Hinblick auf den umfassenden Auftrag in Art. 3 lit. f EGV[117] *rechtsfortbildend* versucht, den Anwendungsbereich der Art. 81 und 82 EGV n.F. zu erweitern, um eine (wenigstens nachträgliche) Fusionskontrolle zu erreichen.

Nach der sog. *Continental Can*-Doktrin[118] wurde vom *EuGH* im Jahr 1973 der Mißbrauchsbegriff des Art. 86 EWGV [= Art. 82 EGV n.F.] auch auf Fälle für anwendbar erklärt, in denen ein Unternehmen durch eine Fusion seine marktbeherrschende Stellung dergestalt verstärke, daß der bislang noch verbliebene Wettbewerb beseitigt werde. Außerdem wurde vom *EuGH* im *Philip Morris*-Fall[119] ein Verstoß gegen Art. 85 EWGV [= Art. 81 EGV n.F.] auch dann für möglich angesehen, wenn die Beteiligung am Kapital eines Konzernunternehmens als Mittel diene, dessen geschäftliches Verhalten so zu beeinflussen, daß der Wettbewerb auf dem Markt, auf dem es seine Geschäftstätigkeit entfalte, eingeschränkt oder verfälscht werde.

(2) Aufhebung der Grenzen der Tatbestandsmerkmale zueinander

(a) Die Merkmale "Verhinderung", "Einschränkung" und "Verfälschung" des Wettbewerbs

Die Kommission und der Gerichtshof verzichteten schon von Anfang an auf eine genaue Subsumierung des jeweils beanstandeten Verhaltens unter die Merkmale der Verhinderung, der Einschränkung oder der Verfälschung des Wettbewerbs. Statt der einzelnen Merkmale wurde eine einheitliche neue Kategorie geschaffen, die unter Bezeichnungen wie Beeinträchtigung oder *Beschränkung des Wettbewerbs* Eingang in die Praxis findet.

Dies wird beispielsweise im *EuG*-Urteil im *Montedipe*-Fall deutlich[120]: "[Rdn. 245] Artikel 85 Absatz 1 EWG-Vertrag [= Art. 81 Abs. 1 EGV n.F.] verbietet als unvereinbar mit dem Gemeinsamen Markt alle Vereinbarungen zwischen Unternehmen oder aufeinander abgestimmte Verhaltensweisen, die den Handel zwischen Mitgliedstaaten zu beeinträchtigen geeignet sind und eine *Verhinderung, Einschränkung oder Verfälschung des Wettbewerbs* innerhalb des Gemeinsamen Marktes bezwecken oder bewirken, insbesondere die unmittelbare oder mittelbare Festsetzung der An- oder Verkaufspreise und sonstiger Geschäftsbedingungen und die Aufteilung der Märkte oder Versorgungsquellen. [Rdn. 246] Das Gericht weist darauf hin, daß die Würdigung der von der Kommission vorgenommenen tatsächlichen Feststellungen ergeben hat, daß die regelmäßigen Sit-

---

116 Den Beweis dafür kann man bereits dem vom Rat zum Erlaß der FusKontrVO herangezogenen Ermächtigungsgrundlage (Art. 235 EWGV = Art. 308 EGV n.F.) entnehmen.

117 Alte Fassung; siehe jetzt Art. 3 lit. g EGV.

118 *EuGH* Urt. v. 21.2.73, Rs. 6/72, *Continental Can*, Slg. 1973, S. 215 [Rdn. 26].

119 *EuGH* Urt. v. 17.11.87, Rs. 142 und 156/84, *BAT und Reynolds*, Slg. 1987, S. 4487 [Rdn. 38 ff.].

120 *EuG* Urt. v. 10.3.92, Rs. T-14/89, *Montedipe*, Slg. 1992, II-1155.

zungen, an denen die Klägerin mit Wettbewerbern teilgenommen hat, die *Beschränkung des Wettbewerbs* innerhalb des Gemeinsamen Marktes namentlich durch die Festlegung von Preis- und Verkaufsmengenzielen bezweckten, und daß ihre Teilnahme an diesen Sitzungen folglich eines wettbewerbswidrigen Zwecks im Sinne von Artikel 85 Absatz 1 EWG-Vertrag [= Art. 81 Abs. 1 EGV n.F.] nicht entbehrte."

(b) Die Merkmale "Vereinbarung" und "Verhaltensabstimmung"

Die Kommission setzte bereits im *Polypropylen*-Fall die Bedeutung der Frage nach der Unterscheidung zwischen den Tatbestandsmerkmalen der Vereinbarung und der abgestimmten Verhaltensweise herab, indem sie das beanstandete Verhalten im fraglichen Fall unter der *summarischen Bezeichnung "Vereinbarung und abgestimmte Verhaltensweise"* zusammenfaßte und nur gegenüber dem Parallelverhalten abgrenzte[121].

Die *Kommission* bringt ihren Standpunkt bei der Auseinandersetzung mit den *Polypropylenherstellern* vor dem EuG eindeutig zum Ausdruck[122]: "Die Verwendung der verschiedenen in Artikel 85 EWG-Vertrag [= Art. 81 EGV n.F.] enthaltenen Begriffe verfolge das Ziel, die gesamte Bandbreite wettbewerbswidriger Verhaltensweisen zu erfassen, ohne für die verschiedenen Tatbestandsmerkmale unterschiedliche Rechtsfolgen vorzusehen. Es sei deshalb *belanglos, wo genau die Grenze zwischen diesen Begriffen verlaufe*, deren Sinn allein darin liege, in ihrer Gesamtheit die ganze Skala verbotener Wettbewerbsbeschränkungen zu erfassen."

Das EuG versuchte zwar die damit einhergehende Aufhebung der Grenzen der Tatbestandsmerkmale zu relativieren, stimmte es aber im Ergebnis der Vorgehensweise der Kommission zu.

EuG Urt. v. 17.12.91, Rs. T-6/89, *Enichem Anic* [123]: "[Rdn. 204] ... Es wäre daher *gekünstelt, dieses durch ein einziges Ziel gekennzeichnet kontinuierliche Verhalten zu zerlegen* und aus ihm mehrere selbständige Zuwiderhandlungen zu konstruieren. Tatsächlich hat die Klägerin - jahrelang - an einem Komplex integrierter Systeme beteiligt, die eine einheitliche Zuwiderhandlung darstellen. Diese einheitliche Zuwiderhandlung hat sich nach und nach sowohl durch rechtswidrige Vereinbarungen als auch durch rechtswidrige abgestimmte Verhaltensweisen entwickelt. [Rdn. 205] Die Kommission hat diese *einheitliche Zuwiderhandlung auch zu Recht als "eine Vereinbarung und aufeinander abgestimmte Verhaltensweise" qualifiziert*, da diese Zuwiderhandlung sowohl Einzelakte aufwies, die als "Vereinbarungen" anzusehen sind, als auch Einzelakte, die "abgestimmte Verhaltensweisen" dargestellt haben. Angesichts einer komplexen Zuwiderhandlung ist die von der Kommission in Artikel 1 der Entscheidung vorgenommene doppelte Subsumtion nicht so zu verstehen, daß er sowohl die Tatbestandsmerkmale einer Vereinbarung also auch

---

121 Vgl. GLEISS / HIRSCH [4. Aufl.], Bd. 1, Rdn. 75: "Die ... Kommission ... unterscheidet lediglich zwischen Absprachen, die unter Art. 85 (1) [= Art. 81 Abs. 1 EGV n.F.] fallen, und reinem Parallelverhalten ohne Elemente einer Absprache."

122 Vgl. z.B. *EuG* Urt. v. 10.3.92, Rs. T-14/89, *Montedipe*, Slg. 1992, II-1155 [Rdn. 220]; *EuG* Urt. v. 24.10.91, Rs. T-1/89, *Rhone-Poulenc*, Slg. 1991, II-867 [Rdn. 112]; *EuG* Urt. v. 24.10.91, Rs. T-2/89, *Petrofina*, Slg. 1991, II-1087 [Rdn. 202]; siehe auch *KOME* v. 13.7.94, 94/601/EG, *Karton*, ABl. 1994, Nr. L 243/1 [Rdn. 128].

123 Slg. 1991, S. II-1623.

die einer abgestimmten Verhaltensweise erfüllt. Sie bezieht sich vielmehr auf einen Komplex von Einzelakten, von denen einige als Vereinbarungen und andere als abgestimmte Verhaltensweisen im Sinne von Artikel 85 Absatz 1 EWG-Vertrag [= Art. 81 Abs. 1 EGV n.F.] anzusehen sind, der ja *für diesen Typ einer komplexen Zuwiderhandlung keine spezifische Subsumtion* vorschreibt."[124]

(3) Einzelfallbezogene Bestimmung der Tatbestandsrelevanz bestimmter Kategorien von Sachverhalten

(a) Wirtschaftliches Handeln im Zusammenhang mit gewerblichen Schutzrechten

Die (Lizenz-)Vereinbarungen über gewerbliche Schutzrechte sind zwar an sich keine Verstöße gegen Art. 81 Abs. 1 EGV n.F.. Eine Zuwiderhandlung im Sinne dieser Vorschrift ist allerdings nicht auszuschließen, wenn durch die Ausübung der Schutzrechte aufgrund "wirtschaftlicher oder rechtlicher Begleitumstände" und im Hinblick auf die "Besonderheiten" des relevanten Marktes spürbare Wettbewerbsbeschränkungen entstehen.

So führte der *EuGH* im *Coditel / Ciné-Vog Films*-Fall aus[125]: "[S. 3402] Wenn ... das Urheberrecht an einem Film und das daraus fließende Vorführungsrecht an sich nicht unter die Verbotsvorschriften des Artikels 85 [= Art. 81 EGV n.F.] fallen, kann dennoch die Ausübung dieser Rechte aufgrund wirtschaftlicher oder rechtlicher *Begleitumstände*, die eine spürbare Einschränkung des Filmbetriebs oder eine Verfälschung des Wettbewerbs auf dem Markt für Filme im Hinblick auf die Besonderheiten dieses Marktes bewirken würden, die Tatbestandsmerkmale der genannten Verbotsvorschriften erfüllen."

Die Ausübung gewerblicher Schutzrechte durch ein marktbeherrschendes Unternehmen stellt ebenfalls prinzipiell keine mißbräuchliche Handlung dar. Im Hinblick auf die Umstände des Einzelfalls bzw. unter "außergewöhnlichen Umständen" kann jedoch diese Ausübung als mißbräuchlich und damit als ahndbarer Verstoß gegen Art. 82 EGV n.F. eingestuft werden. Wann solche Umstände gegeben sind, läßt sich jedoch der Entscheidungspraxis nicht hinreichend klar entnehmen.

Dies wird beispielsweise an den Ausführungen des *EuG* im *BBC*-Fall erkennbar[126]: "[Rdn. 58] Wenn auch die Ausübung des ausschließlichen Rechts der Vervielfältigung des geschützten Werkes als solche gewiß nicht mißbräuchlich ist, so gilt dies doch dann nicht, wenn sich *aus den Umständen des Einzelfalls* ergibt, daß mit den Bedingungen und Modalitäten der Ausübung dieses Rechts in Wirklichkeit ein Ziel verfolgt wird, das in offensichtlichem Widerspruch zu den Zwecken des Artikels 86 steht. In einem solchen Fall entspricht nämlich die Ausübung des Urheberrechts nicht mehr der wesentlichen Funktion dieses Rechts im Sinne des Artikels 36 EWG-Vertrag [= Art. 30 EGV n.F.], der darin besteht, den Schutz der Rechte an dem geistigen Werk und die Vergütung der

---

124 Vgl. auch *EuG* Urt. v. 10.3.92, Rs. T-14/89, *Montedipe*, Slg. 1992, II-1155 [Rdn. 237 f.]; *EuG* Urt. v. 24.10.91, Rs. T-1/89, *Rhone-Poulenc*, Slg. 1991, II-867 [Rdn. 126 f.]; *EuG* Urt. v. 24.10.91, Rs. T-2/89, *Petrofina*, Slg. 1991, II-1087 [Rdn. 218 f.].

125 *EuGH* Urt. v. 6.10.82, Rs. 262/81, *Coditel / Ciné-Vog Films*, Slg. 1982, S. 3381.

126 *EuG* Urt. v. 10.7.91, Rs. T-70/89, *BBC*, Slg. 1991, II-535.

schöpferischen Tätigkeit unter Beachtung der Zwecke insbesondere des Artikels 86 [= Art. 82 EGV n.F.] sicherzustellen... In diesem Fall bewirkt der Vorrang des Gemeinschaftsrechts, insbesondere bei so grundlegenden Prinzipien wie denjenigen des freien Warenverkehrs und des freien Wettbewerbs, daß dieses einer den genannten Prinzipien zuwiderlaufenden Inanspruchnahme einer nationalen Vorschrift über das geistige Eigentum vorgeht."

(b) Informationsaustauschsysteme

Von den Umständen des Einzelfalles bzw. von der Struktur des relevanten Marktes hängt nach der europäischen Kartellpraxis außerdem die Beurteilung von Informationsaustauschsystemen ab. Was in einem polypolistisch oder weitgehend oligopolistisch strukturierten Markt als wettbewerbsförderndes Verhalten gilt, erhält in einem engen Oligopol wettbewerbsbeschränkende Grundzüge und kann danach untersagt und geahndet werden.

Als typisches Beispiel für diese Praxis läßt sich das *EuG* Urteil im *Fiatagri und New Holland Ford*-Fall heranziehen[127]: "[Rdn. 91] Das Gericht stellt ... fest, daß die Kommission mit der Entscheidung ... erstmals ein Informationsaustauschsystem verboten hat, das weder unmittelbar die Preise betrifft, noch zur Unterstützung eines anderen wettbewerbswidrigen Mechanismus dient. Auf einem wirklich vom Wettbewerb geprägten Markt ist nach Auffassung des Gerichts die Transparenz unter den Wirtschaftsteilnehmern ... grundsätzlich geeignet, den Wettbewerb unter den Anbietern zu verstärken, da bei einer solchen Fallgestaltung der Umstand, daß ein Wirtschaftsteilnehmer ihm zur Verfügung stehende Informationen über das Funktionieren des Marktes berücksichtigt, um sein Verhalten auf diesem Markt anzupassen, angesichts der Zersplitterung des Angebots nicht geeignet ist, bei den anderen Wirtschaftsteilnehmern die Unsicherheit über die Vorhersehbarkeit des Verhaltens der Wettbewerber zu verringern oder ganz zu beseitigen. Werden dagegen auf einem Markt, der wie der relevante Markt ein hochgradig konzentrierter oligopolistischer Markt ist ... und auf dem infolgedessen der Wettbewerb bereits stark eingeschränkt und der Austausch von Informationen erleichtert ist, unter den wichtigsten Anbietern und ... ausschließlich zu deren Nutzen und folglich unter Ausschluß der übrigen Anbieter und der Verbraucher allgemein in kurzen zeitlichen Abständen Informationen ausgetauscht, die die Ermittlung der zugelassenen Fahrzeuge und den Ort ihrer Zulassung betreffen, so ist dies nach Auffassung des Gerichts ... geeignet, den noch bestehenden Wettbewerb unter den Wirtschaftsteilnehmern spürbar zu beeinträchtigen. Bei einer solchen Fallgestaltung werden nämlich durch die regelmäßige und häufige Zusammenfassung der Informationen über das Marktgeschehen allen Wettbewerbern in festen Zeitabständen die Marktpositionen und die Strategien der einzelnen Wettbewerber offengelegt."

(c) Vertikale Vertriebssysteme

Wann vertikale Vertriebssysteme als Wettbewerbsbeschränkung im Sinne des Kartellverbotes aufzufassen sind, hängt schließlich ebenfalls mit den Umständen des Einzelfalles zusammen. Beachtenswert ist dabei, daß von mehreren *identisch* aufgebauten Vertriebssystemen nur einige gegen Art. 81 Abs. 1 EGV n.F. versto-

---

[127] *EuG* Urt. v. 27.10.94, Rs. T-34/92, *Fiatagri und New Holland Ford*, Slg. 1994, II-905.

ßen können, und zwar nur diejenigen, die zur Abschottung des relevanten Marktes am stärksten beitragen (sog. *Bündeltheorie*)[128].

Am deutlichsten kommt diese Theorie im *EuG* Urteil im *Schöller*-Fall zum Ausdruck[129]: "[Rdn. 76] Zur Klärung der Frage, ob Alleinbezugsverträge vom Verbot des Artikels 85 Absatz 1 des Vertrages [= Art. 81 Abs. 1 EGV n.F.] erfaßt werden, ist nach der Rechtsprechung zu prüfen, ob sich aus der *Gesamtheit aller auf dem relevanten Markt bestehenden gleichartigen Vereinbarungen und aus den übrigen wirtschaftlichen und rechtlichen Begleitumständen* der fraglichen Verträge ergibt, daß diese die kumulative Wirkung haben, neuen inländischen und ausländischen Wettbewerbern den Zugang zu diesem Markt zu verschließen. Wenn die Prüfung ergibt, daß dies nicht der Fall ist, dann können die einzelnen Verträge, aus denen das Bündel der Vereinbarungen besteht, den Wettbewerb nicht im Sinne von Artikel 85 Absatz 1 des Vertrages [= Art. 81 Abs. 1 EGV n.F.] beschränken. Ergibt die Prüfung hingegen, daß der Markt schwer zugänglich ist, so ist anschließend zu untersuchen, inwieweit die streitigen Vereinbarungen zu der kumulativen Wirkung beitragen, wobei *nur solche Verträge verboten sind, die zu einer etwaigen Abschottung des Marktes in erheblichem Maß beitragen* ."

(4) Sonstige Fälle eines formal-extensiven Vorgehens bei der Normauslegung

(a) Tatbestandliche Erfassung aller Teilnahmehandlungen

Angesichts einerseits der Geltung des Gesetzlichkeitsprinzips[130] und andererseits des Mangels an ausdrücklichen, die bußgeldrechtliche Verantwortung über das tatbestandsmäßige Verhalten hinaus auf *Anstiftung* und *Beihilfe* ausweitenden Teilnahmeregeln[131] liegt die Annahme nahe, daß im europäischen Bußgeldrecht nur die *Täterschaft,* d.h. die Vornahme der tatbestandsmäßig umschriebenen Handlung durch eine die Sonderdelikts-Merkmale der Bußgeldtatbestände aufweisende Person geahndet werden kann[132]. Diese Annahme wird durch den rechtsvergleichenden Befund gestärkt, daß die meisten Mitgliedstaaten den restriktiven, am gesetzlichen

---

128 Kritisch - mit Blick auf das Erfordernis der Rechtssicherheit - gegenüber der zu weit gehenden Zurechenbarkeit der *bewirkten* Wettbewerbsbeschränkungen GLEISS / HIRSCH [4. Aufl.], Bd. 1, Rdn. 162 ff.

129 *EuG* Urt. v. 8.6.95, Rs. T-9/93, *Schöller*, Slg. 1995, II-1611.

130 DANNECKER, in: I/M EG-WbR [1997], VO 17 Vorb. Art. 15, Rdn. 27 ff.; BÖSE, S. 163 ff.

131 Daran hat auch die VO Nr. 2988/95 über den Schutz der finanziellen Interessen der Europäischen Gemeinschaften (ABl. 1995 Nr. L 312/1; siehe dazu oben im Text, *Erster Teil* II B), die das Einheitstäterprinzip für den Bereich des EG-Verwaltungssanktionenrechts einführt, nichts geändert, denn die VO nimmt ausdrücklich nur auf Maßnahmen "zum Schutz der finanziellen Interessen der Gemeinschaften" (vgl. Art. 1 Abs. 1 VO 2988/95) Bezug und erstreckt sich somit *nicht* auf die kartellrechtlichen Geldbußen; a.A. TIEDEMANN, in: FS für Lenckner, S. 417; DERS., ZStW 110 (1998), 502.

132 Vgl. HAMANN, S. 20; TSOLKA, 283; KOCH, in: GRABITZ / HILF [1. Grdlf.], nach Art. 87, VO 17 Art. 15, Rdn. 42, 46; DANNECKER, in: I/M EG-WbR [1997], VO 17 Vorb. Art. 15, Rdn. 29 und 40 sowie VO 17 Art. 15 Rdn. 112; TIEDEMANN, in: FS für Jescheck, S. 1420 f.; BÖSE, S. 194.

Tatbestand gebundenen Täterbegriff ihrem Strafrechtssystem zugrundelegen[133]. Als Kriterien zur Bestimmung des Täters im obigen Sinne eignen sich vor allem die *besondere Pflichtenstellung* und / oder der objektive sozialschädliche *Beitrag* der an der Wettbewerbsbeschränkung beteiligten Unternehmen[134]. Solche Unterscheidungen und Einschränkungen sind dagegen im Bereich der nicht vergeltenden Verwaltungssanktionen nicht unbedingt erforderlich.

Im europäischen Wettbewerbsrecht werden allerdings alle mit Blick auf ein wettbewerbswidriges Geschehen Beteiligten gleichermaßen zur Verantwortung gezogen. Eine Unterscheidung zwischen Täter und sonstigen Beteiligten und eine darauf beruhende Freistellung der sonstigen Beteiligten findet nicht statt[135]. Insoweit läßt sich vermuten, daß die EG-Organe vom - unter rechtsstaatlichen Aspekten angesichts des Mangels einer ausdrücklichen Regelung im Schrifttum kritisierten - Modell der Einheitstäterschaft ausgehen[136].

Ein krasses Beispiel bietet hier die Kommissionsentscheidung im *Gußglas Italien*-Fall[137], wo die *Kommission* ein tatbestandsmäßiges Verhalten bereits in der bloßen Kontrolle einer Kartellabsprache durch eine Treuhandgesellschaft sah und darauf hinwies, daß auch ein solches Verhalten Geldbußen nach sich ziehen könne[138].

Auch der bereits erwähnte *FENEX*-Fall zeigt deutlich, daß die *Kommission* bestrebt ist, alle Teilnahmeformen - im Notfall durch extensive Auslegung von Tatbestandsmerkmalen - tatbestandlich zu erfassen. In diesem Fall wurde nämlich, wie dargelegt, das Verhalten des Berufsverbandes FENEX, der Preisempfehlungen an seine Mitglieder erteilte, unter Art. 85 EGV a.F. subsumiert, auch wenn feststand, daß dadurch keine faktische Abstimmung des Verhaltens der Mitglieder hervorgerufen worden war - in der

---

133 Vgl. den rechtsvergleichenden Überblick bei TSOLKA, S. 269 ff.

134 Vgl. den Überblick über die vertretenen Abgrenzungsansätze bei DANNECKER, in: I/M EG-WbR [1997], VO 17 Art. 15, Rdn. 114 f.; ausführlicher zur Abgrenzungsproblematik TSOLKA, S. 284 ff.; HAMANN, S. 185 ff.; zum - inzwischen von den meisten Autoren übernommenen - Abgrenzungskriterium der besonderen Pflichtenstellung (als *Partner* einer tatbestandsmäßigen *Vereinbarung* oder *Verhaltensabstimmung* bzw. als Täter kommen danach nur Unternehmen in Betracht, die Wettbewerber, Anbieter oder Nachfrager auf dem in Frage stehenden Markt sind oder wettbewerbsbeschränkende Nebenabreden in Austauschverträgen treffen) siehe bereits TIEDEMANN, in: FS für Jescheck, S. 1420 und 1424.

135 Vgl. HAMANN, S. 21 ff., der von einer Tendenz der Kommission spricht (S. 27), "alle am Kartellgeschehen Beteiligten zur Verantwortung zu ziehen".

136 Vgl. die kritischen Bemerkungen von TIEDEMANN (ZStW 110 [1998], 502; DERS., in: FS für Lenckner, S. 416 f.), der allerdings davon ausgeht, daß durch die Einführung des Einheitstäterprinzips durch die VO 2988/95 das rechtsstaatlich bedenklich Vorgehen der Kommission im Gußglas Italien-Fall (siehe dazu sogleich im Text) "eine nachträgliche Rechtfertigung erfährt" (siehe aber oben, Anm. 131).

137 *KOME* v. 17.12.80, 80/1334/EWG, *Gußglas Italien*, ABl. 1980 Nr. L 383/19 [S. 23 und 26].

138 Kritisch zu der Anwendung der wettbewerbsrechtlichen Bußgeldnormen auf Teilnahmehandlungen KOCH, in: GRABITZ / HILF [1. Grdlfg.], nach Art. 87, VO Nr. 17 Art. 15, Rdn. 42; TIEDEMANN, in: FS für Jescheck, S. 1424; DANNECKER, in: I/M EG-WbR [1997], VO 17 Art. 15, Rdn. 117.

Sache wurde also bereits die erfolglos gebliebene Anstiftung für tatbestandsmäßig erklärt[139].

(b) Tatbestandliche Erfassung des Opferverhaltens

Kartelldelikte i.S.v. Art. 81 Abs. 1 EGV n.F. i.V.m. Art. 15 Abs. 2 VO 17 sind Delikte, für deren Begehung unbedingt zwei Personen erforderlich sind, die als Vertragspartner bzw. als Partner der Verhaltensabstimmung in Erscheinung treten. Dabei kommt es oft vor, daß der eine Vertragspartner den Vertrag erst wegen des vom anderen Partner ausgeübten Zwanges abschließt. Dies könnte zwar erst im Rahmen der Schuldprüfung berücksichtigt werden. In Erwägung ist aber auch zu ziehen, daß der Partner der Kartellvereinbarung, der die Einschränkung seiner Wettbewerbsfreiheit unter Zwang und gegen seine eigenen Interesse hinnimmt, möglicherweise zu den geschützten Subjekten der Kartellvorschriften zählt. Man könnte insoweit daran denken, die Verantwortung des gezwungenen "Partners" bereits objektiv auszuschließen.

Im Rahmen einer materiellen Betrachtungsweise liegt es nahe, Marktteilnehmer, die unter *Zwang* ihre Einwilligung in die Verletzung des eigenes Rechtsguts der Wettbewerbsfreiheit an Dritte erteilen, nicht als *Täter* im Sinne der Bußgeldtatbestände, sondern als bloße "*notwendige Teilnehmer*" der von den mächtigen Marktpartnern verwirklichten Delikte anzusehen. Eine solche Unterscheidung wäre im Bereich der nicht punitiven Verwaltungssanktionen nicht unbedingt zu berücksichtigen.

Von besonderem Interesse in dieser Hinsicht sind vor allem die Fälle der in vertikalen Beziehungen unter erheblichem wirtschaftlichem Druck und gegen ihre eigenen Interessen handelnden (Klein-)Unternehmen. Ausgehend der Annahme, daß die Bußgeldvorschriften die Wettbewerbsfreiheit aller wirtschaftlich unterdrückten Unternehmen schützen wollen, wäre es denkbar, in Fällen, in denen beispielsweise wirtschaftlich mächtige Hersteller ihre Abnehmer der Einzel- oder Großhandelsstufe durch einseitig diktierte Verträge zu einem rechtswidrigen Verhalten zwingen, die wirtschaftlich unter Druck gesetzten Unternehmen zwar als *formelle* Vertragspartner - so daß die Ahndbarkeit des Verhaltens des Herstellers begründet wird -, jedoch zugleich als *materielle* Opfer und Schutzobjekte der Bußgeldvorschriften aufzufassen, denen ein Wettbewerbsverstoß bereits objektiv nicht vorgeworfen werden kann.

Im europäischen Wettbewerbsrecht werden allerdings aufgrund einer formalen, undifferenzierten Auslegung des Kartelltatbestandes auch die Unternehmen als Täter eingestuft, die in materieller Hinsicht als *Opfer der beanstandeten Verhaltensweise* in Erscheinung treten. Daß sie sich dem Zwang eines anderen mächtigen Unternehmens beugen und dadurch Einschränkungen in ihrer Wirtschaftsfreiheit in der Form von absatz- und vertriebspolitischen Bindungen widerwillig dulden mußten,

---

139 Vgl. dazu den kritischen Standpunkt von KOCH (in: GRABITZ / HILF [1. Grdlfg.], nach Art. 87, VO Nr. 17 Art. 15, Rdn. 50), der unter Zugrundelegung des rechtsstaatlichen restriktiven Täterbegriffs auch dann eine bußgeldrelevante Tatbestandsmäßigkeit von Verbandsempfehlungen verneint, wenn diese Empfehlungen faktisch befolgt werden und damit zur Abstimmung des Verhaltens der Verbandsmitglieder führen.

bleibt dabei mit Blick auf den objektiven Vorwurf eines Wettbewerbsverstoßes unberücksichtigt[140].

Im *Fisher-Price*-Fall[141] wird so von der *Kommission* ausdrücklich festgestellt, daß Toyco, der Vertragspartner einer exportverhindernden wettbewerbsbeschränkenden Vereinbarung, ein kleines Unternehmen war, das durch Quaker Oats (Hersteller) unter erheblichen Druck gesetzt und durch die Beteiligung an dem Wettbewerbsverbot geschädigt wurde. Dies hindert allerdings die europäische Wettbewerbsbehörde nicht daran, das kleine Unternehmen als Täter des Delikts zu qualifizieren[142].

Auch die Rechtsprechung des *EuGH* geht - wie vor allem der *BMW*-Fall zeigt - davon aus, daß eine ahndbare Vereinbarung vorliegt, sofern die der Wettbewerbsbeschränkung unterworfenen, wirtschaftlich abhängigen Vertragsparteien die Möglichkeit hatten, "ihre Zustimmung zu der ihnen angesonnenen Vereinbarung zu verweigern"[143].

(c) Tatbestandliche Erfassung von rein abstrakten Gefährdungshandlungen

Im Rahmen einer materiellen Betrachtungsweise läßt sich schließlich der Standpunkt vertreten, daß *rein* abstrakte Gefährdungen des überindividuellen Rechtsgutes des Wettbewerbs nicht in den Anwendungsbereich der Bußgeldtatbestände eingeschlossen werden. Der Einbeziehung solcher Sachverhalte in die Reichweite der Verwaltungssanktionstatbestände stünde jedoch nichts entgegen.

Nach der ständigen europäischen Praxis fallen allerdings unter den Kartelltatbestand nicht nur diejenigen Kartellabsprachen, deren Durchführung im Stadium der Vorbereitung oder des Versuchs stehengeblieben sind, sondern auch diejenigen, die lediglich auf dem Papier erscheinen und mit deren Durchsetzung nie begonnen wurde. Dies wird durch eine undifferenzierte Auslegung des Merkmals "bezwekken" erreicht, die die materiellen Auswirkungen einer abgeschlossenen Vereinbarung für völlig unbeachtlich erklärt.

Klarzustellen ist dabei, daß unter materiellen Gesichtspunkten nicht die tatbestandliche Erfassung der Fälle zu beanstanden ist, in denen die abgeschlossene Kartellvereinbarung nur von einigen der daran beteiligten Unternehmen mißachtet wird, während sich die anderen Unternehmen um die - möglicherweise chancenlose - Durchsetzung der Absprache bemühen[144]. Ebensowenig können die Fälle als bedenklich betrachtet werden, in

---

140 Vgl. HAMANN, S. 27 f.

141 *KOME* v. 18.12.87, 88/86/EWG, *Fisher-Price / Quaker Oats*, ABl. L 49/19 [vgl. Rdn. 26].

142 *KOME* v. 18.12.87, a.a.O. [Art. 2 des verfügenden Teils].

143 *EuGH* Urt. v. 12.7.79, verb. Rs. 32/78 und 36-82/78, *BMW Belgium*, Slg. 1979, S. 2435 [Rdn. 36].

144 *EuG* Urt. v. 6.4.95, Rs. T-15/89, *ILRO*, Slg. 1995, II-1197: "[Rdn. 32] Daß die Klägerin die in den Sitzungen der ersten Monate des Jahres 1982 festgelegten Preise und Quoten nicht mehr eingehalten hat, kann sie nicht entlasten. Nach der Rechtsprechung des Gerichtshofes brauchen nämlich die konkreten Auswirkungen einer Absprache nicht in Betracht gezogen zu werden, wenn - wie bei den in der Entscheidung festgestellten Absprachen - feststeht, daß diese eine Verhinderung, Einschränkung oder Verfälschung des Wettbewerbs innerhalb des

denen die versuchte Durchführung der Absprache fehlschlägt. Auch die Fälle, in denen sich konstatieren läßt, daß aus der nicht praktizierten Vereinbarung eine negative psychologische Wirkung für das Wettbewerbsverhalten der Beteiligten oder dritter Marktteilnehmer ausging, gehören nicht dazu[145]. In all diesen Fallkonstellationen findet nämlich die aus der Vereinbarung für das Rechtsgut herrührende abstrakte Gefährlichkeit in konkreten Taten oder Nebeneffekten Niederschlag, so daß nur ernstlich darüber gestritten werden kann, ob und wann der "Rücktritt" einiger der Beteiligten oder die nicht aktive Durchsetzung der Vereinbarung bei der Frage der Bußgeldverhängung und -bemessung berücksichtigt werden soll. - Als formal-extensive Auslegung könnte aber die tatbestandliche Erfassung der Fälle eingestuft werden, in denen sich weder Versuche zur Anwendung der Vereinbarung noch psychologische Nebeneffekte feststellen lassen und damit die Vereinbarung die Grenze einer bloßen *Willensübereinstimmung* der Beteiligten nicht überschreitet[146].

In der Entscheidungspraxis der Gemeinschaftsorgane werden aber alle auf eine Wettbewerbsbeschränkung gerichteten Vereinbarungen Art. 81 Abs. 1 EGV n.F. unterworfen, ohne daß solche Differenzierungen ersichtlich wären[147].

Gemeinsamen Marktes bezweckt." So auch *EuG* Urt. v. 6.4.95, Rs. T-141/89, *Tréfileurope*, Slg. 1995, II-791 [Rdn. 60].

145 *EuG* Urt. v. 14.7.1994, Rs. T-66/92, *Herlitz*, Slg. 1994, II-531: "[Rdn. 40] Daß eine Exportverbotsklausel, die ihrem Wesen nach eine Beschränkung des Wettbewerbs darstellt, vom Lieferer nicht angewandt wird, erbringt keinen Beweis dafür, daß sie wirkungslos geblieben ist, da bereits ihr Vorhandensein ... ein 'optisches und psychologisches' Klima schaffen kann, das zu einer Aufteilung der Märkte beiträgt. Daher hat der Umstand, daß eine Klausel, die eine Behinderung des Wettbewerbs bezweckt, von den Vertragsparteien nicht angewandt worden ist, nicht zur Folge, daß sie nicht unter Artikel 85 Absatz 1 des Vertrages fällt." Vgl. auch *EuG* Urt. v. 14.7.94, Rs. T-77/92, *Parker Pen*, Slg. 1994, II-549 [Rdn. 55] sowie zuletzt *EuG* Urt. v. 19.5.99, Rs. T-176/95, *Accinauto*, Slg. 1999, II-1635: "[Rdn. 123] Auch die Beurteilung der Dauer der Zuwiderhandlung durch die Kommission ist nicht fehlerhaft, da diese Zuwiderhandlung durch den Abschluß einer Vereinbarung durch die Vertragsparteien gekennzeichnet war, die eine [Exportverbots-]Klausel enthielt, deren Zweck gegen Artikel 81 Absatz 1 EG verstieß. Selbst wenn davon auszugehen wäre, daß das Gericht nicht hat feststellen können, daß diese Klausel auch angewandt wurde, ist doch zu betonen, daß *bereits ihr Vorhandensein ein 'optisches und psychologisches' Klima schaffen konnte, das zu einer Aufteilung der Märkte beiträgt*... Die mit dem Abschluß der Vereinbarung von 1982 begonnene Zuwiderhandlung wurde somit erst mit der tatsächlichen Beseitigung der beanstandeten Klausel beendet."

146 Vgl. dazu OEHLER, Internationales Strafrecht, Rdn. 944: "Vor allem, wenn eine Wettbewerbsbeschränkung nur bezweckt wird, ohne daß sie schon ausgeführt worden ist, darf die Geldbußandrohung nicht zu einer bloßen Gesinnungsbestrafung führen."

147 Vgl. aus der Praxis bereits *EuGH* Urt. v. 13.7.66, verb. Rs. 56 und 58/64, *Consten / Grundig*, Slg. 1966, S. 322 [S. 390 f.]: "Andererseits brauchen bei der Anwendung von Artikel 85 Absatz 1 die tatsächlichen Auswirkungen einer Vereinbarung nicht berücksichtigt zu werden, wenn sich ergibt, daß diese eine Verhinderung, Einschränkung oder Verfälschung des Wettbewerbs bezweckt. Daher stellt es für sich allein noch keinen Rechtsfehler dar, daß die angefochtene Entscheidung die Auswirkungen der Vereinbarung auf den Wettbewerb zwischen gleichartigen Erzeugnissen der verschiedenen Marken nicht untersucht hat." *EuGH* Urt. v. 29.10.80, verb. Rs. 209/215 und 218/78, *Van Landewyck*, Slg. 1980, S. 3125 [vgl. S. 3270]: Haben Unternehmen eine Regelung zur spürbaren Einschränkung des Wettbewerbs getroffen, so bedarf die Frage, in welchem Maße die diese praktiziert haben, keiner

Als Beispiel läßt sich hier der im Jahr 1994 von der *Kommission* entschiedene *Zement*-Fall erwähnen[148]. Den europäischen Zementherstellern und deren Vereinigungen wurde in diesem Fall vorgeworfen, von 1983 an ihr Marktverhalten in einer Reihe bi- und multilateraler Vereinbarungen über Marktaufteilung, Marktschutz und Marktregulierung koordiniert zu haben. Dabei sah es die Kommission unter anderem als erwiesen an, daß im Jahre 1986 eine Koalition verschiedener Zementhersteller gegen drohende Zementexporte griechischer Hersteller in verschiedene Mitgliedstaaten gebildet wurde. Die Mitglieder der zu diesem Zweck errichteten "European Task Force" erörterten und trafen verschiedene Maßnahmen, wobei auch die Errichtung einer gemeinsamen Handelsgesellschaft (Joint Trading Company Interciment S.A.) beschlossen wurde, die unter anderem griechischen Zement aufkaufen sollte, damit dieser nicht in bestimmte Mitgliedstaaten exportiert wird. Die Handelsgesellschaft trat jedoch nicht in Aktion, da die Zementhersteller später mit ihren griechischen Wettbewerbern bilaterale Verträge zur Umleitung der Exporte schlossen.

Die Kommission ging unter Berufung auf die ständige Praxis, daß bei Vereinbarungen mit wettbewerbsbeschränkendem Zweck keine Auswirkungen auf den Markt ermittelt werden müsse, davon aus, daß die Koalition der europäischen Zementhersteller bereits dann einen Verstoß gegen Art. 85 Abs. 1 EGV a.F. beging, als sie die gemeinsame Handelsgesellschaft zur Durchführung der geplanten positiven und negativen Maßnahmen gegen die griechischen Hersteller errichtete. In ihrem XXIV. Bericht über die Wettbewerbspolitik[149] führte sie dazu aus: "Die Vereinbarung mit dem wettbewerbsbeschränkenden Zweck braucht ... nicht einmal in Kraft gesetzt worden zu sein... Da die mit der gemeinsamen Handelsgesellschaft verfolgten Ziele bereits offensichtlich wettbewerbsfeindlich waren, ist es *unerheblich, daß die Gesellschaft niemals in Aktion trat. Diese Anwendung von Art. 85 Abs. 1 [= Art. 81 Abs. 1 EGV n.F.] durch die Kommission entspricht der vorbeugenden Funktion dieser Vorschrift*"[150].

Prüfung; *EuGH* Urt. v. 31.3.93, verb. Rs. C-89/85 u.a., *A. Ahlström u.a. II* , Slg. 1993, I-1307: "[Rdn. 175] Zweitens ist daran zu erinnern, daß eine Klausel, die eine Wettbewerbsbeschränkung bezweckt, nach ständiger Rechtsprechung ... nicht allein deshalb dem Verbot des Artikels 85 Absatz 1 EWG-Vertrag entzogen ist, weil die Vertragspartner sie nicht angewandt haben." Vgl. ferner BELLAMY / CHILD, Rdn. 2-107 m. Nachw.; zustim. zu dieser Praxis KOCH, in: GRABITZ / HILF [1. Grdlf.], nach Art. 87, VO 17 Art. 15, Rdn. 43; kritisch hingegen SATZKY, in: Schwerpunkte des Kartellrechts 1993/94, S. 103 ff., der davon ausgeht, daß die bußgeldrechtliche Sanktionierung von Kartellvereinbarungen im Sinne des Art. 85 Abs. 1 EGV a.F. stets eine *Ausführungshandlung* voraussetze.

148 *KOME* v. 30.11.94, 94/815/EG, *Zement*, ABl. 1994 L 343/1.

149 *KOME* v. 30.11.94, a.a.O. [S. 105 Rdn. 145].

150 In ihrer Entscheidung berief sich die Kommission hilfsweise zwar auch darauf (Rdn. 54-2), daß die immer "einsatzfähige" gemeinsame Handelsgesellschaft jedenfalls "als Drohung gegen die griechischen Hersteller und gegen jedes andere Cembureau-Mitglied benutzt werden [konnte], das gegen die Inlandsmarktregel zu verstoßen versucht war". Die Tatbestandsmäßigkeit wurde aber letztlich nicht auf dieses vermutete psychologische Nebeneffekt, sondern auf den Zweck der Vereinbarung gestützt [Rdn. 54-(7 f.)]: "Die Kommission räumt ein, daß die Wirkung, die von der Errichtung von Interciment ausging, ungewiß geblieben ist. Dessen ungeachtet haben sich die Mitglieder dafür entschieden, die Gesellschaft bis zum 26. März 1993 am Leben zu erhalten. Außerdem ist nach Auffassung der Kommission der Verstoß seinem Wesen nach schwerwiegender Art. Der wettbewerbseinschränkende Zweck ist offenkundig. - Aufgrund der vorstehenden Ausführungen ist die Kommission der Auffassung, daß

B. Kompensatorische Mechanismen

(1) Schuld und Einschränkung der Bußgeldverantwortung

Es ist zwar so, daß sich die EG-Organe trotz der sehr weiten Fassung der Bußgeldtatbestände und der dadurch notwendigerweise abgeschwächten objektiven Erkennbarkeit des Norminhalts nicht bereit erklären, bei dem Urteil über die objektive Anwendbarkeit der Bußgeldnormen Zugeständnisse zu machen. Jedoch läßt sich feststellen, daß die erstmalige Anwendung der Bußgeldtatbestände auf durch (extensive) Auslegung erschlossene (Rand- oder im allgemeinen) umstrittene Bereiche manchmal damit verbunden wird, daß gegen den Zuwiderhandelnden *quasi-automatisch* kein Vorsatz- oder Fahrlässigkeitsvorwurf erhoben wird.

Unzweideutig kommt dieser Ansatz in der Kommissionsentscheidung im *Pergamentpapier*-Fall zum Ausdruck:[151]: "[S. 83] Die Verhaltensweise der GVPA-Mitglieder, die sich in der gegenseitigen Unterrichtung über die von ihnen ausgeführten Mengen und das Niveau ihrer Preise äußerte, stellt eine Zuwiderhandlung dar, die *nicht notwendigerweise vorsätzlich oder fahrlässig* begangen worden ist. Im Zeitpunkt der Zuwiderhandlung hatte die Anwendung der Wettbewerbsregeln des EWG-Vertrags noch nicht zu Kommissionsentscheidungen geführt, welche die Tragweite der Regeln in dieser Hinsicht ausreichend verdeutlichen. Daher sind die Voraussetzungen für die Anwendung des Artikels 15 Absatz 2 der Verordnung Nr. 17/62 insoweit nicht erfüllt."

Es ist außerdem so, daß die formal-extensive Auslegung vieler Tatbestandsmerkmale dazu führt, daß in den Täterkreis auch die unmittelbaren Opfer einbezogen werden, nämlich diejenigen Unternehmen, die durch den ihnen *aufgezwungenen* Verzicht auf Parameter ihrer Wettbewerbsfreiheit als erste und am stärksten unter dem wettbewerbswidrigen Geschehen zu leiden haben. Trotz der Annahme der Tatbestandsverwirklichung verfolgen allerdings die EG-Organe diese Unternehmen prinzipiell nicht[152]. Notwendige Bedingung dafür ist jedenfalls, daß die Unternehmen zu der ihnen benachteiligenden tatbestandsmäßigen Absprache lediglich *wegen* ihrer wirtschaftlichen Abhängigkeit und des daraus resultierenden Zwangs (stillschweigend) zugestimmt haben und darüber hinaus keine aktive Rolle weder bei dem Zustandekommen noch bei der Durchführung der Absprache gespielt haben[153]. Liegt eine solche Fallgestaltung vor, so bleiben die unter Druck gesetzten

---

die Vereinbarung, die zur Errichtung von Interciment S.A. geführt hat, einen Verstoß gegen Artikel 85 Absatz 1 darstellt."

151 *KOME* v. 23.12.77, 78/252/EWG, *Pergamentpapier*, ABl. 1977 Nr. L 70/54.

152 *KOME* v. 10.1.96, 96/478/EG, *Bayer-ADALAT*, ABl. 1996 Nr. L 201/1: "[Rdn. 236] Durch die Anwendung der Vereinbarung wurde es den Großhändlern unmöglich gemacht, ihre britischen Kunden unter normalen Bedingungen zu beliefern. Außerdem hatte diese Situation für sie schwerwiegende Auswirkungen: bedeutende Umsatzeinbußen, Verlust von Kunden, Verlust von Glaubwürdigkeit im Handel. Aus diesen Gründen erscheint es nicht angemessen, ihnen eine Geldbuße aufzuerlegen."

153 *KOME* v. 28.1.98, 98/273/EG, *VW*, ABl. 1998, Nr. L 124/60: "[Rdn. 208] Die italienischen Vertragshändler als Beteiligte der Vereinbarung mit Volkswagen, Audi und Autogerma, Parallelexporte zu be- oder verhindern, sind *Opfer* der durch ihren Vertragspartner eingeführten

(kleinen) Unternehmen von der Verhängung einer Geldbuße verschont[154]. Bemerkenswert ist dabei, daß im Zusammenhang mit der fraglichen Fallgestaltung und zur Begründung des Bußgeldverzichts manchmal nicht das (nachgelagerte) Opportunitätsprinzip herangezogen[155], sondern auf das (vorgelagerte) fehlende "*Verschulden*" oder die mangelnde "*Verantwortung*" der betroffenen Unternehmen hingewiesen wird. Damit zeichnet sich aber eine Tendenz ab, die dahin geht, daß der durch die Überspannung des objektiven Tatbestandes entstehende breite Bereich der Verantwortung nicht nur auf der prozessualen Ebene des Opportunitätsprinzips, sondern bereits früher durch die Institutionalisierung von neuen, neben dem Vorsatz und der Fahrlässigkeit stehenden schuldrelevanten materiellrechtlichen Entlastungskategorien auf ein vernünftiges Maß reduziert wird.

So führt beispielsweise die *Kommission* im *Windsurfing International*-Fall aus[156]: "[S. 18] Hinsichtlich der genannten Beschränkungen ist das Verschulden der Lizenznehmer allerdings als geringfügig einzuschätzen, da sie sich den diesbezüglichen Bedingungen von WSI unterwerfen mußten, um überhaupt eine Lizenz zu erhalten. Auch bei der Durchführung der Lizenzvereinbarungen war es in erster Linie WSI, die auf Einhaltung der Beschränkungen pochte und insbesondere die getrennte Lieferung von Riggs zu verhindern suchte, so daß *das für die Anwendung von Artikel 15 Absatz 2 maßgebliche Verschulden insoweit allein bei WSI liegt*, während von einer Verhängung von Bußgeldern gegen die Lizenznehmer abzusehen ist."

Auch im *Sandoz*-Fall wird von der *Kommission* die Frage der fehlenden Verantwortlichkeit der Vertriebshändler offen angesprochen[157]: "[Rdn. 33] Diese Entscheidung ist nur an Sandoz PF gerichtet, weil dieses Unternehmen allein für den Verstoß gegen Artikel 85 Absatz 1 [= Art. 81 Abs. 1 EGV n.F.] verantwortlich zu machen ist. Wie oben ausgeführt, muß das auf den Rechnungen aufgedruckte Ausfuhrverbot nach Absicht und Ziel als eine Klausel der Vereinbarung zwischen der Sandoz PF und ihren Kunden betrachtet werden und nicht als ein einseitiger Rechtsakt. Es muß jedoch ebenfalls beachtet werden, daß diese Rechnung und diese Klausel von Sandoz PF selbst vorbereitet und ausgestellt wurde. Das Ausfuhrverbot wurde im Interesse von Sandoz PF verhängt, und dieses Unternehmen war verantwortlich für seine Schaffung und Anwendung sowie für sämtliche Maßnahmen zur Gewährleistung seiner praktischen Auswirkungen auf den Markt. Daher *können die Kunden der Sandoz PF für die Zuwiderhandlung nicht verantwortlich gemacht werden.*"

---

restriktiven Politik, der sie *auf Druck* zugestimmt haben. Die Händler haben *nicht aktiv* mitgewirkt. Die Kommission setzt daher gegen sie keine Geldbuße fest."

154 DANNECKER / FISCHER-FRITSCH, S. 314; vgl. auch RITTER / BRAUN / RAWLINSON [1991], S. 62 f. Rdn. 35.

155 Als Zeichen für den Zugriff auf das Opportunitätsprinzip können Ausdrücke gedeutet werden, die ausschließlich auf die Verhängung der Geldbuße Bezug nehmen, vgl. z.B. die eben zitierte *KOME* v. 10.1.96, 96/478/EG, *Bayer-ADALAT*, ABl. 1996 Nr. L 201/1: "[Rdn. 236] ... Aus diesen Gründen erscheint es nicht angemessen, ihnen [den Großhändlern] eine Geldbuße aufzuerlegen."

156 *KOME* v. 11.7.83, 83/400/EWG, *Windsurfing International*, ABl. 1983, Nr. L 229/1.

157 *KOME* v. 13.7.87, 87/409/EWG, *Sandoz*, ABl. 1987 Nr. L 222/28.

Derselbe Ansatz läßt sich schließlich in der *Kommissionsentscheidung* im *Viho Toshiba*-Fall erkennen[158]: "[Rdn. 27] Die Kommission ist der Ansicht, daß TEG [Toshiba Europa GmbH, Deutschland, 100% EG-Tochtergesellschaft von Toshiba Corporation, Japan] gegen Artikel 85 Absatz 1 [= Art. 81 Abs. 1 EGV n.F.] verstoßen hat, weil sie in ihre zwischen 1975 und 1981 mit Vertriebshändlern geschlossenen Vereinbarungen Exportverbotsklauseln aufnahm, und daß sie zumindest insoweit fahrlässig gehandelt hat, als sie diese Klauseln nicht aus den Vereinbarungen, die 1983 bestanden, als sie eine neue, mit dem EWG-Vertrag konforme Standardvereinbarung formulierte, herausgenommen hat. [Rdn. 26] Die Kommission vertritt die Auffassung, daß die Festsetzung einer Geldbuße gegen TEG im vorliegenden Fall gerechtfertigt ist. Es gibt keinen Beweis dafür, daß die Alleinvertriebshändler Einfluß auf den Wortlaut der Vereinbarungen mit TEG nehmen konnten. *TEG ist somit weitgehend für das daraus folgende Verhalten verantwortlich.*"

Das Verteidigungsargument der Beugung gegenüber dem Zwang des Herstellers greift allerdings nicht ohne weiteres durch, insbesondere wenn es feststeht, daß die betreffenden Unternehmen aktiv - auch wenn nur in begrenztem Umfang - an der Durchsetzung der drittwirkenden wettbewerbswidrigen Maßnahmen mitgewirkt haben[159], oder daß sich zahlreiche andere Vertragshändler dem Druck des Herstellers erfolgreich entziehen konnten[160]. Die von der Kommission in diesen Fällen verhängten Geldbußen beschränken sich jedenfalls i.d.R. auf eine geringe[161] bzw. symbolische Höhe[162].

---

158 *KOME* v. 5.6.91, 91/532/EWG, *Viho Toshiba*, ABl. 1991 Nr. L 287/39.

159 Vgl. z.B. den Tretorn-Fall (*KOME* v. 21.12.94, 94/987/EG, *Tretorn*, ABl. 1994 Nr. L 378/45), in dem gegen vier Alleinvertriebshändler der Unternehmensgruppe Tretorn (Formula Sport International, Fabra, Zürcher und Van Megen) wegen aktiver Mitwirkung (z.B. durch Meldungen der Kennzahlen parallelimportierter Waren an den Hersteller zwecks Feststellung der Quellen des Imports) an der Durchsetzung der Parallelexportverbote von Tretorn Geldbußen verhängt werden. Das Kriterium der Hauptverantwortlichkeit des Herstellers wird zwar berücksichtigt, jedoch wegen der aktiven Mitwirkung der Vertriebshändler werden auch diese geahndet. Erst bei einem Vertriebshändler (*Tenimport*), an dessen aktive Mitwirkung Zweifel bestanden und der außerdem die Ermittlungen unterstützt hat, wird auf jede Geldbuße verzichtet, vgl. dazu *KOME*, a.a.O. [Rdn. 78] sowie die Ausführungen der Kommission im *EuG* Urt. v. 11.12.96, Rs. T-49/95, *Van Megen Sports Group*, Slg. 1996, I-1799 [Rdn. 48 ff.].

160 *KOME* v. 23.12.77, 78/155/EWG, *BMW-Belgium*, ABl.1978 Nr. L 46/33: "[Rdn. 21] Die Tatsache, daß von den 90 Adressaten des Rundschreibens [vom Zulieferer BMW Belgium aufgestelltes Exportverbot] es nur 48 BMW-Händler ... unterzeichnet haben, beweist jedoch, daß 42 Händler sich nicht bereit gefunden haben, an einem Verstoß gegen die Wettbewerbsregeln des EWG-Vertrags durch schriftliches Einverständnis teilzunehmen. Ein gleiches Verhalten war auch den betroffenen 47 BMW-Händlern möglich und zumutbar."

161 In der Regel 10.000 ECU, so z.B. im Tretorn-Fall, *KOME* v. 21.12.94, 94/987/EG, *Tretorn*, ABl. 1994 Nr. L 378/45; das *EuG* (Urt. v. 11.12.96, Rs. T-49/95, *Van Megen Sports Group*, Slg. 1996, I-1799, [Rdn. 54]) bezeichnet diesen Betrag als "eine geringe pauschale Geldbuße", die ihren Grund darin hat, daß "sämtliche Vertriebshändler ... am Funktionieren desselben Systems mitgewirkt" hätten. Vgl. auch *KOME* v. 12.7.95, 95/477/EG, *BASF Lacke + Farben AG und Accinauto S.A.*, ABl. 1995 Nr. L 272/16 (Geldbuße in Höhe von 10.000 ECU gegen den belgischen Alleinvertriebshändler Accinauto, der an der Durchsetzung des von BASF auferlegten Verbots passiver Verkäufe an Kunden außerhalb des Vertragsgebiets mitwirkte). Die Kommission betont auch in diesem Fall (a.a.O. Rdn. 105), daß sie "bei der

(2) Opportunitätsprinzip und Einschränkung der Bußgeldverantwortung

(a) Erkenntnisse aus der bisherigen Praxis der Gemeinschaftsorgane

Es ist zwar so, daß jede (passive) Teilnahme von Wettbewerbern an Sitzungen mit wettbewerbsbeschränkendem Zweck oder jede (passive) Teilnahme von Vertriebshändlern an wettbewerbswidrig gestalteten Vertriebssystemen unterschiedslos als tatbestandsmäßige Täterschaft gewertet wird, ohne daß der faktische *Beitrag der einzelnen Unternehmen an der Beeinträchtigung des Wettbewerbs* gewichtet wird. Ebenfalls wird die unterstützende Tätigkeit eines sog. Kartellwächters mit der Tätigkeit der Kartellmitglieder in tatbestandlicher Hinsicht gleichgesetzt, ohne daß Unterschiede zwischen der *besonderen Pflichtenstellung* der kartellierenden Konkurrenten und der neutralen Pflichtenstellung des Kartellwächters problematisiert werden. Im allgemeinen läßt also die Praxis jeden - auch nur geringen - Beitrag zur Wettbewerbsbeschränkung, und unabhängig davon, auf wessen Initiative und in wessen Interesse dieser erfolgt, zur Verwirklichung der Bußgeldtatbestände genügen. Die Unternehmen allerdings, die sich nur so geringfügig am Wettbewerbsverstoß beteiligen oder lediglich dem auf Initiative und im Interesse eines Dritten zustande gekommenen Vertrag zustimmen, werden von der Kommission auf der Verfahrensebene des *Opportunitätsprinzips* privilegiert behandelt: Entweder verzichtet die Kommission danach vollständig auf die Verhängung von Geldbußen[163] oder begrenzt sie diese auf eine symbolische Höhe[164].

Festlegung der Höhe der gegen Accinauto festgesetzten Geldbuße ... die Tatsache berücksichtigt [hat], daß Accinauto wirtschaftlich von BASF L + F abhängt und daß diese Abhängigkeit von BASF L + F zur Durchsetzung ihrer wirtschaftlichen Interessen ausgenutzt wurde".

162 Im soeben beispielhaft erwähnten BMW Belgium-Fall betrug die Geldbuße nur 1000 ECU pro Händler.

163 Keine Geldbußen sind so beispielsweise - soweit ersichtlich - in Fällen von Kartellwächtern verhängt worden, vgl. dazu DANNECKER, in: I/M EG-WbR [1997], VO 17 Art. 15, Rdn. 116. Aber auch in sonstigen Fällen ist ein Bußgeldverzicht üblich, vgl. z.B. *KOME* v. 13.12.89, 90/38/EWG, *Bayo-n-ox*, ABl. 1990, Nr. L 21/71: "[Rdn. 64] Nur der Bayer AG wird gemäß Artikel 15 Absatz 2 der Verordnung Nr. 17 ein Bußgeld auferlegt, weil die Vereinbarungen auf *Initiative* und im *Interesse* der Bayer AG geschlossen wurden." *KOME* v. 15.5.91, 91/335/EWG, *Cosme / Martell-DMP*, ABl. 1991 Nr. L 185/23: "[Rdn. 44] Eine Geldbuße ist auch gegen DMP wegen des Umstands zu verhängen, daß in den mit Gosme [Beschwerdeführerin in diesem Fall] geschlossenen Verkaufsverträgen bestimmte Rabatte verweigert wurden. Diese Geldbuße ist allein gegen DMP zu verhängen, da diese Verträge, die im übrigen den Interessen von Gosme zuwiderlaufen, *auf ihre Initiative hin zustande gekommen* sind". Das Handeln gegen die eigenen Interessen wird außerdem oft mit sonstigen Faktoren kombiniert (z.B. möglicherweise fehlendes Unrechtsbewußtsein seitens der betroffenen Unternehmen, Vornahme der beanstandeten Handlungen in Anlehnung an die Wünsche nationalstaatlicher Behörden), um einen Bußgeldverzicht zu begründen; vgl. dazu die Ausführungen der Kommission mit Blick auf die Unternehmen Avesta, Outokumpu und Acerinox im *Nichtrostender Flachstahl*-Fall, *KOME* v. 18.7.90, 90/417/EGKS, ABl. 1990 Nr. L 220/28 [Titel X Rdn. 12 ff.].

Dadurch kommt es oft zu enormen Differenzen bezüglich der Höhe der Geldbußen, die den Beteiligten am selben wettbewerbswidrigen Geschehen auferlegt werden. Ein typisches Beispiel liefert die Kommissionsentscheidung im *Stahlträger*-Fall (Preis-, Marktaufteilungs- und Informationsaustauschkartell zwischen siebzehn europäischen und skandinavischen Trägerherstellern und -händlern), in der die zwei höchsten Geldbußen jeweils 32.000.000 ECU (Britisch Steel plc) und 12.300.000 ECU (Unimetal), die zwei niedrigsten dagegen nur 600 ECU (Inexa Profil AG) und 750 ECU (Norsk Jernverk AS) betrugen. Daneben blieben drei Unternehmen von Geldbußen verschont. Die verhängten Geldbußen beliefen sich insgesamt auf 104 Millionen ECU[165].

Hingewiesen sei außerdem auf den Einsatz des Opportunitätsprinzips, um eine privilegierte Behandlung der Unternehmen sicherzustellen, die trotz ihrer scheinbaren Beteiligung an Kartellabsprachen diese nicht einhalten und dadurch sowohl zur Minderung der Auswirkungen der Absprachen als auch zu ihrer Erschütterung erheblich beitragen. Wie der *Martinelli*-Fall zeigt, behandelt die Kommission solche Unternehmen in besonders milder Weise und beschränkt sich auf die Verhängung von nur geringen Geldbußen[166].

Ferner ist zwar zuzugeben, daß die europäische Auslegungspraxis den Anwendungsbereich der Bußgeldtatbestände bis auf ihre äußersten Grenzen erstreckt, indem sie beispielsweise auch *Verhaltensweisen in der grauen Zone* unter Art. 81 Abs. 1 EGV n.F. subsumiert oder gewisse von den Wettbewerbsregeln systematisch nur schwer erfaßbare wirtschaftliche Sachverhalte für tatbestandsmäßige Verstöße erklärt. Allerdings muß aber beachtet werden, daß in diesen Fällen prinzipiell keine Geldbuße verhängt wird. Das Opportunitätsprinzip trägt somit auch hier dazu

---

164 Zu der mit erheblichen praktischen Folgen verbundenen Unterscheidung zwischen hauptverantwortlichen Unternehmen einerseits und sog. Mitläufern und zur Teilnahme gezwungenen Unternehmen andererseits im Rahmen der Bußgeldbemessung siehe DANNECKER, in: I/M EG-WbR [1997], VO 17 Art. 15 Rdn. 248 und 274.

165 *KOME* v. 16.2.94, 94/215/EGKS, *Stahlträgerhersteller*, ABl. 1994 Nr. L 116/1; vgl. auch den Überblick über die verhängten Geldbußen im Bull. EU 1/2-1994, Rdn. 1.2.39. Zur Kommissionspraxis, die am Verstoß beteiligten Unternehmen je nach ihrem Verantwortungsgrad für das Zustandekommen und die Ausführung der wettbewerbswidrigen Maßnahmen in Verantwortungsgruppen einzuteilen, siehe beispielsweise auch *KOME* v. 30.11.94, 94/815/EG, *Zement*, ABl. 1994 L 343/1 [Rdn. 65 (9)].

166 Vgl. *EuG* Urt. v. 6.4.95, Rs. T-150/89, *Martineli*, Slg. 1995, II-1165 [Rdn. 50 ff.]. Das im Rahmen der Betonstahlmatten-Entscheidung sanktionierte Unternehmen Martinelli macht in diesem Fall einen Verstoß gegen den Gleichheitsgrundsatz geltend, weil die Kommission gegen dieses eine Geldbuße in Höhe von 1,5% seines Jahresumsatzes verhängte, während gegen das wegen eines vergleichbaren Verstoßes verurteilte Unternehmen ILRO nur eine Geldbuße in Höhe von 0,05% des Jahresumsatzes verhängt wurde. Die Rüge wird aber zurückgewiesen, weil dem Unternehmen ILRO von der Kommission und dem EuG u.a. zu Gute gehalten wird, daß es im Gegensatz zu Martinelli die Vereinbarungen nicht eingehalten habe, siehe *EuG* Urt. v. 6.4.95, a.a.O., insb. Rdn. 60 (Standpunkt des EuG) und Rdn. 54 (Standpunkt der KOM): "[Rdn. 54] Hinzu komme, daß die Berücksichtigung der Nichteinhaltung der wettbewerbswidrigen Vereinbarungen als mildernder Umstand auf dem Gedanken beruhe, daß der Wettbewerb geschützt werden müsse und die Nichteinhaltung wettbewerbswidriger Vereinbarungen doppelt zum Schutz des Wettbewerbs beitrage, indem sie die Auswirkung der Vereinbarungen vermindere und zu ihrer Erschütterung beitrage."

bei, daß aus der durch extensive Auslegung begründete Tatbestandsmäßigkeit keine Bußgeldverantwortung der Unternehmen erwächst.

Im bereits erwähnten *Montedison / Zera*-Fall verzichtet so beispielsweise die Kommission auf eine Bußgeldverhängung. Dasselbe geschah auch im *Continental Can*-Fall.

Durch das Opportunitätsprinzip wird außerdem erreicht, daß Fälle, in denen eine extensive Auslegung einzelner Tatbestandsmerkmale praktiziert wird, ohne (strenge) Sanktionen abgeschlossen werden[167]. Die Kommission zeigt sich nämlich in solchen Fällen leichter bereit, sich lediglich auf einen Fahrlässigkeitsvorwurf zu beschränken und sonstige mildernde Gründe in erheblichem Maße zu berücksichtigen, so daß im Ergebnis allenfalls geringe oder symbolische Geldbußen verhängt werden.

So wurde beispielsweise die oben geschilderte, über 20 Jahre hinweg praktizierte Politik von *FENEX*, Tarifempfehlungen an ihre Mitglieder zu verteilen, nur mit einer symbolischen Geldbuße von 1000 ECU geahndet[168].

Auch in dem im Jahre 1992 behandelten *UK Agricultural Tractor Registration Exchange*-Fall[169], beschränkte sich die Kommission angesichts der Schwierigkeiten bei der Beurteilung des beanstandenden Informationsaustauschsystems auf die Feststellung der Tatbestandsmäßigkeit und der mangelnden Freistellungsfähigkeit, ohne auf die Frage der Verhängung einer Geldbuße überhaupt einzugehen[170].

Nicht zu übersehen ist schließlich, daß die Kommission bei der Verfolgung der von ihr als tatbestandsmäßig eingestuften Verhaltensweisen äußerst *selektiv* vorgeht. Nahe liegt insoweit die Vermutung, daß viele durch extensive Auslegung im *verwaltungsrechtlichen* Anwendungsbereich der Kartellnormen erfaßten Zuwiderhandlungen bereits im Vorfeld durch den Verzicht auf die Einleitung eines (Bußgeld-)Verfahrens oder den Erlaß einer förmlichen (Bußgeld-)Entscheidung von der Gefahr einer Ahndung verschont bleiben.

Das im Schrifttum oft betonte selektive Vorgehen der europäischen Wettbewerbsbehörde[171] kommt eindeutig in der Übersicht über die Erledigungspraxis in den Jahren

---

167 Vgl. DANNECKER, in: I/M EG-WbR [1997], VO 17 Vorb. Art. 15, Rdn. 47.

168 *KOME* v. 5.6.96, 96/438/EG, *FENEX*, ABl. 1996 Nr. L 181/28 [Artikel 2 des verfügenden Teils].

169 *KOME* v. 17.2.92, 92/157/EWG, *UK Agricultural Tractor Registration Exchange*, ABl. 1992 Nr. L 68/19.

170 Es sei darauf hingewiesen, daß die im fraglichen Fall stattgefundene Anmeldung des Systems einer Bußgeldverhängung nicht entgegenstand, weil das wettbewerbswidrige System von den betroffenen Unternehmen bereits 13 Jahre lang vor der Anmeldung praktiziert worden war.

171 Vgl. RITTER / BRAUN / RAWLINSON [1991], S. 662: "Die Commission makes a formal determination, or 'decision', in only a small minority of the cases it investigates. The vast majority of cases are closed without a formal decision." Näher zur Selektionspraxis bzw. zu den von der Kommission benutzten Selektionskriterien, DANNECKER, MschrKrim 74. Jahrgang (1991), 277 ff.

1989-1996 zum Ausdruck, die im XXVI. Bericht über die Wettbewerbspolitik von der Kommission selbst zusammengestellt wird[172]: Im Jahre 1992 ergingen danach im Rahmen der insgesamt 1124 abgeschlossenen Verfahren nur 34 förmliche Entscheidungen; die übrigen 1090 Verfahren wurde mit einer formlosen Entscheidung erledigt. Das Verhältnis förmlicher und formloser Entscheidungen in den anderen Jahren war wie im folgenden: 1989: 11/567, 1990: 13/864; 1991: 21/814; 1993: 14/734; 1994: 33/525; 1995: 14/419; 1996: 21/365[173].

(b) Die Leitlinien für das Verfahren zur Festsetzung von Geldbußen

Die praktische Bedeutung, die dem Opportunitätsprinzip als normexternem Mechanismus zur Wiedereinschränkung der Bußgeldverantwortung zukommt, läßt sich auch in den von der Kommission im Jahre 1998 veröffentlichten Leitlinien für das Verfahren zur Festsetzung von Geldbußen erkennen[174]. Diese Leitlinien bestätigen nämlich die (in den früheren Ausführungen nachgewiesene) Bereitschaft der Kommission, den (u.a. in der Tatsache der extensiven Auslegung begründeten) Besonderheiten jedes Einzelfalles *zumindest* auf der Ebene der Bußgeldverhängung Rechnung zu tragen.

Das neue Verfahren für die Festsetzung von Geldbußen beruht auf einem zweistufigen Schema. Der *Endbetrag* der jeweils zu verhängenden Geldbuße setzt sich danach aus einem in der ersten Phase zu errechneten *Grundbetrag* und aus zusätzlichen, in einer zweiten Phase festzulegenden (durch erschwerende oder mildernde Umstände bedingten) Auf- oder Abschlägen zusammen. Die nach diesem Schema ermittelte Geldbuße (Grundbetrag einschließlich der Auf- oder Abschläge) darf bis zu 10% des Gesamtumsatzes der betroffenen Unternehmen betragen[175], wobei das für den Gesamtumsatz zu-

---

172 XXVI. Bericht über die Wettbewerbspolitik 1996, S. 378.

173 Vgl. auch XXIV. Bericht über die Wettbewerbspolitik 1994, Rdn. 112 [S. 83]: "Die Aufmerksamkeit der Öffentlichkeit konzentriert sich in der Regel auf die spektakulärsten Fälle der Tätigkeit der Kommission im Bereich des Wettbewerbs, nämlich die Entscheidungen, mit denen sie eine Absprache, den Mißbrauch einer beherrschenden Stellung oder einen Zusammenschluß verbietet. Diese Entscheidungen machen jedoch statistisch gesehen nur einen geringen Teil der Tätigkeit der Kommission im Laufe eines Jahres aus. Vergessen werden dabei nämlich alle Genehmigungsentscheidungen, ob im Rahmen der auf Unternehmen oder auf die Mitgliedstaaten anwendbaren Regeln, sowie alle ohne offizielle Entscheidung erledigten Angelegenheiten."

174 "Leitlinien für das Verfahren zur Festsetzung von Geldbußen, die gemäß Artikel 15 Absatz 2 der Verordnung Nr. 17 und gemäß Artikel 65 Absatz 5 EGKS-Vertrag festgesetzt werden", ABl. 1998 Nr. C 9/3; vgl. dazu WILS, E.L.Rev. 23 (1998), 252 ff.; POILLOT-PERUZZETTO, RTD com. 51 (1998), 729 ff. - Ein praktisches Beispiel zur Anwendung der Leitlinien gibt die Entscheidung der Kommission im Fall des Fernwärmetechnik-Kartells, siehe *KOME* v. 21.10.98, 99/60/EG, *Fernwärmetechnik-Kartell*, ABl. 1999, Nr. L 24/1, Rdn. 165 ff.

175 Für die nach dem EGKSV rechtswidrigen Vereinbarungen beläuft sich die in Artikel 65 Absatz 5 festgesetzte Obergrenze auf den doppelten Betrag des Umsatzes, der mit den betreffenden Erzeugnissen erzielt worden ist und der in einigen Fällen 10 % des EGKS-Umsatzes der betroffenen Unternehmen erreichen kann. - Hervorzuheben ist in diesem Zusammenhang, daß die Leitlinien den (Gesamt-)*Umsatz* der betroffenen Unternehmen nunmehr lediglich als Kriterium für die Bestimmung der *Obergrenze* der zu verhängenden Geldbuße be-

grunde zu legende Geschäftsjahr das dem Jahr des Erlasses der Entscheidung vorausgehende Geschäftsjahr oder, falls Angaben zu diesem Jahr nicht verfügbar sind, das unmittelbar vorausgehende Geschäftsjahr sein soll.

Der *Grundbetrag* ist im Anschluß an die Regelung des Art. 15 Abs. 2 VO 17 nach Maßgabe der Schwere und Dauer des Verstoßes zu errechnen. Die Ermittlung der *Schwere* eines Verstoßes hat auf der Grundlage seiner Art und seiner konkreten Auswirkungen auf den Markt zu erfolgen, wobei auch der Umfang des betreffenden räumlichen Marktes zu berücksichtigen ist. Der Verstoß ist anschließend einer der drei in den Leitlinien vorgesehenen Gruppen (minder schwere, schwere und besonders schwere Verstöße) und dem entsprechenden Bußgeldrahmen (von 1000 bis 1 Mio. ECU für minder schwere Verstöße, von 1 bis 20 Mio. ECU für schwere Verstöße und oberhalb von 20 Mio. ECU für besonders schwere Verstöße) zuzuordnen. Ist der Verstoß einer Gruppe zugeordnet worden, dann sind möglicherweise (im Hinblick auf die einzelnen am Verstoß beteiligten Unternehmen) *Differenzierungen* vorzunehmen. Kriterien dafür sind vor allem die Art des begangenen Verstoßes, die tatsächliche wirtschaftliche Fähigkeit der Urheber der Verstöße zur erheblichen Beeinträchtigung der Interessen der Wettbewerber und der Verbraucher, das durch die Geldbuße verfolgte Ziel der negativen Generalprävention, die (bei großen Unternehmen erhöhten) Möglichkeiten zur Vermeidung des Verstoßes und die tatsächliche Auswirkung des Verstoßes jedes einzelnen Unternehmens auf den Wettbewerb. - Der auf der Grundlage der Schwere des Verstoßes festgelegte Betrag ist dann nach Maßgabe der *Dauer* des Verstoßes bis um 50% (bei Verstößen, die zwischen einem und fünf Jahren dauerten) oder bis um 10% für jedes Jahr des Verstoßes (bei Verstößen, die mehr als fünf Jahre dauerten) zu erhöhen. Dadurch ergibt sich der Grundbetrag der zu verhängenden Geldbuße.

In einer zweiten Phase sind sodann erschwerende oder mildernde Umstände zu berücksichtigen. Erschwerende Umstände (wie z.B. Rückfälligkeit, Verweigerung der Zusammenarbeit oder Behinderungsversuche während des Untersuchungsverlaufs, Rolle als Anführer oder Anstifter des Verstoßes, Vergeltungsmaßnahmen gegenüber anderen Unternehmen, die sich an den rechtswidrigen Vereinbarungen nicht halten wollten), zu denen auch der mit der Geldbuße verfolgte Zweck der Gewinnabschöpfung zu zählen ist, können zu einer Erhöhung des Grundbetrages führen (*Aufschläge wegen erschwerender Umstände*). Mildernde Umstände (z.B. passive Mitwirkung oder Rolle als Mitläufer, tatsächliche Nichtanwendung der rechtswidrigen Vereinbarungen, Beendigung der Verstöße nach dem ersten Eingreifen der Kommission, berechtigte Zweifel der Unternehmen an der Rechtswidrigkeit des beanstandeten Verhaltens, fahrlässige Begehung der Verstöße, aktive Mitwirkung an dem Verfahren außerhalb des Anwendungsbereiches der Mitteilung betreffend die Nichtfestsetzung oder niedrigere Festsetzung von Geldbußen[176]) können dagegen die Verringerung der Höhe des Grundbetrages zur Folge haben (*Abschläge wegen mildernder Umstände*).

---

trachten (Leitlinien, Teil 5 a) und zur Bemessung der Geldbußen auf eine umsatz*un*abhängige Systematik zurückgreifen (näher dazu sogleich). Ausführlich zum früheren, umsatzbezogenen System zur Bemessung der Geldbußen DANNECKER / FISCHER-FRITSCH, S. 315 ff.

176 Die aktive Mitwirkung an dem Verfahren *innerhalb* des Anwendungsbereiches der "Mitteilung vom 18. Juli 1996 über die Nichtfestsetzung oder die niedrigere Festsetzung von Geldbußen" (ABl. 1996, Nr. C 207/4) ist dagegen nach den von der fraglichen Mitteilung aufgestellten Regeln zu behandeln; einen Überblick über diese Regeln und die mit der Mitteilung zusammenhängenden Rechts- und Verfahrensfragen gibt WEITBRECHT, EuZW 1997, 555 ff.

Nach Durchführung der vorstehenden Berechnungen kann es angezeigt sein, um den Bedürfnissen des *Einzelfalles* gerecht zu werden, die zu verhängende Geldbuße unter Berücksichtigung einiger *objektiven Faktoren* weiter zu modifizieren. Zu diesen Faktoren gehören u.a. ein besonderer wirtschaftlicher Zusammenhang, die von den Beteiligten an dem Verstoß eventuell erzielten wirtschaftlichen oder finanziellen Vorteile und die besonderen Merkmale der betreffenden Unternehmen wie z.B. ihre tatsächliche Steuerkraft in einem gegebenen sozialen Umfeld.

Die Kommission behält sich schließlich die Möglichkeit vor, in bestimmten Fällen eine "symbolische" Geldbuße von 1.000 ECU festzusetzen, die nicht anhand der Dauer oder der erschwerenden bzw. mildernden Umstände ermittelt worden ist. Die Begründung für eine symbolische Geldbuße ist allerdings immer im Text der Entscheidung aufzuführen.

Betrachtet man die von der Kommission angeführten "*Differenzierungsmaßstäbe*" (in der ersten Verfahrensphase) sowie die "*mildernden Umstände*" und die einzelfallbezogenen "*objektiven Faktoren*" (in der zweiten Verfahrensphase) näher, stellt es sich heraus, daß dadurch die Möglichkeit eröffnet wird, viele der früher im Text als Fälle eines (formal) extensiven Auslegungsvorgehens bezeichneten Sachverhalte sachgemäß zu behandeln. Die tatsächliche Auswirkung des Verstoßes jedes einzelnen Unternehmens auf den Wettbewerb[177] bzw. die Beschränkung des betroffenen Unternehmens auf die Rolle des bloßen (möglicherweise unter Zwang handelnden) *Mitläufers*[178], die tatsächliche *Nichtanwendung* der rechtswidrigen Vereinbarungen[179], die (bei einer durch extensive Auslegung begründeten Tatbestandsmäßigkeit zumindest bei der Erstanwendung prinzipiell zu bejahenden) *berechtigten Zweifel der Unternehmen an der Rechtswidrigkeit* des beanstandeten Verhaltens[180] oder der jeweils *besondere wirtschaftliche Zusammenhang*[181] lassen sich damit auch dann sachgemäß berücksichtigen, wenn sich die europäische Wettbewerbsbehörde für die Einleitung eines Bußgeldverfahrens entscheidet und anschließend den Erlaß einer förmlichen Entscheidung und den Rückgriff auf Geldbußen aus wettbewerbspolitischen Gründen für erforderlich hält. Das von der Kommission in Anspruch genommene Recht, in Einzelfällen unabhängig von der von ihr aufgestellten Kriterien vorzugehen und sich auf die Verhängung von symbolischen Geldbußen zu beschränken[182], zeigt schließlich, daß die europäische Wettbewerbsbehörde in der Geldbuße nicht nur ein ahndendes, generalpräventiv-abschreckendes und gewinnabschöpfendes Sanktionsmittel[183], sondern auch ein

---

177 Leitlinien für das Verfahren zur Festsetzung von Geldbußen, a.a.O. [Teil 1 A].

178 Leitlinien für das Verfahren zur Festsetzung von Geldbußen, a.a.O. [Teil 3].

179 Leitlinien für das Verfahren zur Festsetzung von Geldbußen, a.a.O. [Teil 3].

180 Leitlinien für das Verfahren zur Festsetzung von Geldbußen, a.a.O. [Teil 3].

181 Leitlinien für das Verfahren zur Festsetzung von Geldbußen, a.a.O. [Teil 5 lit. b].

182 Leitlinien für das Verfahren zur Festsetzung von Geldbußen, a.a.O. [Teil 5 lit. d].

183 Vgl. Leitlinien für das Verfahren zur Festsetzung von Geldbußen, a.a.O. [Teil 1 A]: "... Geldbuße auf einen Betrag festzusetzen, der eine *hinreichend abschreckende Wirkung* entfaltet"; [Teil 1 B]: "Wettbewerbsbeschränkungen, die sich auf die Verbraucher dauerhaft

Mittel erblickt, um die Aufmerksamkeit der (anderen) Marktteilnehmer auf die (neueren) Entwicklungen der Auslegungspraxis zu lenken[184], ohne daß den jeweils unmittelbar betroffenen Unternehmen dadurch ein spürbares, über das verwaltungsrechtliche Verbot (erheblich) hinausgehendes Übel zugefügt wird. Damit wird die Möglichkeit einer einheitlichen extensiven Auslegung ohne (erhebliche) bußgeldrechtliche Eingriffe in das Vermögen der betroffenen Unternehmen weiter gefördert. Zugleich läßt sich unter rechtsstaatlichen Aspekten in verhältnismäßig unbedenklicher Weise derjenige Bekanntheitsgrad der neueren Entwicklungen der Verwaltungspraxis erreichen, der für die spätere *vollständige* Übernahme dieser Entwicklungen in den bußgeldrechtlichen Bereich erforderlich ist.

(3) In dubio pro reo und Einschränkung der Bußgeldverantwortung?

Wie oben dargelegt, könnte als kompensatorischer Mechanismus gegenüber einer extensiven materiellrechtlichen Normauslegung auch das in dubio pro reo-Prinzip eingesetzt werden.

In der europäischen Praxis lassen sich zwar Beispiele finden, die ein vorsichtiges Vorgehen der europäischen Gerichte bei der Auswertung des Beweismaterials und der Vornahme von belastenden Tatsachenfeststellungen offenbaren und damit - zumindest im Ansatz - die Anerkennung des in dubio pro reo-Prinzips im EG-Bußgeldrecht mit Blick auf den Beweis des tatbestandsmäßigen Verhaltens bestätigen[185].

So ist beispielsweise hervorzuheben, daß die europäischen Gerichte an den *Beweis einer Abstimmung (Verständigung)* zwischen Unternehmen sehr strenge Maßstäbe anlegen. Ein auffälliges tatsächliches Parallelverhalten der Unternehmen auf dem Markt reicht dementsprechend noch nicht aus, um den Beweis zu führen, daß die Unternehmen ihr Verhalten kartellrechtswidrig aufeinander abgestimmt haben. Erst wenn sich das koordinationsverdächtige Marktverhalten der Unternehmen anders als durch die Annahme einer Fühlungnahme und Verständigung nicht erklären läßt, ist die Bejahung eines tatbestandsmäßigen Verhaltens zulässig. Dies wird vom *EuGH* Urteil im *A. Ahlström*-Fall eindeutig hervorgehoben[186]: "[Rdn. 126] Im Anschluß an diese Darlegungen ist festzustellen, daß eine Abstimmung nicht die einzige einleuchtende Erklärung für ein Parallelverhalten darstellt. Zunächst kann das System der Preisankündigungen als eine vernünftige Reaktion darauf angesehen werden, daß der Zellstoffmarkt ein langfristiger Markt

schädlich ausgewirkt haben, *wirksam zu ahnden*"; [Teil 2]: "... Geldbuße zu erhöhen, um den Betrag der aufgrund der Verstöße *unrechtmäßig erzielten Gewinne zu übertreffen*"; [Teil 5 lit. b]: "... objektive Faktoren zu berücksichtigen, wie z.B. ... die von den Beteiligten an dem Verstoß eventuell *erzielten wirtschaftlichen oder finanziellen Vorteile*".

184 Bußgeldentscheidungen werden nämlich von der Öffentlichkeit intensiver wahrgenommen und führen oft zu (klärenden) Verfahren vor den europäischen Gerichten.

185 Vgl. DANNECKER, in: I/M EG-WbR [1997], VO 17 Vorb. Art. 15 Rdn. 44. - Das in dubio pro reo-Prinzip wird dagegen nicht anerkannt, wenn es um die Frage der Anwendung von Rechtfertigungsgründen geht; kritisch dazu DANNECKER, a.a.O., Rdn. 45.

186 *EuGH* Urt. v. 31.3.93, verb. Rs. C-89/85 u.a., *A. Ahlström u.a. II*, Slg. 1993, I-1307.

war, und daß sowohl die Abnehmer als auch die Lieferanten ein Interesse daran hatten, die geschäftlichen Risiken zu verringern. Sodann läßt sich die Übereinstimmung der Zeitpunkte der Preisankündigungen als eine unmittelbare Folge der ausgeprägten Transparenz des Marktes ansehen, die nicht als eine künstliche qualifiziert werden kann. Schließlich stellen die oligopolistischen Tendenzen des Marktes sowie die besonderen Umstände der einzelnen Zeiträume eine befriedigende Erklärung für die Parallelität und die Entwicklung der Preise dar. Unter diesen Umständen ergibt sich aus dem von der Kommission festgestellten Parallelverhalten nicht der Beweis für eine Abstimmung der Preise. [Rdn. 127] Mangels eines Bündels von ernsthaften, genauen und übereinstimmenden Indizien ist abschließend festzustellen, daß die Kommission nicht den Nachweis für eine Abstimmung der angekündigten Preise erbracht hat. Artikel 1 Nr. 1 der angefochtenen Entscheidung ist daher aufzuheben."[187]

Gleichermaßen strikte Anforderungen werden im Hinblick auf den *Beweis einer Kartellabsprache* gestellt. Lassen sich der Informationsaustausch und die Kooperation zwischen Unternehmen auch anders als Maßnahmen zur Durchführung einer Kartellabsprache erklären, dann wird - wie das *EuG* Urteil im *Sotralentz*-Fall zeigt - zu Gunsten des beschuldigten Unternehmens diese andere Erklärungsmöglichkeit dem Urteil zugrunde gelegt[188]: "[Rdn. 69] Angesichts dieser Feststellungen ist das Gericht der Auffassung, daß im vorliegenden Fall die Schlußfolgerungen, die die Kommission gezogen hat und nach denen sich der Informationsaustausch aus einer Quotenvereinbarung ergeben hat, nicht die einzig möglichen sind. Dieser Informationsaustausch entspricht nämlich

---

187 Vgl. ferner *EuG* Urt. v. 29.6.95, Rs. T-30/91, *Solvay*, Slg. 1995, II-1775: "[Rdn. 73] Im vorliegenden Fall muß das Gericht aufgrund der *Unschuldsvermutung*, die zugunsten der Klägerin besteht, davon ausgehen, daß der Klägerin bis zum 31. Dezember 1972 keine Zuwiderhandlung vorgeworfen werden kann. Somit können die Beweismittel, die aus der Zeit vor 1962 stammen und sich auf ein zu dieser Zeit rechtmäßiges Verhalten beziehen, nicht als Nachweis dafür dienen, daß die Klägerin und ICI sich vom 1. Januar 1973 an rechtswidrig abgestimmt haben. Der entgegengesetzte Standpunkt der Kommission läßt die Möglichkeit außer Betracht, daß die beiden Unternehmen den EWG-Vertrag beachten wollten und auf ihre frühere Zusammenarbeit verzichteten, was nicht ausgeschlossen ist, wenn man die 'förmliche' Aufhebung der früheren Absprachen im Jahr 1972 berücksichtigt. In Ermangelung anderer Beweise würde der Standpunkt der Kommission auf die Vermutung hinauslaufen, daß die Klägerin und ICI von einem von der Kommission festgelegten Zeitpunkt an durch die Abstimmung ihrer Verhaltensweisen gegen den Vertrag verstoßen haben. Diese Art des Nachweises einer Zuwiderhandlung wäre mit der Beachtung des Grundsatzes der Unschuldsvermutung unvereinbar... [Rdn. 75] Somit zeigt sich, daß - wie in der Rechtssache Ahlström Osakeyhtiö u. a./Kommission - der Nachweis eines passiven und parallelen Verhaltens seitens der Klägerin und von ICI für den Nachweis einer eventuellen abgestimmten Verhaltensweise von besonderer Bedeutung ist. Hierzu hat der Gerichtshof festgestellt, daß ein Parallelverhalten nur dann als Beweis für eine Abstimmung angesehen werden kann, wenn es sich *nur* durch die Abstimmung einleuchtend erklären läßt. Für den Gerichtshof ist daher zu prüfen, ob das Parallelverhalten sich nicht unter Berücksichtigung der Art der Erzeugnisse, der Größe und der Anzahl der Unternehmen sowie des Marktvolumens anders als durch eine Abstimmung erklären läßt, mit andern Worten, ob die einzelnen Elemente des Parallelverhaltens ein Bündel von ernsthaften, genauen und übereinstimmenden Indizien für eine vorherige Abstimmung darstellen (vgl. das vorgenannte Urteil Ahlström Osakeyhtiö u. a. / Kommission, Rdn. 70 bis 73)." So auch *EuG* Urt. v. 29.6.95, Rs. T-36/91, *ICI*, Slg. 1995, I-1847 [Rdn. 83 und 85].

188 *EuG* Urt. v. 6.4.95, Rs. T-149/89, *Sotralentz*, Slg. 1995, II-1127.

den Bestimmungen des Patentlizenzvertrags, der zur Zeit der zu prüfenden Ereignisse zwischen BStG und Sotralentz bestand, und findet daher in ihnen eine plausible Erklärung... [Rdn. 70] Da der in der Entscheidung geprüfte Informationsaustausch in der Patentlizenzvereinbarung zwischen BStG und Sotralentz eine Erklärung findet, ergibt sich, daß der Kommission der Beweis für die Beteiligung der Klägerin an einer Absprache über die Kontingentierung ihrer Ausfuhren nach Deutschland rechtlich nicht gelungen ist."

Es fehlt allerdings an Anhaltspunkten, die die Annahme nahelegen könnten, daß das in dubio pro reo-Prinzip über die beweisrechtliche Funktion hinaus als Instrument zur Einschränkung der Reichweite der extensiv ausgelegten Verhaltensnormen benutzt wird. - Feststellbar ist sogar eine Tendenz in die entgegengesetzte Richtung: Durch quasi-materiellrechtliche Vermutungen wird nämlich der Anwendungsbereich von bedeutsamen Tatbestandsmerkmalen ausgedehnt und damit die extensive Auslegung der Verhaltensnormen vorangetrieben.

Hingewiesen sei insoweit zunächst auf die Auslegung des Merkmals der *Verhaltensabstimmung*. Die europäischen Gerichte teilen zwar nicht die Auffassung der Kommission, daß zur Verwirklichung des Merkmals die bloße Beteiligung an Kontakten, die auf die Beschränkung der Selbständigkeit der Unternehmen abzielen, ausreicht. Vielmehr verlangen sie auch ein tatsächliches, auf der Abstimmung beruhendes Marktverhalten der kontaktierenden Konkurrenten. Indem sie jedoch davon ausgehen, daß jeder mit dem Austausch von sensiblen Informationen verbundene Kontakt *zwangsläufig* dazu führe, daß das spätere Marktverhalten der an dem Kontakt beteiligten Unternehmen auf der Grundlage der im Kontakt ausgetauschten Informationen festgelegt werde, oder von den Unternehmen den Beweis verlangen, daß die Verständigung sich in *keiner Weise* auf ihr Marktverhalten ausgewirkt habe, gelangen sie zu Ergebnissen, die sich in praktischer Hinsicht wenig vom Standpunkt der Kommission unterscheiden[189].

Aber auch bei Fragen, die die Abgrenzung des relevanten Marktes, die Bestimmung eines mißbräuchlichen Verhaltens oder die Feststellung einer Wettbewerbsbeschränkung betreffen, lassen sich keine Anhaltspunkte ermitteln, die für eine Beschränkung der Praxis auf nur "eindeutige" Tatsachenwertungen sprechen könnten.

Erst im Bereich des Nachweises der subjektiven Ahndungsvoraussetzungen werden von den europäischen Rechtsanwendern Aussagen getroffen, die möglicherweise als Zeichen eines gezielten (quasi-materiellrechtlichen) Einsatzes des in dubio pro reo-Grundsatzes zur Einschränkung der Bußgeldverantwortung gedeutet werden könnten. Bei den Rechtsunklarheiten, die mit der erstmaligen Anwendung der Wettbewerbsregeln auf durch extensive Auslegung erschlossene Bereiche auftreten, zeigen sich nämlich die EG-Organe bereit, *quasi-automatisch* eine Verneinung der subjektiven Merkmale der Bußgeldvorschriften anzunehmen[190]. Diese (wenigen) Fälle lassen sich aber zutreffender im Zusammenhang mit der Methode erklären, der sich die EG-Praxis zur Bildung ihrer Schuldmaßstäbe bedient[191] und zwin-

---

189 Näher dazu oben im Text, III A I (b).

190 Vgl. bereits oben *KOME* v. 23.12.77, 78/252/EWG, *Pergamentpapier*, ABl. 1977 Nr. L 70/54 [Rdn. 83].

191 Dazu ausführlich unten im Text, *Fünfter Teil* II C.

gen insoweit nicht dazu, den in dubio pro reo-Grundsatz als Erklärungsansatz heranzuziehen.

Außerdem zeichnet sich die Beweisführung mit Blick auf die subjektiven Elemente der Kartelldelikte in der EG-Praxis insgesamt durch einen so starken Einsatz des Indizienbeweises aus[192], daß man eher davon sprechen könnte, daß durch die benutzten *Beweisregeln* der Anwendungsbereich der Bußgeldnormen mehr ausgedehnt als eingeschränkt wird.

Insgesamt läßt sich also konstatieren, daß die europäische Praxis keine gezielten "beweisrechtlichen" Restriktionen vornimmt, um die materiellrechtlichen Grenzen der Bußgeldnormen enger zu gestalten.

IV. Kritische Zusammenfassung der europäischen Praxis und die daraus für das griechische Recht zu ziehenden Lehren

A. Kritische Zusammenfassung der europäischen Praxis

Die Kommission und die europäischen Gerichte praktizieren keine Normspaltung, sondern legen Verwaltungssanktions- und Bußgeldnormen einheitlich aus, und zwar unter Zugrundelegung der flexiblen Auslegungsregeln des Verwaltungsrechts[193]. Die strafrechtsspezifischen Auslegungsregeln finden daher auf der Ebene der Bestimmung des tatbestandsmäßigen Verhaltens keine (nennenswerte) Anwendung. Dies führt allerdings nicht zu einer rechtsstaatlich bedenklichen Überspannung der Bußgeldverantwortung, denn als Gegengewicht zu der analogen / extensiven Auslegung werden die subjektiven Voraussetzungen der Bußgeldtatbestände sowie das Opportunitätsprinzip eingesetzt[194].

---

192 Siehe dazu unten im Text, *Fünfter Teil* II A.

193 DANNECKER / FISCHER-FRITSCH (S. 14) betonen hinsichtlich der von den EG-Organen praktizierten Auslegung des Art. 85 Abs. 1 EGV a.F., "daß sich im Ergebnis nahezu keine Einschränkung des Anwendungsbereichs der Norm aus der gesetzlichen Umschreibung der Handlung ergibt, da jedes Verhalten erfaßt wird, das zu einer (spürbaren) Beeinträchtigung des Wettbewerbs geeignet und auf eine Beeinträchtigung des zwischenstaatlichen Handels gerichtet ist", und fassen ihre Gesamtergebnisse folgendermaßen zusammen: (S. 290): "Der Anwendungsbereich des gemeinschaftsrechtlichen Ordnungswidrigkeitenrechts wird entsprechend der extensiven Auslegung der Art. 85 und 86 EWGV [= Art. 81 und 82 EGV n.F.] bestimmt und kann ... als umfassend bezeichnet werden." Auch TSOLKA (S. 106) stellt fest, daß einerseits "die Kommission und der EuGH die normativen Rechtsbegriffe der Verbotsnormen sowohl im Verwaltungs- als auch im Bußgeldverfahren gleich auslegen und andererseits, daß diese einheitliche Rechtsanwendung nicht zu einer restriktiven Auslegung der Bußgeldnorm führt".

194 TSOLKA (S. 107 f.) stellt diesbezüglich fest, daß Kommission und EuGH zwar "um der gemeinschaftlichen Ziele willen ... die Bußgeldnormen extensiv aus[legen], ... [b]ei der Verhängung einer Sanktion ... sie aber zu einer restriktiven Normhandhabung [tendieren]". Die Anzeichen einer restriktiven Normhandhabung, auf die sich TSOLKA beruft, sind die "Einführung des ungeschriebenen Merkmals der Spürbarkeit" und die "Verwerfung von unsicheren Feststellungen im Tatsachenbereich" auf der Grundlage des in dubio pro reo-Grundsat-

Hervorzuheben ist übrigens, daß von diesen beiden normexternen Mechanismen (subjektive Ahndungsvoraussetzungen, Opportunitätsprinzip) nicht nur Fälle einer analogieverdächtigen oder extensiven Normauslegung, sondern *alle außerhalb des harten Kerns der Kartellverbote liegenden Sachverhalte profitieren* (können). In der Tat ist festzustellen, daß bei Rechtsunklarheiten im Zusammenhang mit der erstmaligen Anwendung der Bußgeldtatbestände entweder auf Sachverhalte, die nicht zum unmißverständlich erkennbaren harten Kern der Kartellverbote gehören[195], oder auf Wirtschaftszweige, die zum ersten Mal in den Mittelpunkt eines Kartellverfahrens geraten[196], die Kommission oft von einer Bußgeldverhängung absieht[197].

Dogmatische Gründe gebieten allerdings, die letztgenannten Fälle und die durch analoge / extensive Auslegung erschlossenen (Rand-)Bereiche der Verhaltensnormen *auseinanderzuhalten*. Die Anwendung der Bußgeldnormen auf die geschilderten Fälle stellt nämlich unter dem Aspekt der strafrechtlichen Auslegungsmaximen kein rechtsstaatlich bedenkliches Vorgehen dar. Da die Erstmaligkeit der Rechtsanwendung immer mit gewissen Zweifeln bezüglich der Rechtswidrigkeit der jeweils erfaßten Sachverhalte verbunden ist, sollte man zwar den von der Kommission praktizierten freiwilligen Bußgeldverzicht begrüßen. Anders als in den Fällen analoger / extensiver Auslegung ist allerdings auch eine Bußgeldverhängung in den genannten Sachverhalten als zulässig anzusehen.

Mit Recht wurde insoweit vom *EuG* im *SPO*-Fall die Rüge der (wegen Regelungen zur Reglementierung des Wettbewerbs im Rahmen von Ausschreibungen in der Bauwirtschaft) mit Geldbußen belegten niederländischen Unternehmensvereinigungen abgelehnt[198], die darin bestand, daß die Kommission in ihrem Fall von der Festsetzung von

---

zes. Beide Beispiele sind allerdings nicht geeignet, den von TSOLKA vertretenen Standpunkt zu begründen. Das Merkmal der Spürbarkeit ist nämlich keine Besonderheit der Auslegung der Bußgeldnorm, sondern betrifft gleichermaßen die Verwaltungssanktionsnorm und läßt sich danach nicht als Beispiel für die gezielte Einschränkung der - bereits festgestellten - extensiven Auslegung der Bußgeldnormen benutzen. Auch das in dubio pro reo-Prinzip wird in der EG-Praxis - wie im Text dargelegt - nicht in einer quasi-materiellrechtlichen Gestalt, sondern in seiner reinen, auf Tatsachenfeststellung abzielende Funktion eingesetzt.

195 Geht es dagegen um Verstöße, deren Rechtswidrigkeit offensichtlich ist (z.B. Preis- und Quotenkartelle), dann spielt die Tatsache der erstmaligen Anwendung bei der Ausübung des Bußgeldermessens keine Rolle, vgl. bereits den *Farbstoffe*-Fall (*KOME* v. 24.7.69, ABl. 1969, Nr. L 195/11), in dem die Kommission im Hinblick auf die Schwere des Deliktes und die besonderen Umstände eine hohe Geldbuße verhängte, auch wenn die beanstandete Verhaltensweise ebenfalls zum ersten Mal Gegenstand eines Urteils wurde.

196 Vgl. *KOME* v. 27.10.92, 92/521/EWG, *Vertrieb der Pauschalarrangements anläßlich der Fußballweltmeisterschaft 1990*, ABl. 1992, Nr. L 326/31 [Rdn. 125].

197 DANNECKER / FISCHER-FRITSCH (S. 303 f. und 314) sind bezüglich solcher Fälle zu dem Schluß gekommen, daß die Kommission "Geldbußen nur dann verhängt, wenn die anstehende Auslegung von Art. 85 und 86 EWGV [= Art. 81 und 82 EGV n.F.] durch vorausgegangene Urteile des Gerichtshofs oder durch Kommissionsentscheidungen vorgezeichnet war"; vgl. dazu auch TSOLKA, S. 99 f.; DANNECKER, in: I/M EG-WbR [1997], VO 17 Vorb. Art. 15, Rdn. 33, 35 und 66. Zu sonstigen mit dem Opportunitätsprinzip zusammenhängenden Fallgruppen eines Bußgeldverzichts bzw. einer formlosen Verfahrenserledigung (z.B. leichtere Wettbewerbsverstöße) siehe DANNECKER / FISCHER-FRITSCH, S. 129 ff., 314 und DANNECKER, in: I/M EG-WbR [1997], VO 17 Vorb. Art. 15, Rdn. 72 f.

198 *EuG* Urt. v. 21.2.95, Rs. T-29-92, *SPO u.a.*, Slg. 1995, II-289.

Geldbußen hätte absehen müssen, da sie zum ersten Mal im Bausektor eingegriffen habe[199]. Die *Kommission* verteidigte sich zutreffend dagegen - ohne vom EuG anschließend dafür beanstandet zu werden - nicht nur mit dem Hinweis darauf, daß die Verstöße der Klägerinnen nichts Neues darstellten, sondern auch mit dem Argument, daß die Tatsache, daß sie erstmals im Bausektor eingeschritten sei, sie nicht dazu zwinge, von einer Geldbuße abzusehen, da andernfalls alle Unternehmen, die in Sektoren tätig seien, die noch nicht Gegenstand einer Entscheidung der Kommission gewesen seien, ungestraft Verstöße gegen die Wettbewerbsregeln begehen könnten[200].

Wie bereits im zweiten Abschnitt des vorliegenden Teils hervorgehoben wurde, trägt nun diese als einheitliche Auslegung i.V.m. normexternen Mechanismen zur Wiedereinschränkung der Bußgeldverantwortung bezeichnete Alternative zwar etwas pragmatische Grundzüge, bewegt sich aber noch im Rahmen eines akzeptablen Kompromisses: angesichts der Tatsache nämlich, daß Verwaltungssanktions- und Bußgeldnormen auf Gemeinschaftsebene in einem einheitlichen Verfahren von demselben Organ angewendet werden[201], könnte die dogmatisch überlegene Lösung der Normspaltung bzw. der Auslegung der ambivalenten Normen nach unterschiedlichen, an der Natur des jeweiligen Sanktionsgebiets ausgerichteten Maßstäben zu praktischen Schwierigkeiten führen. Die einheitliche Auslegung i.V.m. normexternen Mechanismen vermeidet diese Schwierigkeiten und trägt damit zur Steigerung der Effektivität des Verfahrens bei, ohne daß die betroffenen Unternehmen dadurch im Ergebnis (in nennenswertem Umfang) belastet werden.

Aus Rechtssicherheitsgründen wäre es allerdings empfehlenswert, daß die oben geschilderte und sich bislang überwiegend in Gestalt eines nach freiem Ermessen zu leistenden Ahndungsverzichts präsentierende Gemeinschaftspraxis, durch Ver-

199 *EuG* Urt. v. 21.2.95, a.a.O.: "[Rdn. 364] Da die Kommission zum ersten Mal im Bausektor eingegriffen habe, hätte sie von der Festsetzung von Geldbußen absehen müssen, wie sie dies aus demselben Grund in ihrer Entscheidung 92/521/EWG vom 27. Oktober 1992 betreffend ein Verfahren nach Artikel 85 EWG-Vertrag (IV/33.384 und 33.378, Vertrieb der Pauschalarrangements anläßlich der Fußballweltmeisterschaft 1990, ABl. L 326, S. 31, Nr. 125) getan habe."

200 *EuG* Urt. v. 21.2.95, a.a.O. [Rdn. 373]; vgl. auch *EuG* Urt. v. 8.10.96, verb. Rs. T-24/93 u.a., *Compagnie maritime belge transports u.a.*, Slg. 1996, II-1201: "[Rdn. 248] Sechstens ist der Zweck der beanstandeten mißbräuchlichen Praktiken, den einzigen Wettbewerber vom Markt zu verdrängen, wettbewerbsrechtlich nichts Neues; daher ist die Kommission zu Recht davon ausgegangen, daß der Umstand, daß die Entscheidung als eine der ersten Entscheidungen zur Verordnung Nr. 4056/86 ergehen würde, nicht zu berücksichtigen sei. Die Kommission ist außerdem in Anbetracht ihrer Entscheidung 89/93/EWG vom 7. Dezember 1988 betreffend ein Verfahren nach Artikel 85 und 86 EWG-Vertrag (IV/31.906, Flachglas, ABl. 1989, L 33, S. 44) und des Artikels 8 der Verordnung Nr. 4056/86 zu Recht nicht davon ausgegangen, daß mit dem Begriff der kollektiven beherrschenden Stellung Neuland betreten werde."

201 Vgl. dazu BLANCO, EC Competition Procedure [1996], S. 222: "The procedure for the imposition of fines for infridgments of Art. 85 and 86 of the EC Treaty [= Art. 81 und 82 EGV n.F.] ist the same as the substantive procedure in every respect."

feinerung der Schuldkategorien (insbesondere der Unvermeidbarkeitskriterien und der zum Wegfall der Verantwortlichkeit führenden Gründe[202]) sowie durch die Anerkennung von überprüfbaren Ermessensregeln formalisiert würde. Noch strengere Standards sind darüber hinaus für diejenigen Sachverhalte zu fordern, die offensichtlich außerhalb des möglichen Wortsinnes der kartellrechtlichen Normen liegen und damit erst durch Analogie in den Anwendungsbereich der Art. 81 und 82 EGV n.F. bislang einbezogen werden konnten oder künftig einzubeziehen sein werden. Gegenüber solchen Sachverhalten sind zwar Sanktionen des Verwaltungssanktionsrechts nach wie vor erlaubt. Die Verhängung von Geldbußen ist jedoch wegen des strafrechtlichen Analogieverbotes unzulässig, und zwar nicht nur bei der erstmaligen, sondern auch bei jeder weiteren Anwendung der Wettbewerbsregeln. Die Anerkennung einer (negativen) Strafbarkeitsvoraussetzung ist in diesem Zusammenhang eine Mindestpflicht für die Gemeinschaftsorgane.

Nicht zu leugnen ist allerdings, daß sich die Frage, welche Sachverhalte als Fälle einer analogen und nicht bloß extensiven Auslegung einzustufen sind, nur schwer beantworten läßt. Angesichts der sehr weit gefaßten und auf außerrechtliche Begriffe hinweisenden Formulierung vieler Tatbestandsmerkmale einerseits sowie der autonomen europäischen Interpretation andererseits, die durch die weitgehende Loslösung von dem Verständnis rechtlicher Begriffe und Institute in den Mitgliedstaaten gekennzeichnet ist[203], lassen sich nicht nur die Generalklauseln der "Wettbewerbsbeschränkung" und des "Mißbrauchs", sondern auch Tatbestandsmerkmale wie "Vereinbarung" und "Beschluß" kaum auf einen bestimmten inhaltlichen Raum begrenzen. Im Hinblick auf diesen Befund und um der mit dem Instrument der Geldbuße stark zusammenhängenden Effizienz der Wettbewerbspolitik nicht unnötig zu schaden, ist insoweit davon auszugehen, daß es *im Zweifelsfall nicht um analoge, sondern um extensive Auslegung geht*. Auch viele der an früheren Stellen im Text als analogieverdächtig bezeichneten Fälle sind daher als Fälle einer extensiven Auslegung zu behandeln[204].

---

202 Vgl. dazu bereits oben im Text, III B 1; siehe ausführlicher unten im Text, *Fünfter Teil* II C sowie II A 2 (b). - Der im Bereich der Schuld bereits rudimentär anerkannte "Entschuldigungsgrund" des Handelns unter psychologischem Zwang könnte beispielsweise für die Bereinigung von Fallkonstellationen eingesetzt werden, in denen es aus praktischen Gründen (z.B. wegen des Bedürfnisses der tatbestandlichen Erfassung des Verhaltens des preisbindenden Herstellers gem. Art. 81 EGV) notwendig erscheint, auch die materiellen "Opfer" der kartellrechtlichen Zuwiderhandlungen (z.B. die gegen ihren Willen handelnden, gebundenen Händler) als Mittäter anzusehen.

203 DANNECKER, in: I/M EG-WbR [1997], VO 17 Vorb. Art. 15, Rdn. 46; zur autonomen gemeinschaftsrechtlichen Begriffsbildung siehe auch STREINZ, Europarecht [4. Aufl.], Rdn. 500.

204 Dies gilt z.B. für die Auslegungspraxis bezüglich des Auffangtatbestandsmerkmals der "Verhaltensabstimmung", die letztlich nicht als analoge, sondern als (bloß) extensive Auslegung einzustufen ist, vgl. dazu DANNECKER / FISCHER-FRITSCH, S. 13; DANNECKER (in: I/M EG-WbR [1997], Art. 15 Rdn. 53) schlägt allerdings einen Bußgeldverzicht oder eine Min-

Gewisse Fallkonstellationen dürften allerdings - solange man zumindest den extensiven Täterbegriff angesichts einer ausdrücklichen diesbezüglichen Regelung im EG-*Kartell*-bußgeldrecht ablehnt - als analoge Auslegung weiter angesehen und damit vom Anwendungsbereich der Bußgeldnormen ausgeschlossen werden. Dazu könnte man rechnen: die unverbindlichen Empfehlungen eines Verbandes an seine Mitglieder, die nachgewiesenermaßen nicht befolgt, sondern nur als grobe Orientierung benutzt wurden[205]; die Tätigkeit von Kartellwächtern[206]; die Beihilfe zum mißbräuchlichen Verhalten eines marktdominierenden Unternehmens durch Übermittlung von Informationen seitens eines nicht marktbeherrschenden Unternehmens; die von Herstellern einseitig getroffenen Maßnahmen, die zwar auf die Beeinflussung des Verhaltens der Vertriebshändler abzielten, jedoch objektiv nicht den Zweck verfolgten, eine Zustimmung zu erreichen[207]. Außerhalb der Wortlautgrenze der Bußgeldtatbestände liegen jedenfalls Sachverhalte wie beispielsweise: das bewußte Parallelverhalten in einem engen Oligopol (hinsichtlich der Anwendung des Art. 81 EGV n.F.); Vorbereitungshandlungen (z.B. Kontaktaufnahme mit sonstigen Unternehmen) für die Begehung eines Behinderungsmißbrauchs durch ein marktbeherrschendes Unternehmen.

B. *Vorbildfunktion der europäischen Praxis für das griechische Verwaltungsstrafrecht (in Kartellsachen)?*

Die theoretische Analyse der Problematik der Normambivalenz hat die Lösung als vorzugswürdig herausgestellt, die bei der Auslegung der ambivalenten Normen unterschiedliche, an der Natur des jeweiligen Sanktionsgebiets ausgerichtete Maßstäbe anlegt. Beim dogmatischen Aufbau des griechischen Verwaltungsstrafrechts ist deswegen in erster Linie von dieser Lösung auszugehen.

Es ist allerdings zu berücksichtigen, daß zur Zeit nicht nur der kartellrechtliche[208], sondern alle Bereiche verwaltungsstrafrechtlicher Betätigung in Griechenland unter dem Aspekt der verfahrensrechtlichen Gestaltung die gleichen Grundzüge wie das europäische Kartellverfahren aufweisen, d.h. ein einheitliches Verfahren für Verwaltungssanktionen und Geldbußen vorsehen und mit der Verhängung der Sanktionen dasselbe Organ betrauen[209]. Die praktische Durchsetzung der Lösung der Normspaltung wird unter diesen Umständen schwierig. Insoweit kommt der euro-

---

derung der Geldbuße für die Fälle vor, in denen die "Abstimmung" nicht in die Tat umgesetzt werde.

205 Siehe den oben im Text (III A 1 b) dargestellten FENEX-Fall.

206 Siehe den oben im Text (III A 4 a) dargestellten *Gußglas Italien*-Fall; kritisch gegenüber der Anwendung der Bußgeldvorschriften auf solche Fälle äußert sich DANNECKER (in: I/M EG-WbR [1997], VO 17 Art. 15, Rdn. 117), der im allgemeinen die bußgeldrechtliche Erfassung von Teilnahme- und Versuchshandlungen angesichts einer ausdrücklichen gesetzlichen Typisierung als Verstoß gegen das Gesetzlichkeitsprinzip und damit als streng verbotene Auslegung einstuft, DANNECKER, in: I/M EG-WbR [1997], VO 17 Vorb. Art. 15, Rdn. 29 u. 40 sowie VO 17 Art. 15 Rdn. 112.

207 Siehe den oben im Text dargestellten *Bayer ADALAT*-Fall (III A 1 b).

208 Vgl. PAPAKIRIAKOU, Das griechische Verwaltungsstrafrecht, § 2 III A 2.

209 Vgl. PAPAKIRIAKOU, Das griechische Verwaltungsstrafrecht, § 5 I C 3.

päischen Praxis als Vorbild für alternative Ansätze eine nicht unerhebliche Bedeutung zu. - Wie die bereits an anderer Stelle dargestellten Wesensmerkmale der griechischen kartellrechtlichen Bußgeldpraxis offenbaren[210], ist außerdem die im europäischen Recht praktizierte Lösung nicht weit von dem derzeitigen Standpunkt der griechischen Kartellbehörden entfernt.

Hervorzuheben ist hierbei zunächst, daß der bisherige Einsatz des griechischen verwaltungs(straf)rechtlichen Sanktionssystems auf dem kartellrechtlichen Gebiet nicht nur dadurch gekennzeichnet wird, daß er in einem einheitlichen Verfahren stattfindet, sondern auch dadurch, daß er sich an einheitliche materielle Maßstäbe anlehnt. Reine Verwaltungssanktionen (Zwangsgelder) und Geldbußen werden nämlich hinsichtlich ihrer Anwendungsvoraussetzungen nicht auseinandergehalten. Dies zwingt zu der Schlußfolgerung, daß die Möglichkeit einer Normspaltung von den griechischen Behörden nicht (ernsthaft) in Erwägung gezogen wird.

Stellt man die Frage nach der von den griechischen Kartellbehörden praktizierten Alternativlösung auf, so dürfte man nicht übersehen, daß innerhalb der griechischen Anwendungspraxis *auch Tendenzen einer einheitlich-restriktiven Auslegung* erkennbar sind.

Diese Tendenzen werden beispielsweise ersichtlich, wenn die griechische Wettbewerbskommission im AEPI-Fall ausführt, daß auch ein Vertrag als einseitige Handlung aufzufassen sei, wenn der Vertragspartner zwar der Wettbewerbsbeschränkung unterworfen werde, diese jedoch nicht selbst verursache[211]. Außerdem hat der Handelsminister als entscheidendes Kartellorgan im Imathia-Pelli-Fall die Ansicht vertreten, daß nicht durchgeführte Vereinbarungen wegen fehlender "materieller Wirkung" nicht tatbestandsmäßig seien[212]. - Dabei geht es allerdings um Auffassungen, die in vereinzelten Entscheidungen vertreten wurden und keinen festen Bestandteil der Praxis darstellen. - Restriktive Auslegungstendenzen, die sich zur gefestigten Praxis entwickeln, werden hingegen in den letzen Jahren im Bereich der Fusionskontrolle bemerkbar. Sie lassen sich in zwei Fallgruppen einteilen.

Dazu gehört zum einen die Entscheidungspraxis bezüglich der *Anzeigepflicht für (vollzogene) Fusionen im Zeitraum 1992-1995*. Die beiden Gesetzesnovellen von 1991 haben zwar eine solche Pflicht eingeführt (Art. 4a a.F. KartellG), jedoch zugleich vorgesehen, daß die Einzelheiten der Anzeige durch Ministerbeschluß zu regeln sind[213]. Der dafür zuständige Handelsminister erließ jedoch keinen solchen Beschluß, obwohl die Wettbe-

---

210 Siehe PAPAKIRIAKOU, Das griechische Verwaltungsstrafrecht, § 4 III V C 2 (a).

211 Vgl. *WbK*-E 59/93 "AEPI", Bd. C, S. 83: "Art. 1 Abs. 1 bezieht sich auf Konzertierungen mit wettbewerbsbeschränkenden Effekten, d.h. auf gemeinsame Handlungen..., nicht dagegen auf einseitige Handlungen, die als Erzwingung oder in anderer Form oder auch als Verträge in Erscheinung treten, in denen der Vertragspartner zwar der Wettbewerbsbeschränkung ... unterworfen wird, diese jedoch nicht selbst verursacht."

212 *Minist. Entsch.* K6-122/85, Bd. A, S. 189 f. - Näher zum Sachverhalt, der dieser Entscheidung zugrunde lag, PAPAKIRIAKOU, Das griechische Verwaltungsstrafrecht, § 4 I C 3.

213 Vgl. Art. 4a Abs. 4 a.F. KartellG.

werbskommission ihm einen diesbezüglichen Beschlußentwurf vorgelegt hatte[214]. Im Hinblick darauf weigerte sich die Wettbewerbskommission in ihren mit Mehrheit gefaßten Stellungnahmen im Zeitraum 1992-1995, gegen nicht (fristgemäß) angezeigte Fusionen Geldbußen zu verhängen. Sie berief sich darauf, daß angesichts des Versäumnisses des Handelsministers die Anmeldevorschrift noch nicht genügend bestimmt sei, um angewendet werden zu können[215]. Der Handelsminister, der im gleichen Zeitraum die entscheidenden Befugnisse für die Fusionskontrolle besaß, folgte allerdings dieser restriktiven Auslegung der Mehrheit der Mitglieder der WbK nicht und belegte unter Berufung auf die Selbständigkeit und ausreichende Bestimmtheit der im Gesetzestext vorgeschriebenen Anzeigepflicht die dagegen verstoßenden Unternehmen mit Geldbußen[216].

Die zweite Fallgruppe restriktiver Auslegung bezieht sich auf die Verstöße gegen die *Anmelde- und Wartepflichten der Fusionskontrolle nach geltendem Recht.* Die restriktive Auslegung zeigt sich darin, daß nur solche Unternehmen verantwortlich gemacht und mit Geldbußen belegt werden, die an einer nicht (fristgemäß) angemeldeten oder verfrüht vollzogenen Fusion *unmittelbar beteiligt* sind[217]. Werden diese Unternehmen zum Verstoß gegen die Anmelde- und Wartepflichten durch dritte Unternehmen gezwungen bzw. "angestiftet" - was beispielsweise der Fall ist, wenn Banken in der Eigenschaft des Gläubigers den fusionierenden Unternehmen den schnellen Vollzug der Fusion aufzwingen -, bleiben trotzdem nur die fusionierenden Unternehmen für den Verstoß verantwortlich. Das Verhalten der dritten Unternehmen wird zwar von der griechischen Wettbewerbskommission stark mißbilligt. Angesichts der fehlenden Typisierung des fraglichen Verhaltens weigert sich aber die griechische Wettbewerbsbehörde, den dritten Unternehmen bußgeldrechtliche Verantwortung zuzuschreiben[218].

Die soeben geschilderten Tendenzen reichen aber (noch) nicht aus, um den Gesamteindruck (erheblich) zu beeinflussen, daß die griechische Kartellpraxis einer *einheitlich-extensiven Auslegung* den Vorrang gibt. Die griechischen Kartellbehörden haben nämlich bislang wiederholt ihre Bereitschaft unter Beweis gestellt, die

---

214 Siehe *WbK*-S 80/1/93 "Anmeldung von Fusionen gemäß Art. 4a".

215 Vgl. *WbK*-S 127/94 "MASOUTIS", Bd. C, S. 94 f.; *WbK*-S 128/94 "BERRY BROS & RUDD / KAROULIAS" (nicht veröff.); *WbK*-S 129/94 "NIKI / MICHAILIDIS" (nicht veröff.); *WbK*-S 137/94 "TRESKO / R. MARKET", Bd. C, S. 100; *WbK*-S 145/94 "ATLANTIK / KYPSELI", Bd. C, S. 105; *WbK*-S 167/94 "RECKITT & COLMAN / DR. MICHALIS", Bd. C, S. 106; *WbK*-S 223/95 "THE LION / A.B. BASILOPOULOS", Bd. C, S. 119; *WbK*-S 226/95 "IBS / KEM / ANTISTAL", Bd. C, S. 121.

216 Siehe *minist. Entsch.* A1-522/95 "MASOUTIS", Bd. C, S. 202 f.; *minist. Entsch.* A1-1091/94 "NIKI / MICHAILIDIS", Bd. C, S. 196 f.; *minist. Entsch.* A1-1092/94 "TRESKO / R. MARKET", Bd. C, S. 197 f.; *minist. Entsch.* A1-411/95 "ATLANTIK / KYPSELI", Bd. C, S. 200 f.; *minist. Entsch.* A1-65/95 "RECKITT & COLMAN / DR. MICHALIS", Bd. C, S. 201 f.; *minist. Entsch.* A1-283/95 "THE LION / A.B. BASILOPOULOS", Bd. C, S. 198 f.; *minist. Entsch.* A1-410/95 "IBS / KEM / ANTISTAL", Bd. C, S. 199 f.; im Fall "BERRY BROS & RUDD / KAROULIAS" erging - soweit ersichtlich - keine ministerielle Bußgeldentscheidung.

217 Siehe z.B. *WbK*-E 43/96 "CONCRETUM / TSIMENTA CHALKIDOS", Teil 3.i; vgl. auch *WbK*-E 102/98 "MÜHLEN SANKT GEORGEN / STELLA", Teil IV.

218 Siehe *WbK*-E 43/96 "CONCRETUM / TSIMENTA CHALKIDOS", Teil 3.i.

Kartellvorschriften über ihren "natürlichen" Anwendungsbereich oder ihren "natürlichen" Wortsinn hinaus zu dehnen, wenn dadurch Gerechtigkeitsbedürfnisse oder Zweckmäßigkeitsbelange der Wettbewerbspolitik besser befriedigt werden können. Einzelne Tatbestandsmerkmale wie beispielsweise das der Unternehmensvereinigung[219], der Verhaltensabstimmung[220], der Eignung einer Vereinbarung zur (spürbaren) Beschränkung des Wettbewerbs[221], der kollektiven marktbeherrschenden Stellung[222] oder des Beschlusses von Unternehmensvereinigungen[223] werden insoweit (in vielen Entscheidungen) extensiv bzw. ohne Berücksichtigung der strafrechtsspezifischen Auslegungsregeln aufgefaßt. - Die Grenzen der Ahndbarkeit werden allerdings im Ergebnis nicht ausgedehnt, weil die Kartellbehörden in den genannten Fällen extensiver Auslegung keine Geldbuße verhängen, sondern (höchstens) auf Zwangsgelder zurückgreifen[224]. Die verwaltungsrechtlichen Eingriffsmöglichkeiten zur Gestaltung des Marktgeschehens werden somit ausgeschöpft, ohne daß dazu das repressiv-ahndend wirkende Mittel der Geldbuße herangezogen wird.

Die Grundsätze der europäischen Praxis lassen sich also ansatzweise auch an der entsprechenden griechischen Praxis erkennen und könnten als Grundlage für die Fortbildung des griechischen Rechts dienen. Dabei sind allerdings zugleich alle mit Blick auf das Gemeinschaftsrecht geäußerten Vorbehalte zu berücksichtigen, so daß der Ansatz der extensiven Normauslegung i.V.m. normexternen Mechanismen

---

219 Vgl. *WbK*-E 97/90 "Friseurvereinigung", Bd. C, S. 21 f. (Einstufung eines Dachverbandes als Unternehmensvereinigung).

220 Vgl. *WbK*-S 21/84 "Elektromotoren KIM", Bd. A, S. 119 f. (Subsumtion des bewußt gleichförmigen Verhaltens auf einem oligopolistischen Markt, in dem sich ein Preisführer kraft überlegener Marktmacht heraushob, unter das Tatbestandsmerkmal "Verhaltensabstimmung"); näher zu diesem Fall - und zur späteren Änderung der griechischen Praxis - PAPAKIRIAKOU, Das griechische Verwaltungsstrafrecht, § 4 I A 2.

221 Vgl. den BLYTHE COLOURS-Fall (*WbK*-S 39/86 "BLYTHE COLOURS I", Bd. A, S. 154 ff.; *WbK*-S 51/87 "BLYTHE COLOURS II", Bd. B, S. 9 ff.; *minist. Entsch.* K6-578/86, Bd. A, S. 200 f.; *minist. Entsch.* K6-267/87 - unveröff.), in dem das Kartellverbot trotz des geringen Marktanteils der betroffenen Unternehmen und der Zweifeln an dem wettbewerbsbeschränkenden Charakter der beanstandeten Vertragsklauseln zum Schutz eines wirtschaftlich abhängigen dritten Marktteilnehmers eingesetzt wird; näher zu diesem Fall PAPAKIRIAKOU, Das griechische Verwaltungsstrafrecht, § 3 II C 5.

222 *WbK*-S 17/84 "UCAR" und *WbK*-S 18/84 "SUNLIGHT", Bd. A, S. 106 ff. bzw. S. 112 ff. (Einsatz des Mißbrauchsverbots zur Unterbindung vom ruinösen Wettbewerb zwischen zwei Oligopolisten); näher zu diesem Fall PAPAKIRIAKOU, Das griechische Verwaltungsstrafrecht, § 3 I B 2.

223 Vgl. die Praxis bezüglich der Preisempfehlungen von Unternehmensvereinigungen, die davon auszugehen scheint, daß auch unverbindliche und in Wirklichkeit nicht befolgte Preisempfehlungen als "Beschlüsse von Unternehmensvereinigungen" unter das Kartellverbot fallen; siehe dazu PAPAKIRIAKOU, Das griechische Verwaltungsstrafrecht, § 4 I A 2.

224 So beispielsweise *WbK*-E 97/90 "Friseurvereinigung"; *WbK*-S 21/84 "Elektromotoren KIM"; *WbK*-S 17/84 "UCAR" und *WbK*-S 18/84 "SUNLIGHT".

zur Wiedereinschränkung der Verantwortung ohne (erhebliche) Einbußen hinsichtlich der Geltung der Strafgarantien verwirklicht werden kann.

Dritter Teil: Rechtfertigungsgründe im Spannungsfeld zwischen Verwaltungs- und Strafrechtsdogmatik

I. Problemeingrenzung und methodologische Vorklärung

A. Negative Abgrenzung des Untersuchungsgegenstandes

Wie bereits in der Einleitung ausgeführt, muß zwar das Verwaltungsstrafrecht durch *strafrechtliche* Lehren und Garantien angereichert werden. *Verwaltungsrechtliche* Institute und Kategorien sollten allerdings dabei angesichts der starken verwaltungsrechtlichen Bezüge des Verwaltungsstrafrechts nicht in den Hintergrund gedrängt werden. Vielmehr ist eine harmonische Synthese des Gedankenguts beider Bereiche gefragt[1]. Die dogmatische Ausgestaltung des Verwaltungsstrafrechts gerät damit in ein Spannungsfeld zwischen Verwaltungs- und Strafrechtsdogmatik. Dies erschwert das Vorgehen der dogmatischen Strukturierung. Vor allem das unterschiedliche Verständnis bei der materiellen Begründung des Unrechtsbegriffs im Verwaltungsrecht und im Strafrecht bereitet viele Schwierigkeiten[2].

Diese (bereits im Rahmen der Problematik der Normspaltung deutlich hervorgetretenen) Schwierigkeiten sollen im vorliegenden Teil der Arbeit (weiter) am Beispiel der Frage veranschaulicht werden, ob klassische strafrechtliche Prinzipien der Rechtfertigung auf das Verwaltungsstrafrecht in Kartellsachen übertragen werden können.

Andere Fragen, die im Schrifttum üblicherweise als Anknüpfungspunkte für die Auseinandersetzung mit Problemen im Verhältnis zwischen Verwaltungsrecht und Strafrecht benutzt werden - wie beispielsweise die Frage, ob der *Verstoß gegen einen bestandskräftigen oder sofort vollziebaren Verwaltungsakt der Kartellbehörden* auch dann strafbar sein soll, wenn sich der Verwaltungsakt im nachhinein als rechtswidrig erweist[3], oder die Frage, ob die *Erschleichung einer Genehmigung durch Täuschung der Behörde* mit Blick auf den materiellen wettbewerbsschützenden Straftatbestand wegen Rechtsmißbrauchs als unwirksam angesehen werden

---

1 Siehe dazu PAPAKIRIAKOU, Das griechische Verwaltungsstrafrecht, § 7 II.

2 Vgl. dazu bereits die Ausführungen oben im Text, *Zweiter Teil* III A 4.

3 TIEDEMANN hält die Strafbarkeit in solchen Fällen zwar im Rahmen des echten (Kriminal)Strafrechts für eine unannehmbare Ungehorsamskonzeption (TIEDEMANN, Tatbestandsfunktionen, S. 275 ff.), zeigt er sich aber bereit, eine Ahndbarkeit im Bereich des Ordnungswidrigkeitenrechts zu akzeptieren, denn "die Bestandskraft oder sofortige Vollziehbarkeit [begründet] jedenfalls einen verwaltungsrechtlichen Anspruch auf Befolgung und damit auch einen ordnungspolitischen Anspruch auf Beachtung des Verwaltungsaktes" (DERS., in: I/M GWB [1992], Vor § 38, Rdn. 38).

kann[4] - sind dagegen hier *nicht* zu behandeln. Der Grund dafür liegt nicht nur in der relativ geringen Bedeutung, die diese Fragen bislang in der (griechischen und) europäischen Kartellpraxis erlangt haben, sondern vor allem darin, daß sowohl das Verwaltungs(sanktions)recht als auch das Bußgeldrecht in Kartellsachen von einer Verwaltungsbehörde (Europäische Kommission, griechische Wettbewerskommission) angewendet werden, so daß obige Fragen, die in erster Linie die Grenzen der Abhängigkeit des Strafrichters von den verwaltungsbehördlichen Formalakten problematisieren, viel von ihrer Brisanz verlieren[5].

Nicht behandelt wird außerdem im vorliegenden Teil die Frage, ob die im Verwaltungsrecht positivrechtlich geregelten oder rechtsfortbildend entwickelten *kartellrechtlichen Merkmale*, denen bislang offensichtlich eine unrechtseinschränkende Funktion zukommt (Spürbarkeit, Erforderlichkeitsregel bzw. Qualitative Rule of Reason[6], Einzelfreistellung, Gruppenfreistellung, Sonderregelungen für spezifische Sektoren wie Verkehr und Landwirtschaft), als (negative) Merkmale der *Verbotsnormen* oder als (Merkmale von) selbständige(n) *Erlaubnisnormen* zu verstehen sind.

Durch positivrechtlich geregelte oder rechtsfortbildend entwickelte Ausnahmen haben die sehr weit gefaßten und daher anfänglich streng wirkenden Verhaltensregeln der europäischen Wettbewerbsordnung im Laufe der Zeit weitreichende Eingrenzungen erfahren. Der *Typisierungsgrad* dieser Eingrenzungen ist allerdings von Fall zu Fall unterschiedlich. Den höchsten Typisierungsgrad weisen die positivrechtlich geregelten Freistellungen vom Kartellverbot auf, die im Anschluß an Art. 81 Abs. 3 EGV n.F. in einer Mehrzahl von GVO typisiert worden sind[7]. Gewisse Einschränkungen des Kartell- und

---

4 TIEDEMANN, (in: I/M GWB [1992], Vor § 38, Rdn. 40) hält diese Ansicht im Rahmen des deutschen Rechts und im Hinblick auf das Bestimmtheitsgebot des Art. 103 Abs. 2 GG nur dort für unbedenklich, wo die Genehmigung nicht Teil des gesetzlichen Tatbestandes sei, sondern das an sich verbotene Verhalten befugt erscheinen lasse also rechtfertigend wirke, wie dies insbesondere bei §§ 2 ff. GWB der Fall sei. Anscheinend will also TIEDEMANN in diesem Zusammenhang die im Schrifttum verbreitete Auffassung zu nutze machen, daß Rechtfertigungsgründe keinen Anteil an der Garantie des Bestimmtheitsgebots haben sollen, vgl. DERS., a.a.O., Rdn. 25.

5 Wegen der praktischen Häufigkeit des einschlägigen Einwandes soll allerdings das - systematisch zu demselben Sachzusammehang gehörende - Problem des sog. "*Rückgriffs auf die materielle Rechtmäßigkeit*" (auch als "Rückgriff auf die materielle Rechtswidrigkeit" bekannt) behandelt werden.

6 Zur Terminologie siehe unten im Text, IV B.

7 Die Gruppenfreistellungen (eine aktuelle Sammlung der relevanten VO findet bei I/M EG-WbR [1997], Bd. II, S. 2346 ff.), die im Schrifttum als tatbestandsausschließende Institute eingeordnet werden (vgl. DANNECKER, in: I/M EG-WbR [1997], VO 17 Art. 15, Rdn. 134; WAGEMANN, S. 67 f.), beziehen sich auf Gruppen von Kartellabreden, die einem konkreten Vertragstyp entsprechen. Die materiellen Voraussetzungen für eine Gruppenfreistellung sind zwar in Art. 81 Abs. 3 EGV n.F. typisiert, die Freistellung selbst erfolgt aber durch eine Verordnung, die dann unabhängig von den Voraussetzungen des Art. 81 Abs. 3 EGV n.F. ange-

des Mißbrauchsverbots enthalten auch die in der Rechtsform der VO geltenden *Sonderregelungen für bestimmte Wirtschaftsbereiche* (Agrar- und Verkehrsbereich)[8]. Etwa in eine Mittelposition der Skala der Typisierungsstärke lassen sich die auf Art. 81 Abs. 3 EGV n.F. beruhende Möglichkeit einer *Einzelfreistellung*[9] sowie die Merkmale einord-

---

wendet wird (siehe näher dazu KOCH, in: GRABITZ / HILF [2. Grdlf.], Art. 85, Rdn. 192 ff.), so daß den GVO schließlich nahezu die Wirkung einer Legalausnahme zukommt.

8 Die häufig als "Bereichsausnahmen" titulierten Wirtschaftszweige Landwirtschaft, Verkehr, Banken und Versicherungen sowie Versorgungsunternehmen unterfallen zwar grundsätzlich wie andere Wirtschaftszweige den Art. 81 ff. EGV n.F. - sind also keine echten Ausnahmebereiche. Durch Verordnungen des Rates darf allerdings die Geltung der europäischen Wettbewerbsregeln in diesen Bereichen gewissen Einschränkungen unterworfen werden. Eine Sonderregelung hat der europäische Gesetzgeber auch für die Dienstleistungsunternehmen von allgemeinem wirtschaftlichen Interesse oder Finanzmonopolcharakter in Art. 86 Abs. 2 EGV n.F. vorgesehen (siehe TSOLKA, S. 183 ff.; WAGEMANN, S. 80 ff., 86). Zu beachten ist darüber hinaus, daß für den sachlichen Geltungsbereich des EGKSV sowie des EAGV modifizierte Wettbewerbsregeln gelten. - Eine aktuelle Sammlung der relevanten sektorspezifischen VO und sonstigen Rechtsakten findet sich bei I/M EG-WbR [1997], Bd. II, S. 2538 ff. und 2865 ff. (Landwirtschaft), S. 2538 ff., 2567 ff., 2621 ff. (Eisenbahn-, Straßen- und Binnenschiffverkehr, Seeverkehr, Luftverkehr), S. 2735 ff. (Versicherung), S. 2868 ff. (Elektrizitäts- und Gaswirtschaft).

9 Das (auf einzelne Kartellabsprachen bezogene und vom formalen Erfordernis der vorherigen Anmeldung der Absprache abhängige) Institut der Einzelfreistellung, das von der herrschenden Meinung im Schrifttum als Rechtfertigungsgrund eingeordnet wird (vgl. DANNECKER, in: I/M EG-WbR [1997], VO 17 Art. 15, Rdn. 128; WAGEMANN, S. 68 f.), ermöglicht die Ausschaltung des Wettbewerbsmechanismus im Einzelfall, wenn dadurch andere wirtschaftliche und soziale Rechtsgüter gefördert werden müssen (pluralistisches System; siehe dazu PAPAKIRIAKOU, Das griechische Verwaltungsstrafrecht, § 4 II C 4). Der Kreis dieser Rechtsgüter ist vom Gemeinschaftsgesetzgeber allgemein gefaßt und wird von der Praxis entsprechend extensiv gehandhabt. Nicht nur rein wirtschaftliche, sondern auch soziale Rechtsgüter werden in das Abwägungsverfahren der Einzelfreistellung eingeschlossen. So führt z.B. der *EuGH* (Urt. v. 25.10.77, Rs. 26/76, *Metro I*, Slg. 1977, S. 1875) aus: "[Rdn. 43] Außerdem stellt der Abschluß von Lieferverträgen für einen angemessenen Zeitraum ein stabilisierendes Element für die *Erhaltung von Arbeitsplätzen* dar, die unter dem Gesichtspunkt der Verbesserung der allgemeinen Bedingungen der Warenerzeugung gerade unter den Voraussetzungen einer ungünstigen Wirtschaftskonjuktur zu jenen Zielen gehört, die Artikel 85 Absatz 3 [= Art. 81 Abs. 3 EGV n.F.] zu verfolgen gestattet." - Für die Einordnung der Freistellung in die Rechtswidrigkeitsebene spricht (neben der soeben geschilderten, im Schrifttum hervorgehobenen Verknüpfung des Instituts mit einer einzelfallbezogenen Güterabwägung) auch die Praxis hinsichtlich der Verteilung der Beweislast. Während die europäischen Gerichte die Beweislast für die Voraussetzungen des Art. 81 Abs. 1 EGV n.F. der Kommission auferlegen (eingehend dazu BAUMHOF, Die Beweislast im Verfahren vor dem Europäischen Gerichtshof, S. 207 ff. m.w.Nachw.; gleichermaßen legt der EuGH der Kommission die Beweislast für die tatsächlichen Voraussetzungen des Art. 82 EGV n.F. auf, siehe dazu BAUMHOF, a.a.O., S. 222 ff.), gehen sie nach ständiger Rechtsprechung davon aus, daß es "an erster Stelle Sache der betroffenen Unternehmen [ist], der Kommission Beweismaterial für die wirtschaftliche Rechtfertigung einer Freistellung vorzulegen und ihr, wenn sie Einwände erhebt, Alternativen zu unterbreiten. Die Kommission kann ihrerseits zwar den Unternehmen Hinweise für mögliche Alternativlösungen geben, sie ist dazu jedoch von Rechts wegen nicht verpflichtet." Siehe *EuGH* Urt. v. 17.1.84, verb. Rs. 43 und 63/82, *VBVB und VBBB*, Slg. 1984, S. 19 [S. 68]; *EuGH* Urt. v. 11.7.85, Rs. 42/84, *Remia*, Sgl. 1985, S. 2545

nen, die von der Anwendungspraxis als ungeschriebene Merkmale in den Art. 81 Abs. 1 EGV n.F. hineingelesen werden (so z.B. die *quantitative Spürbarkeit*[10] und die *Qualitative Rule of Reason*[11]). Den geringsten Typisierungsgrad besitzen die Eingrenzugen, die in Gestalt von Auslegungskriterien bezüglich der vertypten Merkmale (z.B. Kriterium der sachlichen / objektiven Rechtfertigung des Verhaltens im Rahmen der Auslegung des Mißbrauchsbegriffs des Art. 82 EGV n.F.[12] oder Kriterium der Lauterkeit des Wettbewerbs, der durch Art. 81 Abs. 1 in Schutz genommen wird[13]) erscheinen und deswegen keine eigenständige dogmatische Bedeutung haben.

[Rdn. 45]; BAUMHOF, Die Beweislast im Verfahren vor dem Europäischen Gerichtshof, S. 218 ff. m.w.Nachw. Sollte man die Einzelfreistellung als Tatbestandsmerkmal einstufen, so wäre ihre unterschiedliche Behandlung im Vergleich zu den in Art. 81 Abs. 1 EGV n.F. typisierten Merkmalen kaum mehr zu erklären. Ordnet man dagegen die Einzelfreistellung als Rechtswidrigkeitsmerkmal ein, erscheint der eben angeführte Standpunkt der Rechtsprechung als konsequent. Auch in bezug auf die sonstigen sog. klassischen Rechtfertigungsgründe (Notwehr, Notstand) nimmt nämlich die europäische Rechtsprechung (wohl in Anlehnung an das französische und das englische Strafrecht; vgl. dazu zusammenf. VOGEL, GA 1998, 146) den Standpunkt ein, daß die entlastenden Umstände, unter anderem die Voraussetzungen einer Notstandslage, von den Unternehmen selbst nachgewiesen werden müßten, vgl. DANNECKER, in: Madrid-Symposium für Tiedemann, S. 340.

10 Wie bereits an anderer Stelle dargelegt (vgl. PAPAKIRIAKOU, Das griechische Verwaltungsstrafrecht, § 4 I A 5), hat das europäische Kartellverbot von der Praxis in Anlehnung an die Regel "de minimis non curat praetor" eine erhebliche Reduzierung ihres Wirkungsbereichs erfahren. Dieses ungeschriebene Merkmal läßt sich rechtstheoretisch auf das sog. Geringfügigkeitsprinzip, auch Bagatellprinzip oder de-mimimis-Regel genannt, zurückführen (a.A. ohne klare Begründung TSOLKA, S. 170), das bereits im römischen Recht bekannt war (vgl. dazu FISCHER / KÖCK, Europarecht [2. Aufl.], S. 558) und noch heute als allgemeines Rechtsprinzip in vielen Rechtsgebieten Anwendung findet. - Das Institut der quantitativen Spürbarkeit dient der Entlastung (und damit der Effektivitätssteigerung) der Kommission und der Förderung der wettbewerbsfördernden Kooperation von kleinen und mittleren Unternehmen (vgl. zu diesen beiden Aspekten bereits die Bagatellbekanntmachung der Kommission von 1986, ABl. 1986 Nr. C 231/2, Rdn. 1 und 4; zur Beibehaltung dieser Zwecke auch im Rahmen der Bagatellbekanntmachung von 1997, nach der die Umsatzschwelle aufgehoben wird, so daß auch große Unternehmen mit kleinen Marktanteilen von der De minimis-Regel profitieren können, vgl. den XXVI. Bericht über die Wettbewerbspolitik 1996, S. 29 Rdn. 37) und zielt somit vorwiegend nicht auf die Begründung eines Eingriffsbefugnisses gegen das Rechtsgut zugunsten eines dritten Interesses, sondern auf den (wirksameren) Schutz des Rechtsguts selbst ab. Es erfüllt insoweit eine für Tatbestandsmerkmale typische Funktion und ist der Ebene der Tatbestandsmäßigkeit zuzuordnen; zustimmend zu dieser Einordnung WAGEMANN, S. 49 ff.; DANNECKER, in: I/M EG-WbR [1997], VO 17 Art. 15, Rdn. 42.

11 Siehe dazu ausführlich unten im Text, IV B. - Auch das Merkmal der Qualitative Rule of Reason wird im Schrifttum wegen der damit verbundenen einzelfallbezogenen Güterabwägungen als Rechtfertigungsgrund eingestuft; vgl. DANNECKER / FISCHER-FRITSCH, S. 19; WAGEMANN, S. 61 ff.; TSOLKA, S. 173 f.; DANNECKER, in: I/M EG-WbR [1997], VO 17 Art. 15, Rdn. 123.

12 Siehe dazu WAGEMANN, S. 78 f.; TSOLKA, S. 175 f.

13 Vgl. nur *EuG* Urt. v. 10.3.92, Rs. T-14/89, *Montedipe*, Slg. 1992, II-1155, Rdn. 289 ff. und 295 f.; siehe insb. [Rdn. 292]: "Die Kommission räumt ein, daß eine Vereinbarung, mit der Unternehmen sich verpflichteten, keinen unlauteren Wettbewerb zu betreiben, nicht von Ar-

Die Frage nach den Grenzen der Verbotsnorm bzw. die Abgrenzung des Inhalts der Verbotsnorm gegenüber dem Inhalt von Erlaubnisnormen könnte zwar für die Bestimmung des Umfangs der für die Ahndung vorausgesetzten subjektiven Erfordernisse von praktischer Relevanz sein. Dies gälte insbesondere dann, wenn sich erweisen sollte, daß die europäische Bußgeldpraxis dem Irrtum über die Verbotsnorm (*direkter Verbotsirrtum*) und / oder die tatbestandsrelevanten Umstände (*Tatbestandsirrtum*) eine andere Behandlung als dem Irrtum über die Erlaubnisnormen (Irrtum über Rechtfertigungsgründe, *indirekter Verbotsirrtum*) und / oder die rechtfertigungsrelevanten Umstände (*Erlaubnistatbestandsirrtum*) einräumt[14]. Wie sich aber im fünften Teil der Arbeit zeigen wird, behandeln die Gemeinschaftsorgane den direkten und den indirekten Verbotsirrtum gleich. Außerdem sind keine Anzeichen für eine Unterscheidung zwischen Tatbestands- und Erlaubnistatbestandsirrtum ersichtlich. Insoweit büßt die angesprochene Frage jede praktische Relevanz ein - was nicht unbedingt zu bemängeln ist, denn angesichts der prinzipiellen Inkriminierung der Fahrlässigkeit im Verwaltungsstrafrecht[15] sollte die Frage nach dem Bezugsobjekt des Irrtums eher in den Hintergrund gestellt und sich vielmehr darum bemüht werden, einheitliche Kategorien und Kriterien für die Vermeidbarkeit und damit die Beachtlichkeit des Irrtums herauszuarbeiten[16].

Nicht behandelt wird schließlich im vorliegenden Teil die (lediglich theoretisch bedeutsame) Frage, ob die ständige EG-Bußgeldpraxis, die alle subjektiven Momente der Tatbegehung - einschließlich des Vorsatzes - der Kategorie der Schuld, alle objektiven Mo-

tikel 85 [= Art. 81 Abs. 1 EGV n.F.] verboten werde... Das Problem liege in der Definition des unlauteren Wettbewerbs."

14 Hingewiesen sei beispielsweise auf den in Deutschland geführten Meinungsstreit bezüglich der dogmatischen Behandlung von Irrtümern über tatbestands- und rechtfertigungsrelevante Tatsachen, vgl. JESCHECK / WEIGEND, Lehrbuch [5. Aufl.], S. 462 ff.

15 Der Fahrlässigkeitsvorwurf reicht im Gemeinschaftsrecht zur Begründung der Verantwortung aus. Dies sollte auch für das (zunächst von einer objektiven Verantwortung ausgehende) griechische Recht angenommen werden, wenn die Geltung des Schuldgrundsatzes auch dort anerkannt wird.

16 Wegen der Inkriminierung der Fahrlässigkeit im Kartellbußgeldrecht kommt nicht nur der (in Deutschland und Griechenland) umstrittenen *Unterscheidung zwischen Tatbestands- und Erlaubnistatbestandsirrtum*, sondern auch der allgemeinen strafrechtsdogmatischen *Unterscheidung zwischen Tatbestandsmäßigkeit und Rechtswidrigkeit*, d.h. zwischen (normativen) Tatbestandsmerkmalen einerseits und Verbots- (oder Erlaubnis-)Norm andererseits geringe praktische Bedeutung zu; vgl. (mit Blick auf das deutsche Kartellbußgeldrecht) nur TIEDEMANN, in: I/M GWB [1992], Rdn. 45: "Allerdings stellt sich die schwierige Aufgabe der Unterscheidung von Tatbestandsmäßigkeit und Rechtswidrigkeit in der Praxis nur für diejenigen Kartellordnungswidrigkeiten, deren Begehung ausschließlich vorsätzlich möglich ist... Soweit auch fahrlässiges Handeln inkriminiert wird, greift der Fahrlässigkeitstatbestand auffangsweise auch bei der sog. Rechtsfahrlässigkeit ein." Siehe auch DERS., NJW 1979, 1854.

mente der Tat dagegen der Kategorie des Unrechts zuweist, richtig ist[17]. Diese Praxis verstößt zwar gegen die insbesondere im deutschsprachigen Rechtsraum herrschenden Ansicht, daß der *grundsätzliche Ausschluß von subjektiven Momenten bei der Inhaltsbestimmung des Unrechts* unzutreffend sei, weil er den sachlogischen Strukturen der menschlichen Handlung widerspreche bzw. mit einem rationalen Verständnis der (Bestimmungs-)Funktion der Strafrechtsordnung nicht vereinbar sei (personale Unrechtslehre)[18]. Insoweit könnte man die Auffassung vertreten, daß sich die europäische Praxis durch die Befürwortung einer objektiven Fassung des Unrechts an unzutreffende strafrechtsdogmatische Erkenntnisse anlehnt und eine Fehlentwicklung der bußgeldrechtlichen Dogmatik fördert, was einen Kurswechsel der bisherigen Praxis im Sinne der Übernahme der personalen Unrechtslehre als erforderlich erscheinen ließe. - Ohne die sachliche Berechtigung der Aussagen der personalen Unrechtslehre bestreiten zu wollen, und abgesehen davon, daß diese Lehre eigentlich auf Straftaten von Menschen und nicht auf solche von *Unternehmen* - wie dies im europäischen Kartellrecht der Fall ist - Bezug nimmt, sei nur darauf hingewiesen, daß es bei der Definierung des Unrechts und der Schuld *auch* um ein Problem der *zweckmäßigen* Strukturierung der Bußgelddogmatik geht. Gerade unter diesem Aspekt der Praktikabilität erscheint aber die objektive Fassung des Bußgeldunrechts insbesondere bei der durch Interdisziplinarität gekennzeichneten kartellrechtlichen Materie als vorzugswürdig. Die rechtlich vorgesehenen Zwangsmittel zur Sanktionierung einer Wettbewerbsverletzung stammen nämlich im Kartellrecht aus verschiedenen Sanktionsbereichen, wobei subjektive Momente nur in einigen von diesen Sanktionsbereichen maßgeblich sind. Versteht man das Bußgeldunrecht rein objektiv, so eröffnet sich die Möglichkeit, für alle in Frage kommenden Sanktionsbereiche eine identische Unrechts*struktur* aufzubauen[19]. Der Schuldbegriff, als Inbegriff (der Wertung) der subjektiven Momente der Tatbegehung verstanden, könnte dann zur maßgeblichen Kategorie für die Differenzierung der Verantwortungsmaßstäbe in den verschiedenen Sanktionsbereichen erhoben werden, was dem gesamten Sanktionssystem gegen Wettbewerbsverletzungen viel an Klarheit bringen würde. Ordnet man dagegen dem Bußgeldunrecht auch subjektive Momente zu, versperrt man sich den Weg für eine strukturelle Abstimmung mit den anderen Sanktionsbereichen und nimmt der Kategorie der Schuld ihre Unterscheidungskraft innerhalb des gesamten Sanktionssystems. - Der bisherigen Praxis der EG-Organe, die überwiegend der klassischen Auffassung über den strafrechtlichen Verbrechensaufbau entsprechen dürfte, könnte somit gutgeschrieben werden, daß sie den Erfordernissen der interdisziplinären Zusammenarbeit am besten gerecht wird.

---

17 Vgl. zu dieser rein objektiven Fassung des Unrechts in der Gemeinschaft TSOLKA, S. 149 m.w.Nachw.; TSOLKA weist ferner nach, daß dies mit Ausnahme der deutschen Strafrechtsdogmatik der herrschenden Rechtsauffassung der Mitgliedstaaten entspricht.

18 Die in Deutschland herrschende Ansicht geht danach sowohl im Straf- also auch im Ordnungswidrigkeitenrecht davon aus, daß das Unrecht, das jeweils in einem Tatbestand vertypt wird, nicht nur aus der Verursachung des deliktischen Erfolges, d.h. aus dem äußeren Sachverhalts- bzw. *Erfolgsunwert*, sondern auch aus dem in der rechtlich zu mißbilligenden Willensbetätigung liegenden *Handlungsunwert* bestehe, dessen Kernstück der Vorsatz sei (personale Unrechtslehre), vgl. JESCHECK / WEIGEND, Lehrbuch [5. Aufl.], S. 210 f., 237 f., 240 ff. (insb. 242).

19 Zu möglichen Unterschieden mit Blick auf die inhaltiche Reichweite des identisch strukturierten Unrechts in den verschiedenen Rechtsgebieten als Folge der Annahme einer Normspaltung, siehe oben im Text, *Zweiter Teil* II B 3 (a).

B. Konkretisierung der Problemaspekte

Im vorliegenden Teil geht es zunächst um die Frage, ob im europäischen Bußgeldrecht gegen Wettbewerbsbeschränkungen neben den vorgesehenen Freistellungs- und Ausnahmemöglichkeiten auch klassische strafrechtliche Rechtfertigungsgründe, wie vor allem die *Notwehr* und der *Notstand*, in Gestalt von materiellrechtlich *selbständigen* Instituten Anerkennung finden (sollen). Solche Rechtfertigungsgründe sind zwar vom klassischen Strafrecht nicht wegzudenken. Gleichwohl stößt ihre Anerkennung im Kartellbußgeldrecht nicht nur auf (allgemeine) Bedenken, die mit der Natur des durch die Nothandlung aufzuopfernden (überindividuellen) Rechtsguts zu tun haben, sondern auch auf solche, die mit der angedeuteten Existenz spezifischer *verwaltungsrechtlicher Institute und Verfahren zur Berücksichtigung von Notsituationen* zusammenhängen. Der angedeutete Konflikt tritt vor allem bei Art. 81 Abs. 1 EGV n.F. deutlich in den Vordergrund. Der fragliche Artikel wird deswegen in den Mittelpunkt der Ausführungen gestellt.

Auch wenn sich erweisen sollte, daß die materiellen Ordnungsprinzipien der klassischen strafrechtlichen Rechtfertigungsgründe im Rahmen der vorgesehenen verwaltungsrechtlichen Freistellungsmöglichkeiten berücksichtigt werden (können), bliebe die zusätzliche Anerkennung der klassischen Rechtfertigungsgründe in Gestalt von selbständigen Instituten von praktischer Bedeutung. Dies läßt sich am Beispiel des Kartellverbots und der vorgesehenen Freistellungsmöglichkeit leicht veranschaulichen. Es ist nämlich zu bedenken, daß die bloße Berücksichtigung des sachlichen Gehalts der klassischen Rechtfertigungsgründe ohne Verselbständigung derselben die Unternehmen weder von dem formellen Erfordernis der Anmeldung noch - und vor allem dies fällt ins Gewicht! - von dem der Europäischen Kommission im Rahmen der Anwendung der Freistellungsvorschriften zustehenden Beurteilungsspielraum entbindet[20].

Wie sich dem im Schrifttum häufig zitierten Aufsatz von HOFFMANN / EILERS entnehmen läßt[21], steht deswegen hinter den Forderungen nach Anerkennung der klassischen

---

20 Zum erheblichen Beurteilungsspielraum der Kommission bei der Auslegung der unbestimmten Rechtsbegriffe des Art. 81 Abs. 3 EGV n.F. und zu ihrem weiten Ermessensspielraum bezüglich der Aufstellung von *Auflagen* und *Bedingungen*, siehe BUNTE, in: LANGEN / BUNTE [8. Aufl.], Bd. 1, Art. 85, S. 1521 ff. (Rdn. 149 ff., insb. Rdn. 149 und 152). - Vgl. aus der Rechtsprechung *EuG* Urt. v. 21.2.95, Rs. T-29-92, *SPO u.a.*, Slg. 1995, II-289: "[Rdn. 288] Angesichts dieser unterschiedlichen Ansätze gegenüber den Regelungen [zur Reglementierung des Wettbewerbs im Rahmen von Ausschreibungen in der niederländischen Bauwirtschaft], die zu unterschiedlichen Antworten auf die Frage führen, ob die Regelungen nach Artikel 85 Absatz 3 EWG-Vertrag [= Art. 81 Abs. 3 EGV n.F.] freistellungsfähig sind [im Gegensatz zu dem mikroökonomischen Ansatz der Klägerinnen, hatte die Kommission einen makroökonomischen Ansatz der Analyse der beanstandeten Regelungen zugrundegelegt], ist darauf hinzuweisen, daß das Gericht die komplexen wirtschaftlichen Bewertungen, die die Kommission bei der Ausübung ihres Beurteilungsspielraums nach Artikel 85 Absatz 3 EWG-Vertrag [= Art. 81 Abs. 3 EGV n.F.] im Hinblick auf dessen vier Voraussetzungen vornimmt, nur darauf überprüfen kann, ob die Verfahrens- und Begründungsregeln beachtet wurden, ob der Tatbestand richtig festgestellt wurde, ob kein offenkundiger Beurteilungsfehler und kein Ermessensfehlgebrauch vorliegt." Vgl. auch *EuG* Urt. v. 23.2.94, verb. Rs. T-39/92 und T-40/92, *CB und Europay*, Slg. 1994, II-49 [Rdn. 109].

21 HOFFMANN / EILERS, DB, Beilage Nr. 28/85 zu Heft Nr. 45 v. 8.11.85, S. 1 ff.

strafrechtlichen Rechtfertigungsgründe im europäischen Kartell(bußgeld)recht nicht das Bestreben, die den Rechtfertigungsgründen zugrundeliegenden materiellen Ordnungsprinzipien im Rahmen des Freistellungsverfahrens zum Durchbruch zu verhelfen, sondern das Bestreben, Rechtfertigungsgründe zu entwickeln, die *ohne Anmeldung* des wettbewerbsbeschränkenden Verhaltens und *ohne Beteiligung der Kommission* unmittelbare unrechts- oder sanktionsausschließende Wirkungen entfalten. Bei den entsprechenden Forderungen geht es also in der Sache darum, Ausnahmen vom Kartellverbot zu schaffen, deren Eingreifen von einer Anmeldung und vom Beurteilungsspielraum der Kommission unabhängig ist und somit im Falle einer Bußgeldentscheidung der Kommission direkt und unbegrenzt von den europäischen Gerichten überprüft werden kann[22]. Ob diese Forderungen berechtigt sind, ist im vorliegenden Teil zu untersuchen.

Zum Wesen klassisch-liberalen strafrechtlichen Denkens gehört auch die *materielle* Betrachtung der Rechtswidrigkeit[23] und die kraft materieller Erwägungen erfolgende Anerkennung von Rechtfertigungsgründen auch dort, wo der Gesetzgeber keine einschlägige Regelung getroffen hat[24]. Gerade diesem Denken entspringt die Frage, ob das kartellrechtliche Institut der Freistellung seine rechtfertigende bzw. unrechtsmindernde Wirkung im Bußgeldrecht nur dann entfalten kann, wenn die vom Gedanken der Behördenpublizität getragenen formellen Voraussetzungen erfüllt worden sind. Gefragt wird mit anderen Worten, ob es in Fällen sog. *materieller Freistellbarkeit* zulässig ist, zumindest unter bußgeldrechtlichen Aspekten auf die materielle Rechtmäßigkeit zurückzugreifen, um ein nicht angemeldetes anmeldebedürftiges Verhalten von Geldbußen zu schonen.

Im Hinblick darauf, daß das Institut der - auf Art. 81 Abs. 3 EGV n.F. beruhenden und von einer formellen Anmeldung abhängigen - Freistellung enge materielle

---

22 HOFFMANN / EILERS, a.a.O., S. 3: "Artikel 85 Absatz 3 EWG-Vertrag [= Art. 81 Abs. 3 EGV n.F.] ist jedoch von seiner tatbestandlichen Struktur und von seiner praktischen Anwendung her kein geeigneter Weg, wirtschaftliche Notsituationen zu bewältigen. Die Freistellung von den kartellrechtlichen Verboten des EWG-Vertrages hängt von der Genehmigung durch die Kommission ab: Damit ist Artikel 85 Absatz 3 EWG-Vertrag [= Art. 81 Abs. 3 EGV n.F.] gerade kein Ansatzpunkt, um eigene Rechte von Unternehmen bei der Bewältigung von wirtschaftlichen Notsituationen zu schaffen." - Verblüffend ist allerdings hierbei, daß die Verfasser in den deutschen Regelungen über die Strukturkrisenkartelle (§ 4 a.F. GWB; siehe nunmehr § 6 GWB) die Sonderkartelle (§ 8 a.F. GWB; siehe nunmehr § 8 GWB) und die ministerielle Erlaubnis für wettbewerbsbeschränkende Zusammenschlüsse (§ 24 Abs. 3 a.F. GWB; siehe nunmehr § 42 GWB), die ebenfalls eine Genehmigung des Bundeskartellamtes bzw. des Bundesministers von Wirtschaft voraussetzen, oder in der ebenfalls von einer Genehmigung abhängigen "Rechtfertigung" von wettbewerbsbeschränkenden Konzentrationen in Frankreich (a.a.O., S. 6) die innerstaatliche gesetzliche Verankerung von privaten Notstandsrechten erblicken (a.a.O., S. 5 f.), die die entsprechende "Lücke" im Gemeinschaftrecht (a.a.O., S. 8) deutlich mache. Aufrichtiger wäre dabei zuzugestehen, daß man aus nationalstaatlicher Sicht gerade das Ermessen der Kommission in Krisensituationen ausschalten will.

23 Zur strafrechtlichen grundlegenden Unterscheidung zwischen formellem und materiellem Unrecht vgl. GIANNIDIS, in: Systematische Auslegung des gr. StGB [1997], Art. 14 Rdn. 64.

24 JESCHECK / WEIGEND, Lehrbuch [5. Aufl.], S. 234 f.

Verbindungen zu dem Institut der - bereits im Rahmen von Art. 81 Abs. 1 EGV n.F. und unabhängig von jeder Anmeldung eingreifenden - *Erforderlichkeitsregel* (qualitative Rule of Reason)[25] aufweist, soll auch die Frage behandelt werden, inwieweit Möglichkeiten für die Verlagerung eines Teils der Funktionen des ersteren Instituts auf das letztere bestehen. Die Bejahung solcher Möglichkeiten könnte einen Weg zur teilweisen Entschärfung des Konflikts zwischen der materiellen Freistellbarkeit und der Verletzung der Behördenpublizität zeigen, denn das Institut der Erforderlichkeitsregel ist - wie bereits dargelegt - an keine Anmeldevoraussetzung gebunden.

Einzugehen ist schließlich auf die Frage, ob im europäischen Bußgeldrecht auch das in anderen gemeinschaftsrechtlichen Sanktionsbereichen anwendbare *Institut der höheren Gewalt* geltend gemacht werden kann. Das fragliche Institut zählt in den meisten Mitgliedstaaten - darunter auch in Griechenland und in Deutschland - nicht zu den klassischen strafrechtlichen Rechtfertigungsgründen, sondern ist eher für den außerstrafrechtlichen Bereich, vor allem für verschuldensunabhängige Verwaltungssanktionen und für Fristenversäumnisse im Prozeßrecht bestimmt. Hier bietet sich somit die Möglichkeit zu überprüfen, ob sich Institute aus dem außerstrafrechtlichen dogmatischen Bereich in das dogmatische System des Bußgeldrechts harmonisch einordnen lassen.

II. Klassische strafrechtliche Rechtfertigungsgründe

Die europäische Bußgeldpraxis bietet zwar Entscheidungsmaterial an, aus dem hervorgeht, daß die klassischen strafrechtlichen Rechtfertigungsgründe des Notstandes und der Notwehr auch im kartellrechtlichen Bußgeldbereich Anerkennung finden, und zwar in Gestalt allgemeiner Rechtsgrundsätze, also als selbständige ungeschriebene Institute, die neben den normierten Genehmigungs-, Freistellungs- oder sonstigen Ausnahmemöglichkeiten stehen. Die Voraussetzungen für das Eingreifen der fraglichen strafrechtlichen Institute werden allerdings so streng gehandhabt, daß kein darauf aufbauendes Verteidigungsvorbringen der betroffenen Unternehmen bislang zum Tragen gekommen ist[26]. Im folgenden sollen die Einzelaspekte des strengen Vorgehens der Gemeinschaftsorgane näher untersucht und einer kritischen Würdigung unterzogen werden.

A. Notwehr

(1) Darstellung der Gemeinschaftspraxis

Das Institut der Notwehr, ursprünglich vom EuGH im Zusammenhang mit Verstößen gegen die Bewirtschaftungsvorschriften des EGKS-Vertrages im Stahlsektor

---

25 Zur Terminologie siehe unten im Text, IV B.

26 DANNECKER / FISCHER-FRITSCH, S. 310: "Damit sind im Gemeinschaftsrecht die Notwehr und der Notstand als eigenständige Rechtsgrundsätze anerkannt, jedoch wird ihnen ... im Bereich des Wettbewerbsrechts kaum ein praktischer Anwendungsbereich eröffnet."

als allgemeiner Rechtsgrundsatz anerkannt[27], gilt auch im Kartellrecht der Gemeinschaft, und zwar mit dem Inhalt, wie er von den Rechtsordnungen der meisten Mitgliedstaaten verwendet wird[28]: Eine (wettbewerbsrechtliche *Zuwider-)Handlung* ist danach als gerechtfertigt anzusehen, wenn sie *zur Verteidigung gegen einen rechtswidrigen Angriff unerläßlich* ist. Der Wertungsgesichtspunkt der "Unerläßlichkeit" entspricht dabei der Funktion der in den meisten Mitgliedstaaten geltenden Kriterien der "Erforderlichkeit" und "Verhältnismäßigkeit"[29].

Die Geltung des Rechtfertigungsgrundes der Notwehr (auch) im kartellrechtlichen Bußgeldbereich läßt sich aus dem *Pioneer*-Urteil herleiten[30]. Der *EuGH* setzt sich dort nämlich mit dem Notwehreinwand des betroffenen Unternehmens[31] sachlich auseinander, was eindeutig zeigt, daß das bereits im Geltungsbereich des EGKS-Vertrages mit Blick auf Verstöße gegen Bewirtschaftungsvorschriften (Veröffentlichung und Einhaltung von Preislisten, System von Mindestpreisen, System von Produktionsquoten) anerkannte Institut der Notwehr[32] auch im Kartellrecht (in concreto: Verstoß gegen Art. 81 Abs. 1

---

27 Ausführlich dazu WAGEMANN, S. 87 ff.; siehe zunächst die - allerdings noch durch Vermischung mit Notstandskriterien gekennzeichnete - Notwehrdefinition im bezüglich eines Verstoßes gegen Art. 60 EGKSV (Abgehen von den in Listen veröffentlichen Preisen) ergangenen Modena-Urteil (*EuGH* Urt. v. 12.7.62, Rs. 16/61, *Modena*, Slg. 1962, S. 581): "[S. 612] Notwehr setzt ... eine *Handlung* voraus, die zur Abwehr einer den Handelnden bedrohenden Gefahr *unerläßlich* ist, und erfordert ferner, daß die Drohung unmittelbar ist, daß die Gefahr unmittelbar bevorsteht und daß ihr mit keinem anderen rechtmäßigen Mittel begegnet werden kann." Vgl. dann das zwischen Notwehr und Notstand klar unterscheidende, anläßlich eines Verstoßes gegen Art. 61 EGKSV (Abgehen von durch die Kommission festgesetzten Mindestpreisen) ergangene Valsabbia I-Urteil (*EuGH* Urt. v. 18.3.80, verb. Rs. 154 u.a./78 sowie 39 u.a./79, *SpA Ferriera Valsabbia [I] u.a.*, Slg. 1980, S. 907): "[Rdn. 138] Die Notwehr, die begrifflich eine *Handlung zur Verteidigung gegen einen rechtswidrigen Angriff* voraussetzt, kann nicht dazu dienen, Unternehmen aus ihrer Verantwortung zu entlasten, die wissentlich gegen eine allgemeine Entscheidung verstoßen, welche weder für sich gesehen noch im Hinblick auf die ihr zugrunde liegenden wirtschaftlichen Tatsachen und Umstände zu zweifeln an ihrer Rechtmäßigkeit Anlaß gibt. Da die allgemeine Entscheidung Nr. 962/77 nach den Feststellungen des Gerichtshofes den formellen und materiellen Erfordernissen des EGKS-Vertrages entspricht und somit rechtmäßig ist, berufen sich die Klägerinnen im vorliegenden Fall zu Unrecht auf Notwehr, denn dieser Rechtfertigungsgrund kann nicht einer öffentlichen Stelle entgegengehalten werden, die rechtmäßig im Rahmen ihrer gesetzlichen Zuständigkeiten tätig wird."

28 TSOLKA, S. 190; TIEDEMANN, NJW 1993, 29.

29 TSOLKA, S. 190.

30 *EuGH* Urt. v. 7.6.83, verb. Rs. 100 bis 103/80, *Musique Diffusion Française ("Pioneer")*, Slg. 1983, S. 1825.

31 Es ging um die französische Firma Musique Diffusion Française (MDF), die sich gegen den Vorwurf der kartellrechtswidrigen Verhinderung von Parallelimporten mit dem Argument verteidigte, es habe sich gegenüber dem unlauteren Wettbewerb, den sie von Parallelimporteuren habe hinnehmen müssen, in einer Notwehrsituation befunden.

32 Siehe die zuvor zitierten EuGH-Urteile im den Fällen "*Modena*" und "*Valsabbia I*" (*EuGH* Modena, Slg. 1962, S. 581 [S. 612]; *EuGH* Valsabbia I, Slg. 1980, S. 907 [Rdn. 138]) sowie

EGV n.F.) geltend gemacht werden darf: "[Rdn. 88] Die Firma MDF trägt vor, ... [g]egenüber dem unlauteren Wettbewerb, den sie von seiten der Parallelimporteure habe hinnehmen müssen, habe sie sich in einer Notwehrlage befunden. [Rdn. 89] Was die geltend gemachte Notwehrlage betrifft, so ist daran zu erinnern, daß ... die bloße Einfuhr einer Ware, die in einem anderen Mitgliedstaat rechtmäßig in den Verkehr gebracht worden ist, nicht als unlautere Handelspraxis angesehen werden kann. Paralleleinfuhren aus anderen Mitgliedstaaten können daher an sich keine Notwehrlage hervorrufen."

Der Begriff der Notwehr taucht auch im *Montedipe*-Urteil (Polypropylen-Fall) auf[33]. Es ist allerdings zweifelhaft, ob das *EuG* den Notwehrbegriff dort im technischen Sinne gebraucht. Das Gericht erwähnt nämlich diesen Begriff nicht im Rahmen der eingehenden Prüfung der von Montedipe geltend gemachten rechtfertigenden Umstände, sondern erst bei der kurzen Überprüfung der auf fehlende Berücksichtigung von mildernden Umständen bezogenen Rüge des Unternehmens[34], wobei der Notwehrbegriff als Oberbegriff für alle von Montedipe erhobenen Verteidigungseinwände eingesetzt wird[35]. Die in diesem Zusammenhang dann vom EuG getroffene Feststellung, daß die *Beteiligung an einem rechtswidrigen Kartell nicht als Mittel der Notwehr anerkannt*, sondern höchstens als

---

das nur begrenzt und mittelbar relevante (vgl. dazu WAGEMANN, S. 94; TSOLKA, S. 187) *EuGH*-Urteil im *Thyssen*-Fall (Urt. v. 16.12.83, Rs. 188/82, Slg. 1983, S. 3721 ff.).

33 *EuG* Urt. v. 10.3.92, Rs. T-14/89, *Montedipe*, Slg. 1992, II-1155.

34 Montedipe hatte sich (*EuG* Urt. v. 10.3.92, a.a.O. [Rdn. 256 ff.]) auf die lang anhaltende schwere Krisensituation im Polypropylenmarkt, auf die positiven Auswirkungen des Polypropylenkartells sowie auf die politischen und sozialen Gegebenheiten in Italien berufen, und dabei unter Anknüpfung an verschiedene Institute (u.a. qualitative Rule of Reason im Zusammenhang mit Art. 85 Abs. 1 EGV a.F., materielle Freistellungsfähigkeit im Zusammenhang mit dem Diskriminierungsverbot, Grundsatz der Solidarität und der Opferverteilung im Zusammenhang mit Notstand, nationale Vorschriften im Zusammenhang mit der Unvermeidbarkeit des Verstoßes) versucht, eine Rechtfertigung oder zumindest eine Aufhebung der Geldbuße zu erlangen. Insbesondere mit Blick auf die Aufhebung der Geldbuße betonte die Klägerin u.a., daß "im vorliegenden Fall zahlreiche Gründe - wie die Rechtfertigungsgründe des Notstands und der Notwehr, die Verpflichtung gegenüber dem italienischen Staat, die Arbeitsplätze nicht abzubauen, das Fehlen negativer Auswirkungen, das Vorliegen beträchtlicher Vorteile für den Markt und die nicht zu leugnende Lückenhaftigkeit der Beweise - die Kommission hätten bewegen müssen, von einer Geldbuße abzusehen".

35 Zu dieser "zusammenfassenden" Funktion des Notwehrbegriffs, vgl. auch die Schlußanträge des *GA Vesterdorf* v. 10.7.91 im Polypropylen-Fall, verb. Rs. T-1/89 u.a., Slg. 1991, II-869: "[S. 1015 f.] Die anderen Argumente von Montedipe SpA ... lassen sich so zusammenfassen, daß als Rechtfertigungsgründe für das Kartell *Gesichtspunkte der Notwehr* ins Feld geführt werden könnten. Mit einem hübschen Bild erklärt Monte, die Unternehmen hätten sich wie Schiffbrüchige verhalten, die alle der Aufforderung des einen, an Land zu schwimmen, folgten, was die einzig vernünftige Handlungsweise sei. Sei die Aufforderung hierzu der *Vorschlag einer Vereinbarung* oder bloß die einfache Feststellung des *einzigen Weges zur Rettung*? Im wettbewerbsrechtlichen Zusammenhang ist darauf unbedingt zu antworten, daß es eine Aufforderung zum Abschluß einer Vereinbarung ist. Das Wettbewerbsrecht, wie es im Rahmen des Artikels 85 EWG-Vertrag [= Art. 81 EGV n.F.] zu verstehen ist, soll nämlich nicht verhüten, daß jemand ertrinkt. Im EWG-Vertrag gibt es kein Solidaritätsprinzip innerhalb des Wettbewerbsrechts wie zum Beispiel im Rahmen des EGKS-Vertrages; jedenfalls können nicht Unternehmen - die als miteinander im Wettbewerb stehend anzusehen sind - das Prinzip einzuführen versuchen."

mildernder Faktor berücksichtigt werden könne[36], kann insoweit noch nicht als ausdrücklicher Ausschluß des Instituts der Notwehr im Kartellrecht gedeutet werden - auch wenn ein solcher Ausschluß, wie im folgenden nachzuweisen sein wird, dogmatisch durchaus begründet werden kann.

Trotz der theoretischen Anerkennung der Notwehr gehen allerdings die Kommission und die europäischen Gerichte bei der Ausgestaltung und Prüfung der einzelnen Notwehrvoraussetzungen im *Kartellrecht* so streng vor, daß die praktische Bedeutung des Instituts minimalisiert wird[37].

Ins Gewicht fällt dabei vor allem, daß nach dem - anscheinend auf dem Definitionselement "unerläßlich" aufbauende - Standpunkt der Kommission und der europäischen Gerichte der Notwehreinwand nur dann berücksichtigt werden kann, wenn staatliche Hilfe zur Abwehr des Angriffs nicht hätte herbeigerufen werden können. Grundsätzlich muß also der Angegriffene den *Rechtsweg* beschreiten[38] und alle national- und gemeinschaftsrechtlichen Möglichkeiten erschöpfen, bevor er auf eigene wettbewerbsbeschränkende Abwehrmaßnahmen zurückgreifen darf[39]. Die in dieser Forderung der EG-Organe zum Ausdruck kommende *Subsidiarität der privaten Notwehr* gegenüber staatlicher Hilfe bildet zwar einen substantiellen Bestandteil auch des klassischen Verständnisses des strafrechtlichen Notwehrbegriffs ("Erforderlichkeit" der Verteidigungshandlung)[40]. Jedoch wird die Subsidiarität in der kartellrechtlichen Gemeinschaftspraxis stärker betont und ohne Einschränkungen postuliert. Nach dem klassischen Verständnis der Notwehr ist dies - zumindest im Hinblick auf rechtswidrige Angriffe von Privatleuten[41] - nicht der Fall[42].

---

36 *EuG* Urt. v. 10.3.92, a.a.O. [Rdn. 385]: "Das Gericht weist darauf hin, daß die verschiedenen von der Klägerin als Rechtfertigungsgründe geltend gemachten Umstände die Rechtswidrigkeit ihres Verhaltens nicht ausschließen können, weil die *Beteiligung an einem rechtswidrigen Kartell nicht als Mittel der Notwehr anerkannt werden kann.* Die Kommission hätte diese Umstände höchstens bei der Festsetzung der Geldbuße mildernd berücksichtigen können, ohne dazu allerdings verpflichtet zu sein."

37 Vgl. DANNECKER / FISCHER-FRITSCH, S. 310; GLEISS / HIRSCH [4. Aufl.], Bd. 1, Rdn. 179: "Notwehr gegen unlautere Wettbewerbspraktiken oder gegen sonstige Rechtsverstöße, auch gegen gemeinschaftsrechtliche Wettbewerbsregeln, kann Zuwiderhandlungen gegen Art. 85 [= Art. 81 EGV n.F.] regelmäßig weder rechtfertigen noch entschuldigen."

38 Vgl. DANNECKER, in: I/M EG-WbR [1997], VO 17 Art. 15, Rdn. 143; DANNECKER, in: Madrid-Symposium für Tiedemann, S. 338; DANNECKER, Strafrecht der EG, S. 97; GLEISS / HIRSCH [4. Aufl.], Bd. 1, Rdn. 179.

39 GLEISS / HIRSCH [4. Aufl.], Bd. 1, Rdn. 178 f.: "Es gilt ... die Regel, daß sich die geschädigten Unternehmen an die nationalen Stellen, ggf. auch an die Kommission wenden müssen... Zur Selbsthilfe durch eigene Verstöße dürfen sie nicht greifen."

40 Vgl. z.B. SPENDEL, in: LK [10. Aufl.], § 32 Rdn. 233 f.

41 Im Hinblick auf rechtswidriges Vorgehen von staatlichen Organen (z.B. rechtswidriges Auskunfts- und Nachprüfungsverlangen der Kartellbehörden) wird dagegen im allgemeinen anerkannt, daß keine Notwehr möglich ist, sondern der vom Gesetz eröffnete Rechtsweg zu beschreiten ist; vgl. TIEDEMANN (in: FS für Jescheck, S. 1431), der diese Erkenntnis als "straf-

Die Kommission weigert sich beispielsweise den Notwehreinwand zu akzeptieren, wenn die angeblich durch ein Kartell angegriffenen Unternehmen Selbsthilfemaßnahmen ergreifen, ohne vorher eine Beschwerde bei der Kommission eingereicht zu haben. Angesichts des selektiven und meistens lang dauernden Vorgehens der Kommission bei der Prüfung von Beschwerden und beim Erlaß von einstweiligen Anordnungen[43] ist aber äußerst zweifelhaft, ob die Einreichung einer Beschwerde oder der Antrag auf eine einstweilige Anordnung als Abwehrmaßnahme gegen das angreifende Kartell *immer* eine gleichwertige, erfolgversprechende Alternative zu den eigenen Selbsthilfemaßnahmen der betroffenen Unternehmen darstellt. Die Kommission trifft trotzdem keine diesbezüglichen Differenzierungen.

KOME v. 26.11.86, 86/596/EWG, *MELDOC*[44]: "Schließlich kann das von der Verteidigung vorgetragene Argument hinsichtlich der angeblichen wettbewerbsbeschränkenden Verhaltensweisen auf dem belgischen Markt von der Kommission nicht akzeptiert werden. Selbst wenn es stimmen sollte, daß die *belgischen Importe in die Niederlande in unlauterer Weise* - eben im Zuge dieser behaupteten wettbewerbsbeschränkenden Verhaltensweisen - erfolgten [Angriffshandlung], so *kann dies nicht* als mildernder Umstand im Rahmen der Entscheidung über die Festsetzung von Geldbußen [für die Bildung eines Kartells als Verteidigungshandlung] *berücksichtigt* werden [um so weniger kann dies also als Rechtfertigungsgrund betrachtet werden]. Andernfalls könnten Unternehmen dazu ermutigt werden, selber zu entscheiden, wie sie auf Verhaltensweisen reagieren sollen, die gegen die EWG-Wettbewerbsregeln verstoßen, und sich über die Regeln hinwegsetzten, die eigens erlassen wurden, um gegen solche Verhaltensweisen einzuschreiten. Die Meldoc-Partner *hätten bei der Kommission gemäß Artikel 3 der Verordnung Nr. 17 eine Beschwerde einreichen sollen*. Das haben sie nie getan. Nur im Rahmen der Verteidigung gegenüber der Mitteilung der Beschwerdepunkte wurde dieser Punkt der angeblichen wettbewerbsbeschränkenden Verhaltensweisen auf dem belgischen Markt zur Sprache gebracht."

Ebenfalls wird der Notwehreinwand abgelehnt, wenn für die Abwehr des Angriffs andere Verfahren (z.B. Verfahren der Festsetzung von Antidumping-Preisen, Verfahren gegen rechtswidrige staatliche Beihilfen) vorgesehen sind, ohne daß geprüft wird, ob diese Verfahren im konkreten Fall effektiv und zügig hätten abgewickelt werden können[45].

---

rechtliches Allgemeingut aller entwickelten Rechtsordnungen" bezeichnet und die entsprechende EuGH-Rechtsprechung billigt. - Die Darstellung im Text konzentriert sich auf Fallkonstellationen von privaten Angriffen.

42 SPENDEL, in: LK [10. Aufl.], § 32 Rdn. 234: "Daß die *Herbeiführung* der [staatlichen] Unterstützung möglich ist, ist *nicht* genügend, auch *nicht* notwendig, daß sie der Angegriffene *herbeiholt* [Hervorhebungen im Original]." Vgl. auch TSOLKA, die nach einem rechtsvergleichenden Überblick (S. 188 ff.) von einer "engen Interpretation" der Voraussetzung der Unerläßlichkeit spricht und zugleich feststellt, daß dadurch "die praktische Bedeutung des gemeinschaftlichen Notwehrrechts geringer als diejenige [erscheint], die im mitgliedstaatlichen Recht vorzufinden ist" (S. 190); siehe auch DANNECKER, EJCCLCJ 1993, S. 238.

43 Zum Aufgreifermessen der Kommission gegenüber Beschwerden vgl. SAUTER, in: LANGEN / BUNTE, [8. Aufl.], Bd. 1, VO 17/62 Art. 3, S. 1855 (Rdn. 8).

44 ABl. 1986 Nr. L 348/50 [Rdn. 69].

45 Das EuG erweckt sogar durch seine Formulierungen den Eindruck, daß ein Selbsthilferecht der "angegriffenen" Unternehmen auch dann scheitern könnte, wenn die (angerufene oder) von Amt wegen einschreitende Kommission ihre wettbewerbsschützenden Aufgaben nicht

KOME v. 6.8.84, 84/405/EWG, *Zinc Producer Group*[46]: "[Rdn. 73] Selbst die Abwehr angeblicher Dumpingpraktiken rechtfertigt es nicht, mit privaten Vereinbarungen zwischen Wettbewerbe[r]n preis- und marktregulierend einzugreifen."

KOME v. 30.7.92, 92/444/EWG, *Scottish Salmon Board*[47]: "[Rdn. 24] Unternehmen oder Unternehmensvereinigungen [dürfen] in einer Situation, die das Eingreifen der Gemeinschaft durch *Verfahren wie Antidumping oder Schutzklauseln* erfordert, nicht aufgrund der Verordnung Nr. 26 zusätzlich zu oder anstelle von solchen Verfahren private wettbewerbseinschränkende Vereinbarungen zur Behebung dieser Situation treffen."

KOME v. 30.11.94, 94/815/EG, *Zement*[48]: "[Rdn. 53 Nr. (8)] Lafarge hat bei der mündlichen Anhörung ... geltend gemacht, Artikel 85 Absatz 1 [= Art. 81 Abs. 1 EGV n.F.] sei deshalb nicht auf die Mitglieder der European Task Force [Gruppe innerhalb der Organisation des Kartells der Zementhersteller] anwendbar, weil diese in *Notwehr gegen die Ausfuhren der griechischen Hersteller, die vom griechischen Staat unzulässige Beihilfen erhielten*, gehandelt hätten. - Die Kommission möchte dazu zunächst bemerken, daß es nicht Sache der Unternehmen ist, die Stelle der mit der Anwendung der Artikel 92 und 93 EG-Vertrag betrauten Gemeinschaftsinstanzen einzunehmen und innerhalb der Gemeinschaft den Verkehr mit Waren zu verhindern, die nach ihrer Auffassung - zu Recht oder zu Unrecht - staatliche Beihilfen erhalten. Selbstverständlich erkennt die Kommission den Unternehmen das Recht zu, nicht nur den zuständigen Behörden - einschließlich der Kommission selbst - etwaige Verletzungen nationaler oder gemeinschaftlicher Rechtsvorschriften anzuzeigen, sondern zu diesem Zweck auch gemeinsam aufzutreten, was zwangsläufig die Möglichkeit vorbereitender Gespräche untereinander voraussetzt. - Die Tatsache, daß die fraglichen Unternehmen über staatliche Beihilfen zugunsten anderer europäischer Wettbewerber besorgt waren, vermag dagegen *unter keinen Umständen zu rechtfertigen, daß über die Möglichkeit, die Sache den zuständigen Behörden zur Kenntnis zu bringen, hinaus private Maßnahmen ergriffen werden.*"

(2) Würdigung

(a) Kritik im Schrifttum

Das oben geschilderte und am Beispiel des bedingungslosen "Hinweises auf den offenen Rechtsweg" veranschaulichte strenge Vorgehen der Gemeinschaftsorgane gegenüber Notwehreinwänden im Kartellrecht wird in der Literatur kritisch aufgenommen[49]. Dabei wird vor allem bemängelt, daß gegen Angriffe unlauteren Wett-

richtig wahrnimmt und somit den Unternehmen keinen effektiven Schutz sicherstellt, vgl. *EuG* Urt. v. 6.4.95, Rs. T-147/89, *Société métallurgique de Normandie*, Slg. 1995, II-1057 [LS 7, nur LS abgedruckt]: "Selbst wenn die Kommission gegen einige ihrer Verpflichtungen aus Artikel 155 EWG-Vertrag verstoßen hätte, indem sie nicht für die Einhaltung der Wettbewerbsregeln durch bestimmte Unternehmen Sorge getragen hätte, würde dieser letztgenannte Umstand doch nicht Verstöße gegen diese Regeln durch ein anderes Unternehmen rechtfertigen."

46 ABl. 1984, Nr. L 220/27.

47 ABl. 1992 L 246/37.

48 ABl.1994 Nr. L 343/1.

49 WAGEMANN, S. 95 ff.; TSOLKA, 190 f.; siehe aber TIEDEMANN, in: FS für Jescheck, S. 1430.

bewerbs im Gemeinschaftsrecht überhaupt kein Rechtsbehelf[50], gegen kartellrechtswidrige Angriffe kein Rechtsbehelf für Eilfälle gegeben sei[51]. Es wird deswegen gefordert, daß zumindest in den genannten Fällen angesichts der Notwehrfähigkeit sowohl des Rechtsguts des Lauterkeitsrechts ("Leistungswettbewerb") als auch des Rechtsguts des Kartellrechts (nicht nur "Wettbewerb als Ordnungseinrichtung", sondern auch "Wettbewerbsfreiheit des einzelnen") die Notwehrbefugnis von Privatleuten gegenüber unlauter oder kartellrechtswidrig handelnden Konkurrenten anerkannt werden müsse[52].

(b) Stellungnahme

Im Hinblick darauf, daß der Verweis auf den offenen Rechtsweg selbstverständlich auch nationale Gerichte und Behörden einschließt[53], und daß das vom EuGH auf der Grundlage des Art. 3 VO 17 rechtsfortbildend entwickelte Institut der einstweiligen Maßnahmen gerade auf Eilfälle des europäischen Kartellrechts zugeschnitten ist[54], wird deutlich, daß die oben skizzierte Kritik teilweise von fehlerhaften Prämissen ausgeht: den betroffenen Unternehmen steht nämlich grundsätz-

---

50 WAGEMANN, S. 95 f.

51 WAGEMANN, S. 96; TSOLKA, S. 190.

52 WAGEMANN, S. 96 f.: "Notwehr muß aber dann möglich sein, wenn sich Unternehmen gerade auf die individualschützende Seite der Wettbewerbsfreiheit berufen - so bei Verstößen von Konkurrenten gegen Art. 85, 86 EWGV [= Art. 81 und 82 EGV n.F.] - oder wenn außerwettbewerbliche Rechtsgüter der Unternehmen betroffen sind (Existenz, Arbeitsplätze, Eigentum)." TSOLKA, S. 190 f.: "Insoweit aber die Notwehr zum Schutze der Handlungsfreiheiten der Einzelnen im Wettbewerb unerläßlich war, muß das Bestehen des Notwehrrechts nicht schlechthin ausgeschlossen werden. In den Fällen kartellrechtswidrigen Verhaltens von Konkurrenzunternehmen könnte sich nämlich ein Unternehmen auf die individualschützende Seite der Wettbewerbsfreiheit und somit auf das Notwehrrecht berufen."

53 Vgl. GLEISS / HIRSCH [4. Aufl.], Bd. 1, Rdn. 178 f.; siehe aus der Praxis *EuGH* Urt. v. 17.1.84, verb. Rs. 43 und 63/82, *VBVB und VBBB*, Slg. 1984, S. 19 [LS 7; vgl. S. 63]: "Der Umstand, daß ein System der vertikalen Preisbindung [*Verteidigungshandlung*] nebenbei zur Folge haben kann, einen unlauteren Wettbewerb wie den der 'Lockvogelpraktiken' zu verhindern [*Angriffshandlung*], ist kein hinreichender Grund, einen ganzen Marktsektor wie den Buchmarkt von der Anwendung des Artikels 85 Absatz 1 [= Art. 81 Abs. 1 EGV n.F.] auszunehmen. Es ist Sache der Unternehmen, die durch unlautere Handelspraktiken unter Umständen geschädigt worden sind, auf die für das Gebiet der Handelsbräuche erlassenen Rechtsvorschriften zurückzugreifen, die es in der einen oder anderen Form in allen Mitgliedstaaten gibt und durch die derartigen Mißbräuchen begegnet werden kann. Das Bestehen derartiger Mißbräuche kann dagegen in keinem Fall eine Einschränkung der Wettbewerbsregeln der Gemeinschaft rechtfertigen."

54 Zu den einstweiligen Anordnungen, die von der Kommission gemäß Art. 3 VO 17 erlassen werden können, siehe SAUTER, in: LANGEN / BUNTE [8. Aufl.], Bd. 1, VO 17/62 Art. 3, S. 1856 ff. (Rdn. 10 ff.); PERNICE, in: GRABITZ / HILF [5 EL Sept. 92], nach Art. 87, VO Nr. 17 Vorbem., Rdn. 41 ff.; RITTER / BRAUN / RAWLINSON [1991], EEC Competition Law, 1991, S. 673 f.

lich sowohl bei Angriffen unlauteren Wettbewerbs als auch bei kartellrechtlichen Eilfällen ein Rechtsbehelf zur Seite.

Auch wenn man aber davon ausginge, daß diese Rechtsbehelfe nicht immer ausreichenden Schutz sicherstellen[55], ist es äußerst zweifelhaft, ob die möglichen Rechtsschutzdefizite eine private, auf *Wettbewerbsbeschränkungen* aufbauende Verteidigung gegen die genannten Angriffsarten rechtfertigen können. Jedenfalls kann das Argument der Notwehrfähigkeit des Rechtsguts des Wettbewerbs kaum wesentliche Erkenntnisse zu dieser Diskussion beitragen - wie dies von den oben zitierten kritischen Stimmen angedeutet wird. Das Verhältnis von Notwehr und Kartellrecht wird nämlich durch einen anderen, bislang wenig beachteten Faktor geprägt.

Dies soll im folgenden aufgrund einer grundlegenden Differenzierung zwischen zwei Fallkonstellationen verdeutlicht werden. Wie es sich zeigen wird, ist die Frage der Notwehrfähigkeit des Rechtsguts des Wettbewerbs nur für die eine der beiden Fallkonstellationen entscheidend, und zwar für diejenige, die mit dem Problem der Anerkennung der Notwehr im Kartellrecht am wenigsten zu tun hat. Die andere - im vorliegenden Zusammenhang maßgebliche - Fallkonstellation ist dagegen von der Frage der Notwehrfähigkeit des Rechtsguts weitgehend unabhängig.

(i) Notwehr gegen Wettbewerbsbeschränkungen

Die für das Problem der Notwehr im Kartellrecht nur begrenzt relevante Fallkonstellation läßt sich kurz mit der Frage umschreiben, ob Verletzungen des Wettbewerbssystems und der Wettbewerbsfreiheit als *Angriffs*handlungen eines Unternehmens durch kartellrechtsneutrale Verteidigungshandlungen von in ihrer Wettbewerbsfreiheit mitverletzten Konkurrenten (Notwehr) oder von Dritten (Nothilfe) abgewehrt werden dürfen. Es geht also um den *Wettbewerb als das vor einem Angriff zu verteidigende Rechtsgut*. Hierbei begeht nur der Angreifer ein Kartelldelikt, der Verteidiger verwirklicht dagegen einen *außer*kartellrechtlichen Straftatbestand.

Als Beispiel könnte der Fall genommen werden, in dem die wirtschaftlich mächtige Muttergesellschaft ihrer in der Großhandelsstufe tätigen, und durch die überhöhten

55 Es ist so beispielsweise zuzugestehen, daß der Antrag auf eine einstweilige Anordnung der Kommission in praktischer Hinsicht kaum Sicherheit bietet. Der Erlaß von einstweiligen Anordnungen setzt nämlich zum einen Zuwiderhandlungen voraus, die geeignet sind, dem Antragsteller "einen schweren und nicht wiedergutzumachenden Schaden zuzufügen" (PERNICE, in: GRABITZ / HILF [5 EL Sept. 92], nach Art. 87, VO Nr. 17 Vorbem., Rdn. 42) und hängt andererseits entscheidend von komplizierten Interessenabwägungen (SAUTER, in: LANGEN / BUNTE [8. Aufl.], Bd. 1, VO 17/62 Art. 3, S. 1857 Rdn. 15) und vom Ermessen der Kommission ab (KOCH, in: GRABITZ / HILF [1. Grdlfg.], nach Art. 87, VO Nr. 17 Art. 3, Rdn. 25: "Eine subjektiv-öffentliches Recht auf Vornahme einstweiliger Maßnahmen gegenüber Zuwiderhandlungen im allgemeinen ist aus den gleichen Gründen prinzipiell abzulehnen wie ein Anspruch auf endgültiges Einschreiten"). Diese Voraussetzungen machen aber den Ausgang des Antrages unvorhersehbar und können die Effektivität des gewährten Rechtsschutzes in Zweifel ziehen.

Lieferpreise eines Herstellerkartells ausgebeuteten Tochtergesellschaft zu Hilfe kommt, und dabei die Lieferanten und Mitglieder des Kartells durch wirtschaftlich unlautere Methoden und rechtswidrige Drohungen zur Auflösung des Kartells zwingt.

In dieser Fallkonstellation ist zwar die Anerkennung der Notwehrbefugnis der angegriffenen Marktteilnehmer grundsätzlich davon abhängig, ob das Rechtsgut des Wettbewerbs angesichts seiner institutionalen Grundzüge *notwehrfähig* ist. Die Relevanz dieser Fallkonstellation für die kartellrechtliche Notwehrdiskussion ist aber gering. Im Rahmen der Notwehrdiskussion geht es nämlich nicht um notwehrbedingte Rechtfertigungen von *außer*kartellrechtlichen Rechtsverstößen, sondern um die notwehrbedingte Rechtfertigung von Wettbewerbsbeschränkungen.

Möchte man trotzdem auch diese Fallkonstellation entscheiden, so ist zwar die Frage der *Notwehrfähigkeit* des Rechtsguts des Wettbewerbs grundsätzlich *zu bejahen*. Im Hinblick nämlich darauf, daß das Rechtsgut des Wettbewerbs (neben institutionellen auch) individuelle Aspekte beinhaltet[56] und unter Berücksichtigung der im strafrechtlichen Schrifttum herrschenden Meinung, daß auch Güter der Allgemeinheit notwehrfähig sind, solange gleichzeitig Individualinteressen beeinträchtigt werden[57], stellt sich der Wettbewerb als notwehrfähiges Rechtsgut dar.

Dieses auf den klassischen Prämissen des Notwehrrehts aufbauende Ergebnis soll allerdings nicht den Blick dafür verstellen, daß es auf dem kartellrechtlichen Gebiet eine speziell eingerichtete *Wettbewerbsbehörde* gibt, die berechtigterweise den Anspruch erheben kann, bezüglich jedes Angriffs auf den Wettbewerb und vor der Vornahme irgendwelcher individuellen Verteidigungshandlung informiert zu werden. Ein solcher *Anspruch auf Information* gründet darauf, daß das durch Notwehr in Schutz genommene Rechtsgut auch überindividuelle Aspekte hat, und daß deswegen die Wettbewerbsbehörde die Möglichkeit erhalten muß zu entscheiden, ob sie interveniert und selbst die Schutzhandlung übernimmt. Nur diese Behörde vermag nämlich kraft ihres Marktüberblicks und ihrer Sachkenntnisse eine koordinierte, die Interessen *aller* Marktteilnehmer einbeziehende effektive Reaktion gegen den wettbewerbsfeindlichen Angriff einzuleiten.

Der sich dadurch abzeichnende Konflikt zwischen dem Notwehrrecht von Privaten und dem Informationsrecht der Kartellbehörden läßt sich folgendermaßen lösen: Die Notwehr gegen Wettbewerbsbeschränkungen sollte zwar zugelassen werden. Wegen der (auch) *überindividuellen* Natur des angegriffenen Rechtsgutes sowie wegen damit zusammenhängender Gründe wettbewerbspolitischer *Effektivität* sollte sie aber - entgegen dem klassischen strafrechtlichen Verständnis - auch in Fällen, in denen der Rechtsweg wegen bestehender Effektivitätsmängeln keine gleichwertige Verteidigungsalternative darstellt, an die *Bedingung der vorherigen Informierung der Kartellbehörden* über den wettbewerbsbeschränkenden Angriff geknüpft werden[58]. - Erscheint allerdings diese Informierung als nur schwer durchführbar, so ist von der genannten Bedingung abzusehen.

---

56 Ausführlich dazu PAPAKIRIAKOU, Das griechische Verwaltungsstrafrecht, § 3 II C.

57 Vgl. JESCHECK / WEIGEND, Lehrbuch [5. Aufl.], S. 340: "Auch Rechtsgüter der Allgemeinheit sind notwehrfähig, wenn ein einzelner durch den Angriff unmittelbar betroffen ist."

58 Dabei ist es nicht erforderlich, die genannte Bedingung als zusätzliches Merkmal in den Notwehrtatbestand aufzunehmen. Diese kann vielmehr im Wege der Auslegung in den allgemeinen Rechtsgrundsatz der Notwehr ("Unerläßlichkeit") hineininterpretiert werden.

(ii) Notwehr durch Wettbewerbsbeschränkungen

Um den Kern des Notwehrproblems im Kartellrecht handelt es sich erst im Rahmen der zweiten Fallkonstellation. Hierbei geht es um die Frage, ob Verletzungen des Wettbewerbssystems und der Wettbewerbsfreiheit als Verteidigungshandlungen eines Unternehmens gegen Angriffe anderer Marktteilnehmer gerechtfertigt werden können. Es geht also um den *Wettbewerb als das durch die Verteidigungshandlung geopferte Rechtsgut*, wobei die Verteidigungshandlung in erster Linie auf die Wettbewerbsfreiheit des Angreifers zielt. Die Angriffshandlung kann sich in diesem Fall gegen andere Rechtsgüter als den Wettbewerb richten, und zwar sowohl gegen individuelle (z.B. gewerbliche Schutzrechte) als auch gegen überindividuelle Rechtsgüter (z.B. staatliches Produktionsquotensystem, staatliches System von Antidumping-Preisen) richten. Die Angriffshandlung kann sich aber auch das Wettbewerbssystem und die Wettbewerbsfreiheit des Verteidigers zum Ziel haben. - In der fraglichen Fallkonstellation ist es also der *Verteidiger*, der immer einen kartellrechtlichen Straftatbestand verwirklicht, während der *Angreifer* ein Kartell- oder ein anderes Delikt begeht.

Ein Unternehmen wird beispielsweise von einem *einzelnen Konkurrenten* (der z.B. unlautere vergleichende Werbung betreibt), von einem *Kartell von Konkurrenten* (der z.B. Dumpingpreisen anwendet) oder vom *Staat* (der z.B. rechtswidrige Subventionen an Konkurrenten gewährt) *angegriffen*, und verteidigt sich dagegen mit einer Wettbewerbsbeschränkung, z.B. durch Boykottaufruf und darauffolgende Verhaltensabstimmung mit anderen Unternehmen zum Zweck der Isolierung des unlauter handelnden Unternehmens; oder durch Beteiligung an einem anderen Kartell, das dem angreifenden Kartell den Kampf erklärt; oder durch wettbewerbsbeschränkende Bindungen von Händlern, so daß der Markteintritt des rechtswidrig subventionierten Unternehmens erschwert wird. - Möglich ist hierbei, daß das Unternehmen die Wettbewerbsbeschränkung zur Verteidigung eines anderen Unternehmens gegen die erwähnten Angriffsarten begeht.

Ist das *vom Angreifer verletzte Rechtsgut* der Wettbewerb, so erlangt die Frage der Notwehrfähigkeit des Rechtsguts auch im Rahmen dieser Fallkonstellation praktische Bedeutung. Wie bezüglich jedes Guts der öffentlichen Wirtschaftsordnung ist nämlich auch hier zu fragen, ob eine private, notwendigerweise durch die Eigeninteressen der handelnden Person(en) geprägte Reaktion den institutionalen Aspekten bzw. den mit dem öffentlichen Gut zusammenhängenden Interessen der Allgemeinheit gerecht werden kann[59].

Berechtigt sind insoweit die Bedenken, mit denen die *Kommission* das Verteidigungsvorbringen der Unternehmen im *Aluminium*-Fall begegnet, sie hätten durch die Kartellvereinbarungen den Schutz der "freien Marktwirtschaft" vor Importen zu Schleuder- oder Dumpingpreisen durch Staatshandelsbetriebe bezweckt, also *quasi-Nothilfe zugunsten eines Guts der Allgemeinheit* ausgeübt[60]: "[Rdn. 12.2] Diese Argumentation unterstellt, daß sich private Vertragspartner öffentliche Aufgaben zuweisen können. Sie setzt sich über die klare Unterscheidung zwischen staatlicher Lenkung und Kartellen hinweg. Eine Be-

[59] Vgl. GLEISS / HIRSCH [4. Aufl.], Bd. 1, Rdn. 189.

[60] *KOME* v. 19.12.84, 85/206/EWG, *Aluminiumeinfuhren aus Osteuropa*, ABl. 1985 Nr. L 92/1.

hörde muß die Rechte und Interessen Dritter ebenso wie das allgemeine öffentliche Wohl berücksichtigen. Ein Kartell hingegen funktioniert gewöhnlich zugunsten seiner Mitglieder und berücksichtigt nicht die beiden anderen Belange... Auch der *Schutz der 'freien Marktwirtschaft' ist staatlichem Handeln vorbehalten.* Es ist vor allem die Kommission, welche die Pflicht hat, die im EWG-Vertrag niedergelegten Grundsätze in eine allgemeine Politik umzusetzen und das Verhalten der Unternehmen im Lichte dieser Grundsätze zu steuern."

Angesichts der oben im Rahmen der ersten Fallkonstellation betonten individuellen Aspekte des Wettbewerbs läßt sich allerdings - im Gegensatz zu anderen Gütern der öffentlichen Wirtschaftsordnung - die Eigenschaft des Wettbewerbs als notwehrfähiges Rechtsgut zwar einschränken[61], jedoch nur schwer verneinen.

Die Notwehrfähigkeit stellt jedoch *nicht* den entscheidenden Punkt im Hinblick auf die Behandlung eines Notwehreinwandes im Kartellrecht dar. Ob von der Angriffshandlung (auch) individuelle Rechtsgüter betroffen sind, ist eine nachrangige Frage[62]. Vorangehen muß bereits die Frage, ob es begrifflich überhaupt zulässig ist, von *Notwehr* zu sprechen, wenn durch die Verteidigungshandlung neben den Interessen des Angreifers (Wettbewerbsfreiheit) *auch* Interessen der Allgemeinheit (Wettbewerbssystem) verletzt werden.

Gerade diese Problemstellung vermißt man in der Literatur, die oft den logischen Fehler begeht, den wettbewerbsbeschränkenden *Angriff* in den Mittelpunkt der Diskussion zu stellen[63] und sich davon ausgehend u.a. auf das Argument zu berufen, daß die Abwehr des Angriffs nicht nur den Interessen des verteidigenden Unternehmens, sondern auch der Erhaltung des Wettbewerbs diene[64]. Diese Argumentation ist aber irreführend, denn sie bringt kaum zum Ausdruck, daß die *Abwehr* selbst eine gegen die Interessen der Allgemeinheit gerichtete Wettbewerbsbeschränkung ist.

Die soeben aufgeworfene Frage nach der Legitimität der Benutzung des Notwehrbegriffs im vorliegenden Zusammenhang ist grundsätzlich zu *verneinen*. Da die Verteidigungshandlung in der besprochenen Fallkonstellation nicht auf das Verhältnis zwischen Verteidiger und Angreifer beschränkt ist - wie es für die Notwehr nach klassischem strafrechtlichem Verständnis vorausgesetzt wird[65] -, sondern auch

---

61 Zur Bindung der Notwehrbefugnis an die Bedingung der vorherigen Informierung der Kartellbehörden - wenn dies angesichts der Umstände des Einzelfalls als möglich und zumutbar erscheint - siehe soeben im Text, II A 2 b (i).

62 Ebenfalls nachrangig ist die Frage, ob die Möglichkeit einer Anmeldung der wettbewerbsbeschränkenden Verteidigungshandlung zum Zwecke der Freistellung gem. Art. 81 Abs. 3 EGV n.F. die Unerläßlichkeit einer unangemeldeten wettbewerbswidrigen Abwehrhandlung entfallen läßt; zu dieser Problematik im Hinblick auf das Institut des Notstandes ("nicht anders abwendbare Gefahr"), siehe unten im Text, II B 2.

63 Vgl. z.B. BÖSE, S. 213; TSOLKA, S. 190 f.

64 WAGEMANN, S. 97.

65 LENCKNER, in: SCHÖNKE / SCHRÖDER [25. Aufl.], § 32 Rdn. 31: "Schon begrifflich muß sich die Verteidigung gegen den Angreifer richten, und auch von der Sache her kann die scharfe Waffe der Notwehr nur insoweit ein legitimes Mittel sein, als von der Notwehrhandlung

Interessen dritter Unbeteiligter berührt, sollte also eine Rechtfertigung kraft Notwehr - zumindest hinsichtlich der mit dem überindividuellen Aspekt des Wettbewerbs zusammenhängenden Gefahren und Schäden - abgelehnt werden[66].

Gegen den quasi-Notwehreinwand der betroffenen westeuropäischen Unternehmen, ihre zum Zwecke des Schutzes gegen Dumping-Praktiken von osteuropäischen Staatshandelsbetrieben getroffenen Vereinbarungen seien gerechtfertigt gewesen, weil ihnen die Andidumpingvorschriften des GATT und die hieraus abgeleiteten Vorschriften insofern keinen ausreichenden Schutz geboten hätten, als sie in der Praxis auf Verkäufe der Außenhandelsorganisationen nicht anwendbar gewesen seien, führte die Kommission daher mit Recht aus, daß die betroffenen Unternehmen trotzdem nicht berechtigt gewesen seien, "wettbewerbsbeschränkende Vereinbarungen zu schließen, die den Interessen der Konkurrenten und Verbraucher schaden"[67].

Das oben Gesagte schließt allerdings noch nicht aus, das Vorliegen einer *Notstandshandlung* in Betracht zu ziehen[68], die gerade durch die notbedingte Verletzung der Rechtsgüter unbeteiligter Dritter gekennzeichnet ist[69]. Die fragliche Fall-

---

Rechtsgüter des Angreifers betroffen sind... Wirkt sich die Verteidigung dagegen zugleich auf unbeteiligte Dritte aus, so ist dies durch Notwehr nicht gedeckt (h.M.)." Ausführlich zur Diskussion SPENDEL, in: LK [10. Aufl.], § 32 Rdn. 204 ff. (Rdn. 204: "Problematisch ist, ob und wieweit ... [die Verteidigung] sich zugleich gegen Rechtsgüter unbeteiligter Dritter wenden darf. Die überwiegende Meinung verneint diese Frage... Sie beurteilt den Notwehrakt nicht einheitlich im Hinblick auf sein 'Subjekt' (den Verteidiger), sondern differenziert mit Rücksicht auf die 'Objekte' der Abwehrreaktion (Angreifer und Dritten) und bewertet Eingriffe in Rechte Dritter, die zur Verteidigung notwendig werden, unter dem Gesichtspunkt des rechtfertigenden oder entschuldigenden Notstandes"); ähnlich bezüglich des griechischen Rechts SPINELLIS, in: Systematische Auslegung des gr. StGB [1993], § 22 Rdn. 37. - Zur begrenzten personenbezogehen Wirkung der Rechtfertigungsgründe im allgemeinen siehe JESCHECK / WEIGEND, Lehrbuch [5. Aufl.], S. 333: "Die Rechtfertigungsgründe gestatten nur Eingriff in Rechtsgüter, auf deren Träger sich der Erlaubnissatz bezieht, z.B. Rechtsgüter des Angreifers (§ 32 [StGB]), des Einwilligenden (§ 226a [StGB]) oder des Eigentümers oder Besitzers der Sache, von der die Gefahr ausgeht (§ 228 BGB) oder die im Notstand Rettung zu bringen verspricht (§ 904 BGB). Verletzungen von rechtlich geschützten Interessen Dritter bleiben dagegen grundsätzlich rechtswidrig, auch wenn sie infolge einer Abirrung der erlaubten Handlung eintreten."

66 Eine vom Institut der Notwehr getragene Rechtfertigung mit Blick auf die durch die Verteidigungshandlung mitverletzten Rechtsgüter von dritten Personen - wozu auch die Rechtsgüter der Allgemeinheit zählen - verneint SPENDEL, in: LK [10. Aufl.], § 32 Rdn. 205 ff.; zu möglichen Ausnahmen von diesem Grundsatz (wenn sich der Angreifer einer fremden Sache oder einer anderen Person als Mittel für den Angriff bedient) siehe SPENDEL, a.a.O., Rdn. 210 ff.

67 *KOME* v. 19.12.84, 85/206/EWG, *Aluminiumeinfuhren aus Osteuropa*, ABl. 1985 Nr. L 92/1 [Rdn. 12.3].

68 So auch die überwiegende Meinung in Deutschland, siehe SPENDEL [LK, 10. Aufl.], § 32 Rdn. 204: "Die überwiegende Meinung ... bewertet Eingriffe in Rechte Dritter, die zur Verteidigung notwendig werden, unter dem Gesichtspunkt des rechtfertigenden oder entschuldigenden Notstandes."

69 DANNECKER, in: I/M EG-WbR [1997], VO 17 Art. 15, Rdn. 145.

konstellation sollte dann aber richtigerweise im Rahmen der Diskussion über die Anerkennung des Notstandes behandelt werden, wobei auch andere Aspekte und Abwägungen relevant werden.

(c) Zusammenfassung

Das strenge Vorgehen der Gemeinschaftsorgane, insbesondere der Kommission, bei der Behandlung von Notwehreinwänden im Kartellrecht ist somit zu billigen. Angesichts der bei der Besprechung der maßgeblichen zweiten Fallkonstellation (Notwehr *durch* Wettbewerbsbeschränkungen) gewonnenen Erkenntnisse, daß die wettbewerbswidrige Verteidigungshandlung den Kreis der Rechtsgüter des Angreifers überschreitet und in Interessen der Allgemeinheit bzw. dritter Marktteilnehmer eingreift, steht nämlich fest, daß die begrifflichen Voraussetzungen der Notwehr bereits nach klassischem Verständnis nicht vorliegen, so daß der Berufung auf Notwehr prinzipiell keine rechtfertigende Wirkung beigemessen werden kann. Daß die Entscheidungspraxis zu diesem Ergebnis über einen anderen Weg gelangt, nämlich durch die strenge Fassung des Subsidiaritätsprinzips, ist insoweit als nicht erheblich einzustufen.

B. Notstand

(1) Darstellung der Gemeinschaftspraxis

Das Kartellrecht der Gemeinschaft kennt auch das Institut des Notstandes. Die Ursprünge dieses in der Gestalt eines allgemeinen Grundsatzes[70] geltenden strafrechtlichen Rechtfertigungsgrundes sind ebenfalls[71] in der Rechtsprechung des EuGH zum Geltungsbereich des EGKS-Vertrages zu finden. Der Notstand wurde zunächst dort mit Blick auf Verstöße der Unternehmen der Stahlindustrie gegen krisenregulierende Maßnahmen (Stahlquoten-[72] und Mindestpreisregelungen) der Kommis-

---

[70] Der EuGH hat zwar die Frage nach der Rechtssatzqualität des Notstandes noch nicht ausdrücklich bejaht bzw. in vielen Entscheidungen offengelassen; vgl. z.B. *EuGH* Urt. v. 11.5.83, verb. Rs. 303 u. 312/81, *Klöckner-Werke*, Slg. 1983, S. 1507: "[Rdn. 47] Aufgrund dieser Erwägungen ist der letzte Klagegrund, mit dem Notstand geltend gemacht worden ist, selbst dann zurückzuweisen, wenn man unterstellt, daß das Gemeinschaftsrecht das Rechtsinstitut des Notstandes grundsätzlich anerkennt." *EuGH* Urt. v. 16.12. 83, Rs. 188/82, *Thyssen*, Slg. 1983, S. 3721: "[Rdn. 15] Das Notstandsargument greift nicht durch. Welche Bedeutung diesem Argument auch immer im Rahmen des Gemeinschaftsrechts im allgemeinen zukommen mag, so ist jedenfalls festzustellen, daß ein Unternehmen sich nicht zur Rechtfertigung eines Verstoßes gegen Verpflichtungen, die ihm selbst nach der Produktionsquotenregelung obliegen, auf den angeblichen Notstand eines Dritten berufen kann." Im Schrifttum geht man aber zu Recht davon aus, daß der Notstand als allgemeiner Grundsatz gilt; vgl. WAGEMANN, S. 108; siehe auch HOFFMANN / EILERS, DB, Beilage Nr. 28/85 zu Heft Nr. 45, S. 3 und 12.

[71] Siehe bereits oben im Text bezüglich der Notwehr.

[72] Zur Krise in der Stahlindustrie, die etwa ab Mitte der siebziger bis Ende der neunziger Jahre dauerte und zur Einführung eines auf Art. 58 EGKS gestützten Produktionsquotensystem im

sion inhaltlich geformt[73] und anschließend auf das Kartellrecht des EG-Vertrags übertragen[74]. Begrifflich setzt dabei das Eingreifen des Instituts voraus: (a) eine *nicht anders* als durch das objektiv rechtswidrige Verhalten *abwendbare*[75] (b) *Existenzgefährdung* des betroffenen Unternehmens[76], (c) die durch das Verhalten eines Dritten oder durch einen sonstigen Umstand, jedenfalls aber *ohne eigenes Verschulden* des Unternehmens[77], hervorgerufen worden ist[78]. Die (wettbewerbswid-

---

Zeitraum 1980-1988 (vom 31.10.1980 bis zum 30.6.1988) führte, siehe zusammenfassend (mit Hinweisen auf die Fundstellen und den Inhalt der einzelnen getroffenen Maßnahmen) *KOME* v. 18.7.90, 90/417/EGKS, *Nichtrostender Flachstahl*, ABl. 1990 Nr. L 220/28 [Titel III Nr. 1 ff.]; zur Praxis der Sanktionierung von Quotenüberschreitungen siehe PORTHMANN, Erzeugungsquoten für Stahl, S. 144 ff.

73 Ausführlich dazu WAGEMANN, S. 97 ff.

74 Vgl. WAGEMANN, der mit Bezug auf das Pioneer-Urteil (siehe dazu anschließend im Text) bemerkt (S. 105 f.): "Die hier ... genannten Kriterien ... deuten darauf hin, daß der Notstandsbegriff den gleichen Inhalt wie in den EGKS-Entscheidungen hat... Eine unterschiedliche Inhaltsbestimmung des Notstandsbegriffs im EGKS-Recht und im EWG-Wettbewerbsrecht ist insoweit nicht erkennbar."

75 Schlußanträge des *GA Capotorti* v. 5.12.79, verb. Rs. 154 u.a./78 sowie 39 u.a./79, *SpA Ferriera Valsabbia [I]* u.a. , Slg. 1980, S. 1035 [S. 1070]: "Zweitens hätte es selbst dann, wenn die Existenz der wettbewerbsfähigeren Unternehmen durch die Entscheidung Nr. 962/77 aufs Spiel gesetzt worden wäre, *nicht an rechtmäßigen Mitteln gefehlt*, um der Gefahr zu begegnen." Vgl. auch die Ausführungen der Kommission bei der Klageerwiderung im *EuGH* Urt. v. 14.12.83, Rs. 263/82, *Klöckner-Werke*, Slg. 1983, S. 4143: "[S. 4150] Selbst wenn aber die Existenz der Klägerin bedroht gewesen und diese Gefahr nicht durch sie selbst herbeigeführt worden sein sollte, wäre die *Quotenüberschreitung nicht das einzige Mittel* gewesen um diese Bedrohung abzuwenden. Die Klägerin hätte versuchen können, mehr Auslandsaufträge hereinzuholen, und bei der Kommission einen Antrag auf Erhöhung der Quoten nach Artikel 14 der allgemeinen Entscheidung Nr. 2974/80 stellen können; außerdem hätte sie die Möglichkeit gehabt, beim Gerichtshof einen Antrag auf einstweilige Anordnung zu stellen. Sie habe jedoch weder den einen noch den anderen Weg beschritten. Da eine rechtlich zulässige Abhilfe möglich gewesen wäre, hätte das Unternehmen nicht zur Selbsthilfe schreiten dürfen; diese sei 'ultima ratio'."

76 *EuGH* Urt. v. 18.3.80, verb. Rs. 154 u.a./78 sowie 39 u.a./79, *SpA Ferriera Valsabbia [I] u.a.*, Slg. 1980, S. 907: "[Rdn. 143] Es braucht jedoch nicht geprüft zu werden, ob die angebliche Bedrohung einen das Verhalten der Klägerinnen rechtfertigenden Notstand begründen konnte, sondern es genügt festzustellen, daß keines der Unternehmen, die die allgemeine Entscheidung Nr. 962/77 beachteten, die Gefahr des Konkurses oder der Liquidation lief, und daß die *Existenz der Klägerinnen nicht wirklich auf dem Spiel stand*, auch wenn einige von ihnen einen Absatzrückgang zu verzeichnen hatten."

77 *EuGH* Urt. v. 18.3.80, verb. Rs. 154 u.a./78 sowie 39 u.a./79, *SpA Ferriera Valsabbia [I] u.a.* , Slg. 1980, S. 907: "[Rdn. 144] Was die Firma Stefann Antonio angeht, die sich in einer besonders *schwierigen finanziellen Lage* befand, so ist festzuhalten, daß diese Lage die *Folge der Wahl des Zeitpunkts für die Umstrukturierung* des Unternehmens, also ihrer falschen Einschätzung einer allgemein bekannten ungünstigen Konjunktur, war. Wegen dieses individuellen Verhaltens kann sich die Klägerin nicht auf einen Notstand berufen."

78 Schlußanträge des *GA Capotorti* v. 5.12.79, verb. Rs. 154 u.a./78 sowie 39 u.a./79, *SpA Ferriera Valsabbia [I]* u.a. , Slg. 1980, S. 1035: "[S. 1069] Nun sind die Grundvoraussetzungen

rige) Notstandshandlung muß sich schließlich [d] gegen die Hauptursache der Existenzgefährdung richten, was allerdings auch als Bestandteil der ersten Voraussetzung verstanden werden kann (Geeignetheit des Mittels zur Abwehr der Gefahr)[79].

Die (teilweise) Konkretisierung dieser Voraussetzungen im Kartellrecht wurde vom EuGH bislang nur im Pioneer-Urteil vorgenommen[80]. Die betroffene Firma MDF hatte in diesem Fall vorgetragen[81], daß, selbst wenn sie eine Zuwiderhandlung begangen haben sollte, diese wegen eines Notstandes gerechtfertigt gewesen sei. Gegenüber dem unlauteren Wettbewerb, den sie von seiten der Parallelimporteure haben hinnehmen müssen, habe sie sich in einer Notwehrlage befunden. Der EuGH lehnte zunächst angesichts der Rechtmäßigkeit der Parallelimporte und damit des Mangels an einem rechtswidrigen Angriff den Einwand einer Notwehrlage ab[82] und führte dann zum Einwand des Notstandes aus[83]: "Auch die etwaigen Folgen eines Notstandes brauchen nicht geprüft zu werden; in diesem Zusammenhang genügt es festzustellen, daß die Klägerin das Vorliegen einer solchen Situation nicht bewiesen hat. Die Firma MDF hat nicht dargetan, daß ihre *Existenz auf dem Spiel* gestanden habe [Vorausetz. (b)] oder daß ihre angeblichen wirtschaftlichen *Schwierigkeiten auf Paralleleinfuhren zurückzuführen* gewesen seien [Voraussetz. (d)], geschweige denn, daß ein *Verstoß gegen Artikel 85 Absatz 1* [= Art. 81 Abs. 1 EGV n.F.] *das einzige Mittel gewesen* sei, um ihren Fortbestand zu sichern [Voraussetz. (a)]."

Aus den genannten Voraussetzungen, die im deutschen Schrifttum oft als solche eines entschuldigenden Notstandes im Sinne des § 35 StGB interpretiert werden[84], und die jedenfalls - nach der zutreffenden Bemerkung von GLEISS/HIRSCH - "nur schwer einmal zu erfüllen sein" werden[85], wird ersichtlich, daß sich dem Institut

für das Vorliegen eines Notstandes ... die unmittelbare Bedrohung durch eine ernste Gefahr und die Unmöglichkeit, ihr auf andere Weise als durch objektiv rechtswidriges Verhalten zu entgehen. Sowohl nach dem Völkerrecht als auch nach dem Recht der Staaten ist es erforderlich, daß die Gefahr so ernst ist, daß die Existenz des Rechtssubjekts auf dem Spiel steht, und daß das Verhalten des Verpflichteten nicht zur Entstehung der Gefahrensituation beigetragen hat." Vgl. auch DANNECKER, in: I/M EG-WbR [1997], VO 17 Art. 15, Rdn. 144; TSOLKA, S. 193.

79 So ist der von *GA Capotorti* geforderte Kausalzusammenhang im "Valsabbia I"-Fall zu verstehen, wo es um die Verletzung von Mindestpreisregelungen ginge, die angeblich durch Notstand gerechtfertigt sein sollte; siehe Schlußanträge des *GA Capotorti* v. 5.12.79, verb. Rs. 154 u.a./78 sowie 39 u.a./79, *SpA Ferriera Valsabbia [I]* u.a. , Slg. 1980, S. 1035 [S. 1070 f.]: "Außerdem ist nicht in jedem Falle der *Kausalzusammenhang* zwischen der Mindestpreisregelung und dem Rückgang der Erzeugung oder des Absatzes nachgewiesen worden."

80 *EuGH* Urt. v. 7.6.83, verb. Rs. 100 bis 103/80, *Musique Diffusion Française ("Pioneer")*, Slg. 1983, S. 1825.

81 *EuGH* Urt. v. 7.6.83, a.a.O. [Rdn. 88].

82 *EuGH* Urt. v. 7.6.83, a.a.O. [Rdn. 89].

83 *EuGH* Urt. v. 7.6.83, a.a.O. [Rdn. 90].

84 Vgl. WAGEMANN, S. 109 f. und 171; TSOLKA, S. 197; BÖSE, S. 216 f.; a.A. DANNECKER, in: I/M EG-WbR [1997], VO 17 Art. 15, Rdn. 150.

85 GLEISS / HIRSCH [4. Aufl.], Bd. 1, Rdn. 179.

des Notstandes nur ein äußerst schmaler Anwendungsbereich im Gemeinschaftsrecht eröffnet. Anders als im Geltungsbereich der krisenregulierenden Maßnahmen der Kommission im Stahlsektor, wo (zumindest) bezüglich des in Art. 58 EGKS-Vertrag vorgesehenen - und von der Kommission im Zeitraum 1980 bis 1988 praktizierten - hoheitlich ausgestalteten Produktionsquotensystems dem Notwehreinwand bereits jede Bedeutung abgesprochen worden ist, stellt der Notstand ein gültiges Verteidigungsvorbringen für Kartellrechtsverstöße dar.

Der EuGH versuchte zwar am Anfang, die Notstandseinwände der Unternehmen in bezug auf Quotenüberschreitungen im Stahlsektor (Verstöße gegen das 1980 eingeführte, auf Art. 58 EGKS-Vertrag beruhende Produktionsquotensystem)[86] in erster Linie durch Berufung auf die Nichterfüllung der bereits in früheren Urteilen aufgestellten Voraussetzungen des Notstandes zurückzuweisen[87]. Nachdem sich aber allmählich zeigte, daß die Bestreitung der Voraussetzungen des Notstandes gegenüber den tatsächlich existenzbedrohten Unternehmen des von einer langjährigen schweren Krise betroffenen Stahlsektors immer schwieriger wurde, ging der EuGH dazu über, den Notstandseinwand zur Rechtfertigung von Quotenüberschreitungen schlicht auszuschließen. Dieser Schritt zur *Nichtanerkennung des Notstandes bezüglich der Verletzung von Maßnahmen der Kommission im Rahmen des Art. 58 EGKSV* kommt zum ersten Mal in dem im folgenden angeführten *EuGH*-Urteil v. 14.12.83 im *Klöckner*-Fall eindeutig[88] zum Ausdruck und wird in späteren Urteilen zur ständigen Rechtsprechung erklärt[89]:

---

86 Siehe dazu bereits oben Anm. 72.

87 *EuGH* Urt. v. 11.5.83, verb. Rs. 303 u. 312/81, *Klöckner-Werke*, Slg. 1983, S. 1507: "[Rdn. 43] Vor der Prüfung des Hauptarguments der Kommission, daß eine Anerkennung des Notstandes mit Artikel 58 EGKS-Vertrag unvereinbar sei, sind zweckmäßigerweise die besonderen Umstände zu erörtern, die die Klägerin zur Begründung ihres Antrages angeführt hat. Was den anderen angeblich für den maßgebenden Umstand betrifft, nämlich die sehr hohen Kosten der seit 1973 von dem Unternehmen durchgeführten Umstrukturierung, so ist festzustellen, daß dieser Umstand auf eine unternehmenspolitische Entscheidung des Unternehmens selbst zurückgeht. Eine der wesentlichen Voraussetzungen der Rechtsordnungen der Mitgliedstaaten für die Anerkennung eines Notstandes ist es aber gerade, daß die Gefahrenlage, die das rechtswidrige Verhalten rechtfertigt, nicht von dem Betroffenen verursacht worden ist. Diese Voraussetzung ist somit im vorliegenden Fall nicht erfüllt." Vgl. dazu die Ausführungen der Kommission (*EuGH* Urt. v. 11.5.83, verb. Rs. 303 u. 312/81, *Klöckner-Werke*, Slg. 1983, S. 1507: "[Rdn. 41] Die Kommission macht erstens gelten[d], auf dem spezifischen Gebiet der Produktionsquotenregelung für Stahl sei die Berufung auf einen Notstand ausgeschlossen, da dessen Anerkennung mit den Zielen des Art[i]kels 58 unvereinbar sei. Diese Vorschrift verfolge nämlich den Zweck, die durch die Krise des Stahlsektors verursachten Belastungen gerecht auf alle Unternehmen der Gemeinschaft zu verteilen, um langfristig ihre Rentabilität aufrechtzuerhalten oder wiederherzustellen; dieses Ziel könne aber nicht erreicht werden, wenn Unternehmen sich jeder Belastung durch die Berufung auf einen Notstand entziehen könnten. Die Quotenüberschreitungen, die mit dieser Begründung zugelassen werden könnten, führten notwendigerweise zu einer Verringerung der Quoten der anderen Unternehmen, die dann ihrerseits einen Notstand geltend machen und so die Überschreitung ihrer Quoten rechtfertigen könnten. [Rdn. 42] Jedenfalls seien die Voraussetzungen für einen Notstand im vorliegenden Fall nicht erfüllt..."

88 Angedeutet wurde diese Entwicklung bereits im eben zitierten Klöckner-Urteil v. 11.5.83 (*EuGH* verb. Rs. 303 u. 312/81, *Klöckner-Werke*, Slg. 1983, S. 1507: "[Rdn. 46] Was die of-

EuGH, Urt. v. 14.12.83, Rs. 263/82, *Klöckner-Werke*[90]: "Die *Rechtsfigur des Notstandes* kann auf dem spezifischen Gebiet des in Artikel 58 EGKS-Vertrag vorgesehenen Quotensystems nicht anerkannt werden. Dieses System beruht auf der *Solidarität* sämtlicher Stahlunternehmen der Gemeinschaft in der Krise und bezweckt eine gerechte Verteilung der aus unvermeidlichen wirtschaftlichen Gegebenheiten resultierenden Opfer... [Gemäß] Artikel 58 EGKS-Vertrag [kann] [d]as Quotensystem ... nur eingeführt werden, wenn ein ganzer Wirtschaftssektor von einer so schweren Krise erfaßt ist, daß die Existenz aller Unternehmen in der Gemeinschaft bedroht ist... [D]iesen Unternehmen wird eine gemeinschaftliche solidarische Anstrengung abverlangt, damit der gesamte betroffene Sektor die Krise überwinden und überleben kann. Angesichts dieser Zielrichtung des Quotensystems *können Gesichtspunkte der Sicherung von Bestand und Rentabilität eines einzelnen Unternehmens nicht angeführt werden*, wo es um die Durchsetzung dieses Systems geht... *Im übrigen würde das Quotensystem ganz ausgeschaltet*, wenn jedes Unternehmen sich unter Berufung auf einen Notstand wegen ernster wirtschaftlicher Schwierigkeiten den Beschränkungen entziehen und nach seinem Gutdünken die ihm zugeteilten Erzeugungsquoten überschreiten könnte. Die Quotenerhöhungen zugunsten der sich auf einen Notstand berufenden Unternehmen - oder aber die aufgrund des Notstandes sanktionslosen Quotenüberschreitungen dieser Unternehmen - hätten zwangsläufig eine Kürzung der Quoten der anderen Unternehmen zur Folge, so daß mehrere von ihnen sich ihrerseits in Notstandslagen befänden und Quotenanhebungen bean-

---

fensichtliche Krise betrifft, unter der der Stahlmarkt schwer zu leiden hatte, so ist darauf hinzuweisen, daß diese Krise die Stahlunternehmen allgemein betraf, so daß schließlich die in Artikel 58 EGKS-Vertrag vorgesehene Quotenregelung erlassen wurde. Nach Artikel 58 EGKS-Vertrag hat die Kommission, wenn sie bei einem Rückgang der Nachfrage der Auffassung ist, daß sich die Gemeinschaft in einer offensichtlichen Krise befinde und daß die in Artikel 57 vorgesehenen Maßnahmen nicht ausreichten, um dieser Lage zu begegnen, nach Durchführung der vorgeschriebenen Anhörungen eine Produktionsquotenregelung einzuführen. Eine solche Regelung hat die Kommission mit der allgemeinen Entscheidung Nr. 2774/80 rechtmäßigerweise eingeführt; zu ihrer Einhaltung sind alle betroffenen Unternehmen verpflichtet. *Die Produktionsquotenregelung würde aber ernsthaft beeinträchtigt, wenn nicht gar ganz ausgeschaltet, wenn jedes Unternehmen sich unter Berufung auf einen Notstand wegen ernster wirtschaftlicher Schwierigkeiten den Beschränkungen entziehen und nach seinem Gutdünken die ihm zugeteilte Produktionsquote überschreiten könnte. Die dadurch ausgelöste Kettenreaktion würde zum Zusammenbruch des Systems führen, so daß Artikel 58 EGKS-Vertrag ins Leere ginge.* [Rdn. 47] Aufgrund dieser Erwägungen ist der letzte Klagegrund, mit dem Notstand geltend gemacht worden ist, selbst dann zurückzuweisen, wenn man unterstellt, daß das Gemeinschaftsrecht das Rechtsinstitut des Notstandes grundsätzlich anerkennt."

89 *EuGH* Urt. v. 12.7.84, Rs. 81/83, *Busseni*, Slg. 1984, S. 2951: "[Rdn. 17] Der dritte Klagegrund kann dahin gehend verstanden werden, die Klägerin habe die ihr zugeteilten Quoten überschreiten müssen, um eine Mindestproduktion des Unternehmens sicherzustellen und auf diese Weise eine bedeutendes Rechtsgut - ihr eigenes Fortbestehen - zu verteidigen; sie habe folglich in einer Notstandslage gehandelt. [Rdn. 18] Nach ständiger Rechtsprechung des Gerichtshofes *kann jedoch die Rechtsfigur des Notstands auf dem spezifischen Gebiet des in Artikel 58 EGKS-Vertrag vorgesehenen Quotensystems nicht anerkannt werden.* Dieses System beruht auf der Solidarität sämtlicher Stahlunternehmen der Gemeinschaft in der offensichtlichen Krise des Stahlsektors und bezweckt eine gerechte Verteilung der aus unvermeidlichen wirtschaftlichen Gegebenheiten resultierenden Opfer."

90 Slg. 1983, S. 4143, Rdn. 17 ff.

sprochen oder sanktionslose Überschreitungen vornehmen könnten. Die dadurch ausgelöste *Kettenreaktion* würde zum Zusammenbruch des Systems führen und somit die praktische Wirksamkeit von Artikel 58 EGKS-Vertrag aufs Spiel setzen... Aus dem [von der Klägerin vorgelegten] Rechtsgutachten von Professor Eser geht hervor, daß die Rechtsfigur des Notstands sich im Strafrecht entwickelt hat, und daß sie auch Eingang in das Wirtschaftsrecht einer begrenzten Zahl von Mitgliedstaaten gefunden hat. Ohne diese Tatsache bestreiten zu wollen - die allerdings für sich allein nicht den Schluß zuläßt, daß es im Gemeinschaftsrecht einen allgemeinen Rechtsgrundsatz bezüglich des Notstandes gibt - weist der Gerichtshof noch einmal darauf hin, daß das *Rechtsinstitut des Notstandes im Rahmen des Quotensystems gemäß Artikel 58 EGKS-Vertrag nicht anerkannt werden kann.*"

Die Beschränkung der notstandsfähigen Rechtsgüter auf die "*Existenz des Unternehmens*" und die Erfordernisse, daß das betroffene Unternehmen *kein Mitverschulden* an seiner Existenzgefährdung sowie *keine Alternative* zur Abwendung der existentiellen Gefährdung als eine Wettbewerbsbeschränkung haben muß, verurteilen aber den Notstandseinwand in praktischer Hinsicht - unter Berücksichtigung auch der dem Unternehmen aufgebürdeten Beweislast - zu einem Schattendasein[91]. Denn auch wenn dem Unternehmen der Beweis einer unverschuldeten existenzgefährdenden Situation (z.B. strukturelle Marktkrise) gelingen sollte, läßt sich die eigenmächtige Abwehr der Gefahr durch *unangemeldete* Wettbewerbsbeschränkungen nur schwer als einzige rettende Lösung dartun: angesichts der uneingeschränkten Möglichkeit, die wettbewerbsbeschränkende, gefahrabwehrende Maßnahme zur Freistellung bei der Kommission anzumelden, und damit die Beteiligung der Wettbewerbsbehörde bei der Ausgestaltung der Maßnahme zu gewährleisten, wird in der Regel das Vorliegen einer für das geopferte Rechtsgut weniger einschneidenden - und damit besseren - Alternative anzunehmen sein[92].

Um die beanstandeten Kartellabsprachen auf dem Markt der Betonstahlmatten zu rechtfertigen, hatte sich die Klägerin Tréfilunion im gleichlautenden Fall[93] auf die schwierige wirtschaftliche Situation auf diesem Markt berufen, die u.a. durch die schwere Krisensituation im Bausektor (Hauptnachfragequelle für Betonstahlmatten) und durch die gemeinschaftlichen Quotenfestsetzungen und Preisregelungen im Walzdrahtsektor (Vorprodukt für Betonstahlmatten) bedingt gewesen sei. Die Kartellabsprachen hätten insoweit nur dem Zweck gedient, die durch diese Notsituation erforderlichen Umstrukturierungen des Unternehmens (Verbesserung der Produktivität, Verringerung der Anzahl der Produktionsstätten, Abbau der Belegschaft u.a.) sicherzustellen[94]. Das Gericht folgte jedoch dieser Argumentation nicht: "[Rdn. 117] Im übrigen ist das Gericht der Auffassung, daß der angebliche Umstrukturierungsplan der Klägerin nicht als Vereinbarung über den koordinierten Abbau von Überkapazitäten betrachtet werden

91 Vgl. dazu TIEDEMANN, NJW 1993, 29; DANNECKER / FISCHER-FRITSCH, S. 310.

92 Zum Anspruch der Kommission, über Maßnahmen zur Überwindung von Krisensituationen und zur Abwehr von Dumpingpraktiken auf der Grundlage umfassender Kenntnis des Sachverhalts selbst zu entscheiden, vgl. DANNECKER, in: I/M EG-WbR [1997], VO 17 Art. 15, Rdn. 285 und 288.

93 *EuG* Urt. v. 6.4.95, Rs. T-148/89, *Tréfilunion*, Slg. 1995, II-1063.

94 *EuG* Urt. v. 6.4.95, a.a.O., [Rdn. 111].

kann und es den Erzeugern jedenfalls freistand, ihre Absprachen gemäß Artikel 85 Absatz 3 EWG-Vertrag [= Art. 81 Abs. 3 EGV n.F.] bei der Kommission anzumelden, was es der Kommission gegebenenfalls gestattet hätte, über deren Vereinbarkeit mit den in dieser Vorschrift aufgestellten Kriterien zu befinden. *Da die Klägerin diese Möglichkeit nicht genutzt hat, kann sie sich nun nicht auf die Krisensituation berufen*, um so gegen Artikel 85 Absatz 1 EWG-Vertrag [= Art. 81 Abs. 1 EGV n.F.] verstoßende Absprachen zu rechtfertigen."[95]

Das auch bei der Notwehr festgestellte Erfordernis, vor jeder eigenen Maßnahme den offenen Rechtsweg zu beschreiten und die Wettbewerbsbehörden an der Ausgestaltung der Maßnahmen zu beteiligen, gilt selbstverständlich nicht nur dann, wenn die Notstandsmaßnahme (ausschließlich) auf die Rettung von Rechtsgütern des in Notstand Handelnden gerichtet ist, sondern auch dann, wenn die Notstandsmaßnahme (zusätzlich) als Ausdruck von *Solidarität* in Erscheinung tritt und auf die Rettung (auch) von Rechtsgütern dritter Marktteilnehmer abzielt. - So führte das EuG im Montepide-Fall aus:

EuG Urt. v. 10.3.92, Rs. T-14/89, *Montedipe*[96]: "[Rdn. 282] Nach Ansicht der Klägerin kann die Kommission nicht behaupten, die Verhaltensweisen der Unternehmen sind nicht durch *Notstand* gerechtfertigt. Die Unternehmen hätten im vorliegenden Fall nach dem Grundsatz der Solidarität und Opferverteilung gehandelt. Dieses im EGKS-Vertrag (Artikel 58) für die Stahlunternehmen anerkannte Prinzip müsse auch im Bereich des EWG-Vertrages zugelassen werden. Da eine dem Artikel 58 EGKS-Vertrag entsprechende Vorschrift im EWG-Vertrag fehle, sei es Sache der Unternehmen, solche Maßnahmen der Selbstbeschränkung zu ergreifen... [Rdn. 286] Das Gericht stellt fest, daß das *Prinzip der Aufteilung der Opfer* auf mehrere Unternehmen im gegenseitigen Einvernehmen im Widerspruch zum Wettbewerb steht, den Artikel 85 EWG-Vertrag [= Art. 81 EGV n.F.] schützen soll. Deshalb sind nicht die Unternehmen, sondern nur die Gemeinschaftsbehörden befugt, zwischen diesen beiden - gegebenenfalls auf Antrag der Unternehmen - in außergewöhnlichen Fällen nach den einschlägigen Verfahren des EWG-Vertrags einen Ausgleich zu schaffen. [Rdn. 287] Somit sind die Unternehmen *nicht befugt, diesen Grundsatz anzuwenden, ohne den Fall der zuständigen Behörde zu unterbreiten und die einschlägigen Verfahren einzuhalten.* In diesem Zusammenhang ist insbe-

---

95 Vgl. auch *EuG* Urt. v. 17.12.91, Rs. T-8/89, *DSM*, Slg. 1991, II-1833: "[Rdn. 297] Die Klägerin trägt vor, die Kommission habe die offenkundige Krisensituation der Polypropylenindustrie und die infolge dieser Krise eingetretenen erheblichen Verluste nicht berücksichtigt.... [Rdn. 299] Da die Gemeinschaftsbehörden im vorliegenden Fall keine 'Diagnose' für einen in einer Krise befindlichen Industriesektor gestellt und kein 'Heilmittel' verschrieben hätten, hätten sie den betroffenen 'Patienten' kaum eine andere Wahl gelassen, als bestimmte Formen der 'Selbsthilfe' oder einer 'Notlösung' ins Auge zu fassen. [Rdn. 302] Die Kommission erwidert, [d]ie Unternehmen könnten, um einer Verurteilung zu entgehen, sich... [nicht] darauf berufen, daß sie wegen der Weigerung der Kommission, ein 'Krisenkartell' zu genehmigen, zur 'Selbsthilfe' gezwungen gewesen seien. *Die betroffenen Unternehmen hätten gegebenenfalls etwaige 'Krisenmaßnahmen' mitteilen können, sie hätten dies aber nicht getan*, so daß sie heute wegen ihrer fortdauernden, heimlichen Absprache zu verurteilen seien. [Rdn. 306] Außerdem ist der Hinweis der Klägerin auf frühere Entscheidungen der Kommission unerheblich, weil diese sich auf die Freistellung eines sogenannten 'Krisenkartells' nach Artikel 85 Absatz 3 EWG-Vertrag [= Art. 81 Abs. 3 EGV n.F.] beziehen. *Im vorliegenden Fall ist bezüglich der festgestellten Zuwiderhandlung jedoch keine Freistellung nach Artikel 85 Absatz 3* [= Art. 81 Abs. 3 EGV n.F.] *beantragt worden.*"

96 Slg. 1992, II-1155.

sondere darauf hinzuweisen, daß die Klägerin und acht weitere Polypropylenhersteller im Juni 1982 von der Kommission zu einer Sitzung über die Neustrukturierung der Plastikindustrie eingeladen wurden, daß eine Arbeitsgruppe gebildet und ein Bericht erstellt wurden und die Unternehmen aufgrund dieses Berichts keinen Grund für die Bildung eines Krisenkartells sahen. [Rdn. 288] Die Rüge ist daher zurückzuweisen."

Die Berufung auf Notstand kann demzufolge erst dann Erfolgschancen haben[97], wenn sich ergibt, daß wegen der Eilbedürftigkeit der Maßnahme *keine Zeit für eine Anmeldung zur Freistellung* bestand (z.B. spontan eingeleitete und kurz andauernde Reaktion durch Boykottaufruf und darauffolgende Verhaltensabstimmung mit den aufgerufenen Unternehmen zur Verhinderung der böswilligen Verleumdungsstrategie des verrufenen Konkurrenten und zur Abwehr der dadurch heraufbeschworenen akuten existentiellen Gefahr des Verlustes eines gerade in der Entscheidungsphase schwebenden millionenschweren Auslandsauftrages für das aufrufende Unternehmen). In Betracht ist aber das Notstandsrecht auch dann zu ziehen, wenn die Kommission die *Bußgeldimmunität* hinsichtlich einer angemeldeten Notmaßnahme *aufhebt*, die *Freistellung endgültig verweigert* und anschließend eine *Geldbuße* wegen der von den Unternehmen fortgesetzten Durchführung der Notmaßnahme verhängt. Freilich drängt sich hier die Frage auf, ob es zulässig ist, aufgrund einer ungeschriebenen allgemeinen Regelung die durch die Sonderregung des Art. 81 Abs. 3 EGV n.F. gezogenen materiellen Gestaltungsgrenzen zu überschreiten. Darauf ist im folgenden näher einzugehen.

(2) Würdigung

(a) Kritik im Schrifttum

Im Hinblick auf die oben skizzierte Minimalisierung der praktischen Relevanz des Notstandseinwandes, werden im Schrifttum kritische Stimmen laut, die die Anerkennung des Notstandsrechts unter erleichterten Bedingungen fordern. Einigkeit herrscht zwar darüber, daß Notstand nur im Zusammenhang mit Gefahren anerkannt werden kann, die nicht aus dem allgemeinen unternehmerischen Risiko herrühren, sondern ihren Ursprung außerhalb des Marktes[98] oder jedenfalls in Ursa-

---

97 Vgl. dazu auch WAGEMANN, S. 174: Der Autor hält mit Blick auf das Erfordernis fehlender Alternativen eine Berufung auf Notstand grundsätzlich nur dann für möglich, wenn es um eilbedürftige Fälle geht "die keine Zeit mehr für eine Anmeldung lassen", sowie in solchen Fällen "in denen die Kommission auf die Anmeldung mit einer vorläufigen Entscheidung nach Art. 15 Abs. 6 VO 17 reagiert, d.h. den Unternehmen den mit der Anmeldung verbundenen Schutz vor Sanktionen wieder entzieht, und die Unternehmen das wettbewerbswidrige Verhalten fortsetzen oder später wieder aufnehmen, um andere höherwertige Rechtsgüter (Existenz, Arbeitsplätze) zu schützen"; vgl. auch DANNECKER / FISCHER-FRITSCH (S. 310), die das Eingreifen des Notstandes nur mit Fällen in Verbindung bringen, "in denen *dringende Eilentscheidungen* zu treffen sind, so daß das Anmeldeverfahren unzumutbar erscheint".

98 Siehe DANNECKER, in: I/M EG-WbR [1997], VO 17 Art. 15, Rdn. 147; TIEDEMANN, NJW 1993, 29.

chen haben, die "nicht dem Einfluß vernünftig planender Unternehmen unterliegen"[99]. Das Erfordernis einer "existentiellen Gefährdung"[100] sowie die Betrachtung des Freistellungsverfahrens als vorangehende Alternative[101] werden aber in Zweifel gezogen. Im Gegenzug wird vorgeschlagen, einerseits den *Kreis der notstandsfähigen Rechtsgüter "über den bloßen Bestandsschutz hinaus zu definieren"*[102], so daß Notstandshandlungen auch wegen einer "drohenden Massenentlassung"[103] oder wegen sonstiger "schwerer Gefährdungen"[104] gerechtfertigt werden können und andererseits die *Ausübung des Notstandsrechts unabhängig von der Wahrnehmung der* angeblich nicht als "Instrument zur Bewältigung plötzlicher Krisen" geeigneten *Freistellungsmöglichkeit*[105] anzuerkennen[106].

---

99 HOFFMANNN / EILERS, DB, Beilage Nr. 28/85 zu Heft Nr. 45 v. 8.11.85, S. 9 f.: "Den geschilderten Situationen [Strukturkrise, verfälschter Wettbewerb durch Subventionen] ist gemeinsam, daß die Gefährdung und unter Umständen sogar die Existenzbedrohung der Unternehmen nicht aus dem allgemeinen unternehmerischen Risiko herrührt, sondern durch das Handeln oder Unterlassen Dritter (sei es die EG-Kommission, sei es der Mitgliedstaaten) hervorgerufen worden ist oder durch eine allgemeine weltwirtschaftliche Entwicklung, jedenfalls durch Ursachen, die nicht dem Einfluß vernünftig planender Unternehmen unterliegen."

100 WAGEMANN, S. 178 f.: "Der EuGH hat [den] Stellenwert [des Verteidigungseinwandes des Notstandes] durch eine restriktive Handhabung stark reduziert, und es fragt sich nicht nur aus Gründen des Eigentumsschuztes, ob die Beschränkung der Notstandslagen auf den Fall der Existenzgefährdung nicht zu eng ist und z.B. eine drohende Massenentlassung nicht ausreichen müßte, um eine Notstandslage zu bejahen. Notstandsfähiges Rechtsgut ist beim individuellen entschuldigenden Notstand nicht nur das Leben, sondern auch Leib oder Freiheit (vgl. § 35 Abs. 1 StGB). Auch im Unternehmensstrafrecht ist der Kreis der geschützten Rechtsgüter ... über den bloßen Bestandsschutz hinaus zu definieren." HOFFMANNN / EILERS, DB, Beilage Nr. 28/85 zu Heft Nr. 45 v. 8.11.85, S. 10: "Eine solche allgemeine Voraussetzung [Gefährdung des Unternehmen in seinem Bestand] ist aber jedenfalls zu eng. Denn die Grundsätze des Notstandsrechts schützen auch sonst nicht nur das Leben, sondern ebenso Freiheit, Ehre, Eigentum und andere bedeutende Rechtsgüter. Es gibt keinen Grund, den Unternehmen ... jede noch so schwere Schädigung zuzumuten, solange nur das Unternehmen überhaupt noch existiert. Unter das Notstandsrecht fallen deshalb auch Maßnahmen zur Abwehr schwerer Gefährdungen..."

101 HOFFMANNN / EILERS, DB, Beilage Nr. 28/85 zu Heft Nr. 45 v. 8.11.85, S. 3 f.: "Artikel 85 Absatz 3 EWG-Vertrag [= Art. 81 Abs. 3 EGV n.F.] ist jedoch von seiner tatbestandlichen Struktur und von seiner praktischen Anwendung her kein geeigneter Weg, wirtschaftliche Notsituationen zu bewältigen. ... Aber auch die bisherige Anwendung von Artikel 85 Absatz 3 [= Art. 81 Abs. 3 EGV n.F.] läßt es nicht zu, diese Vorschrift als Norm zur Krisenbewältigung anzuerkennen... Die Freistellungsmöglichkeit nach Artikel 85 Absatz 3 EWG-Vertrag [= Art. 81 Abs. 3 EGV n.F.] erweist sich somit nicht als akzeptables Instrument, wirtschaftlichen Notsituationen, wie etwa einer ruinösen Wettbewerbssituation, zu begegnen. Als Instrument zur Bewältigung plötzlicher Krisen war sie auch nicht gedacht."

102 WAGEMANN, S. 179.

103 WAGEMANN, S. 178.

104 HOFFMANNN / EILERS, DB, Beilage Nr. 28/85 zu Heft Nr. 45 v. 8.11.85, S. 10.

105 HOFFMANNN / EILERS, DB, Beilage Nr. 28/85 zu Heft Nr. 45 v. 8.11.85, S. 4.

Bezweifelt wird auch die Richtigkeit der europäischen Praxis, die Berufung auf das Notstandsrecht generell und ohne Differenzierungen überhaupt abzulehnen, wenn es um *Verstöße gegen hoheitliche Maßnahmen geht, die zur Regelung einer allgemeinen Notsituation am Markt erlassen wurden*[107]. Zu dieser - *außer*kartellrechtlichen - Problematik soll nur kurz folgendes bemerkt werden.

Ergreift der Staat bzw. die Gemeinschaft regulierende Maßnahmen zur Überwindung der in einem Markt aufgetretenen wirtschaftlichen Krise, so dürfte es zwar elementarer wirtschafts- und rechtspolitischer Vernunft entsprechen, daß man den einzelnen Krisenbetroffenen in diesem Fall *prinzipiell* keine Rechtsbefugnis gewähren kann, auf die "Notlage" durch eigene, *gegen* die hoheitlichen Krisenregelungen verstoßende Maßnahmen zu reagieren. Wirtschafts- und rechtspolitisch ist dies nämlich nicht sinnvoll, weil hoheitliche Krisenmaßnahmen ihre Wirkung grundsätzlich nur dann entfalten können, wenn sie von allen Adressaten befolgt und damit solidarisch getragen werden. Gerade dieses *Bedürfnis nach gegenseitiger Solidarität* läßt es also nicht zu, individuelle, auf der Notlage beruhende Ausnahmen zuzulassen.

Der strenge Standpunkt, den der EuGH insbesondere seit dem oben zitierten Klöckner-Urteil vertritt, ist deswegen grundsätzlich berechtigt. Solange nämlich gemeinschaftsrechtliche Vorschriften zur Regelung einer gemeinsamen existentiellen Notsituation vorhanden sind, kann der Berufung auf individuelle Notlagen zum Zwecke der Rechtfertigung von Verstößen gegen die notregulierenden Vorschriften prinzipiell keine Bedeutung beigemessen werden. Methodisch läßt sich dies unter Heranziehung des *Subsidiaritätsarguments* erreichen: Das (ungeschriebene) strafrechtliche Notstandsrecht kann danach als *allgemeine* Regelung für Krisensituationen angesehen werden, die gegenüber der außerstrafrechtlichen wirtschaftlichen Sonderregelung der *konkreten* Krisensituation zurückzuweichen hat[108].

Es kann allerdings nicht ausgeschlossen werden, daß die auf die gemeinsame Notsituation zugeschnittenen hoheitlichen Maßnahmen *wegen des Vorliegens außergewöhnlicher Umstände* einen Marktteilnehmer im Vergleich zu den anderen Marktteilnehmern in extrem unverhältnismäßiger Weise belasten. Diese *Mehrbelastung* läßt sich aber durch den Gedanken *gegenseitiger* Solidarität nicht mehr begründen. In solchen Fällen und *unabhängig* von der verwaltungsrechtlichen Rechtmäßigkeit der "Mehrbelastung" sollte der Notstandseinwand in Bußgeldsachen - jedenfalls unter den Voraussetzungen einer echten, unverschuldeten Existenzgefährdung und der Erschöpfung aller zumutbaren legitimen Wege zur Gefahrabwendung - wieder zugelassen werden.

---

106 HOFFMANN / EILERS, DB, Beilage Nr. 28/85 zu Heft Nr. 45 v. 8.11.85, S. 11 f.

107 Vgl. DANNECKER, in: Madrid-Symposium für Tiedemann, S. 340: "Angesichts des Umstandes, daß der Europäische Gerichtshof selbst in Fällen, in denen eine an sich leistungsfähiger Betrieb durch EG-rechtliche Produktions- oder sonstige Beschränkungen in den Konkurs geführt wird, keinen Verstoß gegen das verfassungsrechtlich geschützte Eigentum annehmen will, sollte für Sonderfälle, in welchen der Bereich zulässiger Gemeinwohlbeschränkung überschritten wird, der rechtfertigende Notstand anerkannt werden. Dadurch würde die unzulängliche Berücksichtigung der Grundrechte auf Unionsebene zumindest in Extremfällen der Konkursgefahr entschärft." Die Vereinbarkeit der Rechtsprechung des EuGH mit dem Eigentumsschutz bezweifelt auch PORTHMANN, Erzeugungsquoten für Stahl, S. 150 ff. (152).

108 Zum Gedanken der Subsidiarität der strafrechtlichen Rechtfertigungsgründe in verwaltungsakzessorischen Bereichen vgl. VOGEL, JZ 1995, 340.

(b) Stellungnahme

Die geschilderten Bedenken gegen die restriktive Fassung des Notstandsrechts lassen sich nur dann sinnvoll würdigen, wenn man sie sowohl im einzelnen als auch als Einheit betrachtet. Bevor darauf eingegangen wird, bedarf es einer kurzen Überprüfung der Möglichkeiten, die insbesondere der anmeldebedürftige Freistellungstatbestand des Art. 81 Abs. 3 EGV n.F. zur Berücksichtigung von Notlagen bietet. Die Frage nämlich, ob im Rahmen dieser speziellen Ausnahmeregelung genügender Raum für die Berücksichtigung von Notsituationen auch unter weniger strengen Bedingungen vorgesehen ist, dürfte für die Bestimmung des Gewichts der fraglichen Bedenken von erheblicher Bedeutung sein.

In der Praxis der Kommission gibt es deutliche Anzeichen dafür, daß (insbesondere marktstrukturell bedingte) Notlagen im Rahmen des Art. 81 Abs. 3 EGV n.F. als wichtiger Freistellungsgrund anerkannt werden. Dies läßt sich vor allem daran erkennen, daß angemeldete Strukturkrisen- und ähnliche Kartellvereinbarungen in Notsituationen regelmäßig freigestellt werden, wobei die Kommission sich bereit zeigt, die marktstrukturell bedingte schwierige Lage der Unternehmen durch eine großzügige Auslegung des Freistellungstatbestandes zu erfassen[109].

Bei Umstrukturierungen in Märkten mit Überkapazitäten läßt es so beispielsweise die Kommission genügen, daß die Zusammenarbeit der Unternehmen zu einer schnelleren und gründlicheren Rationalisierung führt, als es ohne die Zusammenarbeit möglich wäre[110]. Die Kommission geht in solchen Fällen davon aus, daß die Kooperation vorteilhafter als ein unter Umständen ruinöser Wettbewerb ist[111]. Eine konkrete Existenzgefährdung der Unternehmen wird dabei nicht gefordert.

Angesichts dieser Praxis, die die *elastischen* materiellen Grenzen des Freistellungstatbestandes und (zugleich) die zwischen dem Notstand und dem Institut der Freistellung bestehenden weitgehenden materiellen Überschneidungen demonstriert, erweist sich aber die Forderung, das Institut des Notstandes *unabhängig* vom Institut der Freistellung anzuwenden, als unbegründet. Ein sachliches Bedürfnis dafür gibt es nicht. Im Hinblick auf den tatsächlichen Befund, daß sich die materiellen Anwendungsbereiche des Notstandes und der Freistellung (zumindest) überschneiden, kann den Interessen der betroffenen Unternehmen (meistens) auch durch die Freistellung genügend Rechnung getragen werden. Die Anerkennung des Notstandsrechts trotz bestehender Anmeldemöglichkeit zur Freistellung würde den Unternehmen in solchen Fällen nur den Gewinn bringen, daß sie die Ausgestaltung

---

109 GLEISS / HIRSCH [4. Aufl.], Bd. 1, Rdn. 322: "Strukturkrisen- und ähnlichen Kartellvereinbarungen in Notsituationen behandelt die Kommission grundsätzlich als Wettbewerbsbeschränkungen i.S.v. Art. 85 (1) [= Art. 81 Abs. 1 EGV n.F.]. Sie ist aber verhältnismäßig großzügig bei Freistellungen nach Art. 85 (3) [= Art. 81 Abs. 3 EGV n.F.]." Vgl. auch WAGEMANN, S. 71.

110 *KOME* v. 4.12.86, 87/3/EWG, *ENI / Montedison*, ABl. 1987 L 5/13 [S. 18 f.].

111 *KOME* v. 4.12.86, a.a.O. [S. 19].

aller Notmaßnahmen frei vornehmen dürften. Der Kommission würden mit anderen Worten die Gestaltungsmöglichkeiten abgeschnitten, die sie im Rahmen des Art. 81 Abs. 3 EGV n.F. hat, nämlich durch Auflagen und Bedingungen aktiv in die Steuerung der Krisensituation einzugreifen. Ein solches Ergebnis ist jedoch weder in strafrechtlicher Hinsicht notwendig, noch mit dem förmlichen System des Art. 81 EGV n.F. vereinbar. Unter strafrechtlichen Aspekten ist es abzulehnen, weil es einerseits zu einer unnötigen Überbewertung der Freiheitsinteressen der nothandelnden Unternehmen gegenüber den (durch die Notstandshandlung betroffenen) Interessen der Allgemeinheit und der dritten Marktteilnehmer führt. Außerdem läßt es sich mit dem System des Art. 81 EGV n.F. nicht vereinbaren, weil wettbewerbsbeschränkende Notmaßnahmen, die der Gemeinschaftsgesetzgeber nur unter der Aufsicht der Kommission aufgrund des Sonderverfahrens des Art. 81 Abs. 3 EGV n.F. ermöglichen wollte, aufgrund einer ungeschriebenen Allgemeinregelung von jeder Aufsicht befreit würden[112].

Mißachtet also ein Unternehmen den förmlichen Weg der Anmeldung und des Freistellungsantrages und greift zur Überwindung einer Notsituation zu wettbewerbsbeschränkenden Selbsthilfemaßnahmen, ist keine Rechtfertigung durch Notstand möglich. Keine Mißachtung liegt allerdings in den bereits erwähnten Fällen von Selbsthilfemaßnahmen vor, die unter unausweichlichem Zeitdruck ergriffen werden müssen. Lassen sich in diesen Fällen die (sonstigen) Notstandsvoraussetzungen nachweisen, so ist Notstand zu bejahen.

Gerade bei einer definitorischen Beschränkung des Anwendungsbereichs des Notstandes auf Eilfälle, die im Kartellrecht relativ selten auftreten dürften, erscheint aber die Forderung nach einer Erweiterung der notstandsfähigen Rechtsgüter über die "Existenz des Unternehmens" hinaus sowohl im Rahmen des verwaltungsrechtlichen Systems des Art. 81 EGV n.F. als auch in allgemeiner strafrechtlicher Hinsicht als sinnvoll. Mit Blick auf das System des Art. 81 EGV n.F. besteht nämlich kein Grund, die Ausübung des individuellen Notstandsrechts von der bevorstehenden Gefahr des Konkurs des Unternehmens abhängig zu machen, wenn zugleich feststeht, daß das aus zeitlichen Gründen im konkreten Fall nicht zugängliche verwaltungsrechtliche Freistellugsverfahren auch weniger wichtige Rechtsgüter (z.B. Arbeitsplätze) berücksichtigt hätte. Unter strafrechtlichen Aspekten ist es außerdem nach dem Verständnis der Mitgliedstaaten gerade typisch, daß nicht nur die

---

112 Vgl. in diesem Zusammenhang JESCHECK / WEIGEND, Lehrbuch [5. Aufl.], S. 369 (bezüglich der dogmatischen Behandlung der behördlichen Erlaubnis im deutschen Strafrecht): "Die rechtfertigende behördliche Erlaubnis ist ein Sonderfall des rechtfertigenden Notstandes, was zur Folge hat, daß das Erfordernis der Erlaubnis vorgeht und daß auch in einer Notlage ein spontanes Handeln nicht nach § 34 gerechtfertigt ist."

"Existenz", sondern auch andere Rechtsgüter als Grundlagen des Notstandes beachtet werden[113].

Dabei soll man sich zwar immer vor Augen halten, daß sich das angesprochene "Verständnis der Mitgliedstaaten" mit Blick auf die Rechtsgüter von Menschen entwickelt hat und deswegen Parallelen zu den hier in Frage stehenden "Rechtsgütern von Unternehmen" mit größter Vorsicht zu ziehen sind. Daß der strafrechtliche Notstand über die menschliche Existenz - d.h. das Leben - hinaus auch andere menschliche Rechtsgüter anerkennt, kann daher nur begrenzt als Argument herangezogen werden, um die These zu begründen, daß der auf Unternehmen bezogene bußgeldrechtliche Notstand neben der "Existenz" auch andere Rechtsgüter des Unternehmens berücksichtigen muß. Die "Existenz" des Unternehmens ist letztlich im Lichte des klassischen Strafrechts nichts weiteres, als die wirtschaftlichen und finanziellen Interessen der natürlichen Personen, die (als Anteilseigner, Arbeitnehmer, Manager, Gläubiger u.s.w.) am Schicksal der soziowirtschaftlichen Organisation des Unternehmens beteiligt sind. Unter dem Blickwinkel des klassischen Strafrechts hat man aber damit bereits die untere Grenze möglicher notstandsfähiger Rechtsgüter erreicht, was die Gebotenheit einer Ausweitung der im bußgeldrechtlichen Notstand anerkannten Rechtsgüter des Unternehmens gerade als zweifelhaft erscheinen läßt.

Jedoch soll zugleich nicht unberücksichtigt bleiben, daß man sich hierbei auf dem Gebiet eines neuen, auf Kollektivpersonen bezogenen Strafrechts befindet, was das Bedürfnis nach Entwicklung neuer Kategorien und neuer unternehmenspezifischer Rechtsgüter entstehen läßt. Die Parallelen zum klassischen Strafrecht sollen insoweit lediglich als Anzeichen der grundsätzlichen Ausrichtung der unternehmensstrafrechtlichen Dogmatik an den Klassifizierungsmodellen des klassischen Strafrechts verstanden werden und nicht wortwörtlich interpretiert werden.

Die soeben vorgetragene Argumentation zugunsten einer Erweiterung der notstandsfähigen Rechtsgüter gerät allerdings ins Schwanken, wenn man das Notstandsrecht auch für Notmaßnahmen in Anspruch nehmen möchte, die *außerhalb* der materiellen Grenzen des Freistellungstatbestandes liegen. Das Notstandsrecht könnte nämlich nicht nur als Institut für eilbedürftige Fälle, sondern auch als Institut eingesetzt werden, das es den Unternehmen ermöglicht, im Einzelfall individuelle bußgeldfreie Handlungsspielräume zu erschließen, die über diejenigen des Freistellungstatbestandes hinaus gehen. Die Unzulänglichkeit von Art. 81 Abs. 3 EGV n.F., *alle* sachlich gerechtfertigten und damit in einem Strafrecht liberaler Prägung akzeptablen individuellen Handlungsspielräume sicherzustellen, ist bereits aus dem Grunde denkbar, daß der Freistellungstatbestand von seiner Konzeption her die Zulassung von Wettbewerbsbeschränkungen an überwiegende Interessen der Allgemeinheit, und nicht an (akute) Gefahren für (unternehmerische) Privatinteressen anknüpft. Einzelne, im Sinne eines rechtsstaatlichen liberalen Strafrechtsverständnisses durchaus zu rechtfertigende Nothandlungen können aber dann ohne materielle rechtfertigende Grundlage bleiben. Auch für solche Fälle empfiehlt sich eine Absicherung durch die Anerkennung des Notstandsrechts.

---

113 HOFFMANN / EILERS, DB, Beilage Nr. 28/85 zu Heft Nr. 45 v. 8.11.85, S. 10; WAGEMANN, S. 178 f.

Bei nicht vorliegender Eilbedürftigkeit müssen zwar die betroffenen Unternehmen *immer* den Weg des Freistellungsverfahrens gehen, denn angesichts der nach Art. 81 Abs. 3 EGV n.F. offen stehenden Möglichkeiten einer einzelfallbezogenen Regelung mit Auflagen und Bedingungen ist die Erteilung einer formellen oder informellen Freistellung unter Erschöpfung der Grenzen des Freistellungstatbestandes nie im voraus auszuschließen. Der Berufung auf ein Notstandsrecht kommt deswegen in praktischer Hinsicht erst dann Bedeutung zu, falls die Kommission die Bußgeldimmunität der angemeldeten Maßnahme aufheben, die Freistellung endgültig ablehnen und anschließend eine Geldbuße verhängen sollte.

Funktionell als ein über den Freistellungstatbestand hinausgehende individuelle Ausnahmerecht verstanden, müßte aber das Notstandsrecht im Kartellrecht sehr eng gefaßt und auf Gefahren beschränkt werden, die tatsächlich die Existenz des Unternehmens berühren. Nur bei einer solchen Vorgehensweise könnte nämlich die Durchbrechung des Systems des Art. 81 EGV n.F. durch außerkartellrechtliche (ungeschriebene) Institute legitimiert werden. Insoweit wäre aber auch die Forderung der Erweiterung des Kreises der notstandsfähigen Rechtsgüter nicht mehr haltbar.

Hervorzuheben ist jedenfalls, daß die bisherigen Ausführungen und Ergebnisse vor dem Hintergrund des Art. 81 Abs. 1 EGV n.F. und der damit verbundenen *speziellen* Freistellungsregelung zu verstehen sind. Anders sind aber die Fälle zu behandeln, für die eine verwaltungsrechtliche Freistellungsmöglichkeit *nicht* angeboten wird. Dann sollte der Notstandseinwand ohne Einschränkungen zugelassen werden. Dies gilt beispielsweise für Verstöße gegen Anzeige- und Anmeldepflichten oder im Zusammenhang mit der Anwendung von Art. 82 EGV n.F.. - Insbesondere im letzteren Fall ist allerdings davon auszugehen, daß der potentielle Anwendungsbereich des Notstandseinwandes nur gering sein dürfte. Was "mißbräuchlich" im Sinne des Art. 82 EGV n.F. ist, läßt sich nämlich erst durch eine Abwägung der jeweils in Frage kommenden Interessen des marktbeherrschenden Unternehmens, die durch die beanstandete Handlung befriedigt werden sollen, mit den Interessen der Konkurrenten und der Marktpartner, die durch das Vorgehen des marktdominierenden Unternehmens beeinträchtigt werden, ermitteln. Die europäische Praxis nimmt die fragliche Abwägung der widerstreitenden Interessen in der Regel im Rahmen des von ihr entwickelten Kriteriums der "sachlichen" oder "objektiven Rechtfertigung" des beanstandeten Verhaltens vor[114]: Hat das marktbeherrschende Unternehmen aus einem sachlich / objektiv gerechtfertigten Grund gehandelt, so liegt kein Mißbrauch vor. Dabei handelt es sich nicht um einen (rechtsfortbildend entwickelten) Rechtfertigungsgrund, sondern um die Auslegung des Grundverbotes selbst[115], d.h. man nimmt die (den klassischen Notstandsbegriff kennzeichnende) Interessenabwägung bereits auf Tatbestandsebene vor. Insoweit liegt der Schluß nahe, daß die (gegen eine nicht anders abwendbare Gefahr gerichtete, verhältnismäßige) *Notstand*shandlung eines marktbeherrschenden Unternehmens ohnehin nur schwer als tatbestandsmäßig im Sinne des Art. 82 EGV n.F. gewertet werden kann.

---

114 Vgl. z.B. *KOME* v. 14.1.98, 90/190/EG, *FAG - Flughafen Frankfurt/Main AG*, ABl. 1998, Nr. L 72/30 [Rdn. 74 ff.].

115 So auch WAGEMANN, S. 78 f.; TSOLKA, S. 175 f.

(c) Zusammenfassung

Festzuhalten ist somit, daß die enge Definition und die strenge Handhabung des Notstands im europäischen Bußgeldrecht in Kartellsachen (im Zusammenhang mit der Anwendung des Kartellverbots) lediglich hinsichtlich der Beschränkung des Kreises notstandsfähiger Rechtsgüter auf die Unternehmensexistenz angreifbar ist. Sollte man sogar davon ausgehen, daß das Notstandsrecht nicht nur eilbedürftigen, dem Freistellungsverfahren nicht zugänglichen Fällen vorbehalten bleiben soll, sondern auch auf angemeldete Notmaßnahmen erweitert werden muß, die außerhalb der materiellen Grenzen des Freistellungstatbestandes liegen, dann ist auch die von den europäischen Organen praktizierte restriktive Ziehung des Rechtsgüterkreises kaum zu beanstanden.

III. Außerstrafrechtliche Rechtfertigungsgründe (Höhere Gewalt)

A. Problemstellung

Das Gemeinschaftsrecht anerkennt neben Notwehr und Notstand auch die höhere Gewalt als möglichen Verteidigungseinwand mit Blick auf begangene Rechtsverstöße. Wie allerdings in der Literatur angemerkt wird, geht es dabei um ein Institut, das sich eher auf das *Nicht-Strafrecht* beziehe[116] und bei verschuldensabhängigen Sanktionen, wie die kartellrechtlichen Geldbußen, im Ergebnis leer laufe[117]. Die folgenden Ausführungen finden gerade vor dem Hintergrund dieser Bemerkungen statt und stellen vor allem die Frage in den Mittelpunkt, ob sich außerstrafrechtliche Institute sinnvoll in das strafrechtsdogmatische System einordnen lassen.

B. Darstellung der Gemeinschaftspraxis

Im Falle der höheren Gewalt handelt es sich um ein teilweise positivrechtlich geregeltes[118], vor allem für die Nichteinhaltung der im Agrarrecht übernommenen Pflichten[119] sowie für Versäumnisse von (Klage-)Fristen im Verfahren vor den eu-

116 TIEDEMANN, NJW 1993, 30.

117 DANNECKER, in: Madrid-Symposium für Tiedemann, S. 341.

118 Vgl. z.B. Art. 36 und 37 VO Nr. 3180 (Agrarbereich / Einfuhr- und Ausfuhrlizenzen); Art. 39 Abs. 3 der Satzung des Gerichtshofes der EGKS, Art. 42 Abs. 2 der Satzung des Gerichtshofes der EG und Art. 43 Abs. 2 der Satzung des Gerichtshofes der EAG (Verfahrensrechtlicher Bereich / Verfahrensfristen); Art. 11 Abs. 3 der allgemeinen *KOME* v. 23.9.81, 2804/81/EGKS, ABl. 1981 L 287/3 (EGKS-Vertrag / Produktionsquoten im Stahlsektor); siehe ferner WAGEMANN, S. 111 f.

119 Grundlegend *EuGH* Urt. v. 11.7.68, Rs. 4/68, *Schwarzwaldmilch*, Slg. 1968, S. 561 (Versäumnis der Frist zur Nutzung einer Einfuhrlizenz für Magermilchpulver); siehe auch *EuGH* Urt. v. 18.3.93, Rs. 50/92, *Molkerei-Zentrale Süd*, Slg. 1993, I-1035 (Versäumnis der Frist für die Vorlage der Nachweise für die Verarbeitung der zu herabgesetztem Preis aus einer nationalen Interventionsstelle gekauften Butter); *EuGH* Urt. v. 19.4.88, Rs. 71/87, *Inter-Kom AE*, Slg. 1988, S. 1979 (Überschreitung der Frist für die Übernahme der aus den Beständen einer nationalen Interventionsstelle im Wege der Ausschreibung erworbenen Mengen von

ropäischen Gerichten[120], in den 80er Jahren aber auch für Verstöße gegen die krisenregulierenden Vorschriften des EGKS-Vertrages im Stahlsektor[121] relevant gewordenes Institut[122], dessen Rechtsnatur als allgemeiner Rechtsgrundsatz oder als Ausprägung des Verhältnismäßigkeitsgrundsatzes nach wie vor umstritten bleibt[123] und dessen in Anlehnung an die "force majeure" des französischen Verwaltungsrechts entwickelter Inhalt[124] von Rechtsgebiet zu Rechtsgebiet erheblich schwankt.

Begrifflich kann man insoweit im Gemeinschaftsrecht zwischen einem *engeren* und einem *weiteren* Konzept der höheren Gewalt unterscheiden[125]. Nach dem ersteren (grundsätzlich im EGKS-Bereich benutzten[126]) Konzept liegt höhere Gewalt nur dann vor, wenn außergewöhnliche, außerhalb des Einflusses des Betroffenen liegende Umstände vorkommen, deren Folgen *unvermeidbar* und unausweichlich sind

Olivenöl); *EuGH* Urt. v. 13.12.79, Rs. 42/79, *Firma Milch-, Fett- und Eierkontor*, Slg. 1979, S. 3703 (Nichtausfuhr der zum herabgesetzten Preis aus einer nationalen Interventionsstelle mit der Pflicht zur Ausfuhr gekauften Lagerbutter) - Vgl. auch Mitteilung der *Kommission* C (88) 1696 zur höheren Gewalt im Landwirtschaftsrecht, ABl. 1988 Nr. C 259/10, mit zahlreichen Nachweisen aus der EuGH-Rechtsprechung; zur Definition der höheren Gewalt siehe auch Schlußanträge des *GA Capotorti*, verb. Rs. 154 u.a./78 sowie 39 u.a./79, *SpA Ferriera Valsabbia [I] u.a.* , Slg. 1980, S. 1035 [S. 1068]; zusammenf. zum Institut der höheren Gewalt im Bereich der agrarechtlichen Kautionsregelungen der Gemeinschaft, HEITZER, Punitive Sanktionen, S. 67 ff.; BÖSE, S. 342 ff.

120 *EuG* Urt. v. 29.5.91, Rs. T-12/90, *Bayer*, Slg. 1991, II-219 [Rdn. 44]; *EuGH* Urt. v. 15.12.94, Rs. C-195/91, *Bayer*, Slg. 1994, I-5619 [Rdn. 32]; *EuGH* Urt. v. 9.2.84, Rs. 284/82, *Busseni*, Slg. 1984, S. 557 [Rdn. 11]; *EuGH* Urt. v. 12.7.84, Rs. 209/83, *Valsabbia*, Slg. 1984, S. 3089 [Rdn. 21 f.].

121 *EuGH* Urt. v. 12.7.79, Rs. 149/78, *Rumi*, Slg. 1979, S. 2523 [Rdn. 14 f.]; *EuGH* Urt. v. 18.3.1980, verb. Rs. 154 u.a./78 sowie 39 u.a./79, *SpA Ferriera Valsabbia [I] u.a.*, Slg. 1980, S. 907 [Rdn. 139 ff.].

122 Zahlenmäßige Angaben und ein Überblick über die ergangenen EuGH-Urteile in den einzelnen Rechtsgebieten der EG finden sich bei WAGEMANN, S. 112 ff.

123 Vgl. Schlußanträge des *GA Capotorti* v. 5.12.79, verb. Rs. 154 u.a./78 sowie 39 u.a./79, *SpA Ferriera Valsabbia [I] u.a.* , Slg. 1980, S. 1035 [S. 1068] mit Besprechung von wichtigen EuGH-Urteilen; Mitteilung der *Kommission* C (88) 1696 zur höheren Gewalt im Landwirtschaftsrecht, ABl. 1988 Nr. C 259/10 [S. 11 f.]: "Da es keine klare und eindeutige Rechtsprechung gibt, sollte vorsichtshalber davon ausgegangen werden, daß die Höhere-Gewalt-Klausel derzeit nicht mit Sicherheit zu den allgemeinen Grundsätzen des Gemeinschaftsrechts gehört, die auch als ungeschriebenes Recht allgemeine Geltung haben... Allerdings kann die Ansicht vertreten werden, daß die Höhere-Gewalt-Klausel lediglich eine Konkretisierung des Verhältnismäßigkeitsgrundsatzes darstellt, der unbestreitbar zu den allgemeinen Grundsätzen des Gemeinschaftsrechts gehört." Vgl. zur Problematik auch WAGEMANN, S. 127 f. m.w.Nachw. aus dem Schrifttum.

124 DANNECKER, in: Madrid-Symposium für Tiedemann, S. 341.

125 TIEDEMANN, NJW 1993, 30.

126 Vgl. dazu WAGEMANN, S. 123.

und dem Betroffenen die Einhaltung seiner Verpflichtungen objektiv *unmöglich* machen.

EuGH, Urt. v. 18.3.80, verb. Rs. 154 u.a./78 sowie 39 u.a./79, *SpA Ferriera Valsabbia [I] u.a.*[127]: "[Rdn. 139] Die Klägerinnen erklären, durch das *Verhalten 'anderer Erzeuger'*, die die Mindestpreisentscheidungen nicht beachtet hätten, sei für sie insofern ein Fall höherer Gewalt eingetreten, als sie sich zur Nichtbeachtung der Entscheidung Nr. 962/77 gezwungen gesehen hätten, um nicht vom Betonstahlmarkt verdrängt zu werden. [Rdn. 140] Ein Fall höherer Gewalt kann jedoch nur anerkannt werden, wenn sich der Betroffene auf eine *äußere Ursache* berufen kann, deren *Folgen unvermeidbar und unausweichlich* sind und *dem Betroffenen die Einhaltung seiner Verpflichtungen objektiv unmöglich machen*, im vorliegenden Fall ihm also keine andere Wahl hätten lassen dürfen, als gegen die Entscheidung Nr. 962/77 zu verstoßen. [Rdn. 141] Nun geht aber aus den beigebrachten Unterlagen hervor, daß von 181 zwischen Juni 1977 und September 1979 überprüften Unternehmen lediglich 29 der Mindestpreisregelung zuwidergehandelt haben. Somit haben *die meisten Unternehmen ihr tatsächlich Folge geleistet*, entweder indem sie auf einen anderen Kundenkreis oder die Herstellung anderer Erzeugnisse auswichen oder indem sie unter Beachtung der Mindestpreise ein gewisses Produktionsniveau beibehielten. Die Klägerinnen wurde also durch die äußere Ursache, auf die sie sich berufen, nicht in eine *ausweglose Situation* gebracht, so daß die Voraussetzungen der 'höheren Gewalt' nicht zu ihren Gunsten bejaht werden können."

Nach dem letzteren (vor allem im Agrarrecht[128] sowie im Verfahrensrecht[129] benutzten) Konzept soll dagegen zur Annahme höherer Gewalt bereits genügen, daß die Folgen der eben genannten objektiven Umstände *nur um den Preis unverhältnismäßiger Opfer* (Vorsichtsmaßnahmen) hätten vermieden werden können. Eine objektive Unmöglichkeit zur Erfüllung der verletzten Pflicht wird im Rahmen dieses Konzepts nicht vorausgesetzt.

EuGH Urt. v. 15.12.94, Rs. C-195/91, *Bayer*[130]: "[Rdn. 32] Aus dem Vorstehenden ergibt sich, daß die Begriffe der höheren Gewalt und des Zufalls ein objektives und ein subjektives Merkmal umfassen, von denen ersteres sich auf ungewöhnliche, außerhalb der Sphäre des Wirtschaftsteilnehmers liegende Umstände bezieht und letzteres mit der Verpflichtung des Betroffenen zusammenhängt, sich *gegen die Folgen ungewöhnlicher Ereignisse zu wappnen, indem er, ohne übermäßige Opfer zu bringen, geeignete Maßnahmen trifft*. Insbesondere müssen die Wirtschaftsteilnehmer den Ablauf des eingeleiteten Verfahrens sorgfältig überwachen und zum Zweck der Einhaltung der vorgesehenen Fristen Sorgfalt walten lassen."

---

127 Slg. 1980, S. 907 ff.

128 Vgl. dazu die auf der Rechtsprechung des EuGH im Agrarbereich aufbauenden Definition der höheren Gewalt in der Mitteilung der *Kommission* C (88) 1696 zur höheren Gewalt im Landwirtschaftsrecht, ABl. 1988 Nr. C 259/10 [S. 10 f.]; zu Ausnahmeerscheinungen (engeres Konzept) innerhalb der EuGH-Rechtsprechung siehe WAGEMANN, S. 119.

129 Vgl. dazu die im Text folgenden Zitate aus der Rechtsprechung der europäischen Gerichte; siehe auch WAGEMANN, S. 123.

130 Slg. 1994, I-5619.

EuGH Urt. v. 12.7.84, Rs. 209/83, *Valsabbia*[131]: "[Rdn. 21] Wie sich aus der ständigen Rechtsprechung des Gerichtshofes ergibt, bezieht sich der Begriff der höheren Gewalt, abgesehen von den Besonderheiten der spezifischen Bereiche, in denen er verwendet wird, im wesentlichen auf sachfremde Umstände, die den Eintritt des fraglichen Ereignisses unmöglich machen. Auch wenn er *keine absolute Unmöglichkeit voraussetzt*, verlangt er doch, daß es sich um ungewöhnliche, vom Willen des Betroffenen unabhängige *Schwierigkeiten* handelt, die selbst bei Beachtung aller erforderlichen Sorgfalt unvermeidbar erscheinen... [Rdn. 22] Folglich trifft der Begriff der höheren Gewalt nicht auf eine Situation zu, in der eine sorgfältige und umsichtige Person objektiv in der Lage gewesen wäre, den Ablauf einer Klagefrist zu verhindern."

Was das *europäische Bußgeldrecht in Kartellsachen* anbelangt, ist zwar einerseits keine Bezugnahme auf das Erfordernis einer absoluten Unmöglichkeit ersichtlich, es läßt sich aber auch andererseits aus den entsprechenden Urteilen nicht klar erkennen, ob das weite Konzept geltend gemacht werden kann[132].

Im *Tréfilunion*-Fall[133] versuchte das gleichnamige französische Unternehmen die von der Kommission beanstandeten Kartellabsprachen auf dem Markt der Betonstahlmatten dadurch zu rechtfertigen, daß diese Absprachen die unausweichliche Reaktion ausländischer Unternehmen auf ein in Deutschland vom Bundeskartellamt genehmigtes und von der Kommission angeblich 4 Jahre lang geduldetes Strukturkrisenkartell dargestellt hätten. Diesen, vom Unternehmen unter dem Begriff der "höheren Gewalt" erhobenen Einwand lehnte jedoch das *EuG* ab: "[Rdn. 125] Das Gericht kann sich dem Vorbringen der Klägerin, das Strukturkrisenkartell in Deutschland habe eine Situation höherer Gewalt herbeigeführt, nicht anschließen. Nach ständiger Rechtsprechung sind nämlich unter *höherer Gewalt ungewöhnliche und unvorhersehbare Ereignisse zu verstehen, auf die derjenige, der sich auf sie beruft, keinen Einfluß hatte und deren Folgen trotz Anwendung der gebotenen Sorgfalt nicht hätten vermieden werden können* ... Im vorliegenden Fall trifft keiner der aufgeführten Umstände, die den Begriff der höheren Gewalt ausmachen, auf das deutsche Krisenkartell zu, das eine den deutschen Rechtsvorschriften und Verfahren unterliegende nationale Vereinbarung war und dessen Wirkungen nach Maßgabe dieser Vorschriften eingetreten sind. Außerdem ist darauf hinzuweisen, daß sich der Direktor der Klägerin selbst in seinem internen Vermerk vom 16. Juli 1985 über sein Gespräch mit Herrn Müller verpflichtet hatte, bei der Kommission keine Beschwerde gegen das deutsche Kartell einzulegen. [Rdn. 128] Das Gericht stellt schließlich fest, daß in der Entscheidung als mildernder Umstand auch das Bestehen des Strukturkrisenkartells in Deutschland berücksichtigt worden ist, das für die Parteien in den anderen Mitgliedstaaten Veranlassung war, sich ihrerseits um eine Absicherung zu bemühen, nicht aber die

---

131 Slg. 1984, S. 3089.

132 Vgl. dazu TIEDEMANN, NJW 1993, 30: "[E]rsteres betrifft die absolute Unmöglichkeit [zu handeln oder anders zu handeln], während das letztere mehr in die Richtung des Sorgfaltsmaßstabes eines vorsichtigen und vernünftigen Verkehrsteilnehmers weist. Die Rechtsprechung des Gerichtshofes hat zwischen beiden Konzepten - auch je nach betroffenem Gebiet - geschwankt. Neuerdings neigt sie wieder der weicheren Formel zu und stellt darauf ab, ob es sich um außergewöhnliche und unvorhersehbare Umstände handelt, die sich dem Einfluß des betroffenen entziehen und deren Folgen er nur um den Preis unverhältnismäßiger Opfer hätte vermeiden können."

133 *EuG* Urt. v. 6.4.95, Rs. T-148/89, *Tréfilunion*, Slg. 1995, II-1063.

von ihnen unrechtmäßig ergriffenen Maßnahmen rechtfertigt (Punkt 207 der Entscheidung)."[134]

Bemerkenswert ist jedenfalls, daß die Kommission und die europäischen Gerichte die sehr beliebten, auf eine "Unmöglichkeit alternativen Verhaltens" hinweisenden Einwände wettbewerbswidrig handelnder Unternehmen bislang nur in drei Fällen in ausdrückliche Verbindung mit dem Institut der höheren Gewalt gebracht haben[135]. - Das Institut der höheren Gewalt wird danach nur selten als relevant herangezogen.

C. *Würdigung*

Die Zurückhaltung der europäischen Organe hinsichtlich der Überprüfung des Instituts der höheren Gewalt läßt sich insgesamt nicht als überraschend betrachten. Die angedeuteten Fälle der "Unmöglichkeit", die in der Literatur als potentielles Anwendungsfeld der höheren Gewalt im Kartellrecht betrachtet werden[136], weisen nämlich kaum die typischen Strukturen der höheren Gewalt auf.

Die höhere Gewalt deutet unter Zugrundelegung der oben angeführten Definitionen - sowie der übereinstimmenden "éléments constitutifs" des Rechtsinstituts in den Rechtsordnungen der Mitgliedstaaten[137] - auf Sachverhalte hin, in denen der Betrof-

---

134 Vgl. auch *EuG* Urt. v. 6.4.95, Rs. T-147/89, *Société métallurgique de Normandie*, Slg. 1995, II-1057 [LS 6, nur LS abgedruckt]; *EuG* Urt. v. 6.4.95, Rs. T-151/89, *Société des treillis et panneaux soudés*, Slg. 1995, II-1191 [LS 6, nur LS abgedruckt].

135 Es geht dabei nicht um die von WAGEMANN (S. 123 ff.) genannten Fälle (BMW Belgium, Suiker Uni, van Landewijk und Stichting Sigarettenindustrie), in denen der Begriff der höheren Gewalt in Wirklichkeit im Text der EuGH-Urteile nicht auftritt, sondern um die oben zitierten Fälle "*Société des treillis et panneaux soudés*", "*Société métallurgique de Normandie*" und "*Tréfilunion*". Der Begriff der "höheren Gewalt" tritt zwar auch im Rahmen des "Rheinzink"-Urteils auf; siehe *EuGH* Urt. v. 28.3.84, Rs. 29 und 30/83, *CRAM und Rheinzink*, Slg. 1984, S. 1679 [Rdn. 35]. Es geht allerdings dort um ein anderes, im Zusammenhang mit dem Begriff "Wettbewerbsbeschränkung" zu verstehendes Problem. Im konkreten Fall stellt sich nämlich die Frage, ob ein auf Fälle höherer Gewalt und vergleichbare Situationen bezogene Aushilfsvertrag zwischen Konkurrenten in den Anwendungsbereich des Art. 85 Abs. 1 EGV a.F. fällt. Der EuGH zeigt sich - ohne auf die einzelnen Elemente der höherer Gewalt einzugehen - bereit, diese Frage zu verneinen. Das in diesem Fall beanstandete, angeblich nur auf Streiks bezogene Hilfeabkommen sah allerdings in der Wirklichkeit Aushilfeverpflichtungen für alle Fälle einer ernsten Betriebsstörung, unabhängig von ihrer Natur und Ursache, vor und wurde daher vom EuGH als tatbestandsmäßig im Sinne des Art. 85 Abs. 1 EGV a.F. eingestuft.

136 DANNECKER, in: I/M EG-WbR [1997], VO 17 Art. 15, Rdn. 154.

137 Vgl. dazu WAGEMANN, S. 111, der unter Hinweis auf LOYANT (Recherches sur la notion de force majeure en droit communautaire et en droit international, Université de Rennes 1978) die höhere Gewalt nach dem gemeinsamen Verständnis der nationalen Rechtsordnungen als "*ein von außen kommendes, unvorhersehbares und unvermeidbares Ereignis, dessen Eintrifft die Ausführung einer Verpflichtung unmöglich macht*" definiert.

fene die Entscheidungs- und Handlungsfreiheit zur Erfüllung seiner Pflicht angesichts äußerer Umstände *grundsätzlich* verloren hat. Angesichts des vorausgesetzten prinzipiellen Mangels an Entscheidungs- und Handlungsfreiheit liegt der Schwerpunkt des Instituts der höheren Gewalt nicht in der Beurteilung der dem Betroffenen zustehenden Alternativen oder in Güterabwägungen im Zeitpunkt der Pflichtverletzung, sondern in der Ermittlung, ob der Betroffene sich gegen die Folgen der widrigen äußeren Umstände hätte wappnen können und dadurch den Eintritt des Status fehlender Entscheidungs- und Handlungsfreiheit hätte abwenden können. Das engere Konzept fordert dabei, daß alle möglichen Vorsichtsmaßnahmen getroffen sind, und daß die Handlungsfreiheit im Zeitpunkt der Pflichterfüllung vollständig weggefallen ist, das weitere Konzept begnügt sich dagegen bereits mit verhältnismäßigen Vorsichtsmaßnahmen und greift möglicherweise auch dann ein, wenn für den Betroffenen im Zeitpunkt der Pflichterfüllung noch ein geringer Entscheidungs- und Handlungsspielraum besteht.

Die skizzierten Charakteristika einer Situation höherer Gewalt lassen sich an den im Kartellrecht bislang im Zusammenhang mit dem Einwand der Unmöglichkeit aufgetretenen Fällen kaum erkennen. Es ging dort nämlich entweder um (kleine) Unternehmen, die angeblich (wegen ihrer existentiellen wirtschaftlichen Abhängigkeit) von ihrem Marktpartner oder Konkurrenten zum wettbewerbswidrigen Verhalten gezwungen wurden[138], oder um Unternehmen, die angesichts nationaler wettbewerbsbeschränkender Vorschriften angeblich über keinen Handlungsspielraum für die Einhaltung der europäischen Wettbewerbsregeln verfügten. In den ersteren Fällen ("gezwungene Unternehmen") kann aber nicht davon ausgegangen werden, daß ein Verstoß im Status grundsätzlich fehlender Entscheidungs- und Handlungsfreiheit in Betracht kommt. Das wettbewerbswidrige Verhalten stellt sich vielmehr als bewußte Entscheidung und freie Handlung des jeweils Betroffenen dar, der zwischen der Einhaltung der Kartellvorschriften und den (wegen Ungehorsams gegenüber den mächtigen Marktpartnern oder Konkurrenten drohenden) Nachteilen abwägt und sich deswegen zum Wettbewerbsverstoß entschließt. Das Vorliegen einer (rechtfertigenden oder entschuldigenden) Notstandssituation oder die Anerkennung eines spezifisch auf solche Fallkonstellationen zugeschnittenen Instituts (Handeln unter psychologischem Zwang) könnte zwar hier in Erwägung gezogen werden[139]. Eine Situation höherer Gewalt ist aber bereits begrifflich kaum ersichtlich.

---

138 DANNECKER / FISCHER-FRITSCH, S. 309.

139 Dadurch erklärt sich, daß sich das Unternehmen Cascades im Karton-Fall zur Rechtfertigung seiner angeblich unter dem unwiderstehlichen Zwang seiner Konkurrenten erfolgten Beteiligung am Kartell der europäischen Kartonhersteller nicht auf das Institut der höheren Gewalt, sondern auf ein neues, in analoger Ausrichtung zu den Instituten des Notstandes und der Notwehr entwickeltes Institut (Handeln unter Zwang) beruft, vgl. dazu unten im Text, *Fünfter Teil* II A 2 b (i).

So führt der GA *Capotorti* in seinen Schlußanträgen im *Valsabbia I*-Fall mit Recht aus[140]: "Aber einmal unterstellt, der genannte Begriff sei als allgemein gültig anzusehen; dann stünde jedenfalls fest, daß das angeblich höhere Gewalt darstellende Ereignis außerhalb des Einflußbereichs des Verpflichteten eintreten und demnach für sich betrachtet die Ursache des objektiv normwidrigen Verhaltens darstellen müßte. Mit anderen Worten: *dieses Verhalten müßte durch eine Einwirkung von außen verursacht worden sein, die dem Verpflichteten keine andere Wahl gelassen hätte* (klassische Beispiele: Nichtbelieferung mit einer bestimmten Ware, weil das Schiff, mit dem sie befördert wurde, untergegangen oder durch Blitzschlag zerstört worden ist). Im vorliegenden Fall machen die Verpflichteten indessen geltend, der Zwang, zu nach der Entscheidung Nr. 962/77 verbotenen Preisen zu verkaufen, habe sich aus einer Gesamtheit von Umständen ergeben, nämlich aus der Entwicklung des Marktes infolge des Verhaltens anderer Unternehmen (insbesondere der Händler, die zu freien Preisen verkauft hätten, und sogar der Konkurrenten, die schon vor ihnen gegen jene Entscheidung verstoßen hätten), aus der daraus folgenden Gefahr eines starken Absatzrückgangs und der Tatsache, daß Schäden vorhersehbar gewesen seien, die sich daraus in finanzieller Hinsicht sowie für die Erzeugung und den Beschäftigungsstand ergeben hätten. *Keiner dieser Umstände läßt sich aber als eine Einwirkung von außen hinstellen, die für sich allein kausal für das Verhalten des Verpflichteten geworden wäre: Die Unternehmen haben sich selbst* im Gegensatz zu anderen Unternehmen in gleicher Lage (ich meine die kleinen und mittleren italienischen Unternehmen, die die Mindestpreisregelung einhielten) *bewußt dafür entschieden, zu niedrigeren Preisen zu verkaufen, und sei es nur, weil sie sich aus schwerwiegenden Gründen für hierzu berechtigt hielten oder weil sie glaubten, so handeln zu müssen, um das Schlimmste zu verhindern.* - Ich glaube also, daß die von den Klägerinnen vorgebrachten Tatsachen nicht als höhere Gewalt angesehen werden können. Es ist vielmehr zu prüfen, ob eine *Notstand* vorlag oder ob die Unterschreitung der Mindestpreise eine *Notwehrhandlung* darstelle."

In den letzteren Fällen ("nationale Vorschriften") ist zwar ein Status stark geminderter Entscheidungs- und Handlungsfreiheit - man denke nur an den staatlichen Zwangsmechanismus - gegeben, der auf äußere Umstände zurückzuführen ist. Bevor man aber hier nach Unrechts- oder Sanktionsauschließungsgründen sucht, sollte man sich bereits fragen, ob überhaupt ein *tatbestandsmäßiges* Verhalten vorliegt. Die europäischen Wettbewerbsregeln sind nämlich nicht auf private Verhaltensweisen anwendbar, die durch hoheitliche Maßnahmen vorgeschrieben werden[141].

---

140 Schlußanträge des *GA Capotorti* v. 5.12.79, verb. Rs. 154 u.a./78 sowie 39 u.a./79, *SpA Ferriera Valsabbia [I]* u.a., Slg. 1980, S. 1035 [S. 1068].

141 Anderer Ansicht insoweit (das aufgehobene) *EuG* Urt. v. 18.9.95, Rs. T-548/93, *Ladbroke Racing*, Slg. 1995, II-2565: "[Rdn. 48] Denn falls die Kommission die Vereinbarkeit der betreffenden nationalen Rechtsvorschriften mit den Vertragsbestimmungen feststellen sollte, würde die Vereinbarkeit der Verhaltensweisen [der betroffenen Unternehmen] ... mit diesen nationalen Rechtsvorschriften bewirken, daß diese Verhaltensweisen ebenfalls als mit den Artikeln 85 und 86 des Vertrages [= Art. 81 und 82 EGV n.F.] vereinbar angesehen werden müßten, während die Unvereinbarkeit der fraglichen Verhaltensweisen mit den nationalen Rechtsvorschriften zu der Feststellung führen könnte, daß diese Verhaltensweisen selbst Zuwiderhandlungen gegen diese Vertragsbestimmungen darstellen. [Rdn. 49] Falls die Kommission dagegen feststellen sollte, daß die nationalen Rechtsvorschriften nicht mit den Vertragsbestimmungen vereinbar sind, hätte sie anschließend zu prüfen, ob der Umstand, daß

EuGH Urt. v. 11.11.97, verb. Rs. C-359/95 P und C-379/95 P, *Kommission und Französische Republik / Ladbroke Racing*[142]: "[Rdn. 33] Die Artikel 85 und 86 des Vertrages [= Art. 81 und 82 EGV n.F.] gelten ... nur für wettbewerbswidrige Verhaltensweisen, die die Unternehmen aus eigener Initiative an den Tag legen... Wird den Unternehmen ein wettbewerbswidriges Verhalten durch nationale Rechtsvorschriften vorgeschrieben oder bilden diese einen rechtlichen Rahmen, der selbst jede Möglichkeit für ein Wettbewerbsverhalten ihrerseits ausschließt, so sind die Artikel 85 und 86 [= Art. 81 und 82 EGV n.F.] nicht anwendbar. In einem solchen Fall findet die Wettbewerbsbeschränkung nicht, wie diese Vorschriften voraussetzen, in selbständigen Verhaltensweisen der Unternehmen ihre Ursache... [Rdn. 34] Dagegen sind die Artikel 85 und 86 des Vertrages [= Art. 81 und 82 EGV n.F.] anwendbar, wenn sich herausstellt, daß die nationalen Rechtsvorschriften die Möglichkeit eines Wettbewerbs bestehenlassen, der durch selbständige Verhaltensweisen der Unternehmen verhindert, eingeschränkt oder verfälscht werden kann... [Rdn. 35] Im Rahmen einer von der Kommission vorgenommenen Prüfung der Anwendbarkeit der Artikel 85 und 86 des Vertrages [= Art. 81 und 82 EGV n.F.] auf die Verhaltensweisen der Unternehmen bezieht sich die vorherige Bewertung nationaler Rechtsvorschriften, die Auswirkungen auf diese Verhaltensweisen haben, daher nur auf die Frage, ob diese Vorschriften die Möglichkeit eines Wettbewerbs bestehenlassen, der durch selbständige Verhaltensweisen der Unternehmen verhindert, eingeschränkt oder verfälscht werden kann."

Geht es also in der Tat nur um durch das nationale Recht bedingte "Verstöße" gegen das europäische Kartellrecht, so ist bereits die *Tatbestandsmäßigkeit* des Ver-

---

sich die [betroffenen Unternehmen] ... an nationale Rechtsvorschriften gehalten haben, die gegen die Vertragsbestimmungen verstoßen, ihnen gegenüber zum Erlaß von Maßnahmen führen kann, die auf Abstellung von Zuwiderhandlungen gegen die Artikel 85 und 86 des Vertrages [= Art. 81 und 82 EGV n.F.] gerichtet sind." Vgl. auch die Stellungnahme der Kommission in *EuGH* Urt. v. 11.11.97, verb. Rs. C-359/95 P und C-379/95 P, *Kommission und Französische Republik / Ladbroke Racing*, Sgl. 1997, I-6265: "[Rdn. 20] ... [D]ie Kommission [stellt] jedoch klar, daß zu unterscheiden sei zwischen staatlichen Maßnahmen, die den Unternehmen gegen die Artikel 85 und 86 des Vertrages [= Art. 81 und 82 EGV n.F.] verstoßende Verhaltensweisen vorschrieben, und solchen, die, ohne irgendein gegen diese Vorschriften verstoßendes Verhalten zu verlangen, einen rechtlichen Rahmen festlegten, der selbst den Wettbewerb beschränke. Im erstgenannten Fall finde Artikel 85 [= Art. 81 EGV n.F.] trotz des Bestehens nationalrechtlicher Verpflichtungen auf das Verhalten der Unternehmen weiter Anwendung, unabhängig von einer eventuellen Anwendung der Artikel 3 Buchstabe g [= Art. 3 Buchst. g EGV n.F.], 5 [= Art. 10 EGV n.F.] und 85 des Vertrages [= Art. 81 EGV n.F.] im Hinblick auf diese staatliche Maßnahmen. Ein Unternehmen könne und müsse es nämlich aufgrund des Vorrangs des Gemeinschaftsrechts und der unmittelbaren Wirkung der Artikel 85 Absatz 1 und 86 des Vertrages [= Art. 81 Abs. 1 und Art. 82 EGV n.F.] ablehnen, sich einer staatlichen Maßnahme zu beugen, die ein gegen diese Vorschriften verstoßendes Verhalten vorschreibe. [Rdn. 21] Dagegen könnte Artikel 85 [= Art. 81 EGV n.F.] im zweitgenannten Fall unter bestimmten Umständen nicht anwendbar sein..." - Sowohl der Standpunkt des EuG als auch die von der Kommission getroffene Differenzierung wurden allerdings vom *EuGH* im Urt. v. 11.11.97 verworfen (siehe anschließend im Text, sowie Rdn. 30 ff.); vgl. auch *EuG* Urt. v. 18.9.96, Rs. T-387/94, *Asia Motor France u.a.*, Slg. 1996, II-961 [Rdn. 60 ff.], das bei bindenden nationalen Regelungen auf den unter Umständen fehlenden Handlungsspielraum der betroffenen Unternehmen und damit auf die Unabwendbarkeit des Art. 85 Abs. 1 EGV a.F. abstellen will.

142 Slg. 1997, I-6265.

haltens zu verneinen[143]. Geht es dagegen, wie dies bislang in der Regel der Fall war, um Verstöße gegen das europäische Kartellrecht durch privat veranlaßte Selbsteinschränkung der vom nationalen Interventionsrecht übriggelassene Wettbewerbsfreiheit, so kann zwar die schadensrelevante Spürbarkeit der privaten Wettbewerbsbeschränkung für den ohnehin regulierten Markt und damit die Strafbedürftigkeit der Zuwiderhandlung unter Umständen in Zweifel gezogen werden[144]. Solange aber der Wettbewerb auch in beschränktem Maße möglich war, ist ein Fall höherer Gewalt kaum ersichtlich[145]. - Ebensowenig liegt ein Fall höherer Gewalt vor, wenn sich das Unternehmen der Geltung der mitgliedstaatlichen Vorschriften freiwillig unterworfen hat, um in den Genuß von verwaltungsrechtlichen Vorteilen (Beihilfen, Steuervorteile u.ä.) zu gelangen[146].

Aus denselben Gründen (selbständige Konzipierung der wettbewerbsbeschränkenden Maßnahmen, freiwillige Annahme der staatlichen Vorschriften) scheitert das Argument der Unmöglichkeit alternativen Verhaltens bzw. das Argument der höheren Gewalt im Falle der *Kenntnis, Billigung oder Genehmigung des beanstandeten Verhaltens durch eine nationale Behörde.* Das Verhalten wird zwar in diesen Fallkonstellationen möglicherweise von außen veranlaßt, steht jedoch in keinem Zusammenhang mit einer *bindenden* nationalen Vorschrift. Die europäischen Organe lassen deswegen mit Recht solche Umstände, falls sie diese überhaupt berücksichtigen, nur als Strafmilderungsgründe gel-

---

143 Vgl. GLEISS / HIRSCH [4. Aufl.], Bd. 1, Rdn. 168, die vom Ausschluß der "Zurechenbarkeit" der Wettbewerbsbeschränkungen sprechen: "Die Zurechenbarkeit entfällt bei Wettbewerbsbeschränkungen, die auf hoheitlichen oder administrativen Maßnahmen beruhen. ... Das Verbot gilt ... nicht, wenn wettbewerbsbeschränkendes Zusammenwirken den beteiligten Unternehmen entweder administrativ auferlegt ist ... oder es unerläßlich ist zur Anwendung hoheitlicher Normen und administrativer Regeln."

144 *EuGH* Urt. v. 16.12.75, verb. Rs. 40/73 u.a., *Suiker Unie u.a.*, Slg. 1975, S. 1663: "[Rdn. 619/620] Die gemeinsame Marktorganisation für Zucker, die übrigens beginnt, ihren ursprünglichen Charakter einer Übergangsregelung zu verlieren, eröffnete dem Wettbewerb aus den dargelegten Gründen bloß einen schmalen Bereich und trug somit dazu bei, daß die Zuckerhersteller in wettbewerbsfremden Verhaltensweisen verharrten. Dieser Umstand rechtfertigt zwar keine Praktiken, die geeignet sind, die aus der Sicht des Vertrages mit einem solchen System verbundenen Unzulänglichkeiten noch zu vermehren, muß jedoch dazu führen, das Verhalten der Beteiligten nicht mit der üblichen Strenge zu beurteilen."

145 *EuGH* Urt. v. 7.6.83, verb. Rs. 100 bis 103/80, *Musique Diffusion Française ("Pioneer")*, Slg. 1983, S. 1825: "[Rdn. 100] ... [E]twaige hoheitlich auferlegte Beschränkungen [können] keine Rechtfertigung dafür sein..., daß Privatpersonen ihre Verhaltensweisen aufeinander abstimmen, um den Wettbewerb zu beschränken."

146 *EuG* Urt. v. 10.3.92, Rs. T-14/89, *Montedipe*, Slg. 1992, II-1155: "[Rdn. 311] Sowohl die Gewerkschaftsvereinbarung als auch die Feststellung der Krisenlage der Klägerin durch die italienische Regierung waren Handlungen, denen die Klägerin zugestimmt hat, um in den Genuß der Vorteile zu gelangen, die an die von ihr übernommenen Verpflichtungen geknüpft waren. [Rdn. 312] Die Klägerin kann daher nicht behaupten, daß die ihr vom italienischen Recht auferlegten Pflichten sie in eine Lage versetzt hätten, die ihre Beteiligung an gegen Artikel 85 Absatz 1 EWG-Vertrag [= Art. 81 Abs. 1 EGV n.F.] verstoßenden Vereinbarungen und abgestimmten Verhaltensweisen unvermeidbar gemacht habe."

ten[147]. Eine Ausnahme von dieser Regel (im Sinne des vollständigen Verzichts auf Geldbußen) wird nur dann in Betracht gezogen, wenn das wettbewerbswidrige Verhalten von nationalen Kartellbehörden formal freigestellt worden ist[148].

Die geringe *begriffliche* Relevanz der höheren Gewalt für die bislang in der Gemeinschaftspraxis behandelten kartellrechtlichen Fälle ist nicht zufällig, sondern auf systematische, die *allgemeine Struktur der Bußgeldnormen* betreffenden Gründe zurückzuführen. Das Institut der höheren Gewalt ist nämlich bereits konzeptionell in erster Linie auf Verletzungen von Gebotsnormen zugeschnitten, die Leistungspflichten begründen (Einhaltung von Fristen, Erfüllung von Vertragspflichten u.s.w.). Im (materiellen) Kartellrecht geht es jedoch vor allem um Verbotsnormen, die Unterlassungspflichten aufstellen (Unterlassung von Mißbrauchshandlungen, Unterlassung der Beteiligung an wettbewerbsbeschränkenden Absprachen u.s.w.)[149]. Während gebotenes aktives Handeln wegen widriger äußerer Umstände bereits physisch verhindert sein und deswegen als (relativ) unmöglich eingestuft werden kann, läßt sich die aktive Vornahme von verbotenen Handlungen, nämlich der Übergang von der Untätigkeit zur aktiven Wettbewerbsbeschränkung, nur schwer als (relativ) unausweichliches Verhalten vorstellen.

---

147 Vgl. *EuG* Urt. v. 6.4.95, Rs. T-148/89, *Tréfilunion*, Slg. 1995, II-1063: "[Rdn. 118] Schließlich kann sich die Klägerin nicht auf nationale Rechtsvorschriften über die Zulässigkeit von Preiskontrollen berufen, denn zum einen ist nach gefestigter Rechtsprechung der Umstand, daß das Verhalten der Unternehmen den nationalen Behörden bekannt war, von ihnen genehmigt oder gar ermutigt worden ist, auf jeden Fall ohne Einfluß auf die Anwendbarkeit des Artikels 85 [= Art. 81 EGV n.F.] oder gegebenenfalls des Artikels 86 EWG-Vertrag [= Art. 82 EGV n.F.]." *EuGH* Urt. v. 17.1.84, verb. Rs. 43 und 63/82, *VBVB und VBBB*, Slg. 1984, S. 19: "[S. 64] [N]ationale Praktiken in Gesetzgebung und Rechtsprechung [dürfen], selbst wenn sie in allen Mitgliedstaaten gemeinsam wären, der Anwendung der Wettbewerbsregeln des Vertrages nicht vorgehen... Dies gilt erst recht für die Praktiken von Privatunternehmen, selbst wenn sie von den Behörden eines Mitgliedstaates geduldet oder gebilligt werden." *EuG* Urt. v. 18.9.96, Rs. T-387/94, *Asia Motor France u.a.*, Slg. 1996, II-961 [Rdn. 60]; vgl. aus dem Schrifttum DANNECKER, in: I/M EG-WbR [1997], VO 17 Art. 15, Rdn. 293 f. und 298; WAGEMANN, S. 139 ff.; DANNECKER / FISCHER-FRITSCH, S. 311 f.; TSOLKA, S. 210 f. - Vorschläge für die angemessene Berücksichtigung der einzelnen Fallkonstellationen (mitglied- oder dritt-)staatlicher Einflußnahme (Zwang, Druck, Anregung, Genehmigung, Billigung, Kenntnisnahme u.a.) auf der Ebene der Schuld (durch Verneinung des Vorsatzes oder der Fahrlässigkeit) oder der Bußgeldbemessung unterbreitet DUISBERG, S. 161 ff.

148 Im Betonstahlmatten-Fall klammerte so beispielsweise die Kommission ein vom deutschen Bundeskartellamt genehmigtes Kartell der deutschen Hersteller von Betonstahlmatten von der formellen Bußgeldentscheidung gegen ein europaweites Kartell der Hersteller des fraglichen Produktes aus und ging auf eine informelle Regelung des Falles in Absprache mit dem Bundeskartellamt und den Vertretern des Krisenkartells ein, vgl. *EuG* Urt. v. 6.4.95, Rs. T-145/89, *Baustahlgewebe*, Slg. 1995, II-987 [Rdn. 53 und 55 ff.].

149 Dies gilt allerdings nicht für Fälle, in denen die Verletzung von kartellrechtlichen Leistungspflichten (z.B. formale Anmelde-, Informations-, Mitwirkungspflichten oder aber auch materielle Handlungspflichten in Gestalt von Aufsichtspflichten einer Muttergesellschaft) in Betracht kommt.

Der höheren Gewalt sollte aber auch aus Gründen eines *sinnvollen Aufbaus der Bußgelddogmatik* in Kartellsachen jede grundlegende Bedeutung abgesprochen werden. In dem *verschuldensabhängigen* und in Anlehnung an strafrechtsdogmatische Kategorien zu strukturierenden System des Bußgeldrechts gibt es nämlich für das im Bereich verschuldens*un*abhängiger verwaltungsrechtlicher Maßnahmen oder verfahrensrechtlicher Vorschriften entwickelte Institut der höheren Gewalt kaum einen passenden Platz[150]. Das fragliche Institut vereinigt nämlich Aspekte in sich, die zwar mit Blick auf außerstrafrechtliche Sanktionen in einer einheitlichen, entlastenden Systemkategorie miteinander verbunden werden können, in einem auf strafrechtlichen Prämissen aufbauenden, ausdifferenzierten System jedoch verschiedenen Ebenen zugeordnet werden müssen[151].

Keine eigenständige dogmatische Bedeutung kann das Institut der höheren Gewalt so vor allem in seiner *engeren Ausprägung* als Einwand der "absoluten Unmöglichkeit" gewinnen. Bei einer solchen Unmöglichkeit alternativen Handelns im Zeitpunkt des Rechtsverstoßes, die durch keine Vorsichtsmaßnahmen hätte vermieden werden können und damit selbst die Heranziehung eines früheren Anknüpfungspunkts für die Begründung der Verantwortung definitorisch ausschließt, ist nämlich in einem Straftatsystem liberaler-rechtsstaatlicher Prägung bereits die *Handlungsqualität* bzw. die *Tatbestandsmäßigkeit* des beanstandeten Verhaltens zu verneinen.

Aber auch in seiner *weiteren Ausprägung* als Einwand einer "relativen Unmöglichkeit" (der Vermeidung der Folgen des ungewöhnlichen Ereignisses oder der Vornahme eines alternativen Handels im Zeitpunkt der Pflichtverletzung) könnte das Institut der höheren Gewalt nur schwer als eigenständiges Institut im Verbrechensaufbausystem eingesetzt werden. Die in dieser Ausprägung anklingenden Aspekte der erforderlichen *Sorgfalt* und des *zumutbaren* alternativen Handelns lassen sich grundsätzlich erst auf der Ebene der *Schuld*, im Zusammenhang mit der Prüfung der Fahrlässigkeit und der Vorwerfbarkeit des beanstandeten Verhaltens sinnvoll auswerten[152]. Eine vorgezogene, fragmentarische Prüfung dieser Aspekte im Rahmen eines selbständigen Instituts, wie die höhere Gewalt, kann nur Verwirrung in dem Systemaufbau anstiften, ohne daß die Verteidigungschancen der Unternehmen irgendwie erhöht würden.

---

150 Vgl. auch VOGEL (JZ 1995, S. 340), der die Einbeziehung des Instituts der höheren Gewalt in eine europäisch-einheitliche Regelung des AT des Strafrechts in den Mitgliedstaaten nur dann für sinnvoll hält, wenn diese Regelung eine objektive strafrechtliche Verantwortlichkeit für in Ausnahmefällen zulässig erachten sollte.

151 Vgl. BÖSE, S. 220 f.

152 Vgl. TIEDEMANN (NJW 1993, 30), der die von der europäischen Praxis im Zusammenhang mit der höheren Gewalt benutzte "weichere" Formel innerhalb eines Schuldstrafrechts als Hilfsmittel für die Konkretisierung des Verschuldensmaßstabes der Fahrlässigkeit nutzbar machen will.

Es ist somit als Ergebnis *festzuhalten*, daß dem - ohnehin in seiner Qualität als allgemeinem Rechtsgrundsatz umstrittenen - Institut der höheren Gewalt keine (nennenswerte) praktische und dogmatische Bedeutung für das europäische Bußgeldrecht in Kartellsachen beigemessen werden soll.

IV. Materielle Rechtmäßigkeit und Behördenpublizität

A. Materielle Freistellungsfähigkeit

(1) Problemstellung

Aus den früheren Darstellungen über die Geltung der klassischen Rechtfertigungsgründe im europäischen Bußgeldrecht ist insgesamt deutlich geworden, daß die systemdogmatische und praktische Relevanz dieser Rechtfertigungsgründe angesichts der Existenz spezifischer verwaltungsrechtlicher Institute nur begrenzt ist. Insbesondere mit Blick auf das Kartellverbot konnte festgestellt werden, daß ein Teil der Funktionen der klassischen Rechtfertigungsgründe, insbesondere des Notstandes, vom Gemeinschaftsgesetzgeber dem Freistellungsinstitut des Art. 81 Abs. 3 EGV n.F. vorbehalten worden sind.

Anders als die klassischen Rechtfertigungsgründe, die ausschließlich nach der Maßgabe von materiellen Wertungen eingreifen, sind allerdings die an ihre Stelle tretenden verwaltungsrechtlichen Institute nicht nur mit materiellen Wertungen, sondern auch mit formellen Pflichten zur Herstellung von Behördenpublizität verbunden, und zwar dergestalt eng, daß eine Rechtfertigung bei Verletzung der formellen Pflichten unabhängig vom Ergebnis der materiellen Wertungen entfällt. So können beispielsweise wettbewerbsbeschränkende Vereinbarungen, die unter den Grundtatbestand von Art. 81 Abs. 1 EGV n.F. fallen, nach der ausdrücklichen Regelung des Gemeinschaftsgesetzgebers nur dann von der Freistellungsregelung des Art. 81 Abs. 3 EGV n.F. profitieren, wenn sie bei der Kommission angemeldet worden sind. "Solange sie [hingegen] nicht angemeldet worden sind, kann eine [Freistellungs-]Erklärung ... nicht abgegeben werden"[153]. Auch wenn die Voraussetzungen des Art. 81 Abs. 3 EGV n.F. vorliegen, bleibt also eine von Art. 81 Abs. 1 EGV n.F. erfaßte, nicht-angemeldete anmeldebedürftige Vereinbarung rechtswidrig und kann jederzeit von der Kommission verfolgt werden. Fraglich ist allerdings, ob die Kommission dabei über die Verweigerung der Freistellung und den Erlaß einer Abstellungsverfügung mit Zwangsgeld hinaus Geldbußen gegen die materiell-freistellungsfähige, aber nicht-angemeldete Vereinbarung verhängen kann.

---

[153] Siehe Art. 4 Abs. 1 S. 2 VO 17 für sog. Neukartelle. Vgl. auch Art. 5 Abs. 1 VO 17 für sog. Altkartelle. Siehe auch die Ausnahmen zu diesen Regelung in Art. 4 Abs. 2, Art. 5 Abs. 2 VO 17.

Die Regelung des Gemeinschaftsgesetzgebers scheint zwar auf eine solche Möglichkeit hinzudeuten. Es darf allerdings nicht unberücksichtigt bleiben, daß die Bejahung dieser Möglichkeit die Gleichstellung von materiell freistellungsfähigen und -unfähigen Vereinbarungen (auch) in bußgeldrechtlicher Hinsicht zur Folge hätte. Reicht aber wirklich der Verstoß gegen die Anmeldevorschrift aus, um jede aus den materiellen Wertungen des Art. 81 Abs. 3 EGV n.F. ausgehende rechtfertigende Wirkung auszuschließen und materiell-freistellungsfähige Verhaltensweisen mit solchen gleichzusetzen, die einer materiellen Freistellung nicht fähig sind?

In *verwaltungsrechtlicher Hinsicht* stößt zwar eine solche Gleichstellung kaum auf Bedenken, denn die Gewährung einer Freistellung kann als eine für den Betroffenen begünstigende verwaltungsrechtliche Leistung[154] verweigert werden, solange der Betroffene auch eine der dafür vorgesehenen Voraussetzungen nicht erfüllt. In bußgeldrechtlicher und damit in strafrechtlicher Hinsicht i.w.S. bedarf jedoch eine solche Gleichstellung einer überzeugenden Begründung, denn es geht hier nicht nur um die Verweigerung einer begünstigenden Regelung, sondern um die Ahndung von (materiellem) Unrecht, dessen Vorliegen im Falle der materiellen Freistellungsfähigkeit nicht mehr eindeutig zu sein scheint.

Zu der eben aufgeworfenen Frage ist zunächst zu bemerken, daß die materiellen Voraussetzungen der Freistellung und die Anmeldevorschrift mit Blick auf die Verwirklichung der vom Gemeinschaftsrecht verfolgten sachlichen Ziele qualitativ unterschiedliche Aussagen beinhalten.

Die *materiellen Voraussetzungen der Freistellung*, die von den Verfassern des EG-Vertrages selbst formuliert worden sind, bilden in Verbindung mit den materiellen Voraussetzungen des Grundtatbestandes des Art. 81 Abs. 1 EGV n.F. den für das Gelingen des pluralistischen Konzepts des europäischen Kartellrechts unverzichtbaren Wert- und Orientierungsmaßstab (*Indikator des Sozialschadens*). Die materielle Freistellungsfähigkeit zeugt deswegen zumindest von einem neutralen, wenn nicht sogar von einem positiven Beitrag des einschlägigen Verhaltens bei der Verwirklichung der Gemeinschaftsziele.

Dem europäischen Kartellrecht liegt nämlich keine Konzeption bedingungslosen Schutzes des Wettbewerbs, sondern eine pluralistische Konzeption zugrunde[155], die darauf abzielt, die Erfordernisse der Aufrechterhaltung eines wirksamen Wettbewerbs in der Gemeinschaft mit der Wahrung sonstiger wirtschafts- und sozialpolitischer Ziele (z.B. internationale Wettbewerbsfähigkeit[156], Erhaltung von Arbeitsplätzen, Umweltschutz) in

---

154 Zur Einordnung der Freistellungserklärung als einen konstitutiven, die beteiligten Unternehmen begünstigenden Verwaltungsakt vgl. KOCH, in: GRABITZ / HILF [1. Grdlf.], Art. 85, Rdn. 155.

155 Näher zu dieser Unterscheidung PAPAKIRIAKOU, Das griechische Verwaltungsstrafrecht, § 3 II C 4 m.w.Hinw.

156 Die Förderung der internationalen Wettbewerbsfähigkeit der Unternehmen der Gemeinschaft mit Hilfe des Freistellungstatbestandes des Art.85 Abs. 3 EGV a.F. betont auch die Kommission im EG-Bulletin 5-1993, Rdn. 1.2.31 [S. 23] mit Bezug auf den XXII. Bericht über die Wettbewerbspolitik 1992, KOM (93) 162: "[Es] besteht auf seiten der Kommission der

Einklang zu bringen. Diese Konzeption spiegelt sich vor allem in dem in Art. 81 EGV n.F. eingerichteten System des Verbots mit Erlaubnisvorbehalt wider[157].

Das Merkmal der *Anmeldung*, das nicht im Text des EG-Vertrages steht, sondern erst mit der VO 17 normiert wurde, steht dagegen nicht in *unmittelbarem* Zusammenhang mit den sachlichen Zielstellungen der Gemeinschaft, sondern hat als Regelung zur Schaffung von Behördenpublizität grundsätzlich nur für das ordnungsgemäße Funktionieren der Kommission als Wettbewerbsbehörde *direkte* Bedeutung (*Indikator des Verwaltungsschadens*). Die Nichterfüllung der Anmeldevoraussetzung allein kann deswegen nicht als Handlung gedeutet werden, die einen unmittelbaren Schaden für die Gemeinschaftsziele herbeiführt.

Es soll zwar nicht geleugnet werden, daß es im Rahmen einer *institutionellen, langfristigen Betrachtung* zwischen Behördenpublizität und Gelingen der sachlichen Ziele der Gemeinschaft unübersehbare Verbindungen gibt, denn die Verwirklichung der Gemeinschaftsziele hängt unter anderem von der effektiven wirtschaftslenkenden Betätigung der Gemeinschaftsorgane ab. Eine solche Betätigung kann aber auf längere Sicht nur dann gewährleistet werden, wenn die Marktteilnehmer durch die Einhaltung von Behördenpublizitätspflichten den Gemeinschaftsorganen - hier der Kommission als Behörde, die über Art. 81 Abs. 3 EGV n.F. mit der Aufgabe der Abstimmung der Wettbewerbspolitik mit den anderen Gemeinschaftspolitiken betraut worden ist - einen sachlichen Marktüberblick ermöglichen. Die Anmeldevorschrift ist also keine bloße "formale" Regelung, die einen sinnlosen Verwaltungsgehorsam erzwingen will. Ihr kommt vielmehr eine ernstzunehmende Bedeutung für die effektive Anwendung der wirtschaftspolitischen Instrumente des Gemeinschaftsrechts zu.

Jedoch gelten diese Feststellungen, wie gesagt, nur im Rahmen einer institutionellen, langfristigen Betrachtung. Im Einzelfall, d.h. wenn ein konkreter Sachverhalt beurteilt werden soll, läßt sich dagegen nicht bestreiten, daß sich der durch das Unterbleiben der Anmeldung *greifbare*, nachweisbare *Schaden* in der Störung der Verwaltungstätigkeit erschöpft, und daß zuverlässigen Aufschluß über das Verhältnis des unangemeldeten Verhaltens zu den Zielen der Gemeinschaft erst die Wertungseinheit des Art. 81 EGV n.F. geben kann.

Aus den obigen Ausführungen läßt sich hinsichtlich der eingangs gestellten Frage der Schluß ziehen, daß der Verstoß gegen die Anmeldevorschrift zwar selbst ein Unrecht ist, welches aber nicht ausreicht, um das Unrechtsdefizit eines materiell freistellungsfähigen Verhaltens gegenüber einem materiell nicht-freistellungsfähigen Verhalten auszugleichen; das auszugleichende Unrechtsdefizit bezieht sich nämlich direkt auf die Sozialschädlichkeit des Verhaltens, während die Nichterfüllung der Anmeldevoraussetzung nur auf einen Verwaltungsschaden unmittelbar

---

Wille, die unternehmerische Zusammenarbeit bis hin zur Fusion zu fördern, wenn sich die Unternehmen damit besser auf die weltwirtschaftlichen Gegebenheiten einstellen und ihre Wettbewerbsfähigkeit stärken können. Zu diesem Zweck hat die Kommission eine Mitteilung über kooperative Gemeinschaftsunternehmen veröffentlicht, die Möglichkeit diverser Freistellungsverordnungen erweitert und ein Programm zur Verfahrensbeschleunigung ausgearbeitet."

157 Vgl. *EuGH* Urt. v. 25.10.77, Rs. 26/76, *Metro I*, Sgl. 1977, S. 1875 [Rdn. 20].

hinweist. Zumindest bußgeldrechtlich sollten deswegen Differenzierungen zwischen materiell-freistellungsfähigen Verhaltensweisen und solchen, die die materiellen Kriterien des Art. 81 Abs. 3 EGV n.F. nicht erfüllen, vorgenommen werden. Gefragt wird allerdings, wie die gebotenen Differenzierungen auszugestalten und an welcher dogmatischen Stelle sie anzusiedeln sind.

Bevor aber dazu Stellung genommen wird, ist im folgenden zuerst auf den Standpunkt der Gemeinschaftsorgane zu dieser Problematik einzugehen.

(2) Darstellung der Gemeinschaftspraxis

Bereits die Ausführungen des EuGH im Pioneer-Fall im Jahr 1983 legen die Annahme nahe, daß die materielle Freistellungsfähigkeit *keine* Bedeutung für die bußgeldrechtliche Behandlung von nicht-angemeldeten anmeldebedürftigen Vereinbarungen hat. Der EuGH erklärt es nämlich dort schlicht für unzulässig, Bußgeldentscheidungen gegen unangemeldete anmeldebedürftige Kartelle unter Berufung auf die materiellen Voraussetzungen des Art. 81 Abs. 3 EGV n.F. anfechten zu wollen[158]. Diese Auffassung wurde in den 90er Jahren wiederholt vom EuG bestätigt.

So führte das *EuG* im *Polypropylen*-Fall (Preis- und Quotenkartell) aus[159]: "[Rdn. 267] Die Klägerin weist ... darauf hin, daß die Kommission ... über die Krise im petrochemischen Bereich, der im Zeichen einer Überkapazität und gegenüber starkem außergemeinschaftlichem Wettbewerbsdruck beträchtliche Verluste erlitten habe und seine Produktionskapazität habe vermindern müssen, bestens informiert gewesen sei. [Rdn. 268] ... Trotz der Inflation seien die Verkaufspreise von 1973/1974 bis 1983/1984 nicht gestiegen. Diese Gegebenheiten seien als ausreichend betrachtet worden, um in der Kunstfaser-Sache (Entscheidung vom 4. Juli 1984, Kunstfasern, ABl. L 207, S. 17) und in der Sache BPCL-ICI (Entscheidung vom 19. Juli 1984, 84/387/EWG, BPCL-ICI, ABl. L 212, S. 1) eine Vereinbarung zu genehmigen. Die Maßnahmen, die zu ergreifen die Kommission in den beiden genannten Sachen den Unternehmen erlaubt habe, seien in Wirklichkeit ähnlich wie diejenigen, die die Polypropylenhersteller ins Auge gefaßt hätten (kontrollierte Produktionsbeschränkung). Wegen der Übereinstimmung der Gegebenheiten, aufgrund deren die Kommission die Vereinbarungen in diesen beiden Fällen genehmigt habe, mit den Gegebenheiten hätte die Kommission in der vorliegenden

---

158 *EuGH* Urt. v. 7.6.1983, Rs. 100-103/80, *Musique Diffusion Française ("Pioneer")*, S. 1825: "[Rdn. 93] Diese Vergünstigung [Bußgeldfreiheit] für ein Unternehmen, das eine Vereinbarung oder ein abgestimmtes Verhalten angemeldet hat, ist ein Ausgleich für das Risiko, welches das Unternehmen dadurch eingeht, daß es selbst die Vereinbarung oder das abgestimmte Verhalten anzeigt. Dieses Unternehmen muß nämlich nicht nur damit rechnen, daß festgestellt wird, die Vereinbarung oder das Verhalten verstoße gegen Artikel 85 Absatz 1 EWG-Vertrag [= Art. 81 Abs. 1 EGV n.F.], und daß die Anwendung von Absatz 3 abgelehnt wird, sondern auch gewärtigen, daß ihm für seine vor der Anmeldung vorgenommenen Handlungen eine Geldbuße auferlegt wird. Erst recht *ist es deshalb einem Unternehmen*, das dieses Risiko nicht eingehen wollte, *versagt, sich gegen eine Geldbuße, die ihm wegen einer nicht angemeldeten Zuwiderhandlung auferlegt wurde, unter Berufung darauf zu wehren, daß eine Anmeldung möglicherweise zu einer Freistellung geführt hätte.*"

159 *EuG* Urt. v. 10.3.92, Rs. T-14/89, *Montedipe*, Slg. 1992, II-1155.

Rechtssache die gleiche Haltung einnehmen müssen. [Rdn. 271] Das Gericht stellt fest, daß sich die Klägerin nicht darauf berufen kann, daß auf die von ihr abgeschlossenen Vereinbarungen und die abgestimmten Verhaltensweisen, an denen sie beteiligt gewesen sei, Artikel 85 Absatz 3 EWG-Vertrag [= Art. 81 Abs. 3 EGV n.F.] hätte Anwendung finden müssen. Artikel 4 Absatz 1 der Verordnung Nr. 17 bestimmt nämlich: ... Die *festgestellten Vereinbarungen* und abgestimmten Verhaltensweisen sind aber von der Klägerin *nicht angemeldet worden*. [Rdn. 272] Die Klägerin kann somit nicht behaupten, gegenüber den Unternehmen diskriminiert worden zu sein, deren Vereinbarungen gemäß Artikel 85 Absatz 3 EWG-Vertrag [= Art. 81 Abs. 3 EGV n.F.] freigestellt worden sind."

Auch im *Betonstahlmatten*-Fall[160] (Preis- und Quotenabsprachen auf dem Markt für Betonstahlmatten) verteidigten sich die betroffenen Unternehmen damit[161], daß sowohl das Grunderzeugnis (Walzdraht) als auch ein konkurrierendes Erzeugnis (Betonstabstahl) aufgrund des EGKS-Vertrages einer Quotenregelung unterlegen hätten. Insoweit hätten sie sich veranlaßt gesehen, mangels eines besonderen rechtlichen Instruments im Gemeinschaftsrecht Selbstmaßnahmen zu ergreifen, um den strukturellen Schwierigkeiten des Sektors zu begegnen. Die Kommission habe dem nicht nur bei der Bemessung der Geldbusse, sondern auch bei der Feststellung der Zuwiderhandlung Rechnung tragen müssen. Die Kommission betonte zwar[162], daß die wirtschaftlichen Folgen der beschriebenen Situation für die Betonstahlmatten ihr sehr wohl bekannt gewesen seien, und diese deshalb bei der Bemessung der Geldbusse berücksichtigt worden seien. Sie gab auch zu, daß die Unternehmen berechtigt gewesen seien, die notwendigen Maßnahmen zu ergreifen, um sich den wirtschaftlichen Erfordernissen anzupassen. Sie stellte jedoch zugleich klar, daß dies nur unter Beachtung des EGV zulässig gewesen wäre und verwies sie insoweit auf Art. 85 Abs. 3 EGV a.F. Diese Sichtweise wurde auch vom *EuG* bestätigt[163]: "Bezüglich des Einwandes, es sei verständlich gewesen, daß die Hersteller bei einem so stark von den Quotenregelungen nach dem EGKS-Vertrag betroffenen Erzeugnis wie Betonstahlmatten wegen des Fehlens einer Gemeinschaftsregelung selbst Abhilfe geschaffen hätten, ist darauf hinzuweisen, daß es den Herstellern freistand, ihre Absprachen gemäß Artikel 85 Absatz 3 EWG-Vertrag [= Art. 81 Abs. 3 EGV n.F.] bei der Kommission anzumelden, was es dieser gegebenenfalls gestattet hätte, über die Vereinbarkeit dieser Absprachen mit den in dieser Vorschrift aufgestellten Kriterien zu befinden. Da die Klägerin diese Möglichkeit nicht genutzt hat, kann sie sich nun nicht auf die Untätigkeit der Kommission berufen, um so gegen Artikel 85 Absatz 1 EWG-Vertrag [= Art. 81 Abs. 1 EGV n.F.] verstoßende geheime Absprachen zu rechtfertigen."

Dennoch ist in der europäischen Praxis der Umstand unverkennbar, daß sich die Kommission erst dann zur Verhängung von Geldbußen gegen unangemeldete anmeldebedürftige Zuwiderhandlungen bereit zeigt, wenn sie die Möglichkeit des Vorliegens der materiellen Voraussetzungen von Art. 81 Abs. 3 EGV n.F. überprüft und verneint hat.

So begnügte sich beispielsweise die Kommission im eben zitierten Polypropylen-Fall (Montedipe) nicht mit der bloßen Berufung auf die fehlende Anmeldung, sondern wies

160 *EuG* Urt. v. 6.4.95, Rs. T-142/89, *Boël*, Slg. 1995, II-867.

161 *EuG* Urt. v. 6.4.95, *Boël*, a.a.O. [Rdn. 83].

162 *EuG* Urt. v. 6.4.95, *Boël*, a.a.O. [Rdn. 86].

163 *EuG* Urt. v. 6.4.95, *Boël*, a.a.O. [Rdn. 92].

sie ferner nach, daß sich das fragliche Kartell aufgrund seiner Merkmale grundlegend von anderen in der Vergangenheit freigestellten Krisenkartellen unterschieden habe und daher eine Freistellung auch im Falle einer Anmeldung völlig ausgeschlossen gewesen sei[164]. Diese Vorgehensweise (Verneinung der materiellen Freistellungsfähigkeit vor der Verhängung einer Geldbuße) manifestiert sich aber auch in zahlreichen anderen Entscheidungen[165].

Das Vorliegen der materiellen Freistellungsfähigkeit eines unangemeldeten anmeldebedürftigen Kartells ist zwar - soweit ersichtlich - in einer formellen Entscheidung noch nie bejaht worden. Dies ist aber leicht zu erklären, wenn man die *selektive Verfolgungspolitik der Kommission* in Betracht zieht[166]. Das selektive Vorgehen in Verbindung mit der ständigen Verneinung der materiellen Freistellungsfähigkeit in formellen Entscheidungen gibt nämlich begründeten Anlaß zu der Ver-

---

164 Vgl. die Ausführungen der Kommission in *EuG* Urt. v. 10.3.92, Rs. T-14/89, *Montedipe*, Slg. 1992, II-1155 [Rdn. 270].

165 Vgl. beispielsweise *KOME* v. 12.7.95, 95/477/EG, *BASF Lacke + Farben AG und Accinauto S.A.*, ABl.1995 Nr. L 272/16: "[Rdn. 98 f.] Die Vereinbarung von 1982 [Verbot der Passivverkäufe an Kunden außerhalb des Vertragsgebiets] zwischen BASF L + F und Accinauto ist bei der Kommission nicht angemeldet worden... Schon deshalb kann eine Einzelfreistellung nicht erteilt werden. - Auch wenn die Vereinbarung angemeldet worden wäre, hätte sie nicht freigestellt werden können... *Eine angemessene Beteiligung der Verbraucher* an den durch den Alleinvertrieb entstehenden Vorteilen ist nur gewährleistet, wenn Parallelimporte möglich bleiben.... Selbst für den Fall, daß die Vereinbarung von 1982 eine Verbesserung der Warenverteilung bewirken würde und die Verbraucher angemessen an dem entstehenden Gewinn beteiligt wären, könnte nicht angenommen werden, daß die Verhinderung von Parallelhandel zur Erreichung dieser Vorteile *unerläßlich* gewesen wäre... Damit sind zwei der vier Freistellungsbedingungen nicht erfüllt. Eine *Einzelfreistellung* kommt daher *auch aus materiellrechtlichen Gründen nicht in Betracht.*" *KOME* v. 18.7.90, 90/417/EGKS, *Nichtrostender Flachstahl*, ABl. 1990 Nr. L 220/28, [Titel X Nr. 4 f.]: "4. Für die Genehmigung der Vereinbarungen wurde von keinem der beteiligten Unternehmen ein Antrag gestellt. Nur ein korrekter Antrag hätte vor Strafen schützen können. Aus der Tatsache, daß ein solcher Antrag nicht erfolgt ist, geht hervor, daß die Unternehmen nicht in gutem Glauben gehandelt haben. - 5. Selbst wenn die Unternehmen einen solchen Antrag gestellt hätten, hätte keine Genehmigung gemäß Artikel 65 erteilt werden können und wäre die Kommission nunmehr ebenso berechtigt, in einer Entscheidung deren Unrechtmäßigkeit festzustellen. - 6. Unternehmen können sich nicht Geldbußen entziehen, indem sie Beamte von Vereinbarungen formlos in Kenntnis setzen, die gegen diese Regeln verstoßen." *KOME* v. 28.1.98, 98/273/EG, *VW*, ABl. 1998, Nr. L 124/60: "[Rdn. 188] Da Volkswagen, Audi und Autogerma keine der im Rahmen ihrer Marktabschottungspolitik mit den Vertragshändlern getroffenen Vereinbarungen angemeldet haben und diese Vereinbarungen auch nicht unter Artikel 4 Absatz 2 Ziffer 1 der Verordnung Nr. 17 fallen..., ist die Erteilung einer Einzelfreistellung ausgeschlossen. [Rdn. 189] Auch wenn die Vereinbarungen angemeldet worden wären, könnten sie nicht freigestellt werden. Selbst wenn man unterstellte, daß ein solches Exportverbot bzw. eine solche Exportbeschränkung zur Verbesserung der Warenverteilung beiträgt, so wird der Verbraucher an dem daraus entstehenden Gewinn jedenfalls nicht beteiligt."

166 Vgl. XXIV. Bericht über die Wettbewerbspolitik 1994, Rdn. 112 [S. 83]; siehe auch RITTER / BRAUN / RAWLINSON [1991], EEC Competion Law, S. 662; DANNECKER, MschrKrim 74. Jahrgang (1991), 277 ff.

mutung, daß das Vorliegen der materiellen Freistellungsfähigkeit bereits im Hintergrund berücksichtigt wird und die Kommission dazu bewegt, kein formelles Verfahren einzuleiten. Insoweit trifft (weiter) die 1989 von DANNECKER / FISCHER-FRITSCH gemachte Feststellung zu, daß "[b]islang in keinem Fall eine Geldbuße verhängt worden [ist], in dem das [unangemeldete] streitgegenständliche Verhalten materiell freistellungsfähig war"[167].

Diese Praxis macht aber deutlich, daß die materielle Freistellungsfähigkeit nicht-angemeldeter anmeldebedürftiger Vereinbarungen trotz der Ausführungen des EuGH im Pioneer-Fall und der Urteile des EuG im Polypropylen- und Bettonstahlmatten-Fall im Hintergrund doch von der Kommission berücksichtigt und stillschweigend zur Voraussetzung für (die Einleitung eines förmlichen Verfahrens oder) die Verhängung einer Geldbuße gemacht wird. Allerdings scheinen die Kommission und die europäischen Gerichte unwillig, zu einer Institutionalisierung bzw. zu einer dogmatisch bindenden Anerkennung der materiellen Freistellungsfähigkeit zu übergehen. Unter diesen Umständen kann die materielle Freistellungsfähigkeit nach der Gemeinschaftspraxis nur als *Ermessensfaktor* eingestuft werden, der im Rahmen des geltenden Opportunitätsprinzips bei der Ermessensfrage der Einleitung des Verfahrens und / oder der Verhängung einer Geldbuße relevant wird.

Die Rechtsprechung des EuGH und des EuG könnte höchstens dahingehend gedeutet werden, daß die europäischen Gerichte nicht die sachliche Bedeutung der materiellen Freistellungsfähigkeit für eine gerechte Rechtsfindung verneinen, sondern nur das *subjektive* Recht der betroffenen Unternehmen ablehnen, sich auf die materielle Freistellungsfähigkeit zum Zwecke der Gewinnung von Bußgeldfreiheit zu berufen. Ob auch diese Deutung, die der materiellen Freistellungsfähigkeit eine gewisse dogmatische Identität als *Faktor einer gerechten Rechtsfindung* im Bußgeldrecht verleiht, praktische Bedeutung bei der Überprüfung des (weiten) Beurteilungsspielraums der Europäischen Kommission durch die europäischen Gerichte erlangen kann, ist allerdings zweifelhaft.

Wie wiederholt im Text hervorgehoben wurde, gelten jedenfalls die *obigen Ausführungen ausschließlich für nicht-angemeldete, anmeldebedürftige Vereinbarungen*. Die materielle Freistellungsfähigkeit von nicht-angemeldeten, *nicht*-anmeldebedürftigen Wettbewerbsbeschränkungen (Art. 4 Abs. 2 und Art. 5 Abs. 2 VO 17) ist dagegen in dogmatischer Hinsicht anders einzuordnen[168]. Einen richtigen Ansatz für diese Einordnung liefert

---

167 DANNECKER / FISCHER-FRITSCH, S. 306 und 314.

168 Diese Fallgruppe wird im Rahmen des neuen gemeinschaftsrechtlichen Regelungsrahmens hinsichtlich vertikaler Wettbewerbsbeschränkungen (siehe dazu die im Anschluß an das am 22.01.1997 veröffentlichte *Grünbuch zur EG-Wettbewerbspolitik gegenüber vertikalen Wettbewerbsbeschränkungen* [KOM(96) 721 endg.] erlassene *Mitteilung der Kommission* über die Anwendung der EG-Wettbewerbsregeln auf vertikale Beschränkungen, Brussels, 30.09.1998, KOM(98) 544 endg.) erheblich an Bedeutung gewinnen. Im Rahmen des neuen Konzepts wurde nämlich bereits der Anwendungsbereich des Art. 4 Abs. 2 VO 17 ausgeweitet, so daß darunter nunmehr alle vertikale Absprachen fallen, die "von zwei oder mehr Unternehmen geschlossen wurden, von denen jedes im Rahmen der Vereinbarung auf einer unterschiedlichen Produktions- oder Vertriebsstufe tätig ist, und sie die Bedingungen betref-

KOCH[169], der die anmeldebedürftigen von den *nicht-anmeldebedürftigen* Vereinbarungen trennt und die *letzteren* einer sog. integralen Anwendung von Art. 81 Abs. 1 und 3 EGV n.F. unterwirft[170]: "Hierbei ist aber zu berücksichtigen, daß der Grundsatz der integralen Anwendung von Art. 85 Abs. 1 und 3 [= Art. 81 Abs. 1 und 3 EGV n.F.] für angemeldete wie für *nicht-anmeldebedürftige Wettbewerbsbeschränkungen* gilt. Dieser Grundsatz macht die Freistellbarkeit zur *negativen Tatbestandsvoraussetzung* des Kartellverbots ... und hat daher unmittelbare Auswirkungen auf die Schuld... Die Festsetzung einer Geldbuße für die Praktizierung nicht-anmeldebedürftiger Wettbewerbsbeschränkungen ist also unzulässig, wenn sie freistellbar sind (dann fehlt es jedenfalls an der Rechtswidrigkeit der Zuwiderhandlung) oder wenn die Beteiligten ohne vorwerfbaren Irrtum von ihrer Freiststellbarkeit ausgehen konnten (dann fehlt es an der Schuld)." KOCH gelangt also zu einem differenzierenden Ergebnis. Hiernach habe die materielle Freistellungsfähigkeit bei nicht angemeldeten anmeldebedürftigen Kartellen keine Einwirkung auf die Rechtswidrigkeit und sei nicht Bezugspunkt der Schuld. Bezüglich der nicht angemeldeten nicht-anmeldebedürftigen Neukartelle[171] sehe jedoch die Rechtslage anders aus: Liege danach die materielle Freistellungsfähigkeit vor, so entfalle zumindest die Rechtswidrigkeit (KOCH ist bezüglich der Möglichkeit des Wegfalls der Tatbestandsmäßigkeit zurückhaltend); und bei fehlender materieller Freistellungsfähigkeit sei zwar der Tatbestand verwirklicht, der Täter könne aber nur dann geahndet werden, wenn er wußte oder hätte wissen müssen, daß die materiellen Voraussetzungen von Art. 81 Abs. 3 EGV n.F. nicht erfüllt seien.

Die von KOCH vorgenommene Differenzierung ist richtig und wird spätestens seit dem *SSI*-Urteil[172] auch vom EuGH geteilt. Auch die von KOCH mit Blick auf die subjektive Deckung der materiellen Freistellungsfähigkeit gestellten Forderungen sind zutreffend. Die Begründung von KOCH ist jedoch in strafrechtsdogmatischer Hinsicht insoweit inkonsequent, als er einer "negativen Tatbestandsvoraussetzung" die Funktion des Ausschlusses der Rechtswidrigkeit zuweist. Die Vorbehalte von KOCH gegen die Annahme des Wegfalls der Tatbestandsmäßigkeit ("der nationale Richter wäre dann an der Anwendung von Art. 85 Abs. 1 und 2 EGV [= Art. 81 Abs. 1 und 2 EGV n.F.] gehindert und - wie nach Art. 65 § 4 Abs. 2 EGKSV - zur Aussetzung verpflichtet"[173]) sind richtig. Will man aber diesem (praktischen) Argument Rechnung tragen, so muß man auf die Einstufung als Tatbestandsvoraussetzung verzichten. Auch die Einstufung als objektive

---

fen, zu denen die Parteien bestimmte Waren oder Dienstleistungen beziehen, verkaufen oder weiterverkaufen können"; siehe dazu Art. 1 der *Verordnung (EG) Nr. 1216/1999* zur Änderung der Verordnung Nr. 17 des Rates: Erste Durchführungsverordnung zu den Artikeln 81 und 82 des Vertrags - ex Artikel 85 und 86 EG-Vertrag (ABl. 1999, L 148/5).

169 KOCH, in: GRABITZ / HILF [1. Grdlfg.], nach Art. 87, VO Nr. 17 Art. 15, Rdn. 53 und 57 f.

170 KOCH, a.a.O., Rdn. 53 (Hervorhebungen im Original).

171 Für nicht-anmeldebedürftige *Alt*kartelle zieht KOCH (a.a.O.) bereits die günstige Regelung von Art. 15 Abs. 5 lit.b analog heran.

172 *EuGH* Urt. v. 10.12.85, verb. Rs. 240-242 u.a./82, *Stichting Sigarettenindustrie (SSI)*, Slg. 1985, S. 3831: "[Rdn. 75] ... [D]ie Kommission [hat] bei Vereinbarungen im Sinne von Artikel 4 Absatz 2 von Amts wegen zu prüfen, ob die Voraussetzungen des Artikels 85 Absatz 3 [= Art. 81 Abs. 3 EGV n.F.] erfüllt sind, und zwar auch dann, wenn sie diese Vereinbarungen aufgrund eines von ihr selbst eingeleiteten Verfahrens entdecken sollte; dagegen können Vereinbarungen im Sinne von Artikel 4 Absatz 1 nur dann freigestellt werden, wenn sie zuvor angemeldet worden sind."

173 KOCH, a.a.O., Rdn. 26.

Bedingung der Ahndbarkeit wäre aber kaum zweckmäßig, denn dann würde die sachlich zutreffende Argumentation über das Erfordernis subjektiver Deckung des Merkmals scheitern. Bei *nicht angemeldeten nicht-anmeldebedürftigen Neukartellen* sollte vielmehr die materielle Freistellungsfähigkeit als *Rechtfertigungsgrund* anerkannt werden, wobei dann die Einstellung des Täters zu diesem Merkmal im Rahmen des Unrechtsbewußtseins unter Heranziehung der Regeln zu prüfen wäre, die von der Gemeinschaftspraxis bezüglich des Irrtums über die Reichweite eines anerkannten Rechtfertigungsgrundes entwikkelt worden sind[174].

(3) Würdigung

Aus der Untersuchung der Gemeinschaftspraxis ergab sich, daß die materielle Freistellungsfähigkeit zwar berücksichtigt wird, jedoch hinsichtlich nicht-angemeldeter anmeldebedürftiger Kartelle bloß als Ermessensfaktor im Zusammenhang mit der Ermessensentscheidung der Bußgeldverhängung gehandhabt wird. Gefragt wird allerdings, ob der oben geforderten Differenzierung zwischen freistellungsfähigen und nicht-freistellungsfähigen Vereinbarungen nicht eine Lösung besser gerecht wäre, die die materielle Freistellbarkeit durch die Einstufung als (negatives) Tatbestandsmerkmal, Rechtfertigungsgrund, (negative) objektive Bedingung der Ahndbarkeit oder zumindest Strafausschließungsgrund dogmatisch aufwerten würde und damit den jeweils betroffenen Unternehmen größere Rechtssicherheit, als dies bei dem Opportunitätsprinzip der Fall ist, bieten könnte.

Eine solche dogmatische Aufwertung läßt sich allerdings im Gemeinschaftsrecht bereits deswegen nur schwer vertreten, weil für die Unterlassung der Anmeldung keine spezifische Bußgeldvorschrift existiert[175]. Die Unterlassung der Anmeldung wird vielmehr nur durch die Bußgeldandrohung gegen das unangemeldete Verhalten bußgeldrechtlich erfaßt. Möchte man also die materielle Freistellungsfähigkeit als Tatbestandsmerkmal, als Rechtfertigungsgrund, als objektive Bedingung der Ahndbarkeit oder als Strafausschließungsgrund einstufen und damit die Bußgeldandrohung gegen das nicht-angemeldete freistellungsfähige Verhalten bereits institutionell ausschließen, bliebe die Anmeldevoraussetzung bezüglich freistellungsfähiger Vereinbarungen im Ergebnis ohne jeglichen bußgeldrechtlichen Schutz. Ein solches Ergebnis stößt aber auf schwere Bedenken, denn es führte zur einer spürbaren Abschwächung des Sanktionsmechanismus zur Durchsetzung der Behördenpublizität in Kartellsachen, was unter Berücksichtigung der oben dargestellten wettbewerbspolitischen Bedeutung dieser Publizität kaum zu begründen wäre.

Daraus erklärt sich auch, warum die materielle Freistellungsfähigkeit bei nicht-anmeldebedürftigen Kartellen als (negative) Tatbestandsvoraussetzung oder Rechtfertigungsgrund und damit dogmatisch höher als die materielle Freistellungsfähigkeit bei anmel-

---

174 Zur schuldausschließenden Wirkung dieser Art von Irrtümern vgl. unten im Text, *Fünfter Teil* II A 2 (a) sowie II C.

175 Anders sieht dagegen die Rechtslage im griechischen Kartellrecht aus, siehe dazu PAPAKIRIAKOU, Das griechische Verwaltungsstrafrecht, § 2 II A und III A 1 (c).

debedürftigen Kartellen eingestuft wird. Die Institutionalisierung der materiellen Freistellungsfähigkeit kann im ersteren Fall geleistet werden, weil es ohnehin keine schutzwürdige Anmeldevoraussetzung gibt. Im letzteren Fall würde dagegen eine solche Institutionalisierung erhebliche Schäden an der Effektivität des Anmeldeinstituts herbeiführen.

Welchen Wert der europäische Gesetzgeber auf die Erfüllung der Anmeldevoraussetzung legt, läßt sich übrigens daran erkennen, daß die *ordnungsgemäße Anmeldung* die Bußgeldfreiheit auch für *materiell nicht freistellungsfähige Vereinbarungen* auslöst. Der Gesetzgeber zeigt sich also bereit, die durch die Praktizierung solcher Vereinbarungen im Einzelfall möglicherweise eingetretene Beeinträchtigung der Gemeinschaftsziele (Sozialschaden) hinzunehmen, wenn durch diese Regelung auf längere Sicht eine bessere Behördenpublizität veranlaßt werden kann. Die Bußgeldfreiheit steht nämlich hier eindeutig im Verhältnis der Gegenseitigkeit zu der durch die Anmeldung bewirkten Behördenpublizität[176]. Sie ist die Gegenleistung, die der Gesetzgeber den Unternehmen verspricht, um diese zur umfassenden Informierung der Kartellbehörden zu bewegen[177].

Die durch die europäischen Organe praktizierte pragmatische, auf das Opportunitätsprinzip verweisende und daher für die betroffenen Unternehmen unsichere Lösung läßt sich also im Ergebnis nur schwer in ihrer Substanz beanstanden. Vielmehr bietet es sich an, diese Lösung grundsätzlich als einen akzeptablen Kompromiß zu betrachten, denn erst diese Lösung ermöglicht, den mit Blick auf die Gemeinschaftsziele stark geminderten Unrechtscharakter freistellungsfähiger Vereinbarungen angemessen zu berücksichtigen, ohne den sanktionsrechtlichen Schutzmechanismus der Anmeldeinstituts auszuhöhlen.

Das oben geschilderte Vorgehen der europäischen Praxis kann allerdings auch nicht bedingungslos gebilligt werden. Insbesondere in Fällen, in denen an der materiellen Freistellungsfähigkeit aufgrund außergewöhnlicher Umstände keine Zweifel bestehen, wirkt nämlich diese ausschließlich auf das Ermessen der Europäischen Kommission verweisende Entscheidungspraxis zu *formalistisch.* Angemessener wäre eine institutionalisierte Lösung, die den strafrechtsdogmatischen Gedanken der materiellen Rechtmäßigkeit deutlich zum Ausdruck bringen könnte. Um das Institut der Anmeldung von einer möglichen Beschädigung zu schonen, wäre es jedenfalls denkbar, diese Lösung nicht im Bereich der Ausnahmeregelung der Einzelfreistellung, sondern im Bereich sonstiger in der Praxis anerkannter Unrechtseinschränkungsgründe zu suchen. Liegen die oben behandelten (strengen) Voraussetzungen des Notstandes nicht vor, so wäre vor allem ein Rückgriff auf die bereits oben angesprochene qualitative Rule of Reason[178] zu erwägen, die von den europäischen Organen in den Tatbestand des Art. 81 Abs. 1 EGV n.F. hineingelesen wird. Da damit auch diese Rechtsfigur im System der Unrechtseinschränkungsgründe Bedeutung gewinnt, ist darauf im folgenden näher einzugehen.

---

176 DANNECKER / FISCHER-FRITSCH, S. 79; WAGEMANN, S. 72 f.

177 KOCH, in: GRABITZ / HILF [1. Grdlf.], nach Art. 87, VO 17 Art. 15, Rdn. 59.

178 Siehe oben im Text, I A.

B. *Qualitative Rule of Reason (Erforderlichkeitsregel)*

Den Begriff "Rule of Reason" sollte man in der gemeinschaftsrechtlichen Diskussion wegen seines Ursprungs im US-amerikanischen antitrust-Recht[179] besonders vorsichtig verwenden[180]. Aus diesem Grund wird zur Bezeichnung dieses Instituts im folgenden neben dem Begriff "qualitative Rule of Reason" auch der (im Schrifttum nicht verbreitete) Terminus "Erforderlichkeitsregel" benutzt.

(1) Problemstellung

Es stellt sich also die Frage, ob das Institut der Erforderlichkeitsregel (Teil-)Funktionen des Instituts der Freistellung übernehmen kann und damit zur Lösung von Konflikten zwischen materieller Freistellbarkeit und Verletzung der Behördenpublizität durch Unterlassung der Anmeldung beitragen kann. Um diese Frage beantworten zu können, müssen allerdings die Entstehungsgründe und die inhaltliche Ausrichtung des fraglichen Instituts im Rahmen der Gemeinschaftspraxis näher untersucht werden.

(2) Darstellung der Gemeinschaftspraxis

(a) Grundzüge der Erforderlichkeitsregel

Wie bei der griechischen[181] läßt sich auch bei der europäischen Entscheidungspraxis die grobe Tendenz erkennen, daß sich die Anwendung des Grundtatbestandes des Art. 81 Abs. 1 EGV n.F. an der - *stillschweigend* praktizierten - Einteilung der wettbewerbsbeeinflussenden Verhaltensweisen in *zwei grundlegende Kategorien* orientiert: Die *erste* Kategorie machen Verhaltensweisen aus, die immer als "Wettbewerbsbeschränkung" im Sinne von Art. 81 Abs. 1 EGV n.F. aufgefaßt werden[182], ohne daß deren Grund von den europäischen Organen ermittelt wird. Dazu zählen vor allem (horizontale) Preis- und Quotenkartelle[183], (vertikale) Preisbindungen[184]

---

179 Vgl. dazu zuletzt ACKERMANN, Art. 85 Abs. 1 und die rule of reason, S. 11 ff.

180 Vgl. etwa BELLAMY / CHILD [4. Aufl.], Rdn. 2-062 f.; FRITZSCHE, ZHR 160 (1996), 32 Anm. 1.

181 Vgl. dazu PAPAKIRIAKOU, Das griechische Verwaltungsstrafrecht, § 4 I A 3.

182 Vgl. BELLAMY / CHILD [4. Aufl.], Rdn. 2-098 mit Nachw.

183 *EuG* Urt. v. 6.4.95, Rs. T-148/89, *Tréfilunion*, Slg. 1995, II-1063 [Rdn. 109]; *EuG* Urt. v. 10.3.92, Rs. T-14/89, *Montedipe*, Slg. 1992, II-1155 [Rdn. 265]; Kommission in: *EuG* Urt. v. 10.3.92, Rs. T-14/89, *Montedipe*, Slg. 1992, II-1155 [Rdn. 262].

184 *EuGH* Urt. v. 3.7.85, Rs. 243/83, *Binon / AMP*, Slg. 1985, S. 2015 [LS 4; vgl. S. 2046]: "Vertragsklauseln, in denen für Verträge mit Dritten geltende Preise festgesetzt werden, sind wettbewerbsbeschränkend im Sinne des Artikels 85 Absatz 1 EWG-Vertrag [= Art. 81 Abs. 1 EGV n.F.]." Vgl. auch *KOME* v. 30.6.93, 93/438/EWG, *CNSD*, ABl. 1993 Nr. L 203/27: "[Rdn. 54] Es läßt sich jedoch feststellen, daß die Voraussetzungen für die Anwendung von Artikel 85 Absatz 3 [= Art. 81 Abs. 3 EGV n.F.] nicht erfüllt sind. Nach der Verwaltungspraxis der Kommission und der Rechtsprechung des Gerichtshofes *kann die abgestimmte Festsetzung von Preisen und insbesondere von Mindestpreisen nicht freigestellt werden.*"

sowie Gebietsaufteilungen durch Export- und Parallelimportverbote[185]. Die Anwendung von Art. 81 Abs. 1 EGV n.F. kann in diesen Fällen nur noch an der fehlenden quantitativen Spürbarkeit der "Wettbewerbsbeschränkung" scheitern[186].

Zu der *zweiten* Kategorie gehören alle anderen Verhaltensweisen. Der Unterschied besteht darin, daß hier die Einstufung als "Wettbewerbsbeschränkung" im Sinne des Grundtatbestandes erst nach Berücksichtigung der *objektiven* Ziele geschieht, die mit der fraglichen wettbewerbsbeeinflussenden Verhaltensweise verfolgt werden. Entsprechen diese Ziele "*legitimen Bedürfnissen*" der Markteilnehmer - wozu auch die Erschließung neuer Märkte oder die Einschränkung einiger Wettbewerbsparameter zugunsten anderer zählt - und halten sich die fraglichen Verhaltensweisen im Rahmen des *Erforderlichen* mit Blick auf die "legitimen Bedürfnisse", so kommt es prinzipiell zu der Verneinung einer "Wettbewerbsbeschränkung".

EuGH Urt. v. 25.10.83, Rs. 107/82, *AEG*[187]: "[Rdn. 33] Vereinbarungen, die ein selektives Vertriebssystem begründen, beeinflussen zwangsläufig den Wettbewerb im Gemeinsamen Markt. Wie der Gerichtshof in seiner Rechtsprechung anerkannt hat, gibt es jedoch *legitime Bedürfnisse* - wie zum Beispiel die Aufrechterhaltung eines Fachhandels, der in der Lage ist, bestimmte Dienstleistungen für hochwertige und technisch hoch entwikkelte Erzeugnisse zu erbringen -, *die eine Einschränkung des Preiswettbewerbs zugunsten eines andere Faktoren als die Preise betreffenden Wettbewerbs rechtfertigen.*"

Diese interpretatorische Vorgehensweise wird vor allem bei der Beurteilung von selektiven Vertriebssystemen, von Franchisevereinbarungen, von Auschließlichkeitsbindungen (ohne absoluten Gebietsschutz), von Unternehmensverkaufsverträgen, von Bedingungen in Handelsvertreter-, Gesellschafts-, Pacht-, und Dienstverträgen, von Beschränkungen in Lizenznehmerverträgen sowie von sonstigen, oft unter dem Stichwort "Markterschließungsdoktrin" zusammengefaßten Fällen eingeschlagen[188]. Mitberücksichtigt wird hierbei i.d.R. auch der gesamte rechtliche und ökonomische Zusammenhang, insbesondere die Existenz gleichartiger Praktiken am relevanten Markt und die Gefahr der Entstehung von kumulativen Effekten.

---

185 Vgl. *EuGH* Urt. v. 1.2.78, Rs. 28/77, *Miller*, Slg. 1978, S. 131: "[Rdn. 7] ... [E]ine Exportverbotsklausel [stellt] schon *ihrem Wesen nach* eine Beschränkung des Wettbewerbs dar..." Ähnlich *EuG* Urt. v. 14.7.94, Rs. T-66/92, *Herlitz*, Slg. 1994, II-531 [Rdn. 29]; *EuG* Urt. v. 7.7.94, Rs. T-43/92, *Dunlop*, Slg. 1994, II-441 [Rdn. 143]; *KOME* v. 14.12.79, 80/256/EWG, *Pioneer*, ABl. L 60/21 [Rdn. 74].

186 *EuGH* Urt. v. 7.6.83, verb. Rs. 100 bis 103/80, *Musique Diffusion Française*, Slg. 1983, S. 1825: "[Rdn. 85] ... [D]er Gerichtshof [hat] entschieden, daß eine *Alleinvertriebsvereinbarung selbst bei absolutem Gebietsschutz* von der Verbotsvorschrift des Artikels 85 [= Art. 81 EGV n.F.] nicht erfaßt wird, wenn sie den Markt mit Rücksicht auf die schwache Stellung der Beteiligten auf dem Markt der fraglichen Erzeugnisse nur *geringfügig* beeinträchtigt."

187 Slg. 1983, S. 3151.

188 Zu einer eingehenden Analysis der EG-Praxis siehe BELLAMY / CHILD [4. Aufl.], Rdn. 2-064 ff.; zusammenf. FRITZSCHE, ZHR 160 (1996), 34 ff.; unter bußgeldrechtsdogmatischen Aspekten siehe WAGEMANN, S. 54 ff.; TSOLKA, S. 172 f.

Die Prüfung der quantitativen Spürbarkeit verliert insoweit ihre eigenständige Bedeutung im Rahmen der Anwendung des Art. 81 Abs. 1 EGV n.F.[189].

Dogmatisch klare Trennlinien zwischen den beiden zuvor skizzierten Kategorien sowie eindeutige Maßstäbe für die Behandlung der Sachverhalte der zweiten Kategorie sind allerdings von der europäischen Praxis bislang nicht herausgearbeitet worden. Wie betont, geht es nur um eine grobe Tendenz, die allerdings erhebliche *praktische Folgen* hat: durch die Einführung des Kriteriums der "Erforderlichkeit" mit Blick auf die Befriedigung "legitimer Bedürfnisse" im Rahmen der zweiten Kategorie wettbewerbsbeeinflussender Verhaltensweisen werden einige "notwendige" Wettbewerbsbeschränkungen bereits auf der Ebene des Grundtatbestandes des Art. 81 Abs. 1 EGV n.F. zugelassen, ohne daß es zur Erteilung einer Freistellung nach Art. 81 Abs. 3 EGV n.F. kommen müßte.

(b) Entstehungsgründe und heutige Funktion der Erforderlichkeitsregel

Fragt man nach dem Grund der Entstehung und der heutigen Funktion der Erforderlichkeitsregel innerhalb der europäischen Kartellpraxis, stellt man schnell fest, daß diese Regel vor allem im Dienste *praktisch-prozessualer Zwecke* steht: Sie ermöglicht nämlich das frühzeitige Ausscheiden gewisser Arten von Wettbewerbsbeschränkungen vom Anwendungsbereich des Kartellverbotes (Art. 81 Abs. 1 EGV n.F.), ohne daß man auf die (formalen) Voraussetzungen der Gruppen- und Einzelfreistellungen (Art. 81 Abs. 3 EGV n.F.) angewiesen wäre. Damit erfüllt das Merkmal im europäischen Recht eine Schlüsselrolle als Mittel für die *dosierte Übertragung von Freistellungskompetenzen von der Kommission auf die nationalen Gerichte* bzw. für die rationale Dezentralisierung der Anwendung der EG-Wettbewerbsregeln. Zugleich ermöglicht dieses Merkmal dem EuGH, bei der Auslegung des Kartellverbotes des Art. 81 Abs. 1 EGV n.F. im *Vorabentscheidungsverfahren sachgemäße Einschränkungen* vorzunehmen, an denen er sonst wegen des Freistellungsmonopols der Kommission gehindert wäre.

---

189 Die Entwicklung der europäischen Praxis läßt sich an den folgenden, in chronologischer Reihenfolge aufgeführten Urteile verfolgen: *EuGH* Urt. v. 30.6.66, Rs. 56/65, *Société Technique Minière (LTM) / Maschinenbau Ulm GmbH (MBU)*, Slg. 1966, S. 282 [S. 304] *(Alleinvertriebsverträge - Markterschließungsdoktrin)*; *EuGH* Urt. v. 25.10.77, Rs. 26/76, *Metro I*, Sgl. 1977, S. 1875 [S. 1908 f.] (*Selektive Vertriebssysteme*); *EuGH* Urt. v. 8.6.82, Rs. 258/78, *Nungesser*, Slg. 1982, S. 2015 [LS 3; vgl. S. 2068] (*Ausschließliche Lizenzvereinbarungen*); *EuGH* Urt. v. 30.1.85, Rs. 35/83, *BAT*, Slg. 1985, S. 363 [S. 385] (*Vereinbarungen über gewerbliche Schutzrechte*); *EuGH* Urt. v. 11.7.85, Rs. 42/84, *Remia*, Slg. 1985, S. 2545 [Rdn. 19 f.] (*Unternehmensveräußerungsverträge*); *EuGH* Urt. v. 28.1.86, Rs. 161/84, *Pronuptia*, Slg. 1986, S. 353 [Rdn. 15 ff., insb. 15, 17 und 27] (*Franchising*); *EuGH* Urt. v. 15.12.94, Rs. C-250/92, *Goettrup Klim / DLG*, Slg. 1994, I-5641 [Rdn. 45] (*Wettbewerbsverbote*); *EuG* Urt. v. 12.12.96, Rs. T-19/92, *Leclerc*, Slg. 1996, II-1851 [Rdn. 112] (*Selektive Vertriebssysteme*).

Der EG-Vertrag gibt nämlich ausschließlich der Kommission die Möglichkeit, aufgrund eines "bilan économique" Freistellungen vom weitgefaßten Kartellverbot gemäß Art. 81 Abs. 3 EGV n.F. zu erteilen (Art. 9 Abs. 1 VO 17). Eine entsprechende Befugnis wird dem EuGH nicht zugewiesen. Dieser Mangel wird aber spürbar im Vorabentscheidungsverfahren, insbesondere wenn der Gerichtshof über die Anwendbarkeit des Art. 81 Abs. 1 EGV n.F. auf wettbewerbstheoretisch ambivalente Fälle zu befinden hat, die die Kommission noch nicht behandelt hat[190]. Der EuGH darf dann nicht auf Art. 81 Abs. 3 EGV n.F. zurückgreifen, auch wenn er das Bedürfnis einer sachgemäßen Eingrenzung des Kartellverbots anerkennt. Den Ausweg findet er dadurch, daß er die in Art. 81 Abs. 3 EGV n.F. vorgesehenen Abwägungen bereits im Rahmen des Art. 81 Abs. 1 EGV n.F. vornimmt. Da aber diese Abwägungen keine "Freistellung" sein dürfen, werden sie als "Erforderlichkeitsregel" in unmittelbarem Zusammenhang mit dem Tatbestandsmerkmal der "Wettbewerbsbeschränkung" in die Entscheidung einbezogen[191].

Von grundlegender Bedeutung ist allerdings, daß der EuGH den Umfang der qualitativen Abwägungen bewußt beschränkt bzw. die Verneinung der Anwendbarkeit des Kartellverbotes an strenge Kriterien bindet. Die *Prärogative der Kommission*, die wettbewerbspolitische Politik der Gemeinschaft durch Freistellungen zu bestimmen, wird daher durch die Erforderlichkeitsregel nicht in Frage gestellt.

Nicht zu leugnen ist zwar, daß durch die Erforderlichkeitsregel letztlich das *Freistellungsmonopol der Kommission zugunsten der nationalen Behörden und Gerichte durchbrochen* wird[192]. Wie EMMERICH zutreffend bemerkt, ist es gerade dieser Wunsch, nämlich "die ausschließliche Zuständigkeit der Kommission zur Freistellung von Kartellen zugunsten auch der nationalen Behörden und Gerichte zu unterlaufen", der hinter den aus vielen Seiten stammenden Bestrebungen zur Durchsetzung der Erforderlichkeitsregel (qualitative Rule of Reason) als zusätzliche, über die Freistellung hinausgehende Ausnahme vom Kartellverbot steht[193]. Die von den EG-Organen gewünschte stärkere Beteiligung der nationalen Behörden und Gerichte bei der Anwendung des EG-Kartellrechts könnte aber durch diese mittelbare Einschränkung des Freistellungsmonopols der Kommission vorangetrieben werden[194]. Die von EMMERICH beklagte Entwicklung ist also nicht so

190 In solchen Vorabentscheidungsverfahren ergingen unter anderem das *Société Technique Minière*-Urteil sowie das *Pronuptia*-Urteil, die die Grundlagen der "qualitativen Rule of Reason" in Alleinvertriebssystemen bzw. in Franchisingsystemen setzten.

191 So läßt sich außerdem erklären, warum das Konzept der qualitativen Rule of Reason (Erforderlichkeitsregel) in erster Linie vom EuGH eingeführt und praktiziert wurde, vgl. BELLAMY / CHILD, 4. Aufl., Rdn. 2-062: "The ... approach, which [involves a kind of rule of reason and] interprets Article 85(1) [= Art. 81 Abs. 1 EGV n.F.] less widely, has been developed ... mainly by the Court of Justice."

192 Vgl. zu diesem Kompetenzproblem und der damit verbundenen Gefahr einer unterschiedlichen Anwendung des Gemeinschaftsrechts FRITZSCHE, ZHR 160 (1996), 32 f. m.w.Nachw.

193 EMMERICH, in: DAUSES, Hdb. EU-WirtschaftsR, Bd. 2, H. I. [EL 2], Rdn. 91.

194 Siehe die Bekanntmachung der Kommission über die *Zusammenarbeit zwischen der Kommission und den Gerichten der Mitgliedstaaten* bei der Anwendung der Artikel 85 und 86 des EWG-Vertrags, ABl. 1993 Nr. C 39/6; siehe auch die Bekanntmachung über die *Zusammenarbeit zwischen der Kommission und den Wettbewerbsbehörden der Mitgliedstaaten* bei der Bearbeitung von Fällen im Anwendungsbereich der Artikel 85 und 86 [a.F.] EG-Vertrag,

negativ einzuschätzen, solange zumindest nicht, wie der EuGH den Umfang der qualitativen Abwägungen im Rahmen der Erforderlichkeitsregel auf das oben erwähnte, absolut Notwendige beschränkt und offenkundige schwere Wettbewerbsbeschränkungen oder Kartellvereinabarungen von Großunternehmen - auch wenn diese Vereinbarungen unter modernen Bezeichnungen wie "strategische Allianzen" wettbewerbsfördernde Auswirkungen für sich in Anspruch nehmen - ständig auf das Freistellungsverfahren des Art. 81 Abs. 3 EGV n.F. verweist[195].

Die Erforderlichkeitsregel würde jedenfalls für die Mitgliedstaaten uninteressant, falls eines Tages die - von dem Bundeskartellamt und der Bundesregierung erhobene - Forderung, die dezentrale Anwendung des EG-Kartellrechts auch auf Freistellungsentscheidungen nach Art. 81 Abs. 3 EGV n.F. auszudehnen, durchgesetzt würde[196].

(3) Erforderlichkeitsregel als funktioneller Ersatz für die materielle Freistellbarkeit?

Aus den bisherigen Ausführungen läßt sich ableiten, daß die Erforderlichkeitsregel als Mittel aufzufassen ist, das zur Vornahme von sachgerechten und notwendigen Eingrenzungen des weitgefaßten Kartellverbotes dient[197], damit seine funktionale Kompatibilität mit den übrigen Institutionen der Wirtschaftsordnung (Eigentum, Vertragsfreiheit) *auch* von den nationalen Gerichten und dem EuGH im Vorabentscheidungsverfahren gewährleistet werden kann.

ABl. 1997 Nr. C 313/3 und dazu ZINSMEISTER, WuW 1997, S. 5 ff., der wiederholt (vgl. insb. S. 10 ff.) auf die Probleme hinweist, die durch das Festhalten der Kommission an ihrem Freistellungsmonopol für die gewünschte Dezentralisierung der Anwendung des europäischen Kartellrechts entstehen; eingehend zu dieser Problematik (Dezentralisierung und rule of reason) ACKERMANN (Art. 85 Abs. 1 EGV und die rule of reason, S. 109 ff.) der sich für die Anerkennung der rule of reason einsetzt und ein Schema für ihre praktische Anwendung (S. 207 ff.) entwickelt.

195 Zur entsprechenden Praxis der Kommission, die in den sog. strategischen Allianzen ständig eine Wettbewerbsbeschränkung im Sinne des Art. 81 Abs. 1 EGV n.F. sieht, auch wenn sie sich gleichzeitig prinzipiell bereit zeigt, solche Allianzen gem. Art. 81 Abs. 3 EGV n.F. freizustellen, siehe ausführlich FIEBIG, Strategische Allianzen, S. 82 ff., zusammenfassend S. 167 f. FIEBIG selbst verwirft die Kommissionspraxis unter Berufung auf die Ineffizienz des Freistellungsverfahrens und die dadurch für die anmeldenden Unternehmen entstehenden Zeit- und Kostennachteile und tritt dafür ein, daß mit ausreichenden wettbewerblichen Vorteilen verbundene strategische Allianzen über die Anwendung der qualitativen Rule of Reason bereits vom Anwendungsbereich des Art. 81 Abs. 1 EGV n.F. ausgenommen werden sollten (a.a.O., S. 208 ff., insbes. 210 f.).

196 Siehe dazu MÖSCHEL, in: HRBEK (Hrsg.), Das Subsidiaritätsprinzip in der Europäischen Union, S. 48; WOLF, in: Schwerpunkte des Kartellrechts 1997, S. 2 ff.: (S. 3: "Wenn das Subsidiaritätsprinzip ernstlich Eingang in die Rechtsanwendung finden soll, kann man die Aufhebung des Freistellungsmonopols nicht ausklammern").

197 Vgl. dazu die kritischen Ausführungen von RITTNER (JZ 1996, 378), der betont, daß Art. 85 Abs. 1 EGV a.F. "wörtlich genommen, die Vertragsfreiheit in unerträglicher Weise einschränkt und deswegen nur restriktiv angewandt werden kann".

Um die Wirkung des Instituts hierauf zu beschränken, werden von den Gemeinschaftsorganen Schranken in zwei Richtungen gesetzt. Zum einen werden dem Anwendungsbereich des Instituts bereits definitorisch alle schwerwiegenden Wettbewerbsbeschränkungen entzogen.

EuG Urt. v. 10.3.92, Rs. T-14/89, *Montedipe*[198]: "[Rdn. 265] Jedenfalls steht der Anwendung einer 'rule of reason', selbst wenn eine solche Regel im Rahmen des Wettbewerbsrechts der Gemeinschaft Anwendung finden sollte, die Offenkundigkeit der Zuwiderhandlung [Preis- und Quotenkartell der Polypropylenhersteller] gegen Artikel 85 Absatz 1 EWG-Vertrag [= Art. 81 Abs. 1 EGV n.F.], insbesondere seinen Buchstaben a, b und c, entgegen, da die Zuwiderhandlung in diesem Fall als *Verstoß gegen die Wettbewerbsregeln schlechthin* anzusehen wäre." [199]

Zum anderen wird verlangt, daß sich das zu "rechtfertigende" wettbewerbsbeschränkende Verhalten nicht nur auf das zur Befriedigung der jeweils maßgeblichen legitimen Bedürfnisse Erforderliche beschränkt, sondern auch positive Wirkungen für andere Aspekte des Rechtsguts des Wettbewerbs entfaltet[200].

EuG Urt. v. 12.12.96, Rs. T-19/92, *Leclerc*[201]: "[Rdn. 112] Nach der Rechtsprechung des Gerichtshofes stellen selektive Vertriebssysteme einen mit Artikel 85 Absatz 1 EG-Vertrag [= Art. 81 Abs. 1 EGV n.F.] vereinbaren Bestandteil des Wettbewerbs dar, wenn vier Voraussetzungen erfüllt sind: ... Drittens muß das betreffende System auf die Erreichung eines Ergebnisses abzielen, das zur *Stärkung des Wettbewerbs* beiträgt und damit einen *Ausgleich* für die mit selektiven Vertriebssystemen verbundene Wettbewerbsbeschränkung insbesondere im Bereich der Preise schafft... Viertens dürfen die aufgestellten Kriterien nicht über das hinausgehen, was *erforderlich* ist..."

Die genannten Schranken lassen deutlich werden, daß das anmeldefreie Institut der Erforderlichkeitsregel nicht beliebig zum Auffangen von Fällen materieller Freistellbarkeit eingesetzt werden kann. Die Übernahme einer solchen Funktion ist allerdings nicht völlig ausgeschlossen. Daher kann das fragliche Institut eine gewisse Rolle zur Entschärfung des Konflikts zwischen dem Gebot der Behördenpublizität und der materiellen Freistellbarkeit spielen. Diese Rolle ist jedenfalls wegen der dogmatischen Struktur des Instituts als begrenzt einzuschätzen.

---

198 Slg. 1992, II-1155; bestätigt durch *EuGH* Urt. v. 8.7.99, Rs. C-235/92 P, *Montecatini*, Slg. 1999, I-4539 [Rdn. 133].

199 Vgl. auch *EuG* Urt. v. 6.4.95, Rs. T-148/89, *Tréfilunion*, Slg. 1995, II-1063.

200 Vgl. vor allem *EuG* Urt. v. 12.12.96, Rs. T-19/92, *Leclerc*, Slg. 1996, II-1851: "[Rdn. 112] Nach der Rechtsprechung des Gerichtshofes stellen selektive Vertriebssysteme einen mit Artikel 85 Absatz 1 EG-Vertrag [= Art. 81 Abs. 1 EGV n.F.] vereinbaren Bestandteil des Wettbewerbs dar, wenn vier Voraussetzungen erfüllt sind:... Drittens muß das betreffende System auf die Erreichung eines Ergebnisses abzielen, das zur *Stärkung des Wettbewerbs* beiträgt und damit einen *Ausgleich* für die mit selektiven Vertriebssystemen verbundene Wettbewerbsbeschränkung insbesondere im Bereich der Preise schafft... Viertens dürfen die aufgestellten Kriterien nicht über das hinausgehen, was *erforderlich* ist..."

201 Slg. 1996, II-1851.

V. Kritische Zusammenfassung der europäischen Praxis und die daraus für das griechische Recht zu ziehenden Lehren

A. *Kritische Zusammenfassung der europäischen Praxis*

Das (allgemeine) Bußgeldrecht der Gemeinschaft kennt zwar beide Rechtfertigungsgründe des klassischen Strafrechts, nämlich die Notwehr und den Notstand. Die Überindividualität des geschützten Rechtsgutes des Wettbewerbs und die Existenz von spezifischen verwaltungsrechtlichen Genehmigungs- und Freistellungsinstituten zwingen allerdings zu der Erkenntnis, daß der Anwendungsbereich dieser Rechtfertigungsgründe im europäischen Kartellrecht eng zu fassen ist.

Die Anwendung des Instituts der *Notwehr* ist danach im kartellrechtlichen Bereich grundsätzlich zu verneinen. Im Hinblick darauf, daß die Notwehr nach klassischem Verständnis nur Verletzungen der Rechtsgüter des Angreifers rechtfertigen kann, können Wettbewerbsbeschränkungen, die über die individuelle Freiheit des Angreifers zwangsläufig auch überindividuelle Interessen tangieren, nicht als zulässiges Notwehrmittel angesehen werden. Zu diesem Ergebnis kommen auch die Gemeinschaftsorgane - wenn auch mit anderer Begründung, nämlich unter Berufung auf die Subsidiarität der privaten Notwehr gegenüber der staatlichen Hilfe.

Hingewiesen sei übrigens darauf, daß rechtsgutsbezogene Gründe ebenfalls hinter der Nichtanwendung des Instituts der *Einwilligung* im Kartellrecht stehen[202]. Im Hinblick nämlich darauf, daß die durch das Gemeinschaftsrecht angestrebten und gewährleisteten wettbewerblichen Marktprozesse (nicht nur der individuellen Wettbewerbsfreiheit, sondern auch) dem Allgemeinwohl dienen sollen, kann der Einzelne über seine gleichzeitig geschützte Wettbewerbsfreiheit nicht disponieren. Dies gilt sowohl für denjenigen, der durch die freiwillige Beteiligung an einer Absprache die eigene Wettbewerbsfreiheit selbst bindet und somit verletzt, als auch für denjenigen, der in die Beeinträchtigung seiner Auswahlfreiheit (im Austauschprozeß) oder Betätigungsfreiheit (im Parallelprozeß) durch dritte Marktteilnehmer einwilligt. Der *Verzicht auf das Recht auf selbständiges Handeln im Wettbewerb* (Wettbewerbsfreiheit) - durch Selbstverletzung oder Einwilligung in eine Verletzung - ist also prinzipiell[203] für die Bejahung eines Verstoßes gegen europäischen Wettbewerbsregeln rechtlich unbedeutsam[204].

---

202 Näher dazu (im Hinblick auf das griechische Kartellrecht) PAPAKIRIAKOU, Das griechische Verwaltungsstrafrecht, § 3 II C 1.

203 Rechtliche Relevanz können die fraglichen Verhaltensweisen jedenfalls im Bereich der Bestimmung des subjektivrechtlichen Rechtsschutzes des Betroffenen erlangen, siehe dazu PAPAKIRIAKOU, Das griechische Verwaltungsstrafrecht, § 3 II C 2.

204 Vgl. BAUMBACH / HEFERMEHL, Wettbewerbsrecht [20. Aufl.], Allg. Rdn. 28 [Hervorhebungen im Originale]: "Es besteht *kein Zwang*, sich wirtschaftlich zu betätigen und am Wettbewerb zu beteiligen. Eine andere Frage ist es, ob man auf seine Freiheit, allein und selbständig zu handeln, ganz oder teilweise wirksam *verzichten* kann. In einer Marktwirtschaft, deren Ordnungsprinzip der *Wettbewerb* ist, können solche Verzichte keine rechtliche Anerkennung finden." Insbesondere zum EG-Recht siehe KOCH (in: GRABITZ / HILF [1 Grdlfg.], Art. 85 Rdn. 67): "Das Verbot des Art. 85 Abs. 1 [= Art. 81 Abs. 1 EGV n.F.] zwingt die Unternehmen zum selbständigen Handeln im Wettbewerb." So auch MESTMÄCKER, Europäisches

Die Anwendung des Instituts des *Notstandes* stößt zwar nicht auf das soeben geschilderte rechtsgutsbezogene Hindernis. Gegenüber Handlungs- und Unterlassungspflichten, für die eine verwaltungsrechtliche Freistellungsmöglichkeit angeboten wird, soll aber auch dieses strafrechtliche Institut eng ausgestaltet werden. Dies ist vor allem bei Art. 81 Abs. 1 EGV n.F. der Fall. Angesichts der parallelen Existenz des Instituts der Freistellung ist der Notstand so zu handhaben, daß zunächst nur eilbedürftige, dem Freistellungsverfahren aus zeitlichen Gründen nicht zugängliche Fälle als notstandsrelevant eingestuft werden. Liegt allerdings eine solche Fallkonstellation vor, so ist - entgegen der Ansicht der Gemeinschaftsorgane - der Notstandseinwand auch dann zuzulassen, wenn andere Rechtsgüter als die Existenz des Unternehmens gefährdet sind. - Zu erwägen ist überdies der Ausbau des Anwendungsbereichs des Instituts des Notstandes auf *angemeldete* Notmaßnahmen außerhalb der materiellen Grenzen des Freistellungstatbestandes. Dann ist allerdings der Kreis der notstandsfähigen Rechtsgüter auf die Unternehmensexistenz zu beschränken.

Hervorzuheben ist des weiteren, daß der Notstandseinwand ohne Einschränkungen zugelassen werden sollte, wenn es um Ge- oder Verbote geht, für die es keine Freistellungsmöglichkeiten gibt. Sieht man von Verstößen gegen Anzeige- und Anmeldepflichten ab, dürfte sich allerdings die Zulassung des Notstandseinwandes ohne große praktische Relevanz erweisen. Dies gilt vor allem für die im Zusammenhang mit der Anwendung von Art. 82 EGV n.F. stehenden Sachverhalte: angesichts des Kriteriums der sachlichen bzw. objektiven Rechtfertigung, das im Rahmen der Auslegung des fraglichen Artikels zum Einsatz kommt[205], kann eine Notstandshandlung ohnehin nur schwer als "Mißbrauch" gewertet werden.

Auch das - zur Schlichtung von außerstrafrechtlichen Konflikten entwickelte - Institut der *höheren Gewalt* tritt im europäischen (kartellrechtlichen) Bußgeldbereich unter den möglichen Rechtfertigungsgründen auf. Die bislang von der Theorie und den betroffenen Unternehmen mit diesem Institut in Verbindung gebrachten Fälle lassen sich allerdings bei der Bestimmung der Voraussetzungen der Tatbestandsmäßigkeit eines Verhaltens oder bei der Bestimmung der Schuld viel sinnvoller systematisieren und behandeln. Das Institut der höheren Gewalt ist danach für den (schuldabhängigen kartellrechtlichen) Bußgeldbereich als entbehrlich anzusehen.

Wettbewerbsrecht [1974], S. 349. Zur Problematik der Einwilligung aus strafrechtlicher Sicht führen MAURACH / ZIPF (Strafrecht, AT, Teilb. 1, § 17 Rdn. 44) aus: "[D]ie Bedeutung der Einwilligung bestimmt sich danach, ob der Schutz der Allgemeinheit oder der individuelle Rechtsschutzaspekt überwiegt. Ist ersteres der Fall, dann schließt die Einwilligung bezüglich des betroffenen Individualrechtsgutes die Anwendbarkeit des Straftatbestandes nicht aus." Siehe auch die Beispiele bei HAFT (Strafrecht AT [8. Aufl.], S. 107), der ebenfalls betont: "Universalrechtsgüter der Allgemeinheit sind nicht verfügbar, auch wenn zugleich Individualrechtsgüter geschützt sind." So auch bezüglich des griechischen Rechts SPINELLIS, in: Systematische Auslegung des gr. StGB [1993], Einl. Bemerkungen zu den §§ 20-25 und 32, Rdn. 31.

205 Siehe dazu bereits oben im Text, I A.

Das materielle Erfordernis der Konzipierung und Abwicklung jeder wettbewerbsbeschränkenden Maßnahme unter der Mitwirkung und der Aufsicht der Kommission und die Integration der Verletzung der Anmeldevoraussetzung in die materielle, für den Verstoß gegen das Kartellverbot vorgesehene Bußgeldvorschrift machen es schwer, der *materiellen Freistellbarkeit* eines anmeldebedürftigen jedoch nicht-angemeldeten Verhaltens rechtfertigende Wirkung beizumessen. Ist deswegen die (unter zeitlichen Aspekten mögliche) Anmeldung ausgeblieben, kann die materielle Freistellbarkeit des anmeldebedürftigen Verhaltens erst im Rahmen des Opportunitätsprinzips bei der Ausübung des Bußgeldermessens berücksichtigt werden.

Die materielle Freistellbarkeit kann allerdings unter Umständen im Rahmen des Instituts der *Erforderlichkeitsregel* berücksichtigt und zur Rechtfertigung des wettbewerbsbeschränkenden Verhaltens führen. Dies ist jedenfalls nur für *nicht* schwerwiegende Wettbewerbsverletzungen möglich, die überdies positive Effekte für andere Aspekte des Wettbewerbs aufweisen.

Am Beispiel des Art. 81 EGV n.F. (Kartellverbot mit Freistellungsmöglichkeit) läßt sich danach die Struktur einer harmonischen Synthese verwaltungsrechtlichen und strafrechtlichen Gedankengutes folgendermaßen zusammenfassen: Verletzungen des verwaltungsrechtlichen Grundverbots (Kartellverbot) können nur dann gerechtfertigt sein, wenn sie vorher bei der zuständigen Behörde (Europäische Kommission) zur Freistellung angemeldet worden sind. Ist dies der Fall, können neben den dem Institut der Freistellung zugrundeliegenden eigenen (wirtschafts- und sozialpolitischen) materiellen Prinzipien auch die materiellen Prinzipien und Ideen, die die klassischen strafrechtlichen Rechtfertigungsgründe kennzeichnen, unrechtsaufhebende Wirkung entfalten, und zwar auch dann, wenn es dadurch zu einer Überschreitung der materiellen Grenzen des Art. 81 Abs. 3 EGV n.F. kommt. Hat dagegen keine Anmeldung stattgefunden, obwohl dies unter zeitlichen Aspekten möglich gewesen wäre, so können für die außerhalb der verwaltungsbehördlichen Aufsicht durchgeführten wettbewerbswidrigen Maßnahmen weder klassische Rechtfertigungsgründe noch die materielle Freistellungsfähigkeit geltend gemacht werden. Eine Rechtfertigung ist nur insoweit möglich, als "erforderliche" Wettbewerbsbeschränkungen vorliegen, die neben den schädlichen Wettbewerbswirkungen auch wettbewerbsfördernde Aspekte aufweisen (Erforderlichkeitsregel).

B. *Vorbildfunktion der europäischen Praxis für das griechische Verwaltungsstrafrecht (in Kartellsachen)?*

Die bei der Besprechung der einzelnen Probleme durchgeführten theoretischen Analysen und die daraus gezogenen Schlußfolgerungen im Rahmen des europäischen Bußgeldrechts in Kartellsachen lassen sich auch für die Bußgelddogmatik des griechischen Kartellrechts bzw. für die Dogmatik des griechischen Verwaltungsstrafrechts fruchtbar machen.

Wie bereits an anderer Stelle dargestellt[206], erkennen die griechischen Kartellbehörden keine über die im KartellG fixierten Ausnahmeregeln hinausgehenden Recht-

[206] Siehe PAPAKIRIAKOU, Das griechische Verwaltungsstrafrecht, § 4 V C 2 (b).

fertigungsgründe an. Insbesondere strafrechtlich geprägte Institute, wie die *Notwehr* oder der *Notstand*, finden daher in den Entscheidungen und Stellungnahmen keine Erwähnung. Dieser Befund gilt nicht nur für Entscheidungen und Stellungnahmen, die sich mit der Anwendung der materiellen Bußgeldvorschriften auseinandersetzen - und damit über die Auslegung von Tatbestandsmerkmalen wie das des Mißbrauchs die materiellen Gedanken der klassischen Rechtfertigungsgründe möglicherweise berücksichtigen können -, sondern auch für solche, die Verstöße gegen das Verfahrensrecht (Anmelde- und Anzeigepflichten) betreffen und keine interpretatorischen Möglichkeiten zur sachgemäßen Berücksichtigung von Notsituationen anbieten.

So wurde beispielsweise im "HENKEL / LOCKTITE"-Fall das Vorbringen der Henkel KGaA, sie habe den Erwerb der Kontrolle über die Gesellschaft Locktite Corporation durch Aktienaufkauf deshalb mit einer Verspätung von 8 Arbeitstagen bei den griechischen Wettbewerbsbehörden angemeldet, weil der Erwerb der Aktien durch öffentliches Angebot vorgenommen wurde und eine frühe Durchsickerung der einschlägigen Information die Preise künstlich in die Höhe getrieben und den Zusammenschluß verhindert hätte, von der Wettbewerbskommission zwar als stichhaltig betrachtet, jedoch bei der Entscheidung für die Verhängung einer Geldbuße lediglich als Bemessungsfaktor berücksichtigt. Die Kommission führte nämlich aus[207]: "Auch wenn das Vorbringen des Betroffenen der Stichhaltigkeit nicht entbehrt, zumal einerseits die Wahl der Nichtanmeldung zur wirtschaftlichen Verwirklichung des in Frage stehenden Zusammenschlusses beitrug, und andererseits die Verspätung als nicht groß angesehen werden kann, ist zu bemerken, daß das Gesetz keine unterschiedliche Behandlung für solche Fälle vorsieht. Folglich liegt die verspätete Anmeldung der Fusion am Verschulden der Anmeldepflichtigen und ihr muß eine Geldbuße in Höhe von 2.000.000 Drachmen auferlegt werden, die ... von der Kommission angesichts der oben dargelegten Gründe der Verspätung als angemessen und billig beurteilt wird."[208]

Diese Praxis ist nicht überzeugend. Im Hinblick auf den quasi-strafrechtlichen Charakter der Bußgeldvorschriften des KartellG ist vielmehr davon auszugehen, daß die strafrechtlichen Rechtfertigungsgründe in ihrer im gr. StGB typisierten Gestalt auch im Kartellrecht - wie überhaupt im ganzen Verwaltungsstrafrecht - anerkannt werden müssen.

Von der Frage der Anerkennung der klassischen Rechtfertigungsgründe ist allerdings die Frage nach der Konkretisierung ihrer Anwendungsvoraussetzungen im Verwaltungsstrafrecht streng zu unterscheiden. Hierbei ist ein vorsichtiges Vorgehen unter zwei Aspekten geboten. Zum einen muß feststehen, daß die Wesens-

---

207 *WbK* 60/97, Teil IV.

208 Vgl. auch *WbK*-E 50/97 "SKW TROSTBERG / SANDOZ": "Bezüglich der um einen Monat verspäteten Anmeldung beruft man sich nicht auf außerordentliche Gründe, sondern auf die Tatsache, daß die bei mehreren nationalen Behörden zu erstattenden Anmeldung der Fusion die Sammlung der erforderlichen Daten schwierig machte. Dieses Vorbringen kann aber nicht als angemessen betrachtet werden... *Außerdem sieht das Gesetz keine unterschiedliche Behandlung für die Fälle mehrfacher Anmeldungen vor.*"

merkmale des jeweiligen Rechtfertigungsgrundes mit der Natur der zu rechtfertigenden Rechtsgutsverletzung vereinbar sind. Zum anderen soll geklärt sein, daß der Anwendung des Rechtfertigungsgrundes keine spezifischen Institute des Verwaltungsrechts entgegenstehen.

Die erste Voraussetzung fehlt vor allem dann, wenn das strafrechtliche Rechtfertigungsinstitut auf Verletzungen von Rechtsgütern einer bestimmten Person zugeschnitten ist, wie dies beispielsweise bei der Notwehr der Fall ist (Bezugnahme der Notwehrhandlung auf individuelle Rechtsgüter des Angreifers). Werden durch den verwaltungsstrafrechtlichen Verstoß (auch) überindividuelle Rechtsgüter beeinträchtigt, so kommt eine Rechtfertigung durch Notwehr nicht in Betracht. Eine solche Fallkonstellation ist zunächst für das Kartellrecht typisch, dürfte aber angesichts der allgemeinen Orientierung des griechischen Verwaltungsstrafrechts am Schutz überindividueller Rechtsgüter auch in anderen verwaltungsstrafrechtlichen Bereichen nicht selten vorkommen.

Die zweite Voraussetzung fehlt dann, wenn der Gesetzgeber zur Rechtfertigung verwaltungsrechtlicher Verstöße spezifische materielle Institute und entsprechende Verfahren eingerichtet hat. Die sich auf eine rechtfertigende Situation berufenden Unternehmen sind in solchen Fällen verpflichtet, zunächst auf diese Institute zurückzugreifen. Erst wenn keine solchen Institute zur Verfügung stehen - wie dies beispielsweise bei den Mißbrauchsverboten oder bei den auf Kartelle und Fusionen bezogenen Anzeige- und Anmeldevorschriften der Fall ist -, oder die Inanspruchnahme von bestehenden Instituten aus zeitlichen oder sachlichen Gründen (z.B. wegen der inhaltlich zu engen Fassung) nicht möglich ist, lassen sich klassische strafrechtliche Rechtfertigungsgründe - wie der rechtfertigende Notstand - subsidiär heranziehen. Nur ein solches dogmatisches Verständnis kann die Gefahr relativieren, daß die vom Gesetzgeber verfolgte Absicht der Einbeziehung der wirtschaftslenkenden Verwaltungsbehörden in das Verfahren der Ausarbeitung der das jeweils geschützte Rechtsgut beeinträchtigenden Handlungen nicht übergangen wird.

Problematisch erscheint deswegen der Rückgriff auf klassische strafrechtliche Rechtfertigungsgründe nicht nur bei Verletzungen des Kartellverbots (Art. 1 Abs. 1 KartellG), sondern auch bei Verletzungen des Verbots der Durchführung einer erlaubnispflichtigen Fusion vor der Erteilung der kartellbehördlichen Erlaubnis (Art. 4e Abs. 1 Satz 3 KartellG). Auch im letzteren Fall steht den Unternehmen zur Abwendung von dringenden Notsituationen ein spezifisches verwaltungsrechtliches Institut zur Verfügung, nämlich die Möglichkeit der Beantragung einer Genehmigung für den Vollzug des Zusammenschlusses vor der endgültigen Entscheidung der Kommission (Art. 4e Abs. 3 KartellG). Machen die Unternehmen von dieser Möglichkeit keinen Gebrauch, so können sie den rechtswidrigen Fusionsvollzug nicht mit dem bloßen Hinweis auf die dringende Notsituation oder ähnliche Argumente wirksam rechtfertigen[209].

209 Vgl. dazu *WbK*-E 110/98 "FRIESLAND / COBERCO / TWEE PROVINCIEN / Z.O.H", Teil VI und *WbK*-E 120/98 "SARANTIS / SANITAS-SANITAS".

Obwohl die griechischen Behörden die Anerkennung von strafrechtlichen Rechtfertigungsgründen nicht in Betracht ziehen, zeigen sie sich bereit, auf ***materielle, rechtsgutsbezogene Erwägungen*** zum Zwecke der Relativierung der Verletzung von formellen Pflichten zurückzugreifen. Dadurch führen sie mittelbar strafrechtliches Gedankengut in das bußgeldrechtliche Sanktionsgebiet ein. Das Wirkungsfeld der genannten Erwägungen materieller Natur wird allerdings von der griechischen Praxis gezielt auf die Ebene der Bußgeldbemessung beschränkt - eine Vorgehensweise, die bereits oben bei der Darstellung der Problematik der Normspaltung besprochen wurde und auch später im Rahmen der Problematik der Schuldprüfung anzutreffen sein wird.

Die Geldbuße, die der verfrühte, d.h. vor einer Entscheidung der Kommission erfolgte Vollzug einer der präventiven Kontrolle unterliegenden Fusion nach sich zieht, hängt dementsprechend hinsichtlich ihrer Höhe entscheidend davon ab, ob die Fusion wettbewerbsbeschränkende Effekte auslöst und damit den materiellen Zwecken der Wartefristen des KartellG (Abwendung der Gefahr einer Wettbewerbsbeschränkung durch die präventive Kontrolle, Vorbeugung der Schwierigkeiten einer möglicherweise nachträglich angeordneten Entflechtung der fusionierten Unternehmen) zuwiderläuft. Steht es fest, daß diese Ziele nicht verletzt werden, so wird eine milde Geldbuße verhängt. Läßt sich dagegen konstatieren, daß die verbotswidrig vollzogene Fusion auch unter materiellen Gesichtspunkten schädlich ist, sind hohe Geldbußen zu erwarten. Deutlich läßt sich dies am Beispiel der beiden, einen Verstoß gegen die Wartefristen des Art. 4e KartellG betreffenden und aufeinander folgenden Entscheidungen der Wettbewerbskommission im "KAMARI / BOSINAKIS"-Fall (WbK-E 40/96) und im "CONSOLIDATED EUROFINANCE / INTERBANK"-Fall (WbK-E 41/96) veranschaulichen. Im ersteren Fall, in dem auch eine Verletzung der mit den Wartefristen verfolgten materiellen Ziele vorlag[210], wurde eine Geldbuße in Höhe von 0,5% des Jahresumsatzes der beteiligten Unternehmen verhängt, was - in absoluten Zahlen - einer Geldbuße in Höhe von 109.001.800 DRM gegen das erwerbende Unternehmen und einer Geldbuße in Höhe von 10.693.000 DRM gegen das veräußernde Unternehmen entsprach. Im letzteren Fall hingegen, in dem die verfrüht vollzogene Übernahme als nicht wettbewerbsschädlich eingestuft wurde, fiel die Geldbuße erheblich niedriger aus. Die Wettbewerbskommission legte nämlich ihrer Sanktionsentscheidung nur einen Prozentsatz in Höhe von 0,019% des Jahresumsatzes des übernehmenden Unternehmens zugrunde, was eine Geldbuße von (nur) 5.000.000 DRM zur Folge hatte[211].

Im Hinblick auf das Kartellverbot und angesichts der an anderer Stelle getroffenen Feststellung, daß die Grenzen zwischen Grundverbot, Erforderlichkeitsregel und

---

[210] Es ging dabei um den zweiten Fall, in dem eine Fusion in Griechenland unterbunden wurde. Gegen die vor der Entscheidung der Kommission fusionierten Unternehmen erging eine zwangsgeldbewehrte Entflechtungsanordnung.

[211] Vgl. auch *WbK*-E 76/97 "BERKELEY SQUARE / KEMAKO", Teil 6.3: Angesichts der Vereinbarkeit der fraglichen Fusion mit den materiellen Vorschriften des KartellG wird die Verletzung der Anmeldepflicht gem. Art. 4b Abs. 4 KartellG (präventive Fusionskontrolle) mit einer Geldbuße in Höhe von (nur) 0,00037% des Umsatzes der beteiligten Unternehmen (3.000.000 DRM) geahndet.

Freistellung oft nicht deutlich gezogen werden[212], kann man die Bedeutung der *materiellen Freistellbarkeit* in der griechischen Praxis nur schwer bestimmen.

In der WbK-E 272/95 im "BP SUPER GAS II"-Fall[213] lehnt zwar die Kommission den eine Alleinbezugsvereinbarung betreffenden Freistellungsantrag ab, weil die Anmeldung der anscheinend[214] materiell freistellungsfähigen Ausschließlichkeitsabrede nach Ablauf der im Gesetz vorgesehenen Frist stattfand. Daraus läßt sich eindeutig schließen, daß der materiellen Freistellbarkeit in verwaltungsrechtlicher Hinsicht keine Bedeutung zukommt. Da die griechische Wettbewerbsbehörde jedoch nur die künftige Praktizierung der Vereinbarung unter Zwangsgeldandrohung verbietet, eine Geldbuße aber für die Zeit vor der Anmeldung nicht in Betracht zieht, läßt sich der Standpunkt vertreten, daß auch in Griechenland bei materiell freistellungsfähigen Vereinbarungen von Geldbußen abgesehen wird.

Bei der dogmatischen Behandlung der materiellen Freistellbarkeit des Verhaltens tauchen zwar im griechischen Recht nicht die für das europäische Recht geltend gemachten Bedenken auf. Die Nichterfüllung der Anmeldevoraussetzung ist nämlich im KartellG als selbständiges Verwaltungsdelikt typisiert und kann selbständig sanktioniert werden[215], so daß die Anerkennung der materiellen Freistellbarkeit als (bußgeldrelevanten) Rechtfertigungsgrund nicht die Gefahr einer (wesentlichen) Abwertung des Instituts der Anmeldung in sich birgt. Gleichwohl ist die (bußgeldrelevante) rechtfertigende Wirkung der materiellen Freistellbarkeit aus wettbewerbspolitischen Gründen auf Fälle zu begrenzen, in denen die Freistellbarkeit im Hinblick auf eine konsistente Verwaltungspraxis zweifellos vorliegt. Für leichte Wettbewerbsbeschränkungen, die mit positiven Wirkungen für andere Aspekte des Wettbewerbs verbunden sind, kann außerdem die auch in Griechenland anerkannte *Erforderlichkeitsregel* herangezogen werden. - Diese Feststellungen sind mutatis mutandis auch auf sonstige Bereiche des Verwaltungsstrafrechts zu übertragen, die der Aufsicht von speziellen Behörden unterstellt sind.

---

212 Siehe PAPAKIRIAKOU, Das griechische Verwaltungsstrafrecht, § 4 I A 3 sowie I B (insbes. B 1 und B 3 a).

213 Bd. C, S. 176 ff.

214 Die Antragsteller beriefen sich auf die Vereinbarkeit ihrer Alleinbezugsabrede mit der europäischen GVO 1984/83. Da der Inhalt des Freistellungsantrages in der Entscheidung der Kommission nur knapp wiedergegeben wird, läßt sich zwar nicht mit Sicherheit feststellen, ob diese Behauptung richtig war. Die Schwerpunktsetzung bei der Argumentation der Kommission zeigt jedoch, daß eher von einer solchen Vereinbarkeit auszugehen war, was - mindestens - die materielle Freistellbarkeit der angemeldeten Vereinbarung nach griechischen Recht zur Folge hatte; siehe zu dieser Problematik PAPAKIRIAKOU, Das griechische Verwaltungsstrafrecht, § 2 I A 2.

215 Siehe dazu PAPAKIRIAKOU, Das griechische Verwaltungsstrafrecht, § 2 II A und III A 1 (c).

Vierter Teil: Normadressat und Handlungssubjekt im Spannungsfeld zwischen rechtlicher Formbindung und sozialer Realität

I. Problemstellung und terminologische Vorklärung

A. Tatbestandsfunktionen des Unternehmensbegriffs

Wie die griechischen Bußgeldnormen richten sich auch die gemeinschaftsrechtlichen nach ihrem Wortlaut grundsätzlich[1] an "Unternehmen"[2]. Dementsprechend sind es unter den sozialen Subjekten allein die "Unternehmen", denen bußgeldrechtliche Verantwortung im Hinblick auf tatbestandsrelevante Störungen des Wettbewerbsprozesses zugeordnet werden darf[3]. Die Kartellverwaltungsdelikte des europäischen Rechts sind insoweit als echte Sonderdelikte einzustufen[4]. - Die Bestimmung des genauen Inhalts des Begriffs "Unternehmen" erhebt sich damit zum Eckstein der gemeinschaftsrechtlichen Bußgelddogmatik[5]. Dabei stellen sich allerdings, bedingt durch die doppelte Funktion des Unternehmensbegriffs innerhalb

---

1 Zu den Adressaten des Art. 1 KartellG i.V.m. Art. 9 Abs. 1 lit. e KartellG und des Art. 81 EGV n.F. i.V.m. Art. 15 Abs. 2 VO 17 gehören zwar auch Unternehmensvereinigungen sowie - entgegen dem Wortlaut dieser Vorschriften (siehe dazu bereits oben im Text, *Zweiter Teil* III A 1 a) - Zusammenschlüsse von Unternehmensvereinigungen (Dachverbände); der Einfachheit halber wird jedoch im folgenden nur auf die Unternehmen als Normadressaten Bezug genommen. - Des weiteren sei auf Art. 66 EGKSV und Art. 14 europäische FusKontrVO sowie Art. 4 ff. KartellG hingewiesen, nach denen Geldbußen auch gegen (natürliche) Personen verhängt werden können, die - ohne Unternehmen zu sein - die Kontrolle über ein Unternehmen innehaben und in dieser Eigenschaft bei der Vornahme eines Zusammenschlusses gegen die Fusionskontrollvorschriften verstoßen (vgl. zur EG-Fusionskontrolle COOK / KERSE, E.C. Merger Control [1996], S. 194 f.). Das griechische Recht kennt darüber hinaus Verwaltungsdelikte (Verstöße gegen Anmelde-, Informations- und Mitwirkungsgebote) mit offenem Täterkreis, siehe dazu PAPAKIRIAKOU, Das griechische Verwaltungsstrafrecht, § 2 III A 1 (c).

2 Vgl. dazu SAUTER, in: LANGEN / BUNTE [8. Aufl.], Bd. 1, VO 17/62 Art. 15, S. 1907 Rdn. 4; KOCH, in: GRABITZ / HILF [1. Grdlfg.], nach Art. 87, VO Nr. 17 Art. 15, Rdn. 41 sowie Art. 85 Rdn. 6 und Art. 86 Rdn. 12

3 Bußgeldsanktionen gegen (natürliche) Personen, die nicht zugleich Unternehmen (bzw. Träger oder Inhaber eines Unternehmens) sind, können damit im Hinblick auf das Gesetzlichkeitsprinzip nicht verhängt werden, vgl. dazu TIEDEMANN, NJW 1986, 1842 f.

4 Vgl. TIEDEMANN, NJW 1986, 1842 f.; DERS., in: FS für Jescheck, S. 1419; DANNECKER / FISCHER-FRITSCH, S. 253; RÜTSCH, S. 43; TSOLKA, S. 111; DANNECKER, in: I/M EG-WbR [1997], VO 17 Art. 15, Rdn. 70.

5 Wer Adressat der kartellrechtlichen Ge- und Verbote ist, interessiert freilich nicht nur das Bußgeldrecht, sondern auch das allgemeine Kartellrecht, soweit es im Bereich der zivil- und verwaltungsrechtlichen Maßnahmen und Sanktionen Anwendung findet. Die folgenden Ausführungen konzentrieren sich allerdings auf das Bußgeldrecht, dessen dogmatische Strukturierung im Mittelpunkt der vorliegenden Arbeit steht.

der kartellrechtlichen Bußgeldtatbestände, zugleich zwei Fragen, die genau voneinander zu trennen sind.

Einerseits geht es darum, die *Tätigkeiten* zu konkretisieren, deren Ausübung den bußgeldbewehrten Verhaltensnormen des Kartellrechts unterliegt (unternehmerische Tätigkeiten)[6]. Der Unternehmensbegriff dient hier als Mittel zur Bestimmung der Tätigkeiten, deren Wahrnehmung ein soziales Subjekt zum Adressaten der kartellrechtlichen Bußgeldnormen macht (*Normadressat und Tätigkeitsbereich*).

Verpflichtet beispielsweise die Teilnahme eines sozialen Subjekts am Wirtschaftsverkehr auf der Stufe des Endverbrauchers zur Einhaltung der Kartellnormen? Kann danach eine Verhaltensabstimmung zwischen *Endverbrauchern*, die den Zweck der Boykottierung eines Herstellers verfolgt, als kartellrechtswidrig qualifiziert und geahndet werden? Oder: Ist der kraft hoheitlicher Rechte erfolgende Eingriff eines sozialen Subjekts in den Wirtschaftsverkehr eine Tätigkeit, die das soziale Subjekt zur Beachtung der Kartellnormen verpflichtet? Oder: Können soziale Subjekte, die freiberuflichen Tätigkeiten nachgehen, über das Kartell- oder das Mißbrauchsverbot kontrolliert und gegebenenfalls mit Geldbußen geahndet werden? Die Antwort auf diese Fragen hängt von der Auslegung des Unternehmensbegriffs ab.

Andererseits handelt es sich darum, die (überindividuellen) sozialen *Subjekte* zu definieren, denen unternehmerische Tätigkeiten und die damit verbundenen kartellrechtlichen Pflichtenstellungen als "eigene" zugeordnet werden können[7].

(Wirtschaftliches / unternehmerisches) "Handeln" und damit "Ausüben einer (wirtschaftlichen / unternehmerischen) Tätigkeit" ist zwar in *ontologischer* Hinsicht nur einem Menschen möglich. Dementsprechend kann nur ein Mensch vernünftigerweise als Adressat von (*verhaltenssteuernden*) Normen gesehen werden[8]. Das Recht hat jedoch die Möglichkeit, als Träger einer Tätigkeit und damit als Handlungs- und Pflichtsubjekt nicht nur den diese Tätigkeit mittelbar oder unmittelbar ausführenden Menschen, sondern auch überindividuelle, als Rechtssubjekte anerkannte soziale Gebilde (z.B. juristisch verselbständigte Zusammenschlüsse von Personen oder Zweckwidmungen von Vermögenswerten) anzusehen[9]. Gerade diese im Zivil- und Verwaltungsrecht seit langem anerkannte und in einem Unternehmensstrafrecht logisch vorausgesetzte Möglichkeit, Tätigkeiten von einzelnen Menschen sowie die damit verbundenen Pflichten in *normativer* Hinsicht als Tätigkeiten und Pflichten einer übergeordneten-überindividuel-

---

6 Vgl. nur GLEISS / HIRSCH [4. Aufl.], Bd. 1, Rdn. 12: "Art. 85 [= Art. 81 EGV n.F.] schützt den Wirtschaftsverkehr vor Wettbewerbsbeschränkungen. *Wer 'Unternehmen' ist, richtet sich daher nach der Tätigkeit.* Dafür muß zunächst ermittelt werden, ob eine bestimmte Tätigkeit überhaupt geeignet ist, die Unternehmenseigenschaft zu begründen."

7 Vgl. nur GLEISS / HIRSCH [4. Aufl.], Bd. 1, Rdn. 46: "Die unternehmerische Tätigkeit muß einer *wirtschaftlichen Einheit zugerechnet* werden können, damit diese als 'Unternehmen' angesehen werden kann."

8 Näher dazu PAPAKIRIAKOU, Das griechische Verwaltungsstrafrecht, § 8 I C.

9 Zur Möglichkeit der Rechtsordnung, neben natürlichen Personen auch andere soziale Gebilde zum Anknüpfungspunkt von Rechten und Pflichten zu machen, KELSEN, Reine Rechtslehre [2. Aufl.], S. 172 ff.

len Einheit betrachten zu können[10], wirft aber zahlreiche Fragen auf, die im folgenden näher zu erörtern sind.

Hierbei gilt zunächst zu entscheiden, ob an die bereits (privat- oder öffentlich-)rechtlich anerkannten (überindividuellen) Subjekte des Rechtslebens anzuknüpfen ist, oder ob es *sinnvoll* und *möglich* ist, die Handlungs- und Pflichtsubjektivität im Anschluß an den Unternehmensbegriff (auch) neuen sozialen Gebilden des Wirtschaftslebens zuzuerkennen und damit neue, kartellrechtsspezifische Subjekte "ins Leben zu rufen".

Diese Frage kann freilich ihre Brisanz nur dort entfalten, wo kartellrechtlich relevante Tätigkeiten nicht von Einzelpersonen (Einzelsportler, Einzelkünstler u.s.w.), sondern von arbeitsteilig organisierten Personengruppen wahrgenommen werden. Gefragt wird dann vor allem, ob man *direkt* auf die Personengruppe, d.h. auf den sozialen Tatbestand des Kollektivs abstellen und daraus ein tätigkeitstragendes Subjekt ableiten kann, oder ob man zur Bestimmung des Tätigkeitsträgers an die zivil-, gesellschafts- und öffentlichrechtlichen Formen gebunden ist, deren sich die Gruppe zu ihrer normativen "Vertretung" bedient.

Im Anschluß an diese Vorentscheidung ist dann die eigentliche Frage zu beantworten, die lautet: Wer ist als handelnder Wirtschaftsteilnehmer, d.h. als Träger der jeweils in Frage kommenden kartellrechtlich relevanten Tätigkeit (Handlungssubjekt) anzusehen und von wem darf dementsprechend unter Bußgeldandrohung die Beachtung der kartellrechtlichen Normen verlangt werden (*Normadressat und Handlungssubjekt*)? Diese Frage ist deswegen von großer praktischer Bedeutung, weil die als Tätigkeitsträger bestimmte übergeordnete Einheit automatisch zum potentiellen *Zurechnungssubjekt aller Handlungen* erhoben wird, die von den durch die Einheit zusammengefaßten natürlichen Personen vorgenommen werden. Außerdem wird dieselbe übergeordnete Einheit zum *Bezugspunkt für die Formulierung von Pflichten*, die mit der *internen Organisation* des durch sie jeweils "vertretenen" Kollektivs zu tun haben und deren Verletzung (durch Kollektivmitglieder) ebenfalls die Haftung der übergeordneten Einheit auslösen kann. - Insgesamt entscheidet also die Bestimmung der übergeordneten Einheit nicht nur über den Umfang der natürlichen Personen, deren Handlungen der übergeordneten Einheit zugerechnet werden können, sondern auch über den Umfang der Pflichten, die die übergeordnete Einheit durch die Kollektivmitglieder zu erfüllen hat.

Zwischen den beiden oben umrissenen Fragenkreisen, die die doppelte Funktion des Unternehmensbegriffs im kartellrechtsdogmatischen Bereich deutlich wiedergeben, bestehen zwar viele Schnittstellen. Dasselbe Problem kann deswegen manchmal genauso gut im ersteren wie im letzteren Fragenkomplex angesiedelt und behandelt werden.

---

10 Zum Sinn und Zweck dieser normativen Fiktion unter strafrechtsdogmatischen und kriminalpolitischen Aspekten siehe PAPAKIRIAKOU, Das griechische Verwaltungsstrafrecht, § 8 I D ff.

Der Angestellte einer handeltreibenden Aktiengesellschaft kann danach als Normadressat des Bußgeldrechts sowohl aus dem Grunde ausscheiden, daß seine von den arbeitgeberischen Weisungen abhängige *Tätigkeit* keinen unternehmerischen Charakter im kartellrechtlichen Sinne hat, als auch aus dem Grunde, daß seine im Rahmen eines Kollektivs und im Namen und für Rechnung der Aktiengesellschaft ausgeübte unternehmerische Tätigkeit nicht ihm selbst, sondern der Aktiengesellschaft als *übergeordneter* Einheit normativ zuzuordnen ist.

Gleichwohl ist darauf zu achten, daß beide Fragenkreise gewichtige Unterschiede in ihrer Perspektive aufweisen. Bei dem einen dreht es sich überwiegend um die Bestimmung von *Tätigkeiten,* die ein soziales Subjekt zum Unternehmen machen. Die Eigenschaften des jeweiligen sozialen Subjekts sind zwar auch hier von Belang, jedoch nur insoweit, als sie die objektive Natur der Tätigkeit beeinflussen können. Die zentrale Aufmerksamkeit gilt der Frage, *was* man tut. Stichwortartig könnte man deswegen hier von der Bestimmung des *persönlich-sachlichen Anwendungsbereichs* des Kartellrechts sprechen.

Bei dem anderen Fragenkreis handelt es sich dagegen in erster Linie um die Definierung von sozialen übergeordneten Einheiten, die bei der *kollektiven* Wahrnehmung von unternehmerischen Tätigkeiten die damit verbundenen (bußgeldbewehrten) Pflichten zu tragen haben. Damit werden nicht mehr Natur und Eigenschaften der Tätigkeit, sondern das soziale Subjekt und seine Struktur in den Vordergrund gestellt. Die zentrale Frage lautet danach nicht mehr, *was* man tut, sondern *wer* dies nach dem (normativen) Verständnis der Kartellvorschriften tut und *wer* dementsprechend dafür einzustehen hat. Stichwortartig könnte man deswegen hier von der Bestimmung des *personellen Anwendungsbereichs* des Kartellrechts sprechen.

Den obigen Feststellungen entsprechend sollten die Aussagen der kartellrechtlichen (Bußgeld-)Praxis zum ersteren Fragenkreis nicht ohne weitere Überlegungen zur Lösung der Probleme des letzteren Fragenkreises benutzt werden[11]. Insbesondere dahingehende Aussagen, daß es zur Gewinnung der Normadressateneigenschaft nur auf den wirtschaftlichen Charakter der Tätigkeit und nicht auf die Rechtsform des jeweiligen sozialen Subjekts ankommt, dürfen danach nicht gleich als Anerkennung von neuen kartellrechtsspezifischen Rechtssubjekten in Abweichung von den herrschenden rechtstheoretischen Maximen gedeutet werden[12], denn solche Aussagen beziehen sich vorwiegend noch auf den "was"-, und nicht auf den "wer"-Aspekt der Normadressatenproblematik.

B. Unternehmensbegriff und Tätigkeitsbereich

Der "was"-Aspekt der Normadressatenfrage, also das Problem der vom Kartell(bußgeld)recht - mittels des Unternehmensbegriffs - erfaßten Tätigkeiten ist für die Ziele des vorliegenden Teils der Arbeit von nachrangiger Bedeutung und soll

---

[11] Vgl. aber u.a. HAMANN, S. 13 f. und TSOLKA, S. 112 f., die die beiden Fragenkreise nicht deutlich auseinanderhalten.

[12] Siehe dazu sogleich im Text.

deswegen hier nicht weiter verfolgt werden[13]. Es sei nur darauf hingewiesen, daß sowohl die griechischen Kartellbehörden[14] als auch die europäischen Organe von einem *funktionalen Unternehmensbegriff* ausgehen und damit *jede* selbständige, nicht rein private, auf den Austausch von Waren oder Dienstleistungen gerichtete Tätigkeit als ausreichenden Grund betrachten, um ein soziales Subjekt zum Adressaten der Kartellnormen zu erheben[15]. Die Gewinnerzielungsabsicht, die privat- oder öffentlichrechtliche Rechtsform sowie die Art der Finanzierung des sozialen Subjekts werden dabei als unwesentliche Parameter eingestuft[16], so daß bei feststehender wirtschaftlicher Betätigung auch öffentlich-rechtliche Anstalten und Institutionen[17], selbst wenn sie keinen vom Staat rechtlich getrennten Status besitzen[18],

---

13 Zu den mit diesem Aspekt der Normadressatenfrage zusammenhängenden Fragen im europäischen Kartellrecht - unter besonderer Berücksichtigung der Problematik der mitgliedstaatlichen Sozialversicherungssysteme - siehe zuletzt BENICKE, EWS 1997, 373 ff.

14 Näher dazu PAPAKIRIAKOU, Das griechische Verwaltungsstrafrecht, § 4 I A 1. - Die folgenden Ausführungen beschränken sich auf die Schilderung der EG-Rechtslage.

15 KOCH, in: GRABITZ / HILF [1. Grdlf.], Art. 85, Rdn. 7.

16 *EuGH* Urt. v. 19.1.94, Rs. C-364/92, *SAT Fluggesellschaft*, Slg. 1994, I-43: "[Rdn. 18] Aus der Rechtsprechung des Gerichtshofes ... geht hervor, daß der Begriff des Unternehmens im Wettbewerbsrecht der Gemeinschaft jede eine wirtschaftliche Tätigkeit ausübende Einheit unabhängig von ihrer Rechtsform und der Art ihrer Finanzierung umfaßt. [Rdn. 19] Um festzustellen, ob die Tätigkeiten von Eurocontrol Tätigkeiten eines Unternehmens im Sinne der Artikel 86 und 90 EWG-Vertrag [= Art. 82 und 86 EGV n.F.] sind, ist zu untersuchen, welcher Art diese Tätigkeiten sind."

17 Siehe z.B. das *EuGH*-Urteil im *Höffner und Elser*-Fall (Urt. v. 23.4.91, Rs. C-41/90, Slg. 1991, I-1979, [Rdn. 21 ff.]), das auch eine öffentlich-rechtliche Anstalt zur Arbeitsvermittlung als Unternehmen im Sinne des Wettbewerbsrechts ansieht; vgl. ferner *EuGH* Urt. v. 16.11.95, Rs. C-244/94, *Fédération française des sociétés d'assurance u.a.*, Slg. 1995, I-4013 [Rdn. 15 ff.]: Danach sei eine Einrichtung ohne Gewinnerzielungsabsicht, die ein zur Ergänzung einer Grundpflichtversicherung durch Gesetz geschaffenes, auf Freiwilligkeit beruhendes Rentenversicherungssystem verwaltet, das insbesondere hinsichtlich der Beitrittsvoraussetzungen, der Beiträge und der Leistungen aufgrund einer Verordnung nach dem Kapitalisierungsprinzip arbeitet, ein Unternehmen im Sinne der Artikel 85 ff. EG-Vertrag [= Art. 81 ff. EGV n.F.]. Denn obgleich eine derartige Einrichtung ohne Gewinnerzielungsabsicht tätig sei und das von ihr verwaltete System bestimmte begrenzte und mit dem Solidarcharakter der Pflichtsysteme der sozialen Sicherheit nicht vergleichbare Elemente der Solidarität aufweise, übe sie im Wettbewerb mit Lebensversicherungsgesellschaften eine wirtschaftliche Tätigkeit aus.

18 Siehe z.B. die *KOME* v. 19.12.84 im *Aluminiumeinfuhren aus Osteuropa*-Fall (85/206/EWG, ABl. 1985 L 92/1), die die Außenhandelsorganisationen von osteuropäischen Ländern, die als Organisationen keinen vom Staat getrennten Status hatten, dem Anwendungsbereich der Wettbewerbsregeln unterwarf: "[Rdn. 9.2.] Einheiten, die einer Handelstätigkeit nachgehen, sind Unternehmen im Sinne des Artikels 85 [= Art. 81 EGV n.F.], unabhängig von ihrer genauen Rechtsstellung nach dem Recht ihres Herkunftslandes, auch wenn sie keinen vom Staat getrennten Status haben... Auch wenn die Außenhandelsorganisationen nach sozialistischem Recht vom Staat untrennbar wären, würde für ihre Beteiligung an den Brandeis-Vereinbarungen keine hoheitsrechtliche Immunität in Frage kommen, da es sich hier um rein kommerzielle Tätigkeit handelt."

als Unternehmen dem Geltungsbereich des Kartell(bußgeld)rechts unterfallen können[19]. Durch diesen extensiv ausgelegten Unternehmensbegriff wird erreicht, daß in den *persönlich-sachlichen Anwendungsbereich* der kartellbußgeldrechtlichen Vorschriften letztlich jedes am Wirtschaftsverkehr teilnehmende soziale Subjekt - solange es nicht hoheitlich handelt oder als privater Verbraucher lediglich Güter nachfragt[20] - einbezogen wird[21].

EuGH Urt. v. 17.2.93, verb. Rs. C-159/91 u. C-160/91, *C. Poucet und D. Pistre*[22]: "[Rdn. 17] Nach der Rechtsprechung des Gerichtshofes ... umfaßt der Begriff des Unternehmens im Rahmen des Wettbewerbsrechts *jede eine wirtschaftliche Tätigkeit ausübende Einheit, unabhängig von ihrer Rechtsform und der Art ihrer Finanzierung.* [Rdn. 18] Die Krankenkassen oder die Einrichtungen, die bei der Verwaltung der öffentlichen Aufgabe der sozialen Sicherheit mitwirken, erfüllen jedoch eine Aufgabe mit ausschließlich sozialem Charakter. Diese Tätigkeit beruht nämlich auf dem Grundsatz der nationalen Solidarität und wird ohne Gewinnzweck ausgeübt. Die Leistungen werden von Gesetzes wegen und unabhängig von der Höhe der Beiträge erbracht. [Rdn. 19] Folglich ist diese Tätigkeit keine wirtschaftliche Tätigkeit, und die mit ihr betrauten Einrichtungen sind daher keine Unternehmen im Sinne der Artikel 85 und 86 EWG-Vertrag [= Art. 81 und 82 EGV n.F.]."

KOME v. 11.6.93, 93/403/EWG, *EBU / Eurovisions-System*[23]: "[Rdn. 45] Die EBU-Mitglieder sind Unternehmen im Sinne von Artikel 85 Absatz 1 [= Art. 81 Abs. 1 EGV n.F.], und dies ungeachtet der Tatsache, daß es sich bei der Mehrzahl der Mitglieder um öffentliche Anstalten ohne Gewinnzweck handelt, die nach einzelstaatlichem Recht beauftragt sind, Programme im öffentlichen Interesse anzubieten. *Das funktionale Unternehmenskonzept des Artikels 85 Absatz 1* [= Art. 81 Abs. 1 EGV n.F.] deckt alle natürlichen und juristischen Personen ab, die *unabhängig von ihrer Rechtsform und unabhängig davon, ob sie einen Gewinnzweck verfolgen* oder nicht, *eine wirtschaftliche Tätigkeit ausüben*... Der Erwerb von Fernsehrechten für Sportveranstaltungen und die Einräumung von Unterlizenzen für diese Programme sind eindeutig Tätigkeiten wirtschaftlicher Art, die unter Artikel 85 Absatz 1 [= Art. 81 Abs. 1 EGV n.F.] fallen."

---

19 GLEISS / HIRSCH [4. Aufl.], Bd. 1, Rdn. 9 und Rdn. 32: "'Unternehmen' ist ein funktionaler, kein institutioneller Begriff. Die EWG-Wettbewerbsregeln bezwecken den Schutz des Wettbewerbs; sie müssen daher am wettbewerbsrelevanten Verhalten der Marktteilnehmer anknüpfen. Der Normadressat wird deshalb stets von seiner Tätigkeit her bestimmt... Die öffentliche Hand ist 'Unternehmen', wenn und soweit sie am allgemeinen Wirtschaftsverkehr teilnimmt... Dabei spielt es keine Rolle, ob dies juristische Personen des öffentlichen Rechts sind wie Körperschaften, Anstalten oder Stiftungen oder ob es sich um rechtlich unselbständige Sondervermögen, Eigenbetriebe oder den Staat selbst handelt." Vgl. dazu auch BUNTE, in: LANGEN / BUNTE [8. Aufl.], Bd. 1, Art. 85, S. 1438 (Rdn. 8).

20 Vgl. dazu EMMERICH, in: I/M EG-WbR [1997], Art. 85 Abs. 1, Rdn. 15.

21 Wegen der Einzelheiten im europäischen Recht siehe GLEISS / HIRSCH [4. Aufl.], Bd. 1, Rdn. 13 ff.; vgl. auch KOCH, in: GRABITZ / HILF [1. Grdlfg.], Art. 85, Rdn. 7 ff.; BUNTE, in: LANGEN / BUNTE [8. Aufl.], Bd. 1, Art. 85, S. 1436 ff. (Rdn. 5 ff.); EMMERICH, in: I/M EG-WbR [1997], Art. 85 Abs. 1, Rdn. 21 ff.

22 Slg. 1993, I-673.

23 ABl. 1993 Nr. L 179/23.

KOME v. 30.6.93, 93/438/EWG, *CNSD*[24]: "[Rdn. 40] Der Umstand, daß der Beruf des Zollspediteurs nach italienischem Recht als *freier Beruf* anzusehen ist, hindert nicht daran, sie als *Unternehmen* anzusehen, die eine Wirtschaftstätigkeit ausüben."

Die oben geschilderte weite Festlegung des Inhalts des Unternehmensbegriffs und des sachlichen Anwendungsbereichs des Kartell(bußgeld)rechts stößt kaum auf Bedenken. Jedem Rechtsgebiet ist nämlich die Möglichkeit zuzuerkennen, über die Inhaltsbestimmung von Schlüsselbegriffen seinen Anwendungsbereich je nach seinen Schutzzielen selbständig zu bestimmen. Da das europäische Kartell(bußgeld)-recht auf einen umfassenden Schutz der Wettbewerbsbedingungen auf jedem Markt abzielt, ist somit die Erfassung jeder Tätigkeit, die diese Bedingungen möglicherweise beeinträchtigen kann, durchaus sinnvoll und akzeptabel[25].

C. *Unternehmensbegriff und Handlungssubjekt*

Die eben skizzierte Bestimmung des *persönlich-sachlichen* Anwendungsbereichs des Kartellrechts ist, wie bereits betont, von der Bestimmung der möglichen Handlungs- und Verantwortungssubjekte, d.h. des *personellen* Anwendungsbereichs des Kartellbußgeldrechts zu unterscheiden.

Der "wer"-Aspekt der Normadressatenfrage, also die Frage nach den konstitutiven Struktureigenschaften der vom Kartell(bußgeld)recht angesprochenen (überindividuellen) sozialen Subjekte, weist deswegen Besonderheiten auf, weil der Unternehmensbegriff in seinem Ursprung ein *wirtschaftlich-soziologischer* Begriff ist, der jedes organisierte, wirtschaftlich tätige Kollektiv erfaßt[26].

In *rechtstheoretischer* Hinsicht gilt aber gerade als Grundsatz, daß ein organisiertes, wirtschaftlich tätiges Kollektiv - unabhängig davon, ob es in der *sozialen* Welt als selbständiges Subjekt wahrgenommen wird - kein selbständiger *rechtlicher* Normadressat sein kann. Eine Normadressateneigenschaft kann diesem erst *mittelbar* zuerkannt werden, und zwar - nach dem derzeitigen Stand der Rechtstheorie - erst dann, wenn das Kollektiv gemäß den dafür vorgesehenen rechtlichen Vor-

---

24 ABl. 1993 Nr. L 203/27.

25 BUNTE, in: LANGEN / BUNTE [7. Aufl.], Art. 85, S. 1446 f. (Rdn. 4): "Zu Art. 85 Abs. 1 [= Art. 81 Abs. 1 EGV n.F.] ist anerkannt, daß der Begriff des Unternehmens funktional aus dem Sinn und Zweck der EG-Wettbewerbsregeln (Sicherung eines Systems des unverfälschten Wettbewerbs im Gemeinsamen Markt) auszulegen ist... Der Unternehmensbegriff ist umfassend und weit zu verstehen, um den Kreis der Normadressaten des Art. 85 Abs. 1 [= Art. 81 Abs. 1 EGV n.F.] möglichst groß und den Wirkungsbereich dieser Vorschrift im Interesse des Gemeinsamen Marktes so breit als möglich zu halten."

26 Zu einem von den Lehren der Organisationssoziologie geprägten Unternehmensbegriff siehe RAISER, Das Unternehmen als Organisation, S. 100 ff.; vgl. auch die (von FLUME, in: FS für Beitzke, S. 50 ff., geschilderten) Ansätze von SIEBERT und FECHNER.

schriften juristisch verselbständigt, also als juristische Person organisiert ist[27]. Normadressat ist aber auch in diesem Fall nicht das Kollektiv selbst, sondern die (nach der geläufigen Terminologie als *Unternehmensträger* auftretende[28]) juristische Person[29].

Unter dem Begriff "juristische Person" kann man danach zunächst die *überindividuelle (fiktive) Rechtsperson* verstehen, die das Recht einem (wirtschaftlich tätigen) sozialen Gebilde (Kollektiv) nach der Erfüllung bestimmter Voraussetzungen zuordnet. In diesem Sinne tritt die juristische Person als "Vertreter" des sozialen Gebildes in der normativen Welt auf. Der Terminus "juristische Person" kann aber auch dafür eingesetzt werden, um das *soziale Gebilde* zu beschreiben, das von der juristischen Person "abgegrenzt" wird und sich aus der Personengruppe der Organmitglieder (z.B. Aktionäre der Hauptversammlung und Mitglieder des Aufsichtsrats und des Vorstands in einer Aktiengesellschaft) und aus den (leitenden und einfachen) Angestellten der juristischen Person zusammensetzt. In diesem Sinne kann die juristische Person (soziales Gebilde, Kollektiv) enger, identisch oder breiter als die wirtschaftliche Organisationseinheit (*Unternehmen*) sein[30]. - Im folgenden wird der Terminus je nach Zusammenhang in seinen beiden Bedeutungen benutzt.

Die rechtstheoretische Sicht bietet zwar Rechtssicherheit an, weil sie die rechtliche Vereinheitlichung (normative Einheitsbetrachtung) eines Kollektivs - und die damit verbundenen Vor- und Nachteile für die Kollektivmitglieder und für die Dritten -

---

27 Organisationsformen, die nicht zu einer vollständigen Rechtsfähigkeit führen (z.B. Fälle, in denen der Unternehmensträger eine Personenhandelsgesellschaft im Sinne des deutschen Rechts ist), werden hier ausgeblendet, damit eine begriffliche und terminologische Überlastung des Gedankenganges vermieden wird. Sofern diese Organisationsformen (unter bestimmten Aspekten) der juristischen Persönlichkeit gleichgestellt werden, kann allerdings davon ausgegangen werden, daß die folgenden Gedanken auch für sie gelten.

28 Zum Unternehmensträger als Zentralfigur im Außenprivatrecht der Unternehmen vgl. K. SCHMIDT, Handelsrecht, S. 78 ff. (S. 81: "Nicht das Unternehmen ist Zuordnungssubjekt von Rechten und Pflichten, sondern sein 'Inhaber': der Unternehmensträger").

29 Vgl. hinsichtlich des Unternehmensbegriffs des EGKS-Vertrages *EuGH* Urt. v. 13.07.62, verb. Rs. 17 und 20/61, *Klöckner-Werke*, Slg. 1962, S. 653 [S. 687]: "Das Unternehmen stellt sich als eine einheitliche, *einem selbständigen Rechtssubjekt zugeordnete Zusammenfassung* personeller, materieller und immaterieller Faktoren dar, mit welcher auf die Dauer ein bestimmter wirtschaftlicher Zweck verfolgt wird. Gemäß dieser Begriffsbestimmung führt die Bildung eines neuen Rechtssubjekts im Bereich des Wirtschaftslebens stets zur Entstehung eines eigenständigen Unternehmens."

30 Diese Aussage ist nicht im Sinne von KUNZE (ZHR 147 [1983], S. 20 f.) zu verstehen, der die juristische Person ("Gesellschaft") in der soziologischen Ebene immer als Teilverband des Unternehmensverbandes ("Verband mit drei zusammenwirkenden Funktionsgruppen", d.h. "Unternehmensleitung", "Anteilseigner" bzw. "Inhaber des Unternehmensvermögens" und "Arbeitnehmer") auffaßt, weil er in den Begriff der juristischen Person nur die Inhaber des Unternehmensvermögens einbezieht. Vielmehr wird im Rahmen der im Text gegebenen Definition davon ausgegangen, daß die als Unternehmensträger fungierende juristische Person in der soziologischen Ebene Personen aller drei Gruppen einschließt; das von der juristischen Person in dieser Weise abgegrenzte soziale Gebilde ist allerdings nicht immer identisch mit der sozialen Organisationseinheit des Unternehmens (siehe dazu sogleich im Text).

an die mit der Gründung einer juristischen Person verbundenen Formalitäten knüpft, führt jedoch unter Effektivitätsgesichtspunkten oft zu Schwierigkeiten. Dies liegt an der *rechtssoziologischen Erkenntnis*, daß nicht jedes Unternehmen, nicht jede wirtschaftliche Organisationseinheit durch eine eigene (oder einzige) juristische Person in der normativen Welt "vertreten" wird. Vielmehr kommt es oft in der Praxis vor, daß ein Unternehmen (ein wirtschaftlich tätiges Kollektiv mit selbständigen Entscheidungs- und Organisationsstrukturen) mit anderen Unternehmen zusammengefaßt wird und mit ihnen unter ein- und derselben juristischen Person in der normativen Welt auftritt *(mehrere Unternehmen bzw. mehrere soziale Einheiten - eine überindividuelle Rechtsperson*). Möglich und in der Praxis üblich ist es aber auch, daß Teile desselben Unternehmens aus (steuerrechtlichen u.a.) Zweckmäßigkeitsgründen juristisch verselbständigt werden, so daß dieselbe wirtschaftliche Organisationseinheit durch mehrere juristische Personen in der normativen Welt "vertreten" wird (*ein Unternehmen bzw. eine soziale Einheit - mehrere überindividuelle Rechtspersonen*)[31]. Schließlich läßt sich in der Praxis auch die Konstellation antreffen, daß es an jeder juristischen Verselbständigung des Unternehmens fehlt und damit das Unternehmen in der rechtlichen Welt nicht als Einheit, sondern als Summe einzelner natürlicher Personen erscheint (*ein Unternehmen bzw. eine soziale Einheit - keine überindividuelle Rechtsperson*)[32].

Durch die vom klassischen rechtstheoretischen Verständnis gebotene Anknüpfung der Rechtssubjektivität eines Kollektivs an die formale Gründung einer juristischen Person wird es so bei Unternehmen ohne juristische Persönlichkeit - wie z.B. bei Unternehmen, die von einer Einzelperson oder von einer BGB-Gesellschaft nach griechischem und deutschem Recht getragen werden - unmöglich, das Handeln einzelner Unternehmensangehörige (bußgeldrechtlich) einer überindividuellen rechtlichen Einheit zuzuordnen und damit in ihrem Wesen wirtschaftlich sinnvoll zu erfassen. Unter einheitliche Leitung gestellte juristisch verselbständigte soziale Gebilde müssen ferner - trotz ihrer gemeinsamen Entscheidungs- und Organisationsstrukturen - hinsichtlich ihrer Markthandlungen (bzw. der Handlungen ihrer Organe und Angestellten) als im Verhältnis zueinander völlig selbständige Handlungssubjekte betrachtet werden, denn es fehlt an einer übergeordneten rechtlichen Zurechnungseinheit; das gemeinsame wirtschaftliche Substrat (ein Unternehmen) dieser sozialen Gebilde kann aber damit kaum sinnvoll bei der (bußgeldrechtlichen) Erfassung des realen Wirtschaftsgeschehens bewertet werden. Die Übertragung des (als Rechtsobjekt zu verstehenden) Unternehmens und eine daran anschließende Auflösung der juristischen Person beschwört schließlich die Gefahr herauf, daß rechtliche Haftungsnormen, die ein *persönliches* Verschulden voraussetzen - wie dies die Bußgeldnormen tun - leer laufen: der Rechtsvorgänger (bisherige juristische Person) existiert nämlich nicht mehr, um Rechenschaft abzulegen, und der Rechtsnachfolger (neue juristische Person) kann auch bei Übernahme der Entscheidungs- und Organi-

---

31 Zum Phänomen der "Einheit und Vielheit in der Unternehmensgliederung" vgl. K. SCHMIDT, Handelsrecht [4. Aufl.], S. 78 ff.

32 Die Zuordnung des Unternehmens zu einer natürlichen Person (Einzelunternehmen) oder zu einer Personenvereinigung ohne Rechtsfähigkeit (z.B. BGB-Gesellschaft) reicht noch nicht aus, um die Einheit des Unternehmens im rechtlichen Sinne herzustellen, denn dadurch wird keine *überindividuelle*, zurechnungsfähige Einheit geschaffen.

sationsstrukturen des alten Unternehmens nur schwer belangt werden, denn er stellt nach der klassischen Ansicht gerade eine *andere* (überindividuelle) Rechtsperson dar, die im Tatzeitpunkt an der Tat nicht beteiligt war.

Bezeichneten die Kartellbußgeldnormen als Normadressaten jede natürliche oder juristische Person, die eine unternehmerische Tätigkeit ausübt, so stünden dem Kartellbußgeldrecht zur Überwindung der oben angeführten Nachteile, die sich aus dem Auseinanderfallen der durch Rechtssicherheitserwägungen bedingten rechtstheoretischen Vorgaben und der sozialen Realität ergeben, keine gegenüber anderen Rechtsgebieten überlegenen Möglichkeiten zur Verfügung. Da jedoch, wie eingangs hervorgehoben, die Kartellbußgeldnormen zur Bezeichnung ihres Adressatenkreises direkt auf den Unternehmensbegriff hinweisen, gilt es zu bedenken, ob man dies zu nutze machen kann, damit die skizzierten Effektivitätsverluste aufgehoben oder zumindest gemindert werden[33].

Bevor aber dazu Stellung genommen wird, sind im folgenden die von der europäischen Bußgeldpraxis in diesem Zusammenhang vorgenommenen Anstrengungen ausführlich darzustellen.

II. Das Konzept der wirtschaftlichen Einheit - Grundlegendes zur Methode der Gemeinschaftsorgane

A. Zu den methodischen Divergenzen beim Einsatz des Konzepts durch die Gemeinschaftsorgane

Die mit Blick auf die Bestimmung des personellen Anwendungsbereichs des Kartellrechts bislang entwickelte europäische Praxis wird durch den Begriff der "wirtschaftlichen Einheit" geprägt. Unter methodischen Aspekten wird dieser Begriff von den europäischen Organen in unterschiedlicher Weise verstanden und eingesetzt.

Der Begriff der "wirtschaftlichen Einheit" ist nicht nur im europäischen Bußgeldrecht in Kartellsachen, sondern auch in anderen Bereichen der gemeinschaftlichen Verwal-

---

33 Im Schrifttum wird neuerdings zur inhaltlichen Bestimmung des Unternehmensbegriffs des EG-Kartellrechts die in Art. 1 des Protokolls 22 zum EWR-Abkommen enthaltene Unternehmensdefinition herangezogen, die die Rechtssubjektivität zu den Voraussetzungen des Unternehmensbegriffs erhebt ("als Unternehmen [gilt] jedes Rechtssubjekt, das eine kommerzielle oder wirtschaftliche Tätigkeit ausübt"); vgl. dazu EMMERICH, in: I/M EG-WbR [1997], Art. 85 Abs. 1, Rdn. 13 f. und 16. Dieses Vorgehen ist zwar methodisch nicht falsch, zumal sich die fragliche Definition ausdrücklich auf Art. 56 EWR-Abkommen - das im einzelnen die Abgrenzung der verschiedenen Kartellbehörden (Kommission und EFTA-Kartellbehörden) für Kartelle regelt - bezieht und damit einen unmittelbaren Bezug zu dem Kartellverbot des Art. 81 EGV n.F. und des Art. 53 des EWR-Abkommens aufweist. Es ist aber zweifelhaft, ob diese außerhalb des EG-Vertrages vorgenommene Definition als Legaldefinition angesehen kann und ob sie damit den im Zusammenhang mit dem Unternehmensbegriff der Art. 81 und 82 EGV n.F. zur Verfügung stehenden Auslegungsspielraum erheblich einschränken kann.

tungspraxis und Rechtsprechung anzutreffen. Eine wichtige Rolle spielt er vor allem auf dem Gebiet der Antidumpingzölle, die (vorläufig) von der Kommission und (endgültig) vom Rat gegen gedumpte Wareneinfuhren aus Drittländern festgesetzt werden[34]. Nach ständiger EuGH-Rechtsprechung dürfen die Gemeinschaftsorgane bei der Festsetzung dieser Zölle als *Normalwert* des Erzeugnisses den Wiederverkaufspreis zugrunde legen, den die dem betroffenen Hersteller angeschlossene Vertriebsgesellschaft auf dem Inlandsmarkt des Produktionslandes anwendet, wenn der Hersteller diese Gesellschaft wirtschaftlich kontrolliert und mit Aufgaben betraut, die normalerweise in die Zuständigkeit einer betriebsinternen Vertriebsabteilung des Herstellers fallen[35]. Nach Ansicht des EuGH kann nämlich die Tatsache, daß Produktions- und Verkaufstätigkeit innerhalb eines aus rechtlich selbständigen Gesellschaften bestehenden Konzerns aufgeteilt sind, nichts daran ändern, daß es sich um eine wirtschaftliche Einheit handelt, die auf diese Weise Tätigkeiten organisiert, die in anderen Fällen von einem auch rechtlich eine Einheit darstellenden Gebilde ausgeübt werden.[36] Auf diese Fallkonstellationen, die keine strafähnlichen, sondern rein verwaltungsrechtlichen Maßnahmen betreffen, kann allerdings hier nur hingewiesen werden.

(1) Kommission

Die Kommission benutzt den Begriff der "wirtschaftlichen Einheit" zur Bezeichnung des kartellrechtlichen Normadressaten und Handlungssubjekts. Die "wirtschaftliche Einheit" ist also gerade das soziale Subjekt, von dem die Kommission die Einhaltung der Kartellnormen verlangt und dem sie kartellrechtliche Zuwiderhandlungen anlastet (*"wirtschaftliche Einheit" als Normadressat und Handlungssubjekt des Kartellrechts*). Der Mangel an rechtlicher Verselbständigung ist für die Inpflichtnahme dieses Subjekts nach Ansicht der Kommission ebensowenig beachtlich[37], wie die Änderung der rechtlichen Verselbständigungsform[38] oder die

---

[34] Vgl. dazu STREINZ, Europarecht [4. Aufl.], Rdn. 641.

[35] Das zitierte Urteil nimmt auf Verordnung Nr. 2176/84 (VO des Rates vom 23.7.84 über den Schutz gegen gedumpte oder subventionierte Einfuhren aus nicht zur Europäischen Wirtschaftsgemeinschaft gehörenden Ländern, ABl. 1984, Nr. L 201/1) Bezug. Gemäß Artikel 2 Absatz 2 dieser gilt "eine Ware ... als Gegenstand eines Dumpings, wenn ihr Ausfuhrpreis nach der Gemeinschaft niedriger ist als der Normalwert der gleichartigen Ware". Wie aus Absatz 3 Buchstabe a des gleichen Artikels hervorgeht, gilt als Normalwert "der im normalen Handelsverkehr tatsächlich gezahlte oder zu zahlende vergleichbare Preis der zum Verbrauch im Ausfuhr- oder Ursprungsland bestimmten gleichartigen Ware". Andere Kriterien für die Ermittlung des Normalwerts sind für den Fall vorgesehen, daß die gleichartige Ware im Ausfuhr- oder Ursprungsland nicht im normalen Handelsverkehr verkauft wird, oder daß solche Verkäufe keinen zuverlässigen Vergleich zulassen. - Die Rechtsgrundlage für Antidumpingzölle hat sich inzwischen geändert. Nunmehr gilt die VO 3283/94 des Rates v. 22.12.94, neu gefaßt durch die VO 384/96 und die VO 2026/97 des Rates, siehe dazu STREINZ, Europarecht [4. Aufl.], Rdn. 102 und 641.

[36] *EuGH* Urt. v. 5.10.88, Rs. 250/85, *Brother Industries / Rat*, Slg. 1988, S. 5683 [Rdn. 15 f.]; vgl. auch *EuGH* Urt. v. 10.3.92, Rs. C-171/87, *Canon*, Slg. 1992, I-1273 [Rdn. 10 f.].

[37] Vgl. *KOME* v. 2.8.89, 89/515/EWG, *Betonstahlmatten*, ABl. 1989, Nr. L 260/1: "[Rdn. 195 Buchst. f] Das *Unternehmen* NV Usines Gustave Boël, afdeling Trébos, ist eine *Abteilung* der Gesellschaft NV Usines Gustave Boël *ohne eigene Rechtspersönlichkeit*. Daher hält es die Kommission für sachgerecht, die Entscheidung an die Gesellschaft NV Usines Gustave

formale Trennung der Glieder des Subjekts durch die Gründung mehrerer juristischer Personen[39]. Die Ausblendung zivilrechtlicher Kategorien wird allerdings von der Kommission nur für die Teile der Entscheidung geltend gemacht, die auf außerkartellrechtliche Unterstützung nicht angewiesen sind. Für die Teile der Entscheidung dagegen, die - wie der verfügende Teil - des außerkartellrechtlichen Beistands bedürfen, hält die Kommission den Rückgriff auf die klassischen zivilrechtlichen Kategorien für unvermeidbar. Sie ergänzt deswegen ihr Konzept durch den Begriff des Adressaten der Sanktionsentscheidung[40]. Dieser soll eine juristische

---

Boël zu richten, zu der die Abteilung Trébos gehört." Siehe auch *KOME* v. 13.7.94, 94/601/EG, *Karton*, ABl. 1994, Nr. L 243/1: "[Rdn. 155] ... Im Verlauf des Verwaltungsverfahrens erklärte SCA, richtiger Adressat sei nicht die SCA Holding Ltd (die frühere Reed P & B), sondern das jetzt M-M gehörende Colthrop-Werk. Colthrop sei eine von der Muttergesellschaft getrennte, völlig eigenständige Geschäftseinheit gewesen. Wie im Zusammenhang mit MoDo ausgeführt wurde (siehe Randnummer 152), würde dies, selbst wenn es stimmte, Reed P & B nicht notwendigerweise von ihrer Verantwortung entbinden. Jedenfalls werden die Argumente von SCA nicht durch Tatsachen belegt. Ganz abgesehen davon, daß das *Colthrop-Werk* keine gesonderte Rechtspersönlichkeit besaß (*worin die Kommission allerdings kein maßgebliches Kriterium sieht*), war es in Wirklichkeit nicht als von Reed P & B getrennte Einheit organisiert."

38 *KOME* v. 2.8.89, 89/515/EWG, *Betonstahlmatten*, ABl. 1989, Nr. L 260/1: "[Rdn. 195 Buchst. d] Tréfilarbed SA ist am 1. August 1984 in Tréfilarbed Luxemburg / Saarbrücken Sarl *umgewandelt* worden. Tréfilarbed Luxemburg / Saarbrücken wird daher als *Rechtsnachfolgerin* von Tréfilarbed SA betrachtet und wird für die Handlungen der letzteren *verantwortlich* gemacht wie auch für die eigenen Handlungen, die nach diesem Zeitpunkt begangen wurden . Letzteres gilt insbesondere für die Beteiligung an den Absprachen betreffend den Benelux-Markt... Die Handlungen, für welche Tréfilarbed Luxemburg / Saarbrükken verantwortlich gemacht wird, umfassen auch die Handlungen ihrer *Tochtergesellschaften* in Frankreich, Belgien und den Niederlanden. Denn Tréfilarbed SA bzw. Tréfilarbed Luxemburg / Saarbrücken Sarl ist als *Unternehmenseinheit* mit diesen Tochtergesellschaften zu betrachten. Folglich ist auch die Entscheidung an Tréfilarbed Luxemburg / Saarbrücken Sarl zu richten."

39 *KOME* v. 13.7.94, 94/601/EG, *Karton*, ABl. 1994, Nr. L 243/1: "[Rdn. 140] Die EG-Wettbewerbsregeln gelten für 'Unternehmen'. Dieser Begriff deckt sich nicht mit dem der rechtsfähigen Gesellschaft mit gesonderter Rechtspersönlichkeit. Der Begriff 'Unternehmen' ist im Vertrag nicht definiert. Er kann sich aber auf jede Einheit mit wirtschaftlicher Tätigkeit beziehen. Im Fall großer Firmengruppen kann je nach den Umständen jede der folgenden Einheiten als 'Unternehmen' gelten: - Die Mutter- oder Holdinggesellschaft der Gruppe; - die ganze Firmengruppe, bestehend aus Muttergesellschaft und ihren direkten und indirekten Tochtergesellschaften; - Zwischenholdings; - von den Unterholding-Gesellschaften oder deren Tochtergesellschaften gegründete Teilkonzerne oder Unternehmensbereiche; - die individuellen Tochtergesellschaften."

40 Vgl. z.B. *KOME* v. 13.7.94, 94/601/EG, *Karton*, ABl. 1994, Nr. L 243/1: "[Rdn. 157] Obgleich das *'Unternehmen'* nach der Reorganisation jetzt aus der von der *SCA Holding Ltd und deren die Aktiva besitzenden Tochtergesellschaften* besteht, muß zwecks Durchsetzung der Entscheidung als deren Adressat ein Unternehmen mit Rechtspersönlichkeit ermittelt werden. Nach der üblichen Praxis der Kommission ist der richtige Adressat die Holdinggesellschaft, d.h. die SCA Holding Ltd."

Person sein, die im Vollstreckungsverfahren *stellvertretend* für die "wirtschaftliche Einheit" in Anspruch genommen werden kann (*juristische Person als Entscheidungsadressat und Subjekt im Vollstreckungsverfahren*).

So führt die *Kommission* im *PVC*-Fall aus[41]: "[Rdn. 42] Die EWG-Wettbewerbsregeln betreffen Unternehmen. Dieser Begriff deckt sich nicht mit der Rechtspersönlichkeit im innerstaatlichen Recht. Der Ausdruck 'Unternehmen' ist im Vertrag nicht definiert. Er kann sich auf jede Einheit beziehen, die gewerblich tätig ist, und im Fall eines großen Industriekonzerns gegebenenfalls eine Mutter- oder Tochtergesellschaft oder die von diesem gebildete Einheit betreffen. [Rdn. 45] Obwohl der Begriff des Unternehmens - der Adressat der EWG-Wettbewerbsregeln - nicht an das Gesellschaftsrecht gebunden ist, *muß zum Zwecke der Durchsetzung stets eine Einheit mit Rechtspersönlichkeit ermittelt werden*. Das Eintreiben einer Geldbuße nach Artikel 192 EWG-Vertrag [= Art. 256 EGV n.F.] kann beträchtliche Schwierigkeiten bereiten, wenn die Entscheidung nicht an eine Rechtspersönlichkeit gerichtet wird. Im Falle eines *großen Industriekonzerns* werden daher *gewöhnlich alle Entscheidungen an die Holding-Gesellschaft* des Konzerns oder an die Konzernzentrale gerichtet, obwohl das Unternehmen selbst als eine von der Muttergesellschaft und allen ihren Tochtergesellschaften gebildeten Einheit besteht."[42]

Der Standpunkt der *Kommission* läßt sich aber auch ihren Ausführungen vor dem EuG im *Siderúrgica Aristrain*-Fall deutlich entnehmen[43]: "[Rdn. 21] Die beiden [Schwester]Gesellschaften stellten eine wirtschaftliche Einheit dar, die für die Gesamtheit der der Aristrain-Gruppe in der Entscheidung vorgeworfenen Zuwiderhandlungen verantwortlich sei. Die Entscheidung sei an die *Antragstellerin als 'repräsentative' Gesellschaft der Gruppe* gerichtet worden. Eine solche Praxis werfe im allgemeinen keine Probleme auf, da der Adressat normalerweise die Muttergesellschaft oder die Tochtergesellschaft der anderen verantwortlichen Gesellschaften sei. Die Schwierigkeiten, die im vorliegenden Fall aufgetreten seien, ergäben sich daraus, das die beiden verantwortlichen Gesellschaften Schwestergesellschaften seien."

(2) Gerichtshof und Generalanwälte

Der EuGH und die Generalanwälte benutzen demgegenüber den Begriff der "wirtschaftlichen Einheit" zur Bezeichnung eines Zurechnungsgrundes, der die Erweiterung des Kreises der Zurechnungsadressaten von wettbewerbswidrigen Marktabläufen rechtfertigt (*"wirtschaftliche Einheit" als Zurechnungsgrund des Kartellrechts*). Der Begriff wird also im Konzept des Gerichtshofes vor dem Hintergrund

---

41 *KOME* v. 21.12.88, 89/190/EWG, *PVC*, ABl. 1989, Nr. L 74/1.

42 Vgl. auch *KOME* v. 27.7.94, 94/599/EG, *PVC*, ABl. 1994, Nr. L239/14 [Rdn. 41 und 44]. - Gibt es keine Holdingsgesellschaft im Konzern, so können als Entscheidungsadressaten alle Konzerngesellschaften in Anspruch genommen werden, vgl. *KOME* v. 21.10.98, 99/60/EG, *Fernwärmetechnik-Kartell*, ABl. 1999, Nr. L 24/1: [Rdn. 158] ... Auch wenn die Kommission davon ausgeht, daß die Henss / Isoplus-Unternehmen einen Konzern bilden, gab es ihres Wissens *keine Muttergesellschaft*, an die die Mitteilung der Beschwerdepunkte (analog zur üblichen Praxis ...) gerichtet werden konnte. Die Mitteilung der Beschwerdepunkte erging daher an den Henss / Isoplus-Konzern, vertreten durch alle vier in der Gemeinschaft ansässigen Hauptunternehmen: Isoplus Hohenberg, Isoplus Sondershausen, Henss Rosenheim und Henss Berlin."

43 *EuG* Beschluß v. 25.8.94, Rs. T-156/94 R, *Siderúrgica Aristrain Madrid*, Slg. 1994, II-715.

eines konkreten wettbewerbswidrigen Geschehens angewendet und dient der Bildung von umfassenden Zurechnungseinheiten, in die über die direkt handelnden Rechtspersonen auch solche einbezogen werden, die nach rein zivilrechtlichen Kriterien die (objektiven) Merkmale der Kartelltatbestände nicht verwirklichen. Wird an die kraft Zurechnung in Anspruch genommenen Rechtspersonen eine Bußgeldentscheidung adressiert, so geschieht dies nicht wegen des vollstreckungsrechtlichen Bedürfnisses, ein rechtsfähiges Subjekt zu finden, sondern weil die zurechnungsbelasteten Rechtspersonen selbst als (hauptverantwortliche) Täter angesehen werden.

Die ständige *EuGH* Rechtsprechung kann man u.a. im *AEG-Urteil* lesen[44]: "[Rdn. 49] Der Gerichtshof hat ... bereits ausgeführt: 'Der Umstand, daß die Tochtergesellschaft eigene Rechtspersönlichkeit besitzt, vermag indessen noch nicht auszuschließen, daß ihr Verhalten der Muttergesellschaft zugerechnet werden kann', namentlich dann, 'wenn die Tochtergesellschaft trotz eigener Rechtspersönlichkeit ihr Marktverhalten nicht autonom bestimmt, sondern im wesentlichen Weisungen der Muttergesellschaft befolgt'. [Rdn. 50] Da AEG nicht bestritten hat, daß sie in der Lage war, die Vertriebs- und Preispolitik ihrer Tochtergesellschaften entscheidend zu beeinflussen, bleibt zu prüfen, ob sie von dieser Möglichkeit tatsächlich Gebrauch gemacht hat..."

(3) Gericht erster Instanz

Das EuG geht schließlich beim Einsatz des Begriffs der "wirtschaftlichen Einheit" einen eigenen Weg, der sich zwischen den Positionen der Kommission und des EuGH einordnen läßt. Dem Gericht gelingt ein solcher vermittelnder Standpunkt deswegen, weil es ein *zweistufig aufgebautes Zurechnungskonzept* praktiziert. Die erste Stufe ist dabei stark an das Verständnis der Kommission angelehnt: wie die Kommission erklärt nämlich auch das Gericht die "wirtschaftliche Einheit" zum Normadressaten und Handlungssubjekt der Kartellnormen. Was die Kommission aber anschließend als bloßen, für die "wirtschaftliche Einheit" stellvertretend haftenden Entscheidungsadressaten bezeichnet, ist für das Gericht ein Rechtssubjekt, dessen bußgeldrechtliche Verantwortung für die Taten der "wirtschaftlichen Einheit" *erneut* begründet werden muß. Anerkannt wird damit eine zweite Zurechnungsstufe, deren Funktion und Struktur dem Verständnis des EuGH nahe steht.

So führt das Gericht im *Shell*-Fall aus[45]: "[Rdn. 311] Das Gericht stellt fest, daß das den *Unternehmen* in Artikel 85 Absatz 1 EWG-Vertrag [= Art. 81 Abs. 1 EGV n.F.] u.a. auferlegte Verbot ... an *wirtschaftliche Einheiten* gerichtet ist, die von einer Gesamtheit materieller und personeller Faktoren gebildet werden, die an einer Zuwiderhandlung im Sinne der Vorschrift beteiligt sein können. [Rdn. 312] Im vorliegenden Fall stellt das Gericht fest, daß die *Klägerin und* die *Produktionsgesellschaften der Shell-Gruppe*, die chemische Erzeugnisse herstellen und vertreiben, eine einzige einheitliche Organisation persönlicher, materieller und immaterieller Mittel darstellen... Infolgedessen stellen die Klägerin und diese Produktionsgesellschaften der Shell-Gruppe ein *einziges Unternehmen*.

---

44 *EuGH* Urt. v. 25.10.83, Rs. 107/82, *AEG*, Slg. 1983, S. 3151.

45 *EuG* Urt. v. 10.3.92, Rs. T-11/89, *Shell*, Slg. 1992, II-757.

[Rdn. 313] Die Rolle der Klägerin in diesem Unternehmen wird durch mindestens fünf Schriftstücke belegt: Das erste ist ein Schriftstück vom 15. Februar 1982 mit der Bezeichnung "Market quality PP" ..., das zweite ein Bericht über Telefongespräche zwischen dem Vertreter der Klägerin und ICI vom 9. und 10. September 1982 ..., das dritte ein Schriftstück mit der Bezeichnung "Polypropylene compensation scheme" vom 18. Oktober 1982 ..., das vierte ein Vermerk über ein Telefongespräch zwischen einem Angestellten der Klägerin und ICI vom 8. November 1982 ... und das fünfte ein Bericht über ein zweiseitiges Treffen zwischen Angestellten der Klägerin und ICI vom 26. November 1982 ... [Rdn. 315] Die Kommission ist daher zu Recht davon ausgegangen, daß die *Klägerin für die Koordinierung des Vorgehens* der Shell-Gruppe im Rahmen der Zuwiderhandlung *verantwortlich* war, und hat ihr die Zuwiderhandlung deshalb *zugerechnet*."

Das zweistufige Vorgehen des Gerichts kommt auch bei der Anwendung des Konzepts in Fällen der *Rechtsnachfolge* deutlich zum Ausdruck. Wie der *Enichem Anic*-Fall zeigt, sei danach zwar die Zuwiderhandlung zunächst der "wirtschaftlichen Einheit" zuzurechnen, da sie der Normadressat und das Handlungssubjekt des Kartellrechts sei. Zur Rechenschaft sei aber schließlich die juristische (oder natürliche) Person zu ziehen, die für den Betrieb der "wirtschaftlichen Einheit" zum Zeitpunkt der Zuwiderhandlung verantwortlich gewesen sei. Das Verhalten der "wirtschaftlichen Einheit" sei also einer zivilrechtlich anerkannten Rechtsperson zuzurechnen[46]: "[Rdn. 235] Das Gericht stellt fest, daß das den Unternehmen in Artikel 85 Absatz 1 EWG-Vertrag [= Art. 81 Abs. 1 EGV n.F.] u.a. auferlegte Verbot ... an wirtschaftliche Einheiten gerichtet ist, die von einer Gesamtheit materieller und personeller Faktoren gebildet werden, die an einer Zuwiderhandlung im Sinne der Vorschrift beteiligt sein können. [Rdn. 236] Ist eine solche Zuwiderhandlung bewiesen, ist die natürliche oder juristische Person zu ermitteln, die für den Betrieb des Unternehmens zum Zeitpunkt der Zuwiderhandlung verantwortlich war, damit sie zur Rechenschaft gezogen werden kann."[47]

B. *Zu den praxisrelevanten Auswirkungen der methodischen Divergenzen*

Fragt man nach den bisherigen praxisrelevanten Auswirkungen der eben skizzierten methodischen Divergenzen zwischen Kommission, EuGH und EuG, so läßt sich konstatieren, daß die europäischen Organe trotz des abweichenden Verständnisses und methodischen Einsatzes des Begriffs der "wirtschaftlichen Einheit" *in der Regel* zu denselben praktischen Ergebnissen bei der Zuordnung der Verant-

---

[46] *EuG* Urt. v. 17.12.91, Rs. T-6/89, *Enichem Anic*, Slg. 1991, II-1623.

[47] Vgl. auch *EuG* Urt. v. 20.4.99, verb. Rs. T-305/94 u.a., *PVC-Hersteller*, Slg. 1999, I-931: "[Rdn. 953] Nach der Rechtsprechung ist, wenn eine Zuwiderhandlung bewiesen ist, die natürliche oder juristische Person zu ermitteln, die für den Betrieb des Unternehmens zum Zeitpunkt der Zuwiderhandlung verantwortlich war, damit sie zur Rechenschaft gezogen werden kann. Hat jedoch zwischen dem Zeitpunkt der Zuwiderhandlung und dem Zeitpunkt, zu dem das betreffende Unternehmen zur Rechenschaft gezogen werden soll, die für den Betrieb dieses Unternehmens verantwortliche Person aufgehört, rechtlich zu existieren, so ist zunächst die Gesamtheit der materiellen und personellen Faktoren festzustellen, die an der Zuwiderhandlung beteiligt waren, um sodann zu ermitteln, wem die Verantwortung für den Betrieb dieser Gesamtheit übertragen worden ist, damit sich das Unternehmen seiner Verantwortlichkeit für die Zuwiderhandlung nicht deshalb entziehen kann, weil die zum Zeitpunkt der Zuwiderhandlung für seinen Betrieb verantwortliche Person nicht mehr besteht."

wortung gelangen[48]. Die bei der Anwendung der Bußgeldnormen letztlich im Mittelpunkt stehende praktische Frage, nämlich welche juristische Person für den festgestellten wettbewerbswidrigen Vorgang bußgeldrechtlich in Anspruch genommen werden kann, wird nämlich von allen Organen weitgehend übereinstimmend beantwortet[49] - auch wenn die Kommission von einer nur aus vollstreckungsrechtlichen Gründen stellvertretend als Entscheidungsadressatin ausgewählten Gesellschaft, der EuGH von einer zurechnungsbelasteten Gesellschaft und das EuG von einer für die Taten der "wirtschaftlichen Einheit" haftenden Gesellschaft spricht.

Die grundsätzliche Übereinstimmung in praktischen Fragen soll allerdings nicht darüber hinwegtäuschen, daß insbesondere die Kommission von einem anderen Verständnis ausgeht, das im Einzelfall zu Ergebnissen führen kann, die sich vor allem mit dem vom EuGH verwendeten Konzept nicht mehr vereinbaren lassen. Dies zeigt sich beispielsweise in den Ausführungen der Kommission in den im Jahr 1994 ergangenen Entscheidungen in den Fällen "*Karton*" und "*Stahlträger*". Diese Ausführungen könnten zwar auch als ein Versuch der europäischen Wettbewerbsbehörde gedeutet werden, beweisrechtliche Vereinfachungen und Typisierungen des Vorgehens im Zusammenhang mit den Rechtsverstößen von Konzerngesellschaften durchzusetzen - dann stünde die materiellrechtliche Vereinbarkeit mit dem Konzept des EuGH nicht in Frage. Näher liegt aber die Annahme, daß die Kommission eigene materielle Verantwortungsmaßstäbe aufstellen will.

So führt die *Kommission* im *Karton*-Fall (Preis- und Quotenkartell der Kartonhersteller) aus[50]: "[Rdn. 143] In der vorliegenden Sache wurden die Mitglieder der PG Karton in deren Aufzeichnungen gewöhnlich als die jeweiligen Betriebsgesellschaften und nicht als Konzern selbst identifiziert (beispielsweise nicht 'Aussedat Rey S.A.', sondern 'Papeteries de Lancey S.A.'). Normalerweise hätte die Kommission jedoch vor allem im Falle eines integrierten Forstproduktunternehmens die Entscheidung an den Konzern richten

---

48 Diese Feststellung entspricht auch der allgemeinen Ansicht in der Literatur; vgl. DANNECKER, in: I/M EG-WbR [1997], VO 17 Art. 15, Rdn. 82; RANSIEK, Unternehmensstrafrecht, S. 332; KOCH, in: GRABITZ / HILF [1. Grdlf.], Art. 85, Rdn. 15; siehe auch DIRKSEN, in: LANGEN / BUNTE [8. Aufl.], Bd. 1, Art. 86, S. 1722 (Rdn. 8) und S. 1742 f. (Rdn. 61).

49 Vgl. beispielsweise die übereinstimmenden Ergebnisse, zu denen Kommission, EuG, GA Léger und EuGH im *BPB Industries und Britisch Gypsum*-Fall gelangen, obwohl der Fall viele Besonderheiten aufwies - für das mißbräuchliche Verhalten der 100%igen Tochtergesellschaft BG auf dem nordirischen Markt für Gipskartonplatten wurde nämlich die Muttergesellschaft BPB zur Verantwortung gezogen, während für das gleichartige Verhalten derselben Tochtergesellschaft auf dem entsprechenden britischen Markt keine Zurechnung stattfand und die Geldbuße damit gegen die Tochtergesellschaft selbst verhängt wurde, siehe *KOME* v. 5.12.1988, 89/22/EWG, *BPB Industries PLC*, ABl. 1989 Nr. L 10/50 [Verfügender Teil - Artikel 1 bis 3]; *EuG* Urt. v. 1.4.93, Rs. T-65/89, *BPB Industries und Britisch Gypsum*, Slg. 1993, II-389 [Rdn. 148 ff.]; *EuGH* Urt. v. 6.4.95, Rs. C-310/93 P, *BPB Industries und Britisch Gypsum*, Slg. 1995, I-865 [Rdn. 11]; *GA Léger*, Schlußanträge v. 13.12.94, Slg. 1995, I-867 [Rdn. 13 ff., insb. 27 ff.].

50 *KOME* v. 13.7.94, 94/601/EG, *Karton*, ABl. 1994, Nr. L 243/1.

können. Um jedoch Streitigkeiten (bei denen dann die Unterscheidung zwischen 'Gesellschaft' und 'Unternehmen' verwischt würde) darüber zu vermeiden, ob die Muttergesellschaft des Konzerns für die Handlungen sogenannter 'selbständiger Tochtergesellschaften' verantwortlich zu machen ist, hat die Kommission grundsätzlich die in der Mitgliederliste der PG Karton genannte Firma als 'Unternehmen' für die Zwecke dieses Verfahrens angesehen, allerdings mit folgenden zwei Ausnahmen:

1. War mehr als ein Unternehmen eines Konzerns an dem Verstoß beteiligt oder

2. liegen ausdrückliche Beweise dafür vor, das die Muttergesellschaft oder der Konzern in die Kartellteilnahme der Tochtergesellschaft verwickelt war,

so war der (von der Muttergesellschaft vertretene) Konzern der Adressat."

Ohne auf die einzelnen Voraussetzungen des Konzepts der wirtschaftlichen Einheit eingehen zu wollen, sollte bemerkt werden, daß die von der Kommission getroffenen Feststellungen schwer als materiell- oder beweisrechtliche Aussagen einstufen lassen. Die Kommission sieht nämlich in der Muttergesellschaft einen möglichen Adressaten der Geldbuße (nach dem Konzept des EuG also eine Rechtsperson, die die Verantwortung für die Zuwiderhandlung der "wirtschaftlichen Einheit" übernehmen muß, und nach dem Konzept des EuGH eine Gesellschaft, die sich das Verhalten anderer Gesellschaften zurechnen lassen muß) zunächst dann, wenn "ausdrückliche Beweise" für eine Verwicklung der Muttergesellschaft in das wettbewerbswidrige Geschehen vorliegen. Sie behält sich aber vor, die Muttergesellschaft auch dann stellvertretend für den Konzern in Verantwortung zu ziehen, wenn am Verstoß "mehr als ein Unternehmen" des Konzerns beteiligt gewesen sei. Deutet man die erste und die zweite Aussage im Zusammenhang und zieht man auch die einleitende Aussage der Kommission ("Normalerweise ... richten können") heran, so läßt sich der Schluß ziehen, daß die Kommission "vor allem im Falle eines integrierten Forstproduktunternehmens" auch dann gegen die Muttergesellschaft eine Geldbuße verhängen zu können glaubt, wenn der einzige Beweis darin besteht, daß zumindest zwei untergeordnete Konzerngesellschaften an dem Verstoß teilnahmen. Ob die Muttergesellschaft von diesem Verstoß zumindest Kenntnis haben muß, wird nicht erwähnt. Die Frage, die sich insoweit stellt, lautet: Wird die Kenntnis oder die Verwicklung der Muttergesellschaft zwar weiter vorausgesetzt, aber angesichts des Vorliegens eines "integrierten Forstproduktunternehmens" und der Beteiligung von zwei Konzerngesellschaften vermutet? Ist nämlich die oben unter 1. stehende Fallkonstellation als "nicht-ausdrücklicher Beweis" einer Verwicklung der Muttergesellschaft aufzufassen? Oder ist die "Integration" aller Gesellschaften in den Konzern und die Beteiligung zumindest zwei von denen an dem Verstoß hinreichende Bedingung für die *stellvertretende* Belastung der Muttergesellschaft, ohne daß Kenntnis oder Verwicklung der letzteren überhaupt vorausgesetzt wird?

Während die Ausführungen der Kommission im Karton-Fall noch als Versuch gedeutet werden können, beweisrechtliche Vereinfachungen durchzusetzen, lassen sich ihre Ausführungen in der ebenfalls im Jahr 1994 ergangenen Entscheidung im *Stahlträger*-Fall kaum anders als die Aufstellung neuer Verantwortungsmaßstäbe verstehen. - Die Kommission stützt nämlich die Verantwortung einer Muttergesellschaft auf Argumente, die sich ausschließlich mit den Kriterien der institutionellen (kapitalmäßigen) Verflechtung, der (vertikalen) wirtschaftlichen Integration und der Nutznießerschaft zusammenhängen[51]: "[Rdn. 322] An den verschiedenen Absprachen und Vereinbarungen nahm nur TradeARBED teil. TradeARBED ist jedoch eine *Vertriebsgesellschaft*, die unter anderem Träger auf einer Provisionsbasis für ihre Muttergesellschaft ARBED S.A. ver-

51 *KOME* v. 16.2.94, 94/215/EGKS, *Stahlträgerhersteller*, ABl. 1994 Nr. L 116/1.

kauft. TradeARBED erhält für ihre Dienste einen *kleinen Prozentsatz* des Verkaufspreises. Zur Gewährleistung der Gleichbehandlung wird diese Entscheidung an ARBED S.A., das Trägerherstellungsunternehmen im ARBED-Konzern, gerichtet, wobei als Umsatz bei den relevanten Erzeugnissen der Umsatz von ARBED und nicht von TradeARBED zugrunde gelegt wird." - Hingewiesen sei darauf, daß die Muttergesellschaft Arbed in diesem Fall zu den einzigen 4 Herstellern der von den Kartellabsprachen betroffenen Stahlmarktes gehörte, die erhebliche Gewinne im Zeitraum des Verstoßes (1988-1990) erwirtschaftet hatten[52].

Um den wichtigsten Aspekt des Problems verständlicher zu machen: Wie bereits die angeführten Beispiele zeigen, besteht die grundsätzliche Frage darin, ob die juristische Person, gegen die eine Geldbuße verhängt wird, "selbst", d.h. mit ihren Angehörigen (Organen und Angestellten) an dem Verstoß beteiligt oder zumindest davon Kenntnis erhalten haben muß, oder ob diese juristische Person bereits deswegen mit einer Geldbuße belegt werden darf, weil sie Teil einer "wirtschaftlichen Einheit" darstellt, zu der auch andere juristische Personen gehören, deren Organe und Angestellten den Verstoß begangen haben.

Um die Antwort teilweise vorwegzunehmen: Das Verständnis der Kommission geht dahin, daß die Zugehörigkeit zu der "wirtschaftlichen Einheit" ausreicht, um Adressat einer Bußgeldentscheidung zu werden. Da alle in die "wirtschaftliche Einheit" einbezogenen juristischen Personen als *einheitliches* Handlungssubjekt aufgefaßt werden, werden alle objektiven und subjektiven Momente *gemeinsam* festgestellt. Ob die natürlichen Personen, deren Handlungen und Vorstellungen der "wirtschaftlichen Einheit" zugerechnet werden, ein formales rechtliches Verhältnis zu der schließlich als Bußgeldadressat ausgewählten juristischen Person haben, ist deswegen ohne Bedeutung. Eine juristische Person kann danach in Anspruch genommen werden, auch wenn sie (bzw. ihre Organe und Angestellten im Zeitpunkt des Verstoßes) in keiner Weise in die Zuwiderhandlung verwickelt war.

Das Verständnis der europäischen Gerichte - stärker des EuGH, weniger des EuG - geht dagegen eher in die Richtung, daß die bloße Zugehörigkeit zu der "wirtschaftlichen Einheit" noch nicht ausreicht, um Adressat einer Bußgeldentscheidung zu werden. Auch wenn die "wirtschaftliche Einheit" als Handlungssubjekt aufgefaßt und damit eine gemeinsame Zurechnung von objektiven und subjektiven Momenten für statthaft erklärt wird - so das EuG -, sind die Grenzen zwischen den unterschiedlichen juristischen Personen nicht völlig zu ignorieren. Als Bußgeldadressat darf deswegen eine juristische Person nur dann bestimmt werden, wenn sie sich (durch ihre Organe oder Angestellten) an dem Verstoß aktiv beteiligt hat oder zumindest davon Kenntnis genommen und bestehende Möglichkeiten zur Verhinderung des Verstoßes nicht ausgenutzt hat. Nur in den Rechtsnachfolgefällen - und dann mit äußerster Zurückhaltung - wird die Möglichkeit offengelassen, eine juri-

52 Vgl. *KOME* v. 16.2.94, a.a.O. [Rdn. 301].

stische Person in Anspruch zu nehmen, die im Zeitpunkt des Verstoßes formell in keiner Weise in das wettbewerbswidrige Geschehen verwickelt war.

Jedenfalls im Hinblick darauf, daß das Verständnis der Kommission nicht ausschließt, daß als Bußgeldadressat die juristische Person bestimmt wird, deren Organe und Angestellten die Hauptverantwortung für den Verstoß tragen, kommt man zu der bereits getroffenen Feststellung, daß trotz des unterschiedlichen Verständnisses die Gemeinschaftsorgane weitestgehend zu denselben praktischen Ergebnissen gelangen. Wie die Urteile des EuG und des EuGH im *BPB*-Fall sowie die zuletzt ergangenen EuG-Urteile im *Karton*-Fall außerdem zeigen, sind die europäischen Gerichte (und die Generalanwälte) bereit, ergänzende Ausführungen der Kommission im Rahmen des Gerichtsverfahrens anzunehmen und die Aussagen der Kommission so zu deuten, daß eine Vereinbarkeit der Maßstäbe erreicht wird[53].

Während die *Kommission* im *BPB*-Fall die Muttergesellschaft (BPB) des BPB-Konzerns auf der Grundlage von objektiven und subjektiven Feststellungen bezüglich der britischen Tochtergesellschaft BP belastete[54], wies das *EuG*-Urteil ergänzend auf die "wirtschaftliche Einheit" der Konzerngesellschaften und die ständige *Unterrichtung* der Muttergesellschaft von der (wettbewerbswidrigen) Politik der Tochtergesellschaft auf dem irischen

---

53 In ihrer jüngsten Entscheidungspraxis bemüht sich außerdem auch die Kommission deutlich darum, durch Angabe mehrerer Anknüpfungspunkte bei der Begründung der Verantwortung in Konzernfällen die Gefahr möglicher Konflikte mit dem Verständnis der europäischen Gerichte im voraus abzuwenden. Ein kennzeichnendes Beispiel dafür liefern die Ausführungen der Kommission im Fall des Fernwärmetechnik-Kartells, siehe *KOME* v. 21.10.98, 99/60/EG, *KOME* v. 21.10.98, 99/60/EG, *Fernwärmetechnik-Kartell*, ABl. 1999, Nr. L 24/1: [Rdn. 155] Adressat des Verfahrens und dieser Entscheidung ist der ABB-Konzern, vertreten durch seine *oberste Holdinggesellschaft ABB-Asea Brown Boveri Limited.* ... Die Operationen der Konzerngesellschaften werden im Geschäftsbericht der ABB Asea Brown Boveri Limited konsolidiert und für die Rechnungslegung erfaßt. ABBs Organisationsmatrix von Geschäftsbereichen und Erzeugnissegmenten, überlappt von geographischen Regionen, ist ein Beleg für die *integrierte Struktur des Konzerns* und unterstreicht, daß es *angebracht* ist, *diese Entscheidung an den Konzern zu richten.* [Rdn. 156] Darüber hinaus gibt es im vorliegenden Fall *weitere besondere Gründe* dafür, daß das Verfahren an ABB selbst statt an eine der Tochtergesellschaften zu richten ist: - Der *Geschäftsbereich Fernwärmetechnik (BA-VDH) umfaßt insgesamt 30 oder mehr Unternehmen*; - für den Geschäftsbereich BA-VDH gibt es keine einzelne Holdinggesellschaft ...; - die Bemühungen zur Ausschaltung von Powerpipe und / oder zur *Wahrung der Interessen des Kartells* wurden *durch Unternehmen außerhalb des Geschäftsbereichs BA-VDH* ausgeübt ...; - BA-VDH untersteht direkt einem Executive Vice President von ABB, der von Amts wegen Mitglied des Executive Committee, des obersten Leitungsgremiums des ABB-Konzerns, ist; sowohl das *Kartell* als auch die Maßnahmen zu seiner Verheimlichung und Verschleierung wurden *auf hoher Ebene der Konzernleitung geplant, angeleitet und aktiv unterstützt.*"

54 *KOME* v. 5.12.88, 89/22/EWG, *BPB Industries PLC*, ABl. 1989 Nr. L 10/50: "[Rdn. 170] Nach Auffassung der Kommission sind die Mißbräuche, die mit einer Geldbuße zu ahnden sind, vorsätzlich begangen worden. In Großbritannien hat BG mit den von ihr getroffenen Maßnahmen bewußt darauf hingearbeitet, Kunden an sich zu binden. Das Vorgehen von BG in Nordirland war eigens darauf abgestellt, einerseits die Einfuhren der Händler zu unterbinden und andererseits angesichts der Konkurrenz durch Einfuhren Händler an sich zu binden."

Markt hin[55]. Der GA *Léger*[56] und anschließend der *EuGH*, der die Schlußanträge des Generalanwaltes wortwörtlich übernahm[57], deuteten sogar das Vorgehen des EuG so, als ob das EuG den vollen Beweis einer aktiven *Mitwirkung* der Muttergesellschaft erbracht hätte: "[Schlußanträge Rdn. 28] Das Gericht konnte gerade aus der Gestaltung der Beziehungen zwischen der Tochtergesellschaft BG und ihrer Muttergesellschaft BPB und aus der Einheitlichkeit der von ihnen verfolgten Handelspolitik schließen, daß sie auf dem irischen Markt 'eine wirtschaftliche Einheit' bildeten. Es hat außerdem darauf hingewiesen, daß dem geschäftsführenden Vorstand der BPB nach den tatsächlichen Feststellungen der Kommission die in Nordirland angewandte Strategie nicht unbekannt war. [Rdn. 29] Ich schließe daraus, daß das Gericht aus bindenden tatsächlichen Feststellungen entnehmen konnte, daß BG Weisungen ihrer Muttergesellschaft befolgt hatte."

Ein ähnliches Vorgehen läßt u.a. im *Cascades*-Fall feststellen. Die im Rahmen des oben erwähnten Karton-Verfahrens ergangene *Kommissionsentscheidung*, die die Verantwortung von Cascades für die Zuwiderhandlungen der übernommenen und in den Konzern integrierten Gesellschaften Duffel und Djupafors für die Zeit vor und nach der Übernahme lediglich mit dem Argument begründete, daß mehrere Gesellschaften des Cascades-Konzerns an dem Verstoß teilgenommen hätten[58] ("[Rdn. 147] Kartonfabriek von Duffel N.V. und Djupafors AB nahmen vor ihrer Übernahme durch Cascades im Jahre 1989 als unabhängige Unternehmen an dem Kartell teil. Als Folge der Übernahme hätte das Verfahren aber an beide Unternehmen im eigenen Namen gerichtet werden können. Duffel und Djupafors wurden umbenannt und bestanden als getrennte Tochtergesellschaften innerhalb des Cascades-Konzerns fort. Wegen der Beteiligung aller Karton-Geschäftsbereiche von Cascades an dem Verstoß ... ist diese Entscheidung jedoch zweckmäßigerweise an die von Cascades S.A. vertretene Cascades-Gruppe zu richten"[59]), wurde vom *EuG* unter Hinweis darauf aufrechterhalten, daß Cascades trotz Kenntnis der nach der Übernahme fortgesetzten Verstöße von Duffel und Djapafors dagegen nicht eingeschritten sei[60]: "[Rdn. 157] Schließlich genügt zu der Frage, ob der Klägerin die Zuwiderhandlungen von Djupafors und Van Duffel vor deren Übernahme zu Recht zugerechnet wurden, der Hinweis, daß sich diese beiden Unternehmen zum

---

55 *EuG* Urt. v. 1.4.93, Rs. T-65/89, *BPB Industries und British Gypsum*, Slg. 1993, II-389: "[Rdn. 152] In diesem Zusammenhang ist ferner darauf hinzuweisen, daß, wie auch die in der mündlichen Verhandlung erfolgten Klarstellungen bestätigen, BPB und BG eine wirtschaftliche Einheit bilden und daß, wie die Randnummern 90, 97 und 102 der Entscheidung zeigen, *sich der geschäftsführende Vorstand von BPB regelmäßig über die Verhaltensweisen der Tochtergesellschaften auf dem irischen Markt informierte*, während die Entscheidung keinen Hinweis auf ein solches Interesse bezüglich des britischen Marktes enthält."

56 Schlußanträge v. 13.12.94, Rs. C-310/93 P, BPB Industries und Britisch Gypsum, Slg. 1995, I-867.

57 *EuGH* Urt. v. 6.4.95, Rs. C-310/93 P, *BPB Industries und Britisch Gypsum*, Slg. 1995, I-865 [Rdn. 11].

58 *KOME* v. 13.7.94, 94/601/EG, *Karton*, ABl. 1994, Nr. L 243/1.

59 Hingewiesen sei darauf, daß Duffel und Djupafors auch nach der Übernahme durch Cascades am Kartell - vertreten durch andere Gesellschaften der Gruppe - teilgenommen haben. Dies läßt sich aus der Anmerkung Nr. 28 der *KOME* v. 13.7.94 (a.a.O.) ableiten: "Djupafors und Duffel waren nach ihrer Übernahme durch Cascades im Jahr 1989 nicht mehr selbständig vertreten."

60 *EuG* Urt. v. 14.5.98, Rs. T-308/94, *Cascades*, Slg. 1998, II-925.

Zeitpunkt ihrer Übernahme unstreitig an einer Zuwiderhandlung beteiligten, an der auch die Klägerin über die Firmen Cascades La Rochette und Cascades Blendecques mitwirkte. [Rdn. 158] Unter diesen Umständen konnte die Kommission der Klägerin das Verhalten von Djupafors und Van Duffel für die Zeit vor und nach deren Übernahme durch die Klägerin zurechnen. Es war Sache der Klägerin, in ihrer Eigenschaft als Muttergesellschaft alles zu tun, um die Fortsetzung der ihr bekannten Zuwiderhandlung zu verhindern."

Bis die oben erwähnte, im *Stahlträger*-Fall ergangene Entscheidung der Kommission von den europäischen Gerichten überprüft worden ist, sollte man mit Schlußfolgerungen bezüglich der in diesem Fall angewandten Maßstäbe besonders vorsichtig sein. Es ist nicht auszuschließen, daß sich die Kommission vor dem EuG entweder auf die Kenntnis der Muttergesellschaft beruft oder auf die für Handelsvertreterfälle geltende Rechtsprechung[61] zurückgreift.

Nicht zu übersehen ist schließlich, daß die geschilderten Unterschiede bezüglich des Verständnisses des Konzepts der wirtschaftlichen Einheit ihre Bedeutung verlieren, wenn es um klare Fälle einer aktiven Beteiligung der Rechtsperson geht, die die Kommission für verantwortlich erklären will. Dabei ist auch zu berücksichtigen, daß die europäischen Gerichte der Kommission in beweisrechtlicher Hinsicht viele Vereinfachungen zugestehen. Sowohl im einen als auch im anderen Fall kann aber die europäische Wettbewerbshüterin ihren Zweck (z.B. Belastung der Konzernspitze für Zuwiderhandlungen untergeordneter Gesellschaften) auch unter Zugrundelegung der Konzepte der europäischen Gerichte erreichen, was sie gelegentlich auch wirklich tut[62].

Angesichts der bislang konvergierenden Ergebnisse in der Praxis der Gemeinschaftsorgane soll deswegen im folgenden vorerst darauf verzichtet werden, das Vorgehen der Kommission, des EuG und des EuGH (sowie der Generalanwälte) getrennt voneinander darzustellen. Vielmehr soll sich darum bemüht werden, den bislang entwickelten gemeinsamen Nenner zu finden. Aus diesem Grund wird im folgenden nur vom "Konzept der wirtschaftlichen Einheit" im allgemeinen gesprochen, ohne näher darauf einzugehen, ob damit ein kartellrechtsspezifisches *Subjekt*

---

61 Siehe dazu unten im Text, III B.

62 Nicht nur in Entscheidungen aus den frühen 80er Jahren, als die Kommission ihr Konzept noch nicht völlig entwickelt hatte (vgl. z.B. *KOME* v. 6.8.84, 84/405/EWG, *Zinc Producer Group*, ABl. 1984, Nr. L 220/27: "[S. 41] Die hier betroffenen Unternehmen haben entweder selbst, durch weisungsgebundene Tochtergesellschaften oder durch von ihnen beherrschte Unternehmen an wettbewerbswidrigen Vereinbarungen und Verhaltensweisen teilgenommen. Mutter-, Tochtergesellschaften und beherrschte Unternehmen sind dabei als *wirtschaftliche Einheit* anzusehen, das Verhalten der Tochtergesellschaft ist dabei der Muttergesellschaft *zuzurechnen*"), sondern auch in Entscheidungen der letzteren Jahre findet man Ausdrucksformen, die sich an das Konzept des EuGH anlehnen, vgl. *KOME* v. 28.1.98, 98/273/EG, *VW*, ABl. 1998, Nr. L 124/60: "[Rdn. 207] Die Kommission vertritt die Auffassung, daß im vorliegenden Fall eine Geldbuße gegen die Volkswagen AG angebracht ist. Gegen die Audi AG und Autogerma SpA wird keine Geldbuße festgesetzt, da ihr Verhalten der Volkswagen AG *zuzurechnen* ist."

oder eine spezifische, auf wirtschaftlich verflochtene Rechtspersonen im klassischen Sinne und auf Rechtsnachfolgefälle bezogene *Zurechungslehre* gemeint wird. Auf die Stellen jedoch, wo divergierende Tendenzen feststellbar sind, wird ausdrücklich hinzuweisen sein.

Zuerst sollen die praktischen Anwendungsfälle des Konzepts systematisiert sowie dessen jeweilige strukturelle Elemente erläutert werden. Erst am Ende ist wieder auf die Frage des richtigen methodischen Einsatzes des Konzepts kritisch einzugehen.

III. Das Konzept der wirtschaftlichen Einheit - Einzelne Anwendungsgebiete

A. Konzernfälle

(1) Konzept der wirtschaftlichen Einheit und Außenverhältnis im Konzern

Eine bedeutsame Rolle spielt das Konzept der wirtschaftlichen Einheit zunächst bei der Bestimmung des Verantwortungssubjektes in Fällen, in denen ein Konzernglied wettbewerbswidriges Verhalten im Verhältnis zu dritten Marktteilnehmern zeigt (*Konzern-Außenverhältnis*)[63]. Das Konzept dient hierbei dazu, über das unmittelbar (durch seine Organe und Angestellten) nach außen handelnde und die Tatbestandsmerkmale der Bußgeldtatbestände verwirklichende Konzernglied hinaus andere Konzernglieder für das wettbewerbswidrige Geschehen (mit)verantwortlich machen zu können[64]. Die Voraussetzungen, unter denen das Konzept zur Anwendung kommt, sollen im folgenden näher dargestellt werden.

---

63 Darunter sind wettbewerbliche Beziehungen der Konzerngesellschaften zu außenstehenden Dritten zu verstehen. Davon zu unterscheiden ist das Konzern-Innenverhältnis, also die Beziehungen zwischen den Konzerngesellschaften, vgl. zu dieser Unterscheidung GLEISS / HIRSCH [4. Aufl.], Bd. 1, Rdn. 55.

64 Vgl. die Schlußanträge des *GA Van Gerven*, in der Rs. C-137/92 P, *Kommission / BASF u.a.*, Slg. 1994, I-2559: "[Rdn. 31] Aus der Rechtsprechung des Gerichtshofes ergibt sich ohne Zweifel, daß dann, wenn ein Unternehmen so stark in einen Konzern integriert ist, daß es jegliche Selbständigkeit verliert, die Muttergesellschaft *gegebenenfalls* für ein wettbewerbswidriges Verhallten der Tochtergesellschaft (mit)verantwortlich ist." - Neben Muttergesellschaften werden allerdings mit Hilfe des Konzepts auch Schwestergesellschaften zur Verantwortung gezogenen. Im Shell-Fall (Polypropylen-Kartell) waren so beispielsweise direkt handelnde Gesellschaften die Produktionsgesellschaften der Shell-Gruppe, da allein diese als Hersteller von Polypropylen die Möglichkeit hatten, bindende Verpflichtungen über die Festsetzung von Preisen und Quoten einzugehen. Die Kommission schloß allerdings in die Zurechnungseinheit auch die mit der Koordination des Polypropylengeschäfts innerhalb der Shell-Gruppe betrauten Dienstleistungsgesellschaft Shell International und verhängte gegen sie die Geldbuße; vgl. *KOME* v. 23.4.86, 86/398/EWG, *Polypropylen*, ABl. 1986, Nr. L 230/1 [Rdn. 102] und *EuG* Urt. v. 10.3.92, Rs. T-11/89, *Shell*, Slg. 1992, II-757 [Rdn. 308 ff.].

(a) Materiellrechtliche Grundzüge

Konzentriert man sich ausschließlich auf die materiellrechtliche Seite des Konzepts der wirtschaftlichen Einheit, so lassen sich der Gemeinschaftspraxis prinzipiell drei Voraussetzungen entnehmen. Die ersten zwei hängen mit der Frage zusammen, wann eine "wirtschaftliche Einheit" vorliegt. Die dritte Voraussetzung bezieht sich dagegen auf die Frage, unter welchen Umständen diese "wirtschaftliche Einheit" die Verantwortung einer juristischen Person, die keine tatbestandsmäßigen Handlungen i.e.S. vornimmt, begründen kann.

(i) Kapitalmäßige Verflechtung

Erforderliche Bedingung zur Annahme einer "wirtschaftlichen Einheit" ist zunächst eine durch *kapitalmäßige* Verflechtung hergestellte Verbundenheit zwischen (rechtlich verselbständigten) Marktteilnehmern, die so eng sein muß, daß dadurch die *Möglichkeit* der Zusammenfassung der Marktteilnehmer unter einheitlicher Leitung eröffnet wird. Es muß also um Glieder einer Unternehmensgruppe, um *Konzern*glieder gehen.

Anders als das deutsche Konzernrecht, das den Terminus "Konzern" nur für verbundene Gesellschaften benutzt, in denen die abhängigen Gesellschaften *tatsächlich* unter der einheitlichen Leitung der herrschenden Gesellschaft zusammengefaßt sind[65], verwendet die Gemeinschaftspraxis diesen Begriff, um bereits das Abhängigkeitsverhältnis, d.h. die bloße *Möglichkeit* zur Herrschaft in der abhängigen Gesellschaft zu bezeichnen. Die tatsächliche Zusammenfassung der kapitalmäßig verflochtenen Gesellschaften unter einheitlicher Leitung wird damit im Rahmen des gemeinschaftsrechtlichen Verständnisses des Konzernbegriffs nicht vorausgesetzt[66]. Dies läßt sich u.a. am Beispiel der *Centrafarm*-Urteile veranschaulichen, die das Verhältnis zwischen einer Mutter- und einer Tochtergesellschaft (Kapitalbeteiligung über 50%) bereits als Konzernverhältnis bezeichnen und die tatsächlich fehlende Autonomie der Tochtergesellschaft erst für die Begründung des Begriffs der "wirtschaftlichen Einheit" heranziehen[67]: "Allerdings ist Artikel 85 [= Art. 81 Abs. 1 EGV n.F.] nicht einschlägig bei Vereinbarungen und aufeinander abgestimmten Verhaltensweisen von Unternehmen, die als *Mutter- bzw. Tochtergesellschaften* ein und demselben *Konzern* angehören, vorausgesetzt, daß die Unternehmen eine *wirtschaftliche Einheit* bilden, in deren Rahmen die Tochtergesellschaften ihr Vorgehen auf dem Markt nicht wirklich autonom bestimmen kann, und ferner, daß diese Vereinbarungen oder Verhaltensweisen dem Zweck dienen, die interne Aufgabenverteilung zwischen den Unternehmen zu regeln."

Das Konzept der wirtschaftlichen Einheit baut also auf einer gesellschaftsrechtlich vermittelten Kontrollmöglichkeit auf (*Kriterium der gesellschaftsrechtlich begrün-*

---

65 Vgl. § 18 AktG.

66 Insoweit entspricht der gemeinschaftsrechtliche Konzernbegriff dem Begriff der Abhängigkeit i.S.v. § 17 AktG, der ebenfalls nicht voraussetzt, daß das herrschende Unternehmen von seinen Einflußmöglichkeiten tatsächlich Gebrauch macht, vgl. dazu EMMERICH / SONNENSCHEIN [6. Aufl.], S. 41.

67 *EuGH* Urt. v. 31.10.74, Rs. 15/74, *Centrafarm / Sterling Drug*, Slg. 1974, S. 1147 [Rdn. 41]; *EuGH* Urt. v. 31.10.74, Rs. 16/74, *Centrafarm / Winthrop*, Slg. 1974, S. 1183 [Rdn. 32].

deten Abhängigkeit). Ohne dieses die institutionelle Struktur der Marktteilnehmer betreffende Merkmal kommt die Anwendung des Konzepts grundsätzlich[68] nicht in Betracht[69].

Ohne Bedeutung ist übrigens, ob eine direkte (z.B. Mutter-Tochtergesellschaft) oder indirekte (z.B. Mutter-Enkelgesellschaft) kapitalmäßige Verflechtung vorliegt. Auch die durch eine gemeinsame dritte juristische (Muttergesellschaft) oder natürliche Person[70] hergestellte konzernmäßige Verbundenheit zwischen zwei Gesellschaften (Schwestergesellchaften) reicht aus, um die institutionele Bedingung des Konzepts zu erfüllen.

Hinsichtlich des Umfangs der kapitalmäßigen Verflechtung ist zwar einerseits nicht erforderlich, daß sich ein 100%iger Kapitalbesitz entweder im Verhältnis der Marktteilnehmer zueinander (Mutter-Tochter-Beziehung) oder im Verhältnis dieser Marktteilnehmer zu einer dritten Person (Schwester-Beziehung) feststellen läßt[71]. Er reicht vielmehr jeder Anteilsbesitz aus, der die oben genannten Möglichkeiten einer externen Kontrolle (Zusammenfassung unter einheitlicher Leitung) begründet. In der Regel ist dies der Fall, wenn *mehrheitlicher* Anteilbesitz vorliegt[72]. Auch

68 Zu den teilweise auf anderen Gedanken aufbauenden Regeln für Handelsvertreterfälle siehe unten im Text, III B.

69 Die Voraussetzung einer kapitalmäßigen Verbundenheit wird im Schrifttum einstimmig anerkannt - auch wenn der Zusammenhang zwischen der kapitalmäßigen Verflechtung und der dadurch eröffneten Kontrollmöglichkeiten nicht immer ausdrücklich hervorgehoben wird, vgl. RÜTSCH, S. 53; LIPOWSKY, S. 113 ff., insb. 136 f.; DANNECKER / FISCHER-FRITSCH, S. 260 ff., 274 f.; HAMANN, S. 197; DANNECKER, in: I/M EG-WbR [1997], VO 17 Art. 15, Rdn. 83.

70 Hinsichtlich dieser Fallkonstellation siehe *KOME* v. 21.10.98, 99/60/EG, *Fernwärmetechnik-Kartell*, ABl. 1999, Nr. L 24/1: [Rdn. 157] Die Henss / Isoplus-Unternehmen handeln faktisch als *Konzern*... [Rdn. 158] Dennoch haben die Unternehmen Henss und Isoplus während des gesamten Verfahrens bestritten, daß es zwischen ihnen *strukturelle Eigentumsbeziehungen* gäbe. In der Antwort auf die Beschwerdepunkte wurde ausdrücklich verneint, daß Dr. Henss - wie von der Kommission angenommen - über Treuhänder oder Strohmänner Eigentümer von Isoplus sei... [Rdn. 159] ... Die Kommission hatte jedoch ... eine ... Urkunde gefunden, nach der im Januar 1997 eine juristische Person in Form einer "Kommanditgesellschaft" gegründet worden war, die als Holding für die verschiedenen Henss / Isoplus-Unternehmen dienen sollte. In dieser Urkunde (einem "Einbringungsvertrag") wurden die Beteiligungen aufgeführt, die die Vertragspartner in die GmbH & Co. KG eingebracht hatten. [Rdn. 160] Dieser ordnungsgemäß notariell beglaubigte Vertrag wies Dr. Henss als tatsächlichen wirtschaftlichen Eigentümer der Mehrheitsbeteiligung (83 %) an Isoplus Hohenberg aus; der eingetragene Eigentümer dieser Beteiligung und Geschäftsführer des Unternehmens agierte als Treuhänder von Dr. Henss. Außerdem geht aus dieser Urkunde hervor, daß neben Isoplus Hohenberg eine Stille Gesellschaft gegründet worden war, deren wirtschaftlicher Eigentümer erneut Dr. Henss war. Die Beteiligung hielt in seinem Namen der Rechtsberater von Isoplus, ebenfalls als Treuhänder..."

71 DANNECKER, in: I/M EG-WbR [1997], VO 17 Art. 15, Rdn. 84.

72 Vgl. den *Flachglas / Benelux*-Fall (50,5% Kapitalmehrheit von Compagnie des Saint-Gobain an Glaceries de Saint-Roche; *KOME* v. 27.7.84, 84/388/EWG, *Flachglassektor in den Benelux-Ländern*, ABl. 1984, Nr. L 212/13) und den *Commercial-Solvents*-Fall (51% Kapitalmehrheit von Commercial Solvents Corporation-CSC an Instituto Chemioterapico Italiano-

darunter liegende Beteiligungsquoten dürften aber genügen, wenn sie in Verbindung mit sonstigen Umständen (z.B. Kontrolle der Stimmenmehrheit in der Hauptversammlung; Verträge zwischen den Konzerngliedern, die einem von ihnen Weisungsrechte gewähren) die genannten Möglichkeiten eröffnen. Geht es aber um Minderheitsbeteiligungen und fehlt es an sonstigen, die Einflußmöglichkeit sichernden Umständen, dann wird die erste Voraussetzung des Konzepts der wirtschaftlichen Einheit nicht erfüllt[73].

Zur Annahme einer "wirtschaftlichen Einheit" reicht aber andererseits die gesellschaftsrechtliche Verflechtung (und die dadurch eröffnete Kontrollmöglichkeit) allein nicht aus[74]. Selbst bei 100%igen Tochtergesellschaften kann deswegen eine "wirtschaftliche Einheit" mit der Muttergesellschaft verneint werden[75].

KOME v. 23.4.86, 86/398/EWG, *Polypropylen*[76]: "Obwohl SAGA PETROLEUM ... über 100% des Kapitals von SAGA PETROKJEMI verfügte, vertritt die Kommission nicht die Auffassung, daß die beiden ein einziges Unternehmen bildeten, so daß das Verhalten von SAGA PETROKJEMI unter dem Gesichtspunkt der 'Unternehmensidentität' SAGA PETROLEUM angelastet werden könnte. SAGA PETROKJEMI hat stets als getrennte Einheit funktioniert und kann nicht als Bestandteil derselben Wirtschaftseinheit SAGA PETROLEUM angesehen werden..."

(ii) Funktionelle Verflechtung und einheitliche Leitung

Wie sich dem Entscheidungsmaterial entnehmen läßt, setzt die Annahme einer "wirtschaftlichen Einheit" vielmehr voraus, daß die Konzernglieder tatsächlich unter einheitlicher Leitung zusammengefaßt sind. - Ein Anzeichen dafür liegt vor, wenn die Konzernglieder als Teile einer *einheitlichen wirtschaftlichen Organisation* auf dem Markt auftreten, weil sie einerseits die mit dem Marktauftreten verbundenen Aufgaben (z.B. Personalverwaltung, Forschung, Produktion, Vertrieb) untereinander verteilen (*Kriterium der funktionellen Verflechtung*) und andererseits Bereitschaft zeigen, individuelle wirtschaftliche Einbußen zu Gunsten des Gesamt-

ICI; *KOME* v. 14.12.72, 72/457/EWG, *Zoja / CSC-ICI*, ABl. 1972, Nr. L 299/51; bestätigt durch *EuGH* Urt. v. 6.3.74, verb. Rs. 6 u. 7/73, *Commercial Solvents*, Slg. 1974, S. 223); vgl. dazu auch LIPOWSKY, S. 137.

73 Zur Verneinung einer "wirtschaftlichen Einheit", vor allem, weil die Beteiligung der angeblich beherrschenden Gesellschaft am Kapital der angeblich beherrschten Gesellschaft nur 25,001% betrug und keine weiteren Umstände im Sinne des Textes nachweisbar waren, siehe *EuG* Urt. v. 6.4.95, Rs. T-141/89, *Tréfileurope*, Slg. 1995, II-791 [Rdn. 129 f.]; *EuG* Urt. v. 6.4.95, Rs. T-145/89, Baustahlgewebe, Slg. 1995, II-987 [Rdn. 107 f.].

74 Auch über diese Feststellung besteht im Schrifttum Einigkeit, vgl. RÜTSCH, S. 53 f.; LIPOWSKY, S. 137; DANNECKER / FISCHER-FRITSCH, S. 275; HAMANN, S. 83.

75 Vgl. DANNECKER / FISCHER-FRITSCH, S. 271 f. m.w.Nachw.; HAMANN, S. 49; DANNECKER, in: I/M EG-WbR [1997], VO 17 Art. 15, Rdn. 85.

76 ABl. 1986 Nr. L 230/1 [Rdn. 99].

ergebnisses der Organisation hinzunehmen (*Kriterium der Unterordnung unter das Konzerninteresse*)[77].

EuG Urt. v. 10.3.92, Rs. T-11/89, *Shell*[78]: "[Rdn. 312] Im vorliegenden Fall stellt das Gericht fest, daß die *Klägerin und die Produktionsgesellscahften der Shell-Gruppe*, die chemische Erzeugnisse herstellen und vertreiben, eine einzige *einheitliche Organisation* persönlicher, materieller und immaterieller Mittel darstellen, die dauerhaft den wirtschaftlichen Zweck verfolgt, u.a. Polypropylen zu erzeugen und zu verkaufen, um ihren Gewinn zu maximieren, auch dies *gegebenenfalls zu Lasten der Einzelgewinne* ihrer verschiedenen Organisationsteile geht. Innerhalb dieser Organisation hat *jede Gesellschaft eine bestimmte Aufgabe*. Die Produktionsgesellschaften erzeugen oder verkaufen Polypropylen, während der Klägerin die Aufgabe der Anregung und der Koordinierung der einzelnen Produktionsgesellschaften des Konzerns zufällt. Infolgedessen stellen die Klägerin und diese Produktionsgesellschaften der Shell-Gruppe ein *einziges Unternehmen*."

Außerdem muß das einheitliche Marktauftreten oder zumindest Einzelaspekte davon durch die Erteilung von Weisungen seit einer der Glieder der "wirtschaftlichen Einheit" gesteuert werden (*Kriterium der Weisungserteilung*). Ob die Weisungen auf entsprechende *konzernrechtlich* anerkannte oder *gesellschaftsrechtlich* bedingte Kontrollbefugnisse zurückgehen (entsprechende Verträge zwischen den Konzerngliedern; durch die gesellschaftsrechtliche Herrschaft und die damit verbundene Besetzung und Kontrolle der Geschäftsführungsorgane bedingte Weisungsmöglichkeiten u.a.), oder lediglich *faktisch* im Rahmen der konzerninternen Aufgabenverteilung und der gemeinsamen Verfolgung der Konzerninteressen in der Gestalt von Empfehlungen und Ratschlägen erteilt und angenommen werden, spielt dabei keine maßgebliche Rolle[79]. Der Weisungsbegriff ist also nicht im Sinne

---

77 *EuGH* Urt. v. 6.3.74, verb. Rs. 6 und 7/73, *Commercial Solvents*, Slg. 1974, S. 223: "[Rdn. 41] Hinsichtlich des Marktes für Nitropropran und dessen Derivate [relevanter Markt] ist das Verhalten von CSC [Muttergesellschaft] und Instituto [Tochtergesellschaft] demnach durch ein *offensichtlich einheitliches Vorgehen* gekennzeichnet, das unter Berücksichtigung der *Kontrollmacht, die CSC über Instituto* besitzt, die Schlußfolgerung der Entscheidung bestätigt, daß die beiden Gesellschaften im Hinblick auf ihre Beziehungen zu Zoja [diskriminiertes Unternehmen] als ein und dieselbe wirtschaftliche Einheit zu behandeln ... sind."

78 Slg. 1992, II-757 ff.

79 Wie die *KOME* v. 13.7.94, 94/601/EG, *Karton*, ABl. 1994, Nr. L 243/1 [Rdn. 142]) betont, kann die Kontrolle im Rahmen der Organisation der modernen Konzerne auch von Gesellschaften ausgeübt werden, die keine Anteile der beherrschten Gesellschaften besitzen: "[S]elbst in den Fällen, in denen eine Unterholding in Form einer eigenen Tochtergesellschaft errichtet ist, braucht sie nicht unmittelbar die Vermögenswerte oder nicht einmal die Anteile der einzelnen Betriebstochtergesellschaften zu besitzen, auch wenn sie eine funktionale und Managementkontrolle über sie ausübt." - Die *faktische Kontrolle* wird als Grund für die Vornahme von Zurechnungen auch in anderen Zusammenhängen herangezogen. So führt die Kommission im Stahlträger-Fall aus (*KOME* v. 16.2.94, 94/215/EGKS, *Stahlträgerhersteller, ABl. 1994 Nr. L 116/1*): "[Rdn. 317] Entgegen der Argumentation einiger Parteien ist es sehr wohl möglich, daß Unternehmensverbände gegen die Wettbewerbsvorschriften des EGKS-Vertrages verstoßen (siehe Artikel 48 Absatz 1). Artikel 65 Absatz 1 enthält ein Verbot, das sich auf Beschlüsse von Unternehmensverbänden bezieht. Während Artikel 65 Absatz 5 nur die Festsetzung von Geldbußen gegen Unternehmen vorsieht, setzt eine von einem

rechtlich anerkannter und durchsetzbarer Weisungsbefugnisse, sondern in einem weiten Sinne zu verstehen. Die "wirtschaftliche Einheit" kann sich daher auch aus *gleichgeordneten* Gesellschaften (z.B. Schwestergesellschaften) zusammensetzen, solange eine von denen die faktische Leitung eines bestimmten Konzernbereichs ausübt und im allgemeinen Anweisungen erteilen kann, über die die anderen Konzernglieder faktisch nur schwer hinwegsetzen können[80]. Wie der *Shell*-Fall zeigt, bestehen allerdings Unterschiede zwischen den Voraussetzungen für die Begründung der Verantwortung einer faktisch leitenden *Schwester*gesellschaft und den Voraussetzungen für die Inanspruchnahme einer übergeordneten Konzerngesellschaft, die über gesellschaftsrechtlich bedingte Weisungsbefugnisse verfügt[81]. Was die Konzernstruktur übrigens anbelangt, ist es nicht erforderlich, daß die Konzernglieder von der Obergesellschaft völlig abhängig sind (*zentralistisch* strukturierter Konzern). Die Voraussetzungen der "wirtschaftlichen Einheit" sind auch dann erfüllt, wenn die Konzernglieder ihr Marktverhalten innerhalb eines bestimmten Rahmens autonom gestalten (*dezentral-divisional* aufgebauter Konzern)[82].[83]

Unternehmensverband begangene Zuwiderhandlung die dem Verband angehörenden Unternehmen der Gefahr einer Geldbuße aus. *Außer bei besonderen Umständen haften die Unternehmen für die Handlungen eines von ihnen kontrollierten Unternehmensverbandes im Verhältnis zu dem Einfluß, den sie auf den Verband haben.* - Im vorliegenden Fall erleichterte Eurofer Zuwiderhandlungen gegen Artikel 65 EGKS-Vertrag seitens ihrer Mitglieder, indem sie den Austausch einiger der notwendigen vertraulichen Informationen organisierte. Da gegen diese Mitglieder jedoch bereits wegen der Zuwiderhandlungen - einschließlich des Austauschs vertraulicher Informationen in Zusammenhang mit Preisfestsetzung- und Marktaufteilungsmaßnahmen - Geldbußen festgesetzt werden, hält es die Kommission nicht für erforderlich, gegen sie wegen des Verhaltens ihres Verbandes zusätzliche Geldbußen festzusetzen."

80 *EuG* Urt. v. 10.3.92, Rs. T-11/89, *Shell*, Slg. 1992, II-757: "[Rdn. 310] Für die Kommission vertritt die Klägerin die Shell-Gruppe international. Sie habe an den Sitzungen der 'großen Vier' teilgenommen und die Kontakte zu ICI aufrechterhalten. Es sei einer ihrer leitenden Angestellten gewesen, der die internen Arbeitsgruppen von Shell zur Koordinierung der Konzernpolitik im Polypropylensektor geleitet habe. Unter diesen Umständen komme es nicht darauf an, ob die Klägerin Zwang auf die Produktionsunternehmen habe ausüben können oder ob sie ihnen lediglich Ratschläge erteilt habe, über die diese sich schwer hätten hinwegsetzen können."

81 Näher dazu (Haftung wegen Unterlassung, Einsatz von Vermutungen) unten im Text, III A 1 a (iii) und 1 b.

82 Vgl. LIPOWSKY, S. 120 ff. (unter Bezugnahme auf die Fälle "Vitamine", "Distillers", "Flachglas / Benelux" und "John Deere").

83 Im Schrifttum herrscht Einigkeit darüber, daß die Annahme einer "wirtschaftlichen Einheit" eine "einheitliche Leitung der verbundenen Unternehmen" voraussetze (vgl. dazu LIPOWSKY, S. 127) und daß diese Voraussetzung auch bei "im allgemeinen relativ selbständig agierenden Tochtergesellschaften" vorliegen könne (vgl. dazu LIPOWSKY, S. 122); zu diesen Voraussetzungen vgl. auch HAMANN, S. 83 ("Erforderlich ist, daß die untergeordnete Gesellschaft tatsächlich von der übergeordneten Gesellschaft geleitet wird, daß die Unternehmenspolitik und die Geschäftstätigkeit von oben bestimmt werden... Kriterien sind: Kapitalbesitz, personelle Verflechtung, Weisungsmöglichkeit, enge Zusammenarbeit, tatsächlich ausgeübte

Auf die regelmäßige Erteilung von Weisungen stellt der *EuGH* in ständiger Praxis seit dem *Farbstoffe*-Fall ab[84]: "Der Umstand, daß die Tochtergesellschaft eigene Rechtspersönlichkeit besitzt, vermag indessen noch nicht auszuschließen, daß ihr Verhalten der Muttergesellschaft zugerechnet werden kann. Dies gilt namentlich dann, wenn die Tochtergesellschaft trotz eigener Rechtspersönlichkeit ihr *Marktverhalten nicht autonom bestimmt, sondern im wesentlichen Weisungen der Muttergesellschaft befolgt*. Kann die Tochtergesellschaft ihr Vorgehen auf dem Markt nicht wirklich autonom bestimmen, so sind die Verbotsvorschriften des Artikels 85 Absatz 1 [= Art. 81 Abs. 1 EGV n.F.] in den Beziehungen zwischen ihr und der Muttergesellschaft, mit der sie dann eine *wirtschaftliche Einheit* bildet, unanwendbar. Wegen der Einheit des so gebildeten Konzerns kann das Vorgehen der Tochtergesellschaften unter bestimmten Umständen der Muttergesellschaft zugerechnet werden."[85]

Auch die *Kommission* mißt dem Kriterium der faktischen Erteilung von Weisungen eine zentrale Bedeutung zu, wie u.a. der *Zera / Montedison*-Fall zeigt[86]. In diesem Fall warf die Kommission den Unternehmen Farmoplant (später Agrimont), Montedison Deutschland (MED) und Stähler vor, "gegen Artikel 85 EWG-Vertrag [= Art. 81 EGV n.F.] verstoßen [zu haben], indem sie zwischen Anfang 1983 und Ende 1988 an einer Vereinbarung teilgenommen haben, aufgrund deren sich Farmoplant und Montedison Deutschland gegenüber Stähler verpflichteten, diesem absoluten Gebietsschutz durch Produktdifferenzierung bezüglich des Pflanzenschutzmittels Digermin zu gewähren, um so den deutschen Markt vor Parallelimporten aus anderen Mitgliedstaaten zu schützen". Die Kommission stellt dabei zum Verhältnis der beiden ersten Gesellschaften fest: "[Rdn. 94] Agrimont und MED waren beide *100%ige Tochterunternehmen des gleichen Konzerns*. MED holte in allen Fragen der Zulassung und des Vertriebs *laufend Weisungen* von Farmoplant / Agrimont ein. Daraus ergibt sich, daß MED *über die bloße Zugehörigkeit zum gleichen Konzern hinaus in hohem Masse weisungsabhängig* war von Farmoplant /

Kontrolle"); DANNECKER / FISCHER-FRITSCH, S. 275 ("Auch wenn Tochtergesellschaften autonome Entscheidungen treffen können, bejaht die Kommission nunmehr ein einheitliches Unternehmen, vorausgesetzt der Konzern steht unter einer einheitlichen Leitung"); WAGEMANN, S. 53 f. ("... wesentliches Kriterium ist ... die Weisungserteilung ..."); DANNECKER, in: I/M EG-WbR [1997], VO 17 Art. 15, Rdn. 76 ("Leitung oder Kontrolle der Obergesellschaft", "Erteilung von Weisungen", "Besetzung der Organe der Tochtergesellschaft mit leitenden Mitarbeitern der Muttergesellschaft") und Rdn. 89 ("starke Weisungsgebundenheit", "einheitliche Leitung"); EMMERICH, in: I/M EG-WbR [1997], VO 17 Art. 15, Rdn. 61 i.V.m. Rdn. 55 ("Beteiligungshöhe", "personelle Verflechtungen", "Abschluß von Unternehmensverträgen", "Weisungsrecht der Muttergesellschaft"); vgl. auch RITTER / BRAUN / RAWLINSON [1991], S. 34 f.; BELLAMY / CHILD [4. Aufl.], Rdn. 12-091. - Bei den meisten Autoren wird allerdings zwischen der fraglichen zweiten materiellen Voraussetzung und der im Text folgenden dritten materiellen Voraussetzung nicht hinreichend klar unterschieden. Ebensowenig deutlich wird die Grenze zwischen den materiell- und den beweisrechtlichen Voraussetzungen des Konzepts, die anschließend im Text dargestellt werden, gezogen.

84 *EuGH* Urt. v. 14.7.72, Rs. 48/69, *Imperial Chemical Industies (ICI)*, Slg. 1972, S. 619 [Rdn. 132/135].

85 Vgl. das ebenfalls im Rahmen des "Farbstoffe"-Falles ergangenen *EuGH* Urt. v. 14.7.72, Rs. 52/69, *Geigy*, Slg. 1972, 787 [Rdn. 44].

86 *KOME* v. 22.6.93, 93/554/EWG, *Zera / Montedison und Hinkens / Stähler*, ABl. 1993 Nr. L 272/28.

Agrimont, das im Montedison-Konzern für landwirtschaftsbezogene Erzeugnisse beziehungsweise für die Produktbereiche Herbizide, Fungizide und Insektizide zuständig war. Daher sind MED und Farmoplant / Agrimont als wirtschaftliche Einheit anzusehen."

(iii) "Beteiligung" am Wettbewerbsverstoß

Sind die beiden ersten Voraussetzungen erfüllt, so liegt in materieller *kartellrechtlicher* Hinsicht bereits eine aus den mehreren (institutionell und funktional verflochtenen) Konzerngliedern zusammengesetzte "wirtschaftliche Einheit" vor. Die Bejahung dieser Einheit reicht allerdings noch nicht aus, um die *bußgeldrechtliche* Verantwortung von Konzerngliedern, die im Rahmen eines im *Einzelfall* festgestellten wettbewerbswidrigen Vorgangs der Einheit keine tatbestandsmäßige Handlungen i.e.S. (z.B. Abschluß eines Kartellvertrags mit Konkurrenten) vorgenommen haben, zu begründen[87]. Als bußgeldrechtliche Zurechnungsadressaten mit Blick auf den wettbewerbswidrigen Vorgang kommen vielmehr nur die Konzernglieder in Betracht, die sich - durch ihre *eigenen* Organe oder Angestellten - an diesem Vorgang "beteiligt" haben[88].

Von den der "wirtschaftlichen Einheit" zugehörigen juristischen Personen können deswegen zunächst diejenigen bußgeldrechtlich belangt werden, die selbst (mit ihren Organmitgliedern und Angestellten) in die Zuwiderhandlungen aktiv verwickelt waren. - Jede Art der aktiven Verwicklung reicht allerdings aus. Eine tatbestandsmäßige Handlung i.e.S. ist nicht erforderlich. Auch die *Veranlassung* oder die *aktive Unterstützung* der tatbestandsmäßigen Handlung i.e.S. eines anderen Konzerngliedes reicht also aus, um die Verantwortung der veranlassenden oder unterstützenden juristischen Person zu begründen[89].

---

87 Siehe dagegen bezüglich der Ausscheidung der internen Absprachen der Mitglieder der "wirtschaftlichen Einheit" vom Anwendungsbereich des Art. 81 Abs. 1 EGV n.F. unten im Text, III A 2.

88 Die "Beteiligung" am konkreten wettbewerbswidrigen Geschehen wird von den meisten Autoren als konstitutives Element des Konzepts der wirtschaftlichen Einheit angesehen, auch wenn bei der Bestimmung der Funktion dieses Elements (Voraussetzung für die Annahme einer "wirtschaftlichen Einheit" oder Voraussetzung für die Inanspruchnahme einer der juristischen Personen der bereits bejahten "wirtschaftlichen Einheit"?) und bei der Definierung der möglichen "Beteiligungsformen" (wobei vor allem die Frage praktische Bedeutung erlangt, ob auch das unterlassene Einschreiten gegen den aus Fahrlässigkeit nicht erkannten Verstoß eines untergeordneten Konzernglieds als ausreichende "Beteiligungshandlung" eingestuft werden kann) die Akzente unterschiedlich gesetzt werden, vgl. DANNECKER / FISCHER-FRITSCH, S. 272 ("Nur wenn konkrete Anhaltspunkte für eine Beteiligung der Muttergesellschaft vorliegen, erörtert die Kommission das Vorliegen einer wirtschaftlichen Einheit") sowie S. 275, 278; LIPOWSKY, 62 ff., und zusammenf. 137 ff.; DANNECKER, in: I/M EG-WbR [1997], VO 17 Art. 15, Rdn. 79 und 89; mißverständlich bezüglich dieser Voraussetzung HAMANN, S. 194 ff.

89 Vgl. BUNTE, in: LANGEN / BUNTE [8. Aufl.], Bd. 1, Art. 85, S. 1502 (Rdn. 114): "[D]as Verhalten der Konzerntochtergesellschaft [kann] auch der Konzernmuttergesellschaft zugerechnet werden..., wenn diese das Verhalten *veranlaßt* hat... Die Feststellung der Zuwiderhand-

Als Beispiel einer Veranlassung kann das *EuGH*-Urteil im *Geigy*-Fall herangezogen werden, wo der Gerichtshof die tatsächliche Einflußnahme der Muttergesellschaft auf die im konkreten Fall beanstandete Preispolitik der Tochtergesellschaft hervorhebt[90]: "[Rdn. 45] Unstreitig standen seinerzeit die im Gemeinsamen Markt ansässigen Tochtergesellschaften der Klägerin ganz unter deren Kontrolle. Die Klägerin konnte die Preispolitik ihrer Tochtergesellschaften im Gemeinsamen Markt entscheidend beeinflussen und hat *von ihrer Weisungsbefugnis bei den drei fraglichen Preiserhöhungen auch tatsächlich Gebrauch gemacht*... Unter diesen Umständen kann die sich aus der Verschiedenheit der Rechtspersönlichkeit ergebende formelle Trennung zwischen Muttergesellschaft und Tochtergesellschaften nicht hindern, daß ihr Verhalten auf dem Markt für die Anwendung der Wettbewerbsregeln als Einheit angesehen wird. Daher ist sehr wohl die Klägerin das Unternehmen, das die abgestimmte Verhaltensweise innerhalb des Gemeinsamen Marktes verwirklicht hat."

Auch das *EuGH*-Urteil im *Continental Can*-Fall veranschaulicht den Inhalt einer typischen Beteiligungshandlung[91]: "[Rdn. 16] Es steht fest, daß Continental Can [Muttergesellschaft] die Firma Europemballage [Tochtergesellschaft] *veranlaßt* hat, in den Niederlanden den Aktionären von TDV ein Kaufangebot zu machen, *und* hierfür die erforderlichen *Mittel bereitgestellt* hat. Am 8. April 1970 hat Europemballage die zu diesem Zeitpunkt angebotenen Aktien und Obligationen der TDV angekauft. Somit ist diese Transaktion, aufgrund deren die Kommission die streitige Entscheidung [Machtmißbrauch gem. Art. 82 EGV n.F.] getroffen hat, nicht nur Europemballage, sondern auch und in erster Linie Continental zuzurechnen."

Die *Kommission* bringt schließlich dieses Erfordernis u.a. in der *Karton*-Entscheidung zum Ausdruck[92]: "[Rdn. 149] *KNP Vouwkarton B.V. Eerbeek* war zu allen relevanten Zeitpunkten eine Tochtergesellschaft der KNP-Royal Dutch Papermills N.V. [im folgenden: *KNP*]. Normalerweise hätte die Mitteilung der Beschwerdepunkte an die KNP Vouwkarton B.V. gerichtet werden müssen, da dieses Unternehmen als Mitglied der PG Karton genannt wird. KNP Vouwkarton B.V. Eerbeek (die unter operationellen Gesichtspunkten eine von mehreren Abteilungen des KNP-Geschäftsbereichs 'Verpakkung' bildete) wurde in der Präsidentenkonferenz und im PWG [d.h. in den institutionalen Entscheidungsorganen des Kartells] jedoch vom Geschäftsführer des KNP-Ge-

---

lung gegen Art. 85 [= Art. 81 EGV n.F.] ergeht zu Lasten der Muttergesellschaft, wenn sie ihre Tochtergesellschaft sozusagen als *verlängerten Arm* eingesetzt hat."

90 *EuGH* Urt. v. 14.7.72, Rs. 52/69, *Geigy*, Slg. 1972, S. 787.

91 *EuGH* Urt. v. 21.2.73, Rs. 6/72, *Continental Can*, Slg. 1973, S. 215.

92 *KOME* v. 13.7.94, 94/601/EG, *Karton*, ABl. 1994, Nr. L 243/1. - Vgl. auch *KOME* v. 21.10.98, 99/60/EG, *Fernwärmetechnik-Kartell*, ABl. 1999, Nr. L 24/1: "[Rdn. 169) Die Mitwirkung von ABB [ABB Asea Brown Boveri Ltd] an dem Verstoß gegen Artikel 85 [= Art. 81 Abs. 1 EGV n.F.] war nicht wie von ABB ursprünglich dargestellt das Ergebnis eines unerlaubten und atypischen Vorgehens einer unbedeutenden Tochtergesellschaft in einer dezentralisierten Führungsstruktur. Der Aufbau eines Kartells war Bestandteil eines strategischen Planes von ABB, mit dem die Fernwärmeindustrie kontrolliert werden sollte und der *auf der höchsten Ebene der Unternehmensleitung konzipiert, gebilligt und gelenkt wurde*, ebenso wie die Bemühungen, sein Vorhandensein zu leugnen und zu verbergen, und die Fortführung des Kartells über neun Monate nach Beginn der Untersuchung... Die erwiesene Verwicklung der obersten Führungsebene in das Kartell unterstreicht die Notwendigkeit, die Geldbuße auf einen Betrag festzusetzen, der eine hinreichend abschreckende Wirkung gewährleistet."

schäftsbereichs 'Verpackung', der auch Mitglied des KNP-Vorstands, d.h. des obersten Management-Organs, war, vertreten. Laut KNP-Jahresbericht 1990 besteht eine 'sehr direkte' Beziehung zwischen dem Vorstand und den einzelnen Geschäftsbereichen, wobei der Vorstand als Aufsichtsorgan jedes Geschäftsbereichs fungiert. Wegen der *nachweislichen Beziehung zwischen dem Kartell und KNP selbst* ist deshalb für die Zeit bis zur Übernahme von KNP Vouwkarton durch M-M am 1. Januar 1990 die Entscheidung zweckmäßigerweise an den KNP-Konzern als solchen zu richten."

Geht es sogar um die juristische Person mit der *übergeordneten* Position innerhalb der "wirtschaftlichen Einheit", dann braucht die Veranlassung oder aktive Förderung nicht jeden einzelnen Aspekt und jede einzelne Handlung des - in der Regel über einen langen Zeitraum hinweg praktizierten - Verhaltens des tatbestandsmäßig i.e.S. handelnden Konzerngliedes zu erfassen. Es genügt bereits die Veranlassung oder aktive Unterstützung der *allgemeinen wettbewerbswidrigen Geschäftspolitik*, die das tatbestandsmäßig i.e.S. handelnde Konzernglied möglicherweise durch mehrere, zeitlich voneinander abweichende Handlungen in die Tat umgesetzt hat.

KOME v. 22.12.87, 88/138/EWG, *Eurofix-Bauco/Hilti*[93]: "Diese Entscheidung ist an Hilti AG (Liechtenstein) gerichtet, die die Tätigkeit ihrer der Hilti-Gruppe angehörenden Tochterunternehmen unmittelbar oder mittelbar kontrolliert. Obwohl einige der oben beschriebenen Geschäftspolitiken von Hilti-Tochterunternehmen durchgeführt wurden, insbesondere der Hilti GB (gegen die die ursprüngliche Beschwerde eingereicht wurde), besteht dem vorliegenden Beweismaterial zufolge kein Zweifel daran, daß *diese allgemeinen Geschäftspolitiken unter Leitung oder mit Wissen der Hilti AG durchgeführt wurden*, wenn das nicht sogar für jeden einzelnen Fall galt, in dem diese Politiken zur Anwendung gelangten. Die *Strategie* zu versuchen, unabhängige *Bolzenhersteller daran zu hindern, Bolzen für die Verwendung in Hilti-Bolzenschussgeräten zu liefern, ist die Politik der Hilti* AG. Hilti AG ist infolgedessen für jede Handlung ihrer Tochterunternehmen, die gemäß der Politik der Gruppe vorgenommen wurde, sowie für ihre eigene Rolle in den Angelegenheiten verantwortlich, gegen die als gemeinschaftsrechtswidriges Verhalten Beschwerde eingereicht wurde. Hilti AG und ihre Tochterunternehmen sind demnach als ein einziges Unternehmen im Sinne von Artikel 86 anzusehen."

Die bußgeldrechtliche Verantwortung der juristischen Person mit der übergeordneten Position innerhalb der "wirtschaftlichen Einheit" kann des weiteren nicht nur im Falle einer aktiven Verwicklung in das wettbewerbswidrige Geschehen, sondern auch dann entstehen, wenn es diese juristische Person unterläßt, gegen ihr *bekannte* Verstöße der untergeordneten Konzernglieder einzuschreiten. Entgegen einer im Schrifttum manchmal anklingenden Ansicht gibt es zwar in der Entscheidungspraxis keine hinreichenden Anzeichen dafür, daß die Inanspruchnahme der herrschenden juristischen Person in diesen Fällen auf die bloße Unterlassung von Aufsichtsmaßnahmen oder auf das Unterlassen des Einschreitens gegen nicht erkannte, aber erkennbare Verstöße der tatbestandsmäßig i.e.S. handelnden untergeordneten Konzernglieder erfolgen kann[94]. Jedoch steht insbesondere nach den - die Tendenzen

---

93 ABl. 1988, Nr. L 65/19 [Rdn. 54].

94 Vgl. vor allem HAMANN, S. 197: "Gestaltet die Muttergesellschaft die allgemeine Geschäftspolitik des Tochterunternehmens, ist nicht erforderlich, daß der konkrete Wettbewerbsver-

der Kommission in den 80er Jahren bestätigenden[95] - Urteilen des Gerichts im BPB- und im Karton-Fall fest, daß zumindest die *Kommission* und das *EuG* die Unterlassung des Einschreitens gegen bekannte Verstöße als ausreichenden Grund ansehen, um die herrschende juristische Person einer "wirtschaftlichen Einheit" in bußgeldrechtliche Verantwortung zu ziehen. Die *Kenntnis der (allgemeinen) wettbewerbswidrigen Politik* der untergeordneten Glieder *und* die *Unterlassung von möglichen Maßnahmen zur Verhinderung dieser Politik* sind also hinreichende Be-

stoß objektiv auf eine Weisung der Muttergesellschaft zurückzuführen ist oder daß diese subjektiv hiervon Kenntnis hatte." HAMANN kommt allerdings zu diesem Schluß wegen einer falschen Deutung der Kommissionsentscheidung im *Eurofix-Bauco / Hilti*-Fall (S. 86 f., 196 f.) und der Verwechslung der Begriffe "Einflußnahme auf die allgemeine Geschäftspolitik", "Einflußnahme auf die allgemeine wettbewerbswidrige Geschäftspolitik" und "Einflußnahme auf jede Einzelhandlung der allgemeinen wettbewerbswidrigen Geschäftspolitik". Die Kommission lehnt in der fraglichen Entscheidung nur die Notwendigkeit ab, daß die Muttergesellschaft von jedem Aspekt und von jeder Einzelhandlung der wettbewerbswidrigen Geschäftspolitik der Tochtergesellschaften informiert sei. Wie das oben im Text angeführte Zitat aus der Kommissionsentscheidung eindeutig belegt, wird aber das Bedürfnis, daß die Muttergesellschaft die beanstandete *wettbewerbswidrige* Politik im allgemeinen gekannt (und gefördert) habe, nicht verworfen. Vielmehr bilden die diesbezüglichen Feststellungen gerade den Hauptgrund, der die Kommission zur Anwendung des Konzepts der wirtschaftlichen Einheit im konkreten Fall veranlaßt. - Nicht eindeutig ist in diesem Zusammenhang auch die Stellungnahme von DANNECKER / FISCHER-FRITSCH, S. 275 ("Außerdem müssen alle Gesellschaften, die in die Unternehmenseinheit einbezogen werden, an dem wettbewerbswidrigen Verhalten beteiligt gewesen sein, sei es durch positives Tun oder durch Unterlassen") und S. 278 ("Verletzung der Aufsichtspflicht"); vgl. zum theoretischen Hintergrund der Problematik LIPOWSKY, S. 132 ff.

95 Die einzige Entscheidung, in der die Kommission ausdrücklich auf einen Unterlassungsvorwurf (Nicht Einschreiten trotz Kenntnis der Verstöße) abstellt, ist zwar die Entscheidung im *Johnson & Johnson*-Fall (siehe dazu das im Text folgende Zitat). Der Unterlassungsvorwurf klingt aber auch in anderen Kommissionsentscheidungen in den 80er Jahren an. Allerdings fehlt es in diesen Entscheidungen an eindeutigen Aussagen und die von der Kommission getroffenen Feststellungen (z.B. die Leitung der Tochtergesellschaft von einem Vorstandsmitglied der Muttergesellschaft im *John Deer*-Fall oder die Freistellung der Rechtsnachfolgerin-Muttergesellschaft im *Flachglas / Benelux*-Fall unter Berufung auf ihre unter zeitlichen Aspekten fehlende Möglichkeit, Kontrolle über das wettbewerbswidrig handelnde übertragene Unternehmen zu erlangen) können genau so gut als Teile der Beweisführung mit Blick auf den Vorwurf der aktiven Beteiligung gedeutet werden; vgl. beispielsweise die Unterschiede in der Deutung der Kommissionsentscheidung im *John Deere*-Fall zwischen HAMANN (S. 86 f.: Herleitung eines Unterlassungsvorwurfs) und LIPOWSKY (S. 79 f.: Abstellen auf aktive Einflußnahme der Muttergesellschaft auf das wettbewerbswidrige Verhalten der Tochtergesellschaften). Mit Blick auf die Entwicklung der Gemeinschaftspraxis in den 90er Jahren können allerdings neben dem *Johnson & Johnson*-Verfahren auch das *Flachglas / Benelux*-Verfahren (siehe dazu DANNECKER / FISCHER-FRITSCH, S. 272, 276 und 278, wo versehentlich der *Peroxyd*-Fall erwähnt wird; LIPOWSKY, S. 84 f., 89 f.) sowie das *John Deere*-Verfahren (HAMANN, S. 86 f.; DANNECKER / FISCHER-FRITSCH, S. 275 f.) als Vorläufer der heutigen Praxis angesehen werden.

dingungen für die Begründung der Verantwortung der übergeordneten juristischen Person der "wirtschaftlichen Einheit"[96].

EuG Urt. v. 14.5.98, Rs. T-309/94, *KNP*[97]: "[Rdn. 45] Was den zweiten Klagegrund anbelangt, so hat die Kommission der Klägerin die wettbewerbswidrigen Handlungen von *KNP Vouwkarton* und der *Badischen* zu Recht zugerechnet. [Rdn. 46] Zunächst macht die Klägerin nicht geltend, daß sie nicht *in der Lage war, die Geschäftspolitik von KNP Vouwkarton und der Badischen entscheidend zu beeinflussen.* [Rdn. 47] Ferner ist unstreitig, daß ein Vorstandsmitglied der Klägerin bis 1988 an den Sitzungen des PWG [Gremium des Kartells der Kartonhersteller] teilnahm und dort sogar den Vorsitz führte. Der Entscheidung zufolge bildete der PWG aber den Rahmen, in dem die hauptsächlichen wettbewerbsfeindlichen Erörterungen stattfanden; dies stellt die Klägerin nicht in Abrede. [Rdn. 48] Unter diesen Umständen hat die Kommission nachgewiesen, daß die Klägerin *über ein Mitglied ihres Vorstands aktiv an den wettbewerbswidrigen Handlungen von KNP Vouwkarton beteiligt* war. Aufgrund dieser Mitwirkung an der Kartellteilnahme einer ihrer Tochtergesellschaften *kannte und billigte* die Klägerin auch *zwangsläufig die Beteiligung der Badischen* an der von KNP Vouwkarton begangenen Zuwiderhandlung. [Rdn. 49] Die Verantwortung der Klägerin wird nicht dadurch geschmälert, daß ihr Vorstandsmitglied 1988 die Teilnahme an den Sitzungen der Gremien der PG Karton einstellte. Es war *Sache der Klägerin, in ihrer Eigenschaft als Muttergesellschaft alles zu tun, um die Fortsetzung einer ihr bekannten Zuwiderhandlung durch ihre Tochtergesellschaften zu verhindern.* Die Klägerin hat im übrigen nicht bestritten, daß sie nicht einmal versucht hat, die Fortsetzung der Zuwiderhandlung zu verhindern. [Rdn. 50] Folglich hatte auch die Übernahme von KNP Vouwkarton durch Mayr-Melnhof zum 1. Januar 1990 keinen Einfluß auf die Verantwortung der Klägerin für die Fortsetzung des wettbewerbswidrigen Verhaltens der Badischen."

EuG Urt. v. 1.4.93, Rs. T-65/89, *BPB Industries und British Gypsum*[98]: "[Rdn. 152] In diesem Zusammenhang ist ferner darauf hinzuweisen, daß, wie auch die in der mündlichen Verhandlung erfolgten Klarstellungen bestätigen, BPB und BG eine *wirtschaftliche Einheit* bilden und daß, wie die Randnummern 90, 97 und 102 der Entscheidung zeigen, *sich der geschäftsführende Vorstand von BPB regelmäßig über die Verhaltensweisen der Tochtergesellschaften auf dem irischen Markt informierte,* während die Entscheidung keinen Hinweis auf ein solches Interesse bezüglich des britischen Marktes enthält."

KOME v. 25.11.80, 80/1283/EWG, *Johnson & Johnson*[99]: "[Rdn. 41] Johnson und Johnson wußte oder hätte wissen müssen, daß sie und ihre Tochtergesellschaften das EWG-Recht beachten müssen. Man hatte sie über 'the very unpleasant and important problem' (das sehr unerfreuliche und wichtige Problem) der Parallelimporte unterrichtet, *ohne daß sie gegen die Politik ihrer Tochtergesellschaften,* derartige Parallelimporte zu verhindern, *eingeschritten wäre,* was sich auf die Preisunterschiede ausgewirkt hätte... [Rdn. 47] Ortho UK, Cilag-Alsbach und Cilag-Schaffhausen sind Tochtergesellschaften von Johnson und Johnson, und die verschiedenen Maßnahmen zur Verhinderung von Parallelexporten wurden in ihrem gemeinsamen Interesse unter der Kontrolle und *mit Wissen der*

---

96 Vgl. auch den *BPB*-Fall und die Ausführungen des EuG.

97 Slg. 1998, II-1007; vgl. auch die auf den konkreten Fall bezogenen Ausführungen der Kommission in der Karton-Entscheidung, *KOME* v. 13.7.94, 94/601/EG, *Karton,* ABl. 1994, Nr. L 243/1 [Rdn. 149].

98 Slg. 1993, II-0389.

99 ABl. 1980, Nr. L 377/16.

Muttergesellschaft ergriffen. - ... Nach dem Datum des Schreibens der Cilag-Schaffhausen an Dr. Fuller [Johnson & Johnson] vom 22. März 1976 ... setzte die Gruppe ihre Politik der Aufteilung des gemeinsamen Marktes weiter fort. Dies zeigt, daß die *Muttergesellschaft von dieser Geschäftspolitik Kenntnis hatte und sie billigte.*"

Kommission und *EuG* gehen sogar davon aus, daß selbst die passive *nachträgliche Billigung von fortgesetzten Verstößen einer ehemals nicht abhängigen Gesellschaft* ausreicht, um der neuen herrschenden Gesellschaft nicht nur den Teil der Verstöße nach der Übernahme, sondern auch die zurückliegenden Verstöße bußgeldrechtlich anzulasten[100]. Auch wenn die ehemals nicht abhängige Gesellschaft nach ihrer Übernahme und ihrer Eingliederung in die "wirtschaftliche Einheit" der neuen herrschenden Gesellschaft ihre getrennte Rechtspersönlichkeit beibehält, kann für ihre zurückliegenden *und* fortgeführten Verstöße die neue herrschende Gesellschaft verantwortlich gemacht werden, solange es feststeht, daß die herrschende Gesellschaft Kenntnis von den fortgesetzten Verstößen hatte, ohne dagegen einzuschreiten[101].

EuG Urt. v. 14.5.98, Rs. T-347/94, *Mayr-Melnhof Kartongesellschaft*[102]: "[Rdn. 397] Die Klägerin bestreitet nicht, daß zum Zeitpunkt ihrer Übernahme der Kontrolle über Deisswil sowohl dieses Unternehmen als auch sie selbst an der Zuwiderhandlung teilnahmen, die Gegenstand der Entscheidung ist. Daher *kannte sie zwangsläufig das wettbewerbswidrige Verhalten von Deisswil.* [Rdn. 398] Unter diesen Umständen konnte die Kommission ihr das Verhalten von Deisswil für die Zeit vor und nach dem Erwerb dieses Unternehmens zurechnen. Es war *Sache der Klägerin als Muttergesellschaft, gegenüber ihrer Tochtergesellschaft alles zu tun, um die Fortsetzung der ihr bekannten Zuwiderhandlung zu verhindern.* Die Klägerin bestreitet aber nicht, daß das rechtswidrige Verhalten von Deisswil anhielt, nachdem sie deren Kontrolle übernommen hatte. [Rdn. 399] Daraus folgt, daß die Kommission berechtigt war, bei der Bemessung der gegen die Klägerin festgesetzten Geldbuße den von Deisswil im Jahr 1990 - dem Referenzjahr, gegen dessen Zugrundelegung die Klägerin keine Einwände erhoben hat - auf dem Kartonmarkt der Gemeinschaft erzielten Umsatz einzubeziehen. Daraus folgt ferner, daß es *keine Rolle spielt, ob die Kommission die Geldbuße ganz oder teilweise gegen Deisswil selbst oder gegen die früheren Eigentümer dieses Unternehmens hätte festsetzen können.*"

EuG Urt. v. 14.5.98, Rs. T-308/94, *Cascades*[103]: "[Rdn. 157] Schließlich genügt zu der Frage, ob der Klägerin die Zuwiderhandlungen von Djupafors und Van Duffel vor deren Übernahme zu Recht zugerechnet wurden, der Hinweis, daß sich diese beiden Unter-

---

100 Bestätigt wird damit die bereits im Jahre 1987 von LIPOWSKY vertretene Ansicht, vgl. LIPOWSKY, (S. 85 f., 90 und 227 f.), die dieses Kriterium aus der *KOME* v. 6.8.84, 84/405/EWG, *Zinc Producer Group*, ABl. 1984, Nr. L 220/27 ableitet.

101 Ist das nicht der Fall, so geht die Verantwortung auf das erwerbende Unternehmen über, ohne daß es erforderlich wäre, daß dieses Unternehmen das gesetzwidrige Verhalten gebilligt, übernommen oder fortgeführt hat; vgl. *KOME* v. 13.7.94, 94/601/EG, *Karton*, ABl. 1994, Nr. L 243/1 [Rdn. 145].

102 Slg. 1998, II-1751; vgl. auch die auf den konkreten Fall bezogenen Ausführungen der Kommission in der Karton-Entscheidung, *KOME* v. 13.7.94, 94/601/EG, *Karton*, ABl. 1994, Nr. L 243/1 [Rdn. 150].

103 Slg. 1998, II-925.

nehmen zum Zeitpunkt ihrer Übernahme unstreitig an einer Zuwiderhandlung beteiligten, an der auch die Klägerin über die Firmen Cascades La Rochette und Cascades Blendecques mitwirkte. [Rdn. 158] Unter diesen Umständen konnte die Kommission der Klägerin das Verhalten von Djupafors und Van Duffel für die Zeit vor und nach deren Übernahme durch die Klägerin zurechnen. Es war Sache der Klägerin, in ihrer Eigenschaft als *Muttergesellschaft* alles zu tun, um die *Fortsetzung der ihr bekannten Zuwiderhandlung zu verhindern.*"

Im Hinblick auf die Unterlassung und die nachträgliche Billigung als "Beteiligungsformen" ist darüber hinaus zu beachten, daß die Inanspruchnahme der herrschenden Gesellschaft einer "wirtschaftlichen Einheit" auch dann erfolgen kann, wenn feststeht, daß die nicht getroffenen, an sich möglichen Maßnahmen den Rechtsverstoß der untergeordneten Konzernglieder nicht mit Sicherheit hätten verhindern können. Eine strenge *Kausalbeziehung* zwischen der Unterlassung der Maßnahmen und dem Eintritt des wettbewerbswidrigen Erfolgs wird also *nicht* vorausgesetzt. Zur Annahme einer bußgeldrechtlich erheblichen Unterlassung genügt vielmehr, daß die übergeordnete Gesellschaft trotz Kenntnis der Verstöße von den ihr zur Verfügung stehenden (mehr oder weniger effektiven) Eingriffsmöglichkeiten nicht Gebrauch machte.

EuG Urt. v. 14.5.98, Rs. T-354/94, *Stora*[104]: "[Rdn. 78] Wie bereits ausgeführt, ist zur Würdigung der Gründe, die die Kommission dazu veranlaßt haben, die Entscheidung an die Klägerin zu richten, die Einzeldarstellung zur Mitteilung der Beschwerdepunkte heranzuziehen. Aus ihr geht hervor, daß der Klägerin das Verhalten von Kopparfors, *Feldmühle* und CBC in ihrer Eigenschaft als Muttergesellschaft der Stora-Gruppe zugerechnet wurde. [Rdn. 81] In bezug auf Feldmühle und CBC ist darauf hinzuweisen, daß Feldmühle im Lauf der Jahre 1988 und 1989 sämtliche Anteile an CBC erwarb, so daß dieses Unternehmen zur 100%igen Tochtergesellschaft von Feldmühle wurde. Ferner ist unstreitig, daß die Klägerin im April 1990 Verträge über den Erwerb von etwa 75 % der Anteile am FeNo-Konzern schloß, zu dem Feldmühle gehörte, wobei die tatsächliche Übertragung der Anteile allerdings erst im September 1990 erfolgte. Schließlich hat die Klägerin selbst ausgeführt, daß sie Ende 1990 Anteile von Kleinaktionären erwarb, so daß ihr 97,84 % der Anteile an FeNo gehörten. [Rdn. 82] Darüber hinaus bestreitet die Klägerin nicht, daß zu der Zeit, als sie die Mehrheit der Anteile am FeNo-Konzern erwarb, zwei Unternehmen dieses Konzerns, Feldmühle und CBC, an einer Zuwiderhandlung mitwirkten, an der sich auch Kopparfors, eine 100%ige Tochtergesellschaft der Klägerin, beteiligte. Da der Klägerin das Verhalten von Kopparfors zuzurechnen ist, hat die Kommission in der Einzeldarstellung zur Mitteilung der Beschwerdepunkte zu Recht darauf hingewiesen (siehe oben, Randnr. 64), daß *der Klägerin das wettbewerbswidrige Verhalten von Feldmühle und CBC bekannt* sein mußte. [Rdn. 83] Unter diesen Umständen konnte die Kommission der Klägerin das Verhalten von Feldmühle und CBC für die Zeit vor und nach deren Erwerb durch die Klägerin zurechnen. Es war Sache der Klägerin, in ihrer Eigenschaft als Muttergesellschaft alles zu tun, um die *Fortsetzung der ihr bekannten Zuwiderhandlung zu verhindern.* [Rdn. 84] Das Vorbringen der Klägerin, daß sie nach deutschem Recht keine Möglichkeit gehabt habe, die Handelspolitik von

---

104 Slg. 1998, II-2111; vgl. auch die auf den konkreten Fall bezogenen Ausführungen der Kommission in der Karton-Entscheidung, *KOME* v. 13.7.94, 94/601/EG, *Karton*, ABl. 1994, Nr. L 243/1 [Rdn. 158].

Feldmühle und damit von CBC entscheidend zu beeinflussen, ändert an diesem Ergebnis nichts. Die Klägerin hat nämlich *nicht einmal behauptet, daß sie versucht habe, die fragliche Zuwiderhandlung z.B. dadurch abzustellen, daß sie den Vorstand von Feldmühle schlicht dazu aufforderte.* [Rdn. 85] Nach alledem war die Kommission berechtigt, der Klägerin das Verhalten der fraglichen Unternehmen zuzurechnen. ... Schließlich ist festzustellen, daß die Wahl der Klägerin als Adressatin der Entscheidung den von der Kommission in Randnummer 143 der Entscheidung aufgestellten allgemeinen Kriterien (siehe oben, Randnr. 58) entspricht, da mehrere Unternehmen der Stora-Gruppe an der Zuwiderhandlung beteiligt waren, die Gegenstand der Entscheidung ist."

Damit die einer "wirtschaftlichen Einheit" zugehörige juristische Person bußgeldrechtlich belangt werden kann, ist also erforderlich, daß sie selbst (durch ihre Organe und Angestellten) tatbestandsmäßige Handlungen i.e.S. vornimmt, oder solche Handlungen anderer Glieder der Einheit veranlaßt oder unterstützt. Geht es um die übergeordnete juristische Person der "wirtschaftlichen Einheit", so kann ihre Verantwortung bereits wegen der Unterlassung des Einschreitens gegen ihr bekannte Verstöße der abhängigen Konzernglieder oder wegen der (passiven) nachträglichen Billigung der von einem neu übernommenen Konzernglied fortgeführten Verstöße entstehen.

In Fällen außergewöhnlicher institutioneller und funktioneller Verflechtung der juristischen Personen einer "wirtschaftlichen Einheit" kann allerdings die Verantwortung einer übergeordneten juristischen Person nach der Praxis der *Kommission* und des *EuG ausnahmsweise bereits durch das Vorliegen der "wirtschaftlichen Einheit"* begründet werden, also ohne daß eine aktive Mitwirkungsform oder zumindest die Kenntnis oder nachträgliche Billigung des konkreten Geschehens vorausgesetzt wird. Dies ist beispielsweise dann der Fall, wenn das tatbestandsmäßig i.e.S. handelnde 100%ige Konzernglied mit Betriebsanlagen und Arbeitskräften tätig wird, die in rechtlicher Hinsicht zu anderen Gliedern der Einheit gehören und darüber hinaus durch seine Tätigkeit wirtschaftliche Ergebnisse erzielt, die in den Jahresabschlüssen anderer Glieder ausgewiesen werden.

Ein Beispiel für diese Fallkonstellation bietet der *Mo och Domsjö*-Fall, in dem kein Mitwirkungs- oder Unterlassungsvorwurf mit Blick auf die konkrete Tat erhoben wird, sondern ausschließlich auf Merkmale abgestellt wird, die die Struktur der "wirtschaftlichen Einheit" betreffen; *E*u*G* Urt. v. 14.05.98, T-352/94, *Mo och Domsjö*[105]: [Rdn. 88] Im vorliegenden Fall sind die *Klägerin* [*MoDo*] und die verschiedenen Unternehmen ihres formal von *Iggesund Paperboard* geleiteten Geschäftsbereichs 'Paperboard' als *einheitliche Organisation* persönlicher, materieller und immaterieller Mittel anzusehen, die dauerhaft u.a. den Zweck verfolgt, Karton herzustellen und zu verkaufen, um ihren Gewinn zu maximieren, auch wenn dies gegebenenfalls zu Lasten der Einzelgewinne ihrer verschiedenen Organisationsteile geht. Innerhalb dieser Organisation hat jede Gesellschaft eine bestimmte Aufgabe ... [Rdn. 89] Aus der Entscheidung ... ergibt sich nämlich, daß Iggesund Paperboard ein *'Provisionsunternehmen'* ('commission company') ist, das zu *100% der*

---

105 Slg. 1998, II-1989; vgl. auch die auf den konkreten Fall bezogenen Ausführungen der Kommission in der Karton-Entscheidung, *KOME* v. 13.7.94, 94/601/EG, *Karton*, ABl. 1994, Nr. L 243/1 [Rdn. 151 bis 153].

Klägerin gehört und mit einem Kapital von 50 000 SKR ausgestattet ist. [Rdn. 90] In Randnummer 153 Absatz 2 der Entscheidung heißt es: 'Weder ist Iggesund Paperboard AB Eigentümerin der Kartonherstellungsanlagen noch beschäftigt sie ihre Arbeitskräfte. Die früher Iggesunds Bruk AB gehörenden *Kartonherstellungsanlagen* gehören weiterhin diesem Unternehmen, das jetzt ein stilles Unternehmen im ausschließlichen Eigentum von MoDo ist. Alles *Personal* in Schweden wird von MoDo selbst beschäftigt.' [Rdn. 91] Die Klägerin hat keine dieser Angaben in Abrede gestellt. [Rdn. 92] Darüber hinaus geht aus den Antworten der Klägerin auf schriftliche Fragen des Gerichts hervor, daß Iggesund Paperboard (Workington) Ltd, die frühere TBM, bei Beendigung der festgestellten Zuwiderhandlung immer noch Eigentümerin der Kartonfabrik in Workington (Vereinigtes Königreich) war, den Umsatz dieser Fabrik in ihren Büchern führte und immer noch Arbeitgeberin des dort tätigen Personals war. Aus ihnen geht ferner hervor, daß *in den Jahresabschlüssen von Iggesund Paperboard keine Umsätze verbucht* wurden und daß insbesondere der Umsatz der Kartonfabrik von Iggesunds Bruk im Jahresabschluß der Klägerin verbucht wurde. [Rdn. 93] Schließlich ist dem Jahresabschluß der Klägerin für 1991 zu entnehmen, daß die geschäftlichen Tätigkeiten der MoDo-Gruppe über sechs 'Provisionsunternehmen' abgewickelt wurden, zu denen auch Iggesund Paperboard gehörte, daß die Klägerin aber für alle Gesellschaften der Gruppe bestimmte Leistungen rechtlicher, datenverarbeitender und finanzieller Art erbrachte. [Rdn. 94] ... [D]ie Kommission [hat] folglich am Ende von Randnummer 153 Absatz 2 zu Recht folgendes ausgeführt: 'Für die Zwecke dieses Verfahrens ist die Entscheidung deshalb an die MoDo-Gruppe selbst [vertreten durch ihre Muttergesellschaft] und nicht an eine ihrer Tochtergesellschaften, die weder wirklich unabhängig ist noch Vermögenswerte besitzt noch Personal beschäftigt, zu richten'."[106]

(b) Beweisrechtliche Grundzüge

Von den *materiellrechtlichen Voraussetzungen* des Konzepts der wirtschaftlichen Einheit ist die *prozessuale Frage des Beweises* dieser Voraussetzungen streng zu unterscheiden. Auch in diesem Bereich zeichnet sich das Konzept durch viele Besonderheiten aus.

---

[106] Das EuG weist zwar zur Begründung der Verantwortung der Klägerin (hilfsweise) auch darauf hin, daß neben Iggesund Paperboard auch eine zweite Konzerngesellschaft an der Kartellvereinbarung aktiv beteiligt gewesen sei: "[Rdn. 95] Entgegen der Behauptung der Klägerin, daß sich nur Iggesund Paperboard an der Zuwiderhandlung beteiligt habe, ist festzustellen, daß auch Iggesund Paperboard (Workington) Ltd auf der Mitgliederliste der PG Karton stand und daß Beschäftigte dieses Unternehmens an Sitzungen des JMC teilnahmen. Indem die Kommission die Entscheidung an die Klägerin richtete, handelte sie somit im Einklang mit dem in Randnummer 143 der Entscheidung aufgestellten Kriterium, wonach die Entscheidung an die Muttergesellschaft eines Konzerns zu richten war, wenn mehrere Unternehmen des Konzerns an der Zuwiderhandlung beteiligt waren." Dieser Hinweis zielt jedoch grundsätzlich darauf ab, die Rüge des betroffenen Unternehmens zu entkräften, die Kommission habe allein in seinem Fall von den am Anfang der Entscheidung für alle Unternehmen aufgestellten Zurechungsregeln abgewichen und spezielle Kriterien herangezogen, so daß sie gegen die Grundsätze der Fairneß, der Gleichbehandlung, der Nichtdiskriminierung und des Schutzes berechtigten Vertrauens verstoßen habe [vgl. a.a.O., Rdn. 80]. Der Schwerpunkt der Argumentation des Gerichts liegt in dem oben im Text angeführten Zitat.

Die Kommission und die europäischen Gerichte zeigen sich nämlich unter Umständen bereit, die "wirtschaftliche Einheit" und die bußgeldrechtliche Verantwortung einer dazugehörigen juristischen Person bereits mit dem direkten Beweis der *ersten* materiellen Voraussetzung anzunehmen. Im Hinblick auf die *zweite* und die *dritte* Voraussetzung greifen sie dagegen zu allgemeinen Indizien und logischen Schlüssen, die sich - je nach dem Grad der wirtschaftlichen Verflechtung der Konzernglieder - manchmal zu einer (widerlegbaren) Vermutung zuspitzen[107].

Fehlt es zwar an einer (direkten oder indirekten) kapitalmäßigen Verflechtung zwischen den Gesellschaften der "wirtschaftlichen Einheit", wie dies beispielsweise bei *Schwestergesellschaften* oft der Fall ist, so wird grundsätzlich für die Begründung der Verantwortung einer juristischen Person der Nachweis aller materiellen Voraussetzungen geführt. In solchen Fallkonstellationen wird darüber hinaus - wie bereits oben angedeutet - die Anknüpfung an den Vorwurf der Unterlassung des Einschreitens gegen einen bekannten Verstoß vermieden. Vielmehr wird der Beweis der aktiven - beispielsweise in der Gestalt der Wahrnehmung von Koordinationsaufgaben erscheinenden - Betätigung der für die Handlungen der ganzen "wirtschaftlichen Einheit" in Verantwortung gezogenen Gesellschaft angestrebt.

EuG Urt. v. 10.3.92, Rs. T-11/89, *Shell*, Slg. 1992, II-757 ff. "[Rdn. 308] Nach Randnummer 102 der Entscheidung ist innerhalb der Shell-Gruppe das für Koordinierung und strategische Planung im Thermoplastik-Sektor zuständige Unternehmen die 'Dienstleistungs'-Gesellschaft Shell International Chemical Company (SICC). Es sei dieses Unternehmen gewesen, das an den Sitzungen mit den anderen großen Herstellern teilgenommen habe und als *Informationsglied* zwischen dem Kartell und den verschiedenen Shell-Produktions- und Absatzunternehmen in der EG tätig gewesen sei, die ihrerseits an den nationalen bzw. lokalen Sitzungen beteiligt gewesen seien. Wegen ihrer *Gesamtverantwortung für die Planung und Koordinierung* der Tätigkeiten der Shell-Konzernunternehmen im Polypropylensektor vertrete die Kommission die Auffassung, daß die Shell International Chemical Company der richtige Adressat der Entscheidung sei... [Rdn. 312] Im vorliegenden Fall stellt das Gericht fest, daß die *Klägerin und die Produktionsgesellscahften der Shell-Gruppe*, die chemische Erzeugnisse herstellen und vertreiben, eine einzige *einheitliche Organisation* persönlicher, materieller und immaterieller Mittel darstellen, die dauerhaft den wirtschaftlichen Zweck verfolgt, u.a. Polypropylen zu erzeugen und zu verkaufen, um ihren Gewinn zu maximieren, auch dies gegebenenfalls zu Lasten der Einzelgewinne ihrer verschiedenen Organisationsteile geht. Innerhalb dieser Organisation hat jede Gesellschaft eine bestimmte Aufgabe. Die Produktionsgesellschaften erzeugen oder verkaufen Polypropylen, während der Klägerin die Aufgabe der An-

---

[107] Bei der von LIPOWSKY zu den Vermutungen zugerechneten Praxis, aus dem Beweis einer konkreten Veranlassung durch die Muttergesellschaft auf deren Einflußnahme auf alle beanstandeten (gleichartigen) Zuwiderhandlungen der Tochtergesellschaft zu schließen (LIPOWSKY, S. 98 f., 113), geht es bereits um die logische Konsequenz der dritten materiellrechtlichen Voraussetzung des Konzepts (allgemeine Kenntnis der wettbewerbsfeindlichen Geschäftspolitik). Es handelt sich also dabei um einen legitimen Indizienbeweis - wenn die Muttergesellschaft nämlich einen Teil der wettbewerbswidrigen Politik der Tochtergesellschaft selbst veranlaßt hat, spricht alles dafür, daß sie diese Politik in vollem Umfang (zumindest) kennt und billigt.

regung und der Koordinierung der einzelnen Produktionsgesellschaften des Konzerns zufällt. Infolgedessen stellen die Klägerin und diese Produktionsgesellschaften der Shell-Gruppe ein *einziges Unternehmen.* [Rdn. 313] Die *Rolle der Klägerin in diesem Unternehmen wird durch mindestens fünf Schriftstücke belegt...* [Rdn. 314] Die Einheitlichkeit der Organisation der verschiedenen persönlichen, materiellen und immateriellen Mittel wird weiterhin dadurch bestätigt, daß in allen von der Kommission vorgelegten Schriftstücken die Verkaufszahlen für die Klägerin sich auf Shell-Gesellschaften insgesamt beziehen. [Rdn. 315] Die Kommission ist daher zu Recht davon ausgegangen, daß die *Klägerin für die Koordinierung des Vorgehens der Shell-Gruppe im Rahmen der Zuwiderhandlung verantwortlich* war, und hat ihr die Zuwiderhandlung deshalb zugerechnet."

Anders sehen jedoch die beweisrechtlichen Anforderungen aus, wenn es um die Beurteilung der Verantwortung der übergeordneten Gesellschaft der "wirtschaftlichen Einheit" geht.

Wird danach einerseits nachgewiesen, daß *mehr als ein Konzernglied an einem Verstoß direkt beteiligt* war, und steht andererseits fest, daß die *Tätigkeiten der Konzernglieder "integriert"* sind, dann wird der ganze Konzern und damit zugleich die herrschende juristische Person (Konzernspitze) als möglicher Bußgeldadressat angesehen. Anscheinend wird hier die Beteiligung mehrerer Konzernglieder des "integrierten Konzernunternehmens" als Indiz dafür bewertet, daß der Verstoß von der Obergesellschaft koordiniert und geleitet wird oder zumindest mit ihrer Kenntnis (und Billigung) erfolgt. Dementsprechend wird in solchen Fällen die Obergesellschaft in Verantwortung gezogen[108].

Von einem weitreichenden Indizienbeweis werden aber vor allem Muttergesellschaften hinsichtlich des tatbestandsmäßigen Vorgehens i.e.S. ihrer *100%igen Tochtergesellschaften* betroffen[109]. In solchen Fällen genügen bereits *Indizien* in der

---

[108] Vgl. *KOME* v. 13.7.94, 94/601/EG, *Karton*, ABl. 1994, Nr. L 243/1 [Rdn. 143] und die Erläuterungen zu dieser Entscheidung oben im Text. Das EuG untermauerte allerdings die von der Kommission anscheinend auf diese Vermutung gestützte Belastung der Obergesellschaften Cascades (*KOME*, a.a.O., Rdn. 147), Mayr-Melnhof Kartongesellschaft mbH (*KOME*, a.a.O., Rdn. 150) und Mo och Domsjö AB (*KOME*, a.a.O., Rdn. 151 ff.) im Karton-Fall entweder durch den direkten Beweis der Kenntnis der Obergesellschaften hinsichtlich der Verstöße der untergeordneten Gesellschaften (so das Cascades- und das Mayr-Melnhof-Urteil) oder durch Berufung auf die außergewöhnlich enge institutionelle und funktionelle Verflechtung der betroffenen Konzerngesellschaften (so das Mo och Domsjö-Urteil).

[109] Zur Stützung der Beweisführung auf die Vermutung, daß "eine Tochtergesellschaft in Übereinstimmung mit den Wünschen der Muttergesellschaft" handele, vgl. bereits die Schlußanträge des *GA Warner* v. 22.1.74, verb. Rs. 6 u. 7/73, *Commercial Solvents*, Slg. 1974, S. 261 [S. 265 f.]. Der GA unterscheidet sogar dabei nicht zwischen 100%igen und sonstigen Tochtergesellschaften, sondern läßt die Tatsache genügen, daß es um von der Muttergesellschaft beherrschte und kontrollierte Gesellschaften gehe.

Gestalt enger *personeller Verflechtungen* zwischen den Konzerngesellschaften[110], um die Muttergesellschaft bußgeldrechtlich in Anspruch zu nehmen[111].

Entscheidend für diese Vermutungen dürfte die (berechtigte) Überlegung sein, daß die (Organe und befugten Angestellten) solche(r) *kapitalmäßig* und *personell* völlig unter der Kontrolle der Muttergesellschaft stehenden Gesellschaften nur schwer zu ihrem (in der Regel langjährigen) wettbewerbswidrigen Verhalten hätten entschließen können, wenn die Anregung, die Unterstützung oder zumindest die Billigung der (Organe und befugten Angestellten der) Muttergesellschaft nicht vorgelegen hätte. Die eng verflochtenen wirtschaftlichen und personellen Strukturen und die daraus fließenden Möglichkeiten der Einflußnahme im *Regel*fall werden also zum Eckstein der Beweisführung mit Blick auf die Einflußnahme im Falle des wettbewerbswidrigen Vorgehens erhoben.

Unter Berufung auf das AEG-Urteil des EuGH aus dem Jahre 1983[112] zeigen sich sogar die *Kommission* und das *EuG* bereit, auch solche Indizien für überflüssig zu erklären und die Beteiligung der Muttergesellschaft bereits anhand des 100%igen Kapitalbesitzes und der darauf aufbauenden *Vermutung*, daß Tochtergesellschaften in solchen Fällen immer nach den Anweisungen der Muttergesellschaften handeln, als erwiesen anzusehen.

Die Ausführungen des *EuGH* im *AEG*-Fall, in dem der Gerichtshof zwischen der 100%igen deutschen Tochtergesellschaft TFR und den übrigen Tochtergesellschaften differenziert, sind der Wegweiser für die unterschiedliche Bestimmung der jeweiligen Beweisanforderungen[113]: "[Rdn. 50] Da AEG [*Muttergesellschaft*] nicht bestritten hat,

---

110 Damit werden Fallkonstellationen gemeint, in denen feststeht, daß die direkt handelnde Tochtergesellschaft von Verwaltungsorganen geleitet wird, denen (leitende Angestellte oder) Organmitglieder der Muttergesellschaft angehören.

111 Vgl. den *Moët et Chandon*-Fall, in dem die von der 100%igen französischen Tochtergesellschaft Champagne Moët et Chandon (Epernay) konzipierte und von der ebenfalls 100%igen englischen Tochtergesellschaft Moët et Chandon (London) ausgeführte Zuwiderhandlung (faktische Exportverbote) der französischen Muttergesellschaft Moët Henessy zugerechnet wird, ohne daß der Beweis der Einflußnahme der Muttergesellschaft auf den Verstoß der englischen Tochtergesellschaft geführt wird. Die im Urteil bezüglich der engen personellen Verflechtungen in den Organen der Gruppengesellschaften befindlichen Hinweise legen aber die Annahme nahe, daß diese Einflußnahme unterstellt wurde, siehe *KOME* v. 27.11.81, 82/203/EWG, *Moët et Chandon*, ABl. 1982, Nr. L 94/7 [Rdn. 2 f.]: "Moët et Chandon (London) Ltd ("MC"), die ihren Sitz im Vereinigten Königreich hat, ist zu 100% Tochtergesellschaft der französischen Gesellschaft Moët Henessy... Moët Henessy ist eine Unternehmensgruppe mit über vierzig Tochtergesellschaften... Innerhalb der Gruppe Moët Henessy ist die französiche Gesellschaft Champagne Moët et Chandon, Epernay, die ebenfalls zu 100% Tochtergesellschaft von Moët Henessy ist, für alle Aktivitäten verantwortlich, welche die Herstellung und die Vermarktung des Champagners der Gruppe betreffen. *Alle Mitglieder des Verwaltungsrates von Champagne Moët et Chandon gehören auch dem Verwaltungsrat von Moët Henessy* an. *Eines* von ihnen ist *ebenfalls Mitglied des Verwaltungsrates von MC*." Vgl. die zutreffende Deutung dieser Entscheidung bei LIPOWSKY, S. 77; DANNECKER / FISCHER-FRITSCH, S. 264 f.

112 Vgl. dazu die kritischen Anmerkungen von SCHROTH, wistra 1984, 165 f.

113 *EuGH* Urt. v. 25.10.83, Rs. 107/82, *AEG*, Slg. 1983, S. 3151. Soweit ersichtlich, liegen weder im EuGH-Urteil noch in der Kommissionsentscheidung (*KOME* v. 6.1.82, 82/276/EWG,

daß sie in der Lage war, die Vertriebs- und Preispolitik ihrer Tochtergesellschaften entscheidend zu beeinflussen, bleibt zu prüfen, ob sie von dieser Möglichkeit tatsächlich Gebrauch gemacht hat. Eine solche Prüfung ist jedoch im Fall von TFR [*deutsche* Tochtergesellschaft] nicht erforderlich; als hundertprozentige Tochtergesellschaft von AEG befolgt diese zwangsläufig eine Politik, die von denselben satzungsmäßigen Organen festgelegt wird wie die Politik von AEG. [Rdn. 51] Der Einfluß von AEG auf ATF [*französische* Tochtergesellschaft] geht mittelbar aus einem internen ATF-Vermerk vom 30. Juni 1978 hervor... [Rdn. 52] Was ATGB [*belgische* Tochtergesellschaft] betrifft, so geht aus den Unterlagen über den Fall des belgischen Großhändlers Diederichs hervor, daß ATGB die Firma TFR ständig über ihre Verhandlungen mit Diederichs auf dem laufenden hielt... Diese Tatsachen zeigen deutlich, daß von einer selbständigen Entscheidungsbefugnis von ATBG gegenüber AEG und TFR nicht die Rede sein konnte. [Rdn. 53] Aus alledem ergibt sich, daß wettbewerbswidriges Verhalten der Tochtergesellschaften TFR, ATF und ATBG [Verstoß gegen Art. 85 Abs. 1 EGV a.F. wegen mißbräuchlicher Anwendung eines selektiven Vertriebssystems] der Klägerin zuzurechnen ist."

Im *Bayer-ADALAT*-Fall wurde festgestellt, daß im Rahmen der fortlaufenden Geschäftsbeziehungen seit 1991 zwischen Bayer Frankreich und seinen Großhändlern und seit mindestens 1989 zwischen Bayer Spanien und seinen Großhändlern eine Klausel vereinbart wurde, nach der die Erzeugnisse ADALATE und ADALATE 20 mg LP aus Frankreich und die Erzeugnisse ADALAT und ADALAT-RETARD aus Spanien nach anderen Mitgliedstaaten nicht exportiert werden durften. Wegen dieses als Verstoß gegen Art. 85 Abs. 1 EGV a.F. eingestuften Exportverbots wurde eine Geldbuße in Höhe von 3.000.000 ECU gegen die deutsche Muttergesellschaft Bayer AG verhängt. Die *Kommission* begründete dies zunächst folgendermaßen[114]: "[Rdn. 223] Die Kommission ist der Ansicht, daß, auch wenn der größte Teil des Tatbestands die Beziehungen zwischen der französischen und spanischen Tochtergesellschaft und den Großhändlern auf dem französischen und spanischen Markt betrifft, der Verstoß von der Bayer AG, der Muttergesellschaft des Bayer-Konzerns, begangen wurde. [Rdn. 224] Die französische und die spanische Tochtergesellschaft sind 100 %ige Tochtergesellschaften der Bayer AG. Die Bayer AG ist somit für deren Tätigkeit verantwortlich."[115]

AEG-Telefunken, ABl. 1982, Nr. L 117/15) konkrete Angaben über die Beteiligung von AEG an der französischen und der belgischen Tochtergesellschaft vor; auch die erwähnte Identität der "satzungsmäßigen Organe" von AEG und TFR läßt sich als eine auf die 100%ige Kapitalbeteiligung und die dadurch bedingte vollständige Beherrschung der Hauptversammlung der deutschen Tochtergesellschaft gestützte Schlußfolgerung verstehen. Die von DANNECKER / FISCHER-FRITSCH (S. 266 f.) getroffenen Feststellungen, daß alle drei Gesellschaften 100%ige Gesellschaften gewesen seien und daß der EuGH die im Text angeführte Differenzierung vor dem Hintergrund der Existenz personeller Verflechtungen in den Verwaltungsorganen von AEG und TFR vorgenommen habe, beruhen insoweit offensichtlich auf der Aktenuntersuchung, die die Autoren durchgeführt haben. - Im Hinblick darauf, daß die Kommission und das EuG im Anschluß an den Wortlaut des AEG-Urteils nur die Bedingung der 100%igen Kapitalbeteiligung hervorheben, kann davon ausgegangen werden, daß die im Text geschilderte Vermutung (nunmehr) unabhängig von personellen Verflechtungen in den Verwaltungsorganen der betroffenen Unternehmen herangezogen wird.

114 *KOME* v. 10.1.96, 96/478/EG, *Bayer-ADALAT*, ABl. 1996 Nr. L 201/1.

115 Vgl. auch *KOME* v. 28.1.98, 98/273/EG, *VW*, ABl. 1998, Nr. L 124/60: "[Rdn. 205] Die Kommission hält die Volkswagen AG für verantwortlich. Die Audi AG ist eine 98,99%ige,

Im *BPB*-Fall wurde für das mißbräuchliche Verhalten der 100%igen Tochtergesellschaft BG auf dem nordirischen Markt für Gipskartonplatten die Muttergesellschaft BPB zur Verantwortung gezogen. BPB klagte gegen die Entscheidung, berief sich unter anderem auf den Mangel jedes Beweises für ihre angebliche Mitwirkung an den Verstößen ihrer weitgehend autonom handelnden Tochter und rügte damit die Begründetheit der von der Kommission vorgenommenen Zurechnung. Das *EuG* eröffnete aber seine rechtliche Würdigung mit folgenden Sätzen[116]: "Das Verhalten einer Tochtergesellschaft kann der Muttergesellschaft zugerechnet werden, wenn die Tochtergesellschaft ihr Vorgehen auf dem Markt nicht autonom bestimmt, sondern im wesentlichen Weisungen der Muttergesellschaft befolgt (Urteil ICI / Kommission, a.a.O., Randnr. 133). Eine hundertprozentige Tochtergesellschaft befolgt grundsätzlich zwangsläufig die von der Muttergesellschaft festgelegte Politik (Urteil AEG / Kommission, a.a.O., Randnr. 50)."[117]

Trotz Heranziehung der soeben erwähnten Vermutung ("Eine hundertprozentige Tochtergesellschaft befolgt grundsätzlich zwangsläufig die von der Muttergesellschaft festgelegte Politik") versuchen allerdings die Gemeinschaftsorgane regelmäßig[118] einen Indizienbeweis zu erbringen, der zumindest die *Kenntnis* der Obergesellschaft über die allgemeine wettbewerbswidrige Politik der Tochtergesellschaft einschließt. Fehlt es vollständig an solchen Indizien, dann wird die Muttergesellschaft schließlich doch nicht belangt[119].

Das *EuG*-Urteil im *BPB*-Fall weist so ergänzend auf die "wirtschaftliche Einheit" der Konzerngesellschaften und die ständige Unterrichtung der Muttergesellschaft von der Politik der Tochtergesellschaft auf dem irischen Markt hin[120], was vom *GA Léger*[121] und

---

die Autogerma SpA eine 100%ige Tochtergesellschaft der Volkswagen AG. Die Volkswagen AG ist somit für deren Tätigkeit verantwortlich."

116 *EuG* Urt. v. 1.4.93, Rs. T-65/89, *BPB Industries und British Gypsum*, Slg. 1993, II-0389 [Rdn. 149].

117 Vgl. auch *EuG* Urt. v. 14.7.94, Rs. T-77/92, *Parker Pen*, Slg. 1994, II-549: "[Rdn. 57] Die Klägerin beruft sich darauf, daß die Faxe, mit denen der Beschwerdeführerin die Lieferung von Erzeugnissen der Marke Parker verweigert worden sei, von der Herlitz GmbH & Co. KG und nicht von der Herlitz AG abgesandt worden seien. Das ist jedoch unerheblich. Es steht nämlich zum einen fest, daß das beanstandete Kartell auf einem zwischen der Klägerin und der Herlitz AG abgeschlossen Vertrag beruht. Zum anderen ist unbestritten, daß die Herlitz GmbH & Co. KG eine 100%ige Tochtergesellschaft der Herlitz AG und von dieser völlig abhängig ist. Somit ist das Verhalten der Tochtergesellschaft der Muttergesellschaft zuzurechnen."

118 Es gibt allerdings auch Fälle, in denen kein solcher Indizienbeweis erkennbar ist, vgl. z.B. zuletzt den Fall des Unternehmens *Montedison* im Rahmen des PVC-Urteils des EuG (Urt. v. 20.4.99, verb. Rs. T-305/94 u.a., *PVC-Hersteller*, Slg. 1999, I-931), in dem das Verteidigungsvorbringen der Muttergesellschaft Montedison, ihr sei zu Unrecht das Verhalten ihrer 100%igen Tochtergesellschaft Montedipe zugerechnet worden [a.a.O., Rdn. 945], vom EuG ausschließlich unter Rückgriff auf die fragliche Vermutung zurückgewiesen wird.

119 Vgl. den Fall des Unternehmens Union Carbide Corporation im Rahmen der *KOME* v. 21.12.88, 89/191/EWG, *LDPE*, ABl. 1989 Nr. 74/21 [Rdn. 54]; siehe zu diesem Sachverhalt unten im Text, III C 2 (a).

120 *EuG* Urt. v. 1.4.93, Rs. T-65/89, *BPB Industries und British Gypsum*, Slg. 1993, II-0389: "[Rdn. 152] In diesem Zusammenhang ist ferner darauf hinzuweisen, daß, wie auch die in

vom *EuGH*, der dessen Schlußanträge wörtlich übernimmt[122], sogar als Beweis einer aktiven Mitwirkung der Muttergesellschaft gedeutet wird: "[Schlußanträge Rdn. 28] Das Gericht konnte gerade aus der Gestaltung der Beziehungen zwischen der Tochtergesellschaft BG und ihrer Muttergesellschaft BPB und aus der Einheitlichkeit der von ihnen verfolgten Handelspolitik schließen, daß sie auf dem irischen Markt eine 'wirtschaftliche Einheit' bildeten. Es hat außerdem darauf hingewiesen, daß dem geschäftsführenden Vorstand der BPB nach den tatsächlichen Feststellungen der Kommission die in Nordirland angewandte Strategie nicht unbekannt war. [Rdn. 29] *Ich schließe daraus, daß das Gericht aus bindenden tatsächlichen Feststellungen entnehmen konnte, daß BG Weisungen ihrer Muttergesellschaft befolgt hatte.* Daher braucht nicht geprüft zu werden, ob die Einflußmöglichkeit einer Muttergesellschaft auf ihre hundertprozentige Tochtergesellschaft zu unterstellen ist, da im vorliegenden Fall zum Nachweis dieser Möglichkeit geeignete tatsächliche Feststellungen getroffen worden sind. Der letzte Satz des angefochtenen Urteils [EuG Urt. v. 1.4.93, a.a.O., Rdn. 149: 'Eine hundertprozentige Tochtergesellschaft befolgt grundsätzlich zwangsläufig die von der Muttergesellschaft festgelegte Politik'] war somit überflüssig."

Die vollständigen Ausführungen der *Kommission* im oben erwähnten *Bayer-ADALAT*-Fall sehen außerdem folgendermaßen aus[123]: "[Rdn. 223] Die Kommission ist der Ansicht, daß, auch wenn der größte Teil des Tatbestands die Beziehungen zwischen der französischen und spanischen Tochtergesellschaft und den Großhändlern auf dem französischen und spanischen Markt betrifft, der Verstoß von der Bayer AG, der Muttergesellschaft des Bayer-Konzerns, begangen wurde. [Rdn. 224] Die französische und die spanische Tochtergesellschaft sind 100 %ige Tochtergesellschaften der Bayer AG. Die Bayer AG ist somit für deren Tätigkeit verantwortlich. [Rdn. 225] Außerdem waren der Bayer AG die Tätigkeiten ihrer Tochtergesellschaften *bekannt*. Sie hat diese sogar, wie aus dem Bericht über die Travemünder Sitzung (vgl. Randnummer 76) hervorgeht, *angeregt*. [Rdn. 226] Deshalb ist diese Entscheidung an die Bayer AG gerichtet. [Rdn. 228] Die Kommission vertritt [nämlich] die Auffassung, das eine Geldbusse gegen die Bayer AG als Vertreterin des Bayer-Konzerns in dem vorliegenden Fall angebracht ist. [Rdn. 239] Die Einschränkungen der Parallelexporte sind das Ergebnis einer auf der Ebene des Bayer-Konzerns beschlossenen Strategie, die von der französischen und der spanischen Tochtergesellschaft lediglich umgesetzt wurde, ohne daß diese über einen echten Handlungsspielraum im Management ihrer Vermarktungspolitik für ihre Erzeugnisse verfügten. Deshalb ist die Geldbusse gegen die Muttergesellschaft, die Bayer AG, als Vertreterin des Bayer-Konzerns festzusetzen."

Auch im *VW*-Fall führt die *Kommission* - trotz Berufung auf die fragliche Vermutung - den vollständigen Beweis bezüglich der Kenntnis der Muttergesellschaft, bevor sie diese

---

der mündlichen Verhandlung erfolgten Klarstellungen bestätigen, BPB und BG eine wirtschaftliche Einheit bilden und daß, wie die Randnummern 90, 97 und 102 der Entscheidung zeigen, *sich der geschäftsführende Vorstand von BPB regelmäßig über die Verhaltensweisen der Tochtergesellschaften auf dem irischen Markt informierte*, während die Entscheidung keinen Hinweis auf ein solches Interesse bezüglich des britischen Marktes enthält."

121 Schlußanträge v. 13.12.94, Rs. C-310/93 P, *BPB Industries und Britisch Gypsum*, Slg. 1995, I-867.

122 *EuGH* Urt. v. 6.4.95, Rs. C-310/93 P, *BPB Industries und Britisch Gypsum*, Slg. 1995, I-865 [Rdn. 11].

123 *KOME* v. 10.1.96, 96/478/EG, *Bayer-ADALAT*, ABl. 1996 Nr. L 201/1.

für die Verstöße ihrer Tochtergesellschaften zur Verantwortung zieht[124]: "[Rdn. 205] Die Kommission hält die Volkswagen AG für verantwortlich. Die Audi AG ist eine 98,99%ige, die Autogerma SpA eine 100%ige Tochtergesellschaft der Volkswagen AG. Die Volkswagen AG ist somit für deren Tätigkeit verantwortlich... Außerdem waren der Volkswagen AG die Tätigkeiten ihrer Tochtergesellschaften bekannt: In Kapitel 1 C.II.2 ist dargelegt, das Volkswagen und Audi gleichermaßen die Aufsplittung der Händlermarge wollten, die Bonuspolitik Autogermas wurde von der Volkswagen AG gebilligt..., die restriktive Belieferung des italienischen Markts wurde sowohl von Volkswagen als auch von Audi betrieben und damit von der Volkswagen AG gebilligt..., und schließlich wurde das Verbot von Querlieferungen von der Volkswagen AG gebilligt... Volkswagen und Audi überwachten für ihre jeweilige Marke die Re-Importe... Die Verwendung der Verpflichtungserklärungen gegenüber Endverbrauchern wurde mit Wissen der Volkswagen AG von Autogerma mit den Vertragshändlern vereinbart... Auch das Verhalten gegenüber Endverbrauchern zeigte eine gleichzeitige Hinhaltetaktik... Das Vorgehen von Autogerma gegenüber den Vertragshändlern war der Volkswagen AG *bekannt* und wurde von ihr *gebilligt*."

Zu beachten ist außerdem, daß es hierbei um eine *widerlegbare* Vermutung geht. Auch wenn die Inanspruchnahme der Muttergesellschaft ausschließlich auf den 100%igen Kapitalbesitz gestützt wird, eröffnen nämlich die Gemeinschaftsorgane der betroffenen Gesellschaft die Möglichkeit, den Gegenbeweis hinsichtlich der Existenz einer "wirtschaftlichen Einheit" und einer Beteiligung am Verstoß zu erbringen.

EuG Urt. v. 14.5.98, Rs. T-354/94, *Stora*[125]: "[Rdn. 78] Wie bereits ausgeführt, ist zur Würdigung der Gründe, die die Kommission dazu veranlaßt haben, die Entscheidung an die Klägerin zu richten, die Einzeldarstellung zur Mitteilung der Beschwerdepunkte heranzuziehen. Aus ihr geht hervor, daß der Klägerin das Verhalten von Kopparfors, Feldmühle und CBC in ihrer Eigenschaft als Muttergesellschaft der Stora-Gruppe zugerechnet wurde. [Rdn. 79] Nach ständiger Rechtsprechung schließt der Umstand, daß die Tochtergesellschaft eigene Rechtspersönlichkeit besitzt, noch nicht aus, daß ihr Verhalten der Muttergesellschaft zugerechnet werden kann; dies gilt insbesondere dann, wenn die Tochtergesellschaft ihr Marktverhalten nicht autonom bestimmt, sondern im wesentlichen Weisungen der Muttergesellschaft befolgt... [Rdn. 80] Da die Klägerin im vorliegenden Fall nicht bestritten hat, daß sie in der Lage war, die Preispolitik von Kopparfors entscheidend zu beeinflussen, braucht nach der Rechtsprechung des Gerichtshofes nicht geprüft zu werden, ob sie von dieser Möglichkeit tatsächlich Gebrauch gemacht hat. Da Kopparfors seit 1. Januar 1987 eine 100%ige Tochtergesellschaft der Klägerin ist, befolgt sie zwangsläufig eine Politik, die von denselben satzungsmäßigen Organen festgelegt wird wie die Politik ihrer Muttergesellschaft... Die *Klägerin hat jedenfalls keinen Beweis für ihre Behauptung vorgelegt, daß Kopparfors auf dem Kartonmarkt als eigenständiges Rechtssubjekt aufgetreten sei*, ihre Handelspolitik weitgehend selbst bestimmt habe und über ihren eigenen Vorstand sowie über Vertreter nach außen verfügt habe."

---

124 *KOME* v. 28.1.98, 98/273/EG, *VW*, ABl. 1998, Nr. L 124/60.

125 Slg. 1998, II-2111; vgl. auch die auf den konkreten Fall bezogenen Ausführungen der Kommission in der Karton-Entscheidung, *KOME* v. 13.7.94, 94/601/EG, *Karton*, ABl. 1994, Nr. L 243/1 [Rdn. 158].

(c) Maßgebliche Aspekte für die Auswahl der zu sanktionierenden juristischen Person

Im Hinblick auf das Konzept der wirtschaftlichen Einheit, wie dieses im Konzern-Außenverhältnis angewendet wird, bedarf es schließlich nicht nur der Unterscheidung zwischen den materiellrechtlichen Voraussetzungen und den dafür geltenden beweisrechtlichen Anforderungen. Beide Fragen sind darüber hinaus von der Frage zu trennen, *welche von den Konzerngesellschaften, die alle oben geschilderten Ahndungsvoraussetzungen erfüllen, mit einer Geldbuße belegt wird.* Dabei ist zu berücksichtigen, daß die Geldbuße neben der präventiven und der ahndenden auch eine gewinnabschöpfende Funktion zu erfüllen hat[126]. Außerdem darf nicht übersehen werden, daß im kartellrechtlichen Verfahren durch das geltende Opportunitätsprinzip die legitime Möglichkeit eröffnet wird, nur einige der in die Zurechnungseinheit einbezogenen Gesellschaften zu sanktionieren. Es darf deswegen nicht überraschen, daß die Frage nach der zu sanktionierenden Gesellschaft in der Gemeinschaftspraxis durch Erwägungen wie die unter Präventions-, Schuld- und verfahrensökonomischen Gründen günstige Konzentrierung des Sanktionsvorwurfs auf die Person des Hauptverantwortlichen, die leichtere völkerrechtliche Vollstrekkung der Geldbuße oder auch die Abschöpfung der Gewinne durch Sanktionierung des Nutznießers beeinflußt wird.

Wird der Bemessung der zu verhängenden Geldbuße ein *umsatzbezogenes Konzept* zugrunde gelegt, so erweist sich die hier angesprochene Frage nach der zu sanktionierenden juristischen Person als eine solche von grundlegender Bedeutung für die Schwere der Geldbuße. Die jeweils getroffene Wahl bestimmt nämlich in solchen Fällen die Bemessungsgrundlage und damit im Ergebnis die Bußgeldhöhe. Die Inanspruchnahme einer Konzerngesellschaft mit geringen Umsätzen läßt so eine entsprechend geringe Bußgeldhöhe erwarten, während die Belastung einer Gesellschaft, die hohe Umsätze erwirtschaftet, auf eine schwere Geldbuße schließen läßt. - Bei umsatzunabhängigen Konzepten zur Bemessung der zu verhängenden Geldbuße verliert allerdings die hier angesprochene Frage viel an praktischer Bedeutung. Dies läßt sich beispielhaft an dem zuletzt ergangenem EuG-Urteil im PVC-Fall erkennen (*EuG* Urt. v. 20.4.99, verb. Rs. T-305/94 u.a., *PVC-Hersteller*)[127]: "[Rdn. 986] Wie Enichem [die Holdinggesellschaft der ENI-Gruppe] einräumt, stellt der von ihr geltend gemachte Klagegrund [die Kommission hätte die Bußgeldentscheidung nicht gegen sie, sondern gegen die für den PVC-Bereich verantwortliche Produktionsgesellschaft der ENI-Gruppe richten müssen] 'keinen Zweck

---

126 Zur Gewinnabschöpfungsfunktion der gemeinschaftsrechtlichen Geldbuße siehe *Kommission*, "Leitlinien für das Verfahren zur Festsetzung von Geldbußen, die gemäß Artikel 15 Absatz 2 der Verordnung Nr. 17 und gemäß Artikel 65 Absatz 5 EGKS-Vertrag festgesetzt werden", ABl. 1998 Nr. C 9/3: "[Teil 2] ... Erfordernis, die Geldbuße zu erhöhen, um den Betrag der aufgrund der Verstöße *unrechtmäßig erzielten Gewinne zu übertreffen*, sofern dieser Betrag objektiv ermittelt werden kann... [Teil 5 lit. b] ... objektive Faktoren zu berücksichtigen, wie z.B. ... die von den Beteiligten an dem Verstoß eventuell *erzielten wirtschaftlichen oder finanziellen Vorteile.*" Vgl. auch XXI. Bericht über die Wettbewerbspolitik 1991, Rdn. 139; DANNECKER, in: I/M EG-WbR [1997], VO 17 Vorb. Art. 15, Rdn. 24; SCHROTH, Economic Offences, S. 180.

127 Slg. 1999, I-931.

an sich dar, sondern ist die entscheidende Grundlage für die späteren Ausführungen zur Höhe der Geldbuße, die offenkundig nach Maßgabe des Umsatzes der Holdinggesellschaft berechnet worden ist, der weit höher als der der Produktionsgesellschaft ist' (Erwiderung, S. 15). Im vorliegenden Fall hat die Kommission, wozu sie berechtigt ist ..., vorab den Gesamtbetrag der Geldbußen bestimmt, den sie dann auf die einzelnen Unternehmen entsprechend dem durchschnittlichen Marktanteil jedes Herstellers und unter Berücksichtigung der im Einzelfall vielleicht gegebenen mildernden oder erschwerenden Umstände aufgeteilt hat. Daher ist unbeschadet der Anwendung des Artikels 15 Absatz 2 der Verordnung Nr. 17 über die Höchstgrenze der Geldbuße, die von der Kommission verhängt werden kann, der Umsatz der Holdinggesellschaft bei der Bemessung der gegen die Klägerin verhängten individuellen Geldbuße nicht berücksichtigt worden. Folglich fehlt der Klägerin das Interesse an der Geltendmachung dieses Klagegrundes." [128]

Alle oben erwähnten Erwägungen finden sich in der Tat in der Entscheidungspraxis der Kommission wieder. Als Adressat der Bußgeldentscheidung wird zwar von der europäischen Wettbewerbsbehörde in der Regel die Gesellschaft ausgewählt, die wegen ihrer aktiven Rolle bei der Planung und Koordinierung des kollektiven Vorgehens des Konzerns oder wegen des normativen Gewichts ihrer pflichtwidrigen Unterlassungen die *Hauptverantwortung* für die Zuwiderhandlung trägt[129]. Die

---

[128] Hingewiesen sei insoweit auch auf die Leitlinien der Kommission ("Leitlinien für das Verfahren zur Festsetzung von Geldbußen, die gemäß Artikel 15 Absatz 2 der Verordnung Nr. 17 und gemäß Artikel 65 Absatz 5 EGKS-Vertrag festgesetzt werden", ABl. 1998 Nr. C 9/3), die den (Gesamt-)*Umsatz* der betroffenen Unternehmen nunmehr lediglich als Kriterium für die Bestimmung der *Obergrenze* der zu verhängenden Geldbuße betrachten (Leitlinien, Teil 5 a) und zur Bemessung der Geldbußen auf eine umsatz*un*abhängige Systematik zurückgreifen; näher dazu oben im Text, *Zweiter Teil* III A 2 b.

[129] Vgl. GLEISS / HIRSCH [4. Aufl.], Bd. 1, Rdn. 12; DANNECKER / FISCHER-FRITSCH, S. 274; aus der Entscheidungspraxis siehe *KOME* v. 23.4.86, 86/398/EWG, *Polypropylen*, ABl. 1986 Nr. L 230/1: "[Rdn. 102] Wegen ihrer *Gesamtverantwortung* für die Planung und Koordinierung der Tätigkeiten der SHELL-Konzernunternehmen im Polypropylensektor vertritt die Kommission die Auffassung, daß die SHELL INTERNATIONAL CHEMICAL COMPANY der richtige Adressat dieser Entscheidung ist." Vgl. auch *KOME* v. 28.1.98, 98/273/EG, *VW*, ABl. 1998, Nr. L 124/60: "[Rdn. 207] Die Kommission vertritt die Auffassung, daß im vorliegenden Fall eine Geldbuße gegen die Volkswagen AG angebracht ist. Gegen die Audi AG und Autogerma SpA wird keine Geldbuße festgesetzt, da ihr Verhalten der Volkswagen AG zuzurechnen ist." Siehe ferner *EuG* Urt. v. 20.4.99, verb. Rs. T-305/94 u.a., *PVC-Hersteller*, Slg. 1999, I-931: "[Rdn. 830] Die Kommission hat in Randnummer 46 der Entscheidung bei der Untersuchung der Besonderheiten der Royal-Dutch-Shell-Gruppe durchaus zur Kenntnis genommen, daß 'die einzelnen Produktions- und Absatzunternehmen auf dem Chemiesektor in Fragen des Managements allem Anschein nach autonom sind' und daß die Klägerin [Shell] 'eine *Dienstleistungs-Gesellschaft*' ist. [Rdn. 831] Sie hat jedoch darauf hingewiesen, daß die Klägerin unstreitig '*für die Koordinierung und strategische Planung im Thermoplast-Sektor des ... Konzerns zuständig* ist'. Somit kommt der Klägerin die *Aufgabe der Beratung der Produktionsgesellschaften* der Gruppe zu. [Rdn. 832] Weiter hat die Kommission in Randnummer 46 der Entscheidung ausgeführt, daß die Klägerin 'mit dem Kartell [der PVC-Hersteller] in Verbindung stand' und 'an den Sitzungen im Jahre 1983 teilnahm'. Mehrere Anlagen zur Mitteilung der Beschwerdepunkte über die Preisinitiativen stammen von der Klägerin... Vor allem diese Anlagen sind der Beweis für zwischen den Herstellern abgestimmte

Kommission scheut sich allerdings nicht davor, bei Bedarf von den soeben genannten Kriterien abzusehen und ausschließlich auf die juristische Person abzustellen, die aus der Zuwiderhandlung den größten *Profit* gezogen hat[130]. Ohne Berücksichtigung des normativen Gewichts der eigenen Beteiligungshandlung werden Geldbußen darüber hinaus gegen Holdinggesellschaften verhängt, wenn die Zuwiderhandlung von mehreren sowohl im Produktions- als auch im Vertriebsbereich tätigen und auf getrennte geographische Märkte verteilten untergeordneten Konzerngesellschaften begangen wird[131] - durch die Belastung der Konzernspitze soll

---

Initiativen ... und zeigen, daß die Klägerin zumindest über die festgesetzten Zielpreise und die dafür vorgesehenen Termine genau unterrichtet war. [Rdn. 833] ... Auch wenn die Klägerin ihren Verkaufsgesellschaften keine Preise vorschreiben konnte, stand sie aufgrund ihrer Verbindung zu dem Kartell und durch die Übermittlung der auf diese Weise erlangten Informationen an ihre Tochtergesellschaften als *treibende Kraft hinter der Beteiligung der Shell-Gruppe an der abgestimmten Verhaltensweise.* Die genannten Anlagen zur Mitteilung der Beschwerdepunkte, die von der Klägerin stammen und in denen sowohl die Zielpreise als auch der Zeitpunkt ihrer Durchführung aufgeführt sind, waren ihrem Wortlaut nach an sämtliche Tochtergesellschaften der Gruppe in Europa gerichtet. [Rdn. 834] Somit steht die geltend gemachte besondere Struktur der Royal-Dutch-Shell-Gruppe als solche nicht der Feststellung entgegen, daß es der Klägerin möglich war, sich an einer Verhaltensweise zu beteiligen, die gegen Artikel 85 Absatz 1 EG-Vertrag verstieß, und daß sie damit erst recht Adressat der Entscheidung sein konnte."

130 Die *Nutznießerschaft* als Kriterium zur Bestimmung des Adressaten der Bußgeldentscheidung kommt beispielsweise in der *KOME* im Stahlträger-Fall (*KOME* v. 16.2.94, 94/215/EGKS, *Stahlträgerhersteller*, ABl. 1994 Nr. L 116/1) deutlich zum Ausdruck: "[Rdn. 319] War mehr als ein Unternehmen eines Konzerns an den oben beschriebenen Verstößen beteiligt, so wird diese Entscheidung an das Produktionsunternehmen gerichtet, da die Produktionsunternehmen am meisten von einer vorherigen Kenntnis der Preise und Mengen zu gewinnen haben."

131 Als Beispiel für diese Fallkonstellation läßt sich das soeben im Text in anderem Zusammenhang erwähnte, im Rahmen des PVC-Falles ergangene Urteil des EuG anführen (*EuG* Urt. v. 20.4.99, verb. Rs. T-305/94 u.a., *PVC-Hersteller*, Slg. 1999, I-931). *Enichem,* die Holdinggesellschaft der *ENI-Gruppe,* die im PVC-Fall von der Kommission als Adressat der Bußgeldentscheidung bestimmt wurde, wies in ihrer Klage vor dem EuG darauf hin, daß der PVC Bereich innerhalb der Unternehmensgruppe im Zeitraum der Zuwiderhandlung ausschließlich von der italienischen Gesellschaft der Gruppe *Enichem Anic* geführt worden sei und daher nur letztere für die Zuwiderhandlungen im betreffenden Bereich verantwortlich gemacht werden könne. Das EuG führte jedoch diesbezüglich aus (a.a.O.): "[Rdn. 987] Wie sich aus Randnummer 45 der Entscheidung ergibt, war *Enichem Anic ... nur eine der Produktionsgesellschaften für PVC* innerhalb der Gruppe ENI. Als solche kontrollierte sie Produktionsbetriebe in Italien und war für den Vertrieb in Italien zuständig. Andere Konzerngesellschaften, die über die Enichem International SA, eine Gesellschaft schweizerischen Rechts, kontrolliert wurden, waren dagegen für den Vertrieb außerhalb dieses geographischen Marktes zuständig. Daher ist die Ansicht nicht haltbar, daß eine Gesellschaft wie Enichem Anic, die nur für einen Teil des PVC-Geschäfts der Gruppe zuständig war, allein der Adressat der Entscheidung hätte sein müssen. [Rdn. 988] Zudem ist unbestritten, daß die Klägerin nur eine *Holdinggesellschaft ohne operative Aufgaben* ist. Die Klägerin hat bestätigt, daß 'während des gesamten Untersuchungszeitraums *Enichem SpA* [unter verschiedenen Firmennamen] stets nur die Rolle einer Holdinggesellschaft für die staatlichen Beteiligungen

hierbei anscheinend die Verantwortung der gesamten Unternehmensgruppe deutlich zum Ausdruck gebracht werden. In Fällen mit extraterritorialem Bezug ist schließlich die Kommission dazu geneigt, unabhängig vom Träger der Hauptverantwortung die Bußgeldlast - zumindest in Form einer Gesamtschuld - (auch) auf Konzerngesellschaften mit Sitz innerhalb der Gemeinschaft aufzuerlegen, so daß die *Vollstreckung* erleichtert wird. Aus der jeweiligen Entscheidung der Frage nach der zu sanktionierenden Gesellschaft sind deswegen verallgemeinernde Schlußfolgerungen über die materiell- und beweisrechtlichen Strukturen des Konzepts der wirtschaftlichen Einheit nur mit größter Zurückhaltung zu ziehen[132].

Als typisches Beispiel bietet sich in diesem Zusammenhang der *Tretorn*-Fall an[133], in dem die *Kommission* eine gesamtschuldnerische Geldbuße in Höhe von 600.000 ECU gegen die schwedische Muttergesellschaft Tretorn AB und die englische Tochtergesellschaft Tretorn Sport Ltd. verhängt. Die Kommission rechtfertigt zwar diesen Entschluß damit, "daß der Wettbewerbsverstoß [Parallelexportverbote] zwischen Tretorn und seinen Tochtergesellschaften, insbesondere Tretorn Sport, abgesprochen war"[134]. Diese Argumentation reicht aber nicht aus, um die Abweichung von der einige Monate früher im Karton-Fall aufgestellten Regel zu erklären, daß beim Nachweis der aktiven Verwicklung der Muttergesellschaft in den Verstoß oder bei Beteiligung mehrerer Konzerngesellschaften der gesamte Konzern, vertreten durch die Muttergesellschaft, Adressat der Geldbuße sein soll. Anscheinend sind also reine Zweckmäßigkeitsaspekte, d.h. die Vermeidung der mit der Vollstreckung der Geldbuße in einem Drittland - Schweden war noch nicht EU-Mitgliedstaat - verbundenen Schwierigkeiten gewesen, die die Kommission zu dieser gesamtschuldnerischen Geldbuße veranlaßten.

(2) Konzept der wirtschaftlichen Einheit und Innenverhältnis im Konzern

Das Konzept der wirtschaftlichen Einheit wird in der europäischen Praxis nicht nur zu Lasten von Konzerngesellschaften eingesetzt. Es dient auch dazu, Konzerngesellschaften zu privilegieren, indem es die Ausgestaltung der internen Beziehungen

---

an den einzelnen Produktionsgesellschaften, die einander im PVC-Sektor abgelöst haben, gespielt hat' (vgl. Klageschrift, S. 57). [Rdn. 989] *In einem solchen Fall, in dem es eine Vielzahl operativer Gesellschaften sowohl im Produktions- als auch im Vertriebsbereich gibt, die zudem auf bestimmte geographische Märkte verteilt sind, begeht die Kommission keinen Rechtsfehler, wenn sie ihre Entscheidung an die Holdinggesellschaft der Gruppe und nicht, wie die Klägerin will, an eine der Produktionsgesellschaften der Gruppe richtet.* [Rdn. 990] Es ist richtig, daß die Kommission in der *Polypropylen-Sache* die Entscheidung an Enichem Anic und nicht an die Klägerin gerichtet hat. Diese Feststellung allein rechtfertigt jedoch nicht die Schlußfolgerung, daß die Wahl der Klägerin als der Rechtsperson, an die die Entscheidung zu richten war, unbedingt falsch ist. *Zum einen* steht nämlich nicht fest, daß die Gruppe ENI seinerzeit im Polypropylen-Sektor genauso organisiert war wie im PVC-Sektor. *Zum anderen* kann jedenfalls die Tatsache, daß die Kommission in einer Sache die Entscheidung an eine bestimmte Gesellschaft gerichtet hat, sie in anderen Sachen nicht binden."

132 Vgl. GLEISS / HIRSCH [4. Aufl.], Bd. 1, Rdn. 12 sowie Rdn. 50.

133 *KOME* v. 21.12.94, 94/987/EG, *Tretorn*, ABl. 1994 Nr. L 378/45.

134 *KOME* v. 21.12.94, a.a.O. [Rdn. 76].

zwischen Konzerngliedern (Innenverhältnis) von der Reichweite des Kartellverbotes entzieht[135].

Hierbei wird zum einen anhand des fraglichen Konzepts der tatbestandliche *Geltungsbereich des Art. 81 Abs. 1 EGV n.F. eingeschränkt*: Vereinbarungen und abgestimmte Verhaltensweisen werden nämlich davon ausgenommen, sobald es feststeht, daß die vertragsabschließenden oder kooperierenden Unternehmen eine "wirtschaftliche Einheit" bilden. Konzertierte Praktiken von Konzerngliedern, die in diese Einheit einbezogen werden, fallen damit aus dem Anwendungsbereich des Grundtatbestandes. Ob es hierbei an mehreren "Unternehmen"[136], an einer "Wettbewerbsbeschränkung"[137] oder an einer "Vereinbarung bzw. Verhaltensabstimmung"[138] i.S. des Kartellverbotes fehlt, war allerdings in der Entscheidungspraxis

135 Ausführlich zum sog. Konzernprivileg *GA LENZ*, Schlußanträge v. 25.4.96, in Rs. C-73/95 P, *Viho* , Slg. 1996, I-5447 [I-5465 ff.]; siehe ferner BELLAMY / CHILD [4. Aufl.], Rdn. 2-052; VAN BAEL / BELLIS [3. Aufl.], S. 30 ff.; RITTER / BRAUN / RAWLINSON [1991], S. 34 f.; EMMERICH, in: I/M EG-WbR [1997], Art. 85 Abs. 1, Rdn. 48 ff.; GOLDMAN / LYON-CAEN / VOGEL [5. Aufl.], S. 353 ff.

136 Setzt man das Konzept im Sinne der Anerkennung eines neuen kartellrechtsspezifischen Subjekts ein, so sind die in einer "wirtschaftlichen Einheit" zusammengefaßten juristischen Personen konsequenterweise als *ein* Unternehmen im Sinne des Art. 81 EGV n.F. und ihre Vereinbarungen sind dem Geltungsbereich des Art. 81 EGV n.F. deswegen entzogen, weil es nicht mehr um Vereinbarungen *zwischen* Unternehmen, sondern um *unternehmensinterne* Vereinbarungen geht. Auf den Unternehmensbegriff stellt beispielsweise das *EuG* im *Societa Italiana Vertro* u.a.-Fall ab, vgl. *EuG* Urt. v. 10.3.92, verb. Rs. 68/69 u.a., Slg. 1992, II-1403: "[Rdn. 357] Artikel 85 [= Art. 81 EGV n.F.] [meint] mit Vereinbarungen und abgestimmten Verhaltensweisen zwischen 'Unternehmen' Beziehungen zwischen zwei oder mehr wirtschaftlichen Einheiten ..., die zueinander in Wettbewerb treten können."

137 *EuGH* Urt. v. 25.11.71, Rs. 22/71, *Béguelin*, Slg. 1971, S. 949: "[Rdn. 7/9] Artikel 85 Absatz 1 [= Art. 81 Abs. 1 EGV n.F.] untersagt Kartelle, wenn sie eine *Wettbewerbsstörung* bezwecken oder bewirken. Bei einem Alleinvertriebsvertrag *fehlt diese Voraussetzung*, wenn ein solches Alleinvertriebsrecht de facto von einer Muttergesellschaft teilweise auf eine Tochtergesellschaft übertragen wird, die zwar eigene Rechtspersönlichkeit, jedoch keine wirtschaftliche Selbständigkeit besitzt." - Auch von der Kommission wird beispielsweise im *Christiani & Nielsen*-Fall (*KOME* v. 18.6.69, 69/195/EWG, ABl. 1969, L 165/12 [S. 13 f.]) der Eindruck erweckt, bei konzerninternen Absprachen liege keine "Wettbewerbsbeschränkung" vor ("Die Anwendbarkeit von Artikel 85 Absatz 1 des Vertrages [= Art. 81 Abs. 1 EGV n.F.] setzt jedoch voraus, daß zwischen den fraglichen Unternehmen ein Wettbewerb besteht, der eingeschränkt werden könnte. Im vorliegenden Fall... [ist es nicht möglich die] hunderprozentige Tochtergesellschaft als eine wirtschaftliche Einheit anzusehen, die mit ihrer Muttergesellschaft in Wettbewerb treten kann... Hieraus ergibt sich, daß die fragliche Vereinbarung keine Verhinderung, Einschränkung oder Verfälschung des Wettbewerbs innerhalb des Gemeinsamen Marktes bezwecken oder bewirken kann."

138 *KOME* v. 30.6.70, 70/332/EWG, *Kodak*, ABl. 1970 Nr. L 147/24 [Rdn. 11 und 13]: "Die im Gemeinsamen Markt ansässigen Kodak-Gesellschaften wenden zwar genau die gleichen Geschäftsbedingungen an, aber sie befolgen hierbei die *Weisungen* ihrer Muttergesellschaft, an die sie gebunden sind... Die Übereinstimmung der Geschäftsbedingungen der Kodak-Gesellschaften im Gemeinsamen Markt ergibt sich also *nicht aus einer Vereinbarung oder aufein-*

lange Zeit nicht klargestellt[139]. Erst die Urteile der europäischen Gerichte im *Viho*-Fall, die von einem "einseitigen Verhalten" der Konzernglieder sprechen[140], geben eindeutig zu erkennen, daß die Gemeinschaftspraxis schließlich an das *Tatbestandsmerkmal "Unternehmen"* anknüpft. Dieser unternehmensbezogene Ansatz findet noch stärker darin Ausdruck, daß nach der neueren Rechtsprechung *unter Umständen* keine über das Vorliegen einer "wirtschaftlichen Einheit" hinausgehende Voraussetzung zum Wegfall der Tatbestandsmäßigkeit einer konzerninternen Absprache mehr verlangt wird[141].

Die europäische Rechtsprechung hatte lange Zeit die Nichtanwendbarkeit des Art. 81 EGV n.F. auf konzerninterne Vereinbarungen auch davon abhängig gemacht, daß die jeweils in Frage kommende Vereinbarung ausschließlich der konzerninternen Aufgabenverteilung diene[142]. So führte beispielsweise der *EuGH* in den *Centrafarm*-Fällen aus[143]: "Allerdings ist Artikel 85 [= Art. 81 EGV n.F.] nicht einschlägig bei Vereinbarungen und aufeinander abgestimmten Verhaltensweisen von Unternehmen, die als Mutter- bzw. Tochtergesellschaften ein und demselben Konzern angehören, vorausgesetzt, daß die Unternehmen eine wirtschaftliche Einheit bilden, in deren Rahmen die Tochtergesellschaften ihr Vorgehen auf dem Markt nicht wirklich autonom bestimmen kann, und *ferner*, daß diese Vereinbarungen oder Verhaltensweisen dem Zweck dienen, die interne Aufgabenverteilung zwischen den Unternehmen zu regeln"[144]. Dieses in der

---

ander abgestimmten Verhaltensweise zwischen der Muttergesellschaft und ihren Tochtergesellschaften oder zwischen den einzelnen Tochtergesellschaften [sondern aus einer Weisung]."

139 Vgl. KOCH, in: GRABITZ / HILF [1. Grdlf.], Art. 85, Rdn. 12 ff.

140 *EuG* Urt. v. 12.1.95, Rs. T-102-92, *Viho*, Slg. 1995, II 17: "[Rdn. 63] Im übrigen hat das Gericht bereits entschieden..., daß die Firma Parker und ihre Tochtergesellschaften eine einzige wirtschaftliche Einheit bilden, deren *einseitiges Verhalten* nicht unter das Verbot des Artikels 85 Absatz 1 Buchstabe d des Vertrages [= Art. 81 Abs. 1 Buchst. d EGV n.F.] fällt. Somit besteht im vorliegenden Fall keine Diskriminierung der Klägerin, die nach Artikel 85 Absatz 1 Buchstabe d [= Art. 81 Abs. 1 Buchst. d EGV n.F.] geahndet werden könnte." *EuGH* Urt. v. 24.10.96, Rs. C-73/95 P, *Viho*, Slg. 1996, I-5447: "[Rdn. 17] ... Ein solches *einseitiges Verhalten* könnte jedoch unter Artikel 86 EG-Vertrag [= Art. 82 EGV n.F.] fallen, wenn dessen Tatbestandsmerkmale erfüllt sind."

141 Geht man nämlich davon aus, daß die Anwendung des Kartellverbots am Tatbestandsmerkmal "Unternehmen" scheitert, so kann es nicht darauf ankommen, ob die *konkrete* Vereinbarung der internen Aufgabenverteilung dient. Letztere Voraussetzung kann erst dann von Bedeutung sein, wenn man an das Tatbestandsmerkmal "Wettbewerbsbeschränkung" anknüpft und danach fragt, unter welchen Voraussetzungen die Vereinbarungen zwischen den Unternehmen einer "wirtschaftlichen Einheit" als nicht wettbewerbsbeschränkend anzusehen sind; siehe näher dazu bei der Darstellung der griechischen Praxis, unten im Text, IV B 1.

142 Einen Überblick über die EG-Rechtsprechung bieten die Schlußanträge des *GA Lenz* v. 25.4.96, in Rs. C-73/95 P, *Viho* , Slg. 1996, I-5447 [S. 5465 ff.]

143 *EuGH* Urt. v. 31.10.74, Rs. 15/74, *Centrafarm / Sterling Drug*, Slg. 1974, S. 1147 [Rdn. 41]; *EuGH* Urt. v. 31.10.74, Rs. 16/74, *Centrafarm / Winthrop*, Slg. 1974, S. 1183 [Rdn. 32].

144 So auch *EuGH* Urt. v. 4.5.88, Rs. 30/87, *Bodson*, Slg. 1988, S. 2479 [Rdn. 19].

Literatur stark kritisierte *Kriterium der "internen Aufgabenverteilung"*[145], das auch in der Praxis der EG-Organe sehr weit ausgelegt worden war, spielt in der neueren Rechtsprechung - zumindest *im Hinblick auf zentralistisch strukturierte Konzerne - keine Rolle mehr.* In dem im Jahre 1989 entschiedenen *Ahmed Saeed Flugreisen*-Fall[146] ging so beispielsweise der *EuGH* gar nicht darauf ein und im *Viho*-Fall führte das *EuG* aus[147]: "Die Klägerin beruft sich daher vergeblich darauf, daß die streitigen Vereinbarungen deshalb gegen Artikel 85 Absatz 1 [= Art. 81 Abs. 1 EGV n.F.] verstießen, weil sie über eine interne Aufgabenverteilung innerhalb des Konzerns hinausgingen. Wie sie nämlich schon aus dem Wortlaut von Artikel 85 Absatz 1 [= Art. 81 Abs. 1 EGV n.F.] ergibt, bezieht sich dieser nicht auf Verhaltensweisen, die in Wahrheit solche einer wirtschaftlichen Einheit sind. Es ist nicht zulässig, unter dem Vorwand, bestimmte Verhaltensweisen wie die von der Klägerin gerügten könnten der Anwendung der Wettbewerbsregeln entgehen, Artikel 85 [= Art. 81 EGV n.F.] zu verfälschen, um eine etwaige Lücke in der im Vertrag vorgesehenen Kontrolle zu schließen." Das Urteil des EuG wurde anschließend vom *EuGH* bestätigt[148]: "[Rdn. 16] Es steht fest, daß die Firma Parker 100% des Kapitals ihrer Tochtergesellschaft in Deutschland, Belgien, Spanien, Frankreich und den Niederlanden hält und daß die Verkaufs- und Marketingaktivitäten der Tochtergesellschaften von einer von der Muttergesellschaft bestimmten Gebietsleitung gesteuert werden, die u.a. die Verkaufsziele, die Bruttomargen, die Verkaufskosten, den 'cash flow' und die Lagerbestände überwacht. Diese Gebietsleitung schreibt auch die zu verkaufende Produktpalette vor, kontrolliert Werbeaktionen und erteilt Richtlinien für die Preise und Preisnachlässe. Die Firma Parker und ihre Tochtergesellschaften bilden somit eine *wirtschaftliche Einheit*, in deren Rahmen die Tochtergesellschaften ihr Vorgehen auf dem Markt nicht wirklich autonom bestimmen können, sondern die Anweisungen der sie kontrollierenden Muttergesellschaft befolgen... [Rdn. 17] *Deshalb* führt der Umstand, daß die Verweisungspolitik der Firma Parker, die hauptsächlich in einer Aufteilung verschiedener nationaler Märkte auf ihre Tochtergesellschaften besteht, Auswirkungen außerhalb des Bereichs des Parker-Konzerns haben kann, die die Wettbewerbsposition Dritter zu beeinträchtigen geeignet sind, nicht zur Anwendbarkeit des Artikels 85 EG-Vertrags [= Art. 81 EGV n.F.], selbst wenn man ihn in Verbindung mit den Artikeln 2 und 3 Buchstaben c und g EG-Vertrag liest. Ein solches *einseitiges Verhalten* könnte jedoch unter Artikel 86 EG-Vertrag [= Art. 82 EGV n.F.] fallen, wenn dessen Tatbestandsmerkmale erfüllt sind."

Zum anderen wird auf der Grundlage dieses Konzepts der tatbestandliche *Geltungsbereich von Gruppenfreistellungen erweitert*: auch GVO, die für Vereinbarungen gelten, "an denen nur zwei Unternehmen beteiligt sind", kommen danach

145 GLEISS / HIRSCH [4. Aufl.], Bd. 1, Rdn. 199 ff.; GRILL, in: Lenz, EGV-Kommentar [1. Aufl.], Vorb. Art. 85-90, Rdn. 33.

146 *EuGH* Urt. v. 11.4.89, Rs. 66/86, *Ahmed Saeed Flugreisen*, Slg. 1989, S. 803: "[Rdn. 35 f.] Artikel 85 [= Art. 81 EGV n.F.] [ist] dann nicht anwendbar, wenn die fragliche Absprache zwischen Unternehmen getroffen worden ist, die als Mutter- und Tochtergesellschaft ein und demselben Konzern angehören, vorausgesetzt, daß die Unternehmen eine wirtschaftliche Einheit bilden, in deren Rahmen die Tochtergesellschaft ihr Vorgehen auf dem Markt nicht wirklich autonom bestimmen kann... [Allerdings kann] das Verhalten einer solchen wirtschaftlichen Einheit auf dem Markt ... unter Artikel 86 [= Art. 82 EGV n.F.] fallen."

147 *EuG* Urt. v. 12.1.95, Rs. T-102-92, *Viho*, Slg. 1995, II-17 [Rdn. 54].

148 *EuGH* Urt. v. 24.10.96, Rs. C-73/95 P, *Viho*, Slg. 1996, I-5447.

zur Anwendung, "wenn auf der einer Seite der Vereinbarung mehrere rechtlich selbständige Unternehmen beteiligt sind, vorausgesetzt, diese Unternehmen bilden im Hinblick auf die Vereinbarung eine wirtschaftliche Einheit".

EuGH Urt. v. *12.7.84*, Rs. 170/83, *Hydrotherm / Compact*[149]: Im Rahmen des Vorabentscheidungsverfahrens und auf die vom BGH vorgelegte erste Frage, ob die GVO Nr. 67/67 EWG auch dann anzuwenden sei, wenn auf einer Seite des Vertrags mehrere rechtlich selbständige Unternehmen beteiligt sind und ob es von Bedeutung sei, wenn die mehreren auf einer Vertragsseite beteiligten Unternehmen personell miteinander verbunden sind und im Hinblick auf den Vertrag eine wirtschaftliche Einheit bilden, gab der EuGH folgende Antwort: "[Rdn. 11 und 12] Im Rahmen des Wettbewerbsrechts ist unter dem Begriff des Unternehmens eine im Hinblick auf den jeweiligen Vertragsgegenstand bestehende wirtschaftliche Einheit zu verstehen, selbst wenn diese *wirtschaftliche Einheit rechtlich aus mehreren, natürlichen oder juristischen, Personen gebildet* wird. Die diesbezügliche Voraussetzung des Artikels 1 Absatz 1 der Verordnung Nr. 67/67 ist daher erfüllt, wenn auf einer Seite der Vereinbarung Firmen beteiligt sind, zwischen denen *Interessengleichheit* besteht und die *von eine und derselben - ebenfalls an der Vereinbarung beteiligten - natürlichen Person kontrolliert* werden. Denn unter diesen Umständen ist ein *Wettbewerb* zwischen den Personen, die zusammen als eine einzige Partei an der fraglichen Vereinbarung beteiligt sind, *unmöglich*. Die Antwort auf die erste Frage muß daher lauten, daß die Verordnung Nr. 67/67 auch dann anzuwenden ist, wenn auf einer Seite der Vereinbarung mehrere rechtlich selbständige Unternehmen beteiligt sind, vorausgesetzt, diese Unternehmen bilden im Hinblick auf die Vereinbarung eine wirtschaftliche Einheit."

Diesem Vorteil steht freilich der Nachteil entgegen, daß bei den Marktanteils- und Umsatzgrenzen der GVO, die die Erhaltung des Restwettbewerbs gewährleisten sollen, neben den an der Vereinbarung beteiligten auch die mit ihnen verbundenen Unternehmen zu berücksichtigen sind[150]. Die einzelnen Konzerngesellschaften müssen sich ferner Marktanteile und Umsätze der anderen Konzerngesellschaften sowohl im Rahmen der Anwendung des Art. 81 EGV n.F. (Bagatellbekanntmachung), als auch im Hinblick auf die Bestimmung der von Art. 82 EGV n.F. vorausgesetzten marktbeherrschenden Stellung zurechnen lassen[151].

(3) Vergleich des Inhalts des Konzepts im Innen- und im Außenverhältnis

Der kollektiven Inanspruchnahme von Konzerngesellschaften für tatbestandsmäßige Handlungen i.e.S. einer der Gesellschaften (benachteiligende Behandlung im Außenverhältnis) steht somit im Gemeinschaftsrecht die Entziehung der konzerninternen Vereinbarungen vom Anwendungsbereich des Art. 81 EGV n.F. (begünstigende Behandlung im Innenverhältnis) gegenüber. Die Gemeinschaftsorgane legen damit ihrer konzernrelevanten Praxis konsequent einen wirtschaftlichen Un-

149 Slg. 1984, S. 2999.

150 Vgl. KOCH, in: GRABITZ / HILF [1. Grdlf.], Art. 85, Rdn. 16.

151 Vgl. dazu GLEISS / HIRSCH [4. Aufl.], Bd. 1, Rdn. 59 f.

ternehmensbegriff zugrunde, der sich in Fragen der Zurechnung zu*un*gunsten, bei konzerninternen Absprachen dagegen zugunsten der Konzernglieder auswirkt[152].

Zu beachten ist allerdings dabei, daß das Konzept der wirtschaftlichen Einheit bei seinen beiden konzernrelevanten Funktionen *nicht* denselben Inhalt hat. Dieser Befund läßt sich bereits aus dem Wortlaut der europäischen Rechtsprechung eindeutig ableiten.

EuGH Urt. v. 14.7.72, Rs. 48/69, *Imperial Chemical Industies*[153]: "[Rdn. 136/141] Der Umstand, daß die Tochtergesellschaft eigene Rechtspersönlichkeit besitzt, vermag indessen noch nicht auszuschließen, daß ihr Verhalten der Muttergesellschaft zugerechnet werden kann. Dies gilt namentlich dann, wenn die Tochtergesellschaft trotz eigener Rechtspersönlichkeit ihr Marktverhalten nicht autonom bestimmt, sondern im wesentlichen Weisungen der Muttergesellschaft befolgt. Kann die Tochtergesellschaft ihr Vorgehen auf dem Markt nicht wirklich autonom bestimmen, so sind die Verbotsvorschriften des Artikels 85 Absatz 1 [= Art. 81 Abs. 1 EGV n.F.] in den Beziehungen zwischen ihr und der Muttergesellschaft, mit der sie dann eine wirtschaftliche Einheit bildet, *unanwendbar*. Wegen der Einheit des so gebildeten Konzerns kann das Vorgehen der Tochtergesellschaften *unter bestimmten Umständen der Muttergesellschaft zugerechnet* werden."[154]

Wird also die Gestaltung des internen Verhältnisses zwischen Konzerngesellschaften wegen der Annahme einer "wirtschaftlichen Einheit" vom Anwendungsbereich des Art. 81 EGV n.F. ausgenommen, bedeutet dies keineswegs, daß jede dieser Konzerngesellschaften bzw. die Muttergesellschaft dadurch in der Zukunft zum Zurechnungsadressaten sämtlicher Handlungen der anderen Konzerngesellschaften bzw. der Tochtergesellschaft wird. Zur Begründung der bußgeldrechtlichen Verantwortung eines nicht tatbestandsmäßig i.e.S. handelnden Konzerngliedes im Hinblick auf einen konkreten wettbewerbswidrigen Vorgang müssen vielmehr weitere Bedingungen ("*unter bestimmten Umständen*") erfüllt sein.

Betrachtet man nun die oben systematisch dargestellten Voraussetzungen des Konzepts der wirtschaftlichen Einheit, so liegt die Annahme nahe, daß für die Nichtanwendung des Kartellverbots auf das Konzern-Innenverhältnis nur die beiden ersten der im Rahmen der Anwendung des Konzepts im Konzern-Außenverhältnis - also insgesamt: die *tatsächliche* Zusammenfassung der Konzerngliedern unter einheitlicher Leitung - von Bedeutung sind. Diese Voraussetzungen sind hinreichende, jedoch zugleich auch *erforderliche* Bedingung, um das Kartellverbot auf konzerninterne Absprachen für nicht anwendbar zu erklären.

---

152 KOCH, in: GRABITZ / HILF [1. Grdlf.], Art. 85, Rdn. 42 sowie [4 EL Juni 90] vor Art. 85, Rdn. 12: "Damit legt der EuGH konsequent einen wirtschaftlichen Unternehmensbegriff zugrunde, der sich hier [Verhaltenszurechnung zwischen Mutter- und Tochtergesellschaft] zuungunsten, bei konzerninternen Absprachen zugunsten der Beteiligten auswirkt."

153 Slg. 1972, S. 619.

154 Vgl. *EuGH* Urt. v. 14.7.72, Rs. 52/69, *Geigy*, Slg. 1972, S. 787 [Rdn. 44].

Die *Nichtanwendung* des Art. 81 Abs. 1 EGV n.F. auf konzerninterne Absprachen kann insoweit - entgegen der von GLEISS / HIRSCH vertretenen Auffassung[155] - nicht ausschließlich darauf gestützt werden, daß *nicht ausgenutzte* Einfluß- und Kontrollmöglichkeiten bestehen. Eine solche Fallkonstellation begründet noch keine wirtschaftliche Einheit zwischen den Konzerngliedern und vermag dementsprechend die Ausschaltung des Kartellverbots nicht zu rechtfertigen[156].

Eine andere Frage ist allerdings, ob eine Vereinbarung oder ein abgestimmtes Verhalten zwischen den der *tatsächlichen* einheitlichen Leitung der Obergesellschaft unterstehenden Konzerngliedern auch dann vom Anwendungsbereich des Art. 81 Abs. 1 EGV n.F. ausgenommen werden können, wenn sie nicht auf (verbindlichen) Weisungen der Obergesellschaft beruhen. Diese Frage ist zumindest dann zu bejahen, wenn sich das fragliche Verhalten auf die der einheitlichen Konzernleitung unterworfenen Unternehmenspolitiken bezieht und dem Konzerninteresse dient.

Eine andere Frage ist auch, ob bestehende, aber nicht ausgenutzte Einfluß- und Kontrollmöglichkeiten ausreichen, um die gegenseitige *Zurechnung von Marktanteilen und Umsätzen* zwischen den Konzerngesellschaften im Rahmen der Anwendung der GVO, der de-minimis Regel (Art. 81 Abs. 1 EGV n.F.) oder des Art. 82 EGV n.F. zu begründen. Auch diese Frage ist zu bejahen, weil das materielle Urteil bezüglich der (psychologischen) Marktauswirkungen einer wettbewerbsbeschränkenden Absprache oder der Existenz einer marktbeherrschenden Stellung von der wirtschaftlichen Macht der jeweils handelnden Rechtssubjekte abhängt. Diese Macht läßt sich aber erst dann richtig einschätzen, wenn auch die Wirtschaftsstruktur und die *zukünftigen* Handlungsmöglichkeiten der fraglichen Rechtssubjekte berücksichtigt werden. Bestehende, gesellschaftsrechtlich gesicherte und damit auf Dauer angelegte Einfluß- und Kontrollmöglichkeiten - die zukünftig ausgeübt werden können - lassen sich aber insoweit vom Prozeß einer wettbewerbstheoretisch fundierten Entscheidungsfindung nicht wegdenken.

Zur bußgeldrechtlichen Inanspruchnahme einer der Konzerngesellschaften bzw. der Muttergesellschaft für die tatbestandsmäßigen Handlungen i.e.S. eines (untergeordneten) Konzernglieds ist hingegen immer auch die Rolle dieser Gesellschaften

---

155 GLEISS / HIRSCH [4. Aufl.], Bd. 1: "[Rdn. 196] Die Kommission scheint ... darauf abzuheben, ob bestehende Einfluß- und Kontrollmöglichkeiten tatsächlich auch genutzt werden; nur dann soll Art. 85 [= Art. 81 EGV n.F.] auf Absprachen zwischen Mutter- und Tochtergesellschaft unanwendbar sein... Diese Auffassung ist unzutreffend... Auch wenn die Konzernleitung ganz auf Weisungen verzichtet, ändert das doch nichts daran, daß die Tochtergesellschaft abhängig ist und wirtschaftlich kein Eigenleben führen kann... [Rdn. 197] *Maßgebend ist vielmehr, ob bei wirtschaftlicher Betrachtungsweise die Muttergesellschaft die Möglichkeit hat, das Verhalten der Tochtergesellschaft am Markt zu bestimmen.* Dieser Einfluß muß auf Dauer angelegt sein... Einen Anhaltspunkt bietet Art. 3 (3) der RatsVO Nr. 4064/89 über die Kontrolle von Unternehmenszusammenschlüssen. Danach kommt es darauf an, ob ein Unternehmen aufgrund von Rechten, Verträgen oder anderen Mitteln unter Berücksichtigung aller tatsächlichen oder rechtlichen Umständen die Möglichkeit hat, die Tätigkeit eines anderen Unternehmens zu bestimmen. Das ist eine auch für Art. 85 [= Art. 81 EGV n.F.] brauchbare Formel."

156 Vgl. EMMERICH, in: I/M EG-WbR [1997], Art. 85 Abs. 1, Rdn. 55 und 57; die tatsächliche Ausübung der rechtlich zustehenden Kontrollmöglichkeiten fordert auch KOCH, in: GRABITZ / HILF [1. Grdlf.], Art. 85, Rdn. 44.

vor dem Hintergrund des *konkreten* wettbewerbswidrigen Geschehens zu überprüfen.

Als unzutreffend sollte insoweit die im Schrifttum vertretene Auffassung betrachtet werden, die von der Identität der Kriterien des Konzepts im Innen- und Außenverhältnis ausgeht[157]. - Im Falle beispielsweise, in dem die Muttergesellschaft eines europaweit tätigen Konzerns ihren kontrollierten Tochtergesellschaften Exportverbote bezüglich ihrer Verkäufe auferlegt, jedoch zugleich darauf hinweist, daß die Tochtergesellschaften keine solchen Exportverbote in den Vereinbarungen mit ihren Großhändlern im Außenverhältnis benutzen dürfen, muß bei weisungswidrigem Verhalten einer Tochtergesellschaft differenziert werden: Die konzerninterne Vereinbarung der Exportverbote fällt zwar nicht unter Art. 81 Abs. 1 EGV n.F., da Mutter- und Tochtergesellschaft eine "wirtschaftliche Einheit" bilden. Für die exportverhindernde Vereinbarung der Tochtergesellschaft mit ihren Großhändlern ist hingegen *nur* die Tochtergesellschaft zur bußgeldrechtlichen Verantwortung zu ziehen, da sich diesbezüglich keine Kenntnis und keine Beteiligung der Muttergesellschaft feststellen läßt[158].

Angesichts einerseits der Anerkennung einer Pflicht der Obergesellschaft zum Einschreiten gegen bekannte Verstöße der abhängigen Gesellschaften und andererseits der oben skizzierten Ausgestaltung der Beweismaßstäbe, die unter Umständen aus dem Kapitalbesitz und den dadurch bedingten weitgehenden Kontrollmöglichkeiten auf das Vorliegen der "wirtschaftlichen Einheit" und der Kenntnis und / oder der Beteiligung schließen, dürfte diese Differenzierung allerdings oft in praktischer Hinsicht leerlaufen.

(4) Praxisrelevante Funktionen des Konzepts

(a) Extraterritoriale Anwendung

Das Konzept der wirtschaftlichen Einheit verdankt seine *Entstehung* vor allem dem Bemühen des EuGH, die aus wettbewerbspolitischen Gründen angestrebte extrater-

157 Vgl. z.B. EMMERICH, in: I/M EG-WbR [1997], Art. 85 Abs. 1, Rdn. 61: "Aufs ganze gesehen sollten hier jedoch dieselben Kriterien maßgebend sein, wie sie bei der Frage zugrunde gelegt werden, ob konzerninterne Wettbewerbsbeschränkungen ausnahmsweise nicht gegen Art. 85 Abs. 1 [. Art. 81 Abs. 1 EGV n.F.] verstoßen, weil die verbundenen Unternehmen eine wirtschaftliche Einheit bilden." Insbesondere die von GLEISS / HIRSCH, ([4. Aufl.], Bd. 1, Rdn. 196) vertretene Auffassung ("Der EuGH hat nirgends die Auffassung vertreten, daß die Entscheidungsautonomie der Tochter nur dann entfällt, wenn die Mutter tatsächlich Weisungen erteilt oder sonstwie im Einzelfall aktiv auf das Marktverhalten der Tochter einwirkt. *Für die Zurechnung im Außenverhältnis ist dies nicht erforderlich*...; ebensowenig also im Innenverhältnis") verstößt bereits gegen den Wortlaut der Ausführungen des EuGH im AEG-Fall (Urt. v. 25.10.83, Rs. 107/82, *AEG*, Slg. 1983, S. 3151 [Rdn. 50]): "Da AEG [*Muttergesellschaft*] nicht bestritten hat, daß sie in der Lage war, die Vertriebs- und Preispolitik ihrer Tochtergesellschaften entscheidend zu beeinflussen, bleibt zu prüfen, ob sie von dieser Möglichkeit *tatsächlich* Gebrauch gemacht hat..."

158 A.A. wohl HAMANN, S. 87: "Die wirtschaftliche Einheit kann durch die Mißachtung einer einzelnen Weisung nicht aufgelöst werden, da es auf die allgemeine Bestimmung der Geschäftspolitik ankommt."

ritoriale Anwendung der kartellrechtlichen Normen bereits durch das völkerrechtlich einstimmig anerkannte *Territorialitätsprinzip*[159], also ohne Heranziehung des völkerrechtlich umstrittenen *Auswirkungsprinzips*[160], zu gewährleisten[161]. Das Problem mit dem Territorialitätsprinzip liegt allerdings darin, daß es Unternehmen mit Sitz in Drittländern, die jede Handlung in der Gemeinschaft vermeiden und ihre im Ausland aufgestellten wettbewerbswidrigen Pläne über EG-Tochtergesellschaften durchführen lassen, nur schwer erfassen kann. Durch die Verknüpfung des Territorialitätsprinzips mit dem Konzept der wirtschaftlichen Einheit[162], ist aber dem EuGH schon seit Anfang der 70er Jahre gelungen, dieses Hindernis zu überwinden. Die für die Anwendung des Gemeinschaftsrechts vom EuGH geforderten territorialen Bezüge werden nämlich seitdem in Fällen wie den soeben geschilderten dadurch hergestellt, daß die im Territorium der Gemeinschaft von den Tochtergesellschaften vorgenommenen *Durchführungs*handlungen kraft der angenommenen "wirtschaftlichen Einheit" (auch) als Handlungen der Muttergesellschaften aufgefaßt werden[163]. Die Stützung der Ahndbarkeit auf die im Ausland erfolgte *Veranlassung*, die nur unter Zugrundelegung des Auswirkungsprinzips möglich wäre, ist aber dann nicht mehr erforderlich[164].

Erstmals stellte sich das Problem im *ICI*-Fall[165], weil an den dort beanstandeten abgestimmten Verhaltensweisen auch Firmen aus der Schweiz und Großbritannien - das 1972 noch nicht Mitglied der EG war - beteiligt waren. Die klagende Imperial Chemical Indurstries (ICI) hatte u.a., gestützt auf eine Gutachten des britischen Völkerrechtlers Sir Robert Y. Jennings, Professor an der Universität Cambridge, die Zuständigkeit der Kommission bestritten, ein Verhalten zu verfolgen, das außerhalb der Gemeinschaften gesetzt worden war, nur weil es sich innerhalb der Gemeinschaften ausgewirkt hatte. Der *EuGH* stellte auf die Verwirklichung der verbotenen Verhaltensweisen im Binnenmarkt ab, vermied jedoch eine eindeutige Aussage zu den Argumenten Jennings da-

---

159 Zur Problematik der möglichen Anknüpfungspunkte für die Bestimmung des räumlichen Anwendungsbereichs der gemeinschaftsrechtlichen Wettbewerbsvorschriften siehe MENG, in: G/T/E [4. Aufl.], Vorb. zu den Art. 85 bis 89, Rdn. 32 ff., insbes. 67 ff.; zusammenf. TSOLKA, S. 115 f.

160 Vgl. KOCH, in: GRABITZ / HILF [4 EL Juni 90], vor Art. 85, Rdn. 14.

161 Vgl. dazu die Schlußanträge des *GA LENZ* v. 25.4.96, in Rs. C-73/95 P, *Viho*, Slg. 1996, I-5447 [Rdn. 36].

162 Vgl. MENG, in: G/T/E [4. Aufl.], Vorb. zu den Art. 85 bis 89, Rdn. 84; DANNECKER / FISCHER-FRITSCH, S. 26 und 262.

163 Vgl. KOCH, in: GRABITZ / HILF [4 EL Juni 90], vor Art. 85, Rdn. 12.

164 Vergleiche auch die Schlußanträge des *GA LENZ* v. 25.4.96, Rs. C-73/95 P, *Viho*, Slg. 1996, I-5447: "[Rdn. 36] Aus dem Zusammenhang [im ICI-Fall] erhellt..., daß es dem Gerichtshof dabei in erster Linie darum ging, einen Anknüpfungspunkt innerhalb der Gemeinschaft zu finden, der es ermöglichte, abgestimmte Verhaltensweisen von Unternehmen zu sanktionieren, die in Drittstaaten ansässig waren. Die von ihm vertretene Auffassung erlaubte es dem Gerichtshof, eine entsprechende Zuständigkeit der Gemeinschaft zu bejahen, ohne sich auf das im Völkerrecht umstrittene Auswirkungsprinzip stützen zu müssen."

165 *EuGH* Urt. v. 14.7.72, Rs. 48/69, *Imperial Chemical Industies*, Slg. 1972, S. 619.

durch, daß er das Verhalten der im Binnenmarkt angesiedelten Tochtergesellschaften der ICI mangels operativer Eigenständigkeit der Muttergesellschaft zurechnete und so auch die Tat selbst im Binnenmarkt ansiedelte: "[Rdn. 136/141] Es ist offenkundig, daß die Klägerin [ICI] seinerzeit das gesamte Kapital oder jedenfalls die Kapitalmehrheit ihrer Tochtergesellschaften hielt. Sie konnte die Preispolitik ihrer Tochtergesellschaften im Gemeinsamen Markt entscheidend beeinflussen und hat *von ihrer Weisungsbefugnis* bei den drei fraglichen Preiserhöhungen auch *tatsächlich Gebrauch gemacht*... Unter diesen Umständen kann die sich aus der Verschiedenheit der Rechtspersönlichkeit ergebende formelle Trennung zwischen Muttergesellschaft und Tochtergesellschaften nicht hindern, daß ihr Verhalten auf dem Markt für die Anwendung der Wettbewerbsregeln als Einheit angesehen wird. Daher ist sehr wohl die Klägerin das Unternehmen, das die abgestimmte Verhaltensweise [*Verstoß gegen Art. 81 EGV n.F.*] innerhalb des Gemeinsamen Marktes verwirklicht hat."[166]

Im Ergebnis hat also der EuGH mit dem Konzept der wirtschaftlichen Einheit in gewissem Maße[167] den Weg geöffnet, um auch unter Zugrundelegung des Territorialitätsstatuts die in Drittländern wettbewerbswidrig handelnden außereuropäischen Muttergesellschaften als (Mit-)Täter von gemeinschaftsrechtlichen Kartelldelikten zu einer nach ihren wirtschaftlichen Kräften bemessenen Geldbuße verurteilen zu können.

Ähnlich wie bei der Rechtsprechung des EuGH läßt sich feststellen, daß das Konzept der wirtschaftlichen Einheit auch in der Kommissionspraxis zur Begründung der extraterritorialen Anwendung der Bußgeldnormen eine wichtige Rolle spielt. - Anders als der EuGH bedarf zwar die Kommission *nicht* des Konzepts der wirtschaftlichen Einheit zur Ausdehnung der Reichweite der EG-Bußgeldnormen auf auslandsbezogene Sachverhalte. Die EG-Wettbewerbsbehörde geht nämlich eindeutig in ihrer Praxis vom Auswir-

---

166 Vgl. auch *EuGH* Urt. v. 21.2.73, Rs. 6/72, *Continental Can*, Slg. 1973, S. 215 [Rdn. 16]; *EuGH* Urt. v. 6.3.74, verb. Rs. 6 und 7/73, *Commercial Solvents*, Slg. 1974, S. 223 [Rdn. 41].

167 Die Vorteile des Auswirkungsprinzips werden allerdings noch nicht erreicht, denn beim Fehlen von abhängigen (Zweigniederlassungen, Agenturen und) Tochtergesellschaften in der EG die Veranlassung einer Wettbewerbsbeschränkung vom Unternehmen eines Drittlandes nicht erfaßt werden kann; vgl. DANNECKER / FISCHER-FRITSCH, S. 27. - Im Hinblick darauf, daß auch das vom EuGH im *Zellstoff*-Fall (Rs. 89/85 u.a., *Ahlström I*, Slg. 1988, S. 5193) entwickelte sog. "Durchführungsprinzip" (wonach für die Anwendung des Gemeinschaftsrechts nicht darauf ankomme, ob in der Gemeinschaft ansässige Tochtergesellschaften, Agenten oder Zweigniederlassungen eingeschaltet worden seien, sondern allein die Frage entscheidend sei, ob das Kartell *innerhalb* des Gemeinsamen Marktes *durchgeführt* worden sei) weiterhin in vielen Fällen (z.B. wenn es um wettbewerbsbeschränkende Absprachen von Drittstaatsunternehmen über die Nichtbelieferung der Gemeinschaft, d.h. über *Unterlassungen* geht) versagt (vgl. dazu BAUDENBACHER, in: Schwerpunkte des Kartellrechts 1997, S. 21 f.), bleibt letztlich für den EuGH nur die Anknüpfung an das Auswirkungsprinzip (vgl. *GA DARMON*, Schlußanträge v. 25.5.88, verb. Rs. 89/85 u.a., *Ahlström I*, Slg. 1988, S. 5214 [S. 5214 ff., insb. Rdn. 57 f.]) übrig, welche nach MENG (in: G/T/E [4. Aufl.], Vorbem. zu den Art. 85 bis 89, Rdn. 95) "nicht nur methodisch unausweichlich, sondern auch völkerrechtlich zulässig ist".

kungsprinzip aus[168]. Nach dem Wirkungsstatus reicht es aber für die bußgeldrechtliche Inanspruchnahme von Unternehmen mit Sitz außerhalb der EG aus, wenn die im Ausland vorgenommenen Handlungen dieser Unternehmen wettbewerbsbeeinträchtigende Auswirkungen innerhalb der EG auslösen[169]. Auf Durchführungshandlungen von EG-Tochtergesellschaften im Territorium der Gemeinschaft muß man nicht abstellen. Die Kommission verzichtet allerdings in auslandsbezogenen Fällen nicht darauf, das Konzept der wirtschaftlichen Einheit zur Begründung der Verantwortung von Unternehmen mit Sitz in Drittstaaten heranzuziehen[170]. So kommt es zur der eingangs erwähnten praktischen Relevanz des Konzepts bei der Begründung der extraterritorialen Anwendung der Bußgeldnormen.

(b) Extraterritoriale Durchsetzung

Insoweit erweist sich das Konzept der wirtschaftlichen Einheit freilich auch für die extraterritoriale Durchsetzung der kartellrechtlichen Normen, d.h. für verfahrensrechtliche Fragen bezüglich der Zustellung und der Vollstreckung von Entscheidungen gegen außereuropäische Unternehmen, von praktischer Bedeutung[171]. Hierbei ist es irrelevant, ob die Verantwortung des Unternehmens mit Sitz in Drittstaaten aufgrund des Auswirkungsprinzips, des Territorialitätsprinzips oder des Territorialitätsprinzips in Verbindung mit dem Konzept der wirtschaftlichen Einheit begründet wird. Gibt es nämlich eine in der EG ansässige Tochtergesellschaft des ausländischen Unternehmens, die mit diesem eine "wirtschaftliche Einheit" bildet, dann darf die an die ausländische Muttergesellschaft adressierte Entscheidung der Tochtergesellschaft zugestellt werden[172]. Die Kenntnis der Tochtergesellschaft wird in diesen Fällen kraft der "wirtschaftlichen Einheit" der Muttergesellschaft zugerechnet, und zwar auch dann, wenn sich die letztere weigert, die Entscheidung zur Kenntnis zu nehmen[173]. Darüber hinaus lassen sich - durch die Verhängung von *gesamtschuldnerischen* Geldbußen - Vollstreckungsmaßnahmen gegen die Tochter-

---

168 Siehe dazu den XI. Bericht über die Wettbewerbspolitik 1981, S. 39 f.; KOCH, in: GRABITZ / HILF [4 EL Juni 90], vor Art. 85 Rdn. 11; BAUDENBACHER, in: Schwerpunkte des Kartellrechts 1997, S. 20 und 22.

169 Vgl. *KOME* v. 19.12.84, 85/202/EWG, *Zellstoff*, ABl. 1985 Nr. L 85/1; siehe ferner KOCH, in: GRABITZ / HILF [4 EL Juni 90], vor Art. 85 Rdn. 11.

170 Vgl. DANNECKER / FISCHER-FRITSCH, S. 26 f.

171 Zur Unterscheidung zwischen dem Problemkreis der materiellen extraterritorialen Anwendbarkeit einer Norm und dem Fragenkreis der formellen Durchsetzbarkeit derselben Norm im Ausland siehe MENG, in: G/T/E [4. Aufl.], Vorbem. zu den Art. 85 bis 89, Rdn. 34.

172 Vgl. z.B. *KOME* v. 22.12.87, 88/138/EWG, *Eurofix-Bauco / Hilti*, ABl. 1988, Nr. L 65/19: Die gegen die in Lichtenstein ansässige Hilti AG adressierte Entscheidung (Art. 2 des verfüg. Teils), wird der im Vereinigten Königreich ansässigen Tochtergesellschaft Hilti GB zugestellt (Art. 4 des verfügenden Teils); siehe ferner zur diesbezüglichen Praxis der Gemeinschaftsorgane GLEISS / HIRSCH [4. Aufl.], Bd. 1, Rdn. 47.

173 MENG, in: G/T/E [4. Aufl.], Vorbem. zu den Art. 85 bis 89, Rdn. 97. Hingewiesen sei darauf, daß der Begriff der "wirtschaftlichen Einheit" in diesem Zusammenhang in einem weiten Sinne zu verstehen ist; siehe dazu unten im Text bezüglich der Voraussetzungen für die Annahme einer "wirtschaftlichen Einheit" im Konzern-Innenverhältnis.

gesellschaft einleiten[174]. Wenn auch mittelbar, wird also doch schließlich die - sonst wegen der mangelnden gemeinschaftsrechtlichen Zustellungs- und Vollstreckungsbefugnisse auf fremden Territorien[175] sehr problematischen - Durchsetzung von (Bußgeld)Entscheidungen gegen ausländische (Mutter-)Gesellschaften erreicht.

Das Konzept der wirtschaftlichen Einheit wird in Fragen der Zustellung und Zwangsvollstreckung von Bußgeldentscheidung auch für die Kommission erforderlich, wenn diese Entscheidungen an in Drittländer ansässige Unternehmen adressiert sind. Auch das Auswirkungsprinzip, von dem die Kommission ausgeht, kann nämlich bei den hier auftretenden Problemen der mangelnden Zwangsvollstreckungsgewalt der Gemeinschaft nicht weiter helfen. Das fragliche Konzept ermöglicht dagegen der europäischen Wettbewerbsbehörde, die EG-Tochtergesellschaften der ausländischen Entscheidungsadressaten als Zustellungsadressaten und Zwangsvollstreckungssubjekte in Anspruch zu nehmen, soweit die Voraussetzungen einer "wirtschaftlichen Einheit" erfüllt sind.

(c) Realitätsnahe Gestaltung der unternehmensstrafrechtlichen Zurechungslehre

Das Konzept der wirtschaftlichen Einheit ist *heute* weitgehend unabhängig vom ursprünglichen Hintergrund der extraterritorialen Anwendung und Durchsetzung des Kartellbußgeldrechts zu sehen. Dem fraglichen Konzept kommt vielmehr eine selbständige Bedeutung im Sinne einer modernen, auf Konzerne zugeschnittenen Zurechungslehre zu[176].

Das Konzept ermöglicht nämlich zunächst der europäischen Praxis, nicht nur die tatbestandsmäßigen Handlungen i.e.S. der im Vordergrund stehenden Konzernglieder, sondern auch die von anderen gleich- oder höherstufigen Konzerngliedern ausgehenden und in *normativer* Hinsicht wegen der (faktischen) Leitungsbefugnisse dieser Konzernglieder oft schwerer ins Gewicht fallenden *fördernden* Hand-

---

[174] Dies muß wohl auch PERNICE (in: GRABITZ / HILF [5 EL Sept. 92], nach Art. 87, VO 17 Vorbem., Rdn. 50) meinen, obwohl er im Zusammenhang mit der von ihm bejahten Möglichkeit der Einleitung von Vollstreckungsmaßnahmen gegen eine europäische Tochtergesellschaft die Voraussetzung der Verhängung einer gesamtschuldnerischen Geldbuße nicht ausdrücklich erwähnt.

[175] Zum völkerrechtlichen Prinzip der Achtung der Gebietshoheit fremder Staaten und zu den damit zusammenhängenden Problemen der verfahrensrechtlichen Durchsetzbarkeit des EG-Kartellrechts siehe KOCH, in: GRABITZ / HILF [4 EL Juni 90], vor Art. 85, Rdn. 15 ff.; BUNTE, in: LANGEN / BUNTE [8. Aufl.], Bd. 1, Einführung zum EG-Kartellrecht, S. 1415 ff. (Rdn. 44 ff.); PERNICE, in: GRABITZ / HILF [5 EL Sept. 92], nach Art. 87, VO 17 Vorbem., Rdn. 48 ff.

[176] Als Zurechnungsgrund trägt das Konzept der wirtschaftlichen Einheit ferner zur sachgerechten *Bestimmung der marktrelevanten Eigenschaften des jeweils betroffenen Rechtssubjekts* bei, indem es der europäischen Rechtsprechung die dogmatische Grundlage bietet, um bei der Berechnung der für die Anwendung der Kartellnormen maßgebenden Umsätze und Marktanteile dieses Rechtssubjekts die Umsätze und Marktanteile aller mit diesem wirtschaftlich vereinheitlichten Rechtssubjekten berücksichtigen zu können, siehe dazu bereits oben im Text, III A 3.

lungen sachgemäß und unter beweismäßigen Erleichterungen zu erfassen. Dadurch wird eine sinnvolle Zuordnung der bußgeldrechtlichen Verantwortung für das wettbewerbswidrige Geschehen erreicht, und der bußgeldrechtliche Schuldvorwurf gewinnt an Überzeugungskraft.

Hervorzuheben ist dabei, daß sich ohne den dogmatischen Beitrag des fraglichen Konzepts die materiellrechtliche Erfassung des fördernden aktiven Verhaltens der im Hintergrund stehenden Konzernglieder problematisch erweisen könnte. Der im gemeinschaftlichen Bußgeldrecht geltende Gesetzlichkeitsgrundsatz einerseits und der Mangel an ausdrücklichen Regeln, die entweder das Einheitstäterprinzip normieren oder die bußgeldrechtliche Verantwortung über das tatbestandsmäßige Verhalten i.e.S. hinaus auf Teilnahmehandlungen (Anstiftung, Beihilfe) ausweiten würden, legen nämlich die Annahme nahe, daß grundsätzlich nur derjenige bußgeldrechtlich belangt werden darf, der die in Art. 81 Abs. 1 oder 82 EGV n.F. tatbestandsmäßig umschriebene Handlung verwirklicht, beispielsweise als *zivilrechtlicher Partner* einer wettbewerbsbeschränkenden Vereinbarung auftritt[177]. Mit Hilfe des Konzepts der wirtschaftlichen Einheit und der Anknüpfung an das Tatbestandsmerkmal des "Unternehmens" läßt sich aber diese *wettbewerbspolitisch* wenig befriedigende Rechtslage zumindest mit Blick auf Konzerne sachgerecht und rechtsstaatlich überzeugend modifizieren.

Kraft der Annahme eines *einheitlichen Unternehmens* zwischen den das Marktverhalten der wirtschaftlichen Einheit "steuernden" und den die tatbestandsmäßigen Handlungen i.e.S. vornehmenden Konzerngliedern läßt sich nämlich eine gemeinsame (Mit-)Täterschaft aller Konzernglieder dogmatisch begründen. Dadurch können nicht nur Mutter-, sondern auch Tochtergesellschaften, die sich auf die "anstiftende" oder "unterstützende" Tätigkeit der Planaufstellung und Koordinierung beschränken, als Urheber der tatbestandsmäßigen Handlung i.e.S. erfaßt und mit Geldbußen belegt werden[178].

Zuzugestehen ist allerdings, daß aktive Beteiligungshandlungen von erheblichem Umfang wegen der generalklauselartigen Fassung der Bußgeldtatbestände auch dann als tatbestandsmäßige Handlungen (z.B. als Verhaltensabstimmung) gewertet und damit geahndet werden können, wenn zwischen den betroffenen Unternehmen keine Konzernbeziehungen bestehen[179]. Dies wird um so deutlicher, wenn man annimmt, daß die Gemeinschaftsorgane trotz des Mangels an einer ausdrücklichen entsprechenden Regelung im europäischen Kartellbußgeldrecht vom Einheitstäterprinzip ausgehen[180]. Insoweit beschränken sich die Besonderheiten des Konzepts der wirtschaftlichen Einheit unter dem Aspekt der Erfassung von aktiven Beteiligungshandlungen auf die skizzierten beweisrechtlichen Erleichterungen.

Das Konzept der wirtschaftlichen Einheit dient aber auch der Begründung einer allgemeinen Haftung von herrschenden Konzerngesellschaften wegen der *Unterlassung* des Einschreitens gegen bekannte Verstöße von abhängigen Konzernge-

---

177 Siehe dazu bereits oben im Text, *Zweiter Teil* III A 4 (a).

178 Vgl. auch die oben im Text (III A 4 a) bezüglich der extraterritorialen Anwendung des Kartellrechts angeführten Beispiele und Hinweise.

179 Vgl. dazu LIPOWSKY, S. 192 ff.

180 Vgl. dazu oben im Text, *Zweiter Teil* III A 4 (a).

lassung des Einschreitens gegen bekannte Verstöße von abhängigen Konzerngesellschaften. Dabei geht es nicht (nur) um eine beweisrechtliche Erleichterung, die die Inanspruchnahme von herrschenden Konzerngesellschaften auch dann ermöglicht, wenn Beweise bezüglich einer aktiven Beteiligung an den Verstößen der abhängigen Konzernglieder fehlen. Es geht (vielmehr) um einen *materiellrechtlichen* Haftungsansatz, der von den europäischen Organen ausschließlich für Konzerne geltend gemacht wird.

RANSIEK vertritt zwar unter Berufung auf das Urteil im *Pioneer*-Fall (abgestimmtes Verhalten des europäischen Alleinimporteurs Pioneer und der Alleinvertriebshändler von England, Deutschland und Frankreich zum Zweck der Durchsetzung von Exportverboten)[181] die Ansicht, daß der EuGH *auch* eine Garantenpflicht zur Verhinderung von Wettbewerbsverstößen zwischen nicht konzernverbundenen Unternehmen anerkenne[182]. Dies ist aber nicht korrekt. Zunächst ist zu berücksichtigen, daß zur Begründung der Verantwortung der Firma Pioneer vom EuGH zusätzlich der Vorwurf erhoben wurde, daß Pioneer durch die Weitergabe von Informationen an den deutschen Alleinvertriebshändler diesen stillschweigend zur Begehung eines Wettbewerbsverstoßes veranlaßt habe[183]. Die Haftung von Pioneer wurde also *nicht nur* durch ein pflichtwidriges Unterlassen ausgelöst[184]. Aber auch bezüglich des Unterlassungsvorwurfes ist zu beachten, daß die vom EuGH formulierte Pflicht von Pioneer zur Verhinderung von Wettbewerbsverstößen ihrer Alleinvertriebshändler ausschließlich auf solche Verstöße bezogen wurde, die im Rahmen der von Pioneer organisierten Treffen der Vertriebshändler initiiert wurden. Der EuGH führt nämlich aus[185]: "[D]ie Firma Pioneer ... ist bestrebt, ... [die] Verkaufsbemühungen [der Alleinvertriebshändler] unter anderem durch regelmäßige Treffen zu koordinieren... [D]ie Firma Pioneer mußte ... wegen ihrer zentralen Stellung ihr besonderes Augenmerk darauf richten zu verhindern, daß derartige Verständigungen [d.h. derartige Treffen] Praktiken Vorschub leisteten, die im Widerspruch zu den Wettbewerbsregeln standen... [D]ie Paralleleinfuhren [haben] bei dem Treffen [in Atwerpen] einen wesentlichen Diskussionspunkt dargestellt." Der EuGH betont dabei, daß die Proteste des französischen Alleinvertriebshändlers gerade während des fraglichen Treffens erhoben worden seien, und daß die Maßnahmen des englischen Alleinvertriebshändlers zur Unterbindung der Ausfuhren nach Frankreich ebenfalls "eine unmittelbare Folge dieses Treffens und nicht eine Folge späterer Kontakte" zwischen dem englischen und dem französischen Vertriebshändler gewesen seien, und kommt zu dem folgenden Ergebnis: "Unter diesen Umständen muß die Firma Pioneer, die das Treffen einberufen und dabei den Vorsitz geführt hatte, aufgrund der vorstehend beschriebenen Stellung ... die Verantwortung ... übernehmen."

Pioneer hatte also letztlich die Verantwortung zu tragen, weil sie selbst die faktischen Voraussetzungen schaffte (Organisation und Führung des Treffens), die die beanstandete Verhaltensabstimmung der Alleinvertriebshändler nachgewiesenermaßen ermö-

---

181 *EuGH* Urt. v. 7.6.1983, verb. Rs. 100-103/80, *Musique Diffusion Française ("Pioneer")*, Slg. 1983, S. 1825.

182 RANSIEK, Unternehmensstrafrecht, S. 329.

183 *EuGH* Urt. v. 7.6.1983, a.a.O. [Rdn. 76].

184 Auch RANSIEK (Unternehmensstrafrecht, S. 329) geht davon aus, daß der Vorwurf eines pflichtwidrigen Unterlassen nur "hilfsweise" herangezogen worden sei.

185 *EuGH* Urt. v. 7.6.1983, a.a.O. [Rdn. 74 f., 78 f.].

glichte. Der Unterlassungsvorwurf gegen Pioneer ist daher eng mit dem Vorwurf der Verursachung der rechtsgutgefährdenden Situation verbunden, aus der die Rechtsgutsverletzung hervorging. Insgesamt kann man deswegen aus dem Pioneer-Urteil höchstens einen sehr beschränkten Haftungsansatz wegen Unterlassung ableiten[186] - der zudem durch den Vorwurf aktiver Veranlassung ergänzt wird.

Eine bußgeldbewehrte Pflicht von herrschenden Konzerngesellschaften zum Einschreiten gegen *alle* bekannten kartellrechtlichen Zuwiderhandlungen von abhängigen Konzerngliedern ist zwar in keiner gemeinschaftsrechtlichen Vorschrift ausdrücklich verankert und stößt deswegen zunächst auf rechtsstaatliche Bedenken. Da die Gemeinschaftsorgane aber zur Begründung dieser Pflicht an das Tatbestandsmerkmal "*Unternehmen*" knüpfen, verlieren diese Bedenken erheblich an Gewicht. Die Pflicht zum Einschreiten läßt sich nämlich dann als eine mit der *internen* Unternehmensorganisation verbundene Pflicht auffassen, die vernünftigerweise nur der herrschenden Obergesellschaft des Konzerns auferlegt werden kann. Durch die materiellrechtliche Einschränkung, daß die Unterlassungshaftung nur in Fällen nachgewiesener *Kenntnis* der Verstöße eingreift, werden außerdem die Eingriffspflicht und der Haftungsmaßstab so rationalisiert, daß die rechtsstaatlichen Bedenken schließlich im wesentlichen zerstreut werden.

B. Handelsvertreterverhältnisse und ähnliche Fälle

Der Begriff der "wirtschaftlichen Einheit" tritt in der Gemeinschaftspraxis nicht nur im konzernrelevanten Zusammenhang auf. Er wird auch für die Beurteilung von Verhältnissen zwischen Marktteilnehmern eingesetzt, die *funktional* so eng miteinander verflochten sind, daß der eine als *eingegliedertes Hilfsorgan* des Betriebs des anderen in Erscheinung tritt. Dies ist vor allem bei *Absatzmittlern* der Fall, die (im Namen und) für Rechnung sowie nach den Weisungen des Geschäftsherren tätig werden, ohne eigene Geschäftsrisiken - von (dem Verlust) der Provision abgesehen - zu übernehmen. Das Konzept der wirtschaftlichen Einheit führt auch hier - wie in den Konzernfällen - sowohl zur Einschränkung des Anwendungsbereichs des Kartellverbotes als auch zur Begründung der Verantwortung des Geschäftsherren für Handlungen des Absatzmittlers. In Abweichung von der in den Konzernfällen geltenden Grundregel setzt allerdings hier die bußgeldrechtliche Inanspruchnahme des Geschäftsherren nicht voraus, daß letzterer die tatbestandsmäßigen Handlungen des Absatzmittlers veranlaßt, unterstützt oder zumindest gekannt (und geduldet) hat. Wegen der engen funktionellen Verflechtung wird vielmehr davon ausgegangen, daß bereits die Zugehörigkeit des Geschäftsherren zu der aus ihm und dem Absatzmittler bestehenden "wirtschaftlichen Einheit" ausreicht, um auch den Geschäftsherren für Taten des Absatzmittlers verantwortlich zu machen - ein

---

[186] Vgl. auch LIPOWSKY (S. 226 f.), die eine Unterlassungshaftung unter Berufung auf die Schwerpunktsetzung der Argumente der Kommission in diesem Fall völlig ablehnt. LIPOWSKY läßt allerdings den Standpunkt des EuGH unberücksichtigt und ihre Schlußfolgerungen stoßen deswegen auf Bedenken.

Ansatz, der bei Konzernen nur ausnahmsweise verfolgt wird. Der Absatzmittler wird letztlich hierbei den Angestellten und Beauftragten des Unternehmens gleichgestellt, deren befugte Handlungen dem Unternehmen ohne weitere Beschränkungen objektiv und subjektiv zurechenbar sind[187], und das Konzept der wirtschaftlichen Einheit dient dazu, die *materielle Gleichwertigkeit* beider Rechtsverhältnisse (Angestellten- bzw. Beauftragtenverhältnis und Absatzmittlerverhältnis) zu begründen.

EuGH Urt. v. 16.12.75, verb. Rs. 40/73 u.a., *Suiker Unie u.a.*[188]: "[Rdn. 538/540] Wie aus den Akten zu ersehen ist, handelt es sich bei den umstrittenen Vereinbarungen rechtlich um Handelsvertreterverträge, insbesondere, weil sie den Absatzmittlern ausdrücklich die Stellung von Handelsvertretern im Sinne des deutschen Rechts verleihen, ihnen zur Pflicht machen, Zuckerverkäufe im Namen und für Rechnung des Geschäftsherrn zu tätigen sowie den Weisungen des Geschäftsherrn zu folgen und dessen Interessen wahrzunehmen, und weil sie ihnen schließlich für ihre Vertretertätigkeit bestimmte Bezirke zuweisen. Wird ein solcher *Absatzmittler* für seinen Geschäftsherrn tätig, so kann er grundsätzlich als ein in dessen Unternehmen *eingegliedertes Hilfsorgan* angesehen werden, das den *Weisungen des Geschäftsherrn* zu folgen hat und sonach mit dem betroffenen Unternehmen ebenso wie ein Handlungsgehilfe eine *wirtschaftliche Einheit* bildet. Bei dieser Sachlage ergibt sich die Unvereinbarkeit mit Artikel 85 [= Art. 81 EGV n.F.] nicht aus der bloßen Tatsache, daß der Geschäftsherr einem solchen Hilfsorgan das Verbot auferlegt, ohne seine Zustimmung mit Waren zu handeln, die geeignet sind, seinen eigenen Waren Konkurrenz zu machen."

EuG Urt. v. 14.5.98, verb. Rs. T-339/94 u.a., *Metsä-Serla Oy* u.a.[189]: "[Rdn. 43] Die Bestimmung [Artikel 15 Absatz 2 der Verordnung Nr. 17] ist jedoch dahin auszulegen, daß ein Unternehmen gesamtschuldnerisch mit einem anderen Unternehmen, das vorsätzlich oder fahrlässig eine Zuwiderhandlung begangen hat, für die Zahlung einer gegen dieses Unternehmen festgesetzten Geldbuße haftbar gemacht werden kann, sofern die Kommission im selben Rechtsakt darlegt, daß die Zuwiderhandlung auch bei dem Unternehmen, das gesamtschuldnerisch für die Geldbuße haften soll, hätte festgestellt werden können. [Rdn. 44] Im vorliegenden Fall ist zwar Finnboard das Unternehmen, das für die Zuwiderhandlung gegen Artikel 85 Absatz 1 des Vertrages [= Art. 81 Abs. 1 EGV n.F.] unmittelbar und förmlich zur Verantwortung gezogen wird (Artikel 1 der Entscheidung) und gegen das daher in Artikel 3 Ziffer v der Entscheidung eine Geldbuße festgesetzt wird; alle Klägerinnen werden jedoch gesamtschuldnerisch mit Finnboard für die Zahlung eines Teils dieser Geldbuße haftbar gemacht, da Finnboard nach Ansicht der Kommission *in ihrer Vertretung und in ihrem Interesse* handelte... [Rdn. 45] Somit ist zu prüfen, ob zwischen Finnboard und den Klägerinnen *wirtschaftliche und rechtliche Bindungen* bestanden, aufgrund deren die Kommission jede der Klägerinnen unmittelbar und förmlich für die Zuwiderhandlung hätte zur Verantwortung ziehen können... [Rdn. 48] Gemäß ihrer Satzung vom 1. Januar 1987 (§ 2) ist Finnboard eine *Vereinigung*, die den von den Klägerinnen hergestellten Karton sowie die von anderen Mitgliedern hergestellten Papiererzeugnisse vermarktet... [Rdn. 55] Daraus ist erstens zu ersehen, daß Finnboard zwar berechtigt war, mit den Endabnehmern unter Beachtung der von den Klägerinnen festgelegten Richtlinien die Preise und sonstigen Verkaufsbe-

---

187 Siehe dazu unten im Text, *Fünfter Teil* III A.

188 Slg. 1975, S. 1663.

189 Slg. 1998, II-1727.

dingungen auszuhandeln; ohne *vorherige Genehmigung* des Preises und der sonstigen Verkaufsbedingungen durch die betreffende Klägerin konnte jedoch kein Verkauf getätigt werden. [Rdn. 56] Zweitens ist unstreitig, daß das *Eigentum unmittelbar von der betreffenden Klägerin auf den Endabnehmer* überging. [Rdn. 57] Schließlich decken die von Finnboard bezogenen Kommissionen, die als Umsatz in ihren Jahresberichten erscheinen, nur die Kosten — wie z.B. Transport- oder Finanzierungskosten — im Zusammenhang mit den Verkäufen, die sie für Rechnung ihrer Mitgliedsunternehmen getätigt hat. Folglich hatte *Finnboard kein eigenes wirtschaftliches Interesse daran, sich an der Preisabsprache zu beteiligen*, denn die Preiserhöhungen, die von den in den Gremien der PG Karton vertretenen Unternehmen angekündigt und durchgeführt wurden, konnten ihr keinen Gewinn bringen. Dagegen war die Beteiligung von Finnboard an dieser Absprache für die Klägerinnen von unmittelbarem wirtschaftlichem Interesse. [Rdn. 58] Unter den Umständen des vorliegenden Falles waren die wirtschaftlichen und rechtlichen Bindungen zwischen Finnboard und den einzelnen Klägerinnen daher so ausgestaltet, daß Finnboard bei der Vermarktung des Kartons für die Klägerinnen nur als ihr *Hilfsorgan* handelte. Angesichts dieser Bindungen und der Tatsache, daß Finnboard die *Weisungen* jeder Klägerin zu befolgen hatte und sich auf dem Markt *nicht unabhängig* von ihnen verhalten konnte, bildete Finnboard de facto mit jedem ihr angehörenden Kartonhersteller eine *wirtschaftliche Einheit* (vgl. *analog* dazu Urteil Suiker Unie u. a. / Kommission, Randnrn. 538 bis 540). [Rdn. 599] Die Kommission ist daher in der Begründung der Entscheidung zu Recht davon ausgegangen, daß die Klägerinnen für die wettbewerbswidrigen Handlungen von Finnboard verantwortlich waren, so daß bei jeder von ihnen ein vorsätzlicher Verstoß gegen Artikel 85 Absatz 1 des Vertrages [= Art. 81 Abs. 1 EGV n.F.] hätte festgestellt werden können. Sie konnte sich daher, statt unmittelbar gegen jede Klägerin eine Geldbuße festzusetzen, dafür entscheiden, sie gesamtschuldnerisch mit Finnboard für die Zahlung eines Teils der gegen diese Wirtschaftsvereinigung verhängten Geldbuße haftbar zu machen."

C. *Rechtsnachfolgefälle*

(1) Grundzüge

Einen Schwerpunkt der Anwendung des Konzepts der wirtschaftlichen Einheit bilden schließlich die Fälle der Rechtsnachfolge. Dieses Konzept dient dabei als Hilfsmittel für die Bestimmung des (bußgeldrechtlich) verantwortlichen Rechtssubjekts, wenn - in der Sprache der klassischen Rechtstheorie - ein "*Unternehmen*" im Zeitraum zwischen der Begehung einer Zuwiderhandlung und dem Einschreiten der Kartellbehörden unter der Verantwortung mehrerer *Unternehmensträger* stand[190].

Kommission und europäische Gerichte gehen dabei davon aus, daß *grundsätzlich* der Unternehmensträger zur Verantwortung zu ziehen ist, der das "Unternehmen"

190 Zusammenf. zur europäischen Praxis bis 1991 *GA Vesterdorf*, Schlußanträge v. 10.7.91 *Polypropylen*-Fall, verb. Rs. T-1/89 u.a., Slg. 1991, II-869 [S. 917 ff.]; siehe die früheren Urteile des *EuGH* Urt. v. 16.12.75, verb. Rs. 40 u.a./73, *Suiker Unie u.a.*, Slg. 1975, S. 1663, mit Schlußanträgen des *GA Mayras* (S. 2097); *EuGH* Urt. v. 28.3.84, verb. Rs. 29/83 und 30/83, *Rheinzink*, Slg. 1984, S. 1679, mit Schlußanträgen *GA in Rozès* (S. 1718).

zum Zeitpunkt der Zuwiderhandlung betrieb[191]. Als Sanktionsadressat kommt daher in erster Linie die juristische Person in Betracht, in deren Namen die Verstöße begangen wurden. Dabei genügt, daß diese Rechtsperson weiter existiert und wirtschaftlich tätig wird. Ob der Geschäftsbereich, in dessen Rahmen die Verstöße begangen wurden, inzwischen veräußert worden ist (Verkauf von Aktiva durch die juristische Person) spielt keine maßgebliche Rolle[192].

KOME v. 13.7.94, 94/601/EG, *Karton*[193]: "Die Tatsache, daß die Europa Carton AG im Jahre 1993 ihren Geschäftsbereich Karton auf ein neues Unternehmen, an dem sie jetzt mit 50 % beteiligt ist, übertragen hat, ändert nichts an ihrer Haftung als Kartellmitglied. Die Personen, die an dem Treffen teilnahmen, taten dies im Namen der Europa Carton AG, die als Unternehmen weiterhin besteht. Die Entscheidung wird deshalb an die Europa Carton AG gerichtet."

EuG Urt. v. 20.4.99, verb. Rs. T-305/94 u.a., *PVC-Hersteller*[194]: "[Rdn. 957] ... [Es] ist im vorliegenden Fall nicht bestritten, daß DSM das Unternehmen ist, das die beanstandete Zuwiderhandlung ... begangen hat, und daß sie trotz ihrer Umstrukturierung, die sie nach den ihr vorgeworfenen Handlungen durch die Verlagerung ihres Geschäftsbereichs 'Kunststoffe' auf eine [100%ige, angeblich autonom handelnde] Tochtergesellschaft [nämlich die *DSM Kunststoffen BV*, vgl. Rdn. 943 f.] vorgenommen hat, rechtlich fortbesteht. Daher ist die Kommission nach den vorstehend genannten Grundsätzen zu Recht von der Verantwortlichkeit von DSM für den streitigen Zeitraum ausgegangen. [Rdn. 958] Somit hat die *Übertragung des Geschäftsbereichs* keine Bedeutung für die Bestimmung des für die Zuwiderhandlung verantwortlichen Unternehmens."

Ist allerdings der Unternehmensträger zum Zeitpunkt des Einschreitens der Kommission juristisch untergegangen und stellt sich heraus, daß das "Unternehmen" als wirtschaftliche Organisationseinheit fortbesteht, dann darf kraft der "wirtschaftlichen und funktionellen Kontinuität" des fortgeführten "Unternehmens" die Bußgeldzahlungspflicht dem jeweils neuen Unternehmensträger angelastet werden[195].

---

191 Vgl. DANNECKER / FISCHER-FRITSCH (S. 255 f.), die unter Erläuterung der Fälle IPTC und Polypropylen betonen: "Vielmehr vertritt die Kommission die Auffassung, daß im Falle des Fortbestandes der Rechtspersönlichkeit auch die strafrechtliche Verantwortlichkeit fortbesteht, selbst wenn der von den Wettbewerbsverstößen betroffene wirtschaftliche Tätigkeitsbereich übertragen wird."

192 Bloße Veräußerung des Geschäftsbereichs, in dessen Rahmen die Zuwiderhandlung begangen wurde, reicht zur Entlastung des Veräußerers nicht; siehe *KOME* v. 13.7.94, 94/601/EG, *Karton*, ABl. 1994, Nr. L 243/1 [Rdn. 156] mit Blick auf die Veräußerung des Colthrop-Werks durch SCA Holding Ltd. und [Rdn. 159] mit Blick auf die Veräußerung des Forstproduktbereichs durch Tampella Corporation.

193 ABl. 1994, Nr. L 243/1 [Rdn. 148].

194 Slg. 1999, I-931.

195 DANNECKER / FISCHER-FRITSCH, S. 256: "[D]er Gesichtspunkt der Rechtsnachfolge [kommt] nur dann zum Tragen, wenn das verantwortliche Unternehmen aufhört, als selbständige Rechtseinheit fortzubestehen. Erst dann stellt sich die Frage, ob das wettbewerbswidrige Verhalten der übernehmenden Gesellschaft angelastet werden kann."

Der neue Unternehmensträger braucht dabei das gesetzwidrige Verhalten des "Unternehmens" nicht gebilligt, übernommen oder fortgeführt zu haben[196].

Im Ergebnis bildet also das "Unternehmen" ("wirtschaftliche Einheit") eine *Zurechnungsbrücke* zwischen dem alten und dem neuen Unternehmensträger, von der aber prinzipiell nur dann Gebrauch zu machen ist, wenn der alte Unternehmensträger rechtlich nicht mehr existiert. - Der Verkauf von Aktiva oder der Wechsel der Anteilseigner führt nicht zu einem solchen Untergang des alten Unternehmensträgers[197].

Es ist das soeben geschilderte Konzept, das sich hinter den Formulierungen des *EuG* im *Enichem Anic*-Fall birgt[198]: "Das Gericht stellt fest, daß das den Unternehmen in Artikel 85 Absatz 1 EWG-Vertrag [= Art. 81 Abs. 1 EGV n.F.] ... auferlegte Verbot ... an wirtschaftliche Einheiten gerichtet ist, die von einer Gesamtheit materieller und personeller Faktoren gebildet werden, die an einer Zuwiderhandlung im Sinne der Vorschrift beteiligt sein können. Ist eine solche Zuwiderhandlung bewiesen, ist die *natürliche oder juristische Person zu ermitteln, die für den Betrieb des Unternehmen zum Zeitpunkt der Zuwiderhandlung verantwortlich war*, damit sie zur Rechenschaft gezogen werden kann. *Hat jedoch* zwischen dem Zeitpunkt der Zuwiderhandlung und dem Zeitpunkt, zu dem das betreffende Unternehmen zur Rechenschaft gezogen werden soll, *die für den Betrieb dieses Unternehmens verantwortliche Person aufgehört, rechtlich zu existieren*, so ist zunächst die Gesamtheit der materiellen und personellen Faktoren festzustellen, die an der Zuwiderhandlung beteiligt waren, um *sodann zu ermitteln, wem die Verantwortung für den Betrieb dieser Gesamtheit übertragen worden ist*, damit sich das Unternehmen seiner Verantwortlichkeit für die Zuwiderhandlung nicht deshalb entziehen kann, weil die zum Zeitpunkt der Zuwiderhandlung für seinen Betrieb verantwortliche Person nicht mehr besteht. Im Falle der Klägerin hat die juristische Person, die für den Betrieb des Unternehmens zum Zeitpunkt der Zuwiderhandlung verantwortlich war, bis zum Erlaß der Entscheidung rechtlich fortbestanden. Folglich hat ihr die Kommission zu Recht die Zuwiderhandlung zugerechnet. Bei Saga Petrokjemi handelt es sich um einen anderen Fall, da die juristische Person, die für den Betrieb des Unternehmens zum Zeitpunkt der Zuwiderhandlung verantwortlich war, infolge ihrer Fusion mit Statoil rechtlich nicht mehr besteht [Folglich hat die Kommission zu Recht die Zuwiderhandlung dem neuen Unternehmensträger und Rechtsnachfolger Statoil zugerechnet]."

KOME v. 13.7.94, 94/601/EG, *Karton*[199]: "[Rdn. 144] Die in den letzten Jahren vollzogene Reorganisation der Kartonindustrie brachte es mit sich, daß verschiedene Unternehmen von anderen Unternehmen übernommen wurden und / oder das Kartongeschäft von einer Gruppe auf eine andere Gruppe überging. - Es gibt keine ausdrückliche

---

196 *KOME* v. 13.7.94, 94/601/EG, *Karton*, ABl. 1994, Nr. L 243/1 [Rdn. 145].

197 DANNECKER / FISCHER-FRITSCH, S. 257 f.: "Die Entscheidungen zur Rechtsnachfolge machen deutlich, daß die Kommission an dem Erfordernis der rechtlichen Selbständigkeit grundsätzlich festhält. Lediglich wenn die juristische Person nicht fortbesteht, stellt sich die Frage, ob trotz Übertragung eines Unternehmens oder eines Unternehmensanteils auf eine andere juristische Person Geldbußen festgesetzt werden können."

198 Urt. v. 17.12.91, Rs. T-6/89, *Enichem Anic*, Slg. 1991, S. II-1623 [Rdn. 235-239]; vgl. auch *EuG* Urt. v. 20.4.99, verb. Rs. T-305/94 u.a., *PVC-Hersteller*, Slg. 1999, I-931 [Rdn. 953].

199 ABl. 1994, Nr. L 243/1.

Bestimmung im Vertrag oder in irgendeiner Verordnung, die die Frage der Haftung für eine rechtswidrige Handlung nach einer Umstrukturierung oder Übernahme eines Unternehmens regelt. - Es wäre jedoch zweifellos unzulässig, daß Unternehmen sich wegen einer Reorganisation der Konzernstruktur der Verantwortung für Verstöße gegen das EG-Wettbewerbsrecht entziehen oder entledigen. - Die Frage der Rechtsnachfolge ist nach den Grundsätzen des Gemeinschaftsrechts betreffend Unternehmen und nicht nach den nationalen Rechtsvorschriften zu entscheiden, die entsprechend den Besonderheiten des einzelstaatlichen Steuer- oder Gesellschaftsrechts große Unterschiede von Mitgliedstaat zu Mitgliedstaat aufweisen können. [Rdn. 145] Die Anwendung der obigen Grundsätze hat zur Folge, daß in den Fällen, in denen sich das Verfahren - falls es nicht zu einem Erwerb gekommen wäre - von Rechts wegen an die Tochtergesellschaft selbst gerichtet hätte, die *Verantwortung für ihre vor der Übernahme begangenen Handlungen zusammen mit ihr übergeht. Das erwerbende Unternehmen braucht dabei das gesetzwidrige Verhalten nicht gebilligt, übernommen oder fortgeführt zu haben* (obwohl dies sehr wohl der Fall sein kann). Entscheidend ist, ob zwischen dem Unternehmen, das den Verstoß begangen hat, und dessen Nachfolger eine funktionale und wirtschaftliche Kontinuität besteht."

KOME v. 27.7.94, 94/599/EG, *PVC*[200]: "[Rdn. 41] Die Frage der Unternehmensidentität ist nach dem Gemeinschaftsrecht zu entscheiden. Die nach innerstaatlichem Gesellschaftsrecht vorgenommenen organisatorischen Veränderungen sind unerheblich. - Es ist somit ohne Belang, daß ein Unternehmen sein PVC-Geschäft verkauft hat; der Käufer kann für die Beteiligung des Verkäufers an dem Kartell nicht haftbar gemacht werden. Besteht das Unternehmen, das den Verstoß begangen hat, allerdings fort, so bleibt es trotz der Übertragung verantwortlich. - Wird dagegen das Unternehmen, das den Verstoß begangen hat, selbst von einem anderen Hersteller übernommen, so kann seine Verantwortlichkeit auf die neue oder fusionierte Einheit übergehen. - Es ist nicht notwendig dem Erwerber nachzuweisen, daß er das rechtswidrige Verhalten fortgeführt bzw. selbst übernommen hat. Entscheidend ist die *wirtschaftliche und funktionelle Kontinuität* zwischen dem ursprünglichen Unternehmen, das den Verstoß begangen hat, und dem Unternehmen, mit dem es verschmolzen wurde."

Abweichungen von dieser Faustregel sind allerdings dann zu erwarten, wenn der alte Unternehmensträger zwar formal weiter existiert, jedoch alle von ihm im Zeitpunkt des Verstoßes geführten Tätigkeiten, die damit verbundenen Aktiva sowie die Führungskräfte des alten Betriebs im Zeitpunkt der Sanktionsverhängung unter einem anderen Unternehmensträger zu finden sind. Die Kommission und - mittelbar - das EuG haben nämlich die Möglichkeit eines Übergangs der Verantwortung auch in der geschilderten Fallkonstellation bejaht.

Es ging dabei um folgenden Sachverhalt, der anschließend dem *AWS Benelux*-Urteil des EuG zugrunde lag[201]: Mit ihrer Entscheidung im *Dunlop*-Fall hatte die *Kommission* festgestellt[202], daß All Weather Sports (AWS) und All Weather Sports International (AWS International), beide eng zusammenarbeitende Gesellschaften der Gruppe Bührmann-Teterrode, gegen Art. 85 Abs. 1 EGV a.F. verstoßen hatten, weil sie an der Durchset-

200 ABl. 1994, Nr. L 239/14.

201 *EuG* Urt. v. 28.4.94, Rs. T-38/92, *All Weather Sports Benelux*, Slg. 1994, II-211.

202 *KOME* v. 18.3.92, 92/261/EWG, *Newitt / Dunlop Slazenger International u. a.*, ABl. 1992, Nr. L 131/32.

zung der vom englischen Unternehmen Dunlop Slazenger konzipierten exportverhindernden Maßnahmen (diverse Sportartikel der Marke Dunlop) auf dem niederländischen Markt mitgewirkt hatten.

Zum Zeitpunkt der Entscheidungsfindung existierten allerdings die Gesellschaften *AWS* und *AWS International* in ihrer ursprünglichen Form nicht mehr. Kurz vor Ablauf der wettbewerbswidrigen Vereinbarungen zwischen Dunlop Slazenger einerseits und AWS und AWS International andererseits übernahm nämlich die Gesellschaft Weather Sports Benelux (*AWS Benelux*) die Handelstätigkeit und die damit verbundenen Aktiva von AWS. Dabei stand fest, daß die Anteilseigner der übernehmenden Gesellschaft AWS Benelux die leitenden Personen (Management) von AWS gewesen waren. Nach dieser Übernahme stellten AWS und AWS International ihre Tätigkeiten ein, verlegten ihren Sitz und änderten ihre Bezeichnung in BV Sports und BV Sports International.

Vor dem Hintergrund dieser tatsächlichen Feststellungen rechnete die Kommission - ohne weitere Ausführungen - die Zuwiderhandlung von AWS und AWS International der Gesellschaft AWS Benelux zu und verhängte gegen sie eine Geldbuße in Höhe von 150.000 ECU.

AWS Benelux klagte gegen diese Entscheidung vor dem EuG und rügte vor allem die ungenügende Begründung des von der Kommission eingenommenen Standpunktes. Bis auf den bloßen Hinweis darauf, daß im Jahr 1989 "das AWS-Management den Betrieb von dem damaligen Eigentümer Bührmann-Tetterode Nederland BV" gekauft habe, daß sich die "neue Firma ... All Weather Sports Benelux BV" nannte und daß die AWS Benelux "Nachfolgerin von All Weather Sports BV" gewesen sei, habe es in der Entscheidung keine andere Ausführung gegeben, die die Zurechnung rechtfertigen könnte.

Die Kommission verteidigte sich dagegen mit dem Argument, im Falle von AWS sei es nur um den "klassischen Fall einer Betriebsübernahme" geringen Umfangs und Komplexität gegangen, für den es keine Probleme und kein Bedürfnis nach ausführlichen Begründungen - wie in anderen Fällen - gegeben habe.

Das EuG akzeptierte jedoch dieses Argument nicht und hob die Kommissionsentscheidung wegen Begründungsmängel auf. Das Gericht führte aus[203]: "[Rdn. 29] Was ... die ... Begründung der Entscheidung betrifft, so rechtfertigt diese die Zurechnung der Zuwiderhandlung an die Klägerin, wie dargelegt, nur mit der Übernahme der AWS und dem Umstand, daß diese bei dieser Gelegenheit die Firma der Klägerin, nämlich All Weather Sports Benelux BV, angenommen hat. Diese Begründung läßt die beiden von der Klägerin angeführten Umstände außer Betracht, daß *AWS und AWS International zum einen als juristische Personen unter den neuen Firmen BT Sports bzw. BT Sports International fortbestehen* und zum anderen wie vor der Vermögensübernahme der Gruppe Bührmann-Tetterode zugehören... [Rdn. 30] Benennt eine Entscheidung der Kommission in ihrer Begründung als Zuwiderhandelnde eine rechtliche Einheit, die vor der Übernahme ihres Vermögens bestand, so kann sie diese Zuwiderhandlung dem Übernehmer dieses Betriebs nur zurechnen, wenn weder die Identität der rechtlichen Einheit, die Rechtsnachfolger des Zuwiderhandelnden ist, noch der Umstand bestritten ist, daß diese rechtliche Einheit die von dem betroffenen Unternehmen ausgeübte, dem Rechtsstreit zugrunde liegende Tätigkeit tatsächlich fortführt... So verhält es sich im vorliegenden Fall nicht, da die *Zuwiderhandelnde als juristische Person*, wie dargelegt, *fortbesteht*, während ihre vor der Übernahme der Aktiva ausgeübte *Wirtschaftstätigkeit von einer anderen rechtlichen Einheit fortgeführt* wird. [Rdn. 31] Da die Klägerin die Identität des Unternehmens, dem die Zuwiderhandlung zuzurechnen ist, mit klaren, ernstzunehmenden Argumenten be-

203 *EuG* Urt. v. 28.4.94, a.a.O.

stritten hat, kann sich die Kommission nicht darauf berufen, das die Sach- und Rechtslage im vorliegenden Fall einfach gelagert und eine ausführliche Begründung damit überflüssig sei, um die unzureichende Begründung der angefochtenen Entscheidung ... zu rechtfertigen."[204]

(2) Fallgruppen

Insgesamt und in Anlehnung an die möglichen Veränderungen am Unternehmen bzw. am Unternehmensträger im Zeitraum zwischen der Begehung eines Verstoßes und der Verhängung einer Geldbuße läßt sich das Vorgehen der Gemeinschaftsorgane folgendermaßen systematisieren[205].

(a) Fortbestehung der juristischen Person

Besteht die juristische Person - bloße Namensänderung und Sitzverlegung spielen dabei keine Rolle[206] -, die zum Zeitpunkt des Verstoßes das Unternehmen rechtlich "vertrat", fort und haben sich *weder die großen Anteilseigner noch das (obere) Management geändert*, so wird die Verantwortung grundsätzlich dieser juristischen Person zugeschrieben, unabhängig davon, ob personelle und materielle Bestandteile des Unternehmens nunmehr unter einem anderen Unternehmensträger zu finden sind. Solche "Bewegungen" von Unternehmensbestandteilen werden nur als Veräußerung von Aktiva aufgefaßt, die die Verantwortung der fortbestehenden juristischen Person nicht beeinflussen.

Besteht die juristische Person fort, steht jedoch fest, daß neben sonstigen personellen und materiellen Elementen des damaligen Unternehmens auch das *(obere) Management zu der neuen juristischen Person übergewechselt* hat, geben (zumindest)

---

204 Der Vorwurf des Begründungsmangels wurde noch weiter wegen der Tatsache verstärkt, daß die Kommission aus einem angeblichen Schreibfehler als Täter der Zuwiderhandlung in Art. 1 des verfügenden Teils ausschließlich die AWS International nannte, die Geldbuße gegen AWS Benelux in Art. 2 des verfügenden Teils jedoch damit begründete, daß diese Gesellschaft die Nachfolgerin von AWS gewesen sei. Die Kommission behauptete zwar, daß dies aus Versehen geschah und daß in Wirklichkeit in Art. 1 sowohl die AWS International als auch die AWS gemeint waren. Angesichts aber auch der anderen feststehenden Begründungsmängel miß das EuG dieser Behauptung keine Bedeutung bei und hob - wie bereits gesagt - die Entscheidung auf.

205 Vgl. auch die systematische Darstellung von HAMANN, S. 90 f. und 116 ff.; DANNECKER, in: I/M EG-WbR [1997], VO 17 Art. 15, Rdn. 95 ff.

206 Solche Veränderungen werden in der Gemeinschaftspraxis nicht mehr als Fälle der Rechtsnachfolge betrachtet. Es wird vielmehr davon ausgegangen, daß es um dieselbe juristische Person geht; vgl. *EuG* Urt. v. 14.5.98, Rs. T-327/94, *SCA Holding Ltd*, Slg. 1998, II-1373: "[Rdn. 61] Es steht fest, daß in der Fabrik von Colthrop Karton hergestellt wurde und daß diese Fabrik im gesamten Zeitraum der Zuwiderhandlung zunächst Reed P&B, dann SCA Aylesford Ltd und schließlich SCA Holding gehörte. [Rdn. 62] Sodann ist festzustellen, daß Reed P&B, SCA Aylesford Ltd und SCA Holding (die Klägerin) die von derselben juristischen Person nacheinander geführten Firmennamen sind. [Rdn. 63] Unter den Umständen des vorliegenden Falles stellen sich daher keine Fragen der Rechtsnachfolge."

die Kommission und das EuG seit dem *AWS Benelux*-Fall zu erkennen, daß trotz Fortbestehens der alten juristischen Person die Verantwortung der neuen zugeschrieben werden kann. Der Übergang der Verantwortung wird allerdings - wie aus anderen Entscheidungen hervorgeht und es anscheinend auch in dem AWS Benelux-Verfahren der Fall war - von der zusätzlichen Bedingung abhängig gemacht, daß das Unternehmen zum Zeitpunkt der Begehung des Verstoßes über eine wirtschaftliche Autonomie verfügte und daß damit einerseits das Unternehmensmanagement echte Entscheidungsbefugnisse besaß und andererseits die Belastung der alten Anteilseigner (z.B. der alten Muttergesellschaft) als nicht gerechtfertigt erscheint. War jedoch das Unternehmen zum Zeitpunkt des Verstoßes wirtschaftlich abhängig, so greift trotz Überwechslung des Managements die Grundregel ein und wird damit die fortbestehende juristische Person - oder in Anwendung der konzernrelevanten Regeln ihre Muttergesellschaft - in Verantwortung gezogen.

KOME v. 13.7.94, 94/601/EG, *Karton*[207]: "[Rdn. 145] Andererseits geht in Fällen, in denen eine Muttergesellschaft oder eine Gruppe, die selbst nachweislich an dem Verstoß beteiligt war, eine Tochtergesellschaft an ein anderes Unternehmen überträgt, die Haftung für die Zeit bis zur Übertragung nicht auf den Erwerber über, sondern bleibt bei dem Veräußerer."

Besteht die juristische Person fort, läßt sich aber feststellen, daß *an die Stelle der alten Anteilseigner neue* gekommen sind (Übernahme durch den Erwerb von Kapitalanteilen), so ist zu differenzieren. Hatten die alten Anteilseigner (z.B. die alte Muttergesellschaft) maßgeblichen Einfluß auf die Leitung des Unternehmens, werden die für Konzernfälle entwickelten Regeln eingesetzt (d.h. der Verstoß wird der alten Muttergesellschaft zugeschrieben) und die fortbestehende juristische Person (und damit mittelbar der neue Erwerber) von jeder Verantwortung für die Taten vor der Übernahme entlastet. Gibt es Zweifel, ob dies der Fall ist (d.h. ob die alte Muttergesellschaft tatsächlich für den Verstoß der fortbestehenden juristischen Person verantwortlich ist), werden diese Zweifel zu Gunsten der fortbestehenden juristischen Person (und damit auch zu Gunsten des Erwerbers) gedeutet und führen sie ebenfalls zu ihrer Entlastung für die Zeit vor der Übernahme.

Dies läßt sich beispielsweise am LDPE-Fall veranschaulichen, in dem die Kommission auf die (faktische) Sanktionierung des Aktienerwerbers BP verzichtet, weil es Zweifel gab, ob die alte Muttergesellschaft (Union Carbide Corporation) für die Verstöße ihrer an BP übertragenen britischen Tochtergesellschaft BXL verantwortlich gemacht werden könnte. Die Kommission hat zwar keine Beweise für eine Beteiligung von Organmitgliedern oder Angestellten der Union Carbide an den von der Tochtergesellschaft begangenen Verstößen gefunden, und entlastete deswegen die alte Muttergesellschaft. Da jedoch eine solche Beteiligung nicht völlig auszuschließen war, bestimmte die Kommission die Verantwortung von BXL (und damit auch mittelbar von BP) auf der hypothetischen Grundlage, daß sich Union Carbide an den Verstößen beteiligt hätte. Die Kommission führt nämlich aus:

---

207 ABl. 1994, Nr. L 243/1.

KOME v. 21.12.88, 89/191/EWG, *LDPE*[208]: "[Rdn. 54] Der Fall der Union Carbide Corporation (die nicht Partei dieses Verfahrens ist) verdient besondere Erwähnung. In den Planungsunterlagen von 1976 wurde vorgeschlagen, daß ein Vertreter von Union Carbide an der 'Experten-Gruppe' teilnehmen sollte. Zu der Zeit produzierten zwei vollständig im Besitz von Union Carbide befindliche Tochtergesellschaften (UCC in Belgien und BXL im Vereinigten Königreich)... Es liegen jedoch keine Beweise dafür vor, daß Union Carbide tatsächlich den Sitzungen beiwohnte... Union Carbide gab Ende 1978 ihre direkte Beteiligung an der westeuropäischen LDPE-Produktion auf... Es ist nicht auszuschließen, das Union Carbide vor der Aufgabe des LDPE-Geschäftes ... BXL ... tatsächlich im Kartell vertreten hat. Die Kommission wird daher BP nicht für eine mögliche Beteiligung von BXL an dem Kartell vor dem Erwerb haftbar machen."

Wäre also nachgewiesen, daß Union Carbide an den Sitzungen teilgenommen hatte, so wäre die Hauptverantwortung für die Verstöße der 100%igen Tochtergesellschaft BXL der Muttergesellschaft zuzuschreiben. Mit der Veräußerung von BXL könnte sich Union Carbide dieser Verantwortung nicht entziehen. Die Verantwortung würde also nicht auf das erwerbende Unternehmen BP (faktisch) übergehen[209]. Im Hinblick darauf, daß die Teilnahme von Union Carbide nicht auszuschließen war, deutet die Kommission die bestehenden Zweifel zu Gunsten des Unternehmen BP und befreit diese von der Verantwortung.

Verfügte jedoch das übernommene Unternehmen im Zeitpunkt des Verstoßes über wirtschaftliche Autonomie und kommt aus diesem Grund keine Zurechnung gegenüber den alten Anteilseignern in Betracht, gehen die Gemeinschaftsorgane davon aus, daß durch die Übernahme der Aktien die Verantwortung der fortbestehenden juristischen Person nicht beeinflußt wird, und daß damit die finanzielle Bußgeldlast (faktisch) dem neuen Erwerber auferlegt werden kann. - Wenn möglich, versucht allerdings die Kommission ihre Entscheidung in solchen Fällen auch damit zu begründen, daß die juristische Person auch *nach* der Übernahme die Verstöße fortgesetzt hat[210]. Läßt sich zusätzlich nachweisen, daß die fortbestehende juristische Person in den Konzern des Aktienerwerbers integriert worden ist und daß der Aktienerwerber die (fortgesetzten) Verstöße nachträglich gebilligt hat bzw. gegen die Fortsetzung der Verstöße nicht eingeschritten ist, dann wird statt der fortbestehen-

208 ABl. 1989 Nr. 74/21.

209 Die Kommission hatte bereits in Rdn. 15 festgestellt, daß im Vereinigten Königreich örtliche Sitzungen seit 1976 stattfanden, an denen ursprünglich ICI, Shell Chemicals (UK) Ltd, Monsanto und BXL teilnahmen. BXL hatte also bereits 1976, also zwei ganze Jahre bevor BP sie von Union Carbide übernahm (1978), angefangen, den in der Kommissionsentscheidung beanstandeten wettbewerbswidrigen Praktiken nachzugehen.

210 *KOME* v. 13.7.94, 94/601/EG, *Karton*, ABl. 1994, Nr. L 243/1: "[Rdn. 157] Die Kommission weist auch die Behauptung zurück, es sei 'offensichtlich unbillig' oder unangemessen, sie für die früheren Handlungen eines Unternehmens, das sie erworben hat, verantwortlich zu machen. Dabei wird übersehen, daß der Adressat der Entscheidung nicht die SCA-Gruppe als Ganzes, sondern das erworbene Unternehmen selbst ist. In jedem Fall nahm Reed P & B nach der Übernahme durch SCA weiterhin sowohl an JMC-Sitzungen (Oktober 1990) als auch an der Präsidentenkonferenz (November 1990) teil."

den juristischen Person der Aktienerwerber (z.B. die neue Muttergesellschaft) direkt in Verantwortung gezogen.

KOME v. 19.12.84, 85/206/EWG, *Aluminium Einfuhren aus Osteuropa*[211]: "[Rdn. 19.3.] Rechtsansprüche gegen eine Gesellschaft werden nicht durch die Übernahme von Anteilen dieser Gesellschaft beseitigt, und es würde dem öffentlichen Interesse widersprechen, wenn man für Rechte nach den Wettbewerbsregeln eine Ausnahme machen würde. Entscheidungen der Kommission in anderen Fällen haben diese Ansicht bestätigt."

KOME v. 13.7.94, 94/601/EG, *Karton*[212]: "[Rdn. 157] Die Kommission weist auch die Behauptung zurück, es sei "offensichtlich unbillig" oder unangemessen, sie für die früheren Handlungen eines Unternehmens, das sie erworben hat, verantwortlich zu machen. Dabei wird übersehen, das der Adressat der Entscheidung nicht die SCA-Gruppe als Ganzes, sondern das erworbene Unternehmen selbst ist. In jedem Fall nahm Reed P & B nach der Übernahme durch SCA weiterhin sowohl an JMC-Sitzungen (Oktober 1990) als auch an der Präsidentenkonferenz (November 1990) teil."

KOME v. 13.7.94, 94/601/EG, *Karton*[213]: "[Rdn. 145] Die Anwendung der obigen Grundsätze hat zur Folge, daß in den Fällen, in denen sich das Verfahren - falls es nicht zu einem Erwerb gekommen wäre - von Rechts wegen an die Tochtergesellschaft selbst gerichtet hätte, *die Verantwortung für ihre vor der Übernahme begangenen Handlungen zusammen mit ihr übergeht.* Das erwerbende Unternehmen braucht dabei das gesetzwidrige Verhalten nicht gebilligt, übernommen oder fortgeführt zu haben (obwohl dies sehr wohl der Fall sein kann). Entscheidend ist, ob zwischen dem Unternehmen, das den Verstoß begangen hat, und dessen Nachfolger eine funktionale und wirtschaftliche Kontinuität besteht."

Besteht die juristische Person fort, läßt sich aber einerseits feststellen, daß sich *alle Elemente (Anteilseigner, Management, sonstige personelle und materielle Bestandteile) des alten Betriebs geändert* haben, und andererseits, daß diese Elemente unter keinem neuen Unternehmensträger zu finden sind, so ist die bußgeldrechtliche Verantwortung als erloschen anzusehen - vorausgesetzt, daß die Konzernregeln nicht eingreifen. Eine solche Fallkonstellation ist zwar bislang in keiner Entscheidung behandelt worden. Angesichts der Gesamtpraxis der Gemeinschaftsorgane liegt aber die Annahme nahe, daß in dieser Fallkonstellation, die durch die *vollständige* Veränderung des hinter der juristischen Person stehenden Wirtschaftssubjekts gekennzeichnet ist, die Verantwortung wegfällt.

(b) Untergang der juristischen Person

Den bislang geschilderten Fallkonstellationen lag die Annahme zugrunde, daß die zum Zeitpunkt des Verstoßes existierende juristische Person fortbesteht. Neu gestaltet sich aber die Lage, wenn die juristische Person im Zeitpunkt der Entscheidungsfindung nicht mehr existiert - und damit wird nicht nur eine bloße Namens-

---

211 ABl. 1985 Nr. L 92/1.

212 ABl. 1994, Nr. L 243/1.

213 ABl. 1994, Nr. L 243/1.

änderung oder Sitzverlegung, sondern der vollständige Untergang der juristischen Person gemeint. Das Konzept der wirtschaftlichen Einheit, das auf die "wirtschaftliche und funktionelle Kontinuität" des fortgeführten "Unternehmens" abstellt, wurde vor allem auf dem Hintergrund solcher Fallkonstellationen entwickelt.

War das von der untergegangenen juristischen Person getragene Unternehmen wirtschaftlich autonom, und kommt damit die Anwendung der für Konzerne geltenden Grundsätze nicht in Betracht, so sind es - wie die in diesem Zusammenhang grundlegende Entscheidung der Kommission im *Polypropylen*-Fall zeigt[214] - vor allem die Fortführung der *wirtschaftlichen Tätigkeit*, die Beibehaltung der alten *Organisation* und der *Arbeitsplätze* und die Kontinuität des *Managements*[215], die dem Urteil zugrunde gelegt werden, ob das Unternehmen der untergegangenen juristischen Person unter der neuen juristischen Person fortgeführt wird und damit eine Sanktion gegen die letztere auslösen kann. Ob auch die *Zuwiderhandlung* unter der neuen juristischen Person *fortgesetzt* wird, kann zwar als Kriterium zur besseren Untermauerung der bußgeldrechtlichen Inanspruchnahme des neuen Unternehmensträgers herangezogen werden. Vorliegen aber muß dieses Kriterium nicht.

Das Kriterium der Fortsetzung der Zuwiderhandlung vom neuen Unternehmensträger wurde so beispielsweise vom *EuGH*-Urteil im *Suiker Unie-Fall* herangezogen[216], um die Verantwortlichkeit der "Coöperatieve Vereniging Suiker Unie VA" (Suiker Unie) für

---

214 *KOME* v. 23.4.86, 86/398/EWG, *Polypropylen*, ABl. 1986, Nr. L 230/1, Rdn. 97 ff.: "[Rdn. 100] STATOIL hat das Geschäft von SAGA PETROKJEMI nicht aufgelöst und auch nicht sein Vermögen liquidiert. Es hat vielmehr seine *Wirtschaftstätigkeit fortgesetzt* und seine *wesentlichen Funktionen beibehalten*, um das NORPOLEFIN-Werk betreiben und dessen Produkte vermarkten zu können. Das *Werbematerial*, das STATOIL kurz nach der Übernahme in der Handelspresse veröffentlichte, hebt *die Kontinuität der Tätigkeit*, der *Leitung* und der *Arbeitsplätze* hervor: 'Die vielen Kunden, die von Bamble Plastikrohstoffe beziehen, werden keine wesentliche Veränderung feststellen. Die einzige grundlegende Veränderung betrifft den Namen des Unternehmens. Die Organisation bleibt dieselbe, und die Arbeit wird weiterhin von denselben Menschen getan. Die, die bei SAGA PETROKJEMI beschäftigt waren, sind jetzt bei STATOIL beschäftigt ...' (ECN Scandinavia-Beilage, 26. März 1984). Die *Kontinuität des Managements* wird dadurch unterstrichen, daß das leitende Firmenmitglied der SAGA PETROKJEMI, daß das Unternehmen in Sitzungen auf der Chef-Ebene vertrat, nicht nur nach der Übernahme seine frühere Funktion bei SAGA als Vizepräsident für den Marketing- und Absatzsektor behielt, sondern später zum Präsidenten des Petrochemie- und Plastiksektors der STATOIL befördert wurde." Siehe auch die in den Schlußanträgen des *GA Vesterdorf* (Schlußanträge v. 10.7.91, verb. Rs. T-1/89 u.a., *Polypropylen*, Slg. 1991, II-867 [S. 917]) wiedergegebenen Ausführungen der Kommission: "Unternehmen sei vielmehr ein *komplexer Begriff, der Menschen und Sachen umfasse, verbunden durch die Ausübung einer näher bestimmten wirtschaftlichen Tätigkeit.* Die Auffassung der Mitbewerber und Kunden könne zur Bestimmung des Unternehmens beitragen."

215 *GA Vesterdorf*, Schlußanträge v. 10.7.91, verb. Rs. T-1/89 u.a., *Polypropylen*, Slg. 1991, II-867 [S. 921]: "[Es] wird ... von wesentlicher Bedeutung für die Frage der Verantwortlichkeit sein, ob die Geschäftsleitung und / oder der Personenkreis, der hinter den Zuwiderhandlungen gestanden hat, bei dem Übergang mit übergewechselt ist."

216 *EuGH* Urt. v. 16.12.75, verb. Rs. 40 u.a./73, *Suiker Unie u.a.*, Slg. 1975, S. 1663.

Zuwiderhandlungen vor der Aufnahme ihrer Tätigkeit am 2. Januar 1971 zu begründen. Dabei ging es um vier Genossenschaften, die zwecks Koordinierung ihres Verhaltens auf dem Zuckermarkt zunächst (1966) ein aus ihnen zusammengesetztes provisorisches Koordinierungsorgan und dann (1970) eine neue Genossenschaft (Suiker Unie) gründeten, der die Mitglieder der ursprünglichen vier Genossenschaften unmittelbar als Genossen angehörten. Danach wurde das Koordinierungsorgan, das an den Zuwiderhandlungen beteiligt gewesen war, aufgelöst. Suiker Unie trug vor, daß sie nicht für Handlungen des Koordinierungsorgans zur Rechenschaft gezogen werden könne, da sie dessen Vermögen nicht übernommen habe; sie könne nur als Rechts- und wirtschaftliche Nachfolgerin der vier ursprünglichen Genossenschaften angesehen werden. Hierzu hat der Gerichtshof festgestellt[217], daß Suiker Unie, da sämtliche Rechte und Verbindlichkeiten der vier Mitgliedgenossenschaften der alten Gesellschaft auf sie übergegangen seien, wirtschaftlich betrachtet als Nachfolgerin der alten Gesellschaft und ihrer Mitglieder, die ihr diese Stellung zugedacht hatten, anzusehen sei. Der Gerichtshof wies außerdem darauf hin, daß die Bezeichnung "Suiker Unie" unstreitig stets dieselben Unternehmen erfaßt habe, die *weitgehend von denselben Personen geleitet* worden seien und ihren *Sitz an ein und derselben Adresse* gehabt hätten. Ferner habe Suiker Unie *nicht einmal behauptet, sich auf dem Zuckermarkt anders verhalten zu haben* als die alte Gesellschaft. Der Gerichtshof kam aufgrund dessen zu dem Ergebnis, daß das Verhalten von Suiker Unie und ihrer Vorgängerin auf dem Zuckermarkt sich "durch eine *offensichtliche Handlungseinheit* aus[zeichnete], die es rechtfertigt, dieses Verhalten ... [Suiker Unie] zuzurechnen".[218]

Unbeachtlich ist es außerdem, ob sich die neue juristische Person aus einer *Umwandlung* der alten juristischen Person ergab, oder ob sie eine bereits bestehende rechtliche Einheit darstellt, die durch *Absorption* die untergegangene juristische Person in sich aufnahm. Ebensowenig spielt eine Rolle, ob die neue juristische Person aus der *Verschmelzung* der untergegangenen juristischen Person mit einer anderen Rechtsperson entstanden ist oder ob sie einfach *die Aktiva der (liquidierten)* untergegangenen juristischen Person *übernommen* hat[219]. Je nach Fallkonstellation kann zwar vorkommen, daß über die oben geschilderten Faktoren hinaus auch die Anteilseigner dieselben bleiben - so z.B. wenn die alten Anteilseigner die Aktien

---

217 *EuGH* Urt. v. 16.12.75, a.a.O. [Rdn. 84 bis 88].

218 Vgl. auch die *Schlußanträge* des *GA Mayras* (v. 16 und 17.6.75, verb. Rs. 40 u.a./73, *Suiker Unie u.a.*, Slg. 1975, S. 2062), der ausführlich auf die relevanten Fragen eingeht [S. 2097] und u.a. hervorhebt, daß die Geldbußen nach den Wettbewerbsregeln Unternehmen in ihrer Eigenschaft als Wirtschaftssubjekte auferlegt würden und daß auf die wirtschaftlichen Fakten abzustellen sei. Außerdem weist er auf die Umgehungsgefahr hin und meint, die Kommission sei berechtigt, das frühere Verhalten der neuen juristischen Person zuzurechnen, vorausgesetzt, "daß sich dahinter dasselbe Wirtschaftssubjekt verbirgt".

219 Vgl. das *EuGH*-Urteil im Rheinzink-Fall (*EuGH* Urt. v. 28.03.84, verb. Rs. 29 und 30/83, *CRAM und Rheinzink*, Slg. 1984, S. 1679), in dem der Gerichtshof festgestellt hat [Rdn. 9], daß die Rheinzink GmbH die frühere Gesellschaft (Rheinisches Zinkwalzwerk GmbH & Co) insgesamt übernommen und deren wirtschaftliche Tätigkeit fortgeführt habe; der Gerichtshof betont dabei, daß "*durch die Änderung der Rechtsform und des Namens eines Unternehmens kein neues Unternehmen* geschaffen [wird], das von der Haftung für wettbewerbswidrige Handlungen des alten Unternehmens befreit wäre, sofern die beiden Unternehmen wirtschaftlich gesehen identisch sind." Vgl. dazu auch die Schlußanträge der *GAin Rozès* v. 1.2.84, Slg. 1984, S. 1708 [S. 1710].

der neuen rechtlichen Einheit übernehmen. Dies ist aber nicht erforderlich. Solange die obigen unternehmerischen Bestandteile unter der neuen juristischen Person zu finden sind, ist der Aspekt der Identität der Anteilseigner nicht mehr von Bedeutung.

(c) Nachträgliche juristische Verselbständigung einer wirtschaftlichen Einheit

Eine dritte Gruppe bilden schließlich die Fallkonstellationen, die dadurch gekennzeichnet sind, daß eine im Zeitpunkt des Verstoßes rechtlich nicht verselbständigte "wirtschaftliche Einheit" *nach* der Begehung des Verstoßes rechtlich verselbständigt wird und damit durch eine eigene juristische Person in Erscheinung tritt. Besteht auch die alte juristische Person fort, dann geht die Gemeinschaftspraxis davon aus, daß grundsätzlich diese zu belangen ist. Es wird allerdings nicht ausgeschlossen, daß unter Umständen statt dessen die neue juristische Person in Verantwortung zu ziehen ist.

EuG Urt. v. 14.5.98, Rs. T-327/94, *SCA Holding*[220]: [Rdn. 61] Es steht fest, daß in der *Fabrik von Colthrop* Karton hergestellt wurde und daß diese Fabrik im gesamten Zeitraum der Zuwiderhandlung zunächst *Reed P&B*, dann *SCA Aylesford Ltd* und schließlich *SCA Holding* gehörte. [Rdn. 62] Sodann ist festzustellen, daß Reed P&B, SCA Aylesford Ltd und SCA Holding (die Klägerin) die von derselben juristischen Person nacheinander geführten Firmennamen sind. [Rdn. 63] Unter den Umständen des vorliegenden Falles stellen sich daher keine Fragen der Rechtsnachfolge. Nach der Rechtsprechung des Gerichts ... *ist der juristischen Person, die für den Betrieb des Unternehmens verantwortlich war, als die Zuwiderhandlung begangen wurde, dessen rechtswidriges Verhalten zuzurechnen. Solange diese juristische Person besteht, haftet ihr die Verantwortung für das rechtswidrige Verhalten des Unternehmens an, selbst wenn die materiellen und personellen Faktoren, die an der Begehung der Zuwiderhandlung beteiligt waren, später auf Dritte übergingen.* [Rdn. 64] Die Kommission hat die Entscheidung daher zu Recht an die juristische Person gerichtet, die für das im Zeitraum der Zuwiderhandlung festgestellte wettbewerbswidrige Verhalten verantwortlich war und die bis zum Erlaß der Entscheidung fortbestand. [Rdn. 65] Selbst wenn man unterstellt, daß Colthrop als Unternehmen im Sinne von Artikel 85 des Vertrages [= Art. 81 EGV n.F.] angesehen werden könnte und daß dieses Unternehmen zum Zeitpunkt des Erlasses der Entscheidung im Eigentum der juristischen Person Colthrop Board Mill Ltd stand, könnte das Vorbringen der Klägerin folglich allenfalls darauf hinauslaufen, daß die *Kommission hinsichtlich des Adressaten der Entscheidung eine Wahlmöglichkeit* hatte. Die von der Kommission getroffene Wahl kann unter solchen Umständen nicht mit Erfolg in Frage gestellt werden."

(3) Praxisrelevante Funktionen des Konzepts

Das Konzept der wirtschaftlichen Einheit, wie es im Zusammenhang mit Fällen der Rechtsnachfolge angewendet wird, ist vor dem Hintergrund der Gefahr entwickelt worden, daß in der Eigenschaft des Unternehmensträgers auftretende juristische

---

220 Slg. 1998, II-1373; vgl. die auf den konkreten Fall bezogenen Ausführungen der Kommission in der Karton-Entscheidung, *KOME* v. 13.7.94, 94/601/EG, *Karton*, ABl. 1994, Nr. L 243/1 [Rdn. 155 bis 157].

Personen durch Veränderung ihrer Identität der bußgeldrechtlichen Verantwortung entgehen[221]. Man wollte dabei nicht nur Mißbrauchsfällen - also absichtlichen Manipulationen des Wirtschaftsgeschehens - effektiv begegnen, sondern auch sachgerechte Zurechnungskriterien für die normalen Fälle einer durch wirtschaftliche Gründe diktierten Liquidation, Fusion oder Umwandlung der jeweils als Unternehmensträger im Zeitpunkt einer Zuwiderhandlung auftretenden juristischen Person entwickeln. Jede solche Veränderung bedeutet nämlich unter Zugrundelegung von formalen rechtlichen Kriterien den Untergang des alten Rechtssubjekts und die Entstehung eines neuen Rechtssubjekts. Wollte man bei der Zuordnung der streng *persönlichen* bußgeldrechtlichen Verantwortung rein formal vorgehen, so wäre man verpflichtet, bei jedem der geschilderten Vorgänge, die den Untergang der juristischen Person des deliktisch relevanten Zeitraums bewirken, auf eine Bußgeldverhängung zu verzichten. Da dies bei Fortbestehung des hinter der untergegangenen juristischen Person stehenden Unternehmens kaum sinnvoll erscheint, sah man sich dazu gezwungen, einen festeren Bezugspunkt für die Zuordnung der Verantwortung herauszuarbeiten.

Aus diesem Bedürfnis ist das Konzept der wirtschaftlichen Einheit entstanden, das die früher im Text dargestellten Zurechnungsmaßstäbe umfaßt. Durch die vorsichtige Mischung von formalen rechtlichen Kriterien und rechtssoziologischen Erkenntnissen ist es den Gemeinschaftsorganen gelungen, eine Zurechnungslehre zu entwickeln, die die rechtlichen Veränderungen von zuwiderhandelnden Wirtschaftssubjekten im Laufe der Zeit sinnvoll erfassen und die Zuordnung bußgeldrechtlicher Verantwortung rationalisieren kann. Die Komplexität der zu regelnden Materie und Rechtssicherheitserwägungen haben zwar bislang der Herausbildung eines dogmatisch streng abgeschlossenen Systems bzw. seiner konsequenten Durchsetzung oft entgegengestanden[222]. Insbesondere die in den 80er Jahren von der Kommission ständig praktizierte[223] und vom EuG im Jahre 1991 ausdrücklich aufgestellte Regel, daß ein Übergang der Verantwortung nur beim Untergang der juristischen Person des Rechtsvorgängers in Betracht kommt, stößt in dieser absoluten, ausschließlich auf das Schicksal des alten Unternehmensträgers bzw. der

221 DANNECKER / FISCHER-FRITSCH, S. 257; vgl. auch die Schlußanträge des *GA Mayras* in *Suiker-Unie* Fall, (v. 16 und 17.6.75, verb. Rs. 40 u.a./73, Slg. 1975, S. 2062) wo der GA u.a. [S. 2097], auf die Umgehungsgefahr hinweist. Ähnlich auch *GAin Rozès* [S. 1718] in der Rs. Rheinzink (v. 1.2.84, verb. Rs. 29 und 30/83, *Cram und Rheinzink*, Slg. 1984, S. 1708).

222 Vgl. die Schlußanträge des *GA Vesterdorf* v. 10.7.91 im *Polypropylen*-Fall, verb. Rs. T-1/89 u.a., Slg. 1991, II-867 [S. 921]: "Auf der anderen Seite ist zu betonen, daß aufgrund allgemeiner Erwägungen zu den Voraussetzungen und zur Funktion der Verantwortlichkeit für Zuwiderhandlungen schwerwiegende Gründe vorliegen müssen, um in Ermangelung einer besonderen Rechtsgrundlage zu entscheiden, daß der Erwerb einer Produktionseinheit, in deren Namen vom Veräußerer eine Zuwiderhandlung begangen worden ist, eine Verantwortlichkeit begründen kann. Dessen scheint sich die Kommission denn auch bewußt zu sein."

223 Vgl. DANNECKER / FISCHER-FRITSCH, S. 257 f.

alten juristischen Person abstellenden Formulierung auf Bedenken[224]. Insoweit stellen die oben zitierten Entscheidungen und Urteile in den Fällen *AWS Benelux*[225] und *SCA Holding*[226] eine Fortentwicklung dar, die - unter der Voraussetzung einer sorgfältigeren Konkretisierung der Zurechnungsmaßstäbe in künftigen Kommissionsentscheidungen - zu begrüßen ist.

IV. Kritische Zusammenfassung der europäischen Praxis und die daraus für das griechische Recht zu ziehenden Lehren

A. *Kritische Zusammenfassung der europäischen Praxis*

In Anknüpfung an das Tatbestandsmerkmal "Unternehmen" bestimmt die europäische Praxis die Normadressaten und verantwortlichen Handlungssubjekte des Kartellrechts unter weitgehender Berücksichtigung von wirtschaftlichen Maßstäben. Die (privat- und öffentlich-)rechtlichen Organisationsstrukturen eines kollektiven sozialen Subjekts verlieren damit bei der Rechtsfindung erheblich an Bedeutung, ohne daß sie aber als Kriterium für die Entscheidung der Verantwortungsfrage vollständig zurückgedrängt werden. Dadurch gelingt es der Kommission und den europäischen Gerichten, nicht nur konzernrelevante Vorgänge, sondern auch Absatzmittler- und Rechtsnachfolgefälle effektiv und realitätsnah zu erfassen. Darüber hinaus wird dadurch der Weg eröffnet, um dem Unternehmensstrafrecht ein rechtsformübergreifendes Verständnis zugrunde zu legen, das nicht auf den Unternehmensträger (Einzelunternehmen, Personenvereinigung ohne juristische Persönlichkeit, juristische Person), sondern auf das Unternehmen selbst als Normadressaten und Handlungssubjekt abstellt und somit Differenzierungen auf der Grundlage der Form des Unternehmensträgers beseitigt[227].

Das Konzept der wirtschaftlichen Einheit, das seine praktische Berechtigung *auch* darin findet, daß es für die mit den verschiedensten privat- und öffentlichrechtlichen Konstruktionen sowohl der Mitgliedstaaten als auch der Drittstaaten konfrontierten Anwender der gemeinschaftsrechtlichen Wettbewerbsregeln ein unüberwindbares Hindernis darstellte, wenn die Bestimmung der Adressaten und Handlungssubjekte der Bußgeldnormen an diese formalen Konstruktionen gebunden wäre, birgt allerdings auch große Gefahren für die Rechtssicherheit. Die (partielle) Loslösung der Frage nach der Inanspruchnahme von Kollektiven von der Frage nach ihren formalen rechtlichen Organisationsstrukturen kann nämlich in den Konzernfällen die durch das Institut der juristischen Person *legitim* verfolgte Haftungs-

224 Vgl. die kritischen Anmerkungen von DANNECKER, in: I/M EG-WbR [1997], VO 17 Art. 15, Rdn. 101.

225 Vgl. oben im Text, III C 1.

226 Vgl. oben im Text, III C 2 (c).

227 Näher dazu PAPAKIRIAKOU, Das griechische Verwaltungsstrafrecht, § 8 I A.

begrenzung aufheben und damit die Substanz des Instituts aushöhlen[228]. Die Konzerngesellschaften werden außerdem der Gefahr ausgesetzt, mit Pflichten belegt zu werden, denen keine Rechte entsprechen - so beispielsweise in den Fällen, in denen das nationale Recht kein (kodifiziertes) Konzernrecht kennt und dementsprechend der Muttergesellschaft kein institutionalisiertes Eingriffsrecht in konkrete Angelegenheiten der Tochtergesellschaft zuerkennt[229]. Schließlich entsteht in den Rechtsnachfolgefällen angesichts des in einer marktwirtschaftlichen Ordnung ständigen Wechsels der Eigentümer von "wirtschaftlichen Einheiten" die Gefahr der bußgeldrechtlichen Belastung von gutgläubigen, am wettbewerbswidrigen Geschehen völlig unbeteiligten Erwerbern.

Die Gefahr der (faktischen) Belastung eines gutgläubigen Erwerbers verbirgt sich zwar auch in den Fällen der Bindung der Verantwortung an die Person des Unternehmensträgers, so beispielsweise wenn im Zeitraum zwischen der Begehung des Verstoßes und der Bußgeldverhängung das Aktienpaket der zuwiderhandelnden AG auf einen neuen Eigentümer übertragen wird. Wirtschaftlich gesehen bedeutet auch hier die Sanktionierung der Aktiengesellschaft für in der Vergangenheit begangene Verstöße, daß der neue, möglicherweise gutgläubige Erwerber die finanzielle Last für einen Verstoß zu tragen hat, der zu einem Zeitpunkt begangen wurde, zu dem er das bußgeldrechtliche Risiko nicht zu tragen hatte. - Die Gefahr wird jedoch noch größer, wenn die Verantwortung bereits durch den Erwerb einer Produktionseinheit, in deren Namen vom liquidierten Veräußerer eine Zuwiderhandlung begangen wurde, begründet werden kann. Im letzteren Fall wird nämlich die Geldbuße *direkt* gegen den (in der Eigenschaft des neuen Unternehmensträgers auftretenden) Erwerber verhängt und führt nicht nur zu seiner finanziellen Belastung, sondern kann unter Umständen auch seinen Ruf und seine wirtschaftlichen Interessen im weiteren Sinne beeinträchtigen.

Das Konzept der wirtschaftlichen Einheit ist deswegen sehr vorsichtig zu handhaben, so daß eine weitgehende Sicherung gegen die genannten Risiken erzielt wird.

Unter methodischen Aspekten läßt sich dies am besten durch die *zweistufig aufgebaute Zurechnungskonzeption* des EuG erreichen[230]. Sie ist gegenüber der Konzeption des EuGH deswegen überlegen, weil sie in dem sozialen Tatbestand (d.h. in der "wirtschaftlichen Einheit") nicht nur einen Zurechnungsgrund erblickt, sondern daraus das Handlungssubjekt selbst ableitet. Dadurch lassen sich aber neben den Konzernfällen auch die Rechtsnachfolgefälle dogmatisch sinnvoll strukturieren. - Die Konzeption des Gerichts ist aber auch gegenüber der Konzeption der Kommission vorzuziehen, weil das Gericht in den Konzernfällen die Frage nach der Rolle der (Organe und Mitarbeiter der) zu sanktionierenden juristischen Person im Rahmen des konkreten wettbewerbswidrigen Geschehens nicht in den Hintergrund

---

228 Zu dem mit der Konzernierung legitim verfolgten Zweck der Haftungssegmentierung siehe EMMERICH / SONNENSCHEIN [6. Aufl.], S. 13.

229 Vgl. LIPOWSKY, S. 240 f.

230 Zur konkreten Ausgestaltung und Weiterentwicklung dieser Konzeption siehe auch unten im Text, IV B.

drängt. Vielmehr wird dieser Frage die zweite Stufe der Zurechnung gewidmet, so daß die Verantwortung des jeweiligen Bußgeldadressaten für die Handlungen der "wirtschaftlichen Einheit" *grundsätzlich* - d.h. bis auf Fälle außergewöhnlicher funktioneller Verflechtung - aufgrund eines an ihn "individuell" gerichteten Vorwurfs aktiver Beteiligung oder pflichtwidriger Unterlassung begründet wird. Die faktische Aufhebung der zwischen den unterschiedlichen juristischen Personen bestehenden institutionalisierten Haftungsgrenzen bei der Zurechnung des wettbewerbswidrigen Vorgangs läßt sich dann rechtsstaatlich überzeugend erklären. Spätestens an dieser Stelle können außerdem die Fragen der einzelfallbezogenen rechtlichen oder faktischen Eingriffsmöglichkeiten der Obergesellschaft nach nationalem Recht aufgeworfen und geklärt werden. Hat die Obergesellschaft versucht, den Verstoß zu verhindern, hat sie aber aus faktischen oder rechtlichen Gründen ihren Willen nicht durchsetzen können, ist sie bußgeldrechtlich nicht zu belangen.

In den Rechtsnachfolgefällen fehlt es zwar auch im Rahmen der Konzeption des EuG an einem *direkten* Anknüpfungspunkt für die Erhebung eines Vorwurfs gegenüber der Rechtsperson des (gutgläubigen) Erwerbers; angesichts der Anknüpfung an die "wirtschaftliche Einheit" als Handlungssubjekt in der ersten Zurechnungsstufe erscheint aber auch hier die Konzeption als weitgehend überzeugend. Das am Verstoß beteiligte Kollektiv wird nämlich nunmehr in der rechtlichen Welt durch die Rechtsperson des Erwerbers "vertreten". Der gegen das Kollektiv gerichtete Vorwurf kann dementsprechend nur *über* die Rechtsperson des Erwerbers das Kollektiv erreichen. Um das wirkliche Vorwurfssubjekt in diesem Sinne in den Mittelpunkt zu stellen (und damit zugleich den Ruf und die weiteren wirtschaftlichen Interessen des gutgläubigen Erwerbers weitgehend zu schonen), wäre allerdings erforderlich, daß man ausschließlich auf die wirtschaftlichen Verhältnisse des "erworbenen" Kollektivs bei der Bußgeldbemessung abstellt. Übrigens ist die Behandlung der Rechtsnachfolgefälle in enger Verknüpfung mit den für Konzernfälle geltenden Regeln (Inanspruchnahme des veräußernden Konzerns) zu befürworten, denn sie hat zur Folge, daß (gutgläubige) Erwerber (von Unternehmensaktiva oder Aktien) seltener direkt oder indirekt (faktisch) zur Verantwortung gezogen werden.

Das methodische Vorgehen der Kommission, die das Verhalten der einzelnen juristischen Person innerhalb der "wirtschaftlichen Einheit" der Tendenz nach für unbeachtlich erklären will, ist dagegen abzulehnen. Es dürfte letztlich unter dem Aspekt des Grundrechtsschutzes unzulässig sein, eine juristische Person "*stellvertretend*" für die Handlungen der "wirtschaftlichen Einheit" und damit die Handlungen eines *anderen* in Verantwortung zu ziehen[231]. Solange man die juristischen Per-

[231] Dies ist dann der Fall, wenn sich keiner der Angehörigen des durch die juristische Person abgegrenzten sozialen Gebildes (Personengruppe, die sich aus den Organmitgliedern - z.B. Aktionären der Hauptversammlung und Mitgliedern des Aufsichtsrats und des Vorstands in einer Aktiengesellschaft - und aus den leitenden und einfachen Mitarbeitern der juristischen Person zusammensetzt) an der Tat der zuwiderhandelnden "wirtschaftlichen Einheit" (Unter-

sonen selbst als Grundrechtsträger anerkennt, ist man verpflichtet, jede Art strafrechtlicher Verantwortung (i.w.S.) einer juristischen Person von Taten *dieser* juristischen Person abhängig zu machen. Von Rechtsnachfolgefällen (deren Besonderheiten soeben geschildert wurden) sowie von Fällen einer außergewöhnlichen (die Haftungssegmentierung nicht mehr rechtfertigenden) institutionellen und funktionellen Verflechtung zwischen selbständigen juristischen Personen abgesehen, können aber als Taten einer juristischen Person nur Taten (Tun oder Unterlassen) der eigenen Organe, Angestellten oder - höchstens - externen Beauftragten und Absatzmittler angesehen werden. Zu begrüßen wäre deswegen, wenn die Kommission ihr Argumentationsmuster aufgeben würde und statt dessen ausdrücklich an die Voraussetzung einer aktiven Beteiligung oder - bezüglich der Obergesellschaften und in Anlehnung an die jüngste Rechtsprechung des EuG - an das bereits von ihr selbst in der *Johnson & Johnson*-Entscheidung eingeführte Zurechnungskriterium der pflichtwidrigen Unterlassung anknüpfen würde.

B. Vorbildfunktion der europäischen Praxis für das griechische Verwaltungsstrafrecht (in Kartellsachen)?

Der Standpunkt der griechischen Kartellbehörden und Gerichte zum Problem der Normadressaten und Handlungssubjekte der Kartell(bußgeld)normen läßt sich angesichts des Mangels an eindeutigen Aussagen in der Praxis nur schwer umreißen.

Zu Fragen im Zusammenhang mit der *strafbegründenden* Zurechnung in Rechtsnachfolgefällen und in Konzernen hat die griechische Praxis bisher nicht Stellung genommen. Zurechnungsrelevante Fragen sind bislang nur im Anschluß an die Verbundklauseln der Fusionskontrolle und vor allem bei der Ermittlung von marktbeherrschenden Stellungen besprochen worden. Die hier vorgenommenen Zurechnungen von *Marktanteilen* und sonstigen *wirtschaftlichen Eigenschaften* betreffen rein verwaltungsrechtliche / wettbewerbsrechtliche Probleme[232] und geben keinen Aufschluß über die Möglichkeit einer strafbegründenden objektiven und subjektiven Zurechnung wettbewerbswidrigen Verhaltens. Die Problematik der Handlungssubjekte des Kartellrechts wird außerdem manchmal im Falle von konzerninternen Vereinbarungen aufgeworfen. Sehr aufschlußreich sind aber auch diese Fälle nicht.

Auf den ersten Blick könnte zwar die Entscheidungspraxis hinsichtlich der innerhalb eines Konzerns getroffenen Vereinbarungen als Indiz für eine Orientierung der griechischen Kartellbehörden an einem wirtschaftlich-soziologischen Unternehmensbegriff bewertet werden[233]. Die einschlägigen Urteile und Stellungnahmen verneinen nämlich die Anwendbarkeit des Kartellverbots auf konzerninterne Absprachen und begründen dieses Ergebnis unter Hinweis auf die "wirtschaftliche

---

nehmen - arbeitsteilig organisiertes, wirtschaftlich tätiges Kollektiv, das möglicherweise auch das soeben genannte soziale Gebilde neben anderen sozialen Gebilden umfaßt) beteiligt hat; vgl. zur Terminologie oben im Text, I C.

232 Vgl. dazu bereits oben im Text, III A 2 und 3.

233 Siehe zu diesem Begriff die einleitenden Bemerkungen oben im Text, I C.

Einheit", die die handelnden konzernverbundenen Unternehmen bilden[234]. In dieser Praxis sieht die Literatur einen Beweis dafür, daß die griechischen Kartellwächter die juristische Selbständigkeit als Grundlage des Unternehmensbegriffs durchbrechen und bewußt das Gewicht für die Bestimmung der Adressaten der kartellrechtlichen Normen von rechtlichen auf wirtschaftliche Kriterien verlagern[235].

So führt beispielsweise die *WbK* in ihrer Stellungnahme *29/85* ("MISKO")[236] aus, daß die M-GmbH (Industrieunternehmen) und die B-GmbH (Handelsunternehmen) "trotz ihrer getrennten juristischen Persönlichkeiten im Grunde ein einheitliches Unternehmen darstellen". Die griechische Wettbewerbsbehörde stützt diese Wertung auf die weitgehende *Identität der Gesellschafter* (80% der Gesellschaftsanteile der B-GmbH war im Besitz der Gesellschafter der M-GmbH) sowie auf die Tatsache, daß die Gesellschaften aus diesem Grund und im Hinblick auf ihre bisherige Tätigkeit einer *einheitlichen Leitung* unterlägen und *gemeinsame Interessen* verfolgten, indem sie die verschiedenen *Tätigkeitsbereiche* des Unternehmens (Produktion und Vertrieb) unter sich *aufgeteilt* hätten. Die Möglichkeit der Anwendung des Art. 1 Abs. 1 auf die von beiden GmbH angeblich abgesprochene und betriebene diskriminierende Rabattpolitik wird vor diesem Hintergrund verneint[237].

Auf die *Kapitalbeteiligung* in Höhe von 45%, die *Identität der Hauptaktionäre* und die *funktionelle Integration der Tätigkeiten* (Herstellung / Vertrieb) der zwei Aktiengesellschaften A- AG und E-AG beruft sich außerdem die Stellungnahme *WbK 45/86* ("ANELOR / ELEPEL")[238], um die Nichtanwendbarkeit des Kartellverbots auf die geplante Fusionierung beider Unternehmen (Absorption der E-AG durch die A-AG) zu begründen.

Die Privilegierung der konzerninternen Absprachen wird schließlich auch durch die jüngst ergangene Entscheidung *WbK 107/98* ("OLYMPIK / DDBO") bestätigt. Das von den Werbeunternehmen Olympik und DDBO gegründete Gemeinschaftsunternehmen wird zwar in dieser Entscheidung nicht als Zusammenschluß, sondern als horizontale

---

234 Vgl. auch den "SIKKENS"-Fall (*WbK*-S 19/84 "SIKKENS I", Bd. A, S. 116 ff.; *WbK*-S 38/86 "SIKKENS II", Bd. A, S. 152 ff.; *minist. Entsch.* K6-147/86, Bd. A, S. 197 ff.; näher zum Sachverhalt PAPAKIRIAKOU, Das griechische Verwaltungsstrafrecht, § 4 IV A), in dem die Kommission das Verhalten eines Handelsvertreters unter Berufung auf seine mangelnde wirtschaftliche Autonomie dem holländischen Hersteller SIKKENS BV zurechnet. Der Begriff der "wirtschaftlichen Einheit" wurde allerdings in diesem Fall von den griechischen Kartellbehörden nicht benutzt.

235 Vgl. DOUVLIS, in: SCHINAS (Hrsg.), Schutz des freien Wettbewerbs, S. 41 ff. Gegen diese Tendenz SOUFLEROS [in: SCHINAS (Hrsg.), Schutz des freien Wettbewerbs, S. 188 insbes. Fußn. 10], der ausschließlich auf das Kriterium der rechtlichen Autonomie abstellen will und das anschließend im Text geschilderte Urteil MISKO als unrichtig bezeichnet. Im allgemeinen ist aber die Frage umstritten, siehe KOTSIRIS, Wettbewerbsrecht, S. 242 ff. Die Möglichkeit der Zurechnung des Verhaltens einer weisungsgebundenen Tochtergesellschaft gegenüber der Muttergesellschaft wird allerdings gesondert behandelt und im Ergebnis von den meisten Autoren bejaht, siehe BERNITSAS, EG-Recht und G. 703/77, S. 206 ff.; ROCAS / PERAKIS, in: World Law of Competition, Greece, § 3.02 (1); SOUFLEROS, a.a.O.

236 Bd. A, S. 134 ff.; siehe auch die bestätigende *minist. Entsch.* K6-310/85 (unveröff.).

237 *WbK*-S 29/85 ("MISKO"), Bd. A, S. 135.

238 Bd. A, S. 168 ff.; ähnlich die *minist. Entsch.* K6-711/86 (unveröff.).

Vereinbarung zum Zwecke der Koordinierung des Verhaltens der Gründungsunternehmen auf dem Werbesektor gewertet und daher unter Heranziehung der Kriterien des Art. 1 Abs. 1 beurteilt. Im Hinblick auf die mittels *Kapitalverflechtung* hergestellte Zugehörigkeit beider Mutterunternehmen zu dem weltweit tätigen, von der US-amerikanischen Gesellschaft Omnicom Group Inc. geleitete Konzern und der Einstufung der Vereinbarung als Mittel der *konzerninternen Organisation und Verteilung der Aufgaben* wird aber das Kartellverbot für unanwendbar erklärt.

Bei näherem Hinsehen erweist sich allerdings, daß den griechischen Kartellbehörden im fraglichen konzernrelevanten Zusammenhang nicht das spezifische Problem der Normadressateneigenschaft der einzelnen Konzernglieder, sondern nur das Problem der Verwirklichung des Kartelltatbestandes beschäftigt. Insoweit läßt sich auch die Ansicht vertreten, daß die griechischen Kartellbehörden die Anwendung des Kartellverbotes im (inneren) Konzernverhältnis nicht am Tatbestandsmerkmal "Unternehmen", sondern an diesem der "Wettbewerbsbeschränkung" scheitern lassen.

Diese alternative Deutung der fraglichen Praxis findet auch in den Ausführungen der *WbK-E 25/96* im "MOTOR OIL / SAUDI ARAMCO"-Fall Anhaltspunkte. - Anläßlich einer den Bezug von Erdöl betreffenden Ausschließlichkeitsvereinbarung zwischen der griechischen Gesellschaft *Motor Oil* (gemeinsame, jeweils zu 50% beherrschte Tochtergesellschaft des Bardinogiannis-Konzerns und der saudi-arabischen Gesellschaft Saudi Aramco) und der *Saudi Aramco* führt nämlich die Kommission dort aus: "Die Verträge, mit denen die Deckung des gesamten Bedarfs eines Unternehmens durch ein anderes vereinbart wird, können die Einschränkung des Wettbewerbs in der Gestalt der Aufteilung der Versorgungsquellen im Sinne des Art. 1 Abs. 1 Buchst. c G. 703/77 zur Folge haben, *auch wenn die Vereinbarung mit der Tochtergesellschaft abgeschlossen wird* und diese verpflichtet, ihren gesamten Bedarf bezüglich eines Produkts bei den Muttergesellschaften zu decken. Die wettbewerbseinschränkenden Ergebnisse betreffen zum einen den Zutritt von dritten Lieferanten in den relevanten Markt und zum anderen die Auswahlfreiheit des Abnehmers"[239].

Angesichts der Tatsache, daß sich Motor Oil unter der *gemeinsamen* Kontrolle vom Bardinogiannis-Konzern und von Saudi Aramco befand, kann man zwar im konkreten Fall nicht davon sprechen, daß Motor Oil und Saudi Aramco eine "wirtschaftliche Einheit" bildeten. Der Anwendung des Kartellverbots stand insoweit unter diesem Aspekt kein Hindernis entgegen. Die - im Rahmen der Auslegung des Art. 1 Abs. 1 getroffenen - Ausführungen der Kommission weisen jedoch über den konkreten Fall hinaus und deuten an, daß unter Umständen auch Vereinbarungen zwischen Mutter- und Tochtergesellschaften vom Kartellverbot erfaßt werden können, vorausgesetzt, daß sie wettbewerbsbeschränkende *Drittwirkungen* entfalten. Zieht man in Betracht, daß die bisherige Praxis die Nichtanwendung des Art. 1 Abs. 1 auf konzerninterne Absprachen nicht nur unter Hinweis auf die "wirtschaftliche Einheit", sondern zusätzlich mit dem Argument der funktionellen Beschränkung der Absprachen auf die konzerninterne Aufgabenverteilung begründet, dann liegt die Annahme nahe, daß die Nichtanwendung des Kartellverbots nicht an der Betrachtung der Glieder der "wirtschaftlichen Einheit" als ein Unternehmen - sonst müßte *jede* Konzernabsprache, unabhängig von ihrem Inhalt vom Anwendungsbereich des Kartellverbots ausscheiden -, sondern an der (bedingten) Ein-

---

239 *WbK*-E 25/96 "MOTOR OIL / SAUDI ARAMCO".

stufung der Absprachen zwischen den Konzerngliedern als nicht *wettbewerbsbeschränkend* im Sinne von Art. 1 Abs. 1 liegt.

Auch wenn man von der soeben geschilderten, auf das Tatbestandsmerkmal "Wettbewerbsbeschränkung" abstellenden Deutung ausgehen sollte, kann man nicht leugnen, daß bereits der Einsatz des Kriteriums der "wirtschaftlichen Einheit" im Zusammenhang mit Konzerngesellschaften zeigt, daß die griechischen Wettbewerbsbehörden einer bedingungslosen Bindung an die Grenzen der zivilrechtlichen Rechtsfähigkeit bei der Anwendung des Kartellverbots mißtrauisch gegenüberstehen. Vielmehr bemühen sie sich darum, das tradierte zivilrechtliche Denken durch neue, wirtschaftliche Erkenntnisse anzureichern.

Naheliegt insoweit die Übernahme (von Elementen) des im Gemeinschaftsrecht entwickelten Konzepts der wirtschaftlichen Einheit. Angesichts der Gesamtausrichtung der griechischen Rechtsordnung an der zivilrechtlichen Rechtsfähigkeit als Voraussetzung für die Annahme der Normadressateneigenschaft eines sozialen Subjekts, läßt sich zwar dabei der Fortentwicklung des griechischen Rechts das - ohnehin unter Rechtssicherheitsaspekten umstrittene - Verständnis der Kommission nicht zugrunde legen. Ohne Probleme kann man aber an das Verständnis des EuGH anknüpfen oder im Anschluß an das Verständnis des EuG eine (zweistufige) Zurechnungskonzeption entwickeln, die - ohne Aufhebung der zwischen unterschiedlichen juristischen Personen bestehenden Grenzen - eine angemessene Zuordnung der Verantwortung erreichen kann.

Im Rahmen einer solchen Konzeption ist in jedem Einzelfall zunächst das Kollektiv zu bestimmen, dessen *tatsächliche, auf Dauer angelegte Organisationsstrukturen* den Schluß zulassen, daß es um ein einheitliches soziales Subjekt geht. Ob mehrere durch juristische Verselbständigung gekennzeichnete soziale Gebilde ein solches einheitliches Subjekt bilden, ist anhand der Kriterien der gesellschaftsrechtlich begründeten Abhängigkeit, der funktionellen (und personellen) Verflechtung, der Unterordnung unter ein gemeinsames Interesse und der (regelmäßigen faktischen) Weisungserteilung zu überprüfen[240]. Das so bestimmte Kollektiv, die sog. "wirtschaftliche Einheit", ist als das von den Kartellnormen anvisierte wirtschaftliche Handlungssubjekt anzusehen, das sich die Handlungen und subjektive Momente aller seiner (befugterweise handelnden) Mitglieder zurechnen lassen muß.

Wie aus der Mehrzahl der angegebenen Kriterien deutlich schließen läßt, ist stets zu beachten, daß die bloße kapitalmäßige Verflechtung zwei juristischer Personen und die dadurch bedingten Kontrollmöglichkeiten nicht ausreichen, um die von den juristischen Personen "vertretenen" sozialen Gebilde als ein einheitliches soziales Subjekt anzusehen. Vielmehr muß feststehen, daß die durch die kapitalmäßige Verflechtung bedingten Kontrollmöglichkeiten des einen sozialen Gebildes über das andere tatsächlich ausgeübt werden und damit Strukturen entstanden sind, die denen eines einheitlichen Unter-

240 Vgl. dazu oben im Text, III A 1 a (i) und (ii) sowie III A 1 b.

nehmens entsprechen. Große Bedeutung ist dabei vor allem dem Kriterium der (regelmäßigen) *Erteilung von Weisungen* beizumessen. Ob dies der Fall ist, soll unter anderem anhand der Gestaltung der zwischen den juristisch verselbständigten sozialen Gebilden erfolgenden Informationsflusses überprüft werden. Eine regelmäßige Weitergabe konkreter Informationen (einschließlich der strafrechtlich relevanter) über Produktionsbedingungen, Sicherheit von Anlagen, Geschäftsverbindungen usw. durch die gesellschaftsrechtlich abhängige juristische Person an die übergeordnete juristische Person soll danach als Beweis dafür gedeutet werden, daß faktische Kontroll- und Leitungsfunktionen wahrgenommen werden sollen. Umgekehrt kann von ganz weitgehender Autonomie der untergeordneten juristischen Person ausgegangen werden, wenn allgemein keine Informationen über Einzelprobleme weitergegeben werden, da dann die *Kommunikationsstruktur* zwischen den juristisch verselbständigten sozialen Gebilden deutlich macht, daß kein Einfluß in der Entscheidung von Einzelfragen erfolgen soll[241]. Die regelmäßige Erteilung von Weisungen ist außerdem weitgehend zu vermuten, wenn die Leitungsorgane der Tochter durch Organmitglieder und höhere Angestellten der Muttergesellschaft besetzt werden oder eine völlige funktionelle Einbindung der Tätigkeit der Tochter in das Produktionsprogramm der Mutter vorliegt.

Ist ein soziales Subjekt im oben geschilderten Sinne bestimmt und die Zuwiderhandlung diesem objektiv und subjektiv zugeordnet worden, so ist anschließend eine klassische *zivil- oder öffentlichrechtliche Rechtsperson* zu bestimmen, der die Tat des sozialen Subjekts der ersten Stufe *erneut* als eigene Tat zugerechnet werden kann. Hierbei ist allerdings hervorzuheben, daß die objektiven und subjektiven Ahndungsvoraussetzungen nicht erneut geprüft werden müssen. Vielmehr reicht es aus, je nach Fallkonstellation das Vorliegen bestimmter Zurechnungsvoraussetzungen zu überprüfen.

Ist das soziale Subjekt der ersten Stufe zum Zeitpunkt der Zuwiderhandlung juristisch verselbständigt und besteht die das soziale Subjekt in der rechtlichen Welt "vertretende" juristische Person zum Zeitpunkt der Bußgeldverhängung fort, so ist dieser juristischen Person die Tat zuzurechnen und die Bußgeldlast aufzuerlegen. Juristische Person der zweiten Stufe und soziales Subjekt der ersten Stufe sind nämlich in dieser Fallkonstellation als identisch anzusehen, so daß die Zurechnung keine Schwierigkeiten bereitet. - Anders verhält es sich aber in den Fällen, in denen das soziale Subjekt der ersten Stufe zum Zeitpunkt der Deliktsbegehung durch mehrere juristische Personen in der rechtlichen Welt "vertreten" wird (Konzernfälle) oder in den Fällen, in denen sich die juristische Organisationsform des sozialen Subjekts der ersten Stufe nach der Deliktsbegehung geändert hat (Rechtsnachfolgefälle).

In *Konzernfällen* kommt eine konzernverbundene juristische Person als Zurechnungssubjekt der zweiten Stufe nur dann in Betracht, wenn sich diese juristische Person bzw. die Mitglieder des entsprechenden juristisch verselbständigten Konzernteils am Verstoß des sozialen Subjekts der ersten Stufe "beteiligt" haben, was allerdings unter Umständen anhand der Intensität der kapitalmäßigen und perso-

---

241 Vgl. etwa RANSIEK, Unternehmensstrafrecht, S. 87.

nellen Verflechtungen der Konzernglieder (widerlegbar) vermutet werden darf[242]. In materiellrechtlicher Hinsicht ist von der Faustregel auszugehen, daß bei Schwester- und Tochtergesellschaften als Zurechnungsvoraussetzung ein aktives Tun erforderlich ist, bei Obergesellschaften dagegen bereits ein pflichtwidriges Unterlassen (Nichteinschreiten gegen eine in Kenntnis genommene Zuwiderhandlung einer Tochtergesellschaft) ausreicht[243].

Im Lichte des klassischen, auf juristische Personen abstellenden Verständnisses bedeutet diese Konzeption, daß jeder (ihre gesellschaftsrechtlich begründeten Einflußmöglichkeiten tatsächlich ausübenden) herrschenden Gesellschaft die Pflicht auferlegt wird, die aus der abhängigen Gesellschaft ausgehenden Zuwiderhandlungen zu verhindern. In der Sache wird also - im Gegensatz zum allgemeinen Gesellschaftsrecht, das die Einflußnahme der herrschenden Gesellschaft auf den Tochtervorstand aus Gründen des besseren Schutzes der Gläubigerinteressen und der Minderheitsaktionäre der abhängigen Gesellschaft möglichst begrenzen will - eine weitgehende Ausdehnung des legitimen faktischen Einflusses der herrschenden Gesellschaft zum Zwecke der effektiven Abwendung der aus der Tätigkeit der untergeordneten Gesellschaft für die strafrechtlich geschützten Interessen Dritter oder der Allgemeinheit ausgehenden Gefahren favorisiert[244]. Damit das Haftungsrisiko der herrschenden Gesellschaft für Unterlassungen allerdings nicht uferlos wird - was einerseits zu einer übermäßigen Belastung der Tochtergesellschaft wegen der ständigen Kontrollen und der Überprüfung sämtlicher entscheidungsrelevanter Detailinformationen hinausliefe und andererseits der erklärten Absicht der Beachtung der Grenzen zwischen den juristischen Personen eindeutig widerspräche - wird die Entstehung der Verantwortung wegen objektiver Verletzung der Eingriffspflicht an enge *subjektive* Bedingungen gebunden. Die herrschende Gesellschaft darf danach nur dann belastet werden, wenn sie in *Kenntnis* des Vorgehens der Tochtergesellschaft untätig bleibt. Von einer solchen Kenntnis ist beispielsweise dann auszugehen, wenn die Tochtergesellschaft selbst die herrschende Gesellschaft informiert und um Rat gebeten hat, oder wenn die herrschende Gesellschaft aus anderen Quellen (Beschwerden von benachteiligten Marktteilnehmern, Mitteilungen von öffentlichen Behörden u.s.w.) zuverlässige Informationen erlangt hat, die Handlungsbedarf erkennen lassen[245]. - Die Kenntnis braucht sich aber nicht auf jede tatbestandsmäßige Einzelhandlung der Tochtergesellschaft zu erstrecken. Es reicht aus, wenn die Obergesellschaft von der *allgemein* wettbewerbswidrigen Politik der Tochtergesellschaft informiert ist, ohne daß sie dagegen einschreitet. Darüber hinaus ist die Möglichkeit zu befürworten, widerlegbare, nach dem Abhängigkeitsgrad zwischen den betroffenen Gesellschaften abgestufte *Vermutungen* hinsichtlich der Kenntnis der Obergesellschaft einzuführen. Da es im vorliegenden Zusammenhang um verwaltungsstrafrechtliche Sanktionen gegen Unternehmen - und nicht um Kriminalstrafen gegen natürliche Personen - geht, stößt eine solche, an rationalen Zweckmäßigkeitsgesichtspunkten orientierte Ausgestaltung der Beweismaßstäbe auf keine schwerwiegenden Bedenken[246]. Die Kenntnis ist schließlich keine erforderliche

---

242 Vgl. oben im Text, III A 1 (b).

243 Vgl. oben im Text, III A 1 a (iii).

244 Ähnlich RANSIEK, Unternehmensstrafrecht, S. 86 f.

245 Vgl. RANSIEK, Unternehmensstrafrecht, S. 87.

246 Vgl. dazu HEINE (Die strafrechtliche Verantwortlichkeit von Unternehmen, S. 305), der eine "Umkehr der Beweislast" auch im Rahmen eines kriminalstrafrechtlich geprägten Unternehmensstrafrechts für zulässig hält.

Voraussetzung für die Inanspruchnahme der Obergesellschaft, wenn sie (bzw. ihre Organe und Angestellten) sich *aktiv* an den Verstößen der Tochtergesellschaft beteiligt hat (bzw. haben). Das belastende Urteil gegen die Obergesellschaft kann in diesem Fall ausschließlich auf das Zurechnungskriterium des aktiven Tuns gestützt werden.

Erfüllen mehrere konzernverbundene juristische Personen die genannten Zurechnungsvoraussetzungen, so ist die Geldbuße grundsätzlich gegen die juristische Person zu verhängen, die den juristisch verselbständigten Konzernteil "vertritt", dessen Mitglieder in normativer Hinsicht die Hauptverantwortung für den Verstoß des sozialen Subjekts der ersten Stufe tragen. Bei der Frage nach der zu sanktionierenden juristischen Person dürfen allerdings mitunter auch Erwägungen im Zusammenhang mit der leichteren (völkerrechtlichen) Vollstreckbarkeit der Bußgeldentscheidung oder (angesichts der gewinnabschöpfenden Funktion der Geldbuße) mit der Nutznießerschaft berücksichtigt werden[247].

In *Rechtsnachfolgefällen* ist durch Zurechnung - je nach Fallkonstellation - entweder die (fortbestehende) juristische Person, die das soziale Subjekt der ersten Stufe zum Zeitpunkt der Deliktsbegehung vertritt, oder die juristische Person, die diese Rolle zum Zeitpunkt der Bußgeldverhängung erfüllt, zu belasten. Ist beispielsweise *nur* ein Teil des sozialen Subjekts der ersten Stufe nach der Deliktsbegehung aufgelöst oder unter die Trägerschaft einer anderen juristischen Person gestellt worden, so ist die Geldbuße prinzipiell gegen die fortbestehende juristische Person zu verhängen, die das soziale Subjekt zum Zeitpunkt der Deliktsbegehung "vertrat". Ist aber diese juristische Person untergegangen, so ist die juristische Person in Anspruch zu nehmen, unter deren Trägerschaft sich die maßgeblichen Teile des sozialen Subjekts der ersten Stufe zum Zeitpunkt der Bußgeldverhängung finden[248]. Um das wirkliche Vorwurfssubjekt in den Mittelpunkt zu stellen (und damit zugleich den Ruf und die weiteren wirtschaftlichen Interessen gutgläubiger Erwerber zu schonen), empfiehlt es sich allerdings, daß man stets auf die wirtschaftlichen Verhältnisse des sozialen Subjekts der ersten Stufe bei der Bußgeldbemessung abstellt. Übrigens ist immer zu überprüfen, ob möglicherweise die für Konzernfälle geltenden Regeln eingreifen und damit der veräußernde Konzern in Anspruch genommen werden kann.

---

247 Vgl. oben im Text, III A 1 (c).

248 Wegen der einzelnen Fallkonstellationen sei auf die früheren Ausführungen zur Praxis der Gemeinschaftsorgane hingewiesen, vgl. oben im Text, III C.

Fünfter Teil: Unternehmensschuld im Spannungsfeld zwischen individuellen Fehlleistungen und kollektiven Organisationsmängeln

I. Problemstellung und terminologische Vorklärung

Verstöße gegen die Wettbewerbsregeln der Gemeinschaft dürfen nach Art. 15 VO 17 nur dann mit einer Geldbuße belegt werden, wenn sie "vorsätzlich oder fahrlässig" begangen wurden[1]. Daraus läßt sich folgern, daß die das Unrecht der Kartelldelikte bestimmende objektive Tatseite zur Begründung der bußgeldrechtlichen Verantwortung nicht genügt.

Bezugspunkt des Urteils über die Rechtswidrigkeit ist die objektive Tatseite bzw. das wettbewerbsrelevante Marktgeschehen, wie es aus der Sicht eines dritten Beobachters objektiv gedeutet werden kann. Die den betroffenen Unternehmen zugerechnete objektive Tatseite wird am Maßstab der Verbots- und Erlaubnisnormen des Kartellrechts gemessen und als rechtmäßig oder rechtswidrig beurteilt.

Zur Begründung der bußgeldrechtlichen Verantwortung müssen vielmehr auch subjektive Elemente der objektiv kartellrechtswidrigen Tat berücksichtigt werden[2]. Den gesetzlich maßgebenden Anknüpfungspunkt für die Berücksichtigung dieser Elemente bieten die subjektiven Merkmale des Vorsatzes und der Fahrlässigkeit an, deren Funktion darin besteht, das im Gemeinschaftsrecht im Hinblick auf *repressiv-ahndend* wirkende Sanktionen als allgemeiner Rechtsgrundsatz anerkannte Schuldprinzip[3] für den kartellrechtlichen Bereich zu konkretisieren

1 Die folgende Darstellung konzentriert sich auf die Bedeutung von subjektiven Elementen im Rahmen der Anwendung der VO 17/62. Bußgeldvorschriften in sonstigen Texten des primären oder sekundären Gemeinschaftsrechts (EGKSV, FusKontrVO u.a.; einen Überblick darüber liefern TSOLKA, S. 39 ff.; BÖSE, S. 138 f.) bleiben außer Betracht. Zur Rechtsnatur der Geldbußen des EGKSV, siehe WAGEMANN, S. 10 ff. Zur Diskussion über das (wohl zu bejahende) Erfordernis von subjektiven Elementen im Bußgeldrecht des EGKSV siehe HILDEBRANDT, S. 31 ff.; BÖSE, 153 ff. m.w.Nachw. (S. 163: "Aus diesen Gründen sind die Bußgeldtatbestände im Recht der EGKS so auszulegen, daß in ihnen das Vorliegen von Vorsatz oder Fahrlässigkeit als zusätzliche, ungeschriebene Voraussetzung enthalten ist."); vgl. auch DANNECKER, Strafrecht der EG, S. 134 f.; TIEDEMANN, in: FS für Jescheck, S. 1435.

2 *GA Vesterdorf*, Schlußanträge v. 10.7.91, verb. Rs. T-1/89 u.a., *Polypropylen*, Slg. 1991, II-867 [S. 916]: "Während die rechtswidrigen Handlungen dem Unternehmen auf objektiver Grundlage zugerechnet werden können, so daß ihm ohne Rücksicht auf die Umstände, die in der Person des für das Unternehmen Handelnden liegen, auferlegt werden kann, die Zuwiderhandlungen abzustellen, setzt die Verhängung einer Geldbuße nach Artikel 15 der Verordnung Nr. 17 stets Vorsatz oder Fahrlässigkeit voraus (vgl. Artikel 15 Absatz 2)."

3 Vgl. dazu BÖSE, S. 149 ff.; TSOLKA, S. 212 ff.; SIOHL, S. 53 ff.

EuG Urt. v. 7.7.94, Rs. T-43/92, *Dunlop*[4]: "[Rdn. 142] Die Klägerin beruft sich auf das Fehlen von Präzedenzfällen, in denen die Kommission das Verhalten von Unternehmen, das dem ihren vergleichbar sei, beanstandet hätte. Wenn es auch *keine Strafe ohne Verschulden geben kann*..., so können zu ahndende Verstöße gegen die Wettbewerbsregeln nach der Rechtsprechung des Gerichtshofes ... und des Gerichts ... doch vorsätzlich oder fahrlässig begangen werden; es genügt, daß der Zuwiderhandelnde wissen mußte, daß sein Verhalten zu einer Wettbewerbsbeschränkung führen würde."

Im übrigen ist darauf hinzuweisen, daß die subjektive Einstellung des Unternehmens nach der Kommissionspraxis auch bei der *Verhängung von Zwangsgeldern* von Bedeutung ist, obwohl in den einschlägigen Sanktionstatbeständen weder Vorsatz noch Fahrlässigkeit vorausgesetzt wird[5]. - Im *Baccarat*-Fall[6] war so beispielsweise das betroffene gleichnamige Unternehmen einem mit Zwangsgeld bewehrten Auskunftsverlangen der *Kommission* fast zwei Monate lang nicht nachgekommen, weil es davon ausgegangen war, "daß der mit der Beschwerdeführerin geschlossene Vergleich und die Rücknahme der Beschwerde Baccarat von seiner Verpflichtung entbunden haben, das Auskunftsverlangen zu beantworten". Erst als die Kommission zum zweiten Mal Baccarat zur Auskunftserteilung telephonisch aufforderte, übermittelte das Unternehmen die verlangten Auskünfte. Baccarat schrieb die Verspätung in der Auskunftserteilung "nachdrücklich einer gewissen Unerfahrenheit" zu. Das Unternehmen sei "zum ersten Mal mit einem derartigen Verfahren, das es schlecht verstanden habe, konfrontiert" worden und habe "nicht die Absicht gehabt, sich seinen Verpflichtungen zu entziehen". Diese Argumente fanden Beachtung: Die Unerfahrenheit des Unternehmens und die Tatsache, daß das Unternehmen am nächsten Tag nach der telephonischen Aufklärung des Mißverständnisses die verlangten Auskünfte erteilte, hielten zwar die Kommission von der endgültigen Festsetzung des Zwangsgeldes nicht ab. Die (nur fahrlässige) subjektive Einstellung des Unternehmens wurde aber berücksichtigt, indem die endgültige Höhe des Zwangsgeldes auf einen erheblich niedrigeren (10.000 ECU) als den in der ursprünglichen Entscheidung vorgesehenen (tägliches Zwangsgeld von 1000 ECU x 43 Verzugstage = 43.000 ECU) Betrag festgesetzt wurde.

---

4 Slg. 1994, II-441.

5 Zu den repressiven Elementen der positivrechtlichen Regelung des europäischen kartellrechtlichen Zwangsgeldes (Art. 16 VO 17), die Zweifel an seiner ausschließlichen Funktion als Beugemittel auftauchen lassen und unter Umständen - nach der von KOCH vertretenen Ansicht - die Anwendung des Schuldprinzips erforderlich machen (KOCH, in: GRABITZ / HILF [1. Grdlf.], nach Art. 87, VO 17 Art. 16, Rdn. 3 f. und 8 f.: "[Rdn. 9] Wird das Zwangsgeld festgesetzt, obwohl die Anordnung bereits befolgt oder gegenstandslos geworden ist, so muß der Verzug des Unternehmens wegen des Strafcharakters der Maßnahme vorwerfbar sein; das Unternehmen muß schuldhaft gehandelt haben."), siehe PAPAKIRIAKOU, Das griechische Verwaltungsstrafrecht, § 5 II B 1 (b). Wie bereits dort ausgeführt, ist allerdings (im Anschluß an die von DANNECKER vertretene Ansicht, in: I/M EG-WbR [1997], VO 17 Art. 16, Rdn. 36) richtigerweise davon auszugehen, daß es beim Zwangsgeld um eine präventive Verwaltungssanktion geht. Die Berücksichtigung subjektiver Elemente durch die Kommission bei der endgültigen Festsetzung des Zwangsgelds (vgl. den anschließend im Text dargestellten *Baccarat*-Fall) kann im Rahmen dieser Einordnung als Anwendung des (auch) im Bereich der präventiven Verwaltungssanktionen geltenden Verhältnismäßigkeitsprinzips aufgefaßt werden (vgl. DANNECKER, a.a.O., Rdn. 36 und 52 f.).

6 *KOME* v. 15.3.91, 91/213/EWG, *Baccarat*, ABl. 1991 Nr. L 97/16 [Rdn. 17].

Im Zusammenhang mit den beiden im Gesetzestext typisierten Begriffen des Vorsatzes und der Fahrlässigkeit sieht man sich zunächst mit einer grundlegenden Frage konfrontiert: das kartellrechtliche Zurechnungssubjekt ist - unabhängig davon, ob man vom Unternehmen als Organisationseinheit oder von der juristischen Person als Unternehmensträger ausgeht - zur Entwicklung von *eigenen* subjektiven Momenten unfähig[7]. Im Hinblick darauf gibt es grundsätzlich zwei Möglichkeiten zur Inhaltsfüllung der Begriffe des Vorsatzes und der Fahrlässigkeit: entweder kann man versuchen, die fraglichen Begriffe so umzudeuten, daß sie auch dem Wesen eines Unternehmens gerecht werden[8], oder man kann die Begriffe im überkommenen Sinne, d.h. als Bezeichnung der Vorstellungen natürlicher Personen beibehalten, wobei dann für deren Erfüllung im konkreten Fall auf die innere Einstellung der Unternehmensangehörigen zurückgegriffen werden muß[9].

Da die VO 17 keine Hinweise auf eine Umdeutung der fraglichen Begriffe gibt und die europäischen Organe auf den ersten Blick darunter nur subjektive Momente im klassischen Sinne zu verstehen scheinen, ist zunächst von der zweiten Alternative auszugehen, so daß die Frage relevant wird, *welche Unternehmensmitarbeiter wann* als Bezugssubjekte zur Füllung der Begriffe Vorsatz und Fahrlässigkeit des Unternehmens herangezogen werden dürfen.

Damit wird allerdings noch nicht ausgeschlossen, daß die europäische Praxis (auch) von der ersteren oben erwähnten Möglichkeit zur Deutung der Begriffe Vorsatz und Fahrlässigkeit (teilweise) Gebrauch macht. Darauf ist später im Text näher einzugehen.

Vor der Behandlung der Frage des Kreises der zurechnungsrelevanten Unternehmensmitarbeiter muß aber zunächst beantwortet werden, was unter Vorsatz und Fahrlässigkeit zu verstehen ist. Klärungsbedürftig erscheint insbesondere, *welche subjektiven Momente* in diesen Begriffen enthalten sind und damit nach dem aus-

---

7 KOCH, in: GRABITZ / HILF [1. Grdlf.], nach Art. 87, VO 17 Art. 15, Rdn. 41: "Die Verbotstatbestände des Art. 15 richten sich an Unternehmen... Diese können als solche nicht schuldhaft handeln."

8 Vgl. z.B. den (mit Blick auf die Regelung des § 30 OWiG vertretenen) Ansatz von TIEDEMANN (NJW 1988, 1171 ff.), der den Verschuldensbegriff bezüglich eines Kollektivs - und demzufolge notwendigerweise auch den Vorsatz- und den Fahrlässigkeitsbegriff - in Verbindung mit der Organisation des Kollektivs ("Organisationsfehler", "Organisationsverschulden") bringt.

9 Zu diesem Ansatz siehe z.B. KOCH, in: GRABITZ / HILF [1. Grdlfg.], nach Art. 87, VO Nr. 17 Art. 15, Rdn. 30 ("Das Verschulden der Unternehmen ist dasjenige seiner Inhaber oder Vertreter."); SAUTER, in: LANGEN / BUNTE [8. Aufl.], Bd. 1, VO 17/62 Art. 15, S. 1907, Rdn. 4 ("Bei der Beurteilung der Schuldfrage, ob vorsätzlich oder fahrlässig zuwidergehandelt wurde, ist ... auf die Kenntnis oder das Kennenmüssen der für das Unternehmen handelnden Personen abzustellen, die dem Unternehmen zuzurechnen sind."); SIOHL, S. 101 ("Die Schuld von juristischen Personen ... ist ... im Wege der Zurechnung der Schuld natürlicher Personen, die für das Unternehmen handeln, feststellbar.").

drücklichen gesetzgeberischen Willen für die Begründung der Ahndbarkeit erhebliche Bedeutung besitzen.

Offen kann an dieser Stelle auch bleiben, ob die im Vorsatz oder in der Fahrlässigkeit enthaltenen subjektiven Momente zunächst in vollem Umfang bei einer Person festgestellt werden müssen und erst dann dem Unternehmen zugerechnet werden dürfen oder ob für ihre Feststellung auf die subjektiven Vorstellungen mehrerer Personen zurückgegriffen werden kann (z.B. Addieren des Wissens mehrerer Angestellten), so daß dem Unternehmen auch dann Vorsatz oder Fahrlässigkeit zugeschrieben werden kann, wenn kein einzelner Mitarbeiter an sich "vorsätzlich" oder "fahrlässig" gehandelt hat[10]. Zu beachten ist freilich, daß es im letzteren Fall eher um eine Abwandlung der ersten oben erwähnten Alternative (Umdeutung der Begriffe bzw. Anpassung der Begriffe gemäß dem Wesen des Unternehmens) als um eine konsequente subjektive Deutung der Begriffe Vorsatz und Fahrlässigkeit im Sinne der zweiten Alternative geht.

Blendet man die Zurechungsverbindung Unternehmen-Unternehmensmitarbeiter vorläufig aus und stellt man sich das Unternehmen als handelndes "Individuum" (Unternehmen als Täter) vor, so lassen sich die subjektiven Elemente, die im allgemeinen bei der Begehung eines objektiven kartellrechtlichen Verstoßes vorliegen und deswegen in die Begriffe des Vorsatzes oder der Fahrlässigkeit einbezogen werden könnten, in die folgenden drei Kategorien einteilen - wobei das Hauptgewicht bei der Beschreibung der beiden ersten Kategorien im Bereich des Wissenselements liegt[11]:

(a) Subjektive Einstellung zu den objektiven Tatelementen (Substanz und externe Auswirkungen der Tat), die im Anwendungsverfahren unter den (objektiven) Tatbestand der jeweils relevanten Bußgeldvorschrift subsumiert werden und zur Bejahung seiner Verwirklichung im konkreten Fall führen (*Tatbewußtsein* bzw. Bewußtsein der Handlung).

---

10 So kann beispielsweise nach der von vielen US-amerikanischen Bundesgerichten anerkannten Doktrin der "collective knowledge" ein Unternehmen auch dann verurteilt werden , wenn kein einziger Angestellter des Unternehmens die gesetzlich geforderte Kenntnis hatte, so etwa wenn wegen dezentraler Organisationsstrukturen das notwendige subjektive Element auf verschiedene Personen aufgeteilt ist, siehe dazu HEINE, Die strafrechtliche Verantwortlichkeit von Unternehmen, S. 233 Anm. 74; EHRHARDT, S. 103 und 244, je m.w.Nachw.; vgl. auch EIDAM, Unternehmenstäter, S. 35.

11 Da die Abgrenzung zwischen Vorsatz und Fahrlässigkeit im europäischen Kartellbußgeldrecht keine große Rolle spielt (siehe dazu unten im Text, II B 2 und II C), kann das Willenselement, dessen Bedeutung sich bekanntlich im Bereich der Abgrenzung zwischen Eventualvorsatz und bewußter Fahrlässigkeit zeigt (siehe WESSELS / BEULKE, Strafrecht AT [28. Aufl.], Rdn. 205), zugunsten des bei der Irrtumsproblematik maßgeblichen Wissenselements zurückgestellt werden. Die Frage dagegen, ob ein voluntativ verstandener Vorsatzbegriff im allgemeinen abgelehnt werden muß, mag an dieser Stelle dahingestellt bleiben (vgl. WESSELS / BEULKE, a.a.O., Rdn. 204; HRUSCHKA, Strafrecht, S. 197 und 434 ff.).

(b) Subjektive Einstellung einerseits zu der allgemeinen Existenz und der einzelfallbezogenen Anwendbarkeit der jeweils relevanten Bußgeldvorschrift und andererseits zu der allgemeinen (Nicht-)Existenz und der einzelfallbezogenen (Nicht-)Anwendbarkeit von Rechtfertigungsgründen - mit anderen Worten: subjektive Eistellung zu der Norm- und Rechtswidrigkeit der Tat (*Unrechtsbewußtsein* bzw. Bewußtsein der *Zuwider*handlung)[12].

(c) Motive, die dem Täter zur Ausführung der (in ihrer objektiven Seite, oder auch in ihrer Rechtswidrigkeit richtig erkannten) Tat veranlaßten (*Tatmotive*).

Vor dem Hintergrund dieser groben Kategorisierung ist im folgenden zu untersuchen, welche der aufgeführten Elemente nach der Praxis der Kommission und der europäischen Gerichte im Rahmen der subjektiven Merkmale des Vorsatzes und der Fahrlässigkeit geprüft werden. Weiter ist der Frage nachzugehen, ob sich das Schuldurteil nur auf die Prüfung der genannten Merkmale beschränkt oder ob es auch weitere Stufen anerkennt. Im bejahenden Fall ist dann zu überprüfen, welchen Zweck diese Stufen verfolgen und welche von den übrigen - in die Begriffe des Vorsatzes und der Fahrlässigkeit nicht einbezogenen - subjektiven Elementen (mindestens) auf diese Art Einfluß auf das endgültige Schuldurteil gewinnen.

Dabei wird es sich zeigen, daß die EG-Organe im Anschluß an die in Art. 15 VO 17 typisierten subjektiven Merkmale zunächst zwei dogmatische Kategorien im Schuldbereich ausdrücklich anerkennen: den *Vorsatz* und die *Fahrlässigkeit*. Neben diesen beiden dogmatischen Kategorien wird allerdings auch eine dritte, jeweils im Anschluß an den bejahten Vorsatz oder die bejahte Fahrlässigkeit zum Zuge kommende Kategorie, die der *Verantwortlichkeit*, stillschweigend anerkannt. In die fragliche, im Gesetzestext nicht verankerte und vom Text der Urteile und Entscheidungen nur *logisch* ableitbare Kategorie des Schuldbereichs werden subjektive Momente einbezogen und ausgewertet, die ein anderes Bezugsobjekt (*Unrecht*, *Tatmotive*) als das des Vorsatzes und der Fahrlässigkeit (*Tat*) haben. Mit der Prüfung und Bejahung der außerhalb des Vorsatzes und der Fahrlässigkeit liegenden und auf das Unrecht bezogenen subjektiven Momente verbindet die Praxis die Begriffe der (fehlenden) *Gutgläubigkeit* und der [*Unrechts-*]*Fahrlässigkeit*. Mit der Prüfung der auf die Tatmotive bezogenen subjektiven Momente wird dagegen der Begriff der (fehlenden) *Verantwortung* für die Tat benutzt. Der Terminus Fahrlässigkeit erscheint daher im Text der Urteile und der Entscheidungen nicht (immer) im engeren Sinne der [*Tat-*]Fahrlässigkeit, sondern (auch) in einem allgemeineren Sinne als Voraussetzung für die Bejahung der Verantwortlichkeit (Unrechtsfahrlässigkeit).

Insoweit läßt sich folgendes Konzept feststellen:

---

12 Die subjektive Einstellung zu den Tatelementen, die unter den Tatbestand der Rechtfertigungsnormen fallen, wird hier – der Vereinfachung halber – nicht als besondere Kategorie aufgeführt. Solche Fallkonstellationen sind außerdem - soweit ersichtlich - in der Entscheidungspraxis der Kommission und der Rechtsprechung der europäischen Gerichte noch nicht vorgekommen; vgl. dazu auch TSOLKA, S. 260.

Schuld =	Vorsatz *oder* [Tat-]Fahrlässigkeit *und* Verantwortlichkeit (d.h. zumindest Unrechtsfahrlässigkeit und Mangel an entschuldbaren Tatmotiven), also im einzelnen
Schuld wegen eines *Vorsatzdelikts* =	Vorsatz *und* Verantwortlichkeit
Schuld wegen eines *Fahrlässigkeitsdelikts* =	[Tat-]Fahrlässigkeit *und* Verantwortlichkeit

II. Die Schuldformen

A. *Die Schuld wegen eines Vorsatzdelikts*

(1) Der Vorsatz

(a) Tatsachenkenntnis

Die wichtigste Frage, die sich mit Blick auf die inhaltiche Ausfüllung des Vorsatzbegriffs stellt, ist, ob die EG-Organe diesbezüglich nur die Einstellung des Täters zu seiner Tat oder darüber hinaus die Einstellung zu der Norm- und Rechtswidrigkeit der Tat für maßgeblich halten[13]. Hierbei gibt es Entscheidungen der Kommission, Urteile des Gerichtshofes und Schlußanträge der Generalanwälte in den 70er Jahren, die den Eindruck erwecken, der Vorsatz im Sinne von Art. 15 VO 17 erfordere (aktuelles) Tat- *und* Unrechtsbewußtsein.

In seinem *United Brands*-Urteil[14] aus dem Jahre *1978* bemüht sich der *EuGH* um den Beweis, daß das betroffene Unternehmen nicht nur die objektive Seite seiner Tat, sondern auch die Existenz des Mißbrauchsverbotes sowie die Subsumierbarkeit der objektiven Tatseite unter das Verbot richtig erkannt hatte. Der Gerichtshof gibt damit eindeutig zu erkennen, daß der Vorsatz auch das aktuelle Bewußtsein der Normwidrigkeit einschließt: "[Rdn. 299/301] UBC ist ein Unternehmen, das aufgrund seiner langjährigen Tätigkeit im internationalen Handel besonders gut mit den wettbewerbsrechtlichen Vorschriften, deren Strenge sie bereits erfahren hat, vertraut ist [*allgemeine Verbotskenntnis als Teil des Unrechtsbewußtseins*]. Als sie ein Absatzsystem schuf, in dem das Weiterverkaufsverbot für grüne Bananen mit diskriminierenden Preisen und der Lieferung geringerer Mengen als bestellt verbunden wurde, um damit zu einer strengen Abriegelung der nationalen Märkte zu gelangen [*aktuelles Tatbewußtsein*], ergriff sie Maßnahmen, von denen sie wußte oder hätte wissen müssen, daß sie gegen das in Artikel 86 des Vertrags [= Art. 82 EGV n.F.] niedergelegte Verbot verstießen [*aktuelle oder potentielle Kenntnis der Normanwendbarkeit im konkreten Fall als Teil des Unrechtsbewußtseins*]. Die Kommission hat also zu Recht festgestellt, daß UBC sich mit diesen Verstößen zumindest einer Fahrlässigkeit schuldig gemacht hat." [*Trotz des aktuellen Tatbewußtseins und der allgemeinen Verbotskenntnis wird also der Vorsatz nicht bejaht, weil die Kenntnis der*

---

13 Vgl. dazu BÖSE, S. 201; zu den diesbezüglichen strafrechtlichen Regelungen in den Mitgliedstaaten, siehe den Überblick bei TSOLKA, S. 228 ff., 253 ff.

14 *EuGH* Urt. v. 14.2.78, Rs. 27/76, *United Brands*, Slg. 1978, S. 207.

Normanwendbarkeit im konkreten Fall möglicherweise nicht aktuell, sondern nur potentiell war][15].

Unter Bezugnahme auf das Unrechtsbewußtsein des Unternehmens umschreibt die *Kommission* den Vorsatz in ihrer im Jahre *1976* ergangene Entscheidung im *Miller International*-Fall[16]: "[Rdn. 21] Das Unternehmen hat *vorsätzlich* gegen Artikel 85 Absatz 1 [= Art. 81 Abs. 1 EGV n.F.] verstoßen. Es hat gewußt und gewollt, daß seine Abnehmer durch die Exportverbote daran gehindert wurden, mit den Vertragserzeugnissen in den anderen Gemeinschaftsländern Wettbewerb zu betreiben [*aktuelles Tatbewußtsein*]. Es hat auch gewußt, daß Exportverbote gegen das Gemeinschaftsrecht verstoßen, oder es hat sich zumindest bewußt über diesbezügliche Zweifel hinweggesetzt [*aktuelles Unrechtsbewußtsein*]. Das ergibt sich aus der Bezugnahme auf die EWG-Vorschriften bei der Formulierung des - nicht wirksam gewordenen - Exportverbotes in der Vereinbarung mit dem niederländischen Alleinvertriebshändler und aus der Erklärung des Geschäftsführers des Unternehmens, die dieser bei der Anhörung des Unternehmens in bezug auf das vorgenannte Exportverbot abgab, nämlich, er habe ja gewußt, daß man nicht einfach ein Verbot aussprechen dürfe."

Für die Relevanz des Unrechtsbewußtseins im Hinblick auf die Inhaltsbestimmung des Vorsatzbegriffs spricht schließlich auch der GA *Mayras* unter Bezugnahme auf die Rechtslage in den Mitgliedstaaten in seinen Schlußanträgen vom 29.10.*1975* im *General Motors*-Fall[17] aus: "[S. 1389] Die Verwendung dieses Wortes [*Vorsatz*] beinhaltet notwendigerweise, daß der Zuwiderhandelnde *bewußt* handelte, mit dem Willen, *eine als illegal und vom Vertrag verboten erkannte Handlung* zu begehen, um mit dem Bewußtsein der rechtswidrigen Folgen seines Verhaltens. - Dem Vorsatz steht die schlichte Fahrlässigkeit gegenüber, gerade wie den vorsätzlichen Straftaten die fahrlässig begangenen. - Der erstgenannte Begriff trifft also nur zu, wenn die schädlichen Folgen des Verhaltens von dem betroffenen Unternehmen gewollt oder zumindest als notwendig hingenommen worden sind. - Dagegen liegt *Fahrlässigkeit* vor, *wenn dem Zuwiderhandelnden das Bewußtsein fehlt, etwas Ungesetzliches zu tun*, und wenn er die Folgen seines Handelns nicht vorausgesehen hat, obwohl bei normaler Lebenserfahrung eine hinreichend aufmerksame Person diese sicherlich vorausgesehen hätte."

Bereits ab dem Jahre *1978*[18] hat sich aber eine Entwicklung angebahnt, die heute den sicheren Schluß zuläßt, daß die EG-Praxis zur Konstituierung des Vorsatzes die *Erkenntnis der objektiven Tatseite* für *ausreichend* hält[19]. Ob das Unternehmen

---

15 Vgl. zu diesem Fall auch SIOHL, S. 127 f.

16 *KOME* v. 1.12.76, 76/915/EWG, *Miller International*, ABl. 1976 Nr. L 357/40.

17 Rs. 26/75, Slg. 1975, S. 1382.

18 *EuGH* Urt. v. 1.2.78, Rs. 19/77, *Miller*, Slg. 1978, S. 131: "[Rdn. 18] Die ... [Exportverbotsklauseln] sind ... von der Klägerin aufgestellt oder hingenommen worden; sie konnte sich dabei nicht in Unkenntnis darüber befinden, daß die Klauseln eine Einschränkung des Wettbewerbs zwischen ihren Abnehmern bezweckten. Deshalb kommt es nicht darauf an, ob die Klägerin sich der Zuwiderhandlung gegen das Verbot des Artikels 85 [= Art. 81 EGV n.F.] bewußt war oder nicht. Die Äußerung eines Rechtsberaters, auf die sie sich beruft, kann sie insoweit nicht entschuldigen. Es ist also anzunehmen, daß die vom Vertrag verbotenen Handlungen vorsätzlich ... begangen wurden." Vgl. auch *EuGH* Urt. v. 12.7.79, verb. Rs. 32/78 u. 36-82/78, *BMW Belgium u.a.*, Slg. 1979, S. 2435 [S. 2479 f.].

19 Diese Entwicklung wurde bereits im Jahr 1978 durch die soeben zitierten Urteile im *Miller*-Fall sowie im *BMW*-Fall eingeleitet. Die im Jahr 1983 im *Pioneer*-Fall und im *IAZ*-Fall er-

auch von der Existenz des Verbotes im allgemeinen weiß, die Subsumtion darunter richtig vornimmt und die Relevanz von Rechtfertigungsgründen im konkreten Fall fehlerfrei einschätzt, ob mit anderen Worten sich das Unternehmen der Norm- und Rechtswidrigkeit seines Verhaltens bewußt ist, spielt für die Begründung des Vorsatzes keine Rolle[20].

EuGH Urt. v. 7.6.83, verb. Rs. 100-103/80, *Musique Diffusion Française ("Pioneer")*[21]: "[Rdn. 112] Aus der Grundlage der ... Würdigung der Beweismittel, die in bezug auf das Verhalten der Firma Pioneer vorgelegt wurden, stellt der Gerichtshof fest, daß die Firma Pioneer sich in vollem Umfang dessen bewußt gewesen sein muß, daß ihr Verhalten geeignet war, Wettbewerbsbeschränkungen zu fördern. Dies genügt für die Feststellung, daß die Firma Pioneer vorsätzlich gehandelt hat."

EuGH Urt. v. 8.11.83, verb. Rs. 96-102 u.a./82, *IAZ*[22]: "Sind sich die an der Ausarbeitung einer Vereinbarung beteiligten Parteien bewußt gewesen, daß dieses so, wie es sich aufgrund seines Inhalts, seines rechtlichen wirtschaftlichen Zusammenhangs und des Verhaltens der Parteien darstellte, das Ziel hatte, die Paralleleinfuhren zu beschränken, und geeignet war, den Handel zwischen Mitgliedstaaten zu beeinträchtigen, da es die Parallelimporte tatsächlich erschweren, wenn nicht gar unmöglich machen konnte, so haben die Parteien durch die Unterzeichnung der Vereinbarung vorsätzlich gehandelt, gleichviel ob sie sich dabei bewußt waren oder nicht, gegen das Verbot des Artikels 85 Absatz 1 des Vertrages [= Art. 81 Abs. 1 EGV n.F.] zu verstoßen."

EuG Urt. v. 1.4.93, Rs. T-65/89, *BPB Industries und Britisch Gypsum*[23]: "[Rdn. 165] Hinsichtlich der Frage, ob diese Verstöße vorsätzlich oder fahrlässig begangen worden sind, ist auf die ständige Rechtsprechung hinzuweisen..., nach der die Einstufung eines Verstoßes als vorsätzlich nicht voraussetzt, daß sich das Unternehmen des Verstoßes gegen eine durch die für Unternehmen geltenden Wettbewerbsregeln des Vertrages festgelegtes Verbot bewußt gewesen ist; es genügt vielmehr, daß es sich nicht in Unkenntnis darüber befinden konnte, daß das ihm zur Last gelegte Verhalten eine Verfälschung des Wettbewerbs auf dem Gemeinsamen Markt bezweckte oder bewirken konnte."

KOME v. 13.7.87, 87/409/EWG, *Sandoz*[24]: "[Rdn. 34] Aus diesen Ausführungen geht klar hervor, daß die in Frage stehenden Rechnungen von der Sandoz PF angenommen worden waren; das Unternehmen muß gewußt haben, daß dieses Ausfuhrverbot eine Einschränkung des Wettbewerbs im Handel zwischen Mitgliedstaaten bezweckte. Daher

---

gangenen EuGH-Urteile (siehe dazu anschließend im Text) haben diese Entwicklung bestätigt. Sie wurde seitdem zum festen Bestandteil der Gemeinschaftspraxis.

20 Vgl. DANNECKER, in: I/M EG-WbR [1997], VO 17 Art. 15, Rdn. 172: "Nach Ansicht der Kommission sind die Verbotskenntnis, d.h. die Kenntnis des generellen Verbotenseins der Handlung und das Unrechtsbewußtsein nicht Bestandteil des Vorsatzes." Siehe auch TSOLKA, S. 225 ff.; DANNECKER / FISCHER-FRITSCH, S. 281 f.; BÖSE, 202 f.; KOCH, in: GRABITZ / HILF [1. Grdlfg.], nach Art. 87, VO Nr. 17 Art. 15, Rdn. 37 (Behandlung der Verbotskenntnis als selbständiges Schuldelement in der Kommissionspraxis); vgl. auch BELLAMY / CHILD [4. Aufl.], Rdn. 12-068.

21 Slg. 1983, S. 1825.

22 Slg. 1983, S. 3369, LS 6 [vgl. S. 3415, Rdn. 45].

23 Slg. 1993, II-389.

24 ABl. 1987 Nr. L 222/28.

ist es nicht wichtig, zu überlegen, ob Sandoz PF wußte, daß sie gegen das Verbot aus Artikel 85 [= Art. 81 EGV n.F.] verstößt oder nicht. Daher ist davon auszugehen, daß die in diesem Artikel verbotenen Rechtsakte mit Absicht vorgenommen wurden."

Der Vorsatz wird also im europäischen Bußgeldrecht bereits dann bejaht, wenn sich der Täter der objektiven Elemente (Substanz und Auswirkung) seiner tatbestandsmäßigen Tat bewußt ist (*aktuelles Tatbewußstein*) und diese *gewollt* vornimmt[25].

(b) Bedeutungskenntnis

(i) Inhalt

Hierbei ist zu beachten, daß die EG-Organe nicht nur die Kenntnis der einzelnen tatsächlichen *Umstände*, die zusammen die objektive Tatseite bilden, sondern auch die Kenntnis des sozial-wirtschaftlichen *Sinnes* der objektiven Tatseite dem Tatbewußtsein zuordnen. Für die kartellrechtlichen Bußgeldtatbestände, die grundsätzlich aus *normativ* bestimmbaren, komplexen Begriffen bestehen, ist dies besonders wichtig. Zur Bejahung des Vorsatzes ist danach nicht ausreichend, daß sich der Täter der äußeren Form und der formellen Auswirkung seiner einzelnen marktstrategischen Maßnahmen bewußt ist (Kenntnis der Tatsachen, die den Rechtsbegriffen zugrunde liegen)[26]. Vielmehr ist erforderlich, daß er die *sozial-wirtschaftliche Bedeutung seiner Maßnahmen erkennt*, wie auch diese Bedeutung bereits in den normativen Merkmalen des Tatbestandes rechtlich typisiert wird (Bedeutungskenntnis)[27]. Der Täter braucht zwar nicht zu wissen, daß Maßnahmen mit einer solchen wirtschaftlichen Bedeutung von den Kartellnormen im konkreten Fall erfaßt und mißbilligt werden. Auch die Kenntnis von der Existenz der Kartellnormen überhaupt ist nicht maßgeblich. Sowohl die Kenntnis der Anwendbarkeit der Verbotsnorm im konkreten Fall als auch die allgemeine Verbotskenntnis hängen nämlich grundsätzlich mit dem - wie bereits dargelegt: unbeachtlichen - Unrechtsbewußtsein zusammen. Der Täter muß aber die objektiven Bestandteile seines Verhaltens so werten, wie diese Bestandteile bereits von den normativen Merkmalen der Buß-

---

25 Zum Element des Willens siehe KOCH, in: GRABITZ / HILF [1. Grdlfg.] nach Art. 87, VO Nr. 17 Art. 15, Rdn. 31 m.w.Nachw. - Die Darstellung im Text konzentriert sich auf das Wissenselement, das im Mittelpunkt der europäischen Praxis steht.

26 Vgl. allerdings auch KOCH, in: GRABITZ / HILF [1. Grdlfg.], nach Art. 87, VO Nr. 17 Art. 15, Rdn. 31: "Bei Komplexbegriffen (Unternehmen, Handel, Wettbewerb, Geschäftsunterlagen usw.) genügt die Kenntnis der Umstände, die in ihrer Zusammenfassung den Schluß auf den Begriff ergeben."

27 DANNECKER / FISCHER-FRITSCH, S. 280 f.; DANNECKER, in: I/M EG-WbR [1997], VO 17 Art. 15, Rdn. 170: "Dies bedeutet, daß außer der Kenntnis der Tatsachen, die dem Rechtsbegriff zugrunde liegen, [zur Begründung des Vorsatzes] auch Kenntnis des rechtlichen Bewertungsergebnisses erforderlich ist." Siehe auch TSOLKA, S. 226 f. und 237 ff. (wo neben der Bedeutungskenntnis auch die Kenntnis von neuen Rechtsauffassungen der Kommission und des EuGH, die das typische Unrecht der Bußgeldtatbestände mitbestimmen, als Element des Vorsatzes betrachtet wird).

geldtatbestände gewertet werden. Mit anderen Worten muß also die sozial-wirtschaftliche Einschätzung der Tatumstände durch den Täter der juristischen der gemeinschaftsrechtlichen Bußgeldvorschriften "parallel" gehen.

Der Vorsatz liegt also nur dann vor, wenn der Täter über die Bedeutung seiner objektiven Verhaltensseite "richtig", d.h. in Übereinstimmung mit der in den normativen Begriffen der Bußgeldtatbestände enthaltenen Wertung, urteilt. Unterläuft dagegen dem Täter ein Wertungsfehler, so entfällt der Vorsatz und ist das Vorliegen von [Tat-]Fahrlässigkeit zu prüfen, wobei der Täter nur dann fahrlässig handelt, wenn er "richtig" hätte urteilen können[28].

Der Täter beispielsweise, der die von ihm in der Eigenschaft des Berufsverbandes erteilten und als *unverbindlich* bezeichneten *Preisempfehlungen* an seine Mitglieder nicht als Maßnahme zur Beschränkung der Freiheit der Adressaten bezüglich der Preisfestsetzung, sondern nur als Hilfemaßnahme mit Blick auf die Errechnung der Preise betrachtet, verkennt, falls sich entgegen seiner Vorstellung doch in objektiver Hinsicht der wettbewerbsbeschränkende Zweck der Maßnahme feststellen läßt, die Bedeutung seines Verhaltens und handelt damit nicht vorsätzlich. Ein Beispiel für diese Fallkonstellation liefert der *FENEX*-Fall[29]. Der Berufsverband FENEX, dessen langjährige Praxis der Ausarbeitung und Verbreitung von als unverbindlich bezeichneten Preisempfehlungen an seine Mitglieder von der Kommission als Verstoß gegen Art. 85 Abs. 1 EGV a.F. beanstandet wurde, wies darauf hin, "daß es *nicht Absicht der Vereinigung war, das reibungslose Funktionieren des Markts zu beeinträchtigen, sondern ihren Mitgliedern Hilfestellung zu leisten.* Eine derartige Hilfe wäre angesichts der geringen Größe bestimmter Unternehmen er-

---

28 Der Täter, der wegen eines Fehlers in der Berechnung seiner Marktanteile diese unter 5% ansetzt - in Wirklichkeit liegen aber seine Marktanteile über der 5%-Schwelle - und damit zu dem (falschen) Schluß gelangt, die von ihm ergriffenen wettbewerbsbeschränkenden Maßnahmen entfalteten keine spürbare Wirkung, erkennt wegen eines tatsächlichen Irrtums und unter Zugrundelegung der in der Bekanntmachung der Europäischen Kommission enthaltenen Wertungsgesichtspunkte die Bedeutung seiner Maßnahmen für die Auswahlmöglichkeiten der Marktgegenseite nicht richtig. Ihm fehlt das aktuelle (vollständige) Tatbewußtsein und damit der Vorsatz. Allerdings kann er wegen des Fehlers in der Berechnung seiner Marktanteile der [Tat-]Fahrlässigkeit schuldig gesprochen werden. So *war* die Bagatellbekanntmachung der Kommission von 1986 (ABl. 1986 Nr. C 231/2, Erwäg. 5) zu interpretieren, auch wenn sie den Wegfall des Vorsatzes nicht als Folge der fahrlässigen Fehlberechnung der Marktanteile ausdrücklich nannte: "Haben Unternehmen eine von Artikel 85 Absatz 1 [= Art. 81 Abs. 1 EGV n.F.] erfaßte Vereinbarung nicht angemeldet, weil sie wegen eines Irrtums bei der Berechnung ihres Marktanteils oder ihres Gesamtumsatzes annahmen, daß die Vereinbarung von dieser Bekanntmachung gedeckt sei, so wird die Kommission die Festsetzung von Geldbußen nicht in Betracht ziehen, es sei denn, daß der Irrtum fahrlässig begangen wurde." - Vgl. auch die Regelung der neuen Bagatellbekanntmachung von 1997 (ABl. 1997, Nr. C 372/13): "[Erwäg. 5] Haben Unternehmen eine von Artikel 85 Absatz 1 [= Art. 81 Abs. 1 EGV n.F.] erfaßte Vereinbarung nicht angemeldet, weil sie gutgläubig annahmen, daß die Vereinbarung unter diese Bekanntmachung falle, so wird die Kommission keine Geldbußen verhängen." Zur Bedeutung der in den Bekanntmachungen enthaltenen Aussagen für die Bestimmung der sog. Schwelle der Ahndbarkeit siehe unten im Text, II C (insb. 2 a).

29 *KOME* v. 5.6.96, 96/438/EG, *FENEX*, ABl. 1996 Nr. L 181/28.

forderlich gewesen, die nicht über ausreichende Hilfsmittel zur Ermittlung ihrer Verkaufspreise verfügten"[30]. Die Kommission stellte jedoch klar, daß "[d]ie Weitergabe empfohlener Tarife durch eine Branchenvereinigung ... geeignet [ist], die betreffenden Unternehmen zu einer Ausrichtung ihrer Tarife ohne Berücksichtigung ihrer Selbstkosten zu veranlassen" und daß "[e]in derartiges Vorgehen ... die Unternehmen mit den geringsten Selbstkosten davon ab[bringt], ihre Preise zu senken, und ... dadurch denjenigen Unternehmen einen künstlichen komparativen Vorteil [verschafft], die ihre Kosten am wenigsten unter Kontrolle haben"[31]. Damit stand aber der objektive wettbewerbswidrige Zweck der beanstandeten Verhaltensweise von FENEX bereits fest. Der Einwand von FENEX, "daß die Vereinigung die empfohlenen Tarife aus Unerfahrenheit festgesetzt hatte und daß es dadurch unbeabsichtigt zu einem Konflikt mit den Wettbewerbsregeln gekommen ist"[32] wurde allerdings von der Kommission anerkannt, so daß schließlich nur auf [Tat- und Unrechts-]Fahrlässigkeit bzw. auf Schuld wegen eines Fahrlässigkeitsdelikts erkannt wurde[33].

Aber auch der Täter, der irrigerweise die von ihm ergriffenen Maßnahmen nicht als Wettbewerbsbeschränkung, sondern als Ausübung seines *gewerblichen Schutzrechts* auffaßt (in Wirklichkeit erfaßt aber das Schutzrecht diese Maßnahmen nicht), verkennt die Bedeutung seiner Maßnahmen wegen des falschen Verständnisses von außerkartellrechtlichen Normen, die den Inhalt des normativen Tatbestandsmerkmals der "Beschränkung des Wettbewerbs" mitbestimmen und deren Kenntnis daher auch für die "richtige" Wertung der objektiven Tatseite unerläßlich ist. Dem Täter fehlt insoweit das aktuelle Tatbewußtsein (der Vorsatz) und er kann nur wegen [Tat-]Fahrlässigkeit verfolgt werden, wenn ihm potentielles Tatbewußtsein (Vermeidbarkeit des Irrtums über die Bedeutung seines Verhaltens) nachgewiesen wird. Dies wird an den Ausführungen der *Kommission* im *Windsurfing International*-Fall deutlich[34]: "[S. 18] Soweit WSI und die Lizenznehmer ursprünglich davon ausgegangen sein mögen, daß das Verbot der getrennten Lieferung von Riggs, die Berechnung der Lizenzgebühr nach dem Verkaufspreis für die kompletten Windsurfer und die Anbringung des Lizenzvermerks auf dem Surfbrett [d.h. die beanstandeten Wettbewerbsbeschränkungen] vom Umfang des deutschen Patentes in der Form seiner ursprünglichen Anmeldung gedeckt gewesen seien, so konnten sie diese Ansicht bereits seit der für die Bekanntmachung des Patentes vom 27. Juni 1974 vorgenommenen endgültigen Abfassung der Auslegeschrift durch das Deutsche Patentamt von Anfang 1974 nicht mehr guten Glaubens aufrechterhalten. Aus dem Zustandekommen dieser Fassung und ihrem Wortlaut ergab sich bereits klar eine Beschränkung des Patentschutzes auf das Rigg. Wenn WSI in anhängigen Gerichtsverfahren gegen Dritte weiterhin die Ansicht vertritt, der Umfang des Patentschutzes erstrecke sich in Deutschland auch auf das Brett und die benannten Beschränkungen seien daher vom spezifischen Gegenstand des Patentrechts gedeckt, so kann gleichwohl die Beibehaltung dieses Rechtsstandpunktes - jedenfalls im Hinblick auf die Anwendbarkeit der Wettbewerbsregeln des EWG-Vertrags - den Vorwurf der fahrlässigen Zuwiderhandlung nicht ausräumen [*der Vorwurf einer "vorsätzlichen" Zuwiderhandlung wird allerdings durch den Irrtum über das normative Merkmal der Wettbewerbsbeschränkung ausgeräumt!*]. Das gilt auch, wenn festgestellt werden sollte, daß dritte Anbieter von Surfbret-

30 *KOME* v. 5.6.96, a.a.O. [Rdn. 59].

31 *KOME* v. 5.6.96, a.a.O. [Rdn. 61].

32 *KOME* v. 5.6.96, a.a.O. [Rdn. 86].

33 *KOME* v. 5.6.96, a.a.O. [Rdn. 88].

34 *KOME* v. 11.7.83, 83/400/EWG, *Windsurfing International*, ABl. 1983, Nr. L 229/1.

tern unter bestimmten Umständen auf dem deutschen Markt eine 'mittelbare Patentverletzung' begehen könnten. Denn jedenfalls die Lizenznehmer können als zur Benutzung der Erfindung berechtigte Personen Riggs an jedermann liefern und Bretter von jedermann beziehen."[35]

Mit dem Erfordernis, der Täter müsse auch die (wirtschaftliche) Bedeutung der objektiven Tatseite erkannt haben, schließt sich allerdings der Kreis der subjektiven Momente, die zur Überprüfung des Vorliegens von Vorsatz durch die EG-Organe herangezogen werden. Andere subjektive Aspekte - soweit sie überhaupt berücksichtigt werden - gewinnen erst außerhalb des Vorsatzbegriffs dogmatische Bedeutung.

Die von TSOLKA vertretene Ansicht, daß neben der Bedeutungskenntnis auch die "Kenntnis neuer Rechtsauffassungen der Kommission und des EuGH, die das typische Unrecht des jeweiligen Tatbestandes betreffen" Bestandteil des Vorsatzes sei und daß dementsprechend "der sich aus neuen Rechtsauffassungen der Kommission und des EuGH ergebende Irrtum den Vorsatz entfallen läßt"[36], findet m.E. keine Anhaltspunkte in der Gemeinschaftspraxis. Daß die Kommission im Zusammenhang mit der Prüfung des Vorsatzes statt auf die Bedeutungs- direkt auf die *Verbotskenntnis* der betroffenen Unternehmen Bezug nimmt[37] oder auf die *Erkennbarkeit* der Normwidrigkeit angesichts vorangegangener ähnlicher Entscheidungen verweist[38], bedeutet noch nicht, daß sie den Vorsatz von der Kenntnis der (neuen) Rechtsauffassungen der Gemeinschaftsorgane abhängig macht. Vielmehr kann aus der genannten Praxis nur der (richtige) Schluß gezogen werden, daß einerseits die Bedeutungskenntnis und die Verbotskenntnis in einigen Fällen beweisrechtlich nur schwer auseinandergehalten werden können, und daß andererseits die Schuld wegen eines Vorsatzdelikts (und nicht der Vorsatz) *auch* Erkennbarkeit der Normwidrigkeit voraussetzt. Auf diese beiden Aspekte ist aber sogleich näher einzugehen.

(ii) Abgrenzung zur Verbotskenntnis

Es darf jedenfalls nicht übersehen werden, daß die Bedeutungskenntnis oft erst mit den Mitteln überzeugend *nachgewiesen* werden kann, die man normalerweise für den Beweis der Verbotskenntnis einsetzt. Dies ergibt sich aus folgendem Grund:

Daß der Täter sein eigenes Verhalten "richtig" erfaßte und somit Bedeutungskenntnis besaß, ist eine Tatsache, die - sieht man von einem Geständnis des Täters ab -

35 Vgl. zu diesem Fall auch DANNECKER, in: I/M EG-WbR [1997], VO 17 Art. 15, Rdn. 176; HILDEBRANDT, S. 65 f.; TSOLKA, S. 239 f.; DANNECKER / FISCHER-FRITSCH, S. 280 f.; siehe weitere Beispiele bezüglich des normativen Merkmals der "marktbeherrschenden Stellung" bei DANNECKER, a.a.O., Rdn. 171.

36 TSOLKA, S. 237 ff., insb. 242 f.

37 So im *Toltecs / Dorcet*-Fall, siehe TSOLKA, S. 240.

38 So im *BL*-Fall, siehe TSOLKA, S. 241. - Hingewiesen sei darauf, daß die Kommission im konkreten Fall den Vorsatzvorwurf erhebt, obwohl sie nur die Erkennbarkeit der Normwidrigkeit anspricht; vgl. *KOME* v. 2.7.84, 84/379/EWG, *BL*, ABl. 1984 Nr. L 207/11 [Rdn. 31], wo hervorgehoben wird, daß "die der Kommission vorliegenden Beweise darauf hindeuten, daß BL die Verstöße vorsätzlich begangen hat".

grundsätzlich nur dann als erwiesen betrachtet werden kann, wenn der indirekte Beweis gelingt, daß dem Täter die zur Gewinnung der Bedeutungskenntnis im konkreten Fall notwendigen Wertungsmaßstäbe geläufig waren.

Im Hinblick nun auf eindeutige Fälle (klar formulierte Vertragsklauseln, die zum Verzicht auf zentrale Wettbewerbsparameter verpflichten; eindeutig diskriminierende Handlungen, die einen abhängigen Marktpartner in den Ruin treiben u.ä.) läßt sich der Standpunkt vertreten, daß der Beweis, dem Täter sind die *allgemeinen* sozialen oder wirtschaftlichen Wertungsmaßstäbe bekannt gewesen, ausreicht, um den Schluß auf Bedeutungskenntnis ziehen zu können.

Der marktdominante Täter beispielsweise, der auf Dauer eine Vertriebspolitik verfolgt, die auf die *Verhinderung des Eintritts neuer Konkurrenten in den Markt* abzielt, ist sich des mißbräuchlichen Charakters seines Verhaltens ohne weiteres bewußt. So führte der *EuGH* im *Vitamine*-Fall aus[39]: "[Rdn. 139] Die in den Management Informations und den übrigen internen Geschäftsunterlagen enthaltenen Anregungen und Hinweise zur Frage der Bedeutung und der erwarteten Wirkungen des Abschlusses von Ausschließlichkeitsverträgen und des Systems der Treuerabatte für die Erhaltung der Marktanteile von Roche zeigen, daß die Klägerin *vorsätzlich* eine Handelspolitik verfolgt hat, durch die neuen Wettbewerbern der Zugang zum Markt verwehrt werden sollte. Daß sich die Zahl der Verträge, die einen ausschließlichen Bezug vorsahen oder einen Anreiz hierzu boten, seit 1970 vervielfacht hat, bestätigt diesen Vorsatz... Die Voraussetzungen für die Anwendung des Artikels 15 der Verordnung Nr. 17 liegen somit vor."

Bei weniger eindeutigen Fällen (z.B. Grenzfälle zwischen offensivem und mißbräuchlichem Marktverhalten) läßt sich aber der oben skizzierte Standpunkt nicht mehr halten. Wegen der Vieldeutigkeit der allgemeinen sozialen und wirtschaftlichen Maßstäbe kann vielmehr hier nur dann relativ unproblematisch auf die Bedeutungskenntnis geschlossen werden, wenn der Beweis gelingt, daß dem Täter auch die *spezifischen* Maßstäbe bekannt waren, die von den europäischen Organen in solchen Fällen angelegt werden.

Weist man allerdings dem Täter nach, die von den europäischen Organen angelegten Maßstäben gekannt zu haben, so liegt es nahe, auch seine Verbotskenntnis zu bejahen. - Es zeigt sich also, daß - zumindest[40] - *beweisrechtlich* die Grenze zwischen Bedeutungs- und Verbotskenntnis nicht scharf genug gezogen werden kann.

---

39 *EuGH* Urt. v. 13.2.79, Rs. 85/76, *Hoffmann-La Roche*, Slg. 1979, S. 461.

40 Auf die materiellrechtliche dogmatische Dimension der Abgrenzung wird hier nicht eingegangen, weil dies eine tiefere, den Rahmen und die Ziele der Untersuchung sprengende Auseinandersetzung mit Grundfragen des - u.a. auf der Unterscheidung zwischen Bedeutungs- und Verbotskenntnis aufbauenden - modernen (griechischen und deutschen) strafrechtlichen Dogmensystems erfordern würde.

Nicht zuletzt aus dem Grund, daß Bedeutungs- und Verbotskenntnis beweisrechtlich oft nebeneinander liegen, läßt sich erklären, warum die Kommission mitunter statt auf die Bedeutungskenntnis direkt auf die Verbotskenntnis verweist[41].

KOME v. 16.12.82, 82/897/EWG, *Toltecs-Dorcet*[42]: "[S. 28] Auch vom Standpunkt des Gemeinschaftsrechts hat die BAT *vorsätzlich* gehandelt; in der Entscheidung vom 23. Dezember 1977 (Penneys) hat die Kommission eine Nichtangriffsklausel für Warenzeichen beanstandet, soweit ihre Wirkungen die Dauer von fünf Jahren überschritten hatten. Diese am 2. März 1978 veröffentlichte und von den wesentlichen juristischen Fachzeitschriften nachgedruckte Entscheidung ist der BAT als einem Markenartikelunternehmen nicht unbekannt geblieben. Schließlich ist die BAT mit Schreiben des niederländischen Anwalts von Segers vom 21. Mai 1980 auf die Unvereinbarkeit der Vereinbarung mit dem Gemeinschaftsrecht hingewiesen worden. Trotzdem hat die BAT an der Vereinbarung bis zur mündlichen Anhörung am 1. April 1982 festgehalten, obwohl sie das Zeichen Dorcet niemals benutzt hat."

Auf das Bemühen der Kommission, möglichst jeden durch die schwierige Unterscheidung zwischen Bedeutungs- und Verbotskenntnis bedingten Zweifel zu zerstreuen, läßt sich außerdem die Kommissionspraxis zurückführen, daß bei ausreichendem Beweismaterial neben der Bedeutungskenntnis auch die aktuelle Verbotskenntnis oder sogar die Kenntnis der Strafbarkeit des Verhaltens hervorgehoben wird.

KOME v. 28.1.98, 98/273/EG, *VW*[43]: "[Rdn. 214] Die Volkswagen AG wußte, daß die Maßnahmen darauf abzielen oder zumindest geeignet sind, den Parallelexport von Fahrzeugen aus Italien durch Endverbraucher, aber auch Vermittler, zu behindern und den Wettbewerb zu beschränken. *Auch war die Volkswagen AG sich bewußt, daß ihr Verhalten gegen Artikel* 85 [= Art. 81 EGV n.F.] *verstößt*. Dies ergibt sich aus der internen Mitteilung / Notiz 'Reimporte Italien' vom 23. Februar 1995 (vgl. Fußnote 80). Danach war sich die Volkswagen AG über die Wirkung der Margenpolitik im klaren und hat diese Regelung selbst als 'sehr bußgeldverdächtig' eingestuft. Das vorsätzliche Handeln ergibt sich ferner aus den Maßnahmen zur Überwachung und Sanktionierung der Händler. In einer Mitteilung der Audi AG (vgl. Fußnote 17) steht, daß 'es mit einem gewissen Risiko verbunden' sei, die in Italien ergriffenen Maßnahmen 'mit der Verhinderung von Reimporten in Verbindung zu bringen' und schlägt vor, daß die Maßnahmen in Italien 'über die Regionen mündlich kommuniziert werden'. Außerdem wurden die das Exportverbot bzw. die Exportbeschränkung betreffenden oder mit ihm in Zusammenhang stehenden Dokumente stets als 'vertraulich' oder 'streng vertraulich' eingestuft (vgl. Kapitel 1 C.II.1.b und die in Fußnoten 74 bis 77 genannten Dokumente). *Insgesamt ergibt*

---

41 Vgl. TSOLKA (S. 231), die zutreffend feststellt: "Bemerkenswert ist ..., daß in der Praxis oft eine Unterscheidung zwischen der Kenntnis des Unrechtstatbestandes [*nach der im Text benutzten Terminologie: Tatbewußtsein einschließlich Bedeutungskenntnis*] und der Kenntnis der konkreten Sollensnorm [*nach der im Text benutzten Terminologie: Verbotskenntnis*] kaum möglich ist. Daraus läßt sich im Prinzip die Praxis der Kommission erklären, das Vorliegen des Vorsatzes zusätzlich mit der positiven Feststellung der Verbotskenntnis zu begründen." Siehe auch HILDEBRANDT, S. 57.

42 ABl. 1982 Nr. L 379/19.

43 ABl. 1998, Nr. L 124/60.

sich hieraus, daß die Volkswagen AG den Verstoß gegen Artikel 85 Absatz 1 [= Art. 81 Abs. 1 EGV n.F.] *vorsätzlich* begangen (166) hat."

KOME v. 10.1.96, 96/478/EG, *Bayer-ADALAT*[44]: "[Rdn. 235] Bayer hat diesen Verstoß vorsätzlich begangen. Dieses Unternehmen mußte sehr wohl wissen, daß die betreffenden Vereinbarungen [Lieferverträge mit Exportverboten], die sich in die fortlaufenden Geschäftsbeziehungen mit seinen französischen und spanischen Händlern einfügen, eine Wettbewerbsbeschränkung bewirken würden. - Außerdem belegen bestimmte Beweisdokumente im Besitz der Kommission eindeutig, daß Bayer wußte, daß seine Politik der Behinderung der Parallelexporte eine schwerwiegende Zuwiderhandlung gegen diese Regeln darstellte."

KOME v. 30.11.94, 94/815/EG, *Zement*[45]: "[Rdn. 65 (2)] Die Unternehmen und Unternehmensvereinigungen ... haben vorsätzlich gegen Artikel 85 Absatz 1 [= Art. 81 Abs. 1 EGV n.F.] verstoßen... Die Unternehmen haben in *voller Kenntnis* des vom Gemeinschaftsrecht auferlegten *Verbots und* des *Risikos erheblicher Strafen* ... vorsätzlich im Rahmen von Cembureau und im Rahmen eines Systems bilateraler oder multilateraler Treffen und Kontakte sowie im Rahmen der drei Export-Komitees Maßnahmen und Regelungen betreffend die Respektierung der Inlandsmärkte, die Aufteilung der Märkte und den Austausch von Informationen getroffen."

KOME v. 14.12.84, 85/79/EWG, *John Deere*[46]: "[Rdn. 39] Deere hat *vorsätzlich* gehandelt. Auf allen Ebenen des Deere-Konzerns in der Gemeinschaft (mit Ausnahme vielleicht der John Deere Italiana) und auf höchster Geschäftsführungsebene der Deere and Company in Moline, Illinois, war bekannt, daß durch die Preispolitik Druck in Richtung auf einen Parallelhandel entstand, den es zu unterbinden galt [*Bedeutungskenntnis*], und daß viele der zur Unterbindung des Parallelhandels ergriffenen Maßnahmen rechtlich bedenklich waren [*Zumindest Erkennbarkeit der Normwidrigkeit*]."

KOME v. 19.12.90, 91/297/EWG, *Soda-Solvay / ICI*[47]: "[Rdn. 65] Die Zuwiderhandlung wurde wissentlich begangen, *und* beide Parteien müssen sich voll darüber bewußt gewesen sein, daß ihre Vereinbarungen mit dem Gemeinschaftsrecht unvereinbar sind."

Wie allerdings gerade das zuletzt angeführte Beispiel eindeutig zum Ausdruck bringt, läßt sich aus dieser Vorgehensweise der Kommission nicht auf eine (auch nur teilweise) Zuordnung des Unrechtsbewußtseins zum Vorsatzbegriff schließen. Die Trennung bleibt erhalten. Und wenn Beweisschwierigkeiten auftreten, begnügen sich sowohl die Kommission als auch die europäischen Gerichte mit dem Vorliegen der Tatsachen- und Bedeutungskenntnis für die Annahme des Vorsatzes.

Diese Trennung läßt sich besonders deutlich am Beispiel des im Jahr 1995 abgeurteilten *BASF / Accinauto*-Falles (zwischen dem Unternehmen BASF und seinem belgischen Alleinvertriebshändler getroffene Vereinbarung, die ein Verbot der passiven Verkäufe an Kunden außerhalb des Vertragsgebiets von Accinauto enthielt) veranschaulichen[48]. Die

---

44 ABl. 1996 Nr. L 201/1.

45 ABl. 1994, Nr. L 343/1.

46 ABl. 1985 Nr. L 35/58.

47 ABl. 1990 Nr. L 152/1.

48 *KOME* v. 12.7.95, 95/477/EG, *BASF Lacke + Farben AG und Accinauto S.A.*, ABl.1995 Nr. L 272/16.

Kommission beruft sich danach zunächst auf die ständige EuGH-Rechtsprechung, nach der zur Einstufung einer Zuwiderhandlung als vorsätzlich nicht vorauszusetzen sei, "daß sich das Unternehmen des Verstoßes gegen die Wettbewerbsvorschriften des EG-Vertrages bewußt gewesen ist", sondern ausreiche, "daß es sich nicht in Unkenntnis darüber befinden konnte, daß das ihm zur Last gelegte Verhalten eine Einschränkung des Wettbewerbs bezweckte oder bewirkte". Dementsprechend begründet die Kommission den Vorsatz von BASF und von Accinauto lediglich unter Verweis auf die Bedeutungskenntnis der Unternehmen ("Angesichts der eindeutigen Rechtslage bezüglich des Verbots von Passivverkäufen konnten sich BASF L + F und Accinauto über die wettbewerbsbeschränkenden Wirkungen des Vertrages von 1982 nicht im unklaren sein"). Da jedoch auch Beweismaterial vorlag, aus dem das Unrechtsbewußtsein von BASF abgeleitet werden konnte, rundet die Kommission den Vorsatzvorwurf gegen BASF auch unter Heranziehung dieses subjektiven Moments ab ("Darüber hinaus war sich BASF L + F des Verstoßes gegen die Wettbewerbsvorschriften auch bewußt. Dies folgt aus den Unterlagen, die belegen, daß BASF L + F wußte, daß sein Verhalten gegen Artikel 85 Absatz 1 EG-Vertrag [= Art. 81 Abs. 1 EGV n.F.] verstößt")[49].

Auch im *Bayer-ADALAT*-Fall betont die *Kommission*, daß selbst bei Annahme des von Bayer vorgetragenen Subsumtionsirrtums die Vorsatzfrage nicht berührt werden könne[50]: "[Rdn. 235] Bayer macht geltend, daß nach ihrer Auffassung die in der vorliegenden Entscheidung analysierten Elemente ihres Verhaltens nicht unter Artikel 85 Absatz 1 [= Art. 81 Abs. 1 EGV n.F.] fallen. Ein Fehler in der rechtlichen Beurteilung durch Bayer stellt jedoch nicht in Frage, daß diese Verhaltensweise auf Vorsatz beruht."

Die Beschränkung auf den Beweis der Bedeutungskenntnis manifestiert sich außerdem deutlich im *EuG*-Urteil im *Herlitz*-Fall[51], in dem die zwischen Parker Pen und Herlitz abgeschlossene Alleinvertriebsvereinbarung mit Exportverbot zu prüfen war. Das Gericht deutet nämlich den Einwand der Klägerin, sie habe mit dem Ausfuhrverbot kein be-

---

49 *KOME* v. 12.7.95, a.a.O. [Rdn. 103 (6)]. - Im Klageverfahren vor dem EuG wies allerdings BASF den Vorwurf, sie habe bewußt gegen die Wettbewerbsregeln verstoßen, zurück. Sie betonte vielmehr, daß die bei Abschluß der Vereinbarung zwischen ihr und Accinauto hinzugezogenen Juristen die fragliche Klausel - wonach Accinauto verpflichtet war, von außerhalb des Vertragsgebiets kommende Kundenanfragen an die BASF weiterzuleiten - für gemeinschaftsrechtskonform gehalten hätten, so daß ihr und ihren Mitarbeitern während der Laufzeit der Vereinbarung nicht bewußt gewesen sei, daß sie einen Verstoß gegen die Wettbewerbsregeln des Vertrages begangen hätten. Das EuG stellt jedoch dabei erneut klar, daß zur Bejahung des Vorsatzes bereits die Bedeutungskenntnis der betroffenen Unternehmen ausreicht (*EuG* Urt. v. 19.5.99, Rs. T-175/95, *BASF Lacke + Farben*, Slg. 1999, II-1581): "[Rdn. 152] Für eine vorsätzliche Zuwiderhandlung gegen die Wettbewerbsregeln des Vertrages genügt es, wenn dem Unternehmen bewußt war, daß das gerügte Verhalten eine Wettbewerbsbeeinträchtigung bezweckte, gleichviel, ob es sich dabei auch bewußt war, gegen ein in diesen Regeln enthaltenes Verbot zu verstoße... Wie sich aus den obigen Feststellungen des Gerichts ergibt, konnte sich die Klägerin nicht in Unkenntnis darüber befinden, daß die beanstandete Klausel der Vereinbarung von 1982 bezweckte, Paralleleinfuhren zu beschränken und damit durch die Abschottung der einzelnen nationalen Märkte dem vom Vertrag angestrebten Ziel der Verwirklichung des einheitlichen Marktes zuwiderzulaufen. Die Äußerung eines Rechtsberaters, auf die sie sich beruft, kann sie insoweit nicht entschuldigen..." - So auch *EuG* Urt. v. 19.5.99, Rs. T-176/95, *Accinauto*, Slg. 1999, II-1635 [Rdn. 119].

50 *KOME* v. 10.1.96, 96/478/EG, *Bayer-ADALAT*, ABl. 1996 Nr. L 201/1.

51 *EuG* Urt. v. 14.7. 94, Rs. T-66/92, *Herlitz*, Slg. 1994, II-531 [Rdn. 44 ff.].

stimmtes Ziel verfolgt und habe nicht beabsichtigt, Paralleleinfuhren irgendwie zu behindern [Rdn. 44], als Einwand fehlender Verbotskenntnis und weist ihn dementsprechend mit folgender Argumentation zurück: "[Rdn. 45] Die Behauptung der Klägerin, die streitige Klausel sei ohne bestimmte Absicht in die Vereinbarung aufgenommen worden, ist unerheblich. Für eine vorsätzliche Zuwiderhandlung gegen die Wettbewerbsregeln des Vertrags genügt es nämlich, wenn dem Unternehmen bewußt war, daß das gerügte Verhalten eine Wettbewerbsbeeinträchtigung bezweckte, gleichviel, ob es sich dabei auch bewußt war, gegen ein in diesen Regeln enthaltenes Verbot zu verstoßen... [Rdn. 46] Angesichts des klaren, unzweideutigen Wortlauts des Ausfuhrverbots konnte sich die Klägerin über dessen Bedeutung nicht im unklaren sein. Da sie sich dessen bewußt war, daß die streitige Klausel Ausfuhren beschränken, ja sogar verbieten und damit den Markt abschotten sollte, hat die Klägerin vorsätzlich gehandelt"[52].

(c) Zusammenfassung

Zusammenfassend ist also in materiellrechtlicher Hinsicht festzuhalten, daß zur Bejahung des Vorsatzes die Kenntnis der tatbestandsrelevanten Umstände und ihrer Bedeutung ausreicht. Der Vorsatz entfällt insoweit nur, wenn die Tatsachenkenntnis oder die Bedeutungskenntnis fehlt. Ist dies der Fall, dann muß geprüft werden, ob das subjektive Merkmal der [Tat-]Fahrlässigkeit vorliegt.

(2) Die Verantwortlichkeit

Nach dem bisher Gesagten und unter Berücksichtigung einerseits der oben angeführten Urteile und Entscheidungen, die den Vorsatz auf die Bedeutungskenntnis begrenzen, und andererseits der Tatsache, daß die Bußgeldvorschriften andere Wertungsstufen im Anschluß an den bejahten Vorsatz nicht ausdrücklich anerkennen, wäre es konsequent anzunehmen, daß die Kenntnis oder zumindest die Erkennbarkeit der Norm- und Rechtswidrigkeit des Verhaltens keine Bedingung für die Bejahung der *Schuld wegen eines Vorsatzdelikts* ist. Ein solcher Befund wäre aber verfrüht.

(a) Kenntnis oder Erkennbarkeit des Rechtsverstoßes und Wertungsebene der Verantwortlichkeit

(i) Erkennbarkeit des Rechtsverstoßes als Schuldelement

In der Praxis der EG-Organe lassen sich Judikate finden, die die Schuld wegen eines Vorsatzdelikts trotz angenommenen Vorsatzes verneinen, wenn das Unternehmen gutgläubig bzw. ohne Fahrlässigkeit von der Rechtmäßigkeit seines Verhal-

---

52 Das fragliche Urteil bringt zwar letztlich nur die EuG-Auffassung zum Ausdruck, daß zur Bejahung der subjektiven Tatbestandsverwirklichung trotz des Tatbestandsmerkmals "bezwecken", das auf den ersten Blick die Annahme eines Delikts mit sog. überschießender Innentendenz nahelegt, keine besondere Absicht - kein Vorsatz ersten Grades - erforderlich ist, sondern der normale Vorsatz ausreicht. Da das EuG aber die Rüge des betroffenen Unternehmens als Einwand fehlender Verbotskenntnis einstuft, läßt sich das Urteil auch als Beispiel für die dogmatische Trennung zwischen Bedeutungs- und Verbotskenntnis heranziehen.

tens ausgegangen ist[53]. Insoweit liegt die Annahme nahe, daß in der EG-Praxis *eine über den Vorsatz hinausgehende Wertungsebene als Bestandteil der Schuld wegen eines Vorsatzdelikts* stillschweigend anerkannt wird, um auch die Einstellung des Täters zu der Norm- und Rechtswidrigkeit seines Verhaltens (Unrechtsbewußtsein) bzw. Einwände über die *Unkenntnis* des *Inhalts*[54] und des räumlichen *Anwendungsbereichs*[55] der Kartellverbote oder über die *irrige Annahme* von *Rechtfertigungsgründen*[56] berücksichtigen zu können.

Wie das Entscheidungsmaterial jedenfalls zeigt, erfordert die Wertungsstufe der Verantwortlichkeit keine Kenntnis, sondern nur *Erkennbarkeit der Norm- und Rechtswidrigkeit* des vorsätzlich begangenen Verhaltens (potentielles Unrechtsbewußtsein). Die Unkenntnis des Inhalts oder des Anwendungsbereichs der Kartellnormen oder die irrige Annahme von Rechtfertigungsgründen kann daher die Verantwortlichkeit - und damit zugleich die Schuld wegen eines Vorsatzdelikts - erst dann ausschließen, wenn diese subjektiven Zustände nicht aus Fahrlässigkeit, sondern "gutgläubig" entstanden sind bzw. subjektiv unvermeidbar waren. Steht dagegen fest, daß die Fehlvorstellungen der Fahrlässigkeit des Unternehmens zuzuschreiben sind, und damit Erkennbarkeit der Norm- und Rechtswidrigkeit vorliegt, entfällt die Schuld wegen eines Vorsatzdelikts *nicht*.

KOME v. 19.12.84, 85/202/EWG, *Zellstoff*[57]: "[Rdn. 146] Die Adressaten der Entscheidung verstießen *vorsätzlich* gegen Artikel 85 Absatz 1 [= Art. 81 Abs. 1 EGV n.F.], da sie sich in bezug auf ihre angekündigten und tatsächlichen Verkaufspreise bewußt und absichtlich untereinander abstimmten, im Rahmen der Fides und bei anderen Gelegenheiten wettbewerblich relevante Informationen über einzelne Unternehmen austauschten und Ausfuhr- und Weiterverkaufsverbote vereinbarten, wodurch der Handel zwischen den Mitgliedstaaten beeinträchtigt wurde [*Bejahung des Vorsatzes*]. Hiermit *verstießen sie gegen ein Verbot* nicht aufgrund eines entschuldbaren und unvermeidlichen Irrtums. Zumindest waren sie *grob fahrlässig* in ihrer Mißachtung des Geltungsbereichs des gemeinschaftlichen Wettbewerbsrechts, da von Unternehmern von der Größe der Adressaten der Entscheidung zu erwarten ist, daß sie zutreffend über die Rechtslage auf

---

53 So bemerkt KOCH (in: GRABITZ / HILF [1. Grdlfg.], nach Art. 87, VO Nr. 17 Art. 15, Rdn. 37), daß die Kommission wiederholt die Schuld wegen "gutgläubiger Annahme" eines Rechtfertigungsgrundes (rechtliche Tragweite der Anmeldung als Freistellungsvoraussetzung) verneint habe; vgl. auch DANNECKER (in: I/M EG-WbR [1997], VO 17 Art. 15, Rdn. 177), der im Hinblick auf dieselben Fälle vom Ausschluß des "Vorsatzes" spricht (was nach der in der vorliegenden Arbeit benutzten Terminologie und Systematik als Ausschluß der Schuld wegen eines Vorsatzdelikts zu verstehen ist).

54 Vgl. *EuGH* Urt. v. 9.11.83, Rs. 322/81, *Michelin*, Slg. 1983, S. 3461 [S. 3523].

55 *KOME* v. 19.12.84, 85/202/EWG, *Zellstoff*, ABl. 1985 Nr. L 85/1 [Rdn. 146].

56 *KOME* v. 17.12.75, *Chiquita*, ABl. 1976 Nr. L 95/1, [S. 18]; *KOME* v. 25.11.92, 92/568/EWG, *Verkauf von Fahrausweisen im Eisenbahnverkehr durch Reisebüros*, ABl. 1992 Nr. L 366/47 [Rdn. 110]; *KOME* v. 26.11.86, 86/596/EWG, *MELDOC*, ABl. 1986 Nr. L 348/50 [Rdn. 69].

57 ABl. 1985 Nr. L 85/1.

ihren wichtigsten Märkten unterrichtet sind, wie sie durch die ständige Rechtsprechung des Europäischen Gerichtshofs und die ständige Entscheidungspraxis der Kommission festgeschrieben ist [*anschließende Bejahung der Erkennbarkeit der Rechtswidrigkeit und damit insgesamt Bejahung der Schuld wegen eines Vorsatzdelikts*]."

Geht aber ein Unternehmen mit gutem Glauben, d.h. ohne Fahrlässigkeit, von der falschen Vorstellung aus, daß es seine tatbestandsmäßige Verhaltensweise ordnungsgemäß angemeldet habe und daher mit Recht diese Verhaltensweise zumindest bis zur Beschlußfassung der Kommission gem. Art. 81 Abs. 3 EGV n.F. praktizieren darf (Privileg des Art. 15 Abs. 5 Satz a VO 17 als quasi-Rechtfertigungsgrund[58]), so liegt es trotz "*vorsätzlicher*" Praktizierung des in Wirklichkeit nicht (vollständig) angemeldeten Verhaltens *keine Schuld wegen eines Vorsatzdelikts* vor (Irrtum über die rechtliche Reichweite der Anmeldung und somit Irrtum über das Eingreifen der Bußgeldfreiheit gemäß Art. 15 Abs. 5 Satz a VO 17 sowie über die Möglichkeit der Freistellung des Verhaltens gem. Art. 81 Abs. 3 EGV n.F.)[59]. Die *Kommission* verneint hierbei die Schuld wegen eines Vorsatzdelikts gerade angesichts der "gutgläubigen Annahme" des Eingreifens eines anerkannten Instituts, das im Falle des wirklichen Eingreifens die weitere Praktizierung des beanstandeten Verhaltens "berechtigt" hätte. Die europäische Kartellbehörde führte so beispielsweise im *Chiquita*-Fall aus[60]: "[S. 18] Das Verbot des Weiterverkaufs der Bananen in grünem Zustand war in den Allgemeinen Verkaufsbedingungen für die Niederlande enthalten, die seit dem 15. November 1968 bei der Kommission angemeldet waren. Obwohl die Anmeldung nur die Allgemeinen Verkaufsbedingungen für Bananenverkäufe nach den Niederlanden und nicht diejenigen für Verkäufe nach den anderen Mitgliedstaaten betrifft, ist hierbei zu berücksichtigen, daß die Verkaufsbedingungen für Verkäufer nach diesen anderen Mitgliedstaaten im wesentlichen den gleichen Inhalt haben, so das UBC *des guten Glaubens hätte sein können, daß die Anmeldung für die Gesamtheit der Verkaufsbedingungen galt.* In Bezug auf die Verhaltensweisen von UBC nach dem Zeitpunkt dieser Anmeldung, die sich im Rahmen der Tätigkeit hielten, auf die sich die Anmeldung bezieht, ist *keine Fahrlässigkeit* [*gemeint wird die (Unrechts-)Fahrlässigkeit der Wertungsstufe der Verantwortlichkeit im Rahmen der Prüfung der Schuld wegen eines Vor-*

---

58 In Wirklichkeit handelt es sich zwar bei der genannten Regelung um einen *Strafausschließungsgrund*, wie der Fall einer angemeldeten, zur Freistellung materiell unfähigen Verhaltensweise verdeutlicht. Die Anmeldung kann nämlich in diesem Fall die materiell freistellungs*un*fähige Verhaltensweise keineswegs rechtfertigen. Sie schließt nur die Möglichkeit der Verhängung von Geldbußen für die Zwischenzeit bis zur Feststellung der materiellen Freistellungsunfähigkeit durch die Kommission aus. Da die Anmeldung allerdings als formelle Voraussetzung der Freistellung das Verfahren für die Anwendung des in Art. 81 Abs. 3 EGV n.F. typisierten Rechtfertigungsgrundes einleitet, könnte in einem weiteren Sinne als quasi-Rechtfertigungsgrund aufgefaßt werden.

59 Zur Beachtlichkeit des entschuldbaren Irrtums des Anmelders über das Vorliegen der tatsächlichen oder rechtlichen Voraussetzungen einer wirksamen Anmeldung siehe KOCH, in: GRABITZ / HILF [1. Grdlfg.], nach Art. 87, VO Nr. 17 Art. 15, Rdn. 52; vgl. allerdings auch SAUTER (in: LANGEN / BUNTE [8. Aufl.], Bd. 1, VO 17/62 Art. 15, S. 1908 Rdn. 8), der den fraglichen Irrtum nicht als Faktor für die Begründung der Schuld, sondern als bloßen Faktor im Rahmen des Opportunitätsprinzips einstuft: "Unklarheiten über die Tragweite der Anmeldung können - bei gutem Glauben - gegen die Verhängung von Geldbußen sprechen..., aber nicht deshalb, weil die Anmeldung wirksam gewesen ist, sondern aus Opportunitätsgründen."

60 *KOME* v. 17.12.75, 76/353/EWG, *Chiquita*, ABl. 1976 Nr. L 95/1.

satzdelikts] seitens U.B.C. mehr festzustellen. Diese Verhaltensweisen sind daher bei der Auferlegung einer Geldbuße nicht zu berücksichtigen."[61]

Liegen allerdings objektive Umstände vor, die auf die Fahrlässigkeit des betroffenen Unternehmens bezüglich der falschen Einschätzung der Reichweite der Anmeldung hindeuten und damit die (entsprechende) irrige Vorstellung als leicht vermeidbar erscheinen lassen, so wird die Beachtlichkeit des relevanten Irrtumseinwandes verneint. Das Verteidigungsvorbringen der im *SSI*-Fall[62] wegen einer Kartellabsprache belangten niederländischen Tabakhersteller, sie hätten ohne Schuld gehandelt, denn "sie seien im guten Glauben davon ausgegangen, daß die Anmeldung der SSI-Rahmenvereinbarung von 1976 auch die Anmeldung der Preisvereinbarung von 1978 beinhaltet habe, die nur die Durchführung der Rahmenvereinbarung gewesen sei"[63], wird danach vom *EuGH* unter Berufung auf objektive Umstände zurückgewiesen, die der Annahme eines "guten Glaubens" (bzw. des Mangels an Fahrlässigkeit) seitens der Unternehmen offensichtlich entgegenstanden: "[Rdn. 69] [D]er Rahmenvereinbarung, die die Konsultationen zwischen dem niederländischen Staat und den Tabakherstellern regelte, ... [war] nicht zu entnehmen, daß diese Konsultationen den Abschluß wettbewerbswidriger Vereinbarungen zum Gegenstand haben konnten ... [und] im vorliegenden Verfahren [ist] auch nicht dargetan worden, daß die mit dem Staat geführten Konsultationen tatsächlich diesen Gegenstand hatten. Unter diesen Umständen kann die Anmeldung der Rahmenvereinbarung nicht auch als Anmeldung einer wettbewerbswidrigen Vereinbarung wie der 1978 geschlossenen Preisvereinbarung gelten."[64]

(ii) Ist die Erkennbarkeit des Rechtsverstoßes immer relevant für die Schuldfrage?

Die soeben zitieren Entscheidungen und Urteile, die die Erkennbarkeit des Rechtsverstoßes als Element der Schuld wegen eines Vorsatzdelikts behandeln, stehen allerdings zahlenmäßig hinter den Judikaten, die den Anschein erwecken, die Bejahung der Schuld wegen eines Vorsatzdelikts nur von der Frage des Vorliegens des (auf die Tat und ihre Bedeutung bezogenen) Vorsatzes abhängig zu machen[65].

---

61 Vgl. auch *KOME* v. 20.12.77, 78/163/EWG, *Distillers & Co.*, ABl. 1978 Nr. L 50/16 [S. 29].

62 *EuGH* Urt. v. 10.12.85, verb. Rs. 240-242 u.a./82, *Stichting Sigaretteninindustrie (SSI)*, Slg. 1985, S. 3831.

63 *EuGH* Urt. v. 10.12.85, a.a.O. [Rdn. 67].

64 Zur Verneinung des guten Glaubens in diesem Fall siehe auch die Schlußanträge des GA VERLOREN VAN THEMAAT v. 29.1.85, Slg. 1985, S. 3832 [S. 3550]; zur allgemeinen Problematik vgl. auch *KOME* v. 16.12.85, 85/617/EWG, *Sperry New Holland*, ABl. 1985 Nr. L 376/21 [Rdn. 66].

65 Vgl. die bereits oben angeführten Urteile und Entscheidungen: *EuGH* Urt. v. 8.11.83, verb. Rs. 96-102, 104, 105, 108 und 110/82, *IAZ*, Slg. 1983, S. 3369 [LS 6 und S. 3415]; *EuG* Urt. v. 1.4.93, Rs. T-65/89, *BPB Industries und Britisch Gypsum*, Slg. 1993, II-389 [Rdn. 165]; *KOME* v. 13.7.87, 87/409/EWG, *Sandoz*, ABl. 1987 Nr. L 222/28 [Rdn. 34]; Vgl. auch *EuG* Urt. v. 6.4.95, Rs. T-141/89, *Tréfileurope*, Slg. 1995, II-791 [Rdn. 176]; *EuGH* Urt. v. 11.7.89, Rs. 246/86, *Belasco*, Slg. 1989, S. 2117 [Rdn. 41]; *EuGH* Urt. v. 8.2.90, Rs. C-279/87, *Tipp-Ex*, Slg. 1990 I-261 [LS 2]; *EuG* Urt. v. 6.4.95, Rs. T-142/89, *Boël*, Slg. 1995, II-867 [Rdn. 110 ff.]; vgl. zu dieser Praxis auch DANNECKER / FISCHER-FRITSCH, S. 281 f.

Auch in den letzteren Judikaten finden sich aber Anhaltspunkte für die These, daß die Gemeinschaftsorgane ohne nachgewiesene Erkennbarkeit der Norm- und Rechtswidrigkeit nicht bereit sind, von Schuld wegen eines Vorsatzdelikts auszugehen. Die Gemeinschaftsorgane kommen nämlich zu der Annahme von Schuld wegen eines Vorsatzdelikts auch in den fraglichen Entscheidungen und Urteilen (in der Regel) nur dann, wenn sie die Einwände der betroffenen Unternehmen bezüglich der fehlenden (Kenntnis oder) Erkennbarkeit des Rechtsverstoßes zuerst aus tatsächlichen Gründen zurückgewiesen haben.

Gegen den *Verteidigungseinwand der Unkenntnis der Anwendbarkeit des Art. 86 EGV a.F. im konkreten Fall* bringt so beispielsweise das *EuG* im *BPB*-Fall nicht nur rein rechtliche, sondern auch tatsächliche Argumente vor[66]: "[Rdn. 165] Hinsichtlich der Frage, ob diese Verstöße [Mißbrauch einer marktbeherrschenden Stellung durch Treuerabatte und sonstige Maßnahmen zur Bindung der Händler und zur Verhinderung von Importen anderer Hersteller auf dem englischen und nordirischen Markt für Gipskartonplatten], vorsätzlich oder fahrlässig begangen worden sind, ist auf die ständige Rechtsprechung hinzuweisen, nach der die Einstufung eines Verstoßes als vorsätzlich nicht voraussetzt, daß sich das Unternehmen des Verstoßes gegen ein durch die für Unternehmen geltenden Wettbewerbsregeln des Vertrages festgelegtes Verbot bewußt gewesen ist; es genügt vielmehr, daß es sich nicht in Unkenntnis darüber befinden konnte, daß das ihm zur Last gelegte Verhalten eine Verfälschung des Wettbewerbs auf dem Gemeinsamen Markt bezweckte oder bewirken konnte. [Rdn. 166] *Schon aus dem Wesen der in der Entscheidung angeführten Verhaltensweisen*, für die ja gerade die Verpflichtung kennzeichnend war, nicht mit anderen als den von den Klägerinnen hergestellten Gipskartonplatten zu handeln, ergibt sich, daß sich die Klägerinnen *nicht in Unkenntnis darüber befinden konnten, daß derartige Verhaltensweisen gegen Artikel 86 des Vertrages [= Art. 82 EGV n.F.] verstießen*. Solche Verhaltensweisen sind daher im Rahmen der Anwendung der Verordnung Nr. 17 als vorsätzlich einzustufen."

In dieselbe Richtung bewegt sich auch das *EuG*-Urteil im *Chemie Linz*-Fall, der im Rahmen des umfassenden Polypropylen-Verfahrens abgeurteilt wurde[67]. Bevor das Gericht den *Verteidigungseinwand der Unkenntnis des Verbotsinhalts des Art. 85 Abs. 1 EGV a.F.* als rechtlich unbedeutsame Rüge zurückweist, betont es, daß das Unternehmen den Verstoß hätte erkennen können: "[Rdn. 344] Die Klägerin bestreitet, an den in der Entscheidung beschriebenen Zuwiderhandlungen beteiligt gewesen zu sein; sollte das Gericht zu der Auffassung gelangen, daß sie gegen Artikel 85 Absatz 1 EWG-Vertrag [= Art. 81 Abs. 1 EGV n.F.] verstoßen habe, so sei ihr dieser Verstoß entgegen den Behauptungen der Kommission nicht bewußt gewesen. Die Klägerin sei sich zu keinem Zeitpunkt bewußt gewesen, daß eine Teilnahme an den Sitzungen zu Informationszwekken und zur Erhöhung der Markttransparenz unter Artikel 85 EWG-Vertrag [= Art. 81 EGV n.F.] falle, da die Kommission eine Zuwiderhandlung im Fall der Klägerin aufgrund einer *neuen Auslegung des Begriffs der abgestimmten Verhaltensweise* festgestellt habe. Ein *Verhalten wie das der Klägerin sei in Österreich*, wo sie ihren Sitz habe, *nicht verbotswidrig*; deshalb habe sie wegen ihrer begrenzten Möglichkeiten, sich über das Wettbewerbsrecht der Gemeinschaft zu informieren, nicht gewußt, daß ihr Verhalten rechtswidrig gewesen sei und sie deshalb mit erheblichen Geldbußen habe rechnen müssen. [Rdn. 344] In der Sitzung hat die Klägerin darauf hingewiesen, daß sie ein kleines

66 *EuG* Urt. v. 1.4.93, Rs. T-65/89, *BPB Industries und Britisch Gypsum*, Slg. 1993, II-389.

67 *EuG* Urt. v. 10.3.92, Rs. T-15/89, *Chemie Linz*, Slg. 1992, II-1275.

Staatsunternehmen sei, das einen enormen Bedarf an Information gehabt habe und dessen Mitarbeitern, deren *Berufsbild das von Beamten* sei, völlig unbekannt gewesen sei, daß ihnen die bloße Teilnahme an den Sitzungen der Polypropylenhersteller wettbewerbsrechtlich zum Vorwurf gemacht werden könnte... [Rdn. 350] Das Gericht stellt fest, daß die *Schwere, die die festgestellten Handlungen charakterisiert* - insbesondere die Festsetzung von Zielpreisen und Verkaufsmengen -, zeigt, daß die Klägerin nicht leichtfertig oder auch nur fahrlässig, sondern vorsätzlich gehandelt hat. Insoweit ist *besonders die Offenkundigkeit der Zuwiderhandlungen* gegen Artikel 85 Absatz 1 EWG-Vertrag [= Art. 81 Abs. 1 EGV n.F.] und insbesondere seine Buchstaben a, b und c hervorzuheben, die *auch den außerhalb der Gemeinschaft niedergelassenen Polypropylenherstellern nicht unbekannt war*. Jedenfalls kann sich die Klägerin, auch wenn sie sich eines Verstoßes gegen Artikel 85 Absatz 1 EWG-Vertrag [= Art. 81 Abs. 1 EGV n.F.] nicht bewußt gewesen sein sollte, ihrer Verantwortung nicht entziehen. Nach der Rechtsprechung des Gerichtshofes setzt nämlich die Einstufung einer Zuwiderhandlung gegen die Wettbewerbsregeln des Vertrages als vorsätzlich nicht voraus, daß sich das Unternehmen des Verstoßes gegen diese Regeln bewußt gewesen ist; es genügt vielmehr, daß es sich nicht in Unkenntnis darüber befinden konnte, daß das ihm zur Last gelegte Verhalten eine Einschränkung des Wettbewerbs bezweckte. Angesichts des Zwecks der in Rede stehenden Sitzungen muß dies vorliegend offenkundig der Fall gewesen sein... [Rdn. 351] Im übrigen ist das Argument der Klägerin bezüglich des Informationsflusses kategorisch zurückzuweisen, da, wenn ihm gefolgt würde, den Wettbewerbsbestimmungen des EWG-Vertrags letztlich jede praktische Wirksamkeit genommen würde."

Die im Text vertretene Deutung findet auch im Betonstahlmatten-Fall Anhaltspunkte, in dem der Verteidigungseinwand der *(irrigen) Annahme des Eingreifens von Rechtfertigungsgründen*, u.a. dieses der materiellen Freistellbarkeit des Verhaltens, erhoben wurde. Die wegen Preis- und Quotenabsprachen auf dem Betonstahlmattenmarkt beschuldigten Klägerinnen beriefen sich auf ihren guten Glauben und stritten ein vorsätzliches Handeln bei den Zuwiderhandlungen ab. Sie machten geltend, daß die Unternehmen, die auf dem fraglichen Markt tätig gewesen seien, sich angesichts des wirtschaftlichen Krisenkontexts und der engen Verbindung zwischen dem Betonstahlmattenmarkt und den Märkten für Walzdraht und Betonstabstahl, für die von der Kommission zugunsten der Stahlindustrie erlassene 'Krisenmaßnahmen' aufgrund des EGKS Vertags gegolten hätten[68], nicht hätten vorstellen können, daß ihr Informationsaustausch und ihre Verhaltensabstimmung den Charakter einer Zuwiderhandlung habe. Für die EGKS-Erzeugnisse, insbesondere für Walzdraht, habe es Kommissionen gegeben, in denen sich die wichtigsten Hersteller zur Erörterung der Preise und Mengen zusammengefunden hätten. Außerdem habe es für den deutschen Betonstahlmattenmarkt selbst ein vom Bundeskartellamt genehmigtes und von der Kommission vier Jahre lang geduldetes Strukturkrisenkartell bestanden. Unbestreitbar habe, wie von der Kommission selbst in ihrer Entscheidung festgestellt werde, das Bestehen dieses Kartells die Hersteller in den anderen Mitgliedstaaten veranlaßt, sich abzusichern. Wenn eine so enge Abstimmung für Walzdraht gestattet und in Deutschland ein Krisenkartell für Betonstahlmatten genehmigt worden sei, so die Unternehmen, liege es auf der Hand, daß die Hersteller von Betonstahlmatten in gutem Glauben hätten annehmen dürfen, daß auch sie das Recht hätten, sich zu treffen und Informationen auszutauschen[69]. - Das EuG lehnte zwar den Einwand fehlender Schuld wegen eines Vorsatzdelikts unter Hinweis auf die obige Rechtsprechung der Unbeachtlichkeit des Unrechtsbewußtseins ab. Wie das Urteil be-

---

68 Siehe ausführlich *EuG* Urt. v. 6.4.95, Rs. T-142/89, *Boël*, Slg. 1995, II-867 [Rdn. 91].

69 Siehe *EuG* Urt. v. 6.4.95, Rs. T-142/89, *Boël*, Slg. 1995 II-867 [Rdn. 112].

züglich des Unternehmens Tréfilunion zeigt, führt aber das EuG zugleich einen Indizienbeweis, der das Unrechtsbewußtsein der Betroffenen nahelegte[70]: "[Rdn. 126] Im vorliegenden Fall ist das Gericht angesichts der besonderen Schwere und der Offensichtlichkeit des Verstoßes gegen Artikel 85 Absatz 1 EWG-Vertrag [= Art. 81 Abs. 1 EGV n.F.], insbesondere Buchstaben a und c, der Ansicht, daß die Klägerin nicht behaupten kann, sie sei überzeugt gewesen, daß die Vereinbarungen, an denen sie sich beteiligt habe, rechtmäßig gewesen seien. Es kann ihr nämlich nicht verborgen geblieben sein, daß diese Vereinbarungen, wenn sie freigestellt werden sollten, bei der Kommission anzumelden waren, noch, daß diese Vereinbarungen nicht gemäß Artikel 4 Absatz 2 der Verordnung Nr. 17 von der Anmeldung befreit sein konnten."[71]

Daß die Erkennbarkeit des Rechtsverstoßes zur Annahme einer vorsätzlichen Zuwiderhandlung vorausgesetzt wird, wird schließlich auch in der Kommissionsentscheidung im FEFC-Fall angedeutet. Zu der Wahrscheinlichkeit, daß sich die Betroffenen wegen *(irriger) Annahme des Eingreifens der GVO Nr. 4056/86 oder zumindest der Voraussetzungen der Einzelfreistellung* ohne Unrechtsbewußtsein handelten, nimmt die *Kommission* folgendermaßen Stellung[72]: "[Rdn. 146] Der Gerichtshof hat für Recht erklärt: '... setzt nicht voraus, daß sich das Unternehmen des Verstoßes gegen ein durch diese Regeln [Wettbewerbsregeln des Vertrages] festgelegtes Verbot bewußt gewesen ist; es genügt vielmehr, daß es sich nicht in Unkenntnis darüber befinden konnte, daß das ihm zur Last gelegte Verhalten eine Einschränkung des Wettbewerbs bezweckte'. - [Rdn. 147] Die Kommission vertritt die Auffassung, daß die Mitglieder der FEFC die Ausschaltung des Preiswettbewerbs untereinander für die von ihnen erbrachten Landbeförderungsdienste bezweckt haben. Folglich konnten sie sich nicht in Unkenntnis darüber befinden, daß ihre Preisfestsetzungspraktiken bei den Landbeförderungsdiensten eine Einschränkung des Wettbewerbs bezweckten. [Rdn. 148] Außerdem mußten sich die Mitglieder der FEFC zumindest *seit dem 23. Juni 1989*, als ihnen die bei der Kommission eingereichte Beschwerde des BDI / DSVK zur Kenntnis gebracht wurde, darüber *bewußt gewesen sein, daß die in dieser Entscheidung angesprochenen Praktiken möglicherweise Verstöße gegen Artikel 85 Absatz 1 des Vertrages [= Art. 81 Abs. 1 EGV n.F.] und Artikel 2 der Verordnung (EWG) Nr. 1017/68 darstellen und nicht unter die Gruppenfreistellung für Linienkonferenzen nach Artikel 3 der Verordnung (EWG) Nr. 4056/86 fallen*. [Rdn. 149] Ungeachtet dieser Beschwerde und der wiederholten Vorwarnung der Kommission, daß die fraglichen Praktiken die Tatbestandsmerkmale des Artikels 85 Absatz 1 [= Art. 81 Abs. 1 EGV n.F.] erfüllen und keine der Ausnahmebestimmungen des Artikels 85 Absatz 3 [= Art. 81 Abs. 3 EGV n.F.] in Anspruch nehmen können, haben die Parteien ihre Praktiken beibehalten. Selbst nach der Zustellung der Mitteilung der Beschwerdepunkte im Dezember 1992 haben sie zu keinem Zeitpunkt ihre Praktiken bei der Kommission formell im Hinblick auf eine Einzelfreistellung angemeldet." Die Kommission stützt deswegen wenig später ihren Vorsatzvorwurf auf die Erkennbarkeit der Rechtswidrigkeit:

---

70 *EuG* Urt. v. 6.4.95, Rs. T-148/89, *Tréfilunion*, Slg. 1995, II-1063.

71 Vgl. auch *EuG* Urt. v. 6.4.95, Rs. T-143/89, *Ferrière Nord*, Slg. 1995, II-917: "[Rdn. 42] Im vorliegenden Fall ist das Gericht angesichts der *besonderen Schwere und der Offensichtlichkeit des Verstoßes* gegen Artikel 85 Absatz 1 EWG-Vertrag [= Art. 81 Abs. 1 EGV n.F.], insbesondere Buchstaben a und c, der Ansicht, daß die Klägerin nicht behaupten kann, sie habe nicht vorsätzlich gehandelt. Aus diesen Gründen kann die Klägerin auch nichts daraus herleiten, daß sie als Stahlherstellerin, deren Tätigkeiten sich gewöhnlich nach dem EGKS-Vertrag richteten, nicht gewußt habe, daß diese Vereinbarungen gegen den EWG-Vertrag verstießen."

72 *KOME* v. 21.12.94, 94/985/EG, *Far Eastern Freight Conference*, ABl. 1994, Nr. L 378/17.

"[Rdn. 157] Nach Auffassung der Kommission konnten die Mitglieder der FEFC nicht in Unkenntnis darüber gewesen sein, daß die Vereinbarung in den Anwendungsbereich des Artikels 85 Absatz 1 des Vertrages [= Art. 81 Abs. 1 EGV n.F.] fiel, und *mußten gewußt haben, daß sie nicht in den Anwendungsbereich der Gruppenfreistellung für Linienkonferenzen oder irgendeiner anderen Freistellung fiel.* Die Kommission hält in vorliegendem Falle Geldbussen für angebracht." - Verhängt wurden allerdings nur symbolische Geldbußen in Höhe von 10.000 ECU, obwohl die Kommission von einer "sehr schweren Zuwiderhandlung" sprach.

Es wird damit ersichtlich, daß in der tatsächlichen Handhabung der Bußgeldvorschriften die (Kenntnis oder) Erkennbarkeit des Rechtsverstoßes nachgewiesen oder zumindest glaubhaft gemacht wird, bevor eine Vorsatzbuße verhängt wird.

Wie aus den angeführten Beispielen hervorgeht, wird dieser Beweis in der Regel unter Rückgriff auf das Indiz der Schwere und Offenkundigkeit der Zuwiderhandlung geführt[73]. Bei weniger schwerwiegenden Verstößen wird grundsätzlich darauf hinwiesen, daß in der Vergangenheit von der Kommission und den europäischen Gerichten bereits relevante Entscheidungen und Urteile ergangen sind[74]. Da die Gemeinschaftsorgane von einem strengen Beurteilungsmaßstab ausgehen und die Kenntnis solcher Entscheidungen und Urteile bei allen (großen) Unternehmen voraussetzen - was auch im Schrifttum

---

73 Vgl. bereits HARDING, 16 C.M.L.Rev. 1979, 602: "It seems therefore that commission of what is established by case law to be a clear or flagrant violation of the competition rules will by itself constitute strong evidence of an intention to do so." - Nach dem heutigen Standpunkt der Praxis geht es allerdings nicht mehr nur um einen "starken Beweis", sondern um eine unwiderlegbare Vermutung; vgl. auch *EuG* Urt. v. 17.12.91, Rs. T-6/89, *Enichem Anic*, Slg. 1991, II-1623: "[Rdn. 65] Das Gericht stellt ferner fest, daß die Schwere, die die festgestellten Handlungen charakterisiert - insbesondere die Festsetzung von Zielpreisen und Verkaufsmengen -, zeigt, daß die Klägerin nicht leichtfertig oder auch nur fahrlässig, sondern vorsätzlich gehandelt hat." *EuG* Urt. v. 10.3.92, Rs. T-14/89, *Montedipe*, Slg. 1992, II-1155: "[Rdn. 357] Die Klägerin ist der Auffassung, es könne keinen erschwerenden Umstand für die Bußgeldbemessung darstellen, daß der Verstoß gegen Artikel 85 [= Art. 81 EGV n.F.] 'vorsätzlich' erfolgt sei, da es sich in Wirklichkeit um die Grundvoraussetzung für die Verhängung einer Geldbuße handele. Außerdem müsse nicht das Verhalten, sondern die Zuwiderhandlung vorsätzlich sein, d.h. es müsse ein bewußter Verstoß gegen die Gemeinschaftsvorschriften vorliegen... [Rdn. 362] Zudem zeigt die Schwere, die die festgestellten Handlungen charakterisiert - insbesondere die Festsetzung von Zielpreisen und Verkaufsmengen -, daß die Klägerin nicht leichtfertig oder auch nur fahrlässig, sondern vorsätzlich gehandelt hat." *EuG* Urt. v. 20.4.99, verb. Rs. T-305/94 u.a., *PVC-Hersteller*, Slg. 1999, I-931: "[Rdn. 1108] LVM, DSM, Wacker, Hoechst und Enichem bestreiten, daß die Kommission eine vorsätzlich begangene Zuwiderhandlung im Sinne des Artikels 15 Absatz 2 der Verordnung Nr. 17 nachgewiesen habe... [Rdn. 1112] Im vorliegenden Fall ist angesichts der *besonderen Schwere* des in diesem Urteil beschriebenen und untersuchten *wiederholten Verstoßes* gegen Artikel 85 Absatz 1 EG-Vertrag [= Art. 81 Abs. 1 EGV n.F.], insbesondere dessen Buchstaben a und c, *offenkundig*, daß die Klägerinnen nicht nur unüberlegt und auch nicht fahrlässig, sondern sehr wohl *vorsätzlich gehandelt* haben. [Rdn. 1113] Daher ist der Klagegrund zurückzuweisen."

74 Siehe dazu bereits oben im Text, II A 1 b ii (Nachweis der Verbotskenntnis).

Zustimmung findet[75] -, stößt der Nachweis der Erkennbarkeit des Rechtsverstoßes auf keine großen Schwierigkeiten.

Die inzwischen zur gefestigten Praxis gehörende Formel der Unbeachtlichkeit des Bewußtseins eines Rechtsverstoßes für die Verhängung einer Vorsatzbuße ist vor diesem Hintergrund nur als ein Instrument zu interpretieren, das die Gemeinschaftsorgane von der Beweispflicht im Hinblick auf das *aktuelle* Unrechtsbewußtsein entlasten soll. Den Gemeinschaftsorganen ist aber in Wirklichkeit nicht gleichgültig, ob ein Unternehmen in unverschuldeter (nicht "fahrlässiger") Unkenntnis der gemeinschaftsrechtlichen Vorgaben diese verletzt hat. Die Erkennbarkeit des Rechtsverstoßes ist deswegen als ein immer erforderlicher materiellrechtlicher Bestandteil der Schuld wegen eines Vorsatzdelikts einzustufen.

(iii) Materiellrechtliche Maßstäbe zur Feststellung der Erkennbarkeit des Rechtsverstoßes

Ob Erkennbarkeit des Rechtsverstoßes oder - mit anderen Worten - subjektive Vermeidbarkeit der Fehlvorstellungen bezüglich der Rechtslage (Unrechtsfahrlässigkeit) anzunehmen ist, wird von den europäischen Organen anhand bestimmter Kriterien überprüft. Im Hinblick darauf, daß diese Kriterien in Anlehnung an die Maßstäbe der Schuld wegen eines Fahrlässigkeitsdelikts definiert und gehandhabt werden, soll eine eingehende Prüfung erst später im entsprechenden Zusammenhang stattfinden. Vorwegzunehmen ist nur, daß nach dem derzeitigen Stand der Rechtsprechung insbesondere das Vorliegen eines irreführenden Verhaltens der Kommission, die noch unklare Rechtslage sowie Fehler bei der Festlegung der Reichweite einer vorgenommenen Anmeldung die Unvermeidbarkeit der rechtlichen Fehlvorstellungen indizieren und damit zum Ausschluß der Unrechtsfahrlässigkeit führen können[76].

Mit Blick auf den dogmatischen Systemaufbau ist jedenfalls bereits hier festzuhalten, daß sowohl die Bejahung als auch die Verneinung der Unrechtsfahrlässigkeit (Erkennbarkeit des Rechtsverstoßes) den *Vorsatz* unberührt lassen. Die Bejahung oder die Verneinung betreffen nur die *Verantwortlichkeit*. In dogmatischer Hinsicht

---

[75] Vgl. DANNECKER, in: I/M EG-WbR [1997], VO 17 Art. 15, Rdn. 181: "Es ist ... hervorzuheben, daß in allen bislang entschiedenen Fällen stets Vermeidbarkeit des Irrtums vorlag, da nicht nur von international tätigen Unternehmen, sondern auch von kleineren Unternehmen erwartet werden kann, daß sie über die Entscheidungen der Kommission und des Gerichtshofes informiert sind und die Rechtslage auf ihren Märkten kennen." Zum Umfang der Erkundigungspflichten der Unternehmen siehe KERSE [3. Aufl.], S. 258: "But it is not only multinationals who must take care... The Commission certainly expects firms, including those based outside the Community, to be correctly informed of the legal position in their major markets... It expects parties to know of the Court' s rulings..., and of the existence of block exceptions and if their agreements go beyond what is permitted, the need for them to be notified."

[76] Ausführlich dazu unten im Text, II C.

kommt es damit nicht zur Prüfung der Schuld wegen eines Fahrlässigkeitsdelikts. Wenn von Fahrlässigkeit gesprochen wird, ist diese die Unrechtsfahrlässigkeit als Element der Ebene der Verantwortlichkeit im Rahmen der Prüfung der Schuld wegen eines Vorsatzdelikts[77]. Bei Verneinung der Unrechtsfahrlässigkeit wird das Unternehmen *freigesprochen*[78], bei Bejahung der Unrechtsfahrlässigkeit wird dagegen *Schuld wegen eines Vorsatzdelikts* angenommen.

(iv) Fehlende positive Kenntnis des Rechtsverstoßes als bußgeldmildernder Faktor

Die bisherigen Ausführungen haben ergeben, daß die Erkennbarkeit des Rechtsverstoßes zwar erforderliche, jedoch zugleich auch hinreichende Voraussetzung für die Annahme von Schuld wegen eines Vorsatzdeliktes ist. In dogmatischer Hinsicht wird damit der mit aktuellem Unrechtsbewußtsein handelnde Täter demjenigen gleichgestellt, der wegen eines vermeidbaren Rechtsirrtums nur über potentielles Unrechtsbewußtsein verfügt. Trotz Annahme der Schuld wegen eines Vorsatzdelikts in beiden Fällen ist allerdings - zumindest - die Kommission bereit, den Unternehmen (erhebliche) Bußgeldmilderungen zuzugestehen, wenn ernsthafte Zweifel daran bestehen, daß die Unternehmen *aktuelle* Kenntnis der Norm- und Rechtswidrigkeit hatten[79].

---

77 Dies läßt sich vor allem an der Terminologie erkennen, die die Kommission im oben angeführten Zitat aus der Zellstoff-Entscheidung benutzt, um den einen Irrtum über den räumlichen Anwendungsbereich des Kartellverbotes betreffenden Einwand der Betroffenen zurückzuweisen (*KOME* v. 19.12.84, 85/202/EWG, *Zellstoff*, ABl. 1985 Nr. L 85/1): "[Rdn. 146] Die Adressaten der Entscheidung verstießen *vorsätzlich* gegen Artikel 85 Absatz 1 [= Art. 81 Abs. 1 EGV n.F.], da sie sich in bezug auf ihre angekündigten und tatsächlichen Verkaufspreise bewußt und absichtlich untereinander abstimmten, im Rahmen der Fides und bei anderen Gelegenheiten wettbewerblich relevante Informationen über einzelne Unternehmen austauschten und Ausfuhr- und Weiterverkaufsverbote vereinbarten, wodurch der Handel zwischen den Mitgliedstaaten beeinträchtigt wurde. Hiermit verstießen sie gegen ein Verbot nicht aufgrund eines entschuldbaren und unvermeidlichen Irrtums. Zumindest waren sie *grob fahrlässig* [*angesichts des eingangs bereits bejahten Vorsatzes geht es hier offensichtlich um die Unrechtsfahrlässigkeit als weiteres Element der Schuld wegen eines Vorsatzdeliktes*], in ihrer Mißachtung des Geltungsbereichs des gemeinschaftlichen Wettbewerbsrechts, da von Unternehmen von der Größe der Adressaten der Entscheidung zu erwarten ist, daß sie zutreffend über die Rechtslage auf ihren wichtigsten Märkten unterrichtet sind, wie sie durch die ständige Rechtsprechung des Europäischen Gerichtshofs und die ständige Entscheidungspraxis der Kommission festgeschrieben ist."

78 In solchen Fällen ist nämlich die subjektive Vermeidbarkeit des Verstoßes zu verneinen; näher dazu unten im Text, II B 2 und C.

79 Vgl. die "Leitlinien für das Verfahren zur Festsetzung von Geldbußen, die gemäß Artikel 15 Absatz 2 der Verordnung Nr. 17 und gemäß Artikel 65 Absatz 5 EGKS-Vertrag festgesetzt werden" (ABl. 1998 Nr. C 9/3 [Teil 3]), in denen der "Nachweis berechtigter Zweifel des Unternehmens an der Rechtswidrigkeit seines wettbewerbswidrigen Verhaltens" von der Kommission als mildernder Umstand im Rahmen der zweiten Phase des Verfahrens zur Be-

So führt die *Kommission* in dem *Nichtrostender Flachstahl*-Fall (Kartellabsprachen der Hersteller des gleichnamigen Produkts im EGKS-Bereich) aus[80]: "Für die Genehmigung der Vereinbarungen wurde von keinem der beteiligten Unternehmen ein Antrag gestellt. Nur ein korrekter Antrag hätte vor Strafen schützen können. Aus der Tatsache, daß ein solcher Antrag nicht erfolgt ist, geht hervor, daß die Unternehmen *nicht in gutem Glauben gehandelt haben*." Angesichts allerdings des Umstandes, daß einerseits die Unternehmen wegen der Kartellvereinbarung informelle Kontakte zu Beamten der Kommission aufgenommen hatten, und andererseits, daß in den meisten übrigen Sektoren der Stahlindustrie von der Kommission nach Artikel 58 eingeführte Krisenmaßnahmen mit Produktions- und Lieferquoten und Preisregelungen in Kraft waren und damit nicht auszuschließen war, daß den Unternehmen möglicherweise das Unrechtsbewußtsein doch fehlte ("Möglichkeit eines Mißverständnisses über die Wirkung von Artikel 65")[81], ging die Kommission von einem "Ausnahmefall" aus und verhängte - an Stelle der "ansonsten fälligen hohen Geldbußen"[82] - "erheblich verminderte Geldbußen". Im *Stahlträger*-Fall dagegen[83], in dem das Unrechtsbewußtsein der Unternehmen ohne Vorbehalte bejaht wurde ("Die Unternehmen können ... keinen Zweifel gehabt haben, daß Artikel 65 voll anwendbar war"), wurde ihnen von der Kommission keine Bußgeldminderung zuerkannt.

(b) Vorwerfbare Tatmotivation und Wertungsebene der Verantwortlichkeit

Im Anschluß an das "*gesamtwesteuropäische*" Straftatsystem, das keine systembildende Trennung zwischen Rechtfertigung und Entschuldigung einer tatbestandsmäßigen Tat kennt, sondern pauschal von negativen oder verantwortungsausschließenden Gründen ausgeht, und diese den im Deliktstatbestand umschriebenen konstitutiven Elementen der Straftat gegenüberstellt[84], unterscheidet auch die Gemeinschaftspraxis nicht *deutlich* zwischen Rechtfertigungs- und Entschuldigungsgründen[85]. Ohne Schwierigkeiten lassen sich jedoch an der materiellen Schwerpunktsetzung der "negativen" Gründe im oben genannten Sinne, die von den Gemeinschaftsorganen berücksichtigt werden, gewichtige Unterschiede erkennen. Während einige der fraglichen Gründe nämlich grundsätzlich auf die objektive Gestaltung der Sach- und Rechtslage abstellen, direkt an die Prüfung der objektiven Tatbestandsmäßigkeit des beanstandeten Verhaltens anschließen und i.d.R. auf eine objektive Abwägung der konfligierenden Interessen eingehen, wenden sich andere Gründe in erster Linie der subjektiven Lage und den *Handlungsmotiven* der betroffenen Unternehmen zu und werden im sachlichen Zusammenhang mit den

---

messung der Geldbußen (zu diesen Phasen siehe zusammenf. oben im Text, *Zweiter Teil* III A 2 b) eingestuft wird.

80 *KOME* v. 18.7.90, 90/417/EGKS, *Europäische Hersteller von kaltgewalzten, nichtrostenden, flachen Stahlerzeugnissen*, ABl. 1990 Nr. L 220/28 [Titel X Rdn. 4].

81 *KOME* v. 18.7.90, a.a.O. [Titel X Rdn. 11].

82 Vgl. dagegen den Stahlträger-Fall (*KOME* v. 1994.02.16, 94/215/EGKS, *Stahlträgerhersteller*, ABl. 1994 Nr. L 116/1, [Rdn. 315]), in dem das Unrechtsbewußtsein der Unternehmen bejaht wird ("Die Unternehmen können ... keinen Zweifel gehabt haben, daß Artikel 65 voll anwendbar war") und deswegen keine Bußgeldminderung zuerkannt wird.

83 *KOME* v. 16.2.94, 94/215/EGKS, *Stahlträgerhersteller*, ABl. 1994 Nr. L 116/1 [Rdn. 315].

84 Siehe nur VOGEL, GA 1998, 147.

85 Vgl. TIEDEMANN, in: FS für Jescheck, S. 1428.

Schuldformen (Schuld wegen eines Vorsatzdelikts / Schuld wegen eines Fahrlässigkeitsdelikts) geprüft; dadurch erhalten sie eine stärkere subjektive Prägung. - Die ersteren Gründe wurden bereits oben, im dritten Teil der Arbeit behandelt (Notwehr, Notstand[86], höhere Gewalt, fehlendes Alternativverhalten wegen nationaler Vorschriften, materielle Freistellbarkeit, Erforderlichkeitsregel). Die letzteren Gründe bilden den Gegenstand der folgenden Ausführungen.

Die Kommission und die europäischen Gerichte befassen sich im allgemeinen bei der Schuldprüfung *nicht* mit den Motiven der Unternehmen[87]. Es gibt allerdings einige Fallkonstellationen, in denen von dieser allgemeinen Regel abgewichen wird und die Motivationslage der Unternehmen in die Schuldprüfung im Rahmen der Wertungsebene der Verantwortlichkeit mit einbezogen wird. Wie es sich zeigen wird, handelt es sich dabei um *Zwangslagen*, die zwar die Voraussetzungen des im dritten Teil der Arbeit geprüften Instituts des Notstandes nicht erfüllen, jedoch die jeweils betroffenen Unternehmen unter so starken Motivationsdruck setzen, daß sich die Gemeinschaftsorgane bei der Erhebung des Schuldvorwurfs besonders zurückhaltend und nachsichtig verhalten.

(i) Handeln unter dem psychologischem Zwang von Dritten

An erster Stelle sei dabei auf Fallkonstellationen hinzuweisen, in denen Hersteller und Zulieferer ihre (wirtschaftsabhängigen) Vertragshändler durch die Ausübung von wirtschaftlichem Druck zu wettbewerbswidrigen Zugeständnissen zwingen.

Neben diesen auf *vertikale* Verhältnisse bezogenen Fallkonstellationen kommen auch Fälle *horizontaler* Verhältnisse in Betracht, in denen Unternehmen, um in andere Märkte einzudringen, wettbewerbswidrige Zugeständnisse an die dort bereits tätigen Unternehmen machen und mit ihnen Kartellabsprachen abschließen. Der Einwand, die horizontalen Absprachen seien auf Druck der anderen Konkurrenten abgeschlossen, hat allerdings in den letzteren Fallkonstellationen weniger Gewicht, da es an der die vertikalen Verhältnisse kennzeichnenden wirtschaftlichen Abhängigkeit fehlt.

Beschränken sich die Händler in vertikalen Verhältnissen auf eine passive Rolle, d.h. halten sie sich von aktiven Maßnahmen zur Unterstützung der wettbewerbsbeschränkenden Politik fern, dann ist die Kommission bereit, sie als Opfer anzuerkennen und unter Berufung auf ihre fehlende "Verantwortung" oder ihr geringfügiges "Verschulden" von Geldbußen zu verschonen.

KOME v. 28.1.98, 98/273/EG, *VW*[88]: "[Rdn. 208] Die italienischen Vertragshändler als Beteiligte der Vereinbarung mit Volkswagen, Audi und Autogerma, Parallelexporte zu be- oder verhindern, sind *Opfer* der durch ihren Vertragspartner eingeführten restrikti-

---

86 Im *dritten Teil* (II B 1) wurde darauf hingewiesen, daß bezüglich des Instituts des Notstandes nach deutschem Verständnis auch eine Einstufung als Entschuldigungsgrund möglich ist. Sollte eine solche Einstufung bejaht werden, ist das fragliche Institut ebenfalls der Schuldebene der Verantwortlichkeit zuzuordnen.

87 Vgl. GYSELEN, WuW 1993, 562.

88 ABl. 1998, Nr. L 124/60.

ven Politik, der sie *auf Druck* zugestimmt haben. Die Händler haben *nicht aktiv* mitgewirkt. Die Kommission setzt *daher* gegen sie keine Geldbusse fest."

KOME v. 11.7.83, 83/400/EWG, *Windsurfing International*[89]: "[Rdn. 18] Hinsichtlich der genannten Beschränkungen ist das Verschulden der Lizenznehmer allerdings als geringfügig einzuschätzen, da sie sich den diesbezüglichen Bedingungen von WSI unterwerfen mußten, um überhaupt eine Lizenz zu erhalten. Auch bei der Durchführung der Lizenzvereinbarungen war es in erster Linie WSI, die auf Einhaltung der Beschränkungen pochte und insbesondere die getrennte Lieferung von Riggs zu verhindern suchte, so daß *das für die Anwendung von Artikel 15 Absatz 2 maßgebliche Verschulden insoweit allein bei WSI liegt*, während von einer Verhängung von Bußgeldern gegen die Lizenznehmer abzusehen ist."[90]

Diese Praxis hat sich allerdings bislang noch nicht zu einem selbständigen Institut verdichten können. In der Literatur werden zwar Versuche vorgenommen, diese Praxis im Zusammenhang mit dem Institut der höheren Gewalt zu deuten. Wie bereits an früherer Stelle dargelegt[91], ist diesem Ansatz allerdings nicht zuzustimmen. Er findet auch in der Rechtsprechung der Gemeinschaftsorgane keine Bestätigung. Möchte man funktionelle Zusammenhänge zwischen dem Handeln unter psychologischem Zwang und den bereits geprüften Instituten der Rechtfertigung herstellen, so käme - wie die Schlußanträge des *GA Capotorti* im *Valsabbia I*-Fall andeuten[92] - eher der Notstand in Betracht. Wegen der strengen Fassung der Voraussetzungen des Notstandes wäre es allerdings angemessener, für die in Frage stehenden Fälle ein selbständiges Institut zu entwickeln[93]. Das zuletzt ergangene *EuG*-Urteil im *Cascades*-Fall[94] könnte als ein Schritt in diese Richtung gedeutet werden. Über die genaue inhaltliche Ausgestaltung des neuen Instituts, insbesondere über die Möglichkeit, die *persönlichen Einschätzungen* des unter Druck gesetzten Unternehmens bezüglich der Bedeutung der Gefahr und der bestehenden Ausweichmöglichkeiten stärker zu berücksichtigen, gibt zwar das EuG-Urteil keine konkreten Anweisungen, denn im erwähnten Fall wurde der einschlägige Einwand des Unternehmens

---

89 ABl. 1983, Nr. L 229/1.

90 Vgl. auch *KOME* v. 13.7.87, 87/409/EWG, *Sandoz*, ABl. 1987 Nr. L 222/28: "[Rdn. 33] Diese Entscheidung ist nur an Sandoz PF gerichtet, weil dieses Unternehmen allein für den Verstoß gegen Artikel 85 Absatz 1 [= Art. 81 Abs. 1 EGV n.F.] verantwortlich zu machen ist... Das Ausfuhrverbot wurde im Interesse von Sandoz PF verhängt, und dieses Unternehmen war verantwortlich für seine Schaffung und Anwendung sowie für sämtliche Maßnahmen zur Gewährleistung seiner praktischen Auswirkungen auf den Markt. Daher *können die Kunden der Sandoz PF für die Zuwiderhandlung nicht verantwortlich gemacht werden.*" Siehe zur Problematik auch DANNECKER / FISCHER-FRITSCH, S. 313.

91 Siehe oben im Text, *Dritter Teil* III C.

92 Schlußanträge v. 5.12.79, verb. Rs. 154 u.a./78, 31 u.a./79, Slg. 1980, S. 1035 [S. 1068].

93 Vgl. nur DANNECKER (in: I/M EG-WbR, VO 17 Art. 15, Rdn. 191 ff.), der die fraglichen Fälle unter Heranziehung des Grundsatzes der Unzumutbarkeit normgemäßen Verhaltens dogmatisch zu erfassen versucht und mit dem in den meisten Mitgliedstaaten anerkannten Institut des *entschuldigenden* Notstandes in Verbindung bringt.

94 *EuG* Urt. v.14.5.98, Rs. T-308/94, *Cascades*, Slg. 1998, II-925.

schon aus dem Grund zurückgewiesen, weil die (angeblich im Rahmen eines horizontalen Verhältnisses erfolgte) Ausübung vom Zwang nicht nachgewiesen wurde. Von großer Bedeutung ist jedenfalls, daß das EuG den Einwand des Handelns unter Zwang nicht - wie in früheren Urteilen - mit dem bloßen Hinweis auf alternative Handlungsmöglichkeiten, insbesondere auf die Möglichkeit der Erstattung einer Anzeige bei der Kommission zurückweist[95], sondern diesen in seiner Substanz überprüft.

EuG Urt. v. 14.5.98, Rs. T-308/94, *Cascades*: "[Rdn. 83] Mit dem *ersten Teil des Klagegrundes* macht die Klägerin geltend, unter bestimmten Umständen schließe es der auf ein Unternehmen ausgeübte Zwang aus, ihm eine Zuwiderhandlung gegen Artikel 85 des Vertrages [= Art. 81 EGV n.F.] zuzurechnen. Der Gemeinschaftsrichter habe sich allerdings bisher in Streitigkeiten nach dem EGKS-Vertrag lediglich mit den Begriffen des Notstandes und der Notwehr befaßt. [Rdn. 84] Die Anwendbarkeit von Artikel 85 des Vertrages [= Art. 81 EGV n.F.] setze voraus, daß die betreffenden Unternehmen bei der Festlegung ihres Marktverhaltens über echte Autonomie verfügten (vgl. dazu die Rechtsprechung zur Anwendung von Artikel 85 des Vertrages [= Art. 81 EGV n.F.] auf Unternehmen innerhalb eines Konzerns...). Artikel 85 [= Art. 81 EGV n.F.] gelte daher nicht für Vereinbarungen und abgestimmte Verhaltensweisen zweier Unternehmen, wenn das eine die Mitwirkung des anderen erzwinge, ohne daß es letzerem wirklich möglich wäre, sich dem Einfluß und der Kontrolle des erstgenannten zu entziehen. Diese These werde mittelbar durch das Urteil des Gerichtshofes vom 12. Juli 1979 in den verb. Rs. 32/78 und 36/78 bis 82/78 (BMW Belgium u. a. / Kommission, Slg. 1979, 2435) gestützt. Sie sei auch von der Cour d'appel Paris in einem Urteil vom 9. November 1989 über die Anwendung der nationalen Wettbewerbsregeln anerkannt worden. [Rdn. 85] Ein Unternehmen, das unter Zwang gehandelt habe, könne somit nicht unter Artikel 85 des Vertrages [= Art. 81 EGV n.F.] fallen, wenn sein Verhalten *unerläßlich* sei, um einer ihm drohenden Gefahr zu begegnen, eine *unmittelbare Bedrohung* und eine *akute Gefährdung* bestünden und *keine andere zulässige Abwehrmöglichkeit* vorhanden sei. Diese Voraussetzungen entsprächen im Kern denen, die ein Notwehrrecht begründeten. [Rdn. 86] Mit dem *zweiten Teil des Klagegrundes* macht die Klägerin geltend, daß sie von anderen Herstellern, die der PG Karton angehört hätten, zur Teilnahme an den Sitzungen ihrer Gremien gezwungen worden sei. [Rdn. 97] Mit dem *dritten Teil des Klagegrundes* macht die Klägerin geltend, der auf sie ausgeübte *Zwang sei unwiderstehlich* gewesen, so daß ihr nach den im ersten Teil des Klagegrundes angeführten Grundsätzen die betreffenden Zuwiderhandlungen nicht zugerechnet werden könnten. Der Zwang müsse als unwiderstehlich betrachtet werden, wenn das unter Druck gesetzte Unternehmen *zu der Annahme berechtigt gewesen sei, daß zum einen seine Existenz durch das Verhalten der den Zwang anwendenden Unternehmen bedroht sei und daß zum anderen der einzige Weg zur Rettung seiner Existenz darin bestehe, sich dem Zwang zu beugen.* Diese Voraussetzungen seien

---

95 Siehe z.B. *EuG* Urt. v. 6.4.95, Rs. T-141/89, *Tréfileurope*, Slg. 1995, II-791: "[Rdn. 172] Die Klägerin macht geltend, daß ihr von den französischen Herstellern mit der Entziehung der Zulassung gedroht worden sei und daß ihr kooperatives Verhalten durch diesen stetigen Druck zu erklären sei. [Rdn. 178] Daß die Klägerin befürchtete, Opfer von Vergeltungsmaßnahmen ihrer Konkurrenten zu werden, kann ihre Beteiligung an den Absprachen ebenfalls nicht rechtfertigen. Denn wenn diese Befürchtungen begründet gewesen wären, hätte die Klägerin den auf sie ausgeübten Druck bei den zuständigen Behörden zur Anzeige bringen und bei der Kommission eine Beschwerde nach Artikel 3 der Verordnung Nr. 17 einlegen können, anstatt sich an den erwähnten Absprachen zu beteiligen."

im vorliegenden Fall erfüllt gewesen. [Rdn. 98] Die zweite Voraussetzung, die dahin gehe, daß das Unternehmen zu der Annahme berechtigt gewesen sei, daß der einzige Weg zur Rettung seiner Existenz darin bestehe, sich dem Zwang zu beugen, liege in ihrem Fall vor, auch wenn die Möglichkeit bestanden hätte, die Kommission oder ein nationales Gericht anzurufen, damit der Zwang aufhöre. [Rdn. 99] Hilfsweise vertritt die Klägerin die Auffassung, daß sie diesem Zwang durch eine Beschwerde bei der Kommission oder die Einleitung eines Verfahrens vor den nationalen Gerichten nicht adäquat und wirksam hätte begegnen können. - [Rdn. 100] Die *Kommission* ist bezüglich des ersten Teils des Klagegrundes der Auffassung, es sei zu klären, ob auf ein Unternehmen, das unter Zwang gehandelt habe, nach der Gemeinschaftsrechtsprechung zu den Begriffen des *Notstandes* ... und der *Notwehr* ... Artikel 85 [= Art. 81 EGV n.F.] anwendbar sei. Die von der Klägerin angeführte Rechtsprechung zur Anwendung von Artikel 85 des Vertrages [= Art. 81 EGV n.F.] auf Unternehmen des gleichen Konzerns sei daher nicht einschlägig. [Rdn. 101] Ein Unternehmen könne nur dann mit der Begründung, es habe unter Zwang gehandelt, der Anwendung von Artikel 85 [= Art. 81 EGV n.F.] entgehen, wenn sein Verhalten *unerläßlich* gewesen sei, *um einer ihm drohenden Gefahr zu begegnen*, eine *unmittelbare* Bedrohung und eine *akute* Gefährdung bestanden hätten und *keine andere zulässige Abwehrmöglichkeit* vorhanden gewesen sei... [Rdn. 107] Was den dritten Teil des Klagegrundes anbelange, so habe die Klägerin trotz eines etwaigen Zwanges seitens anderer Hersteller *über mehrere Rechtsbehelfe verfügt, mit denen sie dem Zwang hätte begegnen können*, und zwar entweder eine Beschwerde bei der Kommission nach Artikel 3 der Verordnung Nr. 17 oder eine Klage vor den nationalen Gerichten. Unter diesen Umständen könne sich die Klägerin nicht mit der Begründung, nur unter Zwang gehandelt zu haben, der Anwendung von Artikel 85 des Vertrages [= Art. 81 EGV n.F.] entziehen... [Rdn. 108 - *Würdigung durch das Gericht*] Es ist zu prüfen, ob die Klägerin ihre Behauptung, daß sie von Mitgliedsunternehmen der PG Karton zur Teilnahme an Sitzungen der Gremien dieses Verbandes und insbesondere des PWG gezwungen worden sei, rechtlich hinreichend bewiesen hat. [Rdn. 127] Folglich ist ... festzustellen, daß die Klägerin den *Beweis für den Zwang*, der auf sie ausgeübt worden sein soll, *nicht erbracht* hat. [Rdn. 128] In Anbetracht dessen ist der Klagegrund zurückzuweisen, ohne daß die übrigen Argumente geprüft zu werden brauchen."

Unabhängig von der noch abzuwartenden Entwicklung im Bereich des Verteidigungseinwandes des Handelns unter Zwang ist zu betonen, daß die bisherige Praxis die Verantwortung der Händler bejaht und Geldbußen verhängt, wenn der Einzelfall durch die aktive Beteiligung der Händler an der Durchsetzung der Pläne des Herstellers oder durch die schnelle Bereitschaft der Händler zu Zugeständnissen gekennzeichnet ist[96].

KOME v. 23.12.77, 78/155/EWG, *BMW-Belgium*[97]: "[Rdn. 21] Die Tatsache, daß von den 90 Adressaten des Rundschreibens [vom Zulieferer BMW Belgium aufgestelltes Exportverbot] es nur 48 BMW-Händler ... unterzeichnet haben, beweist jedoch, daß 42 Händler sich nicht bereit gefunden haben, an einem Verstoß gegen die Wettbewerbsregeln des EWG-Vertrags durch schriftliches Einverständnis teilzunehmen. Ein gleiches Verhalten war auch den betroffenen 1147 BMW-Händlern *möglich und zumutbar*."

---

96 Vgl. RITTER / BRAUN / RAWLINSON [1991], S. 62 f. Rdn. 35.

97 ABl.1978 Nr. L 46/33.

Auch in den Fällen der Bejahung der Verantwortung trägt jedenfalls die Kommission dem wirtschaftlichen Zwang im wesentlichen Rechnung, indem sie gegen die Händler nur geringe (bzw. symbolische) Geldbußen verhängt[98]. Es läßt sich deswegen vermuten, daß der durch die Bußgeldverhängung verfolgte Zweck der Kommission und der europäischen Gerichte weniger darin besteht, gegen die unter Druck gesetzten Händler einen Schuldvorwurf wegen des Rechtsverstoßes auszusprechen, als darin, die Händler zur Anzeige der verbotenen Absprachen anzuhalten und ihnen gleichzeitig ein Abwehrinstrument bei den Verhandlungen mit den Zulieferern anzubieten[99]. Dadurch sollen auch dritte Marktteilnehmer geschützt werden, die wegen der Nachgiebigkeit der Vertriebshändler in ihrer Wettbewerbsfreiheit stärker beeinträchtigt werden[100]. Der Maßstab der Verantwortlichkeit wird aber letztlich vor diesem Hintergrund von der *individuellen* Widerstandskraft und dem Abhängigkeitsgrad der einzelnen Vertriebshändler abgekoppelt und an allgemeine generalpräventiv-normative Erwägungen gebunden.

(ii) Handeln zur Wahrung legitimer Geschäftsinteressen

Die Entscheidungspraxis der Kommission scheint bei der Schuldprüfung von wettbewerbswidrig handelnden Unternehmen auch den Motivationsdruck zu berücksichtigen, der zwar nicht aus einer existentiellen Notlage im Sinne des im dritten Teil skizzierten Instituts oder aus der Ausübung von Zwang durch einen wirtschaftlich mächtigen Marktpartner rührt, aber jedenfalls mit dem Willen des Unternehmens zusammenhängt, die Beeinträchtigung seiner *legitimen Geschäftsinteressen* durch rechtswidrig handelnde dritte Marktteilnehmer zu verhindern.

---

98 Vgl. *KOME* v. 23.12.77, 78/155/EWG, *BMW-Belgium*, ABl.1978 Nr. L 46/33 [Rdn. 27].

99 *KOME* v. 14.12.84, 85/79/EWG, *John Deere*, ABl. 1985, Nr. L 35/58: "[Rdn. 42] Händler, die Verträge mit einem Exportverbot akzeptieren, machen sich ebenfalls des Verstoßes schuldig; melden sie die Vereinbarung nicht an, drohen auch ihnen Geldbußen." Vgl. auch die Schlußanträge des *GA Warner* v. 12.6.79, verb. Rs. 32/78 und 36-82/78, *BMW Belgium*, Slg. 1979, S. 2484: "[S. 2496 f.] Viel Aufhebens wurde seitens aller Händler von dem Umstand gemacht, sie seien wirtschaftlich von BMW Belgium abhängig gewesen, so daß sie dem von BMW Belgium ausgeübten Druck nur schwer hätten widerstehen können. Diesem Umstand wurde von der Kommission bei der Bußgeldbemessung voll Rechnung getragen. Ich meine aber, den genannten Unternehmen, wie auch anderen in ähnlicher Lage, wird es in Zukunft wohl leichter fallen, mißbräuchlichem Druck eines Zulieferers zu widerstehen, wenn sie auf den vorliegenden Fall verweisen und so aufzeigen können, daß sie sich durch eine Nachgeben gegenüber einem solchen Druck der Gefahr aussetzen, daß gegen sie selbst Geldbußen verhängt werden."

100 Es ist insoweit kennzeichnend, daß Geldbußen gegen die Vertriebshändler in erster Linie dann verhängt werden, wenn das wettbewerbswidrige Vertriebssystem die Freiheit dritter, im Verwaltungsverfahren als Beschwerdeführer auftretender Marktteilnehmer beeinträchtigt hat, vgl. z.B. *KOME* v. 23.12.77, 78/155/EWG, *BMW-Belgium*, ABl. 1978 Nr. L 46/33; *KOME* v. 12.7.95, 95/477/EG, *BASF Lacke + Farben AG und Accinauto S.A.*, ABl. 1995 Nr. L 272/16; *KOME* v. 21.12.94, 94/987/EG, *Tretorn*, ABl. 1994 Nr. L 378/45.

Dabei ist zunächst darauf hinzuweisen, daß die *Absichten* des zuwiderhandelnden Unternehmens nach inzwischen gefestigter Entscheidungspraxis weder zur Konstituierung von objektiven Tatbestandsmerkmalen wie "bezwecken"[101] oder "Mißbrauch"[102], noch zur Konstituierung des - nur Tatsachen- und Bedeutungskenntnis voraussetzenden - Vorsatzes gehören.

Der Einwand der Klägerin *Herlitz*, sie habe mit dem Ausfuhrverbot kein bestimmtes Ziel verfolgt und nicht beabsichtigt, Paralleleinfuhren irgendwie zu behindern[103], wurde vom *EuG* folgendermaßen zurückgewiesen: "[Rdn. 45] Die Behauptung der Klägerin, die streitige Klausel sei ohne bestimmte Absicht in die Vereinbarung aufgenommen worden, ist unerheblich. Für eine vorsätzliche Zuwiderhandlung gegen die Wettbewerbsregeln des Vertrages genügt es nämlich, wenn dem Unternehmen bewußt war, daß das gerügte Verhalten eine Wettbewerbsbeeinträchtigung bezweckte, gleichviel, ob es sich dabei auch bewußt war, gegen ein in diesen Regeln enthaltenes Verbot zu verstoßen... [Rdn. 46] Angesichts des klaren, unzweideutigen Wortlauts des Ausfuhrverbots konnte sich die Klägerin über dessen Bedeutung nicht im unklaren sein. Da sie sich dessen bewußt war, daß die streitige Klausel Ausfuhren beschränken, ja sogar verbieten und damit den Markt abschotten sollte, hat die Klägerin vorsätzlich gehandelt." - Für unbeachtlich erklärt auch der *EuGH* im *Ferrière Nord*-Fall[104] die Motive der Klägerin: "[Rdn. 48] Drittens trägt die Rechtsmittelführerin vor, sie habe im Hinblick auf eine Integration und nicht auf eine Abschottung der Märkte gehandelt. [Rdn. 49] Entgegen dem Vorbringen der Kommission ist dieses Argument von der Rechtsmittelführerin tatsächlich in ihrer beim Gericht eingereichten Klageschrift angeführt, vom Gericht aber nicht als solches geprüft worden. [Rdn. 50] Dieses *Argument fügt sich jedoch in den weiteren Kontext der vorsätzlich oder fahrlässig begangenen Zuwiderhandlung* ein und ist daher in den Randnummern 41 und 42 des angefochtenen Urteils hinreichend geprüft worden, in denen das Gericht ausgeführt hat, '41 ... daß es für eine vorsätzlich begangene Zuwiderhandlung gegen die Wettbewerbsregeln des Vertrages nicht erforderlich ist, daß sich das Unternehmen des Verstoßes gegen diese Regeln bewußt gewesen ist, sondern es ge-

---

101 *KOME* v. 13.12.89, 90/38/EWG, *Bayo-n-ox*, ABl. 1990, Nr. L 21/71: "[Rdn. 45] Der Begriff 'Bezwecken' hat in diesem Zusammenhang eine objektive Bedeutung. Auf die von den Parteien subjektiv verfolgte Absicht kommt es nicht an. [Rdn. 46] Das Verbot, mit Bayo-n-ox zu handeln, ergibt sich unmittelbar aus dem Wortsinn der Vereinbarungen. Im Zusammenhang der Prüfung der Tatbestandsvoraussetzungen des Artikels 85 Absatz 1 [= Art. 81 Abs. 1 EGV n.F.] ist somit der Vortrag der Bayer AG unerheblich, sie habe durch die Verpflichtung ihrer Kunden zum Eigenbezug keine wettbewerbsbeschränkenden Zwecke verfolgt (siehe Randnummer 21). Im übrigen liegt eine Wettbewerbsbeschränkung auch deshalb vor, weil die Auswahlmöglichkeiten Dritter bereits mit dem Abschluß der Vereinbarungen verändert wurden."

102 *EuG* Urt. v. 1.4.93, Rs. T-65/89, *BPB Industries und British Gypsum*, Slg. 1993, II-389: "[Rdn. 70] Der Begriff der mißbräuchlichen Ausnutzung ist im übrigen ein objektiver Begriff ..., so daß das Verhalten eines Unternehmens in beherrschender Stellung auch ohne jedes Verschulden als mißbräuchlich im Sinne des Artikels 86 EWG-Vertrag [= Art. 82 EGV n.F.] betrachtet werden kann. Demnach ist das Vorbringen der Klägerinnen, daß BG nie beabsichtigt habe, Iberian zu entmutigen oder zu schwächen, ohne Einfluß auf die rechtliche Würdigung des Sachverhalts."

103 *EuG* Urt. v. 14.7.1994, Rs. T-66/92, *Herlitz*, Slg. 1994, II-531 [Rdn. 44].

104 *EuGH* Urt. v. 17.7. 97, Rs. C-219/95 P, *Ferrière Nord*, Slg. 1997, I-4411.

nügt, daß es sich nicht in Unkenntnis darüber befinden konnte, daß sein Verhalten eine Einschränkung des Wettbewerbs bezweckte ... 42 Im vorliegenden Fall ist das Gericht angesichts der besonderen Schwere und der Offensichtlichkeit des Verstoßes gegen Artikel 85 Absatz 1 EWG-Vertrag [= Art. 81 Abs. 1 EGV n.F.], insbesondere Buchstaben a und c, der Ansicht, daß die Klägerin nicht behaupten kann, sie habe nicht vorsätzlich gehandelt. Aus diesen Gründen kann die Klägerin auch nichts daraus herleiten, daß sie als Stahlherstellerin, deren Tätigkeiten sich gewöhnlich nach dem EGKS-Vertrag richteten, nicht gewußt habe, daß diese Vereinbarungen gegen den EWG-Vertrag verstießen'."

Aus welchem Motiv heraus sich das Unternehmen zur jeweils objektiv rechtswidrigen Praktik entschloß, ist deswegen eine Frage, die prinzipiell - Erkennbarkeit der Norm- und Rechtswidrigkeit des Verhaltens vorausgesetzt - keine Bedeutung für die Schuldbegründung aufweist.

Zumindest die Kommission zeigt sich jedoch unter Umständen bereit, von dieser Grundregel abzuweichen und die "Absicht" des Unternehmens - *systematisch* unabhängig sowohl von der Frage der Erkennbarkeit des Rechtsverstoßes als auch von der (weder tatbestands- noch unrechtsausschließenden) objektiven Interessenlage - als schuldbestimmenden Faktor anzuerkennen. - Ein charakteristisches Beispiel dafür bietet der *Bayo-n-ox*-Fall[105], der eine sog. "Aktion Eigenbedarf" der Bayer AG betraf.

Im Rahmen dieser Aktion traf die Bayer AG (ein Unternehmen der chemischen Mittelindustrie mit Sitz in Leverkusen) im Zeitraum vom 10. Juli bis zum 13. November 1989 eine Reihe von Vereinbarungen mit ihren deutschen Kunden (Unternehmen der Futtermittelindustrie), wonach die letzteren verpflichtet wurden, das patentierte, von Bayer hergestellte und in Sonderpreisen angebotene Produkt "Bayo-n-ox Premix 10%" (Wachstumsförderer mit dem Wirkstoff "Olaquindox") ausschließlich zur Deckung des eigenen Bedarfs in ihren Werken zu verwenden. Durch diese Vereinbarungen wurde im Ergebnis den deutschen Kunden der Bayer AG verboten, Handelsfunktionen auszuüben und das bezogene Produkt weiterzuverkaufen bzw. in andere EU-Länder zu exportieren. Nach Ansicht der Kommission war dies ein klarer Verstoß gegen Art. 85 Abs. 1 EGV a.F. In ihrem Verteidigungsvorbringen berief sich die Bayer AG darauf, sie habe die beanstandeten, exportbeschränkenden Maßnahmen im Hinblick auf festgestellte Vorfälle eines mißbräuchlichen und gefährlichen Querhandels ihrer Kunden mit nicht anerkannten Betrieben getroffen. Durch die Verpflichtung ihrer Kunden zum Eigenbezug habe sie keine wettbewerbsbeschränkenden Zwecke verfolgt [Rdn. 46]. Ihr sei es nur darum gegangen, den gesetzwidrigen Handel auszuschließen [Rdn. 56]. Die Maßnahmen hätten allein dem Zweck gedient, "zur Verhinderung eines Gesundheit von Mensch und Tier gefährdenden Mißbrauchs von Bayo-n-ox, zur Vermeidung des Verlustes der Verkehrsfähigkeit und der Beteiligung an mit Bußgeld bedrohten Ordnungswidrigkeitstatbeständen nach dem deutschen Futtermittelrecht, zur präventiven Abwehr von Produkthaftungsansprüchen und schließlich zur Vermeidung der Beeinträchtigung des guten Rufs und Ansehens von Bayo-*n-ox* den unkontrollierten Handel mit diesem Erzeugnis über gesetzlich nicht zugelassene Vertriebswege zu verhindern" [Rdn. 21]. Aus einem Vermerk der Rechtsabteilung der Bayer AG ließ sich allerdings auch schließen, daß der

105 *KOME* v. 13.12.89, 90/38/EWG, *Bayo-n-ox*, ABl. 1990, Nr. L 21/71.

Hintergrund für die Aktion das Erlöschen des Bayo-n-ox-Patents in Deutschland bei noch bestehendem Schutz in anderen EG-Ländern war. Dies soll zu einem Preisgefälle zwischen Deutschland und diesen anderen EG-Ländern geführt haben, so daß es zu Händlergeschäften einzelner deutscher Futtermittelhersteller mit Importeuren aus anderen EG-Ländern kam, die angeblich gegen das deutsche Futtermittelrecht verstießen [Rdn. 22].

Die *Kommission* setzte sich mit den Argumenten der Bayer AG grundsätzlich im Rahmen der Überprüfung der Rechtswidrigkeit auseinander [Rdn. 40-42, 46, 56]. Sie berücksichtigte aber diese Argumente auch im Rahmen der Prüfung der subjektiven Tatseite, wobei sie feststellte: "[Rdn. 65] Die Bayer AG hat vom 10. Juli 1986 bis zum 13. November 1989 *vorsätzlich* gegen Artikel 85 [= Art. 81 EGV n.F.] verstoßen... [Rdn. 66] Weder hat die Bayer AG Geschäftsunterlagen vorgelegt, aus denen eindeutig eine *unmittelbarer Zusammenhang zwischen der 'Aktion Eigenbedarf' und der geltend gemachten Absicht* (Rdn. 21) hervorgeht, noch verfügt die Kommission über derartige Unterlagen aus anderer Quelle. Andererseits *kann diese Absicht auch nicht widerlegt werden.* [Rdn. 67] *Dagegen* belegen die 'Sprachregelung für den Außendienst' (Rdn. 17) und der unter Randnummer 22 dargestellte Vermerk der Rechtsabteilung, daß die Wettbewerbssituation in Deutschland und ihre Auswirkungen auf die Marktverhältnisse in anderen Mitgliedstaaten ein wichtiger Gesichtspunkt waren, die ‚Aktion Eigenbedarf' einzuleiten. [Rdn. 68] Die hier beurteilte mögliche Zuwiderhandlung ist *darüber hinaus* besonders gravierend..."

Hätte also positiv bewiesen werden können, daß hinter der beanstandeten Aktion nur die Absicht des Schutzes der im Zusammenhang mit dem betroffenen Produkt bestehenden legitimen Interessen steckte, wäre dies für die Frage der Verantwortung des Unternehmens beachtlich gewesen, und zwar unabhängig davon, daß das Verhalten des Unternehmens in objektiver Hinsicht bereits endgültig als wettbewerbswidrig eingestuft und der Vorsatz bejaht worden war. Die Beweislage bezüglich der "guten" Absicht des Unternehmens war jedoch unklar, und es gab außerdem Beweismaterial, das auf eine "vorwerfbare" Absicht der Bayer AG, nämlich die Regulierung des Wettbewerbs in anderen Mitgliedstaaten zum Schutze der dort ansässigen Gesellschaften der Bayer-Unternehmensgruppe, hinwiesen. Außerdem ging es um eine besonders gravierende Zuwiderhandlung. Eine schuldausschließende Wirkung der (nicht positiv nachgewiesenen) legitimen Absicht des Unternehmens kam deswegen nicht in Betracht. Es läßt sich allerdings angesichts der relativ geringen Bußgeldhöhe - nur 500.000 ECU trotz der Annahme von Schuld wegen eines Vorsatzdelikts, der großen Schwere und der langen Dauer des Verstoßes sowie der Bestrebungen der Bayer AG, die Antworten ihrer Kunden bei den Ermittlungen der Kommission zu manipulieren - vermuten, daß die zwar nicht positiv nachgewiesene, jedoch auch nicht positiv ausgeschlossene legitime Absicht von Bayer eine wesentliche schuldmildernde Rolle spielte.

Auch im *Hilti*-Fall[106] lassen sich Anzeichen dafür finden, daß bei der Frage der Verantwortlichkeit die von den Unternehmen verfolgten Absichten eine Rolle spielen.

In diesem Fall warf die Kommission den am Markt für Hilti-Bolzenschußgeräte (Befestigungssysteme für die Bauindustrie) und Hilti-kompatible Treibladungen (Kartuschenstreifen und Bolzen) dominierenden Unternehmen der Hilti-Gruppe vor, unabhängige Hersteller (wie Eurofix und Bauco) von Bolzen für Hilti-Bolzenschußgeräte am Zutritt

106 *KOME* v. 22.12.87, 88/138/EWG, *Eurofix-Bauco / Hilti*, ABl. 1988, Nr. L 65/19.

zum Markt für Hilti-kompatible Bolzen und an dessen Durchdringung gehindert oder deren Geschäft unmittelbar und/oder mittelbar geschädigt zu haben[107], was einen Mißbrauch der marktbeherrschenden Stellung der Hilti-Gruppe im Sinne von Artikel 86 EWG-Vertrag [= Art. 82 EGV n.F.] darstellte. Gegen die Muttergesellschaft der Gruppe Hilti-AG wurde aus diesem Grund eine Geldbuße in Höhe von 6 Millionen ECU verhängt.

Hilti verteidigte sich gegen die Vorwürfe unter anderem damit, daß die von einigen unabhängigen Bolzenherstellern gefertigten Bolzen, insbesondere die von den Beschwerdeführern Eurofix und Bauco hergestellten Bolzen qualitätsmäßig minderwertig gewesen seien, da sie für den Zweck, für den sie bestimmt waren, nicht geeignet gewesen seien. Dadurch seien erhebliche Sicherheitsrisiken für die Verbraucher entstanden, die sie mit ihrem beanstandeten Vertriebssystem habe bewältigen wollen. Hilti gab zwar zu, daß ihr Vertriebssystem der am wenigsten wettbewerbsbeschränkende Weg zur Erreichung dieses Ziels gewesen sei. Sie hielt jedoch daran fest, daß sie sich in all ihren Handlungen *von dem Wunsch leiten ließ, ein sicheres und zuverlässiges Funktionieren ihrer Produkte zu gewährleisten*[108].

Die Kommission schloß das Vorliegen von Sicherheitsaspekten, die das Verhalten von Hilti objektiv rechtfertigen könnten, aus. Sie hob hervor, daß angesichts der "offenbar angemessenen Sicherheitskontrollen oder -normen, die in der EG gegeben sind", das Argument hinsichtlich der Sicherheit nicht als objektive Rechtfertigung akzeptiert werden könne[109]. Die Kommission beschränkte sich aber nicht nur auf diese objektive, die Rechtswidrigkeit betreffende Seite des Arguments[110]. Sie prüfte vielmehr, ob Hilti in der Tat nur "von dem Anliegen der Sicherheit und Zuverlässigkeit ihrer Bolzenschußgeräte und der Beunruhigung hinsichtlich der Verwendung qualitätsmäßig minderwertiger Treibladungen bestimmt gewesen" sei[111]. Die europäische Wettbewerbsbehörde vertrat dabei die Auffassung, daß man ange-

---

107 Von den Unternehmen der Hilti-Gruppe wurden dabei u.a. folgende Vertriebsmethoden praktiziert: Kopplung des Verkaufs von Bolzen mit dem Verkauf von Kartuschenstreifen; Kürzung von Preisnachlässen und Anwendung anderer diskriminierender Praktiken, wenn Kartuschen ohne Bolzen gekauft wurden; Einwirken auf unabhängige Vertriebsunternehmen, bestimmte Exportaufträge nicht auszuführen; Verweigerung der vollständigen Ausführung von Kartuschenstreifen-Bestellungen von seiten aller Kunden oder Händler, die diese wiederverkaufen könnten; Vereitelung oder Verzögerung rechtmäßig erhältlicher Lizenzen im Rahmen von Hiltis Patenten; Gewährleistungsverweigerung ohne objektiven Grund; Anwendung selektiver und diskriminierender Politiken, die gegen das Geschäft von Wettbewerbern und deren Kunden gerichtet waren; einseitige und geheime Anwendung einer Politik unterschiedlicher Preisnachlässe für unterstützungswürdige und nicht unterstützungswürdige Ausrüstungs-Verleihfirmen und Händler im Vereinigten Königreich.

108 *KOME* v. 22.12.87, a.a.O., [Rdn. 88 f.].

109 *KOME* v. 22.12.87, a.a.O., vgl. insbes. [Rdn. 92 f.].

110 Die Kommission unterscheidet zwischen den beiden Perspektiven ihrer Argumentation nicht deutlich. Vielmehr bringt sie alle ihre Argumente unter einen als "Objektive Rechtfertigung" bezeichneten Abschnitt [Rdn. 87 ff.]. Daß es aber um zwei logisch und dogmatisch unterschiedliche Perspektiven geht, läßt sich eindeutig an der Schwerpunktsetzung der Argumente erkennen.

111 *KOME* v. 22.12.87, a.a.O., vgl. [Rdn. 89 bis Rdn. 91].

sichts einer Reihe von dagegen sprechenden Gründen dies nicht annehmen könne. Hilti habe nämlich ihre Verhaltensweisen fortgesetzt und ausgedehnt, obwohl sie von der Kommission bereits nach der ersten Beschwerde von Bauco gewarnt worden sei, daß solche Verhaltensweisen, sofern der Beweis dafür erbracht würde, mißbräuchlich seien. Hilti habe außerdem keine gerichtlichen oder sonstigen Schritte vorgenommen, die normalerweise von einem Unternehmen zu erwarten wären, das sich allein von Erwägungen der Sicherheit und Zuverlässigkeit leiten läßt: Selten habe sie ihre Kunden schriftlich von den angeblichen Gefahren und der Gebrauchsuntauglichkeit der von den Beschwerdeführern gefertigten Bolzen unterrichtet; nie habe sie an die Beschwerdeführer geschrieben und nie habe sie sich mit ihnen in Verbindung gesetzt, um ihrer Besorgnis hinsichtlich der Zuverlässigkeit, Gebrauchstauglichkeit und Sicherheit oder der sonstigen Eigenschaften ihrer Bolzen Ausdruck zu geben; nie habe sie den normalen Weg eingeschlagen, die Beschwerdeführer bei den zuständigen englischen Wettbewerbs- und Gesundheitsaufsichtsbehörden wegen unlauteren oder verbraucherrechtswidrigen Verhaltens zu melden. Aus diesen Gründen seien die in der Entscheidung als mißbräuchlich beschriebenen Handlungen Hiltis vielmehr als Ausdruck eines kommerziellen Interesses daran zu sehen, die Marktdurchdringung mit nicht von Hilti gefertigter Treibladungen aufzuhalten, da bei Bolzenschußgeräten der Hauptgewinn aus dem Verkauf von Treibladungen und nicht dem Verkauf von Bolzenschußgeräten erwirtschaftet werde. Die Kommission betonte, daß dieser Befund unbeschadet der Möglichkeit gelte, daß auch die Sicherheit und Zuverlässigkeit der Bolzenschußgeräte ein Anliegen von Hilti war. Hilti habe jedoch nicht die Handlungen ausgeführt, mit denen normalerweise zu rechnen wäre, wenn dies ihr *einziges* Anliegen gewesen wäre. Letztlich dürfe ein Unternehmen, das sich Sorgen über die Sicherheit seiner Produkte mache, nicht zu einem Verhalten Zuflucht nehmen, das ein Mißbrauch nach Art. 86 EGV a.F. sei; es solle vielmehr die anderen legitimen und normalerweise effizienteren Mittel ausschöpfen, um seine Angelegenheiten zu regeln.

Aus den soeben gekürzt wiedergegebenen Ausführungen der Kommission läßt sich der Schluß ziehen, daß die europäische Behörde das vorgebrachte Argument der Verfolgung einer legitimen "guten" Absicht bereits auf der Beweisebene unter Berufung auf die untypische Vorgehensweise von Hilti verwarf.

Die (letzte Passage der) Argumentation der Kommission läßt aber auch erkennen, daß die von den Unternehmen verfolgte Absicht der Wahrung legitimer Geschäftsinteressen und der dadurch entstehende Motivationsdruck nur dann rechtliche Anerkennung finden und zur "Entschuldigung" führen können, wenn dies der Wirksamkeit der Wettbewerbsregeln unter normativ-generalpräventiven Aspekten nicht schadet. Ein Unternehmen, das sich - wie Hilti nach den Warnungen der Kommission - der *Möglichkeit* eines Verstoßes gegen Art. 82 EGV n.F. *bewußt* ist, ist insoweit verpflichtet, die anderen zur Verfügung stehenden Mittel *auszuschöp-*

fen, bevor es auf ein möglicherweise objektiv mißbräuchliches Verhalten zurückgreift[112].

Abschließend läßt sich festhalten, daß es in der EG-Praxis Tendenzen gibt, die Frage nach der Verantwortlichkeit der betroffenen Unternehmen zu stellen, wenn das beanstandete vorsätzliche Handeln unter dem psychologischem Zwang von Dritten oder wegen des im Zusammenhang mit der Verwirklichung legitimer Geschäftsinteressen bestehenden Motivationsdrucks vorgenommen wird. Ob man in diesen Fällen von der Anerkennung selbständiger Institute sprechen kann, ist allerdings zweifelhaft. Die Kommission scheint schließlich die betreffenden Probleme eher in den Bereich des Opportunitätsprinzips verlagern zu wollen, um dort dem Einzelfall gerecht werden zu können, ohne zugleich die mit dogmatischen Bindungen oft einhergehenden generalpräventiven Effektivitätseinbußen hinnehmen zu müssen[113]. Die europäischen Gerichte unterstützen diese Vorgehensweise, wohl unter Berücksichtigung der Tatsache, daß notwendige Anpassungen auch durch Ausübung richterlichen Ermessens bei der Frage der Herabsetzung oder Aufhebung der Geldbußen möglich sind. Klare dogmatische Linien sind deswegen in diesem von generalpräventiven Aspekten stark geprägten Bereich noch nicht entwickelt worden - und sind auch in absehbarer Zukunft nicht zu erwarten.

(c) Zusammenfassung

Insgesamt läßt sich also feststellen, daß die EG-Organe bei der Erhebung des Vorsatzvorwurfs weder das Unrechtsbewußtsein noch die Motivationslage der zuwiderhandelnden Unternehmen unberücksichtigt lassen. Vielmehr benutzen sie eine dafür stillschweigend anerkannte Wertungsebene, die der Verantwortlichkeit, die

---

112 Im oben geschilderten Hilti-Fall wurde das Verteidigungsvorbringen von Hilti durch das EuG aus tatsächlichen Gründen zurückgewiesen, siehe *EuG* Urt. v. 12.12.91, Rs. T-30/89, *Hilti*, Slg. 1991, II-1439: "[Rdn. 135] Die in Randnummer 103 der Entscheidung angeführten mildernden Umstände sind nach Ansicht des Gerichts nicht geeignet, diese Würdigung zu beeinflussen, und auch den Akten läßt sich nichts entnehmen, was den Schluß zuließe, daß die Klägerin eine wettbewerbswidrige Politik aus Gründen betrieben hat, die mit der Sicherheit und der Zuverlässigkeit ihrer Geräte zusammenhingen. Die Klägerin hat nämlich keinerlei Beweis in Form von Untersuchungen durch unabhängige Sachverständige für die maßgebliche Zeit vorgelegt, aus denen sich ergäbe, daß die von den Streithelferinnen hergestellten Bolzen gefährlich oder zumindest allgemein von schlechterer Qualität als ihre eigenen Produkte waren." Im anschließenden EuGH-Urteil wurden nur Probleme mit Blick auf die Marktabgrenzung angesprochen, die im Text behandelte Frage wurde nicht relevant; siehe *EuGH* Urt. v. 2.3.94, Rs. C-53/92 P, *Hilti*, Slg. 1994, I-667. - Im "Bayo-n-ox"-Fall kam es zu einem Urteil des EuG in der Sache nicht, weil Bayer die Klagefrist versäumte, so daß die erhobene Klage vom Gericht für unzulässig erklärt wurde.

113 Zu den gegen die ausdrückliche Typisierung von Entschuldigungsgründen sprechenden generalpräventiven Gründen vgl. DANNECKER (EJCCLCJ 1993, 244), der darauf hinweist, daß "typifications of the limits of capacity create the danger, which is emphasized in the anglo-american discussion, that business undertakings misconceive these standardized legal excuses as an approval of their conduct and moreover as standards of conduct."

sich allerdings - anders als die Wertungsebene des Vorsatzes - durch stark normativ geprägte Grundsätze auszeichnet.

Danach besteht zwar grundsätzlich die Möglichkeit, trotz feststehenden Vorsatzes die Schuld wegen eines Vorsatzdelikts zu verneinen. Dies ist dann der Fall, wenn die Erkennbarkeit der Norm- und Rechtswidrigkeit unmöglich war oder wenn die Handlung unter psychologischem Zwang von Dritten vorgenommen wurde. Eine gewisse Bedeutung kann schließlich unter Umständen die Tatsache erlangen, daß das Unternehmen mit der Tat seine legitimen Geschäftsinteressen schützen wollte.

Keine dieser Fallkategorien besitzt allerdings bislang deutliche dogmatische Konturen. Das potentielle Unrechtsbewußtsein wird nur stillschweigend als Schuldelement anerkannt. Die Verteidigungseinwände des Handelns unter psychologischem Zwang von Dritten oder zum Schutz legitimer Geschäftsinteressen beruhen bereits in materiellrechtlicher Hinsicht auf unsicherem Boden. Insgesamt zeigen sich also die Gemeinschaftsorgane wenig bereit, entlastende Kategorien für Sachverhalte zu institutionalisieren, die ohnehin auch durch das Opportunitätsprinzip (Bußgeldverhängung - Bußgeldbemessung) oder das richterliche Ermessen bei der Herabsetzung oder Aufhebung der Geldbußen sachgerecht entschieden werden können.

B. Die Schuld wegen eines Fahrlässigkeitsdelikts

Auf die Kategorie der Schuld wegen eines Fahrlässigkeitsdelikts wird nur dann zurückgegriffen, wenn der Vorsatz wegen fehlender Tatsachenkenntnis oder wegen mangelnder Bedeutungskenntnis verneint wurde[114]. Dann werfen die EG-Organe zunächst die Frage auf, ob [Tat-]Fahrlässigkeit im Sinne des Art. 15 VO 17 vorliegt.

(1) Die [Tat-]Fahrlässigkeit

Die Prüfung der [Tat-]Fahrlässigkeit zielt in erster Linie darauf ab, die Erkennbarkeit der Tatumstände[115] und/oder die Erkennbarkeit des sozialen Sinnes der Tatumstände nachzuweisen[116].

---

114 Wird - bei feststehender Tatsachen- und Bedeutungskenntnis - die Kenntnis der Norm- oder Rechtswidrigkeit verneint, so wird nicht die Schuld wegen eines Fahrlässigkeitsdelikts, sondern die Unrechtsfahrlässigkeit als Teil der Wertungsstufe der Verantwortlichkeit im Rahmen der Schuld wegen eines Vorsatzdelikts geprüft. Bei Verneinung der Unrechtsfahrlässigkeit wird das Unternehmen *freigesprochen*, bei Bejahung der Unrechtsfahrlässigkeit wird dagegen *Schuld wegen eines Vorsatzdelikts* angenommen; siehe dazu bereits oben im Text, II A 2 (a).

115 Vgl. *KOME* v. 5.10.73, 73/322/EWG, *Deutsche Phillips*, ABl. 1973 Nr. L 293/40 [Titel V] (Die Kommission erhebt den Fahrlässigkeitsvorwurf, weil das betroffene Unternehmen aus Versehen ein allgemeines Exportverbot in den Vereinbarungen mit den Vertriebshändlern beibehalten hatte - dabei stand fest, daß das Unternehmen in den allgemeinen Liefer- und Zahlungsbedingungen und in den unmittelbaren Kontakten mit Großhändlern bereits klarge-

(2) Die Verantwortlichkeit

Wird die [Tat-]Fahrlässigkeit bejaht, dann kommt es zur Prüfung der Erkennbarkeit der Norm- und Rechtswidrigkeit. Diese Prüfung ist für die (übergeordnete) Frage der Schuld wegen eines Fahrlässigkeitsdelikts relevant. Es geht wieder um die oben genannte Wertungsstufe der Verantwortlichkeit und die damit verbundene Kategorie der Unrechtsfahrlässigkeit.

Unrechtsfahrlässigkeit und [Tat-]Fahrlässigkeit lassen sich allerdings in der Praxis kaum voneinander unterscheiden. Sowohl die Erkennbarkeit der Tatumstände und ihrer wirtschaftlichen Bedeutung als auch die Erkennbarkeit der Norm- und Rechtswidrigkeit werden gemeinsam geprüft. Differenzierungen bezüglich des Fahrlässigkeitsmaßstabs und der damit zusammenhängenden Unvermeidbarkeitskriterien sind nicht feststellbar.

Dies läßt sich beispielsweise an der Entscheidung der *Kommission* im *Michelin*-Fall veranschaulichen, in der Tatsachenkenntnis, Bedeutungskenntnis und Kenntnis der Rechtswidrigkeit zusammengefaßt und an den Kriterien der Fahrlässigkeit gemeinhin gemessen werden[117]: "[Rdn. 56] Die Kommission gelangte nämlich zu dem Schluß, daß NBIM zumindest *fahrlässig* gegen Artikel 86 EWGV [= Art. 82 EGV n.F.] verstoßen hat... NBIM *hätte auch wissen können, daß sie* als Unternehmen mit einer beherrschenden Stellung auf dem niederländischen Markt der Ersatzneureifen für Lastkraftwagen und Omnibusse, *durch die genannten Praktiken gegen Artikel* 86 *EWG* [= Art. 82 EGV n.F.] *verstößt.* [*Erkennbarkeit der Normwidrigkeit*]. Die Entscheidungspraxis der Kommission und die Rechtsprechung des Gerichtshofes zeigen seit 1973 deutlich, daß ein Rabattsystem, durch das eine marktbeherrschendes Unternehmen mittels Gewährung finanzieller Vorteile danach trachtet, Bezüge bei Wettbewerbern zu verhindern, mit Artikel 86 [= Art. 82 EGV n.F.] unvereinbar ist. NBIM *muß wissen, daß das von ihr angewandte System*, das als eine Variante des Treuerabatts angesehen werden kann, *grundsätzlich die gleichen wettbewerbsbeschränkenden und diskriminierenden Wirkungen äußert wie ein Treuerabatt*, der für den Käufer mit der Verpflichtung verbunden ist, seinen Bedarf ausschließlich oder zum großen Teil bei dem Unternehmen mit marktbeherrschender Stellung zu decken. *NBIM mußten auch die diskriminierenden Wirkungen ihrer Rabattpolitik bekannt gewesen sein* [*Erkennbarkeit der wirtschaftlichen Bedeutung des tatbestandsmäßigen Verhaltens*]. Ferner ist zu berücksichtigen, daß NBIM zu einem Konzern gehört, der auf dem europäischen Markt eine derart bedeutsame Stellung einnimmt, die ihm gebietet, die Entwicklung des europäischen Rechts aufmerksam zu verfolgen und seine Politik darauf abzustimmen [*wiederum Erkennbarkeit der Normwidrigkeit*]."

---

stellt hatte, daß sich das Exportverbot nur auf dritte Länder bezieht und damit Exporte in die Mitgliedstaaten zulässig sind); vgl. auch *KOME* v. 25.9.86, 86/506/EWG, *Peugeot*, ABl. 1986 Nr. L 295/19 [Rdn. 51 f.] (Erteilung von falschen Auskünften wegen fahrlässiger Ermittlung der von der Kommission verlangten Marktdaten).

116 Vgl. die bereits oben zitierten Fälle fehlender Bedeutungskenntnis, *KOME* v. 11.7.83, 83/400/EWG, *Windsurfing International*, ABl. 1983, Nr. L 229/1 [S. 18]; *EuGH* Urt. v. 9.11.83, Rs. 322/81, *Michelin*, Slg. 1983, S. 3461 [S. 3523].

117 *KOME* v. 7.10.81, 81/969/EWG, *Michelin Niederlande - BF/NBIM*, ABl. 1981 Nr. L 353/33.

Daraus wird ersichtlich, daß der *Fahrlässigkeitsmaßstab* und die mit diesem begrifflich verbundenen und von der Rechtspraxis herausgearbeiteten *Unvermeidbarkeitskriterien* letztlich zu dem praktisch wichtigsten Schuldmaßstab erhoben werden, denn sie markieren sowohl bei der Prüfung der Schuld wegen eines Vorsatzdelikts (Wertungsstufe der Verantwortlichkeit) als auch bei der Prüfung der Schuld wegen eines Fahrlässigkeitsdelikts ([Tat-]Fahrlässigkeit - Verantwortlichkeit) die Schwelle der Ahndbarkeit. Fallen die aus der Anwendung des Fahrlässigkeitsmaßstabs resultierenden Ergebnisse positiv aus, wird also entschieden, daß *Tatelemente, Tatbedeutung, Norm- und Rechtswidrigkeit insgesamt erkennbar* waren, so wird die Ahndbarkeitsschwelle überschritten und fraglich ist dann nur, welchen Grad die Verantwortung des betroffenen Unternehmens (Schuld wegen eines Vorsatzdelikts oder Schuld wegen eines Fahrlässigkeitsdelikts) erlangt hat[118]. (Auch) unter diesem Aspekt läßt sich erklären, warum die EG-Organe sehr oft zwischen der Schuld wegen eines Vorsatzdelikts und der Schuld wegen eines Fahrlässigkeitsdelikts nicht deutlich unterscheiden, sondern gemeinhin von einem "vorsätzlichen, oder zumindest fahrlässigen" Rechtsverstoß ausgehen[119].

KOME v. 25.3.92, 92/212/EWG, *Eurocheque / Helsinki Vereinbarung*[120]: "[Rdn. 79] Die *vorsätzlich oder zumindest fahrlässig* vorgenommene Zuwiderhandlung ist auf die Initiative der französischen Banken zurückzuführen, denen dafür die Hauptverantwortung erwächst. Indem Eurocheque International - mehr oder weniger freiwillig - in die Teilnahme an dieser Zuwiderhandlung *zumindest fahrlässig, vielleicht sogar vorsätzlich* eingewilligt hat, trägt es ebenfalls einen, wenn auch deutlich geringeren Teil der Verantwortung."[121]

---

118 Als einziger subjektiver Verteidigungseinwand bleibt dann den betroffenen Unternehmen die Berufung auf die in der Wertungsstufe der Verantwortlichkeit als Entschuldigungsgründe in Betracht kommenden Situationen des Handelns unter Zwang und des Handelns zum Schutze legitimer Geschäftsinteressen übrig. Wie bereits dargestellt, ist allerdings die Beachtlichkeit solcher Einwände an starke normativ-generalpräventive Überlegungen gebunden und deswegen im Ergebnis gering.

119 Ständige Praxis der Kommission; siehe dazu DANNECKER / FISCHER-FRITSCH, S. 286 f. mit vielen Nachw. in der Anm. 287; SIOHL, S. 121 ff.; KOCH, in: GRABITZ / HILF [1. Grdlf.], nach Art. 87, VO 17 Art. 15, Rdn. 32; TSOLKA, S. 232 f.; vgl. auch *EuGH* Urt. v. 20.6.78, Rs. 28/77, *Tepea*, Slg. 1978, S. 1391: "[Rdn. 69/70] Die Zuwiderhandlung, die Theal ... beging, ... beruhte wenn nicht auf Vorsatz, so doch zumindest auf Fahrlässigkeit."

120 ABl. 1992 Nr. L 95/50.

121 *EuG* Urt. v. 6.4.95, Rs. T-150/89, *Martineli*, Slg. 1995, II-1165. Die Klägerin hatte vorgetragen, nicht vorsätzlich oder fahrlässig gehandelt zu haben, weil sie den Vereinbarungen (Preis- und Quotenabsprachen auf dem Betonstahlmattenmarkt) in der Überzeugung beigetreten sei, daß sie den Erfordernissen des Artikels 85 Absatz 3 EWG-Vertrag [= Art. 81 Abs. 3 EGV n.F.] genügten. Diese Überzeugung sei dadurch verstärkt worden, daß die Artikel 2595 ff. des italienischen Codice civile unter bestimmten Voraussetzungen Vereinbarungen zuließen, die eine bessere Verteilung der nationalen Ressourcen sichern und die Entwicklung des Wettbewerbs kontrollieren sollten. Das EuG folgt jedoch dieser Argumentation nicht: "[Rdn. 37] Im vorliegenden Fall ist das Gericht *angesichts der besonderen Schwere und der Offensichtlichkeit des Verstoßes gegen Artikel 85 Absatz 1 EWG-Vertrag* [= Art. 81

In dieser Formulierung verbirgt sich gerade das Hauptanliegen der europäischen Rechtsanwender, die *subjektive Vermeidbarkeit des Verstoßes als Grenze der Ahndbarkeit* hervorzuheben. Da die VO 17 für Rechtsverletzungen, die die fragliche Grenze überschreiten, denselben Bußgeldrahmen vorsieht, stößt diese "Wahlfeststellung" auf kein formelles Hindernis[122]. Die Auseinandersetzung mit der darüber hinausgehenden Frage des Schuldgrades der Betroffenen kann dann erst für die Ebene der Bußgeldverhängung und -bemessung vorbehalten werden, wobei den europäischen Rechtsanwendern u.a.[123] der Vorteil gewährt wird, die Schuldform im Zusammenhang mit anderen Faktoren bewerten zu können[124].

Abs. 1 EGV n.F.], insbesondere Buchstaben a und c, der Ansicht, daß die Klägerin *nicht behaupten kann, sie habe weder fahrlässig noch vorsätzlich gehandelt.* Darüber hinaus kann sie sich *nicht darauf berufen*, daß sie überzeugt gewesen sei, *daß die Vereinbarungen, denen sie beigetreten sei, nach Artikel 85 Absatz 3 EWG-Vertrag* [= Art. 81 Abs. 3 EGV n.F.] *hätten freigestellt werden müssen.* Es konnte ihr nämlich weder unbekannt sein, daß diese Vereinbarungen, um freigestellt zu werden, bei der Kommission angemeldet werden mußten, noch, daß diese Vereinbarungen nicht nach Artikel 4 Absatz 2 der Verordnung Nr. 17 von der Anmeldungspflicht befreit werden. [Rdn. 38] Zu dem aus den Vorschriften des italienischen Codice civile hergeleiteten Argument ist zu bemerken, daß ein nationales Gesetz ein nach dem EWG-Vertrag verbotenes Verhalten nicht rechtfertigen kann. Ein etwaiger *Irrtum* der Klägerin in diesem Punkt kann nichts daran ändern, daß sie *wissen mußte, daß ihr Verhalten den Wettbewerb im Sinne der vorgenannten Rechtsprechung des Gerichtshofes einschränkte.*"

122 Siehe SCHRÖTER / JAKOB-SIEBERT, in: G/T/E [4. Aufl.], Art. 87 VO Nr. 17, Rdn. 8 ("Wahlfeststellung").

123 Zur Zweckmäßigkeit der Alternativfeststellung unter prozessualen Aspekten (Abwendung der Gefahr der Aufhebung der Entscheidung der Kommission durch die europäischen Gerichte, wenn der schwierige Beweis der Schuld wegen eines Vorsatzdelikts im gerichtlichen Verfahren scheitert) siehe HARDING, 16 C.M.R.Rev. 1979, 603; SIOHL, S. 122 ff.; DANNECKER / FISCHER-FRITSCH, S. 287 ("Der Fahrlässigkeitstatbestand wird also in diesen Fällen als Auffangtatbestand für den nicht nachweisbaren Vorsatz gesehen") und S. 303 Anm. 233.

124 Siehe die "Leitlinien für das Verfahren zur Festsetzung von Geldbußen, die gemäß Artikel 15 Absatz 2 der Verordnung Nr. 17 und gemäß Artikel 65 Absatz 5 EGKS-Vertrag festgesetzt werden" (ABl. 1998 Nr. C 9/3 [Teil 3]), in denen die Tatsache, daß es um *"fahrlässige, unvorsätzlich begangene Verstöße"* geht, von der Kommission als mildernder Umstand im Rahmen der zweiten Phase des Verfahrens zur Bemessung der Geldbußen (zu diesen Phasen siehe bereits oben im Text, *Zweiter Teil* III A 2 b) eingestuft wird; vgl. auch die Schlußanträge des *GA Warner* v. 10.1.78, Rs. 19/77, *Miller*, Slg. 1978, S. 153 [S. 161]: "Man kann also davon ausgehen, daß sich das Ermessen der Kommission hinsichtlich der Höhe der Geldbuße zwischen 0% und 10% des Umsatzes des beteiligten Unternehmens bewegt... Dementsprechend kann man eine Geldbuße von 10% vom Umsatz als angemessen bei einem vorsätzlichen Verstoß schwerster Art und beträchtlicher Dauer ansehen. Auf der anderen Seite der Skala ist eine Geldbuße von weniger als 1% angemessen bei einem nur fahrlässigen Verstoß leichtester Art und nur geringer Dauer, wenn die Umstände des Falles dennoch die Festsetzung einer Geldbuße verlangen."

Der *EuGH* geht sogar nunmehr seit seinem Beschluß im *SPO*-Fall davon aus, daß eine Abgrenzung zwischen beiden Schuldformen auch auf der Ebene der Bestimmung der Bußgeldhöhe nicht zwingend ist[125].

Die Rüge der in diesem Fall betroffenen niederländischen Unternehmensvereinigungen der Bauindustrie bestand darin, daß die Kommission und das EuG das Gemeinschaftsrecht dadurch verletzt hätten, daß sie bei der Bestimmung der Schwere der festgestellten Zuwiderhandlungen (Regelungen zur Reglementierung des Wettbewerbs im Rahmen von Ausschreibungen in der Bauwirtschaft) und bei der daran anschließenden Festsetzung der Geldbußen den Grad des Verschuldens nicht konkretisierten, sondern pauschal von "Vorsatz oder zumindest Fahrlässigkeit" ausgegangen seien[126]. In seinem Beschluß, der das Rechtsmittel der Klägerin insgesamt als offensichtlich unbegründet zurückweist, unterscheidet der Gerichtshof zunächst zwischen den in Art. 15 Abs. 2 Unterab. 1 VO 17 enthaltenen Voraussetzungen für die Festsetzung einer Geldbuße ("Ahndungsvoraussetzungen", u.a. "vorsätzlicher oder fahrlässiger Charakter" der Zuwiderhandlung) und den in Art. 15 Abs. 2 Unterab. 1 VO 17 typisierten Kriterien für die Bestimmung der Höhe der Geldbuße ("Schwere" und "Dauer" der Zuwiderhandlung)[127], um anschließend hervorzuheben, daß die Schuld zwar zu den Ahndungsvoraussetzungen, jedoch nicht zu den Kriterien für die Bestimmung der Bußgeldhöhe gehöre, weil "Art. 15 Absatz 2 Unterabsatz 2 keine zwingende (und auch keine fakultative) Verweisung auf die Anwendungsvoraussetzungen des Unterabsatzes 1 enthält"[128]. "Das Gericht brauchte" danach, so die Schlußfolgerung des EuGH, "zur Bestimmung der Schwere der Zuwiderhandlung nicht zu prüfen, ob diese vorsätzlich oder fahrlässig begangen worden war, und es brauchte die beiden Fälle erst recht nicht voneinander abzugrenzen"[129].

Die Stichhaltigkeit dieser auf den ersten Blick als zu formalistisch erscheinenden - und von der Kommission im Rahmen der neuen auf die Bußgeldbemessung bezogenen Leitlinien nicht vertretenen[130] - Auslegung des Art. 15 Abs. 2 VO 17 kann an dieser Stelle noch nicht beurteilt werden, weil das dem europäischen bußgeldrechtlichen Schuldvorwurf zugrundeliegende Konzept noch nicht vollständig dargestellt worden ist. Es kann allerdings darauf hingewiesen werden, daß diese Auslegung nur dann vollständig verfehlt sein dürfte, wenn es sich erweisen sollte, daß das europäische Modell die Schuld ausschließlich in Anlehnung an individualstrafrechtliche Zurechnungskonzepte inhaltlich bestimmt. Bei einer "Kollektivierung" bzw. Anpassung des Schuldbegriffs an das Wesen des Unternehmens könnte dagegen in der Tat zutreffen, daß die Abgrenzung zwischen Schuld wegen eines Vorsatzdelikts und Schuld wegen eines Fahrlässigkeitsdelikts keine maßgeblichen Aussagen über

---

125 *EuGH* Beschluß v. 25.3. 96, Rs. C-137/95 P, *SPO u.a.*, Slg. 1996, I-1611.

126 Zum genauen Inhalt des aus drei Teilen bestehenden zweiten Rechtsmittelgrundes vgl. *EuGH* Beschluß v. 25.3.96, a.a.O. [Rdn. 24 ff.].

127 *EuGH* Beschluß v. 25.3.96, a.a.O. [Rdn. 53].

128 *EuGH* Beschluß v. 25.3.96, a.a.O. [Rdn. 54].

129 *EuGH* Beschluß v. 25.3.96, a.a.O. [Rdn. 57].

130 Vgl. oben Anm. 124.

die Schwere einer Zuwiderhandlung (und den Grad des verdienten Schuldvorwurfs) enthält.

Unabhängig von seiner dogmatischen Stichhaltigkeit untermauert jedenfalls der EuGH-Beschluß im SPO-Fall den oben formulierten Befund bezüglich der großen praktischen Bedeutung, die dem gemeinschaftsrechtlichen Fahrlässigkeitsmaßstab und den Unvermeidbarkeitskriterien zukommt. Im folgenden ist deswegen ausführlich auf diesen Fragenkomplex einzugehen.

C. *Die subjektive Vermeidbarkeit des Verstoßes als Schwelle der Ahndbarkeit*

(1) Die Methode zur Gewinnung des Begriffs der subjektiven Vermeidbarkeit

Die Inhaltsbestimmung der subjektiven Vermeidbarkeit bzw. des Fahrlässigkeitsbegriffs hängt im allgemeinen von dem Maßstab ab, den man vorgibt. Dabei bieten sich grundsätzlich zwei Alternativen an, die für die Zwecke der vorliegenden Arbeit als zivilrechtlicher bzw. als strafrechtlicher Maßstab bezeichnet werden können.

Nach dem *zivilrechtlichen Maßstab* ist der Fahrlässigkeitsbegriff von den persönlichen Kenntnissen und Fähigkeiten des Täters als konkrete Person abzulösen und an verallgemeinernde typische Verhaltensvorbilder zu knüpfen. Die Frage nach der Erkennbarkeit der Tat sowie der Norm- und Rechtswidrigkeit ist dementsprechend immer dann zu bejahen, wenn eine solche Einsicht von einem typischen gewissenhaften Verkehrsteilnehmer (bzw. von einem gewissenhaften Angehörigen des Verkehrskreises des Täters) im Hinblick auf die Notwendigkeit eines ordnungsgemäßes Funktionierens des Wirtschaftslebens zu erwarten ist (*Allgemein-Mögliches mitbestimmt vom Objektiv-Erforderlichen*). Das objektive Zurückbleiben der subjektiven Vorstellungskraft des Täters hinter der Leistungskraft des typischen Verkehrsteilnehmers bildet insoweit den Grund für die Zurechnung des objektiv rechtswidrigen Verhaltens zur Fahrlässigkeit des Täters (verallgemeinernder Fahrlässigkeitsbegriff)[131].

Nach dem *strafrechtlichen Maßstab* ist die Fahrlässigkeit auf der Grundlage einer sachgerechten Anpassung des soeben beschriebenen (Objektiv-Erforderlichen und) Allgemein-Möglichen an die persönlichen Kenntnisse und Fähigkeiten des Täters zu bestimmen. Die Erkennbarkeit ist demnach nur dann zu bejahen, wenn es fest-

---

131 Vgl. so beispielsweise das Verständnis der Fahrlässigkeit im *französischen* Strafrecht, wo nach den zutreffenden Ausführungen von JESCHECK [ZStW 98 (1986), 14 f.] "die Erfordernisse der öffentlichen Sicherheit und Ordnung", also ein verallgemeinernder Maßstab, für die Beurteilung von Fahrlässigkeitstaten maßgebend ist. Dieser "rein objektiv" verstandene Fahrlässigkeitsbegriff erinnert stark an den in Deutschland im Zivilrecht herrschenden Fahrlässigkeitsbegriff (JESCHECK, a.a.O. m.w.Nachw.).

steht, daß der Täter die für die gewissenhaften Verkehrsteilnehmer typische intellektuelle Leistung im Hinblick auf seine persönlichen Kenntnisse und Fähigkeiten erbringen konnte, aber dies nicht machte, weil er sich nicht anstrengen wollte (*Individuell-Mögliches*). Den Grund der Zurechnung bildet insoweit das Zurückbleiben der Vorstellungskraft des Täters hinter der diesem *persönlich* möglichen Leistungskraft (individualisierender Fahrlässigkeitsbegriff)[132].

Richtet man den Blick auf die europäische Praxis, so entsteht zunächst der Eindruck, daß diese einen individualisierenden, strafrechtlichen Maßstab ihren Beurteilungen zugrunde legt[133]. Oft unterscheiden nämlich die EG-Organe bei der Konkretisierung ihrer Fahrlässigkeitskriterien zwischen *kleinen, unerfahrenen* und *großen, erfahrenen* Unternehmen. Der Fahrlässigkeitsmaßstab für größere, insbesondere marktbeherrschende Unternehmen wird danach viel strenger definiert[134].

KOME v. 7.10.81, 81/969/EWG, *Michelin Niederlande-BF/NBIM*[135]: "[Rdn. 56] Die Kommission gelangte ... zu dem Schluß, daß NBIM zumindest fahrlässig gegen Artikel

---

132 So wird beispielsweise im *deutschen* Strafrecht über die (in das Unrecht eingeordnete und) auf das Allgemein-Mögliche Bezug nehmende sog. "objektive Sorgfaltspflichtverletzung" hinaus die (als Schuldmoment eingestufte) individuelle, auf den persönlichen Kenntnissen und Fähigkeiten des Täters fußende Vorwerfbarkeit des Sorgfaltsmangels (Individuell-Mögliches) zur Konstituierung des Fahrlässigkeitsbegriffs gefordert. Siehe dazu die rechtsvergleichenden Ausführungen von JESCHECK, ZStW 98 (1986), 14 f.: "[I]n Deutschland bildet ... die objektive Sorgfaltsverletzung das Unrechtsmoment, die persönliche Vorwerfbarkeit des Sorgfaltsmangels das Schuldmoment der Fahrlässigkeit." DERS. / WEIGEND, Lehrbuch [5. Aufl.], S. 561 ff., insbes. S. 594 ["Der Schuldvorwurf hängt bei der Fahrlässigkeit weiter davon ab, daß der Täter nach seinen persönlichen Fähigkeiten in der Lage ist, die Sorgfaltsanforderungen, die nach dem objektiven Maßstab an ihn zu stellen sind, zu erkennen und zu erfüllen. Maßgebend ist bei dieser Prüfung nicht die Leistungsfähigkeit des besonnenen und gewissenhaften Angehörigen des Verkehrskreises des Täters (objektiver Maßstab), sondern dieser selbst mit seinem individuellen Niveau an Kräften, Erfahrungen und Kenntnissen (subjektiver Maßstab)"] und S. 596 ["Bei den fahrlässigen Erfolgsdelikten müssen der tatbestandsmäßige Erfolg und der Kausalverlauf in ihren wesentlichen Zügen nicht nur objektiv vorhersehbar gewesen sein ..., sondern zur Vorwerfbarkeit gehört außerdem, daß auch der Täter nach seinen persönlichen Fähigkeiten und Kenntnissen diese Voraussicht hätte haben können"]. - Zur Sinnlosigkeit des in der deutschen Literatur benutzten doppelten Fahrlässigkeitsmaßstabes und zur Notwendigkeit, den strafrechtlichen Fahrlässigkeitsbegriff ausschließlich nach den individuellen Fähigkeiten des Verpflichteten ohne vorherigen Rückgriff auf die Fiktion eines generellen Maßstabes zu bestimmen siehe OTTO, Allgemeine Strafrechtslehre [5. Aufl.], § 10 Rdn. 13 f.

133 Vgl. DANNECKER, in: I/M EG-WbR [1997], VO 17 Art. 15, Rdn. 165: "Welche Anforderungen an die im Verkehr erforderliche Sorgfalt im konkreten Fall zu stellen sind, wird von der Kommission im Hinblick auf das konkrete Unternehmen, seine Marktstellung, seine Größe und seine wirtschaftliche Tätigkeit bestimmt".

134 Zur strengen Haltung, die die Spruchpraxis gegenüber großen, insbesondere marktbeherrschenden Unternehmen einnimmt, siehe KERSE [3. Aufl.], S. 257 f., Rdn. 7.15; vgl. auch DANNECKER, in: I/M EG-WbR [1997], VO 17 Art. 15, Rdn. 283.

135 ABl. 1981 Nr. L 353/33.

86 EWGV [= Art. 82 EGV n.F.] verstoßen hat.... [Es] ist zu berücksichtigen, daß NBIM *zu einem Konzern gehört*, der auf dem europäischen Markt eine derart *bedeutsame Stellung* einnimmt, die ihm gebietet, die Entwicklung des europäischen Rechts aufmerksam zu verfolgen und seine Politik darauf abzustimmen."

EuGH Urt. v. 14.2.78, Rs. 27/76, *United Brands*[136]: "[Rdn. 299/301] UBC ist ein Unternehmen, das aufgrund seiner *langjährigen Tätigkeit im internationalen Handel* besonders gut mit den wettbewerbsrechtlichen Vorschriften, deren Strenge sie bereits erfahren hat, vertraut ist."

Kommission, "Leitlinien für das *Verfahren zur Festsetzung von Geldbußen*, die gemäß Artikel 15 Absatz 2 der Verordnung Nr. 17 und gemäß Artikel 65 Absatz 5 EGKS-Vertrag festgesetzt werden"[137]: "Darüber hinaus könnte auch der Tatsache Rechnung getragen werden, daß *Großunternehmen* in den meisten Fällen über *juristischen und wirtschaftlichen Sachverstand und Ressourcen* verfügen, anhand deren sie besser erkennen können, in welchem Maße ihre Vorgehensweise einen Verstoß darstellt und welche Folgen aus wettbewerbsrechtlicher Sicht zu gewärtigen sind."[138]

Gegenüber kleineren Unternehmen wird hingegen eine mildere Haltung eingenommen.

KOME v. 16.12.82, 82/897/EWG, *Toltecs-Dorcet*[139]: "[S. 28 f.] Dagegen sieht die Kommission davon ab gegen Segers ein Bußgeld festzusetzen, obwohl er eine Zuwiderhandlung gegen Artikel 85 Absatz 1 [= Art. 81 Abs. 1 EGV n.F.] begangen hat. Segers ist ein *kleines niederländisches Unternehmen*, das zum Beginn seiner Auseinandersetzung mit der BAT über die deutsche Rechtslage und das Gemeinschaftsrecht nicht ausreichend informiert war. Die *rechtliche Unerfahrenheit* von Segers ergibt sich weiterhin aus dem Verlauf seiner Auseinandersetzung mit der BAT, als er eine offensichtlich widersprüchliche Vertragsformulierung gegen sich hat gelten lassen."

KOME v. 10.7.86, 86/399/EWG, *Dach- und Dichtungsbahnen*[140]: "[Rdn. 109] In dem Verfahren machten die Mitglieder vor allem geltend, sie hätten nicht geahnt, daß eine Abrede, welche die *Vermarktung von Dach- und Dichtungsbahnen im selben Mitgliedstaat* betraf, unter Artikel 85 [= Art. 81 EGV n.F.] fallen könne. Selbst wenn dieses Vorbringen bei Abschluß der Vereinbarung von 1966, die in dieser Entscheidung nicht berücksichtigt wird, wohlwollender hätte aufgenommen werden können, erscheint es gerade deshalb in Anbetracht der bisherigen Rechtsprechung über die sogenannten "einzelstaatlichen" Vereinbarungen in bezug auf das Übereinkommen von 1978 kaum annehmbar. Denn der Vertrag, der die Organisation des Marktes für Dach- und Dichtungsbahnen auf nationaler Basis vorsieht, zielt eindeutig darauf ab, den Wettbewerb, der von Unternehmen anderer Länder ausgeübt werden könnte, zu beeinträchtigen, um diese Organisation zu erhalten, und legt ausdrücklich Maßnahmen zu diesem Zweck

---

136 Slg. 1978, S. 207.

137 ABl. 1998 Nr. C 9/3 [Teil 1 A]. Die Ausführungen der Kommission finden im Zusammenhang mit der Bestimmung der in der ersten Verfahrensphase der Bußgeldbemessung (zu diesen Phasen siehe bereits oben im Text, *Zweiter Teil* III A 2 b) zu berücksichtigenden Faktoren statt.

138 Vgl. auch *KOME* v. 21.10.98, 99/60/EG, *Fernwärmetechnik-Kartell*, ABl. 1999, Nr. L 24/1, Rdn. 168.

139 ABl. 1982 Nr. L 379/19.

140 ABl. 1986, Nr. L 232/15.

fest. Gleichwohl ist *nicht auszuschließen, daß die Mitglieder - vor allem die kleineren Unternehmen - sich des in Artikel 85 Absatz 1* [= Art. 81 Abs. 1 EGV n.F.] *ausgesprochenen Kartellverbots nicht voll bewußt waren*"[141].

Beim näheren Hinsehen erweist sich allerdings, daß sich der erste Eindruck nur begrenzt bestätigen läßt. - Gegen die Tendenz, aus den skizzierten Differenzierungen je nach Größe und Erfahrung auf eine Individualisierung der Maßstäbe im Sinne des strafrechtlichen Modells zu schließen, spricht nämlich die Tatsache, daß es hier letztlich nur um grobe Kategorisierungen geht, die der *allgemeinen* Erfahrung entsprechen.

Der in diesem Sinne verallgemeinernde Maßstab der europäischen Praxis läßt sich deutlich an einigen Unvermeidbarkeitskriterien erkennen, die im Anschluß an diesen Abschnitt dargestellt werden[142] und die zur Prüfung eines Irrtums offensichtlich nicht auf das Verständnis des konkret betroffenen Unternehmens, sondern auf das Verständnis der relevanten Geschäftskreise abstellen.

Herangezogen könnte insoweit auch das *EuGH*-Urteil im *Hoffman-La Roche*-Fall[143], in dem die Unbestimmtheit der Begriffe von Art. 86 EGV a.F. ("beherrschende Stellung" und "mißbräuchliche Ausnutzung") gerügt wurde. Hier nimmt allerdings der EuGH nicht zu der Schuld, sondern zu der verfassungsrechtlich relevanten Frage (Gesetzlichkeitsprinzip) der objektiven Erkennbarkeit des Inhalts der Bußgeldtatbestände Stellung, so daß die einschlägigen Ausführungen für die Frage des Fahrlässigkeitsmaßstabes nur begrenzt verwertbar sind. Der EuGH beurteilt jedenfalls die Vorhersehbarkeit des Inhalts der Bußgeldtatbestände auf der Grundlage des "umsichtigen", "aufmerksamen" Unternehmers bzw. aufgrund der "Erfahrungen, die jedes auf dem gesamten Gemeinsamen Markt tätige Unternehmen von der Bedeutung [des betroffenen Unternehmens]... haben" muß. Die Behauptung des betroffenen Unternehmens, die Begriffe von Art. 86 EGV a.F. seien durch die Verwaltungspraxis und die Rechtsprechung noch nicht genug konkretisiert worden und stellten sich damit noch als zu allgemein und zu unbestimmt dar, um die Verhängung einer Geldbuße legitimieren zu können[144], wird insoweit vom EuGH mit folgender Argumentation zurückgewiesen: "[Rdn. 133] Was insbesondere den Begriff der beherrschenden Stellung anbelangt, kann es für einen *umsichtigen Unternehmer* nicht zweifelhaft sein, daß bedeutende Marktanteile zwar nicht notwendig und immer das allein ausschlaggebende Indiz für das Vorliegen einer beherrschenden Stellung sind, daß ihnen aber in dieser Hinsicht eine beträchtliche Bedeutung zukommt, die er in seinem Marktverhalten notwendigerweise berücksichtigen muß. In dieser Beurteilung der Tragweite des Artikels 86 [= Art. 82 EGV n.F.] bestand für Roche jedenfalls auf den meisten relevanten Märkten kein Element der Unbestimmtheit noch auch der verständlichen Unsicherheit. [Rdn. 134] Was die Vereinbarkeit der Treuerabatte mit Artikel 86 [= Art. 82 EGV n.F.] betrifft, so war die Anwendung dieser Bestimmung auf ein System mit ausschließlichen Bezugsverpflichtungen und Rabatten, wie es die Klägerin

---

141 Dies führte zu einer erheblichen Reduzierung der Geldbußen für die kleineren Unternehmen, wie z.B. Limburgse Asfaltfabrieken Pvba (30.000 ECU), siehe *KOME* v. 10.7.86, a.a.O. [Verfüg. Teil, Art. 6].

142 Siehe z.B. *EuGH* Urt. v. 16.12.75, verb. Rs. 40 u.a./73, *Suiker Unie u.a.*, Slg. 1975, S. 1663 [Rdn. 555 ff.].

143 *EuGH* Urt. v. 13.2.79, Rs. 85/76, *Hoffmann-La Roche*, Slg. 1979, S. 461.

144 *EuGH* Urt. v. 13.2.79, a.a.O. [Rdn. 128].

ausgearbeitet hatte, nicht unvorhersehbar; dafür sprechen nicht nur die *Erfahrungen, die jedes auf dem gesamten Gemeinsamen Markt tätige Unternehmen von der Bedeutung der Klägerin mit der Praxis der Kartellbehörden der Mitgliedstaaten haben mußte*, sondern auch die klaren Formulierungen in Artikel 86 Absatz 2 Buchstabe b) [= Art. 82 Abs. 2 Buchst. b EGV n.F.], der die Einschränkung des Warenabsatzes betrifft, in Artikel 86 Absatz 2 Buchstabe d) [= Art. 82 Abs. 2 Buchst. d EGV n.F.], der es verbietet, den Abschluß von Verträgen an die Bedingung zu knüpfen, daß die Vertragspartner zusätzliche Leistungen annehmen, die in keiner Beziehung zum Vertragsgegenstand stehen, sowie insbesondere in Artikel 86 Absatz 2 Buchstabe c) [= Art. 82 Abs. 2 Buchst. c EGV n.F.], der die Anwendung unterschiedlicher Bedingungen gegenüber Handelspartnern bei gleichwertigen Leistungen betrifft. Von einer Unvorhersehbarkeit kann um so weniger die Rede sein, als ein *aufmerksamer Unternehmer* zumindest die Möglichkeit, wenn nicht gar die Wahrscheinlichkeit dieser Anwendung in Betracht ziehen mußte und Artikel 2 der Verordnung Nr. 17 es erlaubte, die Anwendung von Artikel 86 [bwz. Art. 82 n.F.] auf Zweifelsfälle vorab klären zu lassen. Die Klägerin glaubte jedoch, von dieser Möglichkeit, die Rechtssicherheit zu erlangen, deren Fehlen sie jetzt beklagt, keinen Gebrauch machen zu sollen."

Außerdem waren die fraglichen Kategorisierungen bislang von geringer praktischer Relevanz für die Schuldbegründung. Wie die oben angeführten Beispiele zeigen, kommt nämlich der mildere Fahrlässigkeitsmaßstab den kleineren Unternehmen in der Regel erst auf der Ebene der Bußgeldverhängung und -bemessung zu Gute.

Aufgrund dieser beiden Argumente (Verallgemeinerungstendenz und beschränkte Relevanz für die Schuldbegründung) läßt sich allerdings der Eindruck eines strafrechtsähnlichen Fahrlässigkeitsmaßstabes nicht entkräften. Es ist nicht zu leugnen, daß die an Unternehmen gestellten Anforderungen im Rahmen des Fahrlässigkeitsmaßstabes letztlich *unterschiedlich* streng ausfallen[145].

---

145 Insoweit trifft die im Schrifttum verbreitete Ansicht, daß die EG-Organe einen rein objektiven, zivilrechtlichen Fahrlässigkeitsmaßstab verwenden, in dieser allgemeinen (auf weitere Differenzierungen zwischen Unternehmen und Unternehmensangehörigen - siehe dazu sogleich im Text - verzichtenden) Formulierung *nicht* zu; vgl. TSOLKA (S. 234 f.): "Der im europäischen supranationalen Strafrecht i.w.S. geltende Fahrlässigkeitsbegriff enthält also grundsätzlich objektive Elemente. Er entspricht hauptsächlich demjenigen des französischen und englischen Strafrechts... [D]ie individuelle Vorhersehbarkeit bzw. die persönlichen Fähigkeiten und Eigenschaften spielen keine maßgebende Rolle. Vielmehr gelten objektive Maßstäbe. Der Fahrlässigkeitsvorwurf liegt grundsätzlich in der Vernachlässigung der von dem Gesetz gestellten Rechtspflicht. Somit entspricht dieser Begriff demjenigen der zivilrechtlichen Fahrlässigkeit." HILDEBRANDT (S. 171): "Im übrigen kommt es ... vielmehr auf einen Vergleich mit dem Verhalten Dritter. Der Schuldnachweis wird objektiviert. Entsprechend der pragmatischen Lösungen des englischen corporate law ..., sollte zu fragen sein, wie sich ein anderes (Durchschnitts-)Unternehmen in der gleichen Situation verhalten hätte. Kommt man aufgrund dieser Gegenüberstellung zu dem Ergebnis, daß ein Fehlverhalten vorgelegen hat, ist eine Buße gerechtfertigt. Wäre aber jedes andere Unternehmen dem gleichen Fehler unterlegen, muß man die Schuldhaftigkeit verneinen und auf Ahndung verzichten." - Aufgrund der im Text getroffenen Feststellungen ist vielmehr davon auszugehen, daß bei der Bildung des Fahrlässigkeitsmaßstabes nicht nur die Eigenschaften eines "Durchschnittsunternehmens", sondern auch solche Eigenschaften berücksichtigt werden, die das im

Der geltende Maßstab ist aber definitiv auch kein individueller im klassischen, oben erwähnten Sinne. - Jeder Fahrlässigkeitsmaßstab läßt sich *nur* auf menschliches Verhalten anwenden. Und das den klassischen strafrechtlichen Maßstab prägende Merkmal ist, daß auf die Fähigkeiten der *konkret* handelnden Person Bezug genommen wird, während der zivilrechtliche Maßstab die Fähigkeiten einer *durchschnittlichen* Person zugrunde legt. Betrachtet man aber die europäische Praxis, stellt man fest, daß dieser gerade die *Bezugnahme auf die jeweils konkret handelnde natürliche Person vollständig fehlt.* Es wird dort ausschließlich auf das Unternehmen abgestellt. Die für das Unternehmen konkret handelnden Personen (Organmitglieder, Angestellten u.s.w.), die eigentlichen fahrlässigen "Täter"[146], bleiben bei der Bestimmung des Fahrlässigkeitsmaßstabs unberücksichtigt. Die an sie gestellten Leistungsanforderungen, deren Nichtbeachtung zur Bejahung der Fahrlässigkeit führt, werden nur mit Blick auf die sozialen Eigenschaften des Unternehmens (groß, klein, Marktstellung, langjährige Tätigkeit usw.) konkretisiert. Damit wird aber schließlich ein verallgemeinernder Fahrlässigkeitsmaßstab gebildet und auf das Verhalten der Unternehmensmitarbeiter angewandt.

Festzuhalten ist somit, daß der Fahrlässigkeitsmaßstab in der europäischen Praxis mit Blick auf das Unternehmen individualisierende Tendenzen zeigt, mit Blick auf die handelnden Unternehmensmitarbeiter dagegen eher zivilrechtlich bestimmt wird.

Auf die vollständige dogmatische Bedeutung dieser Feststellung ist später näher einzugehen. Im folgenden sollen die in der Praxis entwickelten Standardkategorien dargestellt werden, die im Rahmen des so bestimmten Fahrlässigkeitsmaßstabs relevant werden und zum Wegfall der Schuld wegen subjektiver Unvermeidbarkeit der fehlenden Tatsachen- oder Rechtskenntnis führen können.

(2) Die subjektiven Unvermeidbarkeitskriterien

Große Bedeutung im Rahmen des Fahrlässigkeitsbegriffs der EG-Praxis gewinnt die Frage, wann die Erkenntnismöglichkeit bezüglich der (nicht erkannten) Tat, Norm- und Rechtswidrigkeit *verneint* werden kann. Dies hängt zwar zunächst von dem oben umschriebenen Fahrlässigkeitsmaßstab ab, der den von jedem Unternehmen erwarteten Grad der Anstrengungen zur Gewinnung der Erkenntnis in der konkreten Tatsituation bestimmt. Hat das Unternehmen diese Anstrengungen unternommen, ohne zur Erkenntnis zu gelangen, dann liegt keine Fahrlässigkeit vor. In der Gemeinschaftspraxis haben sich allerdings auch bestimmte Kategorien von "Anlässen" herausgebildet, deren Vorliegen das Fehlen der Erkenntnismöglichkeit indiziert. Wie das Entscheidungsmaterial zeigt, sind die Gemeinschaftsorgane in

---

konkreten Fall betroffene Unternehmen kennzeichnen. Selbst das als Beispiel von verallgemeinernden Tendenzen zitierte *Hoffman-La Roche*-Urteil stellt auf die "Erfahrungen, die jedes ... *Unternehmen von der Bedeutung der Klägerin* ... haben mußte" ab.

146 KOCH, in: GRABITZ / HILF [1. Grdlfg.], nach Art. 87, VO Nr. 17 Art. 15, Rdn. 30 und 41.

der Regel nur beim Vorliegen dieser Anlässe bereit, einen Ausschluß der Fahrlässigkeit anzunehmen. Diese Kategorien von Anlässen, die im Rahmen der vorliegenden Arbeit als *Unvermeidbarkeitskriterien* bezeichnet werden, erlangen damit eine beachtliche praktische Relevanz.

Die Gemeinschaftsorgane sprechen zwar auch beim Vorliegen der Unvermeidbarkeitskriterien nicht immer vom Ausschluß der Schuld, sondern ziehen es oft vor, den Bußgeldverzicht mit Erwägungen im Rahmen des *Opportunitätsprinzips* oder unter Berufung auf allgemeine *verwaltungsrechtliche Grundsätze* (wie z.B. den Grundsatz des Vertrauensschutzes[147]) zu begründen[148]. Die folgende Systematisierung zeigt jedoch, daß es hinter der an der Grenze zwischen Verwaltungs- und Strafrechtsdogmatik agierenden Gemeinschaftspraxis einheitliche Ansätze gibt, die zu einem sinnvollen System zusammengefaßt werden können.

(a) Komplexe Marktstrukturen

Fehlende Erkennbarkeit des Verstoßes kann zunächst wegen der komplizierten Strukturen des Marktes indiziert sein, auf dem das Unternehmen seine Tätigkeit entfaltet. Das Unternehmen ist zwar grundsätzlich gefordert, seine eigene Marktposition aufgrund von Marktuntersuchungen richtig einzuschätzen. Im Hinblick darauf, daß die Marktabgrenzung und die darauf beruhende Berechnung des eigenen Marktanteils oft mit großen Schwierigkeiten verbunden sein kann, zeigen sich die Gemeinschaftsorgane jedoch bereit, diesbezügliche Fehleinschätzungen, die trotz genügender, gutgläubiger Auseinandersetzung des Unternehmens mit den Marktstrukturdaten entstanden sind, als unvermeidbar einzustufen.

Dies läßt sich als argumentum e contrario aus dem *Hoffmann-La Roche*-Fall ableiten, in dem der Einwand fehlender Kenntnis der eigenen marktbeherrschenden Stellung vom *EuGH* folgendermaßen zurückgewiesen wurde[149]: "Außerdem folgt aus der - jedenfalls bei den meisten Vitamingruppen gegebenen - Größe der Marktanteile der Klägerin, daß ihre Überzeugung, sie habe keine beherrschende Stellung innegehabt, nur das Ergebnis einer ungenügenden Prüfung der Struktur der Märkte, auf denen sie tätig war, oder der Weigerung sein kann, diese Strukturen zu berücksichtigen. Die Voraussetzungen für die Anwendung des Artikels 15 der Verordnung Nr. 17 liegen somit vor."

---

147 Zur rechtspolitischen Möglichkeit, durch den öffentlich-rechtlichen Grundsatz des Vertrauensschutzes Ergebnisse zu erzielen, die "von denen einer ausdrücklichen strafrechtlichen Irrtumsregelung nicht wesentlich abweichen", vgl. TIEDEMANN, in: FS für Geerds, S. 111.

148 Vgl. auch die Schlußanträge des *GA Warner* v. 10.1.78, Rs. 19/77 im *Miller* -Fall (Slg. 1978, S. 153), in denen das (zivilrechtliche) Prinzip von Treu und Glauben herangezogen wird: "[S. 158] Hat sich ein Unternehmen in seinem Verhalten *gutgläubig auf den Wortlaut der [Bagatell]Bekanntmachung verlassen* und angenommen, eine Vereinbarung, an der es mitgewirkt hat, falle nicht unter das Verbot des Artikels 85 Absatz 1 [= Art. 81 Abs. 1 EGV n.F.], dann mag die *Kommission nach Treu und Glauben gehindert sein, anschließend dieses Unternehmen mit einer Geldbuße zu belegen*, weil die Vereinbarung in Wahrheit unter das Verbot fiel. Aber ein derartiger Einwand aus Treu und Glauben greift hier nicht ein, denn es ist nicht behauptet worden, daß sich Miller in irgendeiner Hinsicht auf die Bekanntmachung verlassen habe."

149 *EuGH* Urt. v. 13.2.79, Rs. 85/76, *Hoffmann-La Roche*, Slg. 1979, S. 461 [Rdn. 139].

Auch die *Bagatellbekanntmachung der Kommission von 1986* zeigte, daß die Kommission bereit ist, Irrtümer bezüglich der Berechnung der Marktanteile anzuerkennen[150]: "Haben Unternehmen eine von Artikel 85 Absatz 1 [= Art. 81 Abs. 1 EGV n.F.] erfaßte Vereinbarung nicht angemeldet, weil sie wegen eines Irrtums bei der Berechnung ihres *Marktanteils* oder ihres Gesamtumsatzes annahmen, daß die Vereinbarung von dieser Bekanntmachung gedeckt sei, so wird die Kommission die Festsetzung von Geldbußen nicht in Betracht ziehen, es sei denn, daß der Irrtum fahrlässig begangen wurde."[151]

(b) Irreführendes Verhalten der Gemeinschaftsorgane

(i) Irreführende Informationen

Das Gemeinschaftsrecht kennt für die Bereiche der Verwaltungstätigkeit den Grundsatz, daß von einem entschuldbaren Irrtum des Bürgers auszugehen ist, solange die Ursache des Irrtums in einem Verstoß der Verwaltung gegen die *Grundsätze der Rechtssicherheit und des Vertrauensschutzes* liegt.

Das *EuG* hatte u.a. im *Bayer*-Fall, in dem das Versäumnis der Klagefrist bei der eingereichten Klage von Bayer gegen eine Bußgeldentscheidung der Kommission und die Entschuldbarkeit des Irrtums von Bayer über den Fristbeginn zur Debatte stand, die Gelegenheit, den oben erwähnten Grundsatz zu bestätigen[152]: "[Rdn. 29] In bezug auf die Klagefristen, die nach ständiger Rechtsprechung weder der Disposition des Gerichts noch der Parteien unterliegen und zwingenden Rechts sind, ist der Begriff des entschuldbaren Irrtums eng auszulegen und kann sich nur auf Ausnahmefälle beziehen, insbesondere auf solche, in denen das betroffene Gemeinschaftsorgan ein Verhalten an den Tag gelegt hat, das für sich genommen oder aber in ausschlaggebendem Maß geeignet war, bei einem gutgläubigen Rechtsbürger, der alle Sorgfalt aufwendet, die von einem Wirtschaftsteilnehmer mit normalem Kenntnisstand zu verlangen ist, eine Verwirrung hervorzurufen, die in den Grenzen dessen liegt, was hingenommen werden kann. In einem solchen Fall kann sich nämlich die Verwaltung nicht auf ihren eigenen Verstoß gegen die Grundsätze der Rechtssicherheit und des Vertrauensschutzes berufen, der für den Irrtum des Rechtsbürgers ursächlich war."

Dieser Grundsatz findet auch im Bußgeldrecht in Kartellsachen Anwendung. Nach der Praxis der EG-Organe ist danach die fehlende Tat- oder Rechtswidrigkeits-

---

150 ABl. 1986 Nr. C 231/2 [Erwäg. 5].

151 Vgl. auch die neue Bekanntmachung der Kommission über Vereinbarungen von geringer Bedeutung, ABl. 1997, Nr. C 372/13 [Erwäg. 5]: "Haben Unternehmen eine von Artikel 85 Absatz 1 [= Art. 81 Abs. 1 EGV n.F.] erfaßte Vereinbarung nicht angemeldet, weil sie gutgläubig annahmen, daß die Vereinbarung unter diese Bekanntmachung falle, so wird die Kommission keine Geldbußen verhängen." - Hingewiesen sei darauf, daß die neue Bagatellbekanntmachung den Spürbarkeitsbegriff - nunmehr ausschließlich - durch das quantitative Kriterium des "Marktanteils" der an der Vereinbarung beteiligten Unternehmen konkretisiert (näher dazu PAPAKIRIAKOU, Das griechische Verwaltungsstrafrecht, § 4 I A 5), so daß sich zukünftig "gutgläubige Irrtümer" grundsätzlich auf die Berechnung des Marktanteils beziehen werden.

152 *EuG* Urt. v. 29.5.91, Rs. T-12/90, *Bayer*, Slg. 1991, II-219.

kenntnis vor allem dann als unvermeidbar einzustufen, wenn sie auf einer falschen oder irreführenden Information der Kommission beruht[153].

EuGH, Urt. v. 16.12.75, verb. Rs. 40 u.a./73, *Suiker Unie u.a.*[154]: "Was die Geldbuße betrifft, so macht die Klägerin noch geltend, der etwaige Verstoß gegen Artikel 85 [= Art. 81 EGV n.F.] rechtfertige nicht die Verhängung einer Geldbuße, da sie, die Klägerin, durch die Bekanntmachung der Kommission von 1962 irregeleitet worden sei, die den Schluß nahegelegt habe, derartige Handelsvertreterverträge seien in jedem Falle mit den Bestimmungen dieses Artikels vereinbar. Zwar mußte sich die Klägerin dessen bewußt sein, daß die Organisation ihres Vertriebsnetzes auf der Grundlage von Vertreterverträgen mit Handelsunternehmen, die tatsächlich keine bloßen Hilfsorgane waren, geeignet war, den Wettbewerb einzuschränken [*also zumindest potentielles Tatbewußtsein, d.h. (Tat-)Fahrlässigkeit liegt vor*], es läßt sich jedoch nicht ausschließen, daß der Wortlaut jener Bekanntmachung zu der Annahme verleiten konnte, ein derartiges Vorgehen werde gleichwohl als mit dem Vertrag vereinbar hingenommen [*also möglicherweise fehlte dem betroffenen Unternehmen das Unrechtsbewußtsein bzw. nach dem Prinzip in dubio pro reo ist von diesem Fehlen auszugehen. - Wegen der irreführenden ("verleiten") Wirkung der Bekanntmachung der Kommission ist außerdem auch die Unrechtsfahrlässigkeit zu verneinen*]. Daher hat die vorliegende Zuwiderhandlung bei der Festsetzung der Höhe der Geldbuße außer Betracht zu bleiben."

KOME v. 19.12.90, 91/298/EWG, *Soda-Solvay und CFK*[155]: "[Rdn. 71] Bei der Festsetzung der Höhe der Geldbuße berücksichtigt die Kommission die Tatsache, daß sie bei den Verhandlungen mit Solvay in den Jahren 1980 bis 1982 eine zweijährige Kündigungsfrist bei 'Evergreen-Verträgen' akzeptiert und gegen die 'Wettbewerbsklauseln' in der geplanten Form keine Einwendungen erhoben hatte. Möglicherweise wurde *Solvay auch zu der Annahme veranlaßt, daß langfristige Mengenverträge*, aufgrund deren die Bezüge aus anderen Quellen auf 15% des Bedarfs des Abnehmers begrenzt wurden, *zulässig wären*. - Bei ihren jetzigen Nachprüfungen hat die Kommission festgestellt, daß diese Bestimmungen in der Praxis die Ausschließlichkeit von Solvay stärken helfen, insbesondere wenn sie mit anderen mißbräuchlichen Regelungen wie den geheimen Treuerabatten und inoffiziellen 'Zusagen', daß der Abnehmer seinen gesamten Bedarf von Solvay bezieht, verbunden sind. Die Kommission wird Solvay daher zur Aufgabe dieser Bestimmungen verpflichten, *unter den gegebenen Umständen aber eine Geldbuße nur wegen der Treuerabatte und der 'inoffiziellen' Ausschließlichkeitsvereinbarungen verhängen.*"

Als relevant könnte in diesem Zusammenhang auch der *Eco System / Peugeot*-Fall erwähnt werden, in dem allerdings mehrere Aspekte zugleich eine Rolle gespielt haben. - Als Maßnahme zum Schutze seines unter die GVO 123/85 fallenden[156] Vertriebsnetzes verteilte das Unternehmen Automobile Peugeot SA über ihre Tochtergesellschaften im Mai 1989 an alle Händler ihres Vertriebsnetzes in Belgien, Frankreich und Luxemburg ein Rundschreiben, in dem die Vertragshändler angewiesen wurden, ihre Lieferungen an die Firma ECO System oder jeden anderen Wiederverkäufer einzustellen, der für die Endabnehmer Fahrzeuge in den Ländern mit den günstigsten Preisen anschafft. Da sich

---

153 Vgl. TIEDEMANN, NJW 1993, 29.

154 Slg. 1975, S. 1663 [Rdn. 555 ff.].

155 ABl. 1991 Nr. L 152/16.

156 VO (EWG) Nr. 123/85 der Kommission vom 12. Dezember 1984 über die Anwendung von Artikel 85 Absatz 3 des Vertrages auf Gruppen von Vertriebs- und Kundendienstvereinbarungen über Kraftfahrzeuge (ABl. 1985, Nr. L 15/16) - inzwischen außer Kraft getreten.

die Firma ECO System allerdings in Wirklichkeit - wie sich Kommission, EuG und EuGH dazu einstimmig äußerten - nicht als "Wiederverkäuferin", sondern als bloße "Vermittlerin" im Sinne der GVO Nr. 123/85 betätigte, war Peugeot gemäß der genannten GVO zur Verhängung dieses Lieferungsstops nicht befugt. Auf die von ECO System eingelegte Beschwerde erging zunächst (im März 1990) eine einstweilige Anordnung und danach (im Dezember 1991) eine Verbotsentscheidung gegen Peugeot[157]. Die Verhängung einer Geldbuße wurde allerdings von der Kommission nicht in Betracht gezogen. Maßgeblich dafür könnte zwar sein, daß das fragliche Rundschreiben der Kommission informell übermittelt worden war. Wie die Kommission aber in ihrer Entscheidung betont, habe diese informelle und unvollständige Mitteilung nicht die Voraussetzungen einer förmlichen Anmeldung erfüllt[158]. Eine Geldbuße hätte also ohne Probleme verhängt werden können. Man kann deswegen davon ausgehen, daß für den Ahndungsverzicht (auch) andere Faktoren eine Rolle gespielt haben. Es ist vor allem daran zu denken, daß sowohl die Auslegung des Begriffs des "schriftlich bevollmächtigten Vermittlers" im Sinne des Art. 3 Nr. 11 GVO 123/85 als auch die genaue Bestimmung der Natur der Tätigkeit von ECO System erhebliche Schwierigkeiten aufwiesen - was sich an den Urteilen der europäischen Gerichte deutlich ablesen läßt[159]. Außerdem konnte sich Peugeot zur Begründung ihrer eigenen Auslegungsvariante auf eine Bekanntmachung der Kommission von 1984[160] berufen, von der die Kommission mit einer neuen, erst am Tage der Verbotsentscheidung erlassenen Bekanntmachung abwich[161]. Das EuG weigerte sich zwar, - angesichts auch eines klärenden Schreibens, das die Kommission an Peugeot bereits im Juli 1987 geschickt hatte - darin einen Verstoß der Kommission gegen den Grundsatz der Rechtssicherheit zu sehen[162]. Es ist aber zu bezweifeln, ob das Gericht denselben strengen Standpunkt eingenommen hätte, falls gegen Peugeot auch eine Geldbuße verhängt worden wäre, und nicht die Rechtswidrigkeit des Rundschreibens, sondern das Verschulden (der Rechtsirrtum) von Peugeot in Frage stände.

(ii) Langjährige Duldung

Der oben angesprochene (verwaltungsrechtliche) Grundsatz des Vertrauensschutzes steckt wohl auch hinter dem dritten Unvermeidbarkeitskriterium, dem der langjährigen Duldung der Kommission. Subjektive Unvermeidbarkeit kommt danach auch dann in Betracht, wenn die Kommission das ihr bekannte rechtswidrige Verhalten lange Zeit toleriert hat *und* der Betroffene hieraus auf die Zulässigkeit

---

157 *KOME* v. 4.12.91, 92/154/EWG, *Eco System / Peugeot*, ABl. 1992, Nr. L 66/1.

158 *KOME* v. 4.12.91, a.a.O. [Rdn. 24]. Die Kommission weist darauf hin, daß eine Einzelfreistellung bereits aus diesem Grund nicht hätte erteilt werden können.

159 *EuG* Urt. v. 22.4.93, Rs. T-9/92, *Peugeot*, Slg. 1993, II-0493; *EuGH* Urt. v. 16.6.94, Rs. C-322/93 P, *Peugeot*, Slg. 1994, I-2727.

160 Bekanntmachung 85/C 17/03 der Kommission vom 12. Dezember 1984 zu der Verordnung (EWG) Nr. 123/85, ABl. 1985, Nr. C 17/4.

161 Vgl. *EuG* Urt. v. 22.4.93, a.a.O. [Rdn. 20 und 65 f.].

162 Vgl. *EuG* Urt. v. 22.4.93, a.a.O. [Rdn. 71 ff., insb. 73 f.]; *EuGH* Urt. v. 16.6.94, a.a.O., [Rdn. 13 ff., insb. 15].

seines Verhaltens schließen konnte[163]. Der Maßstab für die vertrauensbildende Wirkung der Untätigkeit der Kommission ist nach objektiven Kriterien zu bestimmen.

Aufschlußreich ist in diesem Zusammenhang insbesondere das *EuGH*-Urteil im *Ferriere San Carlo*-Fall, das einen Verstoß gegen das Stahlquotensystem im Geltungsbereich des EGKS-Vertrag betrifft[164]: "[Rdn. 9] Soweit beim zweiten Klagegrund auf die Duldung der Kommission abgestellt wird, ist hervorzuheben, daß die Kommission auf das Vorbringen der Firma San Carlo eingeräumt hat, den Absatz von Betonstahl sowohl aus den am 30. Juni 1981 als auch aus den am 30. Juni 1982 vorhandenen Lagerbeständen unter Überschreitung der Lieferquoten faktisch geduldet zu haben. Die Kommission steht jedoch auf dem Standpunkt, den Unternehmen habe nicht verborgen bleiben können, daß diese Praxis seit dem 1. Juli 1983 nicht mehr vertretbar gewesen sei, da nach Artikel 2 Absatz 1 Unterabsatz 2 der Entscheidung Nr. 2177/83/EGKS die Verpflichtung, die Lagerbestände zu melden, auf die am 30. Juni 1983 vorrätigen Erzeugnisse der Gruppen II und III begrenzt worden sei. Dieser Umstand habe ausgereicht, um zum Ausdruck zu bringen, daß die auf Lager vorhandenen Erzeugnisse der Gruppe V (Betonstahl) nicht mehr dafür in Betracht gekommen seien, Verkäufe unter Überschreitung der zugeteilten Lieferquoten zu rechtfertigen... [Rdn. 13] Unter diesen Umständen hatte die *Firma San Carlo berechtigten Grund zu der Annahme, daß die Kommission im vierten Quartal 1983 nicht davon abgegangen war, die Lieferung von Betonstahl* sowohl aus den am 30. Juni 1981 als auch aus den am 30. Juni 1982 vorhandenen Lagerbeständen *unter Überschreitung der Quoten zu dulden*. Die Kommission war daher, bevor sie die angefochtene Sanktion verhängt, verpflichtet, der Frage nachzugehen, ob die beanstandete Überschreitung sich nicht der von ihr in den Jahren 1981 und 1982 geduldeten Praxis zuzuschreiben ließ. Schon aus der Begründung der angefochtenen Entscheidung erhellt indes, daß die *Kommission* es aus grundsätzlichen Erwägungen abgelehnt hat, eine solche Prüfung anzustellen. Sie *hat damit das Vertrauen verletzt*, das die Firma San Carlo berechtigterweise in den Fortbestand des über zwei Jahre hinweg geduldeten Zustandes setzen durfte. Daher ist auf den zweiten Klagegrund hin die Aufhebung der angefochtenen Entscheidung auszusprechen."

Auch die Entscheidung der *Kommission* im *Ford*-Fall läßt sich als Anhaltspunkt für die These der Beachtlichkeit der langjährigen behördlichen Duldung im Rahmen des Fahrlässigkeitsurteils heranziehen[165]: "Fords Verstoß ist ein *schwerer Verstoß*, weil er den Wettbewerb, aus dem die Verbraucher wesentliche Vorteile hätten ziehen können, behindert hat. - *Die Kommission hat jedoch Fords Ansprüche auf Freistellung* der Vertriebsvereinbarungen über Kraftfahrzeuge aufgrund der Verordnung (EWG) Nr. 123/85 sogar noch *toleriert*, als bereits die meisten Nachprüfungen in dieser Sache abgeschlossen wa-

---

163 DANNECKER (EJCCLCJ 1993, 236; vgl. DERS., in: I/M EG-WbR [1997], VO 17 Art. 15, Rdn. 194 und 296), stuft die behördliche Duldung lediglich als Grund ein, der im Rahmen des Opportunitätsprinzips oder als Ausprägung des Grundsatzes des Vertrauensschutzes zur Anwendung kommt. Wie bereits an früherer Stelle betont wurde, läßt sich zwar dieser Befund am besten mit dem Wortlaut der Entscheidungen und Urteile der Gemeinschaftsorgane vereinbaren. Dies hindert jedoch nicht daran, den relevanten Standpunkt der Gemeinschaftsorgane im Lichte der im Text vertretenen neuen Systematik aufzufassen und dogmatisch einzuordnen; vgl. dazu auch BÖSE, 205 f.; DUISBERG, S. 187.

164 *EuGH* Urt. v. 12.11.87, Rs. 344/85, *Ferriere San Carlo*, Slg. 1987, S. 4435 [Rdn. 9 ff.].

165 *KOME* v. 15.12.92, 93/46/EWG, *Ford Agricultural*, ABl. 1993 Nr. L 20/1 [Rdn. 20 ff.].

ren, *und hat auf diese Weise zu der Auffassung von Ford beigetragen, daß es rechtmäßig war, Verkäufe an nicht zugelassene Händler aufzudecken und zu verhindern.* - Die Kommission berücksichtigt außerdem, daß der größte Teil der Verstöße ... sechs oder mehr Jahre zurückliegen... - Die neuen Eigentümer von Ford haben eingesehen, daß das Verhalten von Ford ... einen Verstoß darstellt, und sie ergreifen energische Maßnahmen, damit sich diese Zuwiderhandlungen nicht wiederholen. Mit Rücksicht darauf und aufgrund der vorerwähnten außergewöhnlichen Umstände vertritt die Kommission die Auffassung, daß es *unangemessen wäre, eine Geldbuße* gegen Ford festzusetzen."[166]

Haben allerdings zu der lang dauernden Duldung der Kommission auch die betroffenen Unternehmen mit einer irreführenden Darstellung der Sachlage beigetragen, kann die behördliche Duldung höchstens als schuldmindernder bzw. strafmildernder Faktor angenommen werden[167].

Schließlich ist zu beachten, daß die Fehlvorstellungen der betroffenen Unternehmen nicht schon deswegen als subjektiv unvermeidbar betrachtet werden können, weil die Kommission den in der Fachpresse bezüglich des beanstandeten Verhaltens veröffentlichten einschlägigen Berichten nicht sofort nachgegangen ist. Erst wenn die Kommission eine begründete Beschwerde erhielt und/oder (zumindest informell) durch die objektiv zuwiderhandelnden Unternehmen umfassend informiert wurde und sich trotzdem für eine anschließende lange Zeit von jeder Maßnahme Abstand nahm[168], kann der Aspekt der Unvermeidbarkeit in Erwägung gezogen werden.

---

166 Vgl. auch den FEFC-Fall (*KOME* v. 21.12.1994, 94/985/EG, *Far Eastern Freight Conference*, ABl. 1994, Nr. L 378/17), in dem sich die Kommission trotz der Feststellung [Rdn. 153] einer "sehr schweren Zuwiderhandlung" (gemeinsame Festsetzung der Preise für die Beförderung von Fracht in Containern auf dem Landabschnitt im Rahmen der von den Mitgliedern der Linienkonferenz FEFC angebotenen Haus-zu-Haus-Verkehrsdiensten) auf symbolische Geldbußen (10.000 ECU) beschränkt und dies unter anderem damit rechtfertigt [Rdn. 158], "daß die fraglichen Praktiken weithin bekannt waren und daß aus verschiedenen Gründen die Verabschiedung dieser Entscheidung bezüglich dieser Praktiken mehr Zeit in Anspruch genommen hat, als es ansonsten der Fall gewesen wäre".

167 *KOME* v. 25.3.92, 92/212/EWG, *Eurocheque: Helsinki Vereinbarung*, ABl. 1992 Nr. L 95/50: "[Rdn. 79] Außerdem könnte der Kommission vorgeworfen werden, was die Beteiligten im übrigen getan haben, daß sie Ende 1984 nicht versucht hat, die tatsächliche Bedeutung der Helsinki-Vereinbarung zu ermitteln. Die französischen Banken hatten insoweit in einer Antwort auf ein Auskunftsersuchen damals in unbestimmter und täuschender Art und Weise die Vereinbarung erwähnt, indem sie andeuteten, diese sei zu 'Versuchszwecken' geschlossen worden."

168 Leitet zwar die Kommission ein Verfahren gegen das beschuldigte Unternehmen ein und gibt damit zu erkennen, daß ein Verstoß vorliegt, läßt sie aber aus Gründen mangelnder Sorgfalt übermäßige Zeit bis zum Erlaß der endgültigen Entscheidung verstreichen, dann kann dies unter Umständen als mildernder Umstand bei der Bemessung der Geldbuße berücksichtigt werden; vgl. dazu *EuG* Urt. v. 7.7.94, Rs. T-43/92, *Dunlop*, Slg. 1994, II-441 [Rdn. 165 ff.] ("[Rdn. 167] Unter bestimmten Umständen kann die Sorgfalt der Kommission bei der Untersuchung einer Sache im Rahmen der dem betroffenen Unternehmen aufzuerlegenden Geldbuße Berücksichtigung finden"); im diesem, eine Alleinvertriebsvereinbarung mit Export-

Im *SPO*-Fall, in dem es um unangemeldete schwere Verstöße der niederländischen Unternehmensvereinigungen des Bausektors (Regelungen zur Reglementierung des Wettbewerbs im Rahmen von Ausschreibungen in der Bauwirtschaft) ging, stellte deswegen zu Recht das *EuG* folgendes fest[169]: "[Rdn. 360] Die Klägerinnen können der Kommission nicht vorwerfen, nicht eher gegen die Regelungen vorgegangen zu sein. Daß die Regelungen öffentlich zugänglich und in der Fachpresse oft besprochen worden sind, kann die Kommission nämlich ohne eine förmliche Beschwerde nicht dazu verpflichten, ein Verfahren betreffend Artikel 85 Absatz 1 EWG-Vertrag [= Art. 81 Abs. 1 EGV n.F.] einzuleiten. Auch hier versuchen die Klägerinnen der Kommission anzulasten, nicht eher tätig geworden zu sein, obwohl sie selbst über die Möglichkeit verfügten, ihre Regelungen bei der Kommission anzumelden, um in den Genuß einer Freistellung und des Schutzes vor Geldbussen zu kommen"[170].

(c) Irreführende Beratung

Die Entscheidung, ob das irreführende Verhalten *anderer* Personen - wie beispielsweise das eines Rechtsanwaltes, den das Unternehmen zur Ausarbeitung seiner Verträge zu Rat zieht, oder eines Gutachters, der zur Bewertung der Marktposition des Unternehmens herangezogen wird, oder das einer Berufsvereinigung oder einer nationalen Stelle, die auf Anfrage des Unternehmens zur Rechtslage in der Gemeinschaft Informationen erteilt - die subjektive Unvermeidbarkeit des Verstoßes begründen kann, sollte den Umständen des Einzelfalles (Zuverlässigkeit der Beratungsstelle, Umfang und Wettbewerbsrelevanz des Vorhabens, Zumutbarkeit des finanziellen Aufwands für die Heranziehung mehrerer Berater, Gutgläubigkeit des Unternehmens u.s.w.) überlassen bleiben. Die europäischen Gerichte verneinten zwar bereits in zwei Fällen ausdrücklich die Relevanz der falschen Rechtsauskunft von Rechtsanwälten für die subjektive Verantwortung der betroffenen Unter-

verboten betreffenden Fall wurde allerdings trotz des Ablaufs von 5 Jahren von der Einreichung der Beschwerde bis zum Erlaß der Entscheidung kein Sorgfaltsmangel der Kommission festgestellt.

169 *EuG* Urt. v. 21.2.95, Rs. T-29-92, *SPO u.a.*, Slg. 1995, II 289.

170 Vgl. auch *EuG* Urt. v. 21.2.95, a.a.O. [Rdn. 380], wo es um die von den Klägerinnen beantragte Milderung der Geldbußen geht: "Es ist daran zu erinnern, daß die Klägerinnen der Kommission nicht vorwerfen können, nicht eher eingeschritten zu sein, da sie die Möglichkeit hatten, die Kommission durch die Anmeldung der Regelungen dazu zu zwingen. Die Umstände, die zu dem Urteil des Gerichtshofes in der Rechtssache Istituto Chemiotherapico und Commercial Solvents / Kommission (a.a.O.) geführt haben, unterscheiden sich stark von denen des vorliegenden Falls, da, wie die Kommission ausgeführt hat, sie in dieser Rechtssache mit einer Beschwerde befaßt gewesen war, der sie aber nicht unverzüglich Folge geleistet hatte. Im vorliegenden Fall ist bei der Kommission eine Beschwerde der Stadt Rotterdam erst eingegangen, nachdem die Klägerinnen die Regelungen angemeldet hatten. Dieser Unterschied ist von Bedeutung, da die Kommission mit der Einreichung einer Beschwerde über die Einzelheiten des beanstandeten Verhaltens unterrichtet wird, während im vorliegenden Fall die Kommission über den objektiven Inhalt der Regelungen erst durch deren Anmeldung unterrichtet wurde."

nehmen[171]. Es darf aber nicht übersehen werden, daß sich in beiden Fällen die angeblich falsche Beratung auf offenkundige Rechtsverstöße bezog (Exportverbote), die von den Gemeinschaftsorganen wiederholt in der Vergangenheit als schwere Zuwiderhandlungen mißbilligt worden waren. Die Glaubwürdigkeit der fraglichen Einwände war also gering. Verallgemeinernde Schlüsse aus diesen vereinzelten Fällen zu ziehen, wäre daher verfehlt[172].

171 *EuGH* Urt. v. 1.2.78, Rs. 19/77, *Miller*, Slg. 1978, S. 131 [Rdn. 17 f.]. Die wegen Exportverbote von der Kommission mit einer Geldbuße geahndete Miller International Schallplatten GmbH machte vor dem EuGH geltend, sie hätte bei der Abfassung der Exportverbote nicht das Bewußtsein gehabt, gegen das Verbot des Art. 85 Abs. 1 EGV a.F. zu verstoßen, und berief sich dabei zum Beweis ihrer Behauptung darauf, daß die Stellungnahme des von ihr zu Rate gezogenen Rechtsanwaltes in keiner Weise auf eine mögliche Unvereinbarkeit ihres Verhaltens mit den EG-Wettbewerbsregeln hinwies. Der EuGH stellte jedoch fest: "[Rdn. 18] Die fraglichen [exportverhindernden] Klauseln sind, wie aus allem bisher Gesagten ergibt, von der Klägerin aufgestellt oder hingenommen worden; sie konnte sich dabei nicht in Unkenntnis darüber befinden, daß die Klauseln eine Einschränkung des Wettbewerbs zwischen ihren Abnehmern bezweckten. *Deshalb kommt es nicht darauf an, ob die Klägerin sich der Zuwiderhandlung gegen das Verbot des Artikels 85* [= Art. 81 EGV n.F.] *bewußt war oder nicht. Die Äußerung eines Rechtsberaters, auf die sich beruft, kann sie insoweit nicht entschuldigen.* Es ist also anzunehmen, daß die vom Vertrag verbotenen Handlungen vorsätzlich und unter Verstoß gegen die Bestimmungen des Vertrages begangen wurden." - Unter Berufung auf diese EuGH-Rechtsprechung wies zuletzt auch das EuG den Verteidigungseinwand der Unternehmen BASF und Accinauto zurück, der darin bestand, daß die bei Abschluß der Vereinbarung zwischen beiden Unternehmen hinzugezogenen Juristen die von der Kommission beanstandete Klausel - wonach Accinauto verpflichtet wurde, von außerhalb des Vertragsgebiets kommende Kundenanfragen an die BASF weiterzuleiten - für gemeinschaftsrechtskonform gehalten hätten, so daß den Vertragsparteien und ihren Mitarbeitern während der Laufzeit der Vereinbarung nicht bewußt gewesen sei, daß sie einen Verstoß gegen die Wettbewerbsregeln des Vertrages begangen hätten. Das EuG führte dabei aus (*EuG* Urt. v. 19.5.99, Rs. T-175/95, *BASF Lacke + Farben*, Slg. 1999, II-1581): "[Rdn. 152] Für eine vorsätzliche Zuwiderhandlung gegen die Wettbewerbsregeln des Vertrages genügt es, wenn dem Unternehmen bewußt war, daß das gerügte Verhalten eine Wettbewerbsbeeinträchtigung bezweckte, gleichviel, ob es sich dabei auch bewußt war, gegen ein in diesen Regeln enthaltenes Verbot zu verstoße... Wie sich aus den obigen Feststellungen des Gerichts ergibt, konnte sich die Klägerin nicht in Unkenntnis darüber befinden, daß die beanstandete Klausel der Vereinbarung von 1982 bezweckte, Paralleleinfuhren zu beschränken und damit durch die Abschottung der einzelnen nationalen Märkte dem vom Vertrag angestrebten Ziel der Verwirklichung des einheitlichen Marktes zuwiderzulaufen. Die Äußerung eines Rechtsberaters, auf die sie sich beruft, kann sie insoweit nicht entschuldigen (Urteil Miller / Kommission, Randnr. 18)." So auch *EuG* Urt. v. 19.5.99, Rs. T-176/95, *Accinauto*, Slg. 1999, II-1635 [Rdn. 119].

172 In anderen Fällen, in denen die falsche Rechtsberatung als Verteidigungseinwand vorgetragen wurde, war der Einwand bereits aus tatsächlichen Gründen abzulehnen. Entgegen dem Verteidigungsvorbringen der betroffenen Unternehmen hatte so beispielsweise im *BMW Belgium-Fall* (*EuGH* Urt. v. 12.7.79, verb. Rs. 32/78 u. 36-82/78, *BMW Belgium u.a.*, Slg. 1979, S. 2435) der Rechtsberater den Unternehmen nicht die Rechtswidrigkeit der geplanten Exportverbote verneint, sondern nur Änderungen vorgeschlagen, die den Rechtsverstoß nicht

(d) Unklare Rechtslage

Subjektive Unvermeidbarkeit kann schließlich die Tatsache begründen, daß die Fehlvorstellungen der betroffenen Unternehmen auf theoretisch umstrittene Anwendungsbereiche der gemeinschaftsrechtlichen Wettbewerbsregeln beziehen, für die keine Urteile und Entscheidungen der EG-Organe ergangen sind, so daß die Unternehmen auch keinen besonderen Anlaß zur Vorsicht und zu Zweifeln an der Rechtmäßigkeit ihres Verhaltens hatten[173].

KOME v. 23.12.77, 78/252/EWG, *Pergamentpapier*[174]: "[Rdn. 83] Die Verhaltensweise der GVPA-Mitglieder, die sich in der *gegenseitigen Unterrichtung* über die von ihnen ausgeführten Mengen und das Niveau ihrer Preise äußerte, stellt eine Zuwiderhandlung dar, die *nicht notwendigerweise vorsätzlich oder fahrlässig* begangen worden ist. Im Zeitpunkt der Zuwiderhandlung hatte die Anwendung der Wettbewerbsregeln des EWG-Vertrags *noch nicht* zu *Kommissionsentscheidungen* geführt, welche die Tragweite der Regeln in dieser Hinsicht ausreichend verdeutlichen. Daher sind die Voraussetzungen für die Anwendung des Artikels 15 Absatz 2 der Verordnung Nr. 17/62 insoweit nicht erfüllt."

Auf die Unklarheit der europäischen Rechtslage und die erhebliche Divergenzen der mitgliedstaatlichen Rechtsauffassungen beruft sich auch GA *Reischl* in seinen Schlußanträgen v. 19.9.78 im *Hoffmann-La Roche*-Fall, um den Rechtsirrtum über die mißbräuchliche Ausnutzung einer beherrschenden Stellung als Umstand einzustufen, der die Schuld ausschließt oder stark mindert[175]: "Angesichts all dieser Überlegungen - denen gegenüber meines Erachtens *nicht überzeugend darauf verwiesen werden kann*, die Klägerin habe sich durch *Einholung von Rechtsauskünften absichern* können und es habe für sie aufgrund der Kenntnisse des nationalen Rechts, das tatsächlich zum Teil erheblich divergiert, *Anlaß zur Vorsicht* bestanden - sollte man nicht zögern, von einem *entschuldbaren Rechtsirrtum* in bezug auf die Anwendung des Artikels 86 [= Art. 82 EGV n.F.] auf ihren Fall zu sprechen. Zumindest läßt sich die Annahme vertreten, es liege ein so geringes Maß an Schuld vor, daß für die Verhängung einer Geldbuße kein Anlaß bestand, und dies namentlich einem Unternehmen gegenüber, das sich im Verwaltungsverfahren anerkanntermaßen außerordentlich kooperativ verhalten und sich sogleich zur Einstellung des gerügten Verhaltens bereit gefunden hat"[176].

"zu offensichtlich" machen würden (vgl. die Schlußanträge des *GA Warner* v. 12.6.79, Slg. 1979, S. 2484 [S. 2495 f.]).

173 SAUTER, in: LANGEN / BUNTE [8. Aufl.], Bd. 1, VO 17/62 Art. 15, S. 1910 (Rdn. 11): "Bei objektiv (bona fide) unsicherer, durch die Verwaltungspraxis noch nicht geklärter Rechtslage ist von der Verhängung von Geldbußen abzusehen." Vgl. auch KERSE (3. Aufl., S. 257 Rdn. 7. 15), der darauf hinweist, daß beispielsweise bislang keine Geldbuße gegen kooperative Unternehmenszusammenschlüsse (joint ventures) verhängt worden sei; zum Verzicht auf Geldbußen bei der Fusionskontrolle im Zusammenhang mit neuen und komplexen Regelungen siehe JONES / GONZÁLEZ-DÍAZ, The EEC Merger Regulation [1992], S. 198; zur Bedeutung des Mangels an Präzedenzfällen vgl. DUISBERG, S. 154 ff.

174 ABl. 1977 Nr. L 70/54.

175 Rs. 85/76, *Hoffmann-La Roche*, Slg. 1979, S. 461 [596 f.].

176 Siehe ferner die eingangs angeführten Urteile, Entscheidungen, und Schlußanträge (II A 1), die das Unrechtsbewußtsein bereits zum "Vorsatz" zuordnen.

KOME v. 19.12.1984, 85/202/EWG, *Zellstoff*[177]: "[Rdn. 146] Da dies das *erste Einschreiten* der Kommission gegen eine Exportorganisation unter dem Webb Pomerene Act ist, hat die Kommission in diesem Fall die *Einlassung der Adressaten der Entscheidung, sie hätten nicht gewußt, daß ihr Verhalten gegen das Wettbewerbsrecht der Gemeinschaft verstieß, berücksichtigt*, soweit sich dieser Verstoß ausschließlich auf die Ebene der KEA beschränkte. Dieser Einlassung kann jedoch nicht gefolgt werden, soweit es um die Beteiligung der KEA und / oder ihrer Mitglieder an der Abstimmung mit Hersteller geht, die nicht Mitglieder der Vereinigung waren."[178]

EuG Urt. v. 7.7.94, Rs. T-43/92, *Dunlop*[179]: "[Rdn. 142] Die Klägerin beruft sich auf das Fehlen von *Präzedenzfällen*, in denen die Kommission das Verhalten von Unternehmen, das dem ihren vergleichbar sei, beanstandet hätte... [Rdn. 143] Zwar kann die Kommission oder der Gemeinschaftsrichter bei der Festsetzung der einem Unternehmen für Wettbewerbsbehinderungen aufzuerlegenden Geldbuße unter bestimmten Umständen *berücksichtigen, daß die beanstandeten Verhaltensweisen zur Tatzeit in der Entscheidungspraxis der Kommission nicht klar als solche erkennbar waren...* Die Klägerin kann jedoch nicht ernstlich behaupten, daß dies bei einem allgemeinen, einem Alleinvertriebsnetz auferlegten Verbot der Fall sei, Vertragserzeugnisse wieder auszuführen, das zudem noch von verschiedenen Zwangsmitteln begleitet war. Es steht nämlich zur Genüge fest, daß solche Verhaltensweisen, die dem wahren Zweck des vom EWG-Vertrag gewollten einheitlichen Marktes zuwiderzulaufen bezwecken oder bewirken, indem sie die nationalen Märkte gegeneinander abschotten, nach ständiger Rechtsprechung ihrem Wesen nach gegen Artikel 85 Absatz 1 EWG-Vertrag [= Art. 81 Abs. 1 EGV n.F.] verstoßen."[180]

Hat allerdings ein Unternehmen trotz der bestehenden Unklarheiten anhand von deutlichen Zeichen (z.B. einem Schreiben der Kommission) erkannt, daß sein Verhalten möglicherweise gegen das Gemeinschaftsrecht verstößt, und hat - statt sich näher nach dem genauen Standpunkt der Gemeinschaftsorgane zu erkundigen - das Risiko eines möglichen Irrtums bewußt auf sich genommen, dann kann das Verteidigungsvorbringen der unklaren Rechtslage keinen Erfolg mehr haben.

---

177 ABl. 1985 Nr. L 85/1.

178 Bestätigt durch *EuGH* Urt. v. 31.3.93, verb. Rs. C-89/85 u.a., *A. Ahlström u.a. II*, Slg. 1993, I-1307: "[Rdn. 187] Aus Abschnitt 146 der Entscheidung geht hervor, daß gegen die US-amerikanischen Hersteller keine Geldbuße wegen ihrer Beteiligung an der Tätigkeit der KEA festgesetzt worden ist. Da es sich bei diesem Verfahren um das erste handelte, in dem der Webb Pomerene Act eine Rolle spielte, hat die Beklagte den betroffenen Herstellern nämlich zugestanden, daß sie nicht gewußt haben, daß ihr Verhalten gegen den EWG-Vertrag verstieß."

179 Slg. 1994, II-441.

180 Weitere Beispiele für einen Ahndungsverzicht im Rahmen des *Art. 86* EGV a.F. wegen ungeklärter Rechtslage und fehlender (Unrechts)Fahrlässigkeit der Unternehmen bei DANNECKER / FISCHER-FRITSCH, S. 301 f. (Kommentierung der *KOME* in den Fällen *Continental Can, ABG / in den Niederlanden tätige Mineralölgesellschaften* und *Magil TV Guide / ITP, BBC, RTE*); zur Behandlung der Rechtsunklarheiten bei der Ahndungspraxis siehe DANNECKER / FISCHER-FRITSCH, S. 302 ff.: "Bei Rechtsunklarheiten in bezug auf die Abgrenzungskriterien zwischen erlaubtem und verbotenem Verhalten weicht die Kommission nicht selten auf formlose Einstellungen aus, jedenfalls zieht sie die Verhängung von Geldbußen nicht ernsthaft in Betracht. Gleichermaßen verzichtet sie auf Sanktionen, wenn sie ihre Verwaltungspraxis ändert."

Diese Konstellation läßt sich vorbildlich am *EuGH*-Urteil im *Estel*-Fall veranschaulichen, das - wie das früher erwähnte Ferriere San Carlo-Urteil - einen Verstoß gegen das Stahlquotensystem im Geltungsbereich des EGKS-Vertrags zum Gegenstand hatte:[181]: "[Rdn. 29] Im vorliegenden Fall stellt sich die Frage, ob die Verhängung einer Geldbuße gegen die Firma Estel *mit dem Legalitätsgrundsatz vereinbar* war, wenn die Firma Estel guten Glaubens von einer anderen als der von der Kommission empfohlenen Berechnungsmethode für die Anpassung der Quote für das vierte Quartal 1981 ausgehen durfte oder wenn zumindest Ungewißheit über die anzuwendende Methode bestand... [Rdn. 32] Zwar konnte die Firma Estel im dritten Quartal 1981 im Zweifel über die anzuwendende Methode für die Berechnung der Anpassung sein, sie wußte aber tatsächlich spätestens ab Mitte November 1981, daß die Kommission eine andere Methode als sie anwenden würde. [Rdn. 33] Aus den Akten geht hervor, daß zwischen der Firma Estel und Eurofer auf der einen Seite und der Kommission auf der anderen Seite mehrmals ein Meinungsaustausch über die Berechnung der Quotenanpassungen stattfand und daß die Kommission rechtzeitig erkennen ließ, welches ihrer Ansicht nach die richtige Berechnungsmethode war. [Rdn. 34] Selbst wenn es nicht möglich gewesen sein sollte, dies aus dem *Schreiben von Eurofer* an die Kommission vom 29. September 1981 abzuleiten, so geht doch klar aus dem *Schreiben der Kommission* an Eurofer vom 10. November 1981 hervor, daß *Estel die von der Kommission für richtig erachtete Methode kennen mußte*. Die Kommission nahm in ihrem Fernschreiben vom 1. Dezember 1981 an die Firma Estel auf ihren mehrfachen Meinungsaustausch mit diesem Unternehmen bezug. [Rdn. 35] Außerdem wußte die Firma Estel, selbst wenn sie die Berechnungsmethode der Kommission nicht richtig verstanden haben sollte, zumindest, daß die Kommission eine andere Methode als sie selbst anwandte, und sie *hätte deshalb die Kommission um eine Erläuterung ersuchen können*. Jedenfalls durfte sie, wenn sie anderer Auffassung als die Kommission war, nicht ihre eigene Auslegung an die Stelle derjenigen der Kommission setzen. [Rdn. 36] Die Firma Estel hat somit *bewußt in Kauf genommen*, ihre Quoten für das vierte Quartal 1981 zu überschreiten. Deshalb kann das Unternehmen sich nicht mehr auf seine angebliche Gutgläubigkeit oder auf eine mögliche Ungewißheit in diesem Punkt berufen. [Rdn. 37] Die Rüge einer Verletzung des Legalitätsgrundsatzes ist daher zurückzuweisen. [Rdn. 38] *Hilfsweise* macht die Klägerin geltend, sie habe im vierten Quartal geglaubt und glauben dürfen, sie sei berechtigt, ihre eigene Methode für die Berechnung der Quotenanpassung anzuwenden. Da sie an der Richtigkeit dieser Methode keine Zweifel gehegt habe und habe hegen müssen, habe sie sich in einem *entschuldbaren Irrtum* über die richtige Berechnungsmethode befunden ... [Rdn. 41] Wie der Gerichtshof bereits zu der zweiten von der Klägerin, zur Begründung Ihres Hauptantrags vorgebrachten Rüge erklärt hat, hat die Klägerin, wie die oben erwähnten Tatsachen zeigen, *bewußt das Risiko eines möglichen Irrtums auf sich genommen*. Dieser *Irrtum ist nicht entschuldbar*, denn die Klägerin durfte nicht ihre eigene Auslegung an die Stelle der Auffassung der Kommission setzen."

Ebensowenig kann das Argument der unklaren Rechtslage durchgreifen, wenn sich die Rechtsunklarheiten nur auf Einzelaspekte des wettbewerbsrelevanten Sachverhaltes beziehen, und zugleich feststeht, daß *vergleichbare* Rechtsfragen bereits in der Vergangenheit von den Gemeinschaftsorganen entschieden worden sind.

---

181 *EuGH* Urt. v. 17.5.84, Rs. 83/83, *Estel*, Slg. 1984, S. 2195.

Dies läßt sich z.B. am *EuGH*-Urteil im *Michelin*-Fall veranschaulichen[182]. Im fraglichen Fall stellte sich die Frage, ob das von Michelin Niederlande verwendete System von "Zielrabatten" ebenso wie Treuerabatte unter Art. 86 EGV a.F. fiel, weil die Kunden über die Gewährung eines finanziellen Vorteils vom Bezug bei konkurrierenden Händlern abgehalten wurden. Vor dem EuGH machte Michelin Niederlande geltend, weder vorsätzlich noch fahrlässig gehandelt zu haben. Die Mißbräuche, die ihr von der Kommission vorgeworfen würden, stellten eine neue Auslegung des Art. 86 EGV a.F. dar. Diese Änderung der Verwaltungspraxis habe sie nicht vorhersehen können[183]. Der EuGH betont aber die Erkennbarkeit des Rechtsverstoßes und bestätigt damit die Kommissionsentscheidung, die von einem "zumindest" fahrlässigen Verhalten von Michelin ausgegangen war[184]: "[Rdn. 107 f.] ... [D]ie Tatsachen, die es rechtfertigen, sowohl eine marktbeherrschende Stellung anzunehmen als auch in dem streitigen Rabattsystem einen Mißbrauch dieser Stellung zu sehen, [waren] der NBIM bekannt... Dieses System wurde vorsätzlich eingeführt. *Daß sich weder die Kommission noch der Gerichtshof bisher zu einem Rabattsystem mit denselben Merkmalen, wie sie das streitige System aufweist, geäußert hat, entlastet die NBIM nicht.* Jedenfalls *mußte* die NBIM angesichts der früheren Entscheidungen der Kommission und der Rechtsprechung des Gerichtshofes *damit rechnen*, daß dieses System unter Artikel 86 EWG-Vertrag [= Art. 82 EGV n.F.] fallen würde. - Die Kommission dürfte somit der NBIM gemäß Artikel 15 Absatz 2 der Verordnung Nr. 17 eine Geldbuße auferlegen."

Ähnlich wie im Falle der unrichtigen Interpretation des Gemeinschaftsrechts, wo die europäischen Rechtsanwender die Fehlvorstellungen der Unternehmen grundsätzlich nur dann schuldausschließend zu berücksichtigen bereit sind, wenn die ursächliche falsche Informierung von der Seite eines Gemeinschaftsorgans kommt, zeigt sich also auch hier, daß die europäischen Organe den auf der unbestimmten Formulierung der kartellrechtlichen Verhaltensnormen beruhenden Fehlvorstellungen eines Unternehmens nur so lange schuldausschließende Bedeutung beimessen, wie sie an der Unbestimmtheit "Mitschuld" tragen, weil sie im Rahmen des gebotenen Rechtskonkretisierungsprozesses noch nicht tätig geworden sind. Sind klärende Urteile der europäischen Gerichte oder Klarheit schaffende Entscheidungen oder Mitteilungen der Kommission ergangen, so geht das Risiko für jeden Irrtum auf die Unternehmen über, denen eine strenge Erkundigungspflicht auferlegt wird.

KOME v. 25.11.92, 92/568/EWG, *Verkauf von Fahrausweisen im Eisenbahnverkehr durch Reisebüros*[185]: "[Rdn. 110] In dem Verfahren erklärte der UIC, daß er im *guten Glauben* gehandelt habe in der Annahme, daß die im vorliegenden Fall geltende Verfahrensordnung die *Verordnung (EWG) Nr. 1017/68* sei und infolgedessen eine Anmeldung der Entscheidung über eine Unternehmensvereinbarung für die Gewährung einer Freistellung nicht abdingbar sei. Im übrigen waren nach Ansicht des UIC alle Voraussetzungen für die Inanspruchnahme einer solchen Freistellung erfüllt. [Rdn. 111] Hierzu ist festzu-

---

182 *EuGH* Urt. v. 9.11.83, Rs. 322/81, *Michelin*, Slg. 1983, S. 3461.

183 *EuGH* Urt. v. 9.11.83, a.a.O. [Rdn. 106]; vgl. auch DANNECKER / FISCHER-FRITSCH, S. 302.

184 *KOME* v. 7.10.81, 81/969/EWG, *Michelin Niederlande - BF/NBIM*, ABl. 1981 Nr. L 353/33: "[Rdn. 56] Die Kommission gelangte nämlich zu dem Schluß, daß NBIM *zumindest fahrlässig* gegen Artikel 86 EWGV [= Art. 82 EGV n.F.] verstoßen hat."

185 ABl. 1992 Nr. L 366/47.

stellen, daß der *Gerichtshof schon 1987 die Anwendbarkeit der Wettbewerbsregeln auf die Verträge von Unternehmen bestätigt* und eindeutig die Unzulässigkeit von horizontalen Vereinbarungen zwischen Unternehmen oder Beschlüsse von Unternehmensvereinigungen, die Gegenstand dieses Verfahrens sind und die Rückerstattung eines Teils der Provision betreffen, festgestellt hat. *Schon 1987 mußte der UIC also Kenntnis davon haben*, daß die Vorschriften des UIC-Merkblatts gegen die Wettbewerbsregeln verstießen oder zumindest geeignet waren, dagegen zu verstoßen. - Es steht aber fest, daß der UIC in der Zeit von 1987 bis zu dem Zeitpunkt der Übersendung der Beschwerdepunkte keine Arbeiten unternommen hat, um das betreffende UIC-Merkblatt an das Gemeinschaftsrecht anzupassen."

(e) Zusammenfassung

Die EG-Organe gehen insgesamt bei der Beurteilung der subjektiven Vermeidbarkeit eines Rechtsverstoßes von zwei weit gefaßten, an der Größe und dem Potential des jeweiligen Unternehmens ausgerichteten Sorgfaltspflichten aus[186].

Zunächst geht es um die *Pflicht zur sorgfältigen Erhebung von Marktinformationen* und ständigen Bewertung der eigenen Marktposition. Die fehlende Kenntnis der Marktlage läßt sich als unvermeidbar einstufen und entlastet das Unternehmen nur dann, wenn diese Unkenntnis trotz der gutgläubigen und sorgfältigen Auseinandersetzung mit dem fraglichen Erkenntnisobjekt (Marktstruktur, Marktanteile u.s.w.) entstanden ist.

Sodann - und vor allem - geht es um die *Pflicht zur sorgfältigen Erkundigung nach dem Standpunkt der Gesetzgebung, der Verwaltungspraxis und der Rechtsprechung*. Unternehmen, die in der Gemeinschaft tätig werden, müssen sich mit den (grundlegenden) Rechtstexten und mit den Grundzügen des von den Gemeinschaftsorganen vorgenommenen Rechtskonkretisierungsprozesses vertraut machen und in jedem Zweifelsfall bereit sein, ihr Vorhaben anzumelden[187]. Fehlt es aller-

---

186 *KOME* v. 7.10.81, 81/969/EWG, *Michelin Niederlande - BF/NBIM*, ABl. 1981 Nr. L 353/33: "[Rdn. 56] Die Kommission gelangte ... zu dem Schluß, daß NBIM zumindest fahrlässig gegen Artikel 86 EWGV [= Art. 82 EGV n.F.] verstoßen hat.... [Es] ist zu berücksichtigen, daß NBIM zu einem Konzern gehört, der auf dem europäischen Markt eine derart bedeutsame Stellung einnimmt, die ihm gebietet, die *Entwicklung des europäischen Rechts aufmerksam zu verfolgen und seine Politik darauf abzustimmen.*" *EuGH* Urt. v. 13.2.79, Rs. 85/76, *Hoffmann-La Roche*, Slg. 1979, S. 461: "[Rdn. 138] Außerdem folgt aus der - jedenfalls bei den meisten Vitamingruppen gegebenen - Größe der Marktanteile der Klägerin, daß ihre Überzeugung, sie habe keine beherrschende Stellung innegehabt, nur das Ergebnis einer *ungenügenden Prüfung der Struktur der Märkte*, auf denen sie tätig war, oder der Weigerung sein kann, diese Strukturen zu berücksichtigen. Die Voraussetzungen für die Anwendung des Artikels 15 der Verordnung Nr. 17 liegen somit vor."

187 KERSE [3. Aufl.], S. 258 (m.w.Nachw.): "But it is not only multinationals who must take care... The Commission certainly expects firms, including those based outside the Community, to be correctly informed of the legal position in their major markets ... and its own decisions ..., and of the existence of block exceptions and if their agreements go beyond what is permitted, the need for them to be notified."

dings an ausdrücklichen rechtlichen Regelungen oder an klärenden Bekanntmachungen, Entscheidungen und Urteilen der Gemeinschaftsorgane, die (ernsthafte) Zweifel an der Rechtmäßigkeit nahe legen, oder tragen die Gemeinschaftsorgane mit einem irreführenden Verhalten (mißverständliche Bekanntmachungen, lang dauernde Toleranz eines bekannten Verstoßes) zu der Entstehung von Fehlvorstellungen bei, dann sind die Unternehmen für ihr darauf folgendes objektiv wettbewerbswidriges Marktverhalten grundsätzlich nicht bußgeldrechtlich zu belasten.

Wenn sich ein Unternehmen also *weder* auf komplexe Marktstrukturen, *noch* auf das irreführende Verhalten der Gemeinschaftsorgane (oder zumindest einer dritten zuverlässigen Beratungsstelle), *noch* auf die unklare Rechtslage berufen kann, hat es kaum Chancen, den Standpunkt einer subjektiven Unvermeidbarkeit seines Verstoßes zu verteidigen. Eine letzte Möglichkeit ist nur darin zu sehen, daß das Unternehmen sein Verhalten bereits angemeldet hat - seine Erkundigungspflicht also praktisch erfüllt hat - und sein (Rechts-)Irrtum gerade in einer auf guten Gründen beruhenden *Fehleinschätzung der Reichweite der Anmeldung* besteht. Die Gemeinschaftspraxis zeigt sich auch in solchen Fallkonstellationen und angesichts der durch das Unternehmen freiwillig hergestellten Behördenpublizität bereit, von der (schuldausschließenden) Unvermeidbarkeit des Irrtums auszugehen.

(3) Konsequenzen für die Irrtumslehre

Die Anerkennung einer Grenze, deren Überschreitung die Schuldzurechnung begründet, eröffnet die Möglichkeit, die Irrtumseinwände der betroffenen Unternehmen im Rahmen einer *einheitlichen Irrtumskonzeption* zu behandeln, die die Bedeutung jeder Irrtumsart für das Schuldurteil zunächst *nur* von der Frage abhängig macht, ob der Irrtum vermeidbar (verschuldet) oder unvermeidbar (unverschuldet) war[188]. Wird der Irrtum unter Zugrundelegung des Fahrlässigkeitsmaßstabes und der damit zusammenhängenden soeben geschilderten Unvermeidbarkeitskriterien als unverschuldet eingestuft, so sollte das Schuldurteil negativ ausfallen - unabhängig davon ob es um ein Tatsachen- oder Rechtsirrtum geht. Wird dagegen der Irrtum auf der Grundlage desselben Maßstabes und derselben Kriterien als verschuldet bewertet, so sollte die Beachtlichkeit des (Tatsachen- oder Rechts-)Irrtums für die Begründung des Schuldurteils verneint und zugleich davon ausgegangen werden, daß zumindest Schuld wegen eines Fahrlässigkeitsdelikts vorliegt - es sei denn, daß "Entschuldigungsgründe" eingreifen. Ob man es dann im Falle z.B. eines vermeidbaren Verbotsirrtums - bei feststehender Tatsachen- und Bedeutungskenntnis - beim Vorwurf der Fahrlässigkeit bewenden läßt (wie dies im Schrifttum für

---

188 Vgl. dazu TIEDEMANN (in: ESER / FLETSCHER, Rechtfertigung und Entschuldigung, Bd. II, S. 1006), der zutreffend betont, daß "bei weitgehender Inkriminierung auch fahrlässiger Tatbegehung die Differenzierung der Irrtumskategorien kriminalpolitisch nicht erforderlich ist und zugunsten der Herausarbeitung von Vermeidbarkeitskriterien in den Hintergrund treten kann"; DERS., in: FS für Geerds, S. 110; VOGEL, JZ 1995, 340.

das Neben- und Verwaltungsstrafrecht mit Recht befürwortet wird)[189] oder auf Schuld wegen eines Vorsatzdelikts erkennt (wie die Gemeinschaftsorgane es tun)[190], kann unter Umständen - berücksichtigt man die neueste EuGH-Rechtsprechung, die die Schuld*form* nicht zu den zwingenden Kriterien der Bußgeldbemessung zählt - ohne große praktische Relevanz sein[191]. Wie anschließend dargestellt wird, sind es aber vor allem dogmatische Überlegungen, die dafür sprechen, dieser Frage innerhalb einer am Wesen des Unternehmens ausgerichteten Schuldkonzeption keine erhebliche Bedeutung beizumessen[192].

III. Quellen zur Gewinnung des Inhalts der unternehmerischen Schuldformen

A. Zurechnung der subjektiven Momente der in den Verstoß verwickelten Mitarbeiter

In den bisherigen Ausführungen wurde grundsätzlich von der Fiktion ausgegangen, daß das Unternehmen ein "Individuum" ist, das die Fähigkeit zur geistigen Verarbeitung von Motiven und zur Entwicklung einer eigenen geistigen Einstellung zu der Tat und zu der Rechtswidrigkeit besitzt.

In Wirklichkeit ist jedoch das Unternehmen kein Individuum mit eigenen intellektuellen Fähigkeiten. Es teilt zwar mit Individuen die Fähigkeit, als soziales Subjekt mit eigenen sozialen Eigenschaften am Rechtsverkehr teilzunehmen[193]. Handeln und Denken kann aber das Unternehmen erst durch seine Organe und Mitarbeiter. Hinter dem sozialen Subjekt Unternehmen steht somit als steuernde intellektuelle Kraft ein Verbund von Individuen, ein Kollektiv. In diesem Sinn kann das Unternehmen als eine Kollektivperson bezeichnet werden.

Die Erkenntnis des kollektiven Charakters der kartellrechtlichen Subjekte gilt unabhängig davon, ob man den Unternehmensbegriff nach zivilrechtlichen oder nach wirtschaftlichen Kriterien auslegt. Sowohl hinter der in der Eigenschaft des Unternehmensträgers erscheinenden juristischen Person als auch hinter der als selbständiges soziales Subjekt auftretenden wirtschaftlichen Organisationseinheit steht nämlich ein kollektives Gefüge, das sich (unter anderem) aus einer Mehrzahl von natürlichen Personen zusammensetzt.

---

189 Vgl. TIEDEMANN, in: FS für Jescheck, S. 1437; HILDEBRANDT, S. 188.

190 Siehe dazu oben im Text, II A 2 a.

191 Siehe allerdings die bereits oben zitierten "Leitlinien für das Verfahren zur Festsetzung von Geldbußen, die gemäß Artikel 15 Absatz 2 der Verordnung Nr. 17 und gemäß Artikel 65 Absatz 5 EGKS-Vertrag festgesetzt werden" (ABl. 1998 Nr. C 9/3 [Teil 3]), in denen die Tatsache, daß es um "*fahrlässige, unvorsätzlich begangene Verstöße*" geht, von der Kommission als mildernder Umstand im Rahmen der zweiten Phase des Verfahrens zur Bemessung der Geldbußen eingestuft wird.

192 Vgl. dazu auch HAMANN, S. 177.

193 Ausführlich dazu PAPAKIRIAKOU, Das griechische Verwaltungsstrafrecht, § 9 I B.

Probleme wirft allerdings der zivilrechtliche Unternehmensbegriff dann auf, wenn der Unternehmensträger eine einzelne natürliche Person ist, wie z.B. der Einzelhandelskaufmann, der Freiberufler oder der öffentlich auftretende Künstler[194]. Während es sich nach dem auf die Organisationseinheit abstellenden Unternehmensbegriff auch in diesen Fällen um ein Kollektiv handeln kann (und zwar dann, wenn im Rahmen der wirtschaftlichen Tätigkeit des Unternehmens mehrere Personen funktional integriert sind), läuft der zivilrechtliche Unternehmensbegriff auf eine Gleichstellung des Unternehmens mit der natürlichen Person des Unternehmensträgers hinaus. Solche Fälle kommen allerdings in der EG-Praxis kaum vor, denn in aller Regel sind die mit den kartellrechtlichen Vorschriften in Konflikt geratenden Unternehmen juristisch verselbständigte Kollektive. Auf eine Behandlung der Fälle, in denen sich das Unternehmen mit einer natürlichen Person identifiziert, läßt sich daher verzichten.

Angesichts der *ontologischen* Unfähigkeit des Unternehmens zur Entwicklung subjektiver Momente liegt nun zunächst der Gedanke nahe, wie eingangs dargestellt, den Rahmen der unternehmerischen Schuldformen mit den Vorstellungen der Kollektivmitglieder zu füllen. Dies heißt mit anderen Worten, dem Unternehmen kraft Zurechnung der Vorstellungen seiner Mitarbeiter eine *normative* Fähigkeit zur Entwicklung eigener subjektiven Momente zu verleihen. Insoweit stellt sich aber die Frage, ob *jeder* Unternehmensmitarbeiter für die fragliche Zurechnung in Betracht kommt oder ob Beschränkungen je nach den hierarchischen Organisationsstufen innerhalb des Unternehmens geboten sind.

Hinsichtlich dieser Frage hat der EuGH im Pioneer-Urteil Stellung genommen und die Formel entwickelt, daß *jede für das Unternehmen befugterweise handelnde Person* für die Begründung der Unternehmensschuld herangezogen werden könne. Die Zugehörigkeit dieser Person zu der Geschäftsführungsebene sei nicht erforderlich[195].

Im *Pioneer*-Urteil[196], das das aufeinander abgestimmte Verhalten der englischen Firma Pioneer und ihrer Alleinvertriebshändler in England, Frankreich und Deutschland zur Verhinderung von Parallelexporten zum Gegenstand hatte, erhob der deutsche Vertriebshändler (Firma Melchers) den Einwand, daß das diesem zugerechnete Verhalten der Exportverhinderung (Lieferverweigerung gegenüber der exportwilligen Firma Gruoner) nicht den Geschäftsführern bekannt war oder bekannt hätte sein können. Der *EuGH* wies jedoch diesen Einwand mit der folgenden Argumentation zurück: "[Rdn. 96] Die Firma Melchers meint, gegen ein Unternehmen dürfe nur dann eine Geldbuße ver-

194 Siehe dazu SCHRÖTER, in: G/T/E [4. Aufl.], Vorb. zu den Art. 85 bis 87, Rdn. 12 mit weiteren Beispielen und Nachw. aus der Anwendungspraxis.

195 Damit wird von der EG-Praxis sowohl für die Zurechnung des Verhaltens als auch für die Zurechnung des Verschuldens natürlicher Personen gegenüber dem Unternehmen dieselbe Formel angewendet. Vgl. dazu DANNECKER / FISCHER-FRITSCH, S. 279: "Es kommt also ebenso wie bei der Zurechnung der Handlung nur darauf an, daß die vorsätzlich oder fahrlässig agierenden natürlichen Personen für das Unternehmen gehandelt haben, nicht hingegen daß sie der Unternehmensleitung angehören."

196 Urt. v. 7.6.83, verb. Rs. 100-103/80, *Musique Diffusion Française ("Pioneer")*, Slg. 1983, S. 1825.

hängt werden, wenn eine Zuwiderhandlung nachweislich dem Unternehmen selbst, das heißt im vorliegenden Fall den Komplementären der Firma Melchers zuzurechnen sei. Die Kommission habe nicht nachgewiesen, daß diese die Absicht gehabt hätten, die angebliche Zuwiderhandlung zu begehen, oder daß sie fahrlässig gehandelt hätten. [Rdn. 97] Dazu ist zu bemerken, daß Artikel 15 Absätze 1 und 2 der Verordnung Nr. 17 die Kommission ermächtigt, gegen Unternehmen und Unternehmensvereinigungen Geldbußen festzusetzen, wenn diese 'vorsätzlich oder fahrlässig' Zuwiderhandlungen begangen haben. Die Anwendung dieser Bestimmung setzt *keine Handlung und nicht einmal Kenntnisse der Inhaber oder Geschäftsführer des betreffenden Unternehmens* voraus, sondern es genügt die Handlung einer Person, die berechtigt ist, für das Unternehmen tätig zu werden. [Rdn. 98] Die Klägerin hat *nicht dargetan, daß die Leiter Ihrer Hi-Fi-Abteilung die Befugnisse überschritten hätten*, die Ihnen von den Gesellschaftern im Rahmen dieser betrieblichen Aufgaben übertragen worden waren. Was den örtlichen Vertreter betrifft, so hat die Klägerin selbst erklärt, dieser habe bei seinen Kontakten mit der Firma Gruoner immer nach den unmittelbaren Weisungen dieser Abteilungsleiter gehandelt. Diese Rüge muß deshalb zurückgewiesen werden."[197]

Die EuGH-Formel legt die Annahme nahe, daß zur Begründung der Unternehmensschuld für einen Wettbewerbsverstoß auch einfache Angestellte oder externe Beauftragte (z.B. Interessenverbände)[198] herangezogen werden können - vorausgesetzt daß diese Personen im Rahmen ihrer *Befugnisse* bzw. ihres *Aufgabenbereichs* gehandelt haben[199]. Reicht die subjektive Einstellung dieser Personen, um die vor-

---

197 *EuG* Urt. v. 14.7.94, Rs. T-77/92, *Parker Pen*, Slg. 1994, II-549 [Rdn. 78 ff.]: Die im Jahr 1986 zwischen Parker-Pen und Herlitz abgeschlossene Ausschließlichkeitsvereinbarung für den Vertrieb der Produkte von Parker Pen in Deutschland enthielt eine Exportverbotsklausel, die erst im Jahr 1989 nach der Vornahme von Nachprüfungen seitens der Kommission aufgehoben wurde. Als die Kommission gegen beide Unternehmen im Jahr 1992 Geldbußen verhängte, berief sich Parker-Pen u.a. darauf, daß ihr Verwaltungsrat von der - in ihrem Ursprung ungeklärten - Klausel nichts wußte und ihre Streichung veranlaßte, sobald er davon Kenntnis nahm. Das EuG maß jedoch diesem Argument keine Bedeutung bei - was wahrscheinlich auch damit zu erklären ist, daß die fragliche Vereinbarung von dem für Europa zuständigen *Direktor* der Klägerin direkt unterschrieben worden war.

198 Siehe in diesem Zusammenhang auch die "Leitlinien für das Verfahren zur Festsetzung von Geldbußen, die gemäß Artikel 15 Absatz 2 der Verordnung Nr. 17 und gemäß Artikel 65 Absatz 5 EGKS-Vertrag festgesetzt werden" (ABl. 1998 Nr. C 9/3 [Teil 5 c]), die davon ausgehen, daß bei "Vorgängen, an denen Unternehmensvereinigungen beteiligt sind, soweit wie möglich die Entscheidungen an die Mitgliederunternehmen der Vereinigungen gerichtet und die Geldbußen gegen die beteiligten Unternehmen einzeln" festzusetzen sind - was freilich die Möglichkeit der *Zurechnung* des Verhaltens dieser Unternehmensvereinigungen gegenüber ihren Mitgliedern voraussetzt.

199 *Allgemeine Ansicht*, siehe SCHRÖTER / JAKOB-SIEBERT, in: G/T/E [4. Aufl.], Art. 87 VO 17 Rdn. 8 ("Auch einfache Angestellte oder dritte Personen, die vom Unternehmen mit dem Abschluß oder der Durchführung einer Absprache betraut werden, können insoweit zur Begründung der Unternehmensschuld herangezogen werden."); KOCH, in: GRABITZ / HILF [1. Grdlfg.], nach Art. 87, VO Nr. 17 Art. 15, Rdn. 41 ("Im Anschluß an dem Standpunkt der Rechtsanwendungspraxis wird in der Literatur davon ausgegangen, daß auch untergeordnete Sachbearbeiter, die mit der stillschweigenden Duldung der Unternehmensführung handeln, oder Beauftragte und Bevollmächtigte, die nicht in einem Dienst- oder sonstigen Beschäftigungsverhältnis zu dem Unternehmen stehen, wie beispielsweise ein Rechtsanwalt, zu dem

ausgesetzten subjektiven Momente der Schuld wegen eines Vorsatzdelikts oder der Schuld wegen eines Fahrlässigkeitsdelikts zu bejahen, bedarf es einer Bezugnahme auf andere höherrangige Unternehmensmitarbeiter nicht[200]. Noch weniger ist es erforderlich, die subjektive Einstellung der führenden Unternehmenskräfte - bzw. die subjektive Einstellung der Organmitglieder der juristischen Person - zu berücksichtigen.

Auf die Kenntnis der "Angestellten" stützt sich auch die Kommission, um Verteidigungseinwände der betroffenen Unternehmen über Rechtsirrtümer zurückweisen zu können. Im *Sperry New Holland*-Fall[201] verteidigte sich beispielsweise das betroffene Unternehmen gegen den Vorwurf, seinen Vertriebshändlern in England und in anderen europäischen Staaten Ausfuhrverbote auferlegt zu haben, mit dem Argument, das gegen den englischen Vertriebshändler auferlegte Ausfuhrverbot sei bereits angemeldet gewesen und im Hinblick darauf, daß die Kommission nicht eingegriffen habe, sei das Unternehmen berechtigt gewesen, von der Vereinbarkeit der Ausfuhrverbote mit Art. 85 Abs. 1 EWGV [= Art. 81 Abs. 1 EGV n.F.] auch in den übrigen europäischen Staaten ausgehen. Die Kommission wies jedoch diese Behauptung zurück[202]: "[Rdn. 66] Unterlagen, die SNH selbst vorgelegt hat, um die Kommission bei der Feststellung des Sachverhalts zu unterstützen, zeigen, daß SNH-*Angestellte* anderswo sich nicht durch die Anmeldung für das Vereinigte Königreich hatten verleiten lassen (selbst wenn sie davon wußten); tatsächlich war ihnen sehr wohl *bekannt, daß Ausfuhrverbote gegen das Gemeinschaftsrecht verstoßen.*"[203]

Unverkennbar ist allerdings die Tendenz, daß sich die EG-Organe in aller Regel um den Beweis bemühen, daß auch höhere Führungskräfte von dem wettbewerbswidrigen Geschehen Kenntnis hatten und zumindest Kenntnis hätten haben müssen[204].

---

zurechnungsrelevanten Kreis zu zählen sind."); DANNECKER / FISCHER-FRITSCH, S. 279 und 259 f. ("Die weite Zurechnung der Kommission zeigt sich schließlich darin, daß selbst das Verhalten von Beauftragten und Bevollmächtigten außerhalb des Unternehmens zugerechnet wird."); DANNECKER, MschrKrim 74. Jahrgang (1991), 286 f.; vgl. auch HILDEBRANDT, S. 46 f.; TSOLKA, S. 157; kritisch zu dieser extensiven Zurechnungspraxis, SIOHL, S. 156 ff. und zusammenf. S. 180; BÖSE, S. 189 f. - Zu der gebotenen, durch den Sinn und Zweck kollektiver Strafnormen nahegelegten Einschränkung dieser Praxis vgl. unten im Text, IV B sowie ausführlicher PAPAKIRIAKOU, Das griechische Verwaltungsstrafrecht, § 9 I.

200 Vgl. allerdings KOCH (in: GRABITZ / HILF [1. Grdlfg.] nach Art. 87, VO Nr. 17 Art. 15, Rdn. 41), der seine Ausführungen auf "untergeordnete Sachbearbeiter, die mit der stillschweigenden Duldung der Unternehmensführung handeln" bezieht. KOCH erklärt nicht, ob diese stillschweigende Duldung nachzuweisen ist, oder bloß vermutet wird.

201 *KOME* v. 16.12.85, 85/617/EWG, *Sperry New Holland*, ABl. 1985 Nr. L 376/21.

202 *KOME* v. 16.12.85, a.a.O.

203 Vgl. auch *KOME* v. 18.12.87, 88/172/EWG, *Konica*, ABl. 1988 Nr. L 78/34, in der die hierarchische Position der in Bezug genommenen Personen nicht näher geschildert wird: "[Rdn. 52] Die verantwortlich Handelnden wußten, daß ein solches Ausfuhrverbot eine ernste Verletzung des Vertrags ist."

204 Vgl. z.B. *KOME* v. 30.11.94, 94/815/EG, *Zement*, ABl. 1994 L 343/1: "[Rdn. 65 (9)-a] ... haben Dyckerhoff, Heidelberger, CBR, Asland, Ciments Français, Lafarge, ENCI, Cimpor

Selbst in dem oben zitierten grundlegenden *Pioneer-Urteil*, das die Zurechnungsfrage von der Frage der Zugehörigkeit zur Unternehmensleitung ausdrücklich löste, zog der *EuGH* das befugte Handeln und (anscheinend) die Vorstellungen höher gestellter Personen heran, indem er darauf hinwies, daß der örtliche Unternehmensvertreter - der die Lieferung der exportwilligen Firma Graunor verweigert hatte - immer nach den Anweisungen der Hi-Fi- *Abteilungsleiter* gehandelt habe. Diese Vorgehensweise schlägt sich auch in anderen Urteilen und Entscheidungen nieder:

EuGH Urt. v. 13.2.79, Rs. 85/76, *Hoffmann-La Roche*[205]: "[Rdn. 139] Die in den *Management Informations* und den übrigen internen Geschäftsunterlagen enthaltenen Anregungen und Hinweise zur Frage der Bedeutung und der erwarteten Wirkungen des Abschlusses von Ausschließlichkeitsverträgen und des Systems der Treuerabatte für die Erhaltung der Marktanteile von Roche zeigen, daß die Klägerin vorsätzlich eine Handelspolitik verfolgt hat, durch die neuen Wettbewerbern der Zugang zum Markt verwehrt werden sollte."

KOME v. 14.12.84, 85/79/EWG, *John Deere*[206]: "[Rdn. 21] Deere und Company wußte daß dieses Verhalten, insbesondere das vertragliche Exportverbot, sowohl den EG- als auch den nationalen Wettbewerbsregeln zuwiderlief. Der geschäftsinterne Rechtsberater informierte sie über diesen Sachverhalt. Die *Geschäftsführung* der Deere und Company in Moline sowie ein *Vorstandsmitglied* waren hierüber bestens unterrichtet... [Rdn. 39] Auf allen Ebenen des Deere-Konzerns in der Gemeinschaft (mit Ausnahme vielleicht der John Deere Italiana) und *auf höchster Geschäftsführungsebene* der Deere and Company in Moline, Illinois, war bekannt, daß durch die Preispolitik Druck in Richtung auf einen Parallelhandel entstand, den es zu unterbinden galt, und daß viele der zur Unterbindung des Parallelhandels ergriffenen Maßnahmen rechtlich bedenklich waren."

---

und Blü Circle über ihre *obersten Führungskräfte* entweder in der Zeit, als das Übereinkommen oder Prinzip der Respektierung der Inlandsmärkte geschlossen wurde, oder in der Zeit der Durchführung dieses Übereinkommens oder Prinzips die Funktion von Delegationsleitern in Cembureau wahrgenommen. Die maßgebliche Rolle dieser Unternehmen beim Abschluß und / oder bei der Durchführung des Übereinkommens steht somit außer Zweifel."- *EuG* Urt. v. 20.4.99, verb. Rs. T-305/94 u.a., *PVC-Hersteller*, Slg. 1999, I-931: "[Rdn. 832] Weiter hat die Kommission in Randnummer 46 der Entscheidung ausgeführt, daß die Klägerin [Shell] 'mit dem Kartell in Verbindung stand' und 'an den Sitzungen im Jahre 1983 teilnahm'. Mehrere Anlagen zur Mitteilung der Beschwerdepunkte über die Preisinitiativen stammen von der Klägerin... Vor allem diese Anlagen sind der Beweis für zwischen den Herstellern abgestimmte Initiativen ... und zeigen, daß die Klägerin zumindest über die festgesetzten Zielpreise und die dafür vorgesehenen Termine genau unterrichtet war. *Zudem* wurde Shell auf den beiden Sitzungen, an denen die Klägerin 1983 nach ihrem eigenen Eingeständnis teilgenommen hat, von ihrem damaligen *stellvertretenden Generaldirektor* Lane vertreten". Siehe ferner DANNECKER / FISCHER-FRITSCH, S. 279 f.: "Dennoch ist die Kommission gerade bei der Begründung der Verantwortung der Unternehmen stets bestrebt, die in der Unternehmenshierarchie möglichst hochstehenden natürlichen Personen zu benennen, die Kenntnis von dem wettbewerbswidrigem Verhalten hatten oder zumindest hätten haben müssen, auch wenn diese Personen den Wettbewerbsverstoß nicht unmittelbar ausgeführt haben." DANNECKER, in: I/M EG-WbR [1997], VO 17 Art. 15, Rdn. 280; vgl. auch die oben im Text dargestellte Bedeutung, die der Überwechslung des Managements für die Zurechnung in den Rechtsnachfolgefällen zukommt (*Vierter Teil* III C 2 a und 2 b).

205 Slg. 1979, S. 461.

206 ABl. 1985 Nr. L 35/58.

KOME v. 19.12.90, 91/298/EWG, *Soda-Solvay und CFK*[207]: "[Rdn. 70] Solvay kannte aus den umfänglichen Verhandlungen mit der Kommission in den Jahren 1980 bis 1982 sehr wohl die Vorschriften des Artikels 86 EWG-Vertrag [= Art. 82 EGV n.F.] in bezug auf die Ausschließlichkeit. Auch wußte es sehr wohl von dem Verbot von Treuerabatten. Aus Dokumenten von Solvay geht hervor, daß man bei Solvay *an hoher Stelle* von den Risiken wußte, gleichwohl aber in der mißbräuchlichen Ausnutzung der beherrschenden Stellung fortfuhr."[208]

Die soeben erwähnte Tendenz der europäischen Praxis hat sich allerdings bislang in keiner verbindlichen Einschränkung der grundsätzlichen Zurechnungsregel verdichtet. Als maßgeblich sollte deswegen weiterhin nur der offiziell zum Ausdruck gebrachte Standpunkt des EuGH angesehen werden, wonach davon auszugehen ist, daß zur *Begründung* des Schuldvorwurfs der Beweis der Kenntnis oder der Erkennbarkeit des Verstoßes seitens der (höheren) Führungskräfte *nicht* vorausgesetzt wird[209].

Noch nicht geklärt ist die Frage, inwieweit ein Unternehmen für Zuwiderhandlungen verantwortlich ist, wenn einer seiner *Angestellten im Widerspruch zu den Anweisungen seiner Vorgesetzten gehandelt* hat. Diese Frage wurde zwar im Rahmen des Polypropylen-Falles (Preis- und Quotenabsprachen der Polypropylenhersteller) vom Unternehmen *Hercules* aufgeworfen. Das Unternehmen behauptete in seinem Verteidigungsvorbringen[210], daß die dem Unternehmen zugerechnete Teilnahme des Angestellten B. an den Sitzungen der Kartellpartner inoffiziell und von seinen Vorgesetzten nicht gebilligt gewesen sei und im Widerspruch zur Politik des Unternehmens gestanden habe. Nachdem dessen Vorgesetzte erfahren hätten, daß er zu Sitzungen eingeladen worden sei, hätten sie ihn darauf hingewiesen, daß die Teilnahme an solchen Sitzungen der Unterneh-

---

207 ABl. 1991 Nr. L 152/16.

208 Siehe auch *KOME* v. 18.12.87, 88/86/EWG, *Fisher-Price / Quaker Oats*, ABl. 1988 Nr. L 376/19: "[Rdn. 25] Die für Fisher Price *zuständige Geschäftsführung* der Quaker Oats Ltd. hat vorsätzlich gehandelt." Vgl. auch die - vom EuG bestätigte [Rdn. 134] - Erwiderung der Kommission gegen das Verteidigungsvorbringen des betroffenen Unternehmens Hilti, das einen vorsätzlichen Verstoß gegen Art. 86 EGV a.F. bestritt (*EuG* Urt. v. 12.12.91, Rs. T-30/89, *Hilti*, Slg. 1991, II-1439): "[Rdn. 131] Die Kommission macht ... geltend, der angeblich gute Glaube der Klägerin werde durch mehrere Faktoren widerlegt, wie z. B. den Umstand, daß ihr seit April 1982 ein möglicher Konflikt mit den Wettbewerbsregeln bekannt gewesen sei, wie aus einem Schriftwechsel vom 8. April 1982 zwischen zwei *leitenden Angestellten* der Hilti-Gruppe hervorgehe, in dem eine dahin gehende Meinungsäußerung eines zur Beratung herangezogenen Rechtsanwalts festgehalten sei."

209 Wie DANNECKER / FISCHER-FRITSCH (S. 259) zutreffend betonen, darf "[d]as Abstellen auf das Verhalten der Unternehmensleitung ... nicht dahingehend gedeutet werden, daß eine Tendenz zur Begrenzung der Zurechnung auf natürliche Personen des mittleren und höheren Managements besteht". Die Autoren treffen zwar diese Feststellung nicht mit Blick auf die Zurechnung des *Verschuldens*, sondern mit Blick auf die Zurechnung des *Verhaltens* natürlicher Personen. An der Stelle, an der sie die Verschuldenszurechnung behandeln, gehen sie aber davon aus, daß es "ebenso wie bei der Zurechnung der Handlung nur darauf an[kommt], daß die vorsätzlich oder fahrlässig agierenden natürlichen Personen für das Unternehmen gehandelt haben, nicht hingegen daß sie der Unternehmensleitung angehören".

210 *EuG* Urt. v. 17.12.91, Rs. T-7/89, *Hercules*, Slg. 1991, II-1711 [Rdn. 81 ff.].

menspolitik widerspreche. Hercules habe vernünftigerweise davon ausgehen können, daß diese Anweisungen befolgt worden seien. Motiv für die geheime Teilnahme des Angestellten sei wohl gewesen, sich Informationen zu verschaffen, um von seinen Vorgesetzten gut beurteilt zu werden. Außerdem sei Herr B. aufgrund seiner rangniedrigen Stellung nicht bevollmächtigt gewesen, verbindlich für das Unternehmen zu handeln, da er insbesondere nicht über die Produktion habe bestimmen können und damit auch keine Vereinbarungen über Quoten habe eingehen können. Hercules spitzte schließlich die Frage dahingehend zu, ob ein Unternehmen für Verstöße gegen die Wettbewerbsregeln der Gemeinschaft verantwortlich gemacht werden könne, wenn es, um solche auszuschließen, vernünftige Vorkehrungen getroffen und ein ungehorsamer Angestellter trotz dieser Anstrengungen Initiativen im Widerspruch zu den Anweisungen seiner Vorgesetzten ergriffen habe.

Anders als die *Kommission*, die sich in ihrer Erwiderung bereit zeigt, die Frage der Klägerin unter Umständen zu bejahen[211], vermied das EuG, direkt Stellung zu dieser Problematik zu beziehen, denn das Verteidigungsvorbringen der Klägerin konnte bereits aus tatsächlichen Gründen als "unglaubwürdig" zurückgewiesen werden. Wie bereits früher die Kommission in ihrer Erwiderung und GA *Vesterdorf* in seinen Schlußanträgen[212], ging nämlich auch das *EuG* auf der Grundlage einer Reihe von schriftlichen und logischen Indizien davon aus, daß die Vorgesetzten von Herrn B. Kenntnisse von den Vorgängen in den Sitzungen hatten und daß Herr B. die Befugnisse hatte, die Ergebnisse der Sitzungen unmittelbar in der Preispolitik der Klägerin umzusetzen[213]. Dadurch wurde eine Klarstellung der Grenzen der Zurechnung von (innerhalb ihres Aufgabenbereichs aber) gegen Anweisungen von Vorgesetzten handelnden (leitenden) Angestellten vermieden.

---

211 Die Kommission (*EuG* Urt. v. 17.12.91, a.a.O. [Rdn. 88 ff.]) bestritt zwar zunächst die Behauptungen von Hercules in tatsächlicher Hinsicht, und betonte, daß die Teilnahme von Herrn B. seinen Vorgesetzten höchstwahrscheinlich bekannt gewesen sei. Zugleich hob aber die europäische Wettbewerbsbehörde hervor, daß selbst wenn die Tätigkeiten von Herrn B. seinen Vorgesetzten nicht bekannt gewesen seien und einen Verstoß gegen die Disziplin dargestellt hätten - was nicht zutreffe - dies der Klägerin nicht erlaube, sich ihrer Verantwortung zu entziehen. Da es an weiteren klärenden Ausführungen fehlt, kann allerdings dieser Aussage nicht mit Sicherheit entnommen werden, ob die Kommission damit zumindest eine Erkennbarkeit der Verstöße seitens der Vorgesetzten des "gegen die Disziplin" handelnden Angestellten voraussetzt, oder ob sie die von der Klägerin gestellte, oben im Text aufgeführte Frage in vollem Umfang bejaht.

212 *GA Vesterdorf*, Schlußanträge v. 10.7.91, verb. Rs. T-1/89 u.a., *Polypropylen*, Slg. 1991, II-867 [S. 1004 f.]: "Aufgrund einer Gesamtwürdigung neige ich ... am ehesten der Ansicht zu, daß Herrn Bastiäns' Vorgesetzte von den Vorgängen Kenntnis gehabt und sie zumindest stillschweigend gebilligt hatten, so daß der Einwand von Hercules bereits aus diesem Grund zurückzuweisen ist... Aufgrund der Stellung, die er tatsächlich und von Hercules auch zugegeben innehatte, in Verbindung mit der Tatsache, daß er aufgrund einer solchen Stellung den anderen über einen langen Zeitraum den Eindruck gewisser Befugnisse vermitteln konnte, halte ich den Nachweis von Hercules nicht für erbracht, daß Herr Bastiäns seine Vollmacht überschritten hatte. Meiner Meinung nach reicht es nicht aus, daß die Klägerin nun hinterher behauptet, Herr Bastiäns habe keinen bestimmenden Einfluß auf die Produktion usw. gehabt, wenn sie rein tatsächlich einem hochrangigen Mitarbeiter, der bekanntermaßen einen erheblichen Einfluß auf die Preispolitik hatte, so freie Hand gelassen hat, daß er an den Sitzungen teilnehmen konnte. Ich meine deshalb, daß dieses Vorbringen zurückzuweisen ist."

213 *EuG* Urt. v. 17.12.91, Rs. T-7/89, *Hercules*, Slg. 1991, II-1711 [Rdn. 102 und 104].

B. Der Einfluß der Unternehmenseigenschaften auf die Zurechnung

Nach dem zuvor Erwähnten und unabhängig vom wirklichen Umfang des zurechnungsrelevanten Personenkreises scheint jedenfalls auf den ersten Blick der Kern der Schuld des Unternehmens *ausschließlich* darin zu liegen, daß einer (oder einige) von seinen Mitarbeitern vorsätzlich oder fahrlässig gegen die Wettbewerbsregeln verstoßen hat (haben). Es fragt sich nun, ob dies wirklich zutrifft. Gegen den soeben skizzierten ersten Eindruck sprechen nämlich gewichtige Indizien.

Zunächst ist in diesem Zusammenhang hervorzuheben, daß das Abstellen der Gemeinschaftsorgane auf die für das Unternehmen befugterweise (aktiv) handelnde (oder pflichtwidrig unterlassende) Person und deren subjektive Einstellung nicht in dem Sinne praktiziert wird, daß die fragliche (leitende oder hierarchisch untergeordnete) Person in jedem Einzelfall ermittelt werden muß. Im Gegenteil: Die Kommission hält es prinzipiell nicht für erforderlich, die jeweils für das Unternehmen handelnde Person festzustellen. Sie tut dies nur dann, wenn entsprechende Unterlagen wie Sitzungsprotokolle mit Anwesenheitslisten oder namentlich unterzeichnete Dokumente greifbar sind[214]. Im Regelfall wird aber für ausreichend erachtet, wenn sich aus der dem Unternehmen zur Verfügung stehenden Informationsmenge und den bekannten unternehmensinternen Informationsverarbeitungsprozessen der Schluß ziehen läßt, daß entscheidungsbefugte Personen innerhalb des Unternehmens die für die Begründung der Schuldzurechnung notwendige subjektive Einstellung gegenüber dem wettbewerbswidrigen Geschehen hatten oder hätten haben müssen.

EuGH Urt. v. 13.2.79, Rs. 85/76, *Hoffmann-La Roche*[215]: "[Rdn. 138] Die Klägerin macht weiter geltend, aus dem Gesamtinhalt der Akten und aus ihrem Verhalten, ergebe sich, daß ihr Handeln nicht als vorsätzlich oder fahrlässig erachtet werden könne, denn zum einen habe sie angenommen, auf den relevanten Märkten keine beherrschende Stellung zu haben, und zum anderen habe sie die streitigen Verträge für mit Artikel 86 des Vertrages [= Art. 82 EGV n.F.] vereinbar gehalten. [Rdn. 139] Die in den Management Informations und den übrigen internen Geschäftsunterlagen enthaltenen Anregungen und Hinweise zur Frage der Bedeutung und der erwarteten Wirkungen des Abschlusses von Ausschließlichkeitsverträgen und des Systems der Treuerabatte für die Erhaltung der Marktanteile von Roche zeigen, daß die Klägerin vorsätzlich eine Handelspolitik verfolgt hat, durch die neuen Wettbewerbern der Zugang zum Markt verwehrt werden sollte [*Herleitung des Vorsatzes aus dem unternehmensinternen Informationsfluß*]. Daß sich die Zahl der Verträge, die einen ausschließlichen Bezug vorsahen oder einen Anreiz hierzu boten, seit 1970 vervielfacht hat, bestätigt diesen Vorsatz [*Herleitung des Vorsatzes*

---

214 Vgl. HAMANN, S. 19; DANNECKER / FISCHER-FRITSCH, S. 279: "In den meisten Entscheidungen stellt die Kommission darauf ab, das Unternehmen habe vorsätzlich oder fahrlässig gehandelt, und nur ausnahmsweise werden natürliche Personen genannt, die für das Unternehmen tätig geworden sind." Zur Praxis der Benennung konkreter Personen vgl. z.B. den oben besprochenen Hercules-Fall, *EuG* Urt. v. 17.12.91, Rs. T-7/89, *Hercules*, Slg. 1991, II-1711 [Rdn. 81 ff.].

215 Slg. 1979, S. 461.

aus dem äußeren Marktverhalten des Unternehmens]. Außerdem folgt aus der - jedenfalls bei den meisten Vitamingruppen gegebenen - Größe der Marktanteile der Klägerin, daß ihre Überzeugung, sie habe keine beherrschende Stellung innegehabt, nur das Ergebnis einer ungenügenden Prüfung der Struktur der Märkte, auf denen sie tätig war, oder der Weigerung sein kann, diese Strukturen zu berücksichtigen [*Herleitung der Fahrlässigkeit aus der Eindeutigkeit der objektiven Tatsachenlage*]. Die Voraussetzungen für die Anwendung des Artikels 15 der Verordnung Nr. 17 liegen somit vor."

EuGH Urt. v. 20.6.78, Rs. 28/77, *Tepea*[216]: "[Rdn. 70] Die Zuwiderhandlung, die Theal dadurch beging, daß sie unrichtige und entstellte Angaben machte, beruhte wenn nicht auf Vorsatz, so doch zumindest auf Fahrlässigkeit, denn Theal war in dem Anmeldungsformular klar auf die Verpflichtung hingewiesen worden, die Kommission vom Inhalt der Vereinbarung zu unterrichten und anzugeben, ob diese eine Aufteilung der Märkte oder eine Beschränkung der Freiheit, zu kaufen oder an Dritte zu verkaufen, beinhaltete oder auf beliebige andere Weise eine Beschränkung oder Verfälschung des Wettbewerbs bezweckte oder bewirkte, doch gab die Klägerin in ihrer Anmeldung bei der Kommission weder die Vereinbarung über die Einräumung des ausschließlichen Rechts, die in den Niederlanden eingetragenen Warenzeichen zu benutzen, noch deren Auswirkungen an, nämlich den absoluten Schutz dieses Gebietes, der sich daraus ergab, daß die Verbindung der zwei Vereinbarungen Paralleleinfuhren verhinderte und den Wettbewerb innerhalb der Gemeinschaft verfälschte [*Herleitung der Fahrlässigkeit aus den Informationen, die in das Unternehmen nachgewiesenermaßen eingeflossen sind*]."

KOME v. 16.12.82, 82/897/EWG, *Toltecs-Dorcet*[217]: "[S. 28] Auch vom Standpunkt des Gemeinschaftsrechts hat die BAT vorsätzlich gehandelt; in der Entscheidung vom 23. Dezember 1977 (Penneys) hat die Kommission eine Nichtangriffsklausel für Warenzeichen beanstandet, soweit ihre Wirkungen die Dauer von fünf Jahren überschritten hatten. Diese am 2. März 1978 veröffentlichte und von den wesentlichen juristischen Fachzeitschriften nachgedruckte Entscheidung ist der BAT als einem Markenartikelunternehmen nicht unbekannt geblieben. Schließlich ist die BAT mit Schreiben des niederländischen Anwalts von Segers vom 21. Mai 1980 auf die Unvereinbarkeit der Vereinbarung mit dem Gemeinschaftsrecht hingewiesen worden. Trotzdem hat die BAT an der Vereinbarung bis zur mündlichen Anhörung am 1. April 1982 festgehalten, obwohl sie das Zeichen Dorcet niemals benutzt hat [*Herleitung des Vorsatzes aus den Informationen, die in das Unternehmen eingeflossen sein müssen*]."

KOME v. 19.12.90, 91/300/EWG, *Soda - ICI*[218]: "[Rdn. 69] ICI kannte aus den umfänglichen Verhandlungen mit der Kommission in den Jahren 1980 bis 1982 sehr wohl die Vorschriften des Artikels 86 EWG-Vertrag [= Art. 82 EGV n.F.]. Die Einführung der Spitzenrabatte um das Jahr 1983 folgte kurz nachdem ICI der Kommission spezielle Zusicherungen gegeben hatte, daß sie ihren Abnehmern keine besonderen Anreize bietet, ihren gesamten oder nahezu gesamten Bedarf an kalzinierter Soda von ICI zu beziehen." [*Herleitung der Verbotskenntnis aus den Informationen, die in das Unternehmen nachgewiesenermaßen eingeflossen sind*].

Der Ausgangspunkt für die Bestimmung der schuldrelevanten subjektiven Momente verlagert sich dadurch von den subjektiven Kenntnissen konkreter natürlicher Personen auf die *Informationsmenge, die dem Kollektiv zur Verfügung stand*

[216] Slg. 1978, S. 1391.

[217] ABl. 1982 Nr. L 379/19.

[218] ABl. 1991 Nr. L 152/40.

oder hätte stehen müssen[219]. In den Mittelpunkt der Beweisführung im konkreten Fall rücken dementsprechend nicht mehr nachgewiesene Kenntnisse konkreter Unternehmensangehöriger, sondern unternehmensrelevante allgemeine Daten. Erst aus den letzteren wird im Regelfall auf die notwendige Einstellung von *anonymen* Unternehmensangehörigen geschlossen, und ist die mit dieser Methode gewonnene Einstellung, die dem Unternehmen als eigene zugeschrieben wird.

Diese Vorgehensweise rechtfertigt es, zumindest in *beweisrechtlicher* Hinsicht statt vom (potentiellen) Wissen und Wollen konkreter Personen vom (potentiellen) *Wissen und Wollen des Unternehmens* zu sprechen. Das Wissenspotential der Unternehmensmitarbeiter wird nämlich im Ergebnis grundsätzlich nach den Informationen beurteilt, die in das Unternehmenssystem bewiesenermaßen eingeflossen sind oder hätten einfließen müssen. Danach wird beurteilt, ob die (anonymen) Unternehmensmitarbeiter in der Lage waren, zum Tat- und Unrechtsbewußtsein zu gelangen. Aus den zur Zeit der Tatbegehung im Unternehmen herrschenden wirtschaftlichen und sozialen Verhältnissen und Schwierigkeiten wird auch auf die *Tatmotive* beweisrechtlich geschlossen.

Die soeben skizzierte Vorgehensweise der EG-Organe, die durch eine enge Verknüpfung der Unternehmenseigenschaften mit der Feststellung der Unternehmensschuld gekennzeichnet ist, könnte allerdings auch so gedeutet werden, daß sie keine maßgeblichen materiellrechtlich-dogmatischen Aussagen enthält, sondern eine bloße *beweisrechtliche Technik* darstellt. Sie könnte nämlich bloß dazu dienen, die subjektive Einstellung der jeweils für das Unternehmen handelnden Unternehmensmitarbeiter leicht nachzuweisen. Ein Abrücken von der eingangs angedeuteten Verantwortungsgrundlage (Schuld des Unternehmens *gleich* Schuld des befugterweise handelnden Unternehmensmitarbeiters) läßt sich daraus nicht unbedingt erkennen.

Daß der Verknüpfung der Unternehmenseigenschaften mit der Schuldfestellung auch ein *materiellrechtlich-dogmatischer Aussagewert* zukommt, läßt sich aber sofort nachvollziehen, wenn man berücksichtigt, wie der Fahrlässigkeitsmaßstab und die davon abhängige Schwelle der Ahndbarkeit bestimmt werden[220]. Das oben beschriebene, anscheinend nur beweisrechtlich relevante kreisförmige Vorgehen der EG-Organe wiederholt sich nämlich bei der Bildung des Fahrlässigkeitsmaßstabes in besonderer Weise: Aufgrund der Eigenschaften des Unternehmens (Größe, Erfahrung, Zugang zu Informationsquellen, wirtschaftliche und personelle Verflechtung mit anderen Unternehmen u.s.w.) wird der Fahrlässigkeitsmaßstab gebildet. An diesem Fahrlässigkeitsmaßstab wird dann die Leistung der Unternehmensmitarbeiter im konkreten Fall gemessen und das Ergebnis wird dem Unternehmen zu-

219 Vgl. TSOLKA, S. 228 und 234.

220 Siehe dazu oben im Text, II B C 1.

gerechnet. Die Verknüpfung zwischen Unternehmenseigenschaften und Schuldfeststellung gewinnt damit eine hohe dogmatische Relevanz.

Festzuhalten ist somit, daß zur Gewinnung der erforderlichen subjektiven Elemente der Schuld von den EG-Organen eine materielle *und* eine prozessuale (beweismäßige) Verbindung der Vorstellungen der handelnden Unternehmensmitarbeiter mit den Eigenschaften des Unternehmens hergestellt wird.

C. Wissen von Unternehmensmitarbeitern, Organisationsstrukturen und Unternehmensschuld

Die soeben skizzierte Vorgehensweise der EG-Organe im Rahmen des Zurechnungsprozesses kann zwar kein ontologisch nachprüfbares eigenes Wissen der Kollektivperson hervorbringen. Ein solches existiert nicht: es geht immer nur um das (aktuelle oder potentielle, nachgewiesene oder vermutete) Wissen der handelnden Mitglieder des Kollektivs. Die fragliche Vorgehensweise bringt aber klar zum Ausdruck, daß es den Gemeinschaftsorganen (auch) darum geht, die Schuld des Unternehmens aus dem *Wesen und dem Auftreten des ganzen Kollektivs* herzuleiten.

Dieses Anliegen tritt noch deutlicher in den Vordergrund, wenn die EG-Organe zum Verteidigungsvorbringen der Unternehmen Stellung nehmen müssen, die in Verbindung mit der Unternehmensorganisation stehen. Problematisiert wird dann nämlich von den EG-Organen nicht mehr die Frage der subjektiven Einstellung (Kenntnis oder Erkennbarkeit) eines Unternehmensangehörigen, sondern die Frage, in welchem Verhältnis die rechtswidrige Tat (z.B. falsche Aussage) als objektiv feststehender Output des Unternehmens zu der *internen Unternehmensorganisation* (z.B. interne Maßnahmen zur Vermeidung der falschen Aussage) steht.

Es ist insoweit für die Frage der Fahrlässigkeit des Unternehmens irrelevant, daß die für das Unternehmen unmittelbar handelnde Person möglicherweise in unverschuldeter Unkenntnis der Tatsachen- oder der Rechtslage war. Solange das Fehlverhalten des unmittelbar Handelnden aufgrund von innerbetrieblichen Überwachungs- und Organisationsmaßnahmen durch das Eingreifen eines anderen Unternehmensmitarbeiters hätte vermieden werden können, ist die *unternehmerische* Fahrlässigkeit zu bejahen.

Ein instruktives Beispiel bietet der *Peugeot*-Fall[221], in dem es um Verfahrensverstöße (Art. 15 Abs. 1 b VO 17) ging. Das wegen falscher Auskunft beanstandete Unternehmen verteidigte sich mit dem Vorbringen, daß die natürlichen Personen über die der erteilten Auskunft zugrunde liegenden Tatsachen (angewandte Preise zu einem konkreten Zeitpunkt in konkreten Märkten) nicht vollständig unterrichtet gewesen seien und daß sie demnach die objektiv falsche Auskunft ohne Schuld erteilt hätten. Die Kommission betonte aber, daß die Unkenntnis der betreffenden Personen das Unternehmen nicht entlasten kann[222]: "... [D]ie *Angaben* in der Antwort vom 17. März 1983 über die

221 *KOME* v. 25.9.86, 86/506/EWG, *Peugeot*, ABl. 1986 Nr. L 295/19.

222 *KOME* v. 25.9.86, a.a.O. [Rdn. 51 f.].

Einzelverkaufspreise für rechtsgelenkte Fahrzeuge in Belgien und Deutschland waren *unrichtig*, da Peugeot mitgeteilt hatte, daß die SODEXA-Tarife im Jahre 1982 angewandt worden seien. In Wirklichkeit ... lagen die geforderten Preise spürbar unter den SODEXA-Preisen... Peugeot hat angeführt, daß die *Personen, denen sie die Abfassung der Antwort übertragen habe*, über die zu den fraglichen Zeitpunkten in Belgien und in Deutschland angewandten Preise *nicht vollständig unterrichtet* gewesen seien und daß sie nicht gewußt hätten, daß die neuen Tarife, die von SODEXA gerade festgelegt worden seien, wegen der Anforderungen der jeweiligen Märkte möglicherweise von den nationalen Vertriebshändlern nicht automatisch angewandt wurden. Auch wenn man zur Entlastung von Peugeot diese Einlassung akzeptiert, so muß doch davon ausgegangen werden, daß das *Unternehmen innerhalb der Gruppe keine ausreichende Überwachung* ausgeübt hat, um eine Falschaussage zu vermeiden. Die Unrichtigkeit der erteilten Auskünfte ist daher zumindest die Folge einer *Fahrlässigkeit.*"

Die Tatsachen- und Rechtsunkenntnis des nach außen handelnden Unternehmensmitarbeiters vermag daher nur dann den Einwand der Unvermeidbarkeit des Rechtsverstoßes zu begründen, wenn die Unkenntnis auch im Falle einer angemessenen innerbetrieblichen Rollenverteilung und gegenseitigen Deckung der Unternehmensmitglieder entstanden wäre. Dabei geht es um einen *übergreifenden* Aspekt, der deutlich macht, daß die Vermeidbarkeit nicht nur mit Blick auf die einzelne handelnde Person, sondern mit Blick auf die *mögliche Leistung des ganzen Kollektivs* zu beurteilen ist.

Besonders zu beachten ist ferner, daß zur Feststellung der Verantwortung in solchen Fällen Formulierungen gewählt werden, die keinen individualisierenden Bezug aufweisen, insbesondere keinen Hinweis auf konkrete, mit der Wahrnehmung von Organisationspflichten betraute Personen enthalten. Das Band zu der vorwerfbaren Einstellung einzelner Unternehmensangehörigen wird dadurch gezielt gelokkert, die Akzessorietät der Unternehmensverantwortung vom Verschulden einzelner Unternehmensangehörigen erheblich relativiert. Der *Schwerpunkt des Schuldurteils verschiebt sich von den Vorstellungen einzelner Personen auf die Effektivität des Zusammenwirkens der Glieder der gesamten Organisation.* Das Verschulden wird damit verallgemeinert und der Schuldvorwurf dementsprechend auf das Kollektiv bezogen. Dem Unternehmen wird insbesondere ein Fehlfunktionieren der internen Organisation (Versagen der Überwachungs- und Koordinationsmechanismen, die eine optimale interne Informationsverteilung und gegenseitige Dekkung der Unternehmensangehörigen sicherstellen sollen, so daß dem Fehlverhalten einzelner Mitarbeiter durch das Eingreifen anderer vorbeugt werden kann) vorgeworfen, das zur Verletzung der kartellrechtlichen Unternehmenspflichten (z.B. Wahrheitspflicht gegenüber den Kartellbehörden) führte. Das Unternehmen hat (auch) für diese *Organisationsfahrlässigkeit* einzustehen.

Es ist insoweit nicht zu übersehen, daß hierin die Ansätze einer neuen Verantwortungsgrundlage stecken. Obwohl im Text der Entscheidungen weiter von Fahrlässigkeit die Rede ist, beinhaltet nämlich diese Verantwortungsgrundlage von ihrem Ansatz her keine streng individuellen "subjektiven" Elemente. Es geht hier um vermeidbare kollektive Fehlentwicklungen, um fehlerhafte Abstimmung des Handelns der Unternehmensangehörigen, um *vermeidbare Disfunktionalitäten des kollektiven Handelns*.

Diese Perspektive wird noch deutlicher, wenn die EG-Organe aus anderen Anlässen dem Unternehmen das Recht verweigern, sich auf das mangelhafte Funktionieren seiner Abteilungen zu berufen, um seine Versäumnisse zu entschuldigen. Die Disfunktionalität der unternehmensinternen Vorgänge erweist sich hier noch stärker als der entscheidende Grund, der die Verantwortung des Unternehmens auslöst.

So weigert sich beispielsweise das *EuG* im *Bayer*-Fall, einen entschuldbaren Irrtum der Klägerin mit Blick auf das Versäumnis der Klagefrist anzuerkennen, denn ihr Irrtum über den Fristbeginn war allein auf ein mangelhaftes Funktionieren ihrer eigenen Abteilungen zurückzuführen[223]: "[Rdn. 35] Nach alledem kann sich die Klägerin weder auf das mangelhafte Funktionieren ihrer internen Organisation noch auf die Mißachtung ihrer internen Weisungen berufen, um damit darzutun zu versuchen, daß ihr Irrtum entschuldbar gewesen sei, zumal feststeht, daß diese Weisungen nicht beachtet worden sind."

Wie auch dieses - allerdings wegen der prozessualrechtlichen Bezüge nur begrenzt relevante - Urteil erkennen läßt, wird bei der Feststellung der Unternehmensschuld der Blickwinkel geändert: Nicht mehr das Handeln und die Eigenschaften von Individuen, sondern die *organisatorischen Grundzüge* und das *Funktionieren von Abteilungen* stehen im Vordergrund. Dabei wird nicht nur die theoretische Existenz von korrekten Handlungsanweisungen, sondern auch die Tatsache geprüft, ob die organisatorischen Vorgaben von den Bediensteten des Unternehmens im alltäglichen Geschäftsleben umgesetzt werden. Die Unternehmensschuld entsteht damit erst durch den Nachweis einer organisatorischen tatsächlichen Disfunktionalität, die von einem ordentlich organisierten Unternehmen nicht zu erwarten ist. Obwohl Fehler von Bediensteten herangezogen werden, wird also vom Ansatz her letztlich an eine Eigenschaft, an einen Mangel der ganzen Organisationseinheit angeknüpft.

Die fragliche Perspektive wird aber auch dann erkennbar, wenn die EG-Organe zum Zweck der Sanktionierung Stellung nehmen. Sie zeigen dann nämlich, daß es ihnen in erster Linie nicht darum geht, das Unternehmen wegen der Fehlleistung eines Unternehmensmitarbeiters in Anspruch zu nehmen, sondern darum, auf den Mangel von internen Organisationsmaßnahmen aufmerksam zu machen bzw. die Unternehmensleitung zum Ergreifen solcher Maßnahmen zu veranlassen.

KOME v. 5.6.91, 91/532/EWG, *Viho Toshiba*[224]: "[Rdn. 30] Die Kommission ist generell der Ansicht, daß die Unternehmensleitung dafür verantwortlich ist, wirksame interne Regeln für die Befolgung des EWG-Wettbewerbsrechts aufzustellen. Art und Umfang solcher Regeln werden von Unternehmen zu Unternehmen und auch von einem Unternehmensteil zum anderen unterschiedlich sein. Eine wirksame Durchführung und Überwachung sind wesentlich, um das erklärte Konformitätsziel zu erreichen."

Zusammenfassend läßt sich also festhalten, daß bei der Schuldzurechnung im europäischen Bußgeldrecht der Gedanke des (individuell-subjektiven) schuldhaften

---

223 *EuG* Urt. v. 29.5.91, Rs. T-12/90, *Bayer*, Slg. 1991, II-219.

224 ABl. 1991 Nr. L 287/39.

Handelns von (meistens anonymen) Unternehmensmitarbeitern mit dem Gedanken der (kollektiven) mangelhaften Unternehmensorganisation zusammentrifft. Die Rechtsgutsverletzung als Output des Kollektivs wird durch diesen doppelten Gedanken der Schuld des Unternehmens zugerechnet. Das *Vorstellungsbild* der einzelnen handlungs- oder entscheidungsbefugten Unternehmensangehörigen bei der Tatbegehung und das *Organisationsbild* der Beziehungen der Unternehmensangehörigen zueinander dienen also gleichermaßen als Anknüpfungspunkte und prägen den Inhalt des Schuldvorwurfs.

Hierbei ist zwar zuzugestehen, daß der zweite Anknüpfungspunkt des Schuldvorwurfs in der Praxis - vor allem bei der Verhängung von Vorsatzbußen - (noch) nicht immer klar zum Ausdruck kommt. Dies hängt allerdings nicht ohne weiteres damit zusammen, daß die Schuld von einzelnen Unternehmensmitarbeitern dogmatisch für wichtiger gehalten wird. Zu bedenken ist auch, daß das EG-Recht wegen der (rechtspolitisch verfehlten) Beschränkung des Kreises seiner möglichen Sanktionssubjekte auf Unternehmen die schuldhaft handelnden (leitenden) Personen nicht direkt zur Verantwortung ziehen kann. Durch die bußgeldrechtliche Immunität dieser Personen entsteht aber ein Steuerungsdefizit[225], das nur dadurch (teilweise) wieder ausgeglichen werden kann, daß die fraglichen Personen zumindest durch die Sanktionierung ihres Unternehmens (mittelbar) betroffen werden (in dem Sinne, daß das Unternehmen seinerseits gegen die für den Ruf und das Vermögen des Unternehmens schädigenden Handlungen der in das wettbewerbswidrige Geschehen verwickelten Unternehmensmitarbeiter möglicherweise mit internen Disziplinar- oder zivilrechtlichen Sanktionen vorgeht). Durch diese *Auffangfunktion* der europäischen Unternehmensbuße läßt sich erklären, warum die europäischen Rechtsanwender nicht immer (deutlich) auf die fehlerhafte Organisation des Unternehmens abstellen, sondern oft nur die Schuld (bzw. den *Vorsatz*) der handelnden Unternehmensmitglieder in den Vordergrund stellen bzw. genügen lassen. An den bereits geschilderten, in der Art der Begründung der Verantwortlichkeit (bzw. in der Art der Bestimmung der Grenze der Ahndbarkeit) fest verankerten Ansätzen eines eigenen, auf Eigenschaften und Fehler des ganzen Kollektivs abstellenden Schuldbegriffs ändert dies allerdings nicht viel.

---

225 Vgl. dazu TIEDEMANN (NJW 1986, S. 1842 f.), der von einer allen neuen kriminalpolitischen Forderungen und Empfehlungen widersprechenden "eklatanten Normlücke im Gemeinschaftsrecht" spricht; siehe auch DERS., in: FS für Pfeiffer, S. 115; MÜLLER-GUGENBERGER, in: DERS., Wirtschaftsstrafrecht [1992], § 19 Rdn. 52 und 55.

IV. Kritische Zusammenfassung der europäischen Praxis und die daraus für das griechische Recht zu ziehenden Lehren

A. *Kritische Zusammenfassung der europäischen Praxis*

Während es in den 70er Jahren in der EG-Bußgeldpraxis noch Anzeichen dafür gab, daß die Verwirklichung des subjektiven Merkmals des *Vorsatzes* auch aktuelles Unrechtsbewußtsein voraussetzt, ist bereits seit 1978 davon auszugehen, daß sich der Vorsatz ausschließlich aus der Tatsachen- und Bedeutungskenntnis bezüglich der tatbestandsrelevanten Umstände konstituiert. Das (fehlende) Unrechtsbewußtsein und die (mit der Wahrnehmung der Unternehmensinteressen zusammenhängenden) Handlungsmotive (der befugterweise handelnden Mitarbeiter) des betroffenen Unternehmens bei der Begehung von Kartelldelikten büßen im Rahmen dieser Praxis gleichwohl nicht jede Bedeutung ein. Sie werden vielmehr in der neben dem *Vorsatz* stehenden und ebenfalls als Voraussetzung für die Bejahung der *Schuld wegen eines Vorsatzdelikts* geltenden Wertungsebene der *Verantwortlichkeit* berücksichtigt. Zur Annahme von Schuld wegen eines Vorsatzdelikts ist danach zumindest die Erkennbarkeit des Unrechts (Unrechtsfahrlässigkeit) erforderlich, die unter Heranziehung von Unvermeidbarkeitskriterien überprüft wird. Unter Umständen kann außerdem das Handeln unter dem psychologischen Zwang von dritten Marktteilnehmern oder die Verfolgung legitimer Geschäftsinteressen zum Wegfall der Verantwortlichkeit führen. Nicht zu übersehen ist allerdings das Bestreben der Gemeinschaftsorgane, die mit dem Unrechtsbewußtsein sowie den Handlungsmotiven zusammenhängenden Fragen - aus generalpräventiven Gründen - auf den Bereich des verwaltungsrechtlichen Opportunitätsprinzips bzw. richterlichen Ermessens zu verlagern.

Die dogmatische Kategorie der *Verantwortlichkeit* läßt sich auch im Fahrlässigkeitsbereich wiederfinden. Als dogmatische Plattform für die Prüfung der Erkennbarkeit des Unrechts und der Motivationslage (der befugterweise handelnden Mitarbeiter) des Unternehmens steht sie ebenfalls dort neben der auf Erkennbarkeit der tatbestandsrelevanten Umstände und ihrer Bedeutung abstellenden *[Tat-]Fahrlässigkeit* und bildet die zweite Wertungsstufe der *Schuld wegen eines Fahrlässigkeitsdelikts*. Anders als im Vorsatzbereich lassen sich allerdings im Bereich der Schuld wegen eines Fahrlässigkeitsdelikts die beiden dogmatischen Wertungsebenen in praktischer Hinsicht nicht deutlich auseinanderhalten, weil auch für die Feststellung der [Tat-]Fahrlässigkeit dieselben Hilfskriterien (Unvermeidbarkeitskriterien) wie für die Feststellung der Erkennbarkeit des Unrechts (Unrechtsfahrlässigkeit) herangezogen werden.

Vor diesem Hintergrund erlangt der - bei beiden Schuldformen zur Anwendung kommende - *Fahrlässigkeitsmaßstab* eine zentrale Bedeutung für das Schuldurteil, denn er markiert die *Grenze der subjektiv vermeidbaren und damit ahndbaren Zuwiderhandlung*. Läßt sich nämlich einmal feststellen, daß irgendeines der im Zusammenhang mit dem Fahrlässigkeitsmaßstab herangezogenen Unvermeidbarkeitskriterien eingreift, so läßt sich das Schuldurteil nicht mehr begründen. Steht dagegen fest, daß keines der subjektiven Unvermeidbarkeitskriterien (und kein "Entschuldigungsgrund") im konkreten Fall eingreift, so wird zumindest Schuld wegen eines Fahrlässigkeitsdelikts vorliegen - und es wird nur darauf ankommen, ob zusätzlich Tatsachen- und Bedeutungskenntnis vorliegt, damit die Schuld wegen eines Vorsatzdelikts bejaht werden kann.

Zu den subjektiven Unvermeidbarkeitskriterien, die von der EG-Praxis zumindest im Ansatz anerkannt werden, gehören vor allem die Rückführung des objektiven Rechtsverstoßes auf die trotz genügender Anstrengungen nicht gelungene richtige Einschätzung der eigenen Marktanteile innerhalb komplexer Marktstrukturen, auf das irreführende Verhalten (vor allem falsche Angaben oder lange Duldung) der Gemeinschaftsorgane sowie auf die unklare Rechtslage. Nicht sicher - wohl aber zu bejahen - ist dagegen, ob das irreführende Verhalten anderer zuverlässigen und vom Unternehmen gutgläubig zu Rat gezogenen Beratungsstellen (nationale Behörden, Rechtsanwälte, Marktforschungsunternehmen u.a.) die Schuld ausschließen kann.

Der Fahrlässigkeitsmaßstab steht aber auch aus einem weiteren Grund im Mittelpunkt des europäischen bußgeldrechtlichen Schuldverständnisses. Vor allem an diesem Maßstab und an der Methode seiner Bildung läßt sich erkennen, welche *Konzeption der Unternehmensschuld* im EG-Bußgeldrecht zugrunde liegt. Die Gemeinschaftsorgane bilden nämlich den Fahrlässigkeitsmaßstab in Anlehnung an die sozial verselbständigten Eigenschaften und Interessen des Unternehmens selbst. Sie knüpfen außerdem das Fahrlässigkeitsurteil nicht nur an die individuelle Leistung des nach außen tretenden handlungs- und entscheidungsbefugten Unternehmensmitarbeiters, sondern auch an die hinter dieser Leistung stehenden Organisationsstrukturen des ganzen Kollektivs. Darin zeigt sich, daß es den Gemeinschaftsorganen (auch) darum geht, die Schuld aus dem Wesen und dem Auftreten des Kollektivs selbst herzuleiten - ein Anliegen, das sich auch in der Art der Beweisführung mit Blick auf den Vorsatz niederschlägt.

Der *Schuldvorwurf* gegen das Unternehmen erhält insoweit im europäischen Bußgeldrecht in Kartellsachen eine *doppelte Schwerpunktsetzung*: Zum einen geht es darum, daß (leitende) Unternehmensmitarbeiter, die befugterweise für das Unternehmen nach außen handelten oder diesbezügliche Entscheidungen trafen, in vorwerfbarer Weise die Wettbewerbsregeln mißachteten. Zum anderen geht es darum, daß die fehlerhafte Organisation des Kollektivs diese Entwicklung ermöglicht oder begünstigt hat.

Von diesen beiden Aspekten des Schuldvorwurfes überwiegt zwar im Rahmen der Gemeinschaftspraxis noch der erste Aspekt. Dies liegt aber grundsätzlich an der Struktur des europäischen Modells, das keine Sanktionen gegen die verantwortlichen natürlichen Personen kennt und damit zur kollektiven Unternehmensbuße auch dann greifen muß, wenn (nur) individuelle Fehlleistungen von Unternehmensmitarbeitern vorliegen. Sollte im Rahmen künftiger Reformen dieses Defizit aufgehoben werden, ist zu erwarten - und aus dogmatischen Gründen durchaus zu wünschen -, daß der Schwerpunkt der Argumentation auf den Aspekt der fehlerhaften kollektiven Leistung des Unternehmens verlagert wird.

B. *Vorbildfunktion der europäischen Praxis für das griechische Verwaltungsstrafrecht (in Kartellsachen)?*

Wie bereits an anderer Stelle dargestellt[226], geht die griechische Kartellrechtspraxis auf mit der Schuld zusammenhängende Fragen prinzipiell nicht ein. Dies liegt allerdings weniger an der Überzeugung, daß die Schuldfrage bei Unternehmen bzw. juristischen Personen als Handlungssubjekten ohnehin keine befriedigende dogmatische Antwort finden kann, als daran, daß der Gesetzestext die Bußgeldverantwortung im Hinblick auf Verstöße gegen das Kartell- und das Mißbrauchsverbot - die Hauptfelder der Betätigung der Kartellbehörden bis 1995 - ohne Bezugnahme auf Schuldelemente regelt. Das Entscheidungsmaterial zu Verstößen gegen die Anmelde- und Wartefristen der Fusionskontrolle zeigt dagegen, daß sich die Kartellbehörden in den Fällen, in denen das Verschulden als Ahndungsvoraussetzung in den Gesetzestext aufgenommen worden ist, durchaus eine Schuld von Unternehmen vorstellen können. Das einschlägige Entscheidungsmaterial, das - wie zu zeigen sein wird - deutlich von der EG-Praxis beeinflußt worden ist, beschränkt sich jedenfalls auf einen kleinen Teil der Bußgeldvorschriften und läßt noch keine ausreichend strukturierte Dogmatik erkennen. Im folgenden wird der Versuch einer ersten Systematisierung dieser Praxis vorgenommen.

Im Anschluß an den Gesetzestext, der im allgemeinen vom "Verschulden" spricht und damit zwischen Vorsatz und Fahrlässigkeit als Schuldformen nicht unterscheidet, beschränken sich auch die griechischen Kartellbehörden bei ihren Ausführungen auf die Feststellung des Verschuldens, ohne näher zu differenzieren. Als Verschulden des Unternehmens wird dabei dieses seiner *rechtmäßigen Vertreter* verstanden.

Deutlich wird dies u.a. in der jüngst ergangenen *WbK*-E 120/98 im "SARANTIS / SANITAS-SANITAS"-Fall: "Wie sich aufgrund der vorerwähnten Beweise herausstellte, hat die erwerbende Gesellschaft Gr. Sarantis AG im vorliegenden Fall beide ihrer oben genannten Pflichten verletzt [Verstoß gegen die Anmeldepflicht des Art. 4b Abs. 4 KartellG; Verstoß gegen das Verbot des Vollzugs der Fusion vor der endgültigen Entscheidung der Kommission gem. Art. 4e Abs. 1 KartellG]... Diese Zuwiderhandlungen sind auf das Verschulden ihrer rechtmäßigen Vertreter zurückzuführen, die vom Vorliegen der einschlägigen Gesetzesvoraussetzungen, nämlich der des Umsatzes und des Marktanteils Kenntnis hatten... Daher müssen von der Kommission die oben vorgesehenen Geldbußen verhängt werden."

Vereinzelt wird in den Entscheidungen der Begriff der Fahrlässigkeit benutzt, wobei nach Ansicht der Kartellbehörden auch leichte Fahrlässigkeit zur Begründung des Verschuldens ausreicht[227]. Daß daneben auch *Vorsatz* die Voraussetzungen des Verschuldens erfüllt, sollte zwar als Selbstverständlichkeit betrachtet werden. Der Begriff des Vorsatzes bzw. konkrete Angaben über seinen Inhalt tauchen aber im Text der Entscheidungen nicht auf. Aufgrund der Argumentation der Wettbe-

---

226 PAPAKIRIAKOU, Das griechische Verwaltungsstrafrecht, § 4 V C 2 (c).

227 Vgl. *WbK*-E 81/97 "HEWLETT PACKARD / VERIFONE".

werbskommission läßt sich allerdings vermuten, daß zur Bejahung des Vorsatzes bereits die Kenntnis der den Rechtsvorschriften zugrundeliegenden Tatsachen (z.B. Umsatzschwellen als Voraussetzung einer fusionsbezogenen Anmelde- und Wartepflicht) genügt. Ob zum Vorsatzbegriff auch Bedeutungskenntnis gehört, läßt sich angesichts der Beschränkung des Entscheidungsmaterials auf Verletzungen von Vorschriften mit überwiegend deskriptivem Charakter (Marktanteile, Jahresumsätze, Fristen u.ä.) nicht deutlich erkennen.

So führt die WbK-E 103/98 im "W.R.GRACE / FRESENIUS MEDICAL CARE"-Fall aus[228], die Verletzung der Anmeldepflicht des Art. 4b Abs. 1 KartellG sei bereits deswegen als ein schuldhafter Rechtsverstoß anzusehen, weil die fusionierenden Unternehmen in Kenntnis der Tatsache gewesen seien, daß ihre gemeinsamen Marktanteile die im Gesetz vorgesehenen Schwellen überschreiten[229]. - Da die griechische Kartellbehörde hier ausschließlich auf die Kenntnis der Unternehmen abstellt und keinen Bezug auf Sorgfaltspflichtverletzungen nimmt, läßt sich der Schluß ziehen, daß sie ein vorsätzliches Verhalten annimmt.

Es ist also davon auszugehen, daß (zumindest) die Kenntnis der verletzten Rechtsvorschriften vom Kreis der für die Bestimmung des Vorsatzes entscheidenden Elemente ausgenommen wird. - Verbotsirrtümer werden allerdings dadurch keineswegs für unbeachtlich hinsichtlich der Schuldfrage erklärt. Dies zeigt sich nicht nur darin, daß das Verschulden in einigen Entscheidungen unter Berufung darauf (mit)begründet wird, daß den betroffenen Unternehmen die vom KartellG statuierten Rechtspflichten bekannt waren[230]. Ins Gewicht fällt vor allem, daß der Einwand der Unternehmen, die jeweils maßgebliche Rechtsvorschrift nicht gekannt oder falsch ausgelegt zu haben, von den Kartellbehörden nicht bloß mit dem Argument zurückgewiesen wird, daß die Rechtsunkenntnis nicht entschuldigt werden kann - was zu erwarten wäre, wenn der Verbotsirrtum als unbeachtlich gelten sollte. Vielmehr überprüfen die Kartellbehörden die Vermeidbarkeit solcher Irrtümer und weisen ausdrücklich auf die Möglichkeiten hin, über die die betroffenen Unternehmen zur Vermeidung des Rechtsverstoßes verfügten.

Der Irrtumseinwand der betroffenen Unternehmen, sie seien von der Nichtanwendbarkeit der Fusionsvorschriften ausgegangen, weil sich das erwerbende Unternehmen auf dem Markt des erworbenen Unternehmens nicht betätigte und somit durch die Fusion

---

228 Teil VI.

229 So auch *WbK*-E 63/97 "SAPPI / SDW", Teil V; vgl. darüber hinaus *WbK*-E 40/96 "KAMARI / BOSINAKIS", Teil VII und *WbK*-E 41/96 "CONSOLIDATED EURO-FINANCE / INTERBANK": in beiden Entscheidungen geht es zwar um Verstöße gegen Art. 4e KartellG (Verbot des Fusionsvollzugs vor einer Entscheidung der Kommission), deren Sanktionierung gemäß dem Gesetzestext kein Verschulden voraussetzt. Dennoch ziehen die griechischen Kartellbehörden das im Text zitierte Argumentationsmuster heran, um das Verschulden der betroffenen Unternehmen zu begründen und damit mögliche Bedenken gegen den schuldunabhängigen Charakter der Geldbußen zu zerstreuen.

230 Vgl. z.B. *WbK*-E 43/96 "CONCRETUM / TSIMENTA CHALKIDOS", Teil XI.2.i. und XI.3.ii.

keine Addition von Marktanteilen - wie dies für die Entstehung von fusionsbezogenen (Anmelde-)Pflichten vorausgesetzt sei - stattgefunden habe, wird so von der WbK-E 88/97 ("SARANTIS / KAMEL") folgendermaßen zurückgewiesen: "Diese Zuwiderhandlungen [verspätete Anmeldung und verfrühter Vollzug einer erlaubnispflichtigen Fusion] sind auf das Verschulden der rechtmäßigen Vertreter der Unternehmen [SARANTIS AG und ELSA AG] zurückzuführen, die in Kenntnis des Vorliegens der Gesetzesvoraussetzungen bzw. der Tatsache waren, daß der Marktanteil des übertragenen Unternehmens KAMEL AG in erheblichem Maße über der 25%-Schwelle lag [Marktanteil von 65%]. Außerdem kann nach Ansicht der Kommission der [von den Unternehmen vorgetragene, angeblich] wegen der fehlenden Addition von Marktanteilen bewirkte Irrtum bezüglich der Subsumtion des fraglichen Vertrags [Erwerb von Aktien des Unternehmens KAMEL AG in Höhe von 94,91% des Aktienkapitals] unter die erwähnten [Fusions-]Vorschriften nicht gerechtfertigt werden, insbesondere wenn man die große Wirtschaftskraft und die Organisation der betroffenen Unternehmen sowie den völlig eindeutigen Wortlaut der fraglichen Vorschriften berücksichtigt."

Auch der Einwand des Unternehmens Mitilinaios in der WbK-E 105/98 ("MITILINAIOS / GIAMAS"), sein Verstoß gegen Art. 4a Abs. 4 KartellG (Anzeigepflicht bei Fusionen) sei nicht schuldhaft gewesen, da dieser Verstoß durch eine abweichende Auslegung der einschlägigen Vorschrift veranlaßt worden sei[231], wird von den Kartellbehörden nicht nur mit dem Hinweis auf den objektiv fehlerhaften Charakter der vorgeschlagenen Auslegung, sondern auch unter Berufung darauf zurückgewiesen, daß Mitilinaios in Kenntnis der anzuwendenden Rechtsvorschriften und der vorgesehenen Anmeldefristen gewesen sei und durch eine unter Vorbehalt gemachte rechtzeitige Anmeldung den Rechtsverstoß hätte vermeiden können.

Bereits die geschilderte Argumentation leitet zum Bereich der Fahrlässigkeit über, die - wie eingangs erwähnt - in den Entscheidungen deutlicher umrissen und unter praktischen Aspekten zur zentralen Figur im Schuldbereich erhoben wird. Dabei fällt es auf, daß die griechischen Behörden - obwohl sie zur Begründung des Fahrlässigkeitsvorwurfs weiterhin auf die (rechtmäßigen) Vertreter des jeweils betroffenen Unternehmens abstellen - ausschließlich Maßstäbe anlegen, die sich an den Eigenschaften und dem Potential des Unternehmens orientieren[232].

Um den erhobenen Fahrlässigkeitsvorwurf bezüglich des Verstoßes gegen Art. 4b Abs. 4 KartellG zu begründen, führt die WbK-E 81/97 im "HEWLETT PACKARD / VERIFONE"-Fall aus: "Insbesondere 'Hewlett Packard' [das übernehmende Unternehmen] hat eine im Staat Kalifornien der Vereinigten Staaten ansässige Tochtergesellschaft und eine Filiale in Griechenland sowie eine starke wirtschaftliche Organisation. Somit war es leicht, Kenntnis von den im Gesetz vorgesehenen Fristen zu erlangen. Außerdem war es für sie aus denselben Gründen leicht, die zur genauen Berechnung der Marktanteile von VeriFone [dem übernommenen Unternehmen] erforderlichen Daten zu sammeln, zumal letztere in den letzten Jahren eine marktbeherrschende Stellung auf

231 MITILINAIOS vertrat die Ansicht, daß die Anzeigepflicht des Art. 4a Abs. 4 KartellG nur für Fusionen gelte, in denen die im Gesetz vorgesehene Umsatzschwelle von 10.000.000 DRM erst von der *Summe* der Umsätze der beteiligten Unternehmen überschritten werde. Sei dagegen die fragliche Umsatzschwelle bereits durch den Umsatz eines der beteiligten Unternehmen überschritten - wie dies in seinem Falle geschehe -, entstehe keine Anzeigepflicht.

232 Vgl. dazu die soeben zitierte WbK-E 88/97 "SARANTIS / KAMEL.

dem griechischen Markt innehat." - Dasselbe Argumentationsmuster findet sich auch in der WbK-E 92/97 ("AMERSHAM INTERNATIONAL / NYCOMED"), die ebenfalls einen Verstoß gegen Art. 4b Abs. 4 KartellG zum Gegenstand hat: "... Aus den vorerwähnten Daten ergibt sich, daß die obige Verspätung auf das Verschulden, und zwar auf die Fahrlässigkeit der Vertreter der Gesellschaft Amersham International Plc zurückzuführen ist. Letztere ist eine große Gesellschaft mit internationaler Tätigkeit und mit starker Präsenz auf dem griechischen Markt, und die Vorschriften des KartellG sind der Gesetzgebung der anderen Mitgliedstaaten der EU vergleichbar. Somit muß gegen die genannte Gesellschaft die in der relevanten Vorschrift vorgesehene Geldbuße verhängt werden, die unter Berücksichtigung des vorerwähnten Umsatzes der an der Fusion beteiligten Unternehmen, des Grades der Fahrlässigkeit der Vertreter der genannten Gesellschaft und der vorliegenden Umstände auf den Betrag von 5.000.000 DRM festzusetzen ist."

Im Rahmen des subjektiven Tatbestandserfordernisses des Verschuldens überprüfen die griechischen Behörden auch Einwände der Unternehmen, die nicht mit der Kenntnis oder Erkennbarkeit der tatsächlichen und rechtlichen Lage, sondern mit der allgemeinen (objektiven und subjektiven) Vermeidbarkeit des Verstoßes zusammenhängen. Den Ausführungen der Wettbewerbskommission läßt sich dabei entnehmen, daß das Verschulden verneint werden kann, wenn konkrete Gründe vorliegen, die die Verletzung der Anzeige-, Anmelde- und Wartefristen als Ergebnis einer Ausnahmesituation erscheinen lassen. Auf eine Konkretisierung dieser Gründe in *positiver* Hinsicht ist allerdings die griechische Wettbewerbsbehörde bislang nicht eingegangen.

Man könnte zwar hier von Entschuldigungsgründen sprechen, zumal die angedeuteten außerordentlichen Gründe zum Wegfall des Verschuldens führen. Zutreffender ist es jedoch, von *Entlastungsgründen* in einem weiteren Sinne zu sprechen. Dadurch soll deutlich gemacht werden, daß es nicht um die dem griechischen Strafrecht vertraute Kategorie der Entschuldigungsgründe geht, sondern um eine Entlastungskategorie, die nach strafrechtlichem Verständnis Elemente der Verfügbarkeit von Handlungsalternativen, der Rechtfertigung und der Entschuldigung in sich vereinigt.

Die griechischen Behörden haben sich jedenfalls bisher prinzipiell darauf beschränkt, einzelne Gründe zu nennen, die *nicht* unter die fragliche Entlastungskategorie fallen.

Keinen Grund zur Verneinung des Verschuldens für einen Verstoß gegen Art. 4b Abs. 4 KartellG stellt so beispielsweise die Tatsache dar, daß das bei den griechischen Behörden nicht (fristgemäß) angemeldete Zusammenschlußvorhaben gleichzeitig bei mehreren nationalen Behörden anzumelden war, was Schwierigkeiten bei der Sammlung der auf den griechischen Markt bezogenen Daten zur Folge hatte. So führte die WbK-E 50/97 im "SKW TROSTBERG / SANDOZ"-Fall aus: "Bezüglich der um einen Monat verspäteten Anmeldung beruft man sich nicht auf außerordentliche Gründe, sondern auch auf die Tatsache, daß die bei mehreren nationalen Behörden vorzunehmenden Anmeldung der Fusion die Sammlung der erforderlichen Daten schwierig machte. Dieses Vorbringen kann aber nicht als stichhaltig betrachtet werden, denn (a) die Verspätung war besonders groß, (b) die [für die anderen Anmeldungen] erforderlichen Daten bezogen sich auch auf den griechischen Markt, und für die Erstattung der mehrfachen Anmeldung genügte somit zum größtem Teil die Reproduktion derselben Akte, und (c) die spezifischen, auf den griechischen Markt bezogenen Daten waren der in Griechenland tätigen Gesellschaft der übernommenen Gruppe mit Sicherheit nicht unbekannt. Außerdem sieht das Gesetz keine unterschiedliche Behandlung für die Fälle *mehrfacher Anmeldungen* vor."

Ebensowenig kann als Entlastungsgrund für einen Verstoß gegen Art. 4e Abs. 1 KartellG die Tatsache betrachtet werden, daß die Verschiebung des Fusionsvollzugs bis auf die endgültige Entscheidung der Kommission angesichts *bevorstehender steuerrechtlicher Reformen* eine erhebliche Zunahme der Steuerbelastung des Fusionsvorganges zur Folge gehabt hätte. Mit Recht verweist die Wettbewerbskommission in solchen Fällen die Unternehmen auf die (nicht ausgenutzte) Möglichkeit, eine provisorische Erlaubnis zum Vollzug des Zusammenschlusses gem. Art. 4e Abs. 3 KartellG zu beantragen[233].

Anders stellt sich der sachliche Zusammenhang für die Beurteilung der Verschuldensfrage dar, wenn sich das jeweils betroffene Unternehmen rechtzeitig darum bemüht hat, über Voraussetzungen und Inhalt der Anmeldepflicht bei den Kartellbehörden zu erkundigen, rechtzeitig die ersten fusionsrelevanten Informationen einreichte und möglichst schnell die Absendung der übrigen erforderlichen Daten vervollständigte. Unter solchen, den guten Willen und die *Kooperationsbereitschaft* des betroffenen Unternehmens unterstreichenden Umständen zeigen sich die Kartellbehörden bereit, die Verspätung auf objektive unvermeidliche Gründe zurückzuführen, das Verschulden zu verneinen und den Fall zu den Akten zu legen[234].

Insgesamt lassen sich auch in der griechischen Praxis Tendenzen erkennen, die teilweise denen des Gemeinschaftsrechts vergleichbar sind. Der Fahrlässigkeitsmaßstab orientiert sich nämlich auch im griechischen Bußgeldrecht nicht an Eigenschaften der einzelnen natürlichen Personen, sondern an Eigenschaften des Unternehmens selbst. Durch den Hinweis auf den Begriff der rechtmäßigen Vertreter wird außerdem der Kreis der zurechnungsrelevanten Personen von der Organeigenschaft abgekoppelt und auf alle mit Vertretungsmacht ausgestatteten Personen erstreckt. Neben den auf Kenntnis bzw. Erkennbarkeit der jeweils maßgeblichen Tatsachen- und Rechtslage bezogenen Kategorien werden schließlich auch Gründe in Betracht gezogen, die zum Wegfall des Verschuldens und damit der Verantwortung führen können.

Ob die Übernahme *sämtlicher* oben systematisierter Schuldelemente des europäischen bußgeldrechtlichen Modells für das griechische Bußgeldrecht in Kartellsachen empfehlenswert ist, muß allerdings bezweifelt werden. Angesichts der Zweispurigkeit des (nicht nur aus unternehmensbezogenen verwaltungsstrafrechtlichen, sondern auch aus individuellen kriminalstrafrechtlichen Sanktionen bestehenden) griechischen punitiven Steuerungssystems auf dem kartellrechtlichen Gebiet empfiehlt sich vielmehr eine an dieser Zweispurigkeit ausgerichtete Modifizierung des europäischen Modells, die den spezifischen Sinn und Zweck der unternehmensstrafrechtlichen Normen im Vergleich zu den individuellen kriminalstrafrechtlichen

233 Vgl. *WbK*-E 120/98 "SARANTIS / SANITAS-SANITAS".

234 Siehe nur *WbK*-E 74/97 "SKANDINAVISK TOBASKSKOMPNANI / HENRI WINTERMANS". In diesem, einen Verstoß gegen Art. 4a Abs. 4 KartellG betreffenden Fall ging es allerdings um eine Verspätung von nur 3 Tagen bei der Vervollständigung der Anmeldeunterlagen.

Normen deutlicher zum Ausdruck bringen kann. Da dieser Fragenkomplex an anderer Stelle ausführlich behandelt wurde[235], dürften hier nur einige kurze Hinweise genügen.

Bezüglich der - bereits bei der Unrechtsbegründung zu überprüfende - Frage nach dem *zurechnungsrelevanten Personenkreis* ist zwar von einer breiten Zurechnungskonzeption auszugehen, und damit die Handlungen jeder für das Unternehmen befugterweise handelnden Person als zurechenbar anzusehen, *soweit* diese Handlungen im funktionalen Zusammenhang mit der in Freiheit durchgeführten internen Unternehmensorganisation und Aufgabenverteilung stehen und unter dem Einfluß der unternehmensinternen Wertordnung vorgenommen werden. Im Hinblick darauf, daß Handlungen von Unternehmensangehörigen außerhalb ihres Aufgabenbereichs oder Handlungen von externen Beauftragen diese Bedingungen nicht erfüllen und damit dogmatisch nicht als funktionaler Output des Unternehmens selbst qualifiziert werden können, ist eine Zurechnung solcher Handlungen nicht zulässig und die Übernahme der entsprechenden äußerst extensiven Gemeinschaftspraxis[236] abzulehnen.

Hinsichtlich der Schuldformen ist zunächst darauf hinzuweisen, daß die Unterscheidung zwischen *Vorsatz und Fahrlässigkeit* im Unternehmensstrafrecht allenfalls unter der Bedingung einer starken Funktionalisierung bzw. Instrumentalisierung dieser Schuldformen sinnvoll ist. Ein überzeugendes unternehmensstrafrechtliches Schuldkonzept muß nämlich in erster Linie auf dem *Gedanken der vorwerfbaren kollektiven Organisation und Unternehmensethik* aufbauen. Um diesen Gedanken zum Ausdruck zu bringen, würde der Begriff des Unternehmensverschuldens letztlich ausreichen. Möchte man allerdings auch die klassischen strafrechtlichen Begriffe des Vorsatzes und der Fahrlässigkeit beibehalten - um dadurch die gemeinsamen, an Verhaltenssteuerung und Willensbeeinflussung orientierten dogmatischen Grundlagen der unternehmens- und der individualstrafrechtlichen Normen plastischer demonstrieren zu können -, so sollte zur Schilderung des fraglichen soeben skizzierten Gedankens ausschließlich der Begriff der (systemischen) Fahrlässigkeit eingesetzt werden. Der Vorsatzbegriff sollte dann nur den Fällen vorbehalten werden, in denen *neben* der systemischen Fahrlässigkeit (*Definition*: organisatorische oder wertordnungsrelevante Defekte des Unternehmenssystems, die den Rechtsverstoß ermöglicht oder begünstigt haben und die die Unternehmensmitglieder durch eine ihnen mögliche und zumutbare Leistung rechtzeitig hätten beheben können) *auch* das Wissen von ranghohen Führungskräften oder von Eignern maßgeblicher Unternehmensanteile im Hinblick auf den Rechtsverstoß nach normativen Maßstäben bejaht werden kann. Damit würde eine dogmatische Kategorie (Vorsatz) geschaffen, um auch die Einstellung der primären Empfänger der kollek-

235 PAPAKIRIAKOU, Das griechische Verwaltungsstrafrecht, §§ 8 und 9.

236 Vgl. oben im Text, III A.

tiven Strafnormen zum Rechtsverstoß gesondert beurteilen zu können, was sich nicht nur für die unternehmensinterne Verantwortungszuweisung, sondern auch für die Sanktionswahl bzw. Sanktionsbemessung als nützlich erweisen könnte[237].

Im europäischen Modell ist dagegen diese funktionelle Teilung und Instrumentalisierung der Begriffe nicht so stark ausgeprägt. Im Fahrlässigkeitsbereich bestehen zwar ähnliche Tendenzen, im Vorsatzbereich scheint aber - wie oben ausgeführt - bereits die Kenntnis von befugterweise handelnden (leitenden) Unternehmensmitarbeitern ausreichend zu sein, um - unabhängig von Organisations- oder wertordnungsrelevanten Defiziten des Kollektivs - die Schuld wegen eines Vorsatzdelikts zu bejahen. Darin kommt die zweite, auf die Leistung einzelner Unternehmensmitarbeiter abstellende Spur des europäischen Modells bei der Schuldbegründung zum Ausdruck[238].

Die oben herausgearbeitete *Irrtumsdogmatik* ist ferner zwar zu übernehmen, jedoch von der subjektiven Einstellung konkreter Personen vollständig abzukoppeln und auf das gesamte Kollektiv als Handlungseinheit zu beziehen. Der Fahrlässigkeitsmaßstab, die subjektiven Unvermeidbarkeitskriterien und die Schwelle der Ahndbarkeit sind jeweils in Anlehnung an das Wesen und die konkreten Eigenschaften des ganzen Kollektivs festzulegen. Bei der Erhebung des Schuldvorwurfs sind auch die Motive zu berücksichtigen, die das Kollektiv zum festgestellten Rechtsverstoß veranlaßt haben. Läßt sich konstatieren, daß das rechtswidrige Handeln durch die Ausübung vom psychologischen Zwang von dritten Marktteilnehmern bedingt war oder ausschließlich zum Schutz legitimer Geschäftsinteressen vor dem Hintergrund einer relativ unklaren Rechtslage vorgenommen wurde, ist möglicherweise von einem Schuldvorwurf abzusehen.

An die Differenzierung zwischen Vorsatz und Fahrlässigkeit sollte schließlich *keine Differenzierung des Strafrahmens* geknüpft werden. Im Hinblick nämlich darauf, daß es hier nicht um die Beurteilung der Leistung einzelner Personen, sondern um die Beurteilung der Leistung von Kollektiven geht, wird oft bei Vorliegen von großen Systemdefekten der fehlende Vorsatz der Systemleitung mit Blick auf das konkrete sozialschädliche Geschehen für die Fassung des Sanktionsvorwurfs nicht von großer Bedeutung sein. Durch einen undifferenzierten, einheitlichen Sanktionsrahmen läßt sich dies eindeutig zum Ausdruck bringen. Angemessene Sanktionsbemessungsregeln sollten allerdings sicherstellen, daß durch die Umstände des Einzelfalles möglicherweise gebotene Differenzierungen zumindest bei der Bemessung der Unternehmenssanktion beachtet werden.

Es ist insoweit als positiv zu beurteilen, daß die europäischen Bußgeldvorschriften einen einheitlichen Sanktionsrahmen vorsehen und die nur fahrlässige Deliktsbegehung lediglich als (möglichen) bußgeldmildernden Faktor im Zusammenhang mit sonstigen Faktoren behandeln[239]. Zu begrüßen sind aber auch die von der Europäischen Kommission

---

237 Näher dazu PAPAKIRIAKOU, Das griechische Verwaltungsstrafrecht, §9 II C.

238 Siehe dazu oben im Text, insb. III und IV A.

239 Vgl. dazu oben im Text, II B 2.

erlassenen Richtlinien für die Bußgeldbemessung, soweit sie unternehmensbezogene Kriterien der Bußgeldbemessung zugrundelegen[240]. Diese Sichtweise bedarf aber in der griechischen Bußgeldpraxis einer noch größeren Hervorhebung. Einem Konzept, das überwiegend auf die defizitäre Leistung des gesamten Kollektivs abstellt, werden nämlich vor allem Bemessungsregeln gerecht, die in "subjektiver" Hinsicht in erster Linie den Grad der festgestellten Organisations- oder Wertordnungsdefizite sowie das Leistungspotential (Zahl der Mitarbeiter, Erfahrung u.s.w.) und das davon abhängige Anders-Handeln-Können des sanktionierten Kollektivs im Hinblick auf den konkreten Verstoß berücksichtigen. Ob die in den Leitlinien der Europäischen Kommission enthaltene Regelung, die bei fahrlässigen Verstößen eine Milderung der Geldbußen vorsieht[241], auch im Rahmen eines solchen unternehmensbezogenen Konzepts sinnvoll ist, muß - wie oben gesagt - von den Umständen des Einzelfalles abhängig gemacht werden.

---

240 Vgl. die Ausführungen der Kommission bezüglich der Faktoren, die in der ersten Verfahrensphase der Bußgeldbemessung (zu diesen Phasen siehe bereits oben im Text, *Zweiter Teil* III A 2 b) zu berücksichtigen sind ("Leitlinien für das *Verfahren zur Festsetzung von Geldbußen*, die gemäß Artikel 15 Absatz 2 der Verordnung Nr. 17 und gemäß Artikel 65 Absatz 5 EGKS-Vertrag festgesetzt werden", ABl. 1998 Nr. C 9/3 [Teil 1 A]): "Darüber hinaus könnte auch der Tatsache Rechnung getragen werden, daß *Großunternehmen* in den meisten Fällen über *juristischen und wirtschaftlichen Sachverstand und Ressourcen* verfügen, anhand deren sie besser erkennen können, in welchem Maße ihre Vorgehensweise einen Verstoß darstellt und welche Folgen aus wettbewerbsrechtlicher Sicht zu gewärtigen sind." Vgl. auch *Kommission*, a.a.O., [Teil 2], wo ein "*erneuter, gleichartiger Verstoß des/derselben Unternehmen(s)*" von der Kommission als erschwerender Umstand im Rahmen der zweiten Phase des Verfahrens zur Bemessung der Geldbußen eingestuft wird.

241 Siehe "Leitlinien für das Verfahren zur Festsetzung von Geldbußen ...", a.a.O. [Teil 3], in denen die Tatsache, daß es um "*fahrlässige, unvorsätzlich begangene Verstöße*" geht, von der Kommission als mildernder Umstand im Rahmen der zweiten Phase des Verfahrens zur Bemessung der Geldbußen eingestuft wird.

Sechster Teil: Zusammenfassung

I.

Die vorliegende Arbeit hat sich die Aufgabe zum Ziel gesetzt, Lösungen herauszuarbeiten, um die in Griechenland angestrebte dogmatische Strukturierung des Verwaltungs- bzw. Unternehmensstrafrechts (in Kartellsachen) unter Berücksichtigung der Besonderheiten dieser Rechtsmaterie (Natur des Sanktionssubjekts, Natur der Verwaltungsstrafen) voranzubringen. Dadurch war zugleich beabsichtigt, den in Deutschland intensiv geführten Meinungsstreit über die Strukturen eines modernen Unternehmensstrafrechts weiter zu fördern. Die Erörterung konzentrierte sich auf ausgewählte Grundlagenprobleme des Verwaltungs- bzw. Unternehmensstrafrechts und behandelte diese unter starker Heranziehung der Konzepte, die von den Gemeinschaftsorganen im Rahmen des europäischen Bußgeldrechts in Kartellsachen praktiziert werden. - Entsprechend den in der Einleitung zur Erfüllung der genannten Aufgabe geschilderten Arbeitsschritten[1] wird im folgenden eine Zusammenfassung der wichtigsten Ergebnisse der Arbeit gegeben.

II.

Die Unternehmensgeldbußen des griechischen Verwaltungsstrafrechts (in Kartellsachen) sind als Sanktionen des Strafrechts i.w.S. einzustufen und dogmatisch zu strukturieren. Die angestrebte Strukturierung muß sich allerdings der besonderen Natur der Sanktionssubjekte und des systematischen (an der Grenze zwischen Verwaltungs- und Strafrechtsdenken liegenden) Standorts des Verwaltungsstrafrechts bewußt sein. Sie muß berücksichtigen, daß sie es mit "zukunftsoffen" abgefaßten und damit auf Rechtsfortbildung angelegten Rechtsgebieten zu tun hat, die in der Regel von Aufsichtsbehörden "verwaltet" werden und eigene materielle Institute zur Regelung von Krisen- und Notsituationen kennen. Sie muß ferner der Erkenntnis Rechnung tragen, daß sie überindividuelle Sanktionssubjekte betrifft, die einerseits ihre rechtliche Identität leicht verändern können und andererseits keine ontologische Fähigkeit zur Entwicklung von eigenen subjektiven Vorstellungen und Motiven besitzen. Die strafrechtsspezifischen Auslegungsregeln, die klassischen strafrechtlichen Rechtfertigungsgründe und vor allem die auf das Sanktionssubjekt bezogenen Zurechnungslehren des klassischen Individualstrafrechts müssen neu gedacht und ausgestaltet werden[2]. Wichtige Hilfe zur Beantwortung der sich in diesem Zusammenhang stellenden Fragen verspricht die Auseinandersetzung mit der Praxis der Kommission und der europäischen Gerichte im Rahmen

---

[1] Siehe oben im Text, *Erster Teil* I C.

[2] Siehe oben im Text, *Erster Teil* I A.

des europäischen Bußgeldrechts in Kartellsachen. Den europäischen Organen ist es nämlich nach allgemeiner Ansicht gelungen, durch eine ausgewogene (im Laufe der 90er Jahre an Schärfe gewonnene) Kombination von strafrechtlichen Prinzipien und originellen praktikablen Konzepten ein modernes verwaltungs- bzw. unternehmensstrafrechtliches Modell zu entwickeln, dem um so größere praktische Bedeutung für die Fortentwicklung des griechischen Unternehmensstrafrechts (in Kartellsachen) beizumessen ist, als die bestehenden funktionalen Verknüpfungen zwischen dem griechischen und dem europäischen Kartellrecht die Transformation der Lösungen der Gemeinschaftsorgane in die griechische Praxis wesentlich begünstigen[3].

III.

Werden mittels der Blankettechnik an dieselben (in Tatbeständen typisierten) Verletzungen von Verwaltungsnormen sowohl rein verwaltungsrechtliche Maßnahmen und Sanktionen (z.B. Verbotsverfügungen, Zwangsgelder) als auch strafähnliche Sanktionen (z.B. Geldbußen) geknüpft, so ist eine an der unterschiedlichen Natur der vorgesehenen Sanktionen ausgerichtete Differenzierung der (Stringenz der) Auslegungsmaßstäbe vorzunehmen und damit ein Auseinanderfallen der Auslegungsergebnisse je nach Sanktionsgebiet zu fordern. Diese Lösung (Normspaltung) läßt sich zwar mit den aus dem Einsatz der Blankettechnik durch den Gesetzgeber für die Auslegung der ambivalenten Normen zu ziehenden Schlußfolgerungen[4] nicht leicht vereinbaren, ist aber den im Schrifttum alternativ vertretenen Ansätzen der einheitlich-restriktiven Auslegung oder der einheitlich-extensiven Auslegung[5] sowohl unter normtheoretischen Aspekten als auch aus dem Grunde vorzuziehen, daß sie das Gebot verwaltungsrechtlicher Effektivität und das Gebot der Bindung der Verwaltungsstrafnormen an rechtsstaatliche Garantien (Analogieverbot, Gebot der engen Auslegung von Generalklauseln)[6] gleichermaßen beachtet. Sie steht darüber hinaus sowohl mit den unterschiedlichen Funktionen als auch mit den abweichenden Systemen der allgemeinen Zurechnungs-, Vorrang- und Geltungsregeln der verschiedenen Sanktionsgebiete der Rechtsordnung im Einklang[7]. Die Annahme einer Normspaltung bedeutet übrigens nicht, daß es zwangsläufig zu einer Auseinanderentwicklung der verschiedenen Sanktionsgebiete durch vollständige Auflösung der zwischen ihnen bestehenden Bändern kommen muß. Die durch die differenzierte Bestimmung des Inhalts der ambivalenten Normen entstehenden Divergenzen lassen sich vielmehr im Rahmen eines richtigen Verständnisses des

3 Siehe oben im Text, *Erster Teil* I B und II.

4 Siehe oben im Text, *Zweiter Teil* I B 2.

5 Siehe oben im Text, *Zweiter Teil* II A 2 (a) und (b).

6 Siehe oben im Text, *Zweiter Teil* I B 1.

7 Siehe oben im Text, *Zweiter Teil* II B 2 (c).

strafrechtsspezifischen Gebots der engen Auslegung von Generalklauseln in Grenzen halten. Versteht man nämlich dieses Gebot als ein solches, das die Anwendung der Strafnorm auf Randbereiche von der vorangegangenen Herstellung der objektiven Erkennbarkeit des Inhalts der jeweils maßgeblichen Generalklauseln abhängig macht, so eröffnet sich die Möglichkeit, vielen, zunächst wegen geminderter Erkennbarkeit vom verwaltungsstrafrechtlichen Anwendungsbereich ausgeschlossenen Sachverhalten mit fortschreitender Konketisierung des Inhalts der Generalklauseln von der außerstrafrechtlichen Anwendungspraxis verwaltungsstrafrechtliche Relevanz beizumessen. Die Normspaltung kann daher auch als Chance gesehen werden, um das Verwaltungsstrafrecht neueren Entwicklungen anpassen zu können, ohne einen Konflikt mit dem strafrechtlichen Bestimmtheitsgebot heraufzubeschwören. Im Hinblick auf den par definitionem weit gefaßten Wortlaut von Generalklauseln und unbestimmten Gesetzesbegriffen ist es außerdem deutlich, daß die außerstrafrechtliche Konkretisierungspraxis in der überwiegenden Mehrheit der Fälle als extensive Auslegung, und nicht als Verstoß gegen das (absolut geltende und von außerstrafrechtlichen Entwicklungen nicht beeinflußbare) Analogieverbot einzustufen sein wird[8]. - Die Annahme der Lösung der Normspaltung ist ohne Vorbehalte allerdings nur im Verhältnis zwischen Sanktionsgebieten vertretbar, deren Verhaltensnormen von unterschiedlichen Organen oder (zumindest) in getrennten Verfahren angewendet werden. Erst dann ist eine wesentliche Differenzierung der Normauslegung auch in praktischer Hinsicht problemlos durchführbar. Im Verhältnis des Verwaltungsstrafrechts zum Verwaltungssanktionsrecht und unter der Voraussetzung, daß für die Anwendung der materiellen Bestimmungen beider Sanktionsgebiete ein einheitliches Verfahren und gemeinsame Organe vorgesehen sind - wie dies im griechischen und europäischen Kartellrecht der Fall ist -, gerät diese Lösung in Umsetzungsschwierigkeiten. Es ist nämlich für denselben Rechtsanwender in dem einheitlichen Verfahren unter praktischen Aspekten schwierig, eine ambivalente Auslegung der Verhaltensnorm vorzunehmen[9].

Die Kommission und die europäischen Gerichte praktizieren keine Normspaltung, sondern legen Verwaltungssanktions- und Bußgeldnormen einheitlich aus, und zwar unter Zugrundelegung der flexiblen Auslegungsregeln des Verwaltungsrechts - also ohne Beachtung des Analogieverbots und des Gebots der engen Auslegung von Generalklauseln. Die strafrechtsspezifischen Auslegungsregeln finden daher auf der Ebene der Bestimmung des tatbestandsmäßigen Verhaltens keine (nennenswerte) Anwendung[10]. Dies führt allerdings nicht zu einer rechtsstaatlich bedenklichen Überspannung der Bußgeldverantwortung, denn als Gegengewicht zu

8 Siehe oben im Text, *Zweiter Teil* II B 3 (a).

9 Siehe oben im Text, *Zweiter Teil* II B 3 (b).

10 Siehe oben im Text, *Zweiter Teil* III A.

der einheitlich-extensiven Auslegung werden die subjektiven Voraussetzungen der Bußgeldtatbestände sowie das Opportunitätsprinzip eingesetzt[11].

Diese Vorgehensweise, die als einheitlich-extensive Auslegung i.V.m. normexternen Mechanismen zur Wiedereinschränkung der Bußgeldverantwortung bezeichnet und unter Umständen durch eine materiellrechtliche Instrumentalisierung des beweisrechtlichen in dubio pro reo-Prinzips ergänzt werden kann[12], trägt zwar etwas pragmatische Grundzüge, bewegt sich aber noch im Rahmen eines akzeptablen Kompromisses[13]. Aus Rechtssicherheitsgründen wäre es allerdings empfehlenswert, daß die oben geschilderte und sich bislang überwiegend in Gestalt eines nach freiem Ermessen zu leistenden Ahndungsverzichts präsentierende Gemeinschaftspraxis durch Verfeinerung der Schuldkategorien (insbesondere der Unvermeidbarkeitskriterien[14] und der zum Wegfall der Verantwortlichkeit führenden Gründe[15]) sowie durch die Anerkennung von überprüfbaren Ermessensregeln formalisiert würde. Noch strengere Standards sind darüber hinaus für diejenigen Sachverhalte zu fordern, die offensichtlich außerhalb des möglichen Wortsinnes der kartellrechtlichen Normen liegen und damit erst durch Analogie in den Anwendungsbereich der Art. 81 und 82 EGV n.F. bislang einbezogen werden konnten oder künftig einzubeziehen sein werden. Gegenüber solchen Sachverhalten sind zwar Mittel des Verwaltungssanktionsrechts nach wie vor erlaubt. Die Verhängung von Geldbußen ist jedoch wegen des strafrechtlichen Analogieverbotes unzulässig, und zwar nicht nur bei der erstmaligen, sondern auch bei jeder weiteren Anwendung der Wettbewerbsregeln. Die Anerkennung einer (negativen) Strafbarkeitsvoraussetzung ist in diesem Zusammenhang eine Mindestpflicht für die Gemeinschaftsorgane[16]. - Was das griechische Verwaltungsstrafrecht (in Kartellsachen) anbelangt, empfiehlt sich zwar zunächst die Lösung der Normspaltung. Jedoch ist - unter den oben genannten, der Rechtssicherheit dienenden Bedingungen - auch die Orientierung an dem von den europäischen Organen praktizierte Modell als vertretbare Alternative anzusehen[17].

IV.

Die dogmatische Strukturierung des Verwaltungsstrafrechts gerät in das Spannungsfeld zwischen Verwaltungs- und Strafrechtsdogmatik nicht nur im Hinblick

---

11 Siehe oben im Text, *Zweiter Teil* III B.

12 Siehe oben im Text, *Zweiter Teil* II A 2 (c) und II B 3 (b).

13 Siehe oben im Text, *Zweiter Teil* II B 3 (b).

14 Siehe oben im Text, *Fünfter Teil* II C.

15 Siehe oben im Text, *Fünfter Teil* A 2 (b).

16 Siehe oben im Text, *Zweiter Teil* IV A.

17 Siehe oben im Text, *Zweiter Teil* IV B.

auf die Bestimmung der (Stringenz der) auf die Sanktionsnormen des Verwaltungsstrafrechts anzuwendenden Auslegungsmaßstäbe. Auf erhebliche Schwierigkeiten stößt man auch bei der Frage, ob klassische strafrechtliche Prinzipien und Denkstrukturen der Rechtfertigung auf das Verwaltungsstrafrecht übertragen werden können. Dies ist deswegen problematisch, weil das Verwaltungsrecht oft eigene Institute zur Rechtfertigung von Verstößen gegen seine Grundverbote kennt, dem Grundsatz der Behördenpublizität verpflichtet ist und sein Unrechtsurteil grundsätzlich ohne Rücksicht auf den Gedanken einer materiellen Rechtsgutsverletzung begründet. Diese Unterschiede zwischen Verwaltungs- und Strafrecht sind bei der Ausgestaltung des Verwaltungsstrafrechts sachgemäß zu berücksichtigen. Überdies ist der Tatsache Rechnung zu tragen, daß im Mittelpunkt des Verwaltungsstrafrechts in der Regel überindividuelle Rechtsgüter stehen, deren Besonderheiten zu notwendigen Anpassungen der Grenzen der klassischen Rechtfertigungsinstitute des Strafrechts führen[18].

Die europäische Bußgeldpraxis bietet zwar Entscheidungsmaterial an, aus dem hervorgeht, daß die klassischen strafrechtlichen Rechtfertigungsgründe des Notstandes und der Notwehr auch im kartellrechtlichen Bußgeldbereich Anerkennung finden, und zwar in Gestalt allgemeiner Rechtsgrundsätze, also als selbständige ungeschriebene Institute, die neben den normierten Genehmigungs-, Freistellungs- oder sonstigen Ausnahmemöglichkeiten stehen[19]. Die Voraussetzungen für das Eingreifen der fraglichen strafrechtlichen Institute werden allerdings so streng gehandhabt, daß kein darauf aufbauendes Verteidigungsvorbringen der betroffenen Unternehmen bislang zum Tragen gekommen ist. Der Notwehreinwand wird so prinzipiell unter Berufung auf die Subsidiarität der privaten Notwehr gegenüber der (theoretisch fast immer möglichen) staatlichen Hilfe zurückgewiesen, wobei zu beachten ist, daß die Frage nach der faktischen Effektivität der staatlichen Hilfe von den Gemeinschaftsorganen nicht gestellt wird[20]. Die Beschränkung der notstandsfähigen Rechtsgüter auf die "Existenz des Unternehmens" und die Erfordernisse, daß das betroffene Unternehmen kein Mitverschulden an seiner Existenzgefährdung sowie keine Alternative zur Abwendung der existentiellen Gefährdung als eine Wettbewerbsbeschränkung haben muß, verurteilen auch den Notstandseinwand in praktischer Hinsicht - unter Berücksichtigung auch der dem Unternehmen aufgebürdeten Beweislast - zu einem Schattendasein[21].

Der strengen Praxis der Gemeinschaftsorgane ist im Ergebnis - entgegen den im Schrifttum erhobenen Einwänden[22] - zuzustimmen. Die Überindividualität des ge-

---

[18] Siehe oben im Text, *Dritter Teil* I B.

[19] Siehe oben im Text, *Dritter Teil* II.

[20] Siehe oben im Text, *Dritter Teil* II A 1.

[21] Siehe oben im Text, *Dritter Teil* II B 1.

[22] Siehe oben im Text, *Dritter Teil* II A 2 (a) und II B 2 (a).

schützten Rechtsgutes des Wettbewerbs und die Existenz von spezifischen verwaltungsrechtlichen Genehmigungs- und Freistellungsinstituten zwingen nämlich zu der Erkenntnis, daß trotz der grundsätzlichen Anerkennung der Notwehr und des Notstandes der Anwendungsbereich dieser Rechtfertigungsgründe im europäischen Kartellrecht eng zu fassen ist. - Die Anwendung des Instituts der Notwehr ist danach grundsätzlich zu verneinen. Im Hinblick darauf, daß die Notwehr nach klassischem Verständnis nur Verletzungen der Rechtsgüter des Angreifers rechtfertigen kann, können Wettbewerbsbeschränkungen, die über die individuelle Freiheit des Angreifers zwangsläufig auch überindividuelle Interessen tangieren, nicht als zulässiges Notwehrmittel angesehen werden. Daß die Gemeinschaftspraxis zu diesem Ergebnis über einen anderen Weg gelangt, nämlich durch die strenge Fassung des Subsidiaritätsprinzips, ist insoweit als nicht erheblich einzustufen[23].

Die Anwendung des Instituts des Notstands stößt zwar nicht auf der Notwehr vergleichbare rechtsgutsbezogene Hindernisse. Gegenüber Handlungs- und Unterlassungspflichten, für die eine verwaltungsrechtliche Freistellungsmöglichkeit angeboten wird, sollte aber auch dieses strafrechtliche Institut eng ausgestaltet werden. Dies ist vor allem bei Art. 81 Abs. 1 EGV n.F. der Fall. Angesichts der parallelen Existenz des anmeldepflichtigen Instituts der Freistellung ist der Notstand so zu handhaben, daß zunächst nur eilbedürftige Fälle, die aus zeitlichen Gründen nicht zur Freistellung angemeldet werden können, als notstandsrelevant eingestuft werden. Liegt allerdings eine solche Fallkonstellation vor, so ist - entgegen dem nicht differenzierenden Standpunkt der Gemeinschaftsorgane - der Notstandseinwand auch dann zuzulassen, wenn andere Rechtsgüter als die Existenz des Unternehmens gefährdet sind. Zu erwägen ist überdies der Ausbau des Anwendungsbereichs des Instituts des Notstandes auf angemeldete Notmaßnahmen außerhalb der materiellen Grenzen des Freistellungstatbestandes. Dann ist allerdings der Kreis der notstandsfähigen Rechtsgüter auf die Unternehmensexistenz zu beschränken[24]. - Der Notstandseinwand soll darüber hinaus ohne Einschränkungen zugelassen werden, wenn es um Gebote oder Verbote geht, für die es keine speziellen Freistellungsregelungen gibt. Dies gilt beispielsweise für Verstöße gegen Anzeige- und Anmeldepflichten oder im Zusammenhang mit der Anwendung von Art. 82 EGV n.F. - auch wenn im letzteren Fall der potentielle Anwendungsbereich des Notstandseinwandes nur gering sein dürfte, weil angesichts des im Rahmen der Auslegung des Mißbrauchsbegriffs zum Einsatz kommenden Kriteriums der sachlichen bzw. objektiven Rechtfertigung eine Notstandshandlung ohnehin nur schwer als tatbestandsmäßig gewertet werden kann[25].

---

23 Siehe oben im Text, *Dritter Teil* II A 2 (b).

24 Siehe oben im Text, *Dritter Teil* II B 2 (b).

25 Siehe oben im Text, *Dritter Teil* II B 2 (b).

Auch das - zur Schlichtung von zivil- oder verwaltungsrechtlichen Konflikten entwickelte - Institut der höheren Gewalt tritt im europäischen (kartellrechtlichen) Bußgeldbereich unter den möglichen Rechtfertigungsgründen auf[26]. Die bislang von der Theorie und den betroffenen Unternehmen mit diesem Institut in Verbindung gebrachten Fälle lassen sich allerdings bei der Bestimmung der Voraussetzungen der Tatbestandsmäßigkeit eines Verhaltens oder bei der Bestimmung der Schuldkriterien sinnvoller systematisieren und behandeln. Das Institut der höheren Gewalt ist deswegen für den (schuldabhängigen kartellrechtlichen) Bußgeldbereich als entbehrlich anzusehen[27].

Das materielle Erfordernis der Konzipierung und Abwicklung jeder wettbewerbsbeschränkenden Maßnahme unter der Mitwirkung und der Aufsicht der Kommission und die Integration der Verletzung der Anmeldepflicht in die materielle, für den Verstoß gegen das Kartellverbot vorgesehene Bußgeldvorschrift machen es schwer, der materiellen Freistellbarkeit eines anmeldepflichtigen jedoch nicht-angemeldeten Verhaltens rechtfertigende Wirkung beizumessen. Ist deswegen die (unter zeitlichen Aspekten mögliche) Anmeldung ausgeblieben, kann die materielle Freistellbarkeit des anmeldebedürftigen Verhaltens erst im Rahmen des Opportunitätsprinzips bei der Ausübung des Bußgeldermessens berücksichtigt werden[28], was auch der bisherigen Praxis der Kommission entspricht[29]. - Die materielle Freistellbarkeit kann allerdings unter Umständen im Rahmen des Instituts der Erforderlichkeitsregel (qualitative Rule of Reason) berücksichtigt und zur Rechtfertigung des wettbewerbsbeschränkenden Verhaltens führen. Dies ist jedenfalls ausschließlich für nicht schwerwiegende Wettbewerbsverletzungen möglich, die überdies positive Effekte für andere Aspekte des Wettbewerbs aufweisen[30].

Am Beispiel des Art. 81 EGV n.F. (Kartellverbot mit Freistellungsmöglichkeit) läßt sich danach die Struktur einer harmonischen Synthese verwaltungsrechtlichen und strafrechtlichen Gedankengutes folgendermaßen zusammenfassen: Verletzungen des verwaltungsrechtlichen Grundverbots (Kartellverbot) können nur dann gerechtfertigt sein, wenn sie vorher bei der zuständigen Behörde (Europäische Kommission) zur Freistellung angemeldet worden sind. Ist dies der Fall, können neben den dem Institut der Freistellung zugrundeliegenden eigenen (wirtschafts- und sozialpolitischen) materiellen Prinzipien auch die materiellen Prinzipien und Ideen, die die klassischen strafrechtlichen Rechtfertigungsgründe kennzeichnen, unrechtsaufhebende Wirkung entfalten, und zwar auch dann, wenn es dadurch zu einer Überschreitung der materiellen Grenzen des Art. 81 Abs. 3 EGV n.F. kommt. Hat

---

26 Siehe oben im Text, *Dritter Teil* III B.

27 Siehe oben im Text, *Dritter Teil* III C.

28 Siehe oben im Text, *Dritter Teil* IV A.

29 Siehe oben im Text, *Dritter Teil* IV A 2.

30 Siehe oben im Text, *Dritter Teil* IV B.

dagegen keine Anmeldung stattgefunden, obwohl dies unter zeitlichen Aspekten möglich gewesen wäre, so können für die außerhalb der verwaltungsbehördlichen Aufsicht durchgeführten wettbewerbswidrigen Maßnahmen weder klassische Rechtfertigungsgründe noch die materielle Freistellungsfähigkeit geltend gemacht werden. Eine Rechtfertigung ist nur insoweit möglich, als "erforderliche" Wettbewerbsbeschränkungen vorliegen, die neben den schädlichen Wettbewerbswirkungen auch wettbewerbsfördernde Aspekte aufweisen (Erforderlichkeitsregel)[31]. - Die Denkstrukturen dieses Konzepts sind auch für das griechische Verwaltungsstrafrecht (in Kartellsachen) zu empfehlen, wobei allerdings zu beachten ist, daß vom Gemeinschaftsrecht abweichende Regelungen des geltenden griechischen Rechts (z.B. selbständige Strafbewehrung der Anmeldepflicht) möglicherweise abweichende Lösungen in Einzelfragen (z.B. stärkere Berücksichtigung der materiellen Freistellbarkeit) nahe legen[32].

V.

Im Mittelpunkt eines auf Kollektive bezogenen Strafrechts steht die Frage nach den als Normadressaten und Zurechnungssubjekte zu geltenden (überindividuellen) sozialen Subjekten. Diese von der Problematik des persönlich-sachlichen Anwendungsbereichs der jeweiligen unternehmensstrafrechtlichen Vorschriften zu unterscheidende Frage[33] ist von großer praktischer Bedeutung, weil die Bestimmung des zurechnungsrelevanten sozialen Subjekts nicht nur über den Umfang der natürlichen Personen entscheidet, deren Handlungen dem (überindividuellen) sozialen Subjekt zugerechnet werden können, sondern auch über den Umfang der (internen Organisations-)Pflichten, die das soziale Subjekt durch die Kollektivmitglieder zu erfüllen hat[34]. Hierbei bietet es sich zwar zunächst an, im Anschluß an das Zivil- und das Verwaltungsrecht nur außerstrafrechtlich verselbständigte Kollektive, d.h. nur durch juristische Persönlichkeit oder eine dieser nahestehende rechtliche Organisationsform ausgestattete Kollektive zu Adressaten und Zurechnungssubjekten der Sanktionsnormen des Unternehmensstrafrechts zu erklären. Vor dem Hintergrund eines auf Organisationsfehler (oder wertordnungsrelevante Systemdefekte) abstellenden Unternehmensstrafrechts[35] und wenn die unternehmensstrafrechtlichen Tatbestände auf Unternehmen als Normadressaten hinweisen, ist es aber auch denkbar, die Normadressateneigenschaft direkt an die zu beurteilende sozial han-

---

31 Siehe oben im Text, *Dritter Teil* V A.

32 Siehe oben im Text, *Dritter Teil* V B.

33 Siehe oben im Text, *Vierter Teil* I A und B.

34 Siehe oben im Text, *Vierter Teil* I A.

35 Siehe oben im Text, *Fünfter Teil* III und IV.

delnde unternehmerische Organisationseinheit anzuknüpfen, ohne Rücksicht darauf zu nehmen, wie diese Organisationseinheit rechtlich geformt ist[36].

Die Bestimmung der als Adressaten der Kartell(bußgeld)normen zu geltenden sozialen Subjekte erfolgt im Gemeinschaftsrecht mit Hilfe des Konzepts der wirtschaftlichen Einheit, das sich auf das Tatbestandsmerkmal "Unternehmen" stützt und sich weitgehend wirtschaftlicher Maßstäbe bedient. Beim Einsatz dieses Konzepts durch die Gemeinschaftsorgane lassen sich zwar methodische Divergenzen konstatieren, die jedoch bislang zu keinen erheblichen praxisrelevanten Auswirkungen geführt haben[37]. Der Kern des Konzepts der wirtschaftlichen Einheit besteht darin, daß die (privat- und öffentlich-)rechtlichen Organisationsformen eines Kollektivs bei der gemeinschaftlichen Rechtsfindung erheblich an Bedeutung verlieren, ohne daß sie aber als Kriterium für die Entscheidung der Verantwortungsfrage vollständig zurückgedrängt werden. Dadurch gelingt es der europäischen Praxis, nicht nur konzernrelevante Vorgänge (Betrachtung mehrerer durch juristische Verselbständigung zwar formal getrennter, jedoch unter einheitlicher Leitung stehender Kollektive als einheitliches soziales Subjekt)[38], sondern auch Absatzmittlerfälle (Betrachtung des Geschäftsherren und des Absatzmittlers als einheitliches soziales Subjekt)[39] sowie Rechtsnachfolgefälle (Betrachtung des Rechtsnachfolgers und des Rechtsvorgängers als identisches soziales Subjekt, wenn den Änderungen in der juristischen Rechtsform und in den Eigentumsverhältnissen keine Veränderungen der tatsächlichen Komponenten und Organisationsstrukturen des Kollektivs entsprechen)[40] effektiv und realitätsnah zu erfassen. Darüber hinaus eröffnet sich dadurch der Weg, um dem Unternehmensstrafrecht ein rechtsformübergreifendes Verständnis zugrunde zu legen, das nicht auf den Unternehmensträger (Einzelunternehmen, Personenvereinigung ohne juristische Persönlichkeit, juristische Person), sondern auf das Unternehmen selbst als Normadressaten und Handlungssubjekt abstellt und somit Differenzierungen auf der Grundlage der Form des Unternehmensträgers beseitigt[41].

Das von den Gemeinschaftsorganen entwickelte Konzept der wirtschaftlichen Einheit ist zwar grundsätzlich zu befürworten, weil es einen festen, gegen normale Veränderungen oder Manipulationen der juristischen Persönlichkeit immunen Anknüpfungspunkt für die Zuordnung der bußgeldrechtlichen Verantwortung und damit eine realitätsnahe unternehmensstrafrechtliche Zurechnungslehre bietet[42].

---

36 Siehe oben im Text, *Vierter Teil* I C.

37 Siehe oben im Text, *Vierter Teil* II.

38 Siehe oben im Text, *Vierter Teil* III A.

39 Siehe oben im Text, *Vierter Teil* III B.

40 Siehe oben im Text, *Vierter Teil* III C.

41 Siehe oben im Text, *Vierter Teil* IV A.

42 Siehe oben im Text, *Vierter Teil* III A 4 (c) und III C 3.

Gleichwohl ist zu beachten, daß dieses von Vorstellungen rechtlicher Formbindung weitgehend losgelöste und ad hoc angewandte Konzept erhebliche Gefahren für die Rechtssicherheit in sich birgt[43].

Praktikabilität und Rechtssicherheit lassen sich beim Einsatz des Konzepts der wirtschaftlichen Einheit am besten aufeinander abstimmen, wenn man der Anwendung des Konzepts das Verständnis des EuG zugrunde legt[44]. - Danach ist in jedem Einzelfall zunächst das Kollektiv zu bestimmen, dessen tatsächliche, auf Dauer angelegte Organisationsstrukturen den Schluß zulassen, daß es um ein einheitliches soziales Subjekt geht. Ob mehrere durch juristische Verselbständigung gekennzeichnete soziale Gebilde ein solches einheitliches Subjekt bilden, ist mit Hilfe der Kriterien der gesellschaftsrechtlich begründeten Abhängigkeit, der funktionellen Verflechtung, der Unterordnung unter ein gemeinsames Interesse und der (regelmäßigen faktischen) Weisungserteilung zu überprüfen[45]. Das so bestimmte Kollektiv, die sog. "wirtschaftliche Einheit", ist das von den Kartellnormen anvisierte wirtschaftliche Handlungssubjekt, das sich die Handlungen (im natürlichen Sinne) und die subjektiven Momente aller seiner (befugterweise handelnden) Mitglieder zurechnen lassen muß.

Ist ein soziales Subjekt im oben geschilderten Sinne bestimmt und die Zuwiderhandlung diesem objektiv und subjektiv zugeordnet worden, so ist anschließend anhand konkreter Zurechnungskriterien eine klassische zivil- oder öffentlichrechtliche Rechtsperson zu bestimmen, der die Tat des sozialen Subjekts der ersten Stufe erneut als eigene Tat zugerechnet werden kann. Dieser Bestandteil des Konzepts der wirtschaftlichen Einheit bezieht sich ausschließlich auf die Anwendung der Bußgeldvorschriften und spielt keine Rolle für die Entscheidung von materiellen wettbewerbsrechtlichen Fragen (Anwendung des Grundverbotes auf interne Konzernvereinbarungen, Anwendung der GVO auf Vereinbarungen zwischen mehreren Konzerngliedern und Dritten u.s.w.)[46]. Ist das soziale Subjekt der ersten Stufe zum Zeitpunkt der Zuwiderhandlung juristisch verselbständigt und besteht die das soziale Subjekt in der rechtlichen Welt "vertretende" juristische Person zum Zeitpunkt der Bußgeldverhängung fort, so ist dieser juristischen Person die Tat zuzurechnen und die Bußgeldlast aufzuerlegen. - Ist das soziale Subjekt der ersten Stufe zum Zeitpunkt der Deliktsbegehung durch mehrere juristische Personen in der rechtlichen Welt "vertreten" (Konzernfälle) oder hat sich die juristische Organisationsform des sozialen Subjekts der ersten Stufe nach der Deliktsbegehung geändert (Rechtsnachfolgefälle), so ist es erforderlich, die juristische Person zu bestimmen,

43 Siehe oben im Text, *Vierter Teil* IV A.

44 Siehe oben im Text, *Vierter Teil* II.

45 Siehe oben im Text, *Vierter Teil* III A 1 a (i) und (ii).

46 Siehe oben im Text, *Vierter Teil* III A 2 und 3.

die für die Handlungen des sozialen Subjekts der ersten Stufe in Anspruch genommen werden kann.

In Konzernfällen kommt eine konzernverbundene juristische Person für die Zurechnung der zweiten Stufe dann in Betracht, wenn diese juristische Person bzw. die Mitglieder des entsprechenden juristisch verselbständigten Konzernteils sich an dem Verstoß des sozialen Subjekts der ersten Stufe "beteiligt" haben, was allerdings unter Umständen anhand der Intensität der kapitalmäßigen und personellen Verflechtungen der Konzernglieder (widerlegbar) vermutet werden kann[47]. Als materiellrechtliche Faustregel gilt, daß bei Schwester- und Tochtergesellschaften ein aktives Tun erforderlich ist, bei Obergesellschaften dagegen bereits ein pflichtwidriges Unterlassen (Nichteinschreiten gegen eine in Kenntnis genommene Zuwiderhandlung einer Tochtergesellschaft) ausreicht[48]. Erfüllen mehrere konzernverbundene juristische Personen die genannten Zurechnungsvoraussetzungen, so ist die Geldbuße grundsätzlich gegen die juristische Person zu verhängen, die den juristisch verselbständigten Konzernteil "vertritt", dessen Mitglieder in normativer Hinsicht die Hauptverantwortung für den Verstoß des sozialen Subjekts der ersten Stufe tragen. Mitunter ist aber die Frage nach der zu sanktionierenden juristischen Person nach dem Kriterium der leichteren (völkerrechtlichen) Vollstreckbarkeit der Bußgeldentscheidung oder nach dem Kriterium der Nutznießerschaft zu entscheiden[49]. - In Rechtsnachfolgefällen ist kraft der Zurechnung der zweiten Stufe - je nach Fallkonstellation - entweder die (fortbestehende) juristische Person zu belasten, die das soziale Subjekt der ersten Stufe zum Zeitpunkt der Deliktsbegehung "vertritt", oder die juristische Person, die diese Rolle zum Zeitpunkt der Bußgeldverhängung erfüllt. Ist beispielsweise nur ein Teil des sozialen Subjekts der ersten Stufe nach der Deliktsbegehung aufgelöst oder unter die Trägerschaft einer anderen juristischen Person gestellt worden, so ist die Geldbuße prinzipiell gegen die fortbestehende juristische Person zu verhängen, die das soziale Subjekt zum Zeitpunkt der Deliktsbegehung "vertrat". Ist aber diese juristische Person untergegangen, so ist die juristische Person in Anspruch zu nehmen, unter deren Trägerschaft sich die maßgeblichen Teile des sozialen Subjekts der ersten Stufe zum Zeitpunkt der Bußgeldverhängung finden[50]. - Das geschilderte, im Spannungsfeld zwischen klassischen rechtstheoretischen Prämissen und modernen rechtssoziologischen Erkenntnissen liegende Konzept empfiehlt sich - unter den Voraussetzungen einer Verfeinerung der Zurechnungskriterien und einer ausdrücklichen Bindung der Bußgeldbemessung an die wirtschaftlichen Verhältnisse des sozialen Subjekts der ersten

---

47 Siehe oben im Text, *Vierter Teil* III A 1 (b).

48 Siehe oben im Text, *Vierter Teil* III A 1 a (iii).

49 Siehe oben im Text, *Vierter Teil* III A 1 (c).

50 Siehe oben im Text, *Vierter Teil* III C.

Stufe insbesondere in den Rechtsnachfolgefällen - auch für das griechische Verwaltungsstrafrecht (in Kartellsachen)[51].

VI.

Noch größere Bedeutung als der Frage nach den Wesensmerkmalen der als Normadressaten zu geltenden sozialen Subjekte kommt im Rahmen eines kollektiven, auf eine rein objektive (Gefährdungs-)Haftung verzichtenden Strafrechts der Frage nach den Grundzügen der strafbegründenden "Schuld" dieser Subjekte zu. Hierbei bieten sich grundsätzlich zwei Lösungsansätze an. Der kollektive Schuldvorwurf kann entweder an schuldhafte Handlungen einzelner Kollektivmitglieder oder an Defizite der Organisationsstrukturen und damit an Mängel des ganzen Kollektivs gekoppelt werden[52].

Im europäischen Bußgeldrecht in Kartellsachen werden beide Anknüpfungspunkte herangezogen. Der Schuldvorwurf gegen das Unternehmen erhält dadurch eine doppelte Schwerpunktsetzung: Zum einen geht es darum, daß (leitende) Unternehmensmitarbeiter, die befugterweise für das Unternehmen nach außen handelten oder diesbezügliche Entscheidungen trafen, in vorwerfbarer Weise die Wettbewerbsregeln mißachteten. Zum anderen geht es darum, daß die fehlerhafte Organisation des Kollektivs diese Entwicklung ermöglicht oder begünstigt hat[53].

Erhebliche Relevanz besitzt im Rahmen des ersten Anknüpfungspunktes vor allem der in den Bußgeldvorschriften normierte Vorsatzbegriff. Dabei läßt sich feststellen, daß die EG-Organe bereits seit 1978 davon ausgehen, daß sich der Vorsatz ausschließlich aus der Tatsachen- und Bedeutungskenntnis bezüglich der tatbestandsrelevanten Umstände konstituiert[54]. Das (fehlende) Unrechtsbewußtsein und die Motivationslage (der befugterweise handelnden Mitarbeiter) des Unternehmens bei der Begehung von Kartelldelikten büßen im Rahmen dieser Praxis gleichwohl nicht jede Bedeutung ein. Sie werden vielmehr in der neben dem Vorsatz stehenden und ebenfalls als Voraussetzung für die Bejahung der Schuld wegen eines Vorsatzdelikts geltenden Wertungsebene der Verantwortlichkeit berücksichtigt. Zur Annahme von Schuld wegen eines Vorsatzdelikts ist danach zumindest die Erkennbarkeit des Unrechts (Unrechtsfahrlässigkeit) erforderlich, die unter Heranziehung von Unvermeidbarkeitskriterien überprüft wird[55]. Unter Umständen kann außerdem das Handeln unter dem psychologischen Zwang von dritten Marktteilnehmern oder die Verfolgung legitimer Geschäftsinteressen zum Wegfall der Verantwortlichkeit

---

51 Siehe oben im Text, *Vierter Teil* IV B.

52 Siehe oben im Text, *Fünfter Teil* I.

53 Siehe oben im Text, *Fünfter Teil* III.

54 Siehe oben im Text, *Fünfter Teil* II A 1.

55 Siehe oben im Text, *Fünfter Teil* II A 2 (a).

führen[56]. Nicht zu übersehen ist allerdings das Bestreben der Gemeinschaftsorgane, die mit dem Unrechtsbewußtsein sowie den Handlungsmotiven zusammenhängenden Fragen - aus generalpräventiven Gründen - auf den Bereich des Opportunitätsprinzips bzw. richterlichen Ermessens zu verlagern[57].

Die dogmatische Kategorie der Verantwortlichkeit läßt sich auch im Fahrlässigkeitsbereich wiederfinden. Als dogmatische Plattform für die Prüfung der Erkennbarkeit des Unrechts und der Motivationslage (der befugterweise handelnden Mitarbeiter) des Unternehmens steht sie ebenfalls dort neben der auf Erkennbarkeit der tatbestandsrelevanten Umstände und ihrer Bedeutung abstellenden [Tat-]Fahrlässigkeit und bildet die zweite Wertungsstufe der Schuld wegen eines Fahrlässigkeitsdelikts. Anders als im Vorsatzbereich lassen sich allerdings im Bereich der Schuld wegen eines Fahrlässigkeitsdelikts die beiden dogmatischen Wertungsebenen in praktischer Hinsicht nicht deutlich auseinanderhalten, weil auch für die Feststellung der [Tat-]Fahrlässigkeit dieselben Maßstäbe und Hilfskriterien (Unvermeidbarkeitskriterien) wie für die Feststellung der Erkennbarkeit des Unrechts (Unrechtsfahrlässigkeit) herangezogen werden[58].

Vor diesem Hintergrund erlangen der - bei beiden Schuldformen zur Anwendung kommende - Fahrlässigkeitsmaßstab und die damit verbundenen Unvermeidbarkeitskriterien eine zentrale Bedeutung für das Schuldurteil, denn sie markieren die Grenze der subjektiv vermeidbaren und damit ahndbaren Zuwiderhandlung. Läßt sich nämlich einmal feststellen, daß irgendeines der im Zusammenhang mit dem Fahrlässigkeitsmaßstab herangezogenen Unvermeidbarkeitskriterien eingreift, läßt sich das Schuldurteil nicht mehr begründen. Steht dagegen fest, daß keines der Unvermeidbarkeitskriterien (und kein "Entschuldigungsgrund") im konkreten Fall eingreift, wird zumindest Schuld wegen eines Fahrlässigkeitsdelikts vorliegen - und es wird nur darauf ankommen, ob zusätzlich Tatsachen- und Bedeutungskenntnis vorliegt, damit die Schuld wegen eines Vorsatzdelikts bejaht werden kann[59]. - Zu den Unvermeidbarkeitskriterien, die von der EG-Praxis zumindest im Ansatz anerkannt werden, gehören die Rückführung des objektiven Rechtsverstoßes auf die trotz genügender Anstrengungen nicht gelungene richtige Einschätzung der eigenen Marktanteile innerhalb komplexer Marktstrukturen[60], auf das irreführende Verhalten (vor allem falsche Angaben oder lange Duldung) der Gemeinschaftsorgane[61] sowie auf die unklare Rechtslage[62]. Auch das irreführende Verhal-

---

[56] Siehe oben im Text, *Fünfter Teil* II A 2 (b).

[57] Siehe oben im Text, *Fünfter Teil* II A 2 (c).

[58] Siehe oben im Text, *Fünfter Teil* II B.

[59] Siehe oben im Text, *Fünfter Teil* II B 2 und C 3.

[60] Siehe oben im Text, *Fünfter Teil* II C 2 (a).

[61] Siehe oben im Text, *Fünfter Teil* II C 2 (b).

[62] Siehe oben im Text, *Fünfter Teil* II C 2 (d).

ten anderer zuverlässiger und vom Unternehmen gutgläubig zu Rat gezogener Beratungsstellen (nationale Behörden, Rechtsanwälte, Marktforschungsunternehmen u.a.) kann unter Umständen die Schuld ausschließen[63].

Der Fahrlässigkeitsmaßstab steht auch aus einem weiteren Grund im Mittelpunkt des europäischen bußgeldrechtlichen Schuldverständnisses. Vor allem an diesem Maßstab und an der Methode seiner Bildung[64] läßt sich der erwähnte zweite Anknüpfungspunkt der gemeinschaftsrechtlichen Schuldkonzeption erkennen. Die EG-Organe bilden nämlich den Fahrlässigkeitsmaßstab in Anlehnung an die sozial verselbständigten Eigenschaften und Interessen des Unternehmens selbst. Sie überprüfen außerdem im Rahmen des Fahrlässigkeitsurteils nicht nur die Leistung des nach außen tretenden, befugterweise handelnden Unternehmensmitarbeiters, sondern auch das hinter dieser Leistung stehende Potential und Zusammenwirken aller Kollektivmitglieder. Es zeigt sich somit letztlich, daß es den Gemeinschaftsorganen (auch) darum geht, die Schuld aus dem Wesen und dem Auftreten des Kollektivs selbst herzuleiten - ein Anliegen, das sich auch in der Art der Beweisführung mit Blick auf den Vorsatz niederschlägt[65].

Von den geschilderten beiden Anknüpfungspunkten des Schuldvorwurfes (schuldhafte Handlungen einzelner Kollektivmitglieder und mangelhafte organisatorische Leistung des ganzen Kollektivs) überwiegt zwar im Rahmen der Gemeinschaftspraxis noch der erstere. Dies liegt aber grundsätzlich an der Struktur des europäischen Modells, das keine Sanktionen gegen die verantwortlichen natürlichen Personen kennt und damit aus Gründen einer effektiven Steuerung der Unternehmen zur kollektiven Unternehmensbuße auch dann greifen muß, wenn (nur) individuelle Fehlleistungen einzelner Unternehmensmitarbeiter vorliegen[66]. - Bei einer Übernahme des europäischen Modells in die griechische Rechtsordnung, die für die Steuerung von Unternehmen auch über ein individualstrafrechtliches System gegen die Unternehmensmitarbeiter verfügt, sind Modifizierungen bzw. eine Verlagerung des Schwerpunktes der Argumentation auf den Aspekt der fehlerhaften kollektiven Leistung des Unternehmens notwendig. Dies ergibt sich bereits aus dem Sinn und Zweck der verwaltungsstrafrechtlichen (Normadressateneigenschaft und) Verantwortung von Unternehmen in einem dualistischen Steuerungssystem[67].

---

63 Siehe oben im Text, *Fünfter Teil* II C 2 (c).

64 Siehe oben im Text, *Fünfter Teil* II C 1.

65 Siehe oben im Text, *Fünfter Teil* III B und C.

66 Siehe oben im Text, *Fünfter Teil* III C und IV A.

67 Siehe oben im Text, *Fünfter Teil* IV B.

Literaturverzeichnis

Achenbach, Hans: Die Sanktionen gegen die Unternehmensdeliquenz im Umbruch, JuS 1990, S. 601 ff.

- Diskrepanz im Recht der ahndenden Sanktionen gegen Unternehmen, in: FS für Stree und Wessels, 1993, S. 545 ff.

Ackermann, Thomas: Art. 85 Abs. EGV und die rule of reason - Zur Konzeption der Verhinderung, Einschränkung oder Verfälschung des Wettbewerbs, Köln u.a. 1997 (Bonn, Univ. Diss. 1997).

Androulakis, Nikolaos: Nullum crimen sine lege certa, PoinChr 1973, S. 513 ff. [auf griechisch].

- Grundbegriffe des Strafprozesses, 2. Aufl., Athen 1994 [auf griechisch].

Appel, Ivo: Verfassung und Strafe - Zu den verfassungsrechtlichen Grenzen staatlichen Strafens, Berlin 1998 (Freiburg i.Br., Univ. Diss. 1996/97).

Bar, Christian von: Gemeineuropäisches Deliktsrecht, Erster Band: Die Kernbereiche des Deliktsrechts, seine Angleichung in Europa und seine Einbettung in die Gesamtrechtsordnung, München 1996.

Bangard, Annette: Aktuelle Probleme der Sanktionierung von Kartellabsprachen, wistra 1997, S. 161 ff.

Baudenbacher, Carl: Das europäische Modell bei Kartellverbot und Mißbrauchsaufsicht - ein Exportartikel, in: Schwerpunkte des Kartellrechts 1997, S. 9 ff.

Baumbach, Adolf / Hefermehl, Wolfgang: Wettbewerbsrecht - Gesetz gegen den unlauteren Wettbewerb, Zugabeverordnung, Rabattgesetz und Nebengesetze, 20. Aufl., Stand: 1.5.1998, München 1998.

Baumhof, Angelika: Die Beweislast im Verfahren vor dem Europäischen Gerichtshof, Baden-Baden 1996 (München, Univ. Diss. 1995).

Bellamy / Child: Common Market Law of Competition, 4th ed., London 1993.

Benicke, Christoph: Zum Unternehmensbegriff des Europäischen Wettbewerbsrechts, EWS 1997, S. 373 ff.

Bernitsas, Panagiotis: Das europäische Wettbewerbsrecht und seine Einflußnahme auf die Normierung und die Anwendung des G. 703/1977, Athen u.a. 1988 [auf griechisch]

Binding, Karl: Handbuch des Strafrechts, Erster Band, Leipzig 1885.

- Die Normen und ihre Übertretung - Eine Untersuchung über die rechtmäßige Handlung und die Arten des Delikts, Erster Band: Normen und Strafgesetze, 4. Aufl., Leipzig 1922.

Blanco, Luis Ortiz: European Community Competition Procedure, Oxford 1996.

Bork, Reinhard: Zurechnung im Konzern, ZGR 1994, S. 237 ff.

Böse, Martin: Strafen und Sanktionen im europäischen Gemeinschaftsrecht, Köln, Berlin u.a. 1996 (Göttingen, Univ. Diss. 1996).

Busch, Ralf: Unternehmen und Umweltstrafrecht, Osnabrück, 1997 (Osnabrück, Univ. Diss. 1995/1996).

Commission of the European Communities (ed.): The system of administrative and penal sanctions in the Member States of the European Communities - 'Etude sur les systèmes de sanctions administratives et pénales dans les États membres des Communautés européennes, Volume I: National reports, 1994; Volume II: Summary reports: 1995, Luxembourg 1994/1995.

Cook, C.J. / *Kerse, C.S.*: E.C. Merger Control, 2nd ed., London u.a. 1996.

Dagtoglou, Prodromos: Allgemeines Verwaltungsrecht, 3. Aufl., Athen u.a. 1992 [auf griechisch].

Dannecker, Gerhard: Die Verhängung von Geldbußen gegen Unternehmen als Mittel zur Durchsetzung des Europäischen Wettbewerbsrechts, MschrKrim 74 (1991), S. 268 ff.

- Das intertemporale Strafrecht, Tübingen 1993.

- Justification and Excuses in the European Community - Adjudication of the Court of Justice of the European Community and Tendencies of the National Legal Systems as a Basis for a Supranational Regulation, European Journal of Crime, Criminal Law and Criminal Justice 1993, S. 230 ff.

- Sanktionen und Grundsätze des Allgemeinen Teils im Wettbewerbsrecht der Europäischen Gemeinschaft, in: Schünemann / González (Hrsg.), Madrid Symposium für Klaus Tiedemann, 1994, S. 331 ff.

- Strafrecht der Europäischen Gemeinschaft, in: Eser, Albin / Huber, Barbara (Hrsg.), Strafrechtsentwicklung in Europa 4 - Teil 3, Freiburg i.Br., 1995.

- Strafrecht in der Europäischen Gemeinschaft - Eine Herausforderung für Strafrechtsdogmatik, Kriminologie und Verfassungsrecht, JZ 1996, S. 869 ff.

- Strafrechtlicher Schutz der Finanzinteressen der Europäischen Gemeinschaft gegen Täuschung, ZStW 108 (1996), S. 577 ff.

- Kommentierung von Art. 15-18 Verordnung 17, in: Immenga / Mestmäcker (Hrsg.), EG-Wettbewerbsrecht, Kommentar, Bd. II, XIII Abschnitt, Teil B, 1997, S. 1753 ff.

- Die Entwicklung des Strafrechts unter dem Einfluß des Gemeinschaftsrechts, Jura 1998, S. 79 ff.

- / *Fischer-Fritsch, Jutta*: Das EG-Kartellrecht in der Bußgeldpraxis, Köln u.a. 1989.

Dauses, Manfred (Hrsg.): Handbuch des EU-Wirtschaftsrechts, Loseblatt, 2 Bd., 6. Ergänzungslieferung, Stand: Dezember 1997, München 1998 [zitiert: Bearbeiter, in: Dauses (Hrsg.), Hdb. EU-Wirtschaftsrecht].

Duisberg, Alexander: Die Anwendung der Artikel 85 und 86 EG-Vertrag in den Fällen der staatlichen Einflußnahme auf Unternehmensverhalten - Zur Frage möglicher Rechtfertigungen und Entlastungen der Unternehmen, Frankfurt a. M. u.a. 1997 (Bonn, Univ. Diss. 1996).

Ehrhardt, Anne: Unternehmensdelinquenz und Unternehmensstrafe, Sanktionen gegen juristische Personen nach deutschem und US-amerikanischem Recht, Berlin 1994.

Eidam, Gerd: Straftäter Unternehmen, München 1997.

Emmerich, Volker / Sonnenschein, Jürgen: Konzernrecht - Das Recht der verbundenen Unternehmen bei Aktiengesellschaft, GmbH, Personengesellschaften, Genossenschaft, Verein und Stiftung - Ein Studienbuch, 6. Aufl., München 1997.

Eser, Albin / Fletscher, George (Hrsg.): Rechtfertigung und Entschuldigung, Rechtsvergleichende Perspektiven (Justification and Excuse, Comparative Perspectives), Bd. II, Freiburg i.Br., 1988.

Europäische Kommission, Generaldirektion IV - Wettbewerb: I.-XXVII. Bericht über die Wettbewerbspolitik, Brüssel - Luxemburg 1972-1998.

Festschrift für *Jürgen Baumann* zum 70. Geburtstag, hrsg. von Arzt, Gunther / Fezer, Gerhard / Weber, Ulrich / Schlüchter, Ellen / Rössner, Dieter, Bielefeld 1992.

Festschrift für *Günther Beitzke* zum 70. Geburtstag, hrsg. von Otto Sandrock, Berlin u.a. 1979.

Festschrift für *Werner Benisch*, Wettbewerb als Herausforderung und Chance, hrsg. von Andreae, Clemens-August / Kirchhoff, Jochen / Pfeiffer, Gerd, Köln u.a. 1989.

Festschrift für *Günter Blau* zum 70. Geburtstag, hrsg. von Schwind, Hans-Dieter / Berz, Ulrich / Geilen, Gerd / Herzberg, Rolf Dietrich / Warda, Günter, Berlin u.a. 1985.

Festschrift für *Friedrich Geerds*, Kriminalistik und Strafrecht, hrsg. von Ellen Schlüchter, Lübeck 1995.

Festschrift für *Wolfgang Gitter* zum 65. Geburtstag, hrsg. von Heinze, Meinhard / Schmitt, Jochem, Wiesbaden 1995.

Festschrift für *Hans-Heinrich Jescheck* zum 70. Geburtstag, hrsg. von Theo Vogler i.V.m. Joachim Hermann u.a., Zweiter Halbband, Berlin 1985.

Festschrift für *Arthur Kaufmann* zum 70. Geburtstag, Strafgerechtigkeit, hrsg. von Haft, Fritjof / Hassemer, Winfried / Neumann, Ulfrid / Schild, Wolfgang / Schroth, Ulrich, Heidelberg 1993.

Festschrift für *Karl Larenz* zum 70. Geburtstag, hrsg. von Paulus, Gotthard / Diederichsen, Uwe / Canaris, Claus-Wilhelm, München 1973.

Festschrift für *Karl Lackner* zum 70. Geburtstag, hrsg. von Wilfried Küper i.V.m. Puppe, Ingeborg / Tenekhoff, Jörg, Berlin u.a. 1987.

Festschrift für *Theodor Lenckner* zum 70. Geburtstag, hrsg. von Eser, Albin / Schittenhelm, Ulrike / Schumann, Heribert, München 1998.

Festschrift für *Gerd Pfeiffer* zum Abschied aus dem Amt als Präsident des Bundesgerichtshofes, Strafrecht, Unternehmensrecht, Anwaltsrecht, hrsg. von Gamm, Otto Friedrich Freiherr von / Raisch, Peter / Tiedemann, Klaus, Köln u.a. 1988.

Festschrift für *Friedrich Schaffstein* zum 70. Geburtstag, hrsg. von Grünwald, Gerald / Miehe, Olaf / Rudolphi, Hans-Joachim / Schreiber, Hans-Ludwig, Göttingen 1995.

Festschrift für *Walter Stree* und *Johannes Wessels* zum 70. Geburtstag, Beiträge zur Rechtswissenschaft, hrsg. von Küper, Wilfried / Welp, Jürgen, Heidelberg 1993.

Fiebig, André: Strategische Allianzen und ihre Herausforderungen an das Wettbewerbsrecht der Europäischen Union, Frankfurt a. M. 1996 (Tübingen, Univ. Diss. 1996).

Fischer, Peter / Köck, Heribert Franz: Europarecht, einschließlich des Rechtes supranationaler Organisationen, 2. Aufl., Wien 1995; 3. Aufl., Wien 1997.

Fischer, Robert: Der Mißbrauch einer marktbeherrschenden Stellung (§ 22 GWB) in der Rechtsprechung des Bundesgerichtshofes, ZGR 1978, S. 235 ff.

Flume, Werner: Unternehmen und juristische Person, in: FS für G. Beitzke, S. 43 ff.

Fritzsche, Jörg: „Notwendige" Wettbewerbsbeschränkungen im Spannungsfeld von Verbot und Freistellung, ZHR 160 (1996), S. 31 ff.

Frowein, Jochen Abr. / Peukert, Wolfgang: Europäische MenschenRechtsKonvention, EMRK-Kommentar, 2. Aufl., Kehl u.a. 1996.

Geilen, Gerd: Kommentierung von §§ 399-405 AktG, in: Kölner Kommentar zum Aktiengesetz, Band 3, §§ 291-410 AKG, EG AktG, Gesetzesanhang, Köln u.a. 1985.

Gleiss, Alfred / Hirsch, Martin: Kommentar zum EG-Kartellrecht, Bd. 1: Art. 85 und Gruppenfreistellungen, 4. Aufl., Heidelberg 1993.

Göhler, Erich: Zum Gesetz über Ordnungswidrigkeiten, NStZ 1985, S. 62 ff.

- Gesetz über Ordnungswidrigkeiten, Kommentar, 12. Aufl., München 1998.

Goldman, Berthold / Lyon-Caen, Antoine / Vogel, Louis: Droit commercial européen, 5e éd., 1994.

Grabitz, Eberhard: Die verfassungsorientierte Konkretisierung wettbewerbsrechtlicher Generalklauseln, ZHR 149 (1985), S. 263 ff.

- */ Hilf, Meinhard*: Kommentar zur Europäischen Union - Vertrag über die Europäische Union, Vertrag zur Gründung der Europäischen Gemeinschaft, 2 Bd., Stand: 12. Ergänzungslief., Mai 1998.

Groeben, Hans von der / Thiesing, Jochen / Ehlermann, Claus-Dieter: Kommentar zum EWG-Vertrag, Zweiter Band, Artikel 85-109, 4. Aufl., Baden-Baden 1991.

Gyselen, Luc: Die Bemessung von Geldbußen im EG-Kartellrecht, WuW 1993, S. 561 ff.

Haft, Fritjof: Strafrecht, Allgemeiner Teil - Eine Einführung für Anfangssemester, 8. Aufl., München 1998.

Harding, Christopher: The Use of Fines as a Sanction in E.E.C. Competion Law, 16 CML Rev 1979, S. 591 ff.

Hammann, Hartmut: Das Unternehmen als Täter im europäischen Wettbewerbsrecht, Pfaffenweiler 1992 (Freiburg i.Br., Univ. Diss. 1991).

Heine, Günter: Die strafrechtliche Verantwortlichkeit von Unternehmen - Von individuellem Fehlverhalten zu kollektiven Fehlentwicklungen, insbesondere bei Großrisiken, Baden-Baden 1995.

Heitzer, Anne: Punitive Sanktionen im Europäischen Gemeinschaftsrecht, Heidelberg 1997.

Herschel, Wilhelm: Zur Behandlung gesetzlicher Unklarheiten (BVerwG, BB 1964, 1085), JuS 1965, S. 259 ff.

- Zivilrechtliche Bedeutung des strafrechtlichen Analogieverbotes, NJW 1968, S. 553 f.

Hildebrandt, Michael: Der Irrtum im Bußgeldrecht der Europäischen Gemeinschaften - Eine rechtsvergleichende Analyse, Frankfurt am Main u.a. 1990 (Freiburg i.Br., Univ. Diss. 1989).

Hoffmann, Dietrich / Eilers, Stephan: Zum Notstandsrecht im EG-Kartellrecht, DB, Beilage Nr. 28/85 zu Heft Nr. 45 vom 8.11.85, S. 1 ff.

Hrbek, Rudolf (Hrsg.): Das Subsidiaritätsprinzip in der Europäischen Union - Bedeutung und Wirkung für ausgewählte Bereiche, Baden-Baden 1995.

Hruschka, Joachim: Strafrecht nach logisch-analytischer Methode - Systematisch entwikkelte Fälle mit Lösungen zum Allgemeinen Teil, 2. Aufl., Berlin u.a. 1988.

- Verhaltensregeln und Zurechnungsregeln, Rechtstheorie 22 (1991), S. 449 ff.

Immenga, Ulrich / Mestmäcker, Ernst-Joachim (Hrsg.): Gesetz gegen Wettbewerbsbeschränkungen, GWB Kommentar, 2. Aufl., München 1992 [zitiert: Bearbeiter, in: I/M GWB].

- / *Mestmäcker, Ernst-Joachim* (Hrsg.): EG-Wettbewerbsrecht, Kommentar, Bd. I (1997), Bd. II (1997), München 1997 [zitiert: Bearbeiter, in: I/M EG-WbR].

Jescheck, Hans-Heinrich: Neue Strafrechtsdogmatik und Kriminalpolitik in rechtsvergleichender Sicht, ZStW 98 (1986), S. 1 ff.

- Die Vorkolloquien und Resolutionsentwürfe zur Vorbereitung des XIV. Internationalen Strafrechtskongresses der AIDP vom 1.-7. Oktober in Wien, ZStW 101 (1989), S. 236 ff.

- / *Weigend, Thomas*: Lehrbuch des Strafrechts, Allgemeiner Teil, 5. Aufl., Berlin 1996.

Jones, Christopher / González-Diaz, Enrique F.: The EEC Merger Regulation, 1992.

Jung, Heike: Grundfragen der Strafrechtsvergleichung, JuS 1998, S. 1 ff.

Kaiafa-Gbandi, Maria: Äußere und innere Fahrlässigkeit im Strafrecht, Thessaloniki 1994 [auf griechisch].

Kartte, Wolfgang: Vertikale Preisempfehlungen für Markenwaren und das Diskriminierungsverbot, WuW 1962, S. 241 ff.

Kaufmann, Armin: Lebendiges und totes in Bindings Normentheorie - Normlogik und moderne Strafrechtsdogmatik, Göttingen 1954.

Kelsen, Hans: Reine Rechtslehre, 2. Aufl., Wien 1960.

Kerse, C.S.: E.C. Antitrust Procedure, 3. Aufl., London 1994.

Kleier, Ulrich: Freistellungen von den Empfehlungsverboten nach deutschem (§ 38 Abs. 2 GWB) und europäischem (Art. 85 EWG-Vertrag) Kartellrecht. Mittelstands-, Normen-, Typen- und Konditionenempfehlungen, Berlin 1985 (Tübingen, Univ. Diss. 1984).

Koch, Norbert: Kommentierung von Art. 85-86 EGV, VO 4064/89 und VO 17 (Art. 3, 15 und, 16), in: Grabitz / Hilf, EU-Kommentar, 1. Ergänzungslieferung ff.

Kohlmann, Günter: Strafverfolgung und Strafverteidigung im Steuerstrafrecht - Grundfragen des Steuerstrafrechts heute, Köln 1983.

- Steuerstrafrecht, mit Ordnungswidrigkeitenrecht und Verfahrensrecht - Kommentar zu den §§ 369-412 AO 1977, 7. Aufl., Köln 1997.

Kölner Kommentar zum Aktiengesetz: Band 3, §§ 291-410 AKG, EG AktG, Gesetzesanhang, hrsg. von Wolfgang Zöllner, Köln u.a. 1985.

Koriath, Heinz: Grundlagen strafrechtlicher Zurechnung, Berlin 1994.

Kotsiris, Lambros: Wettbewerbsrecht, 2. Aufl., Thessaloniki 1986 [auf griechisch].

Koutsoukis, Dimitrios / Tzouganatos, Dimitrios: Die Anwendung des G. 70371977 zum „Schutze des freien Wettbewerbs", Bd. A: 1979-1986, Athen 1987, Bd. B.: 1987-1989, Athen 1990, Bd. C: 1990-1995, Athen 1996 [auf griechisch; zitiert: Nr. der WbK-E oder WbK-S, Band, Seite; z.B. WbK-S 14/1984, Bd. A, S. 101 ff.].

Krekeler, Wilhelm / Tiedemann, Klaus / Ulsenheimer, Klaus / Weinmann, Günther (Hrsg.), Handwörterbuch des Wirtschafts- und Steuerstrafrechts mit Ordnungswidrigkeiten- und Verfahrensrecht, Heidelberg 1990 [zitiert: Bearbeiter, Artikel, in: HWiStR].

Kreuzer, Karl / Scheuing, Dieter / Sieber, Ulrich (Hrsg.): Die Europäisierung der mitgliedstaatlichen Rechtsordnungen in der Europäischen Union, Baden-Baden 1997.

Krey, Volker (unter Mitarbeit von *Weber-Linn, Martina*): Parallelitäten und Divergenzen zwischen strafrechtlichem und öffentlichrechtlichem Gesetzesvorbehalt, in: FS für Blau, 1985, S. 123 ff.

Kunze, Otto: Unternehmen und Gesellschaft, ZHR 147 (1983), S. 16 ff.

Langen / Bunte: Kommentar zum deutschen und europäischen Kartellrecht, 2 Bd., 7. Aufl., Luchterhand 1994; 8. Aufl., Neuwied u.a. 1998 [zitiert: Bearbeiter, in: Langen/Bunte].

Larenz, Karl: Methodenlehre der Rechtswissenschaft, 6. Aufl., Berlin u.a. 1991.

Leipziger Kommentar, Strafgesetzbuch, Großkommentar, hrsg. von Jescheck, Hans-Heinrich / Ruß, Wolfgang / Wilms, Günther, 10. Aufl., Berlin u.a. ab 1978.

Lenz, Carl Otto: EG-Vertrag - Kommentar zu dem Vertrag zur Gründung der Europäischen Gemeinschaften, 1. Aufl., Rechtstand: 1. Januar 1994, Köln u.a. 1994 [zitiert: Bearbeiter in: Lenz, EGV-Kommentar].

Lipowsky, Ursula: Die Zurechnung von Wettbewerbsverstößen zwischen verbundenen Unternehmen im EWG-Wettbewerbsrecht - Eine Untersuchung der Spruchpraxis von Kommission und Gerichtshof der Europäischen Gemeinschaften von 1971-1984, München 1987.

Mangakis, Georgios A.: Das griechische Strafrecht - Allgemeiner Teil, in: Mezger /Schönke / Jescheck, Das ausländische Strafrecht der Gegenwart, Dritter Band, 1959, S. 255 ff.

Manoledakis, Ioannis: Studien zur Vertiefung in das Strafrecht (1978-1989), Thessaloniki 1990 [auf griechisch].

- Strafrecht, Art. 1-49 StGB, Allgemeiner Teil in einem Band, 4. Aufl., Thessaloniki 1996 [auf griechisch].

Maurach, Reinhardt / Zipf, Heinz: Strafrecht, Allgemeiner Teil, Teilband 1, Grundlehren des Strafrechts und Aufbau der Straftat, Ein Lehrbuch, 8. Aufl., Heidelberg 1992.

Mestmäcker, Ernst Joachim: Europäisches Wettbewerbsrecht, München 1974.

Mezger, Edmund / Schönke, Adolf / Jescheck, Hans-Heinrich: Das ausländische Strafrecht der Gegenwart, Dritter Band (Chile, England, Griechenland, Österreich), Berlin 1959.

Möhring, Philipp: Die Analogie im Kartellrecht, GRUR 1968, S. 541 ff.

Möschel, Wernhard: Recht der Wettbewerbsbeschränkungen, Köln u.a. 1983.

- Subsidiaritätsprinzip und europäisches Kartellrecht, in: Hrbek (Hrsg.), Das Subsidiaritätsprinzip in der Europäischen Union, 1995, S. 45 ff.

Müller, Ekkehard: Die Stellung der juristischen Person im Ordnungswidrigkeitenrecht, Köln 1985.

Müller-Gugenberger, Christian (Hrsg.): Wirtschaftsstrafrecht - Eine Gesamtdarstellung des deutschen Wirtschaftsstraf- und -ordnungswidrigkeitenrechts, Münster 1992 [zitiert: Bearbeiter, in: Müller-Gugenberger, Wirtschaftsstrafrecht].

Müller-Henneberg, Hans / Schwartz, Gustav: Gesetz gegen Wettbewerbsbeschränkungen und Europäisches Kartellrecht, Gemeinschaftskommentar, begr. von H. Müller-Henneberg und G. Schwartz, fortgef. von W. Benish, hrsg. von C. Hootz, 4. Aufl., Lfg. 1 ff., Köln u.a. 1980 ff. [zitiert: Bearbeiter, in: GK].

Oehler, Dietrich: Internationales Strafrecht - Geltungsbereich des Strafrechts, Internationales Rechtshilferecht, Recht der Gemeinschaften, Völkerstrafrecht, 2. Aufl., Köln u.a. 1983.

Otto, Harro: Konzeption und Grundsätze des Wirtschaftsstrafrechts (einschließlich Verbraucherschutzrecht), Bericht über die Verhandlungen der II. Sektion [des XIII. Internationalen Strafrechtskongresses vom 1.-7.10.1984 in Kairo], ZStW 97 (1985), S. 714 ff.

- Die Strafbarkeit von Unternehmen und Verbänden, Vortrag gehalten vor der Juristischen Gesellschaft zu Berlin am 26. Mai 1993, Berlin u.a. 1993.
- Die Auslegung ambivalenter Normen und ihre Bedeutung für die Strafbarkeit der verdeckten Sacheinlage, in: FS für Gitter, 1995, S. 715 ff.
- Grundkurs Strafrecht - Allgemeine Strafrechtslehre, 5. Aufl., Berlin u.a. 1996.
- Die Haftung für kriminelle Handlungen in Unternehmen, Jura 1998, S. 409 ff.

Pfeiffer, Gerd: Grundfragen der Rechtskontrolle im Kartellverfahren (Auslegungsmethodik - unbestimmte Rechtsbegriffe - Verfahrensrecht), in: Schwerpunkte des Kartellrechts 1978/79, S. 1 ff.

Papakiriakou, Theodoros: Das Griechische Verwaltungssstrafrecht in Kartellsachen - Zugleich ein Beitrag zur Lehre vom Verwaltungs- und Unternehmensstrafrecht, Pfaffenweiler 2002.

Philippides, Telemachos: Der Einfluß der deutschen Strafrechtswissenschaft in Griechenland, ZStW 70 (1958), S. 53 ff.

Poillot-Peruzzetto, Sylvaine: Montant des amendes (Communication relative au calcul du montant des amendes en matière d'entente et abus de position dominante, JOCE C 9, 14. janv. 1998), RTD com. 51 (1998), S. 729 ff.

Porthmann, Andreas: Erzeugungsquoten für Stahl gemäß Art. 58 EGKS-Vertrag in der Rechtsprechung des EuGH, München 1988 (Passau, Univ. Diss. 1988).

Raisch, Peter: Normqualität und Durchsetzbarkeit wirtschaftsrechtlicher Regelungen, ZHR 128 (1966), S. 161 ff.

- */ Maasch, Beate*: Analogie: ein eigener Auslegungstopos? - ein Beitrag zur einheitlichen Interpretation des GWB, in: FS für Benisch, 1989, S. 201 ff.

Raiser, Thomas: Das Unternehmen als Organisation - Kritik und Erneuerung der juristischen Unternehmenslehre, Berlin 1969.

Ransiek, Andreas: Unternehmensstrafrecht - Strafrecht, Verfassungsrecht, Regelungsalternativen, Heidelberg 1996.

Reinhart, Gert: Die vorsätzliche Zuwiderhandlung gegen das Kartellverbot - Zum Begriff der Ordnungswidrigkeit nach § 38 Abs. 1 Nr. 1 GWB, Köln u.a. 1963.

Richter, Haus: Die Diskriminierung als Kartellordnungswidrigkeit - Ein Beitrag zum Bußgeldrecht in der Wirtschaft, Köln 1982 (Freiburg i.Br., Univ. Diss. 1981).

Ritter, Lennart / Braun, David W. / Rawlinson, Francis: EEC Competion Law, a practitioner' s guide, Deventer u.a. 1991.

Rittner, Fritz: Wettbewerbs- und Kartellrecht - Eine systematische Darstellung des deutschen und europäischen Rechts für Studium und Praxis, 5. Aufl., Heidelberg 1995.

- Das europäische Kartellrecht - Eine kritische Bestandsaufnahme, JZ 1996, S. 377 ff.

Rocas, Nikolaos / Perakis, Evangelos: in: J.O. von Kalinowski (Hrsg.), World Law of Competition, Vol. B 7, Greece, 1983.

Rütsch, Claus-Jörg: Strafrechtlicher Durchgriff bei verbundenen Unternehmen? - Rechtsvergleichende Untersuchung zum Konzept der wirtschaftlichen Einheit als Sanktionsansatz bei verbundenen Unternehmen unter besonderer Berücksichtigung des Kartellordnungswidrigkeitenrechts, Köln 1987 (Freiburg i.Br., Univ. Diss. 1985).

Sandrock, Otto: Die Einheit der Wirtschaftsordnung, Frankfurt 1971.

- Das Analogieverbot im Wirtschaftsstrafrecht: Ergänzung und Erwiderung zugleich, DB Heft v. 9.2.1973, S. 265 ff.

Satzky, Horst: Voraussetzungen für die Sanktionierung von horizontalen Wettbewerbsbeschränkungen (§§ 1, 25 GWB; Art. 85 EG-Vertrag; Art. 65 EGKS-Vertrag), in: Schwerpunkte des Kartellrechts 1993/94, S. 95 ff.

Schinas, Ioannis (Hrsg.): Schutz des freien Wettbewerbs (Die Praxis der WbSK / WbK), Athen u.a. 1992 [auf griechisch; zitiert: Bearbeiter, in Schinas, Schutz des freien Wettbewerbs].

Schmidt, Karsten: Kartellverfahrensrecht, Kartellverwaltungsrecht, Bürgerliches Recht - Kartellrechtspflege nach deutschem Recht gegen Wettbewerbsbeschränkungen, Köln u.a. 1977.

- Handelsrecht, 4. Aufl. Köln u.a. 1994.

Schönke, Adolf / Schröder, Horst: Strafgesetzbuch, Kommentar, begr. von A. Schönke, fortgef. v. H. Schröder, 25. Aufl. bearb. v. Lenckner, Theodor / Eser, Albin / Cramer, Peter / Stree, Walter, München 1997.

Schroth, Hans-Jürgen: Economic Offences in EEC Law with special reference to English and German Law, Kehl u.a.1983.

- EG-Geldbußen gegen existenzbedrohte Unternehmen, wistra 1984, S. 164 ff.

- Europäische Menschenrechtskonvention und Ordnungswidrigkeitenrecht, EuGRZ 1985, S. 557 ff.

Schroth, Hans-Jürgen: Unternehmen als Normadressaten und Sanktionssubjekte - Eine Studie zum Unternehmensstrafrecht, Gießen 1993.

Schulze-Osterloh, Joachim: Unbestimmtes Steuerrecht und strafrechtlicher Bestimmtheitsgrundsatz, in: Kohlmann (Hrsg.), Strafverfolgung und Strafverteidigung im Steuerstrafrecht, S. 43 ff.

Schünemann, Bernd: Die Regeln der Technik im Strafrecht, in: Festschrift für Lackner, 1987, S. 367 ff.

- / González, Carlos Suárez (Hrsg.): Bausteine des europäischen Wirtschaftsstrafrechts, Madrid-Symposium für Klaus Tiedemann, Köln u.a. 1994.

Schüppen, Matthias: Systematik und Auslegung des Bilanzstrafrechts, Köln 1993.

Schwerpunkte des Kartellrechts 1978/79, Verwaltungs- und Rechtsprechungspraxis - Referate des Siebten FIW-Seminars 1979, Köln u.a. 1980.

Schwerpunkte des Kartellrechts 1993/94, Verwaltungs- und Rechtsprechungspraxis, Referate des 22. FIW Seminars 1994, Köln u.a. 1995.

Schwerpunkte des Kartellrechts 1997, Referate des 25. FIW-Seminars 1997, Köln u.a. 1998.

Sieber, Ulrich: Tagungsbericht - Grundfragen des Wirtschaftsstrafrechts in rechtsvergleichender Sicht, Bericht über das AIDP-Kolloquium „Begriff und Grundsätze des Wirtschaftsstrafrechts" (20.-23.9.1982 in Freiburg i.Br.) zur Vorbereitung des Themas II des XIII. Internationalen Strafrechtskongresses vom 1.-7. 10.1984 in Kairo, ZStW 96 (1984), S. 258 ff.

- Lebensmittelstrafrecht in der Bundesrepublik Deutschland, ZLR 1991, S. 451 ff.

Siohl, Ulrich: Die Schuldfeststellung bei Unternehmen oder Unternehmensvereinigungen im Rahmen des Art. 15 VO 17 zum EWG-Vertrag - Ein Beitrag zum Wirtschaftsstrafrecht der Europäischen Gemeinschaft aus deutscher Sicht unter Berücksichtigung der besonderen Stellung des Gemeinschaftsrechts, Frankfurt am Main u.a. 1986.

Steindorff, Ernst: Politik des Gesetzes als Auslegungsmaßstab im Wirtschaftsrecht, in: FS für Larenz zum 70. Geburtstag, 1973, S. 217 ff.

Stephan, Klaus-Dieter: Die Anwendung des Zusammenschlußbegriffs auf Personalgesellschaften - Eine Untersuchung zur Rechtsanwendung im Kartellrecht, Heidelberg 1989.

Streinz, Rudolf: Europarecht, 4. Aufl., Heidelberg 1999.

Systematische Auslegung des Strafgesetzbuchs, unter der Verantwortung und der Aufsicht von A. Androulakis, G.-A. Mangakis, I. Manoledakis, D. Spinellis, K. Stamatis und A. Psarouda-Benaki, Athen 1993 ff. [auf griechisch; zitiert: Bearbeiter, in: Systematische Auslegung des gr. StGB].

Tiedemann, Klaus: Tatbestandsfunktionen im Nebenstrafrecht - Untersuchungen zu einem rechtsstaatlichen Tatbestandsbegriff, entwickelt am Problem des Wirtschaftsstrafrechts, Tübingen 1969.

- Welche strafrechtliche Mittel empfehlen sich für eine wirksame Bekämpfung der Wirtschaftskriminalität? - Gutachten für den 49. Deutschen Juristentag, in: Verhandlungen des neunundvierzigsten Deutschen Juristentages (Düsseldorf 1972), Bd. I (Gutachten), Teil C, München 1972.

Tiedemann, Klaus: Straftatbestand und Normambivalenz, am Beispiel der Geschäftsberichtsfälschung, in: FS für Schaffstein, 1975, S. 195 ff.

- Wirtschaftsstrafrecht und Wirtschaftskriminalität, Bd. I: Allgemeiner Teil, Reinbek bei Hamburg 1976.
- Strafrechtliche Grundprobleme im Kartellrecht, NJW 1979, S. 1849 ff.
- Der Allgemeine Teil des europäischen supranationalen Strafrechts, in: FS für Jescheck, 1985, S. 1411 ff.
- Die strafrechtliche Vertreter- und Unternehmenshaftung, NJW 1986, S. 1842 ff.
- Reform des Sanktionswesens auf dem Gebiete des Agrarmarktes der Europäischen Wirtschaftsgemeinschaft, in: FS für Pfeiffer, 1988, S. 101 ff.
- Der Irrtum über Rechtfertigungs- und Entschuldigungsgründe, in: Eser / Fletscher (Hrsg.), Rechtfertigung und Entschuldigung, Bd. II, 1988, S. 1003 ff.
- Wirtschaftsstrafrecht - Einführung und Übersicht, JuS 1989, S. 689 ff.
- Artikel „Auslegung", in: Krekeler, Wilhelm / Tiedemann, Klaus / Ulsenheimer, Klaus / Weinmann, Günther (Hrsg.), HWiStR, Heidelberg 1990.
- Artikel „Blankettgesetz", in: Krekeler, Wilhelm / Tiedemann, Klaus / Ulsenheimer, Klaus / Weinmann, Günther (Hrsg.), HWiStR, Heidelberg 1990.
- Artikel „Irrtum über Rechtsfragen", in: Krekeler, Wilhelm / Tiedemann, Klaus / Ulsenheimer, Klaus / Weinmann, Günther (Hrsg.), HWiStR, Heidelberg 1990.
- Der Strafschutz der Finanzinteressen der Europäischen Gemeinschaft, NJW 1990, S. 2226 ff.
- Verfassungsrecht und Strafrecht [Vortrag v. 8. März 1990], Heidelberg 1991.
- Kommentierung der §§ 38, 39 GWB, in: Immenga / Mestmäcker, GWB-Kommentar, 1992, S. 1570 ff.
- Zum Verhältnis von Allgemeinem und Besonderem Teil des Strafrechts, in: Festschrift für Baumann, 1992, S. 7 ff.
- Strafrecht in der Marktwirtschaft, in: FS für Stree und Wessels, 1993, S. 527 ff.
- Anmerkung zu dem EuGH-Urteil v. 27.10.92 - Rs. C-240/90 (Bundesrepublik Deutschland / Kommission), NJW 1993, S. 49.
- Europäisches Gemeinschaftsrecht und Strafrecht, NJW 1993, S. 23 ff.
- Zum Stand der Irrtumslehre, insbesondere im Wirtschafts- und Nebenstrafrecht, in: FS für Geerds, 1995, S. 95 ff.
- Die Europäisierung des Strafrechts, in: Kreuzer / Scheuing / Sieber (Hrsg.) Die Europäisierung der mitgliedstaatlichen Rechtsordnungen, 1997, S. 133 ff. (mit Anhang: Corpus Juris «vers un espace judiciaire européen», S. 149 ff.).
- Der Allgemeine Teil des Strafrechts im Lichte der europäischen Rechtsvergleichung, in: FS für Lenckner, 1998, S. 411 ff.
- Grunderfordernisse des Allgemeinen Teils für ein europäisches Sanktionenrecht - Generalbericht, ZStW 110 (1998), S. 497 ff.
- / *Otto, Harro*: Literaturbericht - Wirtschaftsstrafrecht (Teil I), ZStW 102 (1990), S. 94 ff.

Tsolka, Olga: Der allgemeine Teil des europäischen supranationalen Strafrechts i.w.S. - Grundlegung und Ausgestaltung, Frankfurt am Main u.a. 1995 (Freiburg i.Br., Univ. Diss. 1992).

Ulmer, Peter: Überlegungen zur wirtschaftlichen Betrachtungsweise im Kartellrecht, WuW 1971, S. 878 ff.

Van Bael, Ivo / Bellis, Jeans-Francois: Competition Law of the European Community, 3rd ed., 1994.

Verhandlungen des neunundvierzigsten Deutschen Juristentages (Düsseldorf 1972), hrsg. von der Ständigen Deputation des deutschen Juristentages, Bd. I (Gutachten), Teil C, München 1972.

Vogel, Joachim: Wege zu europäisch-einheitlichen Regelungen im Allgemeinen Teil des Strafrechts - Kompetenzrechtliche, methodische und inhaltliche Grundfragen, JZ 1995, S. 331 ff.

Elemente der Straftat: Bemerkungen zur französischen Straftatlehre und zur Straftatlehre des common law, GA 1998, S. 127 ff.

Volk, Klaus: Dolus ex re, in: FS für Arthur Kaufmann, 1993, S. 611 ff.

Wagemann, Markus: Rechtfertigungs- und Entschuldigungsgründe im Bußgeldrecht der Europäischen Gemeinschaften, Heidelberg 1992 (Freiburg i.Br., Univ. Diss. 1991).

Weerth, Jan de: Die Bilanzordnungswidrigkeiten nach § 334 HGB unter besonderer Berücksichtigung der europarechtlichen Bezüge, Pfaffenweiler 1994 (Freiburg i.Br., Univ. Diss. 1993).

Weigend, Thomas: Die juristischen und praktischen Probleme der Unterscheidung von Strafrecht und Verwaltungsstrafrecht, Bericht über die Verhandlungen der I. Sektion des XIV Internationalen Strafrechtskongreßes der AIDP in Wien, ZStW 102 (1990), S. 664 ff.

Weiß, Wolfgang: Die Verteidigungsrechte im EG-Kartellverfahren, zugleich ein Beitrag zu den allgemeinen Rechtsgrundsätzen des Gemeinschaftsrechts, Köln u.a. 1996.

Weitbrecht, Andreas: Die Kronzeugenmitteilung in EG-Kartellsachen, EuZW 1997, S. 555 ff.

Wessels, Johannes / Beulke, Werner: Strafrecht, Allgemeiner Teil, Die Straftat und ihr Aufbau, 28. Aufl., Heidelberg 1998.

Wils, Wouter P.J.: The Commission's New Method for Calculating Fines in Antitrust Cases, E.L.Rev. 23 (1998), S. 252 ff.

Winkler, Rolf: Die Rechtsnatur der Geldbuße im Wettbewerbsrecht der Europäischen Wirtschaftsgemeinschaft - Ein Beitrag zum Wirtschaftsstrafrecht der Europäischen Gemeinschaften, Tübingen 1971.

Wolf, Dieter: Entwicklungstendenzen im Verhältnis des nationalen zum europäischen Wettbewerbsrecht, in: Schwerpunkte des Kartellrechts 1997, S. 1 ff.

Zapatero, Luis Arroyo: Grunderfordernisse des Allgemeinen Teils für ein europäisches Sanktionenrecht - Landesbericht Spanien, ZStW 110 (1998), S. 438 ff.

VERZEICHNIS DER ZITIERTEN GEMEINSCHAFTSRECHTLICHEN ENTSCHEIDUNGEN UND URTEILE

Europäisches Gericht erster Instanz

EuG Beschluß des Präsidenten, Rs. T-41/96 R, *Bayer-ADALAT* 48
EuG Beschluß v. 1994.08.25, Rs. T-156/94 R, *Siderúrgica Aristrain Madrid* 165
EuG Urt. v. 1991.05.29, Rs. T-12/90, *Bayer* 120, 289, 314
EuG Urt. v. 1991.07.10, Rs. T-70/89, *BBC* 56
EuG Urt. v. 1991.10.24, Rs. T-1/89, *Rhone-Poulenc* 49, 50, 55, 56
EuG Urt. v. 1991.10.24, Rs. T-2/89, *Petrofina* 50, 55, 56
EuG Urt. v. 1991.12.12, Rs. T-30/89, *Hilti* 276, 307
EuG Urt. v. 1991.12.17, Rs. T-6/89, *Enichem Anic* 50, 167, 218, 262
EuG Urt. v. 1991.12.17, Rs. T-7/89, *Hercules* 307, 308, 309
EuG Urt. v. 1991.12.17, Rs. T-8/89, *DSM* 111
EuG Urt. v. 1992.03.10, Rs. T-11/89, *Shell* 166, 174, 178, 179, 190
EuG Urt. v. 1992.03.10, Rs. T-12/89, *Solvay* 12
EuG Urt. v. 1992.03.10, Rs. T-14/89, *Montedipe* 49, 50, 54, 55, 56, 88, 95, 111, 127, 133, 135, 140, 145, 262
EuG Urt. v. 1992.03.10, Rs. T-15/89, *Chemie Linz* 259
EuG Urt. v. 1992.03.10, verb. Rs. 68/69 u.a., *Societa Italiana Vertro* 201
EuG Urt. v. 1993.04.01, Rs. T-65/89, *BPB Industries und British Gypsum* 168, 172, 185, 194, 246, 258, 259, 271
EuG Urt. v. 1993.04.22, Rs. T-9/92, *Peugeot* 291
EuG Urt. v. 1994.02.23, verb. Rs. T-39/92 und T-40/92, *CB und Europay* 91
EuG Urt. v. 1994.04.28, Rs. T-38/92, *All Weather Sports Benelux* 219, 220
EuG Urt. v. 1994.07.07, Rs. T-43/92, *Dunlop* 12, 141, 240, 293, 297
EuG Urt. v. 1994.07.14, Rs. T-66/92, *Herlitz* 62, 141, 254, 271
EuG Urt. v. 1994.07.14, Rs. T-77/92, *Parker Pen* 62, 194, 304
EuG Urt. v. 1994.10.27, Rs. T-34/92, *Fiatagri und New Holland Ford* 57
EuG Urt. v. 1995.01.12, Rs. T-102-92, *Viho* 202, 203
EuG Urt. v. 1995.02.21, Rs. T-29-92, *SPO u.a.* 77, 91, 294
EuG Urt. v. 1995.04.06, Rs. T-141/89, *Tréfileurope* 62, 177, 258, 268
EuG Urt. v. 1995.04.06, Rs. T-142/89, *Boël* 51, 134, 258, 260
EuG Urt. v. 1995.04.06, Rs. T-143/89, *Ferrière Nord* 261
EuG Urt. v. 1995.04.06, Rs. T-145/89, *Baustahlgewebe* 128, 177
EuG Urt. v. 1995.04.06, Rs. T-147/89, *Société métallurgique de Normandie* 98, 123
EuG Urt. v. 1995.04.06, Rs. T-148/89, *Tréfilunion* 51, 110, 122, 128, 140, 145, 261
EuG Urt. v. 1995.04.06, Rs. T-149/89, *Sotralentz* 74

EuG Urt. v. 1995.04.06, Rs. T-15/89, *ILRO* 61
EuG Urt. v. 1995.04.06, Rs. T-150/89, *Martineli* 68, 279
EuG Urt. v. 1995.04.06, Rs. T-151/89, *Société des treillis et panneaux soudés* 123
EuG Urt. v. 1995.06.08, Rs. T-9/93, *Schöller* 58
EuG Urt. v. 1995.06.29, Rs. T-30/91, *Solvay* 74
EuG Urt. v. 1995.06.29, Rs. T-36/91, *ICI* 74
EuG Urt. v. 1995.09.18, Rs. T-548/93, *Ladbroke Racing* 125
EuG Urt. v. 1996.09.18, Rs. T-387/94, *Asia Motor France u.a.* 126, 128
EuG Urt. v. 1996.10.08, verb. Rs. T-24/93 u.a., *Compagnie maritime belge transports u.a.* 78
EuG Urt. v. 1996.12.11, Rs. T-49/95, *Van Megen Sports Group* 66
EuG Urt. v. 1996.12.12, Rs. T-19/92, *Leclerc* 142, 145
EuG Urt. v. 1998.05.14, Rs. T-308/94, *Cascades* 172, 186, 267
EuG Urt. v. 1998.05.14, Rs. T-327/94, *SCA Holding* 221, 227
EuG Urt. v. 1998.05.14, Rs. T-347/94, *Mayr-Melnhof Kartongesellschaft* 186
EuG Urt. v. 1998.05.14, Rs. T-352/94, *Mo och Domsjö* 188
EuG Urt. v. 1998.05.14, Rs. T-354/94, *Stora* 187, 196
EuG Urt. v. 1998.05.14, verb. Rs. T-339/94 u.a., *Metsä-Serla Oy* u.a. 215
EuG Urt. v. 1998.05.14., Rs. T-309/94, *KNP* 185
EuG Urt. v. 1999.04.20, verb. Rs. T-305/94 u.a., *PVC-Hersteller* ... 167, 194, 197, 198, 199, 217, 218, 262, 306
EuG Urt. v. 1999.05.19, Rs. T-175/95, *BASF Lacke + Farben* 254
EuG Urt. v. 1999.05.19, Rs. T-176/95, *Accinauto* 62, 254, 295

Europäischer Gerichtshof

EuGH Beschluß v. 1996.03.25, Rs. C-137/95 P, *SPO u.a.* 281
EuGH Urt. v. 1962.07.12, Rs. 16/61, *Modena* 94
EuGH Urt. v. 1962.07.13, verb. Rs. 17 und 20/61, *Klöckner-Werke* 160
EuGH Urt. v. 1966.06.30, Rs. 56/65, *Société Technique Minière (LTM) / Maschinenbau Ulm GmbH (MBU)* 142
EuGH Urt. v. 1966.07.13, verb. Rs. 56 und 58/64, *Consten / Grundig* 62
EuGH Urt. v. 1968.07.11, Rs. 4/68, *Schwarzwaldmilch* 119
EuGH Urt. v. 1970.02.13, Rs. 85/76, *Hoffmann-La Roche* 309
EuGH Urt. v. 1970.07.15, Rs. 41/69, *ACF Chemiefarma* 12
EuGH Urt. v. 1970.07.15, Rs. 44/69, *Buchler* 12
EuGH Urt. v. 1970.07.15, Rs. 45/69, *Boehringer* 13
EuGH Urt. v. 1971.11.25, Rs. 22/71, *Béguelin* 201
EuGH Urt. v. 1972.07.14, Rs. 48/69, *Imperial Chemical Industies (ICI)* 180, 205, 208
EuGH Urt. v. 1972.07.14, Rs. 52/69, *Geigy* 180, 182, 205
EuGH Urt. v. 1973.02.21, Rs. 6/72, *Continental Can* 54, 182, 209
EuGH Urt. v. 1974.03.06, verb. Rs. 6 und 7/73, *Commercial Solvents* 177, 178, 209

EuGH Urt. v. 1974.10.31, Rs. 15/74, *Centrafarm / Sterling Drug* ... 175, 202
EuGH Urt. v. 1974.10.31, Rs. 16/74, *Centrafarm / Winthrop* ... 175, 202
EuGH Urt. v. 1975.12.16, verb. Rs. 40 u.a./73, *Suiker Unie u.a.* ... 127, 215, 225, 285
EuGH Urt. v. 1977.10.25, Rs. 26/76, *Metro I* ... 87, 132, 142
EuGH Urt. v. 1978.02.01, Rs. 19/77, *Miller* ... 141, 245, 295
EuGH Urt. v. 1978.02.14, Rs. 27/76, *United Brands* ... 244, 284
EuGH Urt. v. 1978.06.20, Rs. 28/77, *Tepea* ... 279, 310
EuGH Urt. v. 1979.02.13, Rs. 85/76, *Hoffmann-La Roche* ... 251, 285, 288, 300, 306
EuGH Urt. v. 1979.07.12, Rs. 149/78, *Rumi* ... 120
EuGH Urt. v. 1979.07.12, verb. Rs. 32/78 und 36-82/78, *BMW Belgium* ... 61, 245, 295
EuGH Urt. v. 1979.12.13, Rs. 42/79, *Firma Milch-, Fett- und Eierkontor* ... 120
EuGH Urt. v. 1980.03.18, verb. Rs. 154 u.a./78 sowie 39 u.a./79, *SpA Ferriera Valsabbia [I] u.a.* ... 94, 106, 120, 121
EuGH Urt. v. 1980.10.29, verb. Rs. 209/215 und 218/78, *Van Landewyck* ... 62
EuGH Urt. v. 1982.06.08, Rs. 258/78, *Nungesser* ... 142
EuGH Urt. v. 1982.10.06, Rs. 262/81, *Coditel / Ciné-Vog Films* ... 56
EuGH Urt. v. 1983.03.18, Rs. 50/92, *Molkerei-Zentrale Süd* ... 119
EuGH Urt. v. 1983.05.11, verb. Rs. 303 und 312/81, *Klöckner-Werke* ... 105, 108
EuGH Urt. v. 1983.06.07, verb. Rs. 100-103/80, *Musique Diffusion Française (Pioneer)* ... 12, 94, 107, 127, 133, 141, 213, 246, 303
EuGH Urt. v. 1983.10.25, Rs. 107/82, *AEG* ... 47, 141, 166, 192, 207
EuGH Urt. v. 1983.11.08, verb. Rs. 96-102, 104, 105, 108 und 110/82, *IAZ* ... 246, 258
EuGH Urt. v. 1983.11.09, Rs. 322/81, *Michelin* ... 256, 278, 299
EuGH Urt. v. 1983.12.14, Rs. 263/82, *Klöckner-Werke* ... 106, 109
EuGH Urt. v. 1983.12.16, Rs. 188/82, *Thyssen* ... 95, 105
EuGH Urt. v. 1984.01.17, verb. Rs. 43 und 63/82, *VBVB und VBBB* ... 87, 99
EuGH Urt. v. 1984.02.09, Rs. 284/82, *Busseni* ... 120
EuGH Urt. v. 1984.03.28, verb. Rs. 29 und 30/83, *CRAM und Rheinzink* ... 123, 226
EuGH Urt. v. 1984.05.17, Rs. 83/83, *Estel* ... 298
EuGH Urt. v. 1984.07.12, Rs. 170/83, *Hydrotherm / Compact* ... 204
EuGH Urt. v. 1984.07.12, Rs. 209/83, *Valsabbia* ... 120, 122
EuGH Urt. v. 1984.07.12, Rs. 81/83, *Busseni* ... 109
EuGH Urt. v. 1985.01.30, Rs. 35/83, *BAT* ... 142
EuGH Urt. v. 1985.07.03, Rs. 243/83, *Binon / AMP* ... 140
EuGH Urt. v. 1985.07.11, Rs. 42/84, *Remia* ... 87, 142
EuGH Urt. v. 1985.09.17, verb. Rs. 25 und 26/84, *Ford* ... 48
EuGH Urt. v. 1985.12.10, verb. Rs. 240-242 u.a./82, *Stichting Sigarettenindustrie (SSI)* ... 137, 258
EuGH Urt. v. 1986.01.28, Rs. 161/84, *Pronuptia* ... 142
EuGH Urt. v. 1987.11.12, Rs. 344/85, *Ferriere San Carlo* ... 292

EuGH Urt. v. 1987.11.17, Rs. 142 und 156/84, *BAT und Reynolds* 54
EuGH Urt. v. 1988.04.19, Rs. 71/87, *Inter-Kom AE* 119
EuGH Urt. v. 1988.05.04, Rs. 30/87, *Bodson* 202
EuGH Urt. v. 1988.10.05, Rs. 250/85, *Brother Industries / Rat* 163
EuGH Urt. v. 1989.04.11, Rs. 66/86, *Ahmed Saeed Flugreisen* 203
EuGH Urt. v. 1989.07.11, Rs. 246/86, *Belasco* 258
EuGH Urt. v. 1990.01.11, Rs. C-277/87, *Sandoz* 48
EuGH Urt. v. 1990.02.08, Rs. C-279/87, *Tipp-Ex* 258
EuGH Urt. v. 1990.11.13, Rs. 331/88, *Fedesa* 40
EuGH Urt. v. 1991.04.23, Rs. C-41/90, *Höffner und Elser* 157
EuGH Urt. v. 1992.03.10, Rs. C-171/87, *Canon* 163
EuGH Urt. v. 1992.10.27, Rs. C-240/90, *Bundesrepublik Deutschland / Kommission* 3
EuGH Urt. v. 1993.02.17, verb. Rs. C-159/91 u. C-160/91, *C. Poucet und D. Pistre* 158
EuGH Urt. v. 1993.03.31, verb. Rs. C-89/85 u.a., *A. Ahlström u.a. II* 63, 73, 297
EuGH Urt. v. 1994.01.19, Rs. C-364/92, *SAT Fluggesellschaft* 157
EuGH Urt. v. 1994.03.02, Rs. C-53/92 P, *Hilti* 276
EuGH Urt. v. 1994.06.16, Rs. C-322/93 P, *Peugeot* 291
EuGH Urt. v. 1994.12.15, Rs. C-195/91, *Bayer* 120, 121
EuGH Urt. v. 1994.12.15, Rs. C-250/92, *Goettrup Klim / DLG* 142
EuGH Urt. v. 1995.04.06, Rs. C-310/93 P, *BPB Industries und Britisch Gypsum* 168, 172, 195
EuGH Urt. v. 1995.11.16, Rs. C-244/94, *Fédération française des sociétés d'assurance u.a.* 157
EuGH Urt. v. 1996.10.24, Rs. C-73/95 P, *Viho* 202, 203
EuGH Urt. v. 1997.07.17, Rs. C-219/95 P, *Ferrière Nord* 271
EuGH Urt. v. 1997.11.11, verb. Rs. C-359/95 P und C-379/95 P, *Kommission und Französische Republik / Ladbroke Racing* 126
EuGH Urt. v. 1999.07.08, Rs. C-199/92 P, *Hüls* 15, 49, 50
EuGH Urt. v. 1999.07.08, Rs. C-235/92 P, *Montecatini* 15, 145

Europäische Kommission

KOME v. 1969.06.18, 69/195/EWG, *Christiani & Nielsen* 201
KOME v. 1970.06.30, 70/332/EWG, *Kodak* 201
KOME v. 1972.12.14, 72/457/EWG, *Zoja / CSC-ICI* 177
KOME v. 1973.10.05, 73/322/EWG, *Deutsche Phillips* 277
KOME v. 1975.12.17, 76/353/EWG, *Chiquita* 256, 257
KOME v. 1976.12.01, 76/915/EWG, *Miller International* 245
KOME v. 1977.12.20, 78/163/EWG, *Distillers & Co.* 258
KOME v. 1977.12.23, 78/155/EWG, *BMW-Belgium* 66, 269, 270
KOME v. 1977.12.23, 78/252/EWG, *Pergamentpapier* 64, 75, 296

KOME v. 1979.12.14, 80/256/EWG, *Pioneer* 141
KOME v. 1980.11.25, 80/1283/EWG, *Johnson & Johnson* 185
KOME v. 1980.12.17, 80/1334/EWG, *Gußglas Italien* 59
KOME v. 1981.10.07, 81/969/EWG, *Michelin Niederlande - BF/NBIM* 278, 283, 299, 300
KOME v. 1981.11.27, 82/203/EWG, *Moët et Chandon* 192
KOME v. 1982.01.06, 82/276/EWG, *AEG-Telefunken* 193
KOME v. 1982.12.16, 82/897/EWG, *Toltecs-Dorcet* 252, 284, 310
KOME v. 1983.07.11, 83/400/EWG, *Windsurfing International* 65, 249, 267, 278
KOME v. 1984.07.02, 84/379/EWG, *BL* 250
KOME v. 1984.07.27, 84/388/EWG, *Flachglassektor in den Benelux-Ländern* 176
KOME v. 1984.08.06, 84/405/EWG, *Zinc Producer Group* 173, 186
KOME v. 1984.12.14, 85/79/EWG, *John Deere* 253, 270, 306
KOME v. 1984.12.19, 85/202/EWG, *Zellstoff* 210, 256, 264, 297
KOME v. 1984.12.19, 85/206/EWG, *Aluminiumeinfuhren aus Osteuropa* 102, 104, 157, 224
KOME v. 1985.12.16, 85/617/EWG, *Sperry New Holland* 258, 305
KOME v. 1986.04.23, 86/398/EWG, *Polypropylen* 174, 177, 225
KOME v. 1986.07.10, 86/399/EWG, *Dach- und Dichtungsbahnen* 284
KOME v. 1986.09.25, 86/506/EWG, *Peugeot* 278, 312
KOME v. 1986.11.26, 86/596/EWG, *MELDOC* 256
KOME v. 1986.12.04, 87/3/EWG, *ENI/Montedison* 115
KOME v. 1987.07.13, 87/409/EWG, *Sandoz* 65, 246, 258, 267
KOME v. 1987.12.18, 88/172/EWG, *Konica* 305
KOME v. 1987.12.18, 88/86/EWG, *Fisher-Price / Quaker Oats* 61, 307
KOME v. 1987.12.22, 88/138/EWG, *Eurofix-Bauco / Hilti* 210, 273, 274
KOME v. 1987.12.22, 88/138/EWG, *Eurofix-Bauco / Hilti* 183
KOME v. 1988.12.05, 89/22/EWG, *BPB Industries PLC* 168, 171
KOME v. 1988.12.21, 89/190/EWG, *PVC* 165
KOME v. 1988.12.21, 89/191/EWG, *LDPE* 194, 223
KOME v. 1989.08.02, 89/515/EWG, *Betonstahlmatten* 163, 164
KOME v. 1989.12.13, 90/38/EWG, *Bayo-n-ox* 67, 271, 272
KOME v. 1990.07.18, 90/417/EGKS, *Europäische Hersteller von kaltgewalzten, nichtrostenden, flachen Stahlerzeugnissen* 67, 106, 135, 265
KOME v. 1990.12.19, 91/297/EWG, *Soda-Solvay / ICI* 253
KOME v. 1990.12.19, 91/298/EWG, *Soda-Solvay und CFK* 290, 307
KOME v. 1990.12.19, 91/300/EWG, *Soda - ICI* 310
KOME v. 1991.03.15, 91/213/EWG, *Baccarat* 240
KOME v. 1991.05.15, 91/335/EWG, *Cosme / Martell-DMP* 67
KOME v. 1991.06.05, 91/532/EWG, *Viho Toshiba* 66, 314
KOME v. 1991.12.04, 92/154/EWG, *Eco System/Peugeot* 291

KOME v. 1992.02.17, 92/157/EWG, *UK Agricultural Tractor Registration Exchange*......69
KOME v. 1992.03.18, 92/261/EWG, *Newitt / Dunlop Slazenger International u. a.*......219
KOME v. 1992.03.25, 92/212/EWG, *Eurocheque / Helsinki Vereinbarung*......279, 293
KOME v. 1992.10.27, 92/521/EWG, *Vertrieb der Pauschalarrangements anläßlich der Fußballweltmeisterschaft 1990*......77
KOME v. 1992.11.25, 92/568/EWG, *Verkauf von Fahrausweisen im Eisenbahnverkehr durch Reisebüros*......256, 299
KOME v. 1992.12.15, 93/46/EWG, *Ford Agricultural*......292
KOME v. 1993.06.11, 93/403/EWG, *EBU / Eurovisions-System*......158
KOME v. 1993.06.22, 93/554/EWG, *Zera/Montedison und Hinkens/Stähler*......53, 180
KOME v. 1993.06.30, 93/438/EWG, *CNSD*......140, 159
KOME v. 1994.02.16, 94/215/EGKS, *Stahlträgerhersteller*......68, 169, 178, 199, 265
KOME v. 1994.07.13, 94/601/EG, *Karton*......55, 164, 168, 172, 178, 182, 185, 186, 187, 188, 191, 196, 217, 218, 222, 223, 224, 227
KOME v. 1994.07.27, 94/599/EG, *PVC*......165, 219
KOME v. 1994.11.30, 94/815/EG, *Zement*......47, 63, 68, 253, 305
KOME v. 1994.12.21, 94/985/EG, *Far Eastern Freight Conference*......261, 293
KOME v. 1994.12.21, 94/987/EG, *Tretorn*......66, 200, 270
KOME v. 1995.07.12, 95/477/EG, *BASF Lacke + Farben AG und Accinauto S.A.*......66, 135, 253, 270
KOME v. 1996.01.10, 96/478/EG, *Bayer-ADALAT*......48, 64, 193, 195, 253, 254
KOME v. 1996.06.05, 96/438/EG, *FENEX*......52, 69, 248
KOME v. 1998.01.14, 90/190/EG, *FAG - Flughafen Frankfurt/Main AG*......118
KOME v. 1998.01.28, 98/273/EG, *VW*......64, 135, 173, 193, 196, 198, 252, 266
KOME v. 1998.02.11, *Samsung/AST*......8
KOME v. 1998.10.21, 99/60/EG, *Fernwärmetechnik-Kartell*......70, 165, 171, 176, 182, 284

Generalanwälte

Schlußanträge v. 1974.01.22 des *GA Warner*, verb. Rs. 6 u. 7/73, *Commercial Solvents*......191
Schlußanträge v. 1975.06.16 des *GA Mayras*, verb. Rs. 40 u.a./73, *Suiker Unie u.a.*......216, 226, 228
Schlußanträge v. 1975.10.29 des *GA Mayras*, Rs. 26/75, *General Motors*......245
Schlußanträge v. 1978.01.10 des *GA Warner*, Rs. 19/77, *Miller*......280, 288
Schlußanträge v. 1978.09.19 des *GA Reischl*, Rs. 85/76, *Hoffmann-La Roche*......296
Schlußanträge v. 1979.06.12 des *GA Warner*, verb. Rs. 32 u. 36-82/78, *BMW Belgium u.a.*......270, 296
Schlußanträge v. 1979.12.05 des *GA Capotorti*, verb. Rs. 154 u.a./78 sowie 39 u.a./79, *SpA Ferriera Valsabbia [I]* u.a.......106, 107, 120, 125, 267
Schlußanträge v. 1984.02.01 der *GAin Rozès*, verb. Rs. 29 und 30/83, *Cram und Rheinzink*......216, 226, 228
Schlußanträge v. 1985.01.29 des *GA Verloren van Themaat*, verb. Rs. 240-242 u.a./82, *Stichting Sigarettenindustrie (SSI)*......258

Schlußanträge v. 1988.05.25 des *GA Darmon*, verb. Rs. 89/85 u.a., *Ahlström I* 209

Schlußanträge v. 1991.07.10 des *GA Vesterdorf*, verb. Rs. T-1/89 u.a., *Polypropylen* 14, 49, 95, 216, 225, 228, 239, 308

Schlußanträge v. 1994 des *GA Van Gerven*, Rs. C-137/92 P, *Kommission / BASF u.a.* 174

Schlußanträge v. 1994.12.13 des *GA Léger*, Rs. C-310/93 P, *BPB Industries und Britisch Gypsum* 168, 172, 195

Schlußanträge v. 1996.04.25 des *GA Lenz*, Rs. C-73/95 P, *Viho* 201, 202, 208

Studien zum Wirtschaftsstrafrecht

Studien zum Wirtschaftsstrafrecht

Schwinge, Christina
Strafrechtliche Sanktionen gegenüber Unternehmen im Bereich des Umweltstrafrechts
Band 6, 1996, 300 S., br., ISBN 3-8255-0059-4, 50,11 € / 89,– sFr

Schünemann, Bernd (Hg.)
Die Stellung des Betrugs im Strafrechtssystem
Band 7, 2002, ca. 250 S., br., ISBN 3-8255-0153-1, ca. 30,70 € / 54,50 sFr

Moosmayer, Klaus
Einfluß der Insolvenzordnung 1999 auf das Insolvenzstrafrecht
Band 8, 1997, 246 S., br., ISBN 3-825-0176-0, 30,88 € / 71,– sFr

Luipold, Ann
Die Bedeutung von Anfechtungs-, Widerrufs-, Rücktritts- und Gewährleistungsrechten für das Schadensmerkmal des Betrugstatbestandes
Band 9, 1998, 220 S., br., ISBN 3-8255-0211-2, 40,80 € / 72,– sFr

Protzen, Peer Daniel G.
Der Vermögensschaden beim sog. Anstellungsbetrug – unter besonderer Berücksichtigung des Verschweigens ehemaliger Tätigkeit für das MfS – Zugleich ein Beitrag zur Lehre vom Vermögensschaden beim Betrug
Band 10, 2000, 384 + IV S., br., ISBN 3-8255-0278-3, 40,80 € / 72,– sFr

Penzlin, Dietmar
Strafrechtliche Auswirkungen der Insolvenzordnung
Band 11, 2000, 270 S., br., ISBN 3-8255-0292-9, 40,80 € / 72,– sFr

Berger, Sebastian
Der Schutz öffentlichen Vermögens durch § 263 StGB. Zur Anwendbarkeit des § 263 StGB und zum Vorliegen eines Vermögensschadens bei Angriffen auf inländisches öffentliches Vermögen sowie auf Vermögen der Europäischen Gemeinschaften
Band 12, 2000, 334 S., br., ISBN 3-8255-0307-0, 40,39 € / 72,– sFr

Martens, Jürgen
Subventionskriminalität zum Nachteil der Europäischen Gemeinschaften
Eine Untersuchung zu Straftaten nach § 264 StGB als einer Form von Unregelmäßigkeiten bei Ausgaben aus Gemeinschaftsmitteln
Band 13, 2001, 340 S., br., ISBN 3-8255-0319-4, 30,58 € / 54,– sFr

Stein, Henrike
Die Regelung von Täterschaft und Teilnahme im europäischen Strafrecht am Beispiel Deutschlands, Frankreichs, Spaniens, Österreichs und Englands
Band 14, 2002, ca. 460 S., br., ISBN 3-8255-0327-5, ca. 40,90 € / 72,50 sFr

Ludwig, Martin
Betrug und betrugsähnliche Delike im spanischen und deutschen Strafrecht
Band 16, 2002, ca. 600 S., br., ISBN 3-8255-0352-6, ca. 40,90 € / 67,30 sFr

CENTAURUS VERLAG

FSC
www.fsc.org
MIX
Papier | Fördert gute Waldnutzung
FSC® C083411

Kolibri 360 GmbH
Ferdinand-Jühlke-Straße 7
99095 Erfurt, Deutschland
produktsicherheit@kolibri360.de